当代经济学系列丛书
Contemporary Economics Series

陈昕 主编

当代经济学文库

统一发展经济学初论

人类经济发展的力量分析

倪鹏飞 著

格致出版社
上海三联书店
上海人民出版社

本书为中国社会科学院2024年度"长城学者"计划、中宣部2019年文化名家暨"四个一批"人才工程、国家自科基金面上项目"多中心群网化中国城市新体系的决定机制研究"（71774170）的阶段性研究成果。

主 编 的 话

上世纪 80 年代，为了全面地、系统地反映当代经济学的全貌及其进程，总结与挖掘当代经济学已有的和潜在的成果，展示当代经济学新的发展方向，我们决定出版"当代经济学系列丛书"。

"当代经济学系列丛书"是大型的、高层次的、综合性的经济学术理论丛书。它包括三个子系列：（1）当代经济学文库；（2）当代经济学译库；（3）当代经济学教学参考书系。本丛书在学科领域方面，不仅着眼于各传统经济学科的新成果，更注重经济学前沿学科、边缘学科和综合学科的新成就；在选题的采择上，广泛联系海内外学者，努力开掘学术功力深厚、思想新颖独到、作品水平拔尖的著作。"文库"力求达到中国经济学界当前的最高水平；"译库"翻译当代经济学的名人名著；"教学参考书系"主要出版国内外著名高等院校最新的经济学通用教材。

20 多年过去了，本丛书先后出版了 200 多种著作，在很大程度上推动了中国经济学的现代化和国际标准化。这主要体现在两个方面：一是从研究范围、研究内容、研究方法、分析技术等方面完成了中国经济学从传统向现代的转轨；二是培养了整整一代青年经济学人，如今他们大都成长为中国第一线的经济学家，活跃在国内外的学术舞台上。

为了进一步推动中国经济学的发展，我们将继续引进翻译出版国际上经济学的最新研究成果，加强中国经济学家与世界各国经济学家之间的交流；同时，我们更鼓励中国经济学家创建自己的理论体系，在自主的理论框架内消化和吸收世界上最优秀的理论成果，并把它放到中国经济改革发展的实践中进行筛选和检验，进而寻找属于中国的又面向未来世界的经济制度和经济理论，使中国经济学真正立足于世界经济学之林。

我们渴望经济学家支持我们的追求；我们和经济学家一起瞻望中国经济学的未来。

2014 年 1 月 1 日

序　言

　　在本书中，倪鹏飞研究员发挥其教育背景中的跨学科优势，把经济史和学说史上各种耳熟能详的理论、特征化事实、经验证据等尽皆纳入自己的框架，着重分析了经济发展的力量。他给自己设定的目标，是颠覆新古典增长理论所遵循的经典物理学范式——生产要素被投入一个"黑箱"，借以获得产出。他认为，经济发展本质上是各类投入资产经由两种影响形成产出的过程。一方面，各类投入资产通过质能转换成同类的产出资产。另一方面，各类投入资产通过影响经济主体及其偏好和收益改变能动力，随后由经济主体将投入转化为产出。本书提出了一个被称为三角形生产函数的核心框架，其中不同要素相互兼容地决定产出，又由于经济主体及其预期和偏好被引入其中，该三角形生产函数便形成了一个包容更多要件的内生发展力量框架。借助这个框架，作者试图重新解释经济发展内部各种关系、人类经济的长期发展和短期经济增长及其运行。

　　面对倪鹏飞研究员这部皇皇新著，我既感到十分钦佩，也有着诸多共鸣。一方面，写出一本类似的专著正是我的夙愿，这是因为我自己的研究工作已经内在地提出了这样的要求，即形成关于经济发展的统一理论解说。另一方面，我也深知此项工作难度之大、风险之大，特别是面对"统一"易致过简化、"全面"易致碎片化的难度，几乎是任何人都难以凭一己之力克服的。所以，我衷心地佩服倪鹏飞研究员的勇气和努力，赞成他秉持的这种开卷有益、立此存照的态度，也祝贺本书被纳入"当代经济学文库"隆重出版。同时，我愿意就这个主题，不揣冒昧地做一点评论。

首先，构造"统一理论"的意图是合理的，也是任何学科理论演进的题中应有之义。例如，史蒂芬·霍金的《时间简史》一书就试图表明，在截然不同的物理学理论之间存在对偶性和一致性，意味着可以寄希望于找到一种"物理学的完全统一理论"，或者说"万物理论"。① 古今中外的人类经济活动，必然有着某种本源性的规律在支配，已有经济学理论对经济活动和发展过程的各种解释，背后也存在着很强的一致性，可见，形成统一的经济学理论既有其可行性，也有其必要性。事实上，经济学领域一直不乏有意识探寻统一理论的个人努力。在我有限的阅读范围内，任教于美国布朗大学的经济学家 O. 盖勒，就在孜孜不倦地构建"统一增长理论"（unified growth theory）②，这可算是这方面一个著名的例子。

还有一种不带主观意识的理论发展路径，表现为经济学向某个本源理论的回归，或者说呈现一种万源归一的学说史倾向。例如，我在阅读经济学文献时发现，托马斯·马尔萨斯作为探讨人口与经济发展关系的先驱，其理论在经济学的演进中始终占据着源头般的地位。从发展经济学来看，他所描述的低水平均衡状态，直接为发展经济学"贫困陷阱理论"奠定了分析基础。同时，他还是最早进行两部门分析的学者，为二元经济发展模型提供了方法论借鉴，而后者又可以说启发了关于人口红利的研究。从宏观经济学角度来看，凯恩斯深受马尔萨斯的影响，把有效需求不足的终极原因归结于人口的停滞，系当今广为流行的长期停滞假说的理论渊源，不啻为经济增长理论添加了需求侧的视角。③

其次，任何人如果意图构造统一的经济学理论，注定应该从发展经济学入手。那些静态不变且不问来龙去脉的理论，只能算是单一的而不是统一的。经济学家天生富有穷根究底的好奇心，终究要受到智力挑战般的诱惑，去探寻长期经济发展问题。有一句通常不加引注的名言，其实出自诺贝尔经济学奖获得者罗伯特·卢卡斯的一篇学术文章。他说："一旦开始思考经济增长及其福利影响这样的长期问题，人们就不再能够心有旁骛。"④ 这不仅仅是由于经济学家固有的好奇心，更是由于这样的事实：经

---

① 史蒂芬·霍金、列纳德·蒙洛迪诺：《时间简史（普及版）》，湖南科学技术出版社 2006 年版。

② O. 盖勒：《统一增长理论》，中国人民大学出版社 2017 年版。

③ 蔡昉：《万物理论：以马尔萨斯为源头的人口-经济关系理论》，《经济思想史学刊》2021 年第 2 期。

④ Lucas Robert，1988，"On the Mechanics of Economic Development"，*Journal of Monetary Economics*，22（1），p. 5.

济活动总是显现相同的动机，经济史中的事件也常常表现出惊人的相似之处。既然人们内在地具有理解经济发展万象的强烈动机，自然会追本溯源，回归到发展经济学上面。于是，无论遭遇过多少兴衰起伏，发展经济学终究还是会复兴，这也是经济学回归初心的必然要求。

鉴于发展经济学自20世纪80年代以来渐趋衰落的事实，除非有足够大的力量，否则难以将其推回到应有的高度。我能够想到的，恰恰有两股这样的力量。其一，主流的新古典经济学之所以有负于我们，与其当年排斥发展经济学的原因完全相同。也就是在市场至上主义意识形态主导下，追求简单而直线般的因果关系，即使是在考虑各种经济发展影响因素的尝试中，也只是从既定的理论和预设的前提出发，选取那些可以产生统计显著性的变量和函数。这种做法对转型国家、发展中国家和受援助欠发达国家的多样且复杂的国情缺乏足够的尊重，遑论改进欠发达国家低收入群体的福祉。因此，即使找到上百个具有统计显著性的变量[1]，对于深刻理解这些国家的发展制约，也难有助益。其二，曾经广为流行的发展经济学，本身具有"统一"的基因。例如，阿瑟·刘易斯的二元经济理论，就是一种以古典经济学为渊源的发展经济学。[2]这种对古典经济学的回归，可以被看作理论趋于"统一"的标志。此外，第二次世界大战后一度百花齐放的发展经济学各流派，相互之间的相似性远大于差异性[3]，内在地具有合而为一的动力和潜力。

再次，检验统一发展经济学的方式，必然是长期的经济发展史。约瑟夫·熊彼特曾经说，人们可以通过三种方式——理论、统计和历史来研究经济问题。不言而喻，这并不意味着研究经济问题的方法是三选一的，正确理解并且作为从事经济研究的正途，应该是以统计数据和历史事实对理论进行检验。例如，如前所述的盖勒正是在其独创的"统一增长"框架下，对人类自走出非洲以后的漫长经济史作出全景画般的叙事。[4]实际上，经济史能够提供最为丰富的自然实验场景及素材。这些卷帙浩繁的发展经验，一方面，可以无限度地扩大经济理论的信息基础；另一方面，也客观地需要

① 参见 Sala-i-Martin，Xavier，1997，"I Just Ran Two Million Regressions"，*American Economic Review*，Vol. 87，issue 2，pp. 178—183。
② Ranis，Gustav，2004，"Arthur Lewis' Contribution to Development Thinking and Policy"，*The Manchester School*，Vol. 72，No. 6，pp. 712—723.
③ Krugman，Paul，1994，"The Fall and Rise of Development Economics"，http：//web. mit. edu/krugman/www/dishpan. html，2020 年 12 月 12 日下载。
④ 奥戴德·盖勒：《人类之旅：财富与不平等的起源》，中信出版社 2022 年版。

一个统一但并不画地为牢的理论予以统领。

最后,"统一"既不应该也不可能以"排他"的方式达到。构建统一的理论,需要极具分寸感地处理好诸多重要的关系,而不是将这些客观存在的关系抛诸脑后。这包括:(1)统一与包络的关系,其中包括分支学科与整合理论的关系,统一的理论应该允许理论创新和百花齐放。换句话说,理论越是包容和包络的,也就越是一体和统一的。(2)方法论本身与叙事方式的关系。也就是说,统一的理论固然强调方法论上的统一性,却并不拒绝多样化的叙事方法。(3)研究出发点的规范性与研究过程的实证性的关系。一方面,特别强调发展的出发点这样哲学层面的理念,例如,阿马蒂亚·森主张,把人的"行为能力"(capacities)作为发展的出发点,是一个建构性、无需实证检验,从而先验地独立存在的命题①,或者按照黛尔德拉·迈克洛斯基的表述,是"关于偏好的偏好:元偏好"。②另一方面,统一理论的构建和完善,也不能离开持之以恒的经验研究和素材积累。(4)发展共性与中国独特经验之间的关系。实际上,对于中国经济学家来说,这种构建统一理论的意图和努力,就是创建和发展中国特色发展经济学的过程,因而也是构建中国哲学社会科学自主知识体系的一项重要任务。

在研究长期发展问题时,我们总是要面对经济事件及其发展过程中极度复杂的挑战。这在某种程度上也反映出,构造统一理论需要考虑诸多的复杂性特征,其中几个显而易见的特征可以概括如下。第一,很多种因素都会影响微观主体的行为,从而影响经济发展的表现。相应地,经济发展本身也需要以众多的特征、从更多的侧面来刻画。第二,始终存在着已有理论解释不了的种种发展现象。无论正面还是负面,各种理论在解释同一现象时都会有差异,甚至也会相互抵牾。第三,不确定性始终是经济发展过程中的确定性,不确定性往往也需要确定的理论予以预测。上述这些挑战,既是在统一理论形成中能够预期到的难点,也恰恰是我们需要统一理论的原因。理论创新的关键就是破除既有的经济学范式,构建一个解释力最大化的理论框架,以及一个崭新的叙事模式。

如同很多叙事性的研究领域一样,经济学观点从来都是见仁见智的。几乎可以肯

---

① Sen, Amartya, 2000, *Development as Freedom*, New York: Alfred A. Knopf, p. 86;蔡昉,《谦虚使人类进步——从〈人类发展报告〉看发展理念的变化》,《读书》2022年第11期。
② 黛尔德拉·迈克洛斯基:《经济学的花言巧语(第二版)》,经济科学出版社2000年版,第39页。

定的是，每个旨在构建"统一理论"的作者，必然会把作品写出迥异于他人的角度和维度。本书就是这无数可能性中的一种。我相信对于作者来说，本书的出版绝不意味着大功告成，相反，这很可能使倪鹏飞研究员陷入卢卡斯式的心无旁骛状态，继续在这个研究领域深耕细作。

是为序。

蔡　昉

中国社会科学院学部委员

中国社会科学院国家高端智库首席专家

2024 年 6 月 10 日

前　　言

人类经济已经经历了漫长、连续、非线性的发展，但截至目前的经济理论还没有全面解释从人类起源到现代社会的规模增长和结构变迁。发展经济学主要聚焦于发展中国家的经济问题，而现代经济增长经济学则利用成本收益分析工具，研究了市场经济制度下发达国家的经济增长。尽管现代经济增长经济学借鉴了经典物理学中要素投入与产出的概念，但由于制度、物质等不同要素的异质性，无法完全实现投入要素的兼容和内生，因此无法全面解释不同历史时期的经济发展。为此，本书提出了一个统一解释人类长期经济发展的新理论——统一发展经济学，并对人类长期经济发展的事实进行解释。

统一发展经济学借鉴了物理学与心理学中力量的思想，创立了力量分析工具，并打开了生产函数的"黑箱"，提出了一个经济发展的三角形框架，该框架认为：经济发展是各类投入资产质能转换为产出资产的过程与各类资产决定经济主体能动力进而支配其行为的过程的统一；除了同类要素可以创造或转换为同类产品外，不同资产还通过影响经济主体的预期和偏好进而形成能动力来影响不同类要素向不同类产品的转化，从而实现不同要素在决定产出时的兼容，以及资产、主体的偏好和预期、行为和分布关系的内生。

统一发展经济学不仅能够解释古代经济的长期停滞和现代经济的加速发展，还能解释经济发展速度由缓慢到加速的转变过程，以及每种要素在特定关键发展阶段对其他要素发展的重大影响。例如，知识的质能不守恒及其边际报酬递增的特性，导致了随着经济发展中"干中学"及专业知识的创造，人力资本和科学技术会不断增长和积累，使得经济从缓慢走向快速发展；同时，由于人口、物质、知识资产对经济发展的重要性发生变化，经济主体对这些资产的偏好和预期收益也会随之改变，从而引起这些资产的增长速度出现差异。又如，制度文化并不直接引起产出的变化，而是通过影响经济主体与经济组织在将投入资产转化为产出资产过程中的预期与偏好、间接导致产出的变化。同时，尽管某些经济组织与经济空间的发展可能会由于制度文化而滞后，但长期中不同经济组织和经济空间之间的竞争与合作等交互行为将推动它们实现差异化的共同发展。如此等等，过去许多困扰新古典经济学的问题，统一发展经济学给出了合理回答。

统一发展经济学并非完全否定新古典经济学，而是利用力量分析的新工具，构建了一个新的理论逻辑体系，它不仅在某些方面与新古典经济学互相印证，而且前溯了其前提假定，深入探讨了经济发展的本质，以及各类经济构成要件的新关系，从而弥补了新古典经济学的一些不足。统一发展经济学在理论上借鉴了物理学统一力量的思想，旨在用经济力量分析来统一解释经济发展。在术语使用上，统一发展经济学尽量采用中国古今的经典术语，这也是自主创新的一个体现。

本书坚持"以事实为依据，用逻辑说服人"，主要从定性分析的角度论证了统一发展经济学的理论体系。本书首先简要介绍了统一发展经济学的总体框架和力量分析工具；其次，按照经济构成要件形成的逻辑体系，从经济体系中各个要件相互决定的视角，对理论展开解析，包括经济发展的前提假设、经济发展的交互行为、经济发展的组织主体、经济要素发展（包括物质、人口、人力资本、科技、货币、制度），以及分布发展（包括经济部门、时间与空间结构的发展）；最后，对经济总量的发展进行了分析。在分析每个经济要件时，本书从特征事实出发，在回顾相关研究文献的基础上，构建了理论框架（具体包括不同经济要件的本质特性、决定因素和决定机制），然后用这一理论框架解释了这些经济要件的历史发展。

ABSTRACT

The human economy has undergone a long, continuous, and nonlinear development. However, the economic theory has not yet comprehensively explained the scale growth and structural changes from human origins to modern society. Development economics primarily focuses on the economic issues of developing countries, while modern economic growth economics employs cost-benefit analysis tools to study the economic growth of developed countries under market economic systems. Although modern economic growth economics borrows the input-output concepts from classical physics, due to the heterogeneity of elements such as institutions and materials, it cannot fully achieve compatibility and endogeneity of input factors, and thus cannot fully explain economic development across different historical periods.

Unified development economics draws from the concept of forces in physics and psychology, creating a force analysis tool and proposing a triangular framework of economic development. This framework posits that economic development is a process where the quality-energy transformation of various factor assets into output assets combines with the decision-making behavior of economic entities driven by the forces of these assets. In addition to the same factors creating or converting similar products, different assets influence the expectations and preferences of economic entities, thereby affecting the conversion of similar factors into similar products. This enables compatibility of different factors in determining output and endogeneity of the relationships between factors, entities, preferences, expectations, behaviors, and distributions.

Unified development economics can explain both the long-term stagnation of ancient economies and the accelerated development of modern economies. It also accounts for the transition from slow to rapid economic development and the impact of each factor on the development of other factors at major developmental stages. For example, with the growth of human capital and technology, people's emphasis on population, materials, and knowledge changes, which in turn affects their preferences and expectations, leading to differences in the growth rates of population, materials, human capital, and technology. Additionally, institutional culture does not directly increase or decrease the output of population, materials, technology, and human capital, but rather influences the expected returns and preferences of labor and organizations, thereby affecting the enthusiasm for conversion among economic entities. While some regions may experience stagnation due to institutional culture, the competitive and cooperative interactions between different organizations and spaces will drive differentiated yet common development in the long term.

Unified development economics does not completely negate neoclassical economics but constructs a new theoretical logic system from the perspective of force analysis. It not only verifies neoclassical economics in certain aspects but also delves into the essence of economic development and new economic relationships, addressing the shortcomings of neoclassical economics. This theory borrows the idea of the grand unified forces from physics, aiming to use economic force analysis to provide a unified explanation of economic development. In terms of terminology, unified development economics strives to use classic Chinese terms, reflecting independent innovation.

This book adheres to the principle of "basing arguments on facts and persuading with logic," mainly explaining the theoretical system of unified development economics from a qualitative analysis perspective. It first briefly introduces the overall framework and force analysis tools of unified development economics, then analyzes according to the logical system formed by economic components, including the development of economic interactive behaviors, economic entities, and economic factors (including materials, population, human capital, technology, currency, and institutions), as well as distribution development (including sectoral, temporal and spatial development). Finally, it analyzes overall development. In analyzing each component, the book starts from characteristic facts, reviews relevant research literature, constructs a theoretical system, and uses related theories to explain the historical development of these components.

目　录

11

12

13

CONTENTS

11

12

13

回归发展经济学的本意

　　人类经历了数万年的繁衍生息,人类财富在逐渐增加,生活水平在逐渐提高,但是不同时间和不同空间下,人们的财富与生活水平也存在很大的差异。人类如何更快更多地创造财富并提升生活水平,这是个迷人、永恒、重大的科学课题。

1.1　经济发展的特征事实

1.1-1　经济发展的核心共识及数据变化

　　经济学在衡量经济发展时,普遍使用财富资产或者生活水平概念,一般来说,财富包含人口财富、物质财富和精神财富三种。观察人类经济发展过程中的这些财富和资产变化可以发现如下特点。

　　人口数量的发展正在经历从缓慢加速到快速加速再到减速增长的过程。据估计①,自智人产生以来,有1 080亿人口在地球上生活过。世界人口经历了从缓慢到快速的增长:公元前30万年约1万人,增至公元前1万年的400万人。从9世纪的2.5亿人增至1803年的10亿人,用时约1 000年。20世纪前半叶,人口从10亿增至40亿,用

① 参见 Haub, C., 1995,"How Many People Have Ever Lived on Earth?", *Population Today*, 23(2):4—5。

时不到 100 年。到 2024 年,预计达到 80 亿。1962 年,人口增长率峰值为 2.1%,此后逐渐放缓。同时,人类平均寿命从古至今持续提升:公元前 275 年平均寿命为 26 岁,到 2000 年增至 65.5 岁。

物质资产的数量也随时间经历了从缓慢增长到快速增长再到减速增长的过程。在 GDP 等经济指标发明后,经济学者倾向于使用 GDP 和人均 GDP 来描述短期和长期的经济增长,但 GDP 更多地体现了物质财富的增长。根据麦迪逊(Madison,2001)的数据,从公元元年到 1820 年,世界经济增长率逐渐从 0.01% 提升至 0.32%。此后,增长率进一步上升,1820 年至 1973 年间最高达到 4.91%,至 2000 年又放缓至 3.02%(表 1.1)。

表 1.1　世界 GDP(经济)增长趋势(公元元年至 2000 年)

时　间	世界经济增长率(%)	时　间	世界经济增长率(%)
0—500 年	0.01	1820—1870 年	0.93
500—800 年	0.01	1870—1913 年	2.11
800—1000 年	0.03	1913—1950 年	1.85
1000—1500 年	0.15	1950—1973 年	4.91
1500—1820 年	0.32	1973—2000 年	3.02

资料来源:Madison(2001)、世界银行《2003 年世界发展指标》。

精神财富即知识的发展,在经历缓慢加速、快速加速的过程。长期以来,众多学科在讨论人类长期发展包括经济发展的时候,更多地强调文明或者文化进步,并普遍采用重大科学技术发明等指标来标识人类的不同发展阶段,这表明人们普遍认同知识增长是人类真正的发展。以材料技术的发展为例,人类文明曾以材料使用来划分旧石器时代、新石器时代、青铜器时代、铁器时代等。石块、泥土、树木等主导的天然材料时代(即旧石器时代),大约持续了 300 万年,陶、铜和铁等主导的火制材料时代(即新石器、铜器和铁器时代),大约持续了 1 万年;人工合成塑料、金属陶瓷、形状记忆合金等分别主导的合成材料时代、复合材料时代和智能材料时代持续了 100 年。材料发展史体现了显著的科学技术加速进步的特征。几乎所有的科学技术知识都呈现出加速创造和积累的特征。

1.1-2　经济学者深入研究而提炼的特征事实

关于人类经济发展尤其是工业革命之前的历史轨迹,由于缺乏连续可靠的历史数据证实,其实存在着很大的争议,但也具有一些基本的共识。一些致力于经济发展研究的经济学者尝试从不同时间、空间及指标出发,提出并刻画了各自观察的经济发展特征事实判断。

(1) 马尔萨斯陷阱。布罗代尔(Fernand Braudel)首次使用"马尔萨斯陷阱"概念,认为人类社会长期存在基于马尔萨斯人口理论所推断的生活水平长期不变、人口增长到一定界限会自动萎缩的长期停滞现象(图1.1)。像生物界的消长方式一样,人类社会以简单再生产或克隆的方式来组织生产,人口和人均收入都处于停滞状态。经济学界普遍认为,无论是作为整体的世界经济还是不同的国家和区域,在经济增长史上都曾经存在着长期的停滞(布罗代尔,1997)。

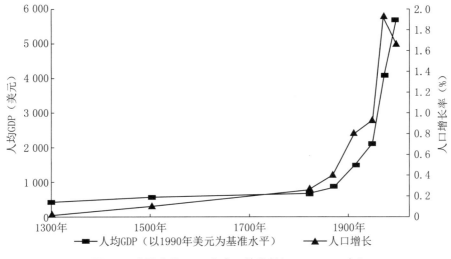

图 1.1 世界人均 GDP 和人口的增长(1300—2000 年)

资料来源:Galor(2005)。

(2) 诺特斯坦事实。诺特斯坦(Notestein, 1945)提出"人口转型"的概念,从人口增长的角度,将人类社会发展以工业革命为坐标作划分,即分成:出生率和死亡率都很高、人口增长缓慢的前工业化社会;医疗进步、寿命延长、出生率继续保持在很高水平,人口规模扩大的工业化阶段;出生率持续下降并与死亡率持平,人口增长趋缓并停滞的后工业化阶段。并且,将人口增长经历的高死亡率与高出生率到低死亡率与高出生率,再到低出生率与低死亡率的转变,称为人口转型(图1.2)。

(3) 库兹涅茨事实。库兹涅茨(Kuznets, 1971)收集整理了 20 多个国家的数据,通过对国民收入和劳动力在产业之间分布结构演变趋势的统计分析提出,随着时间的推移,农业部门的国民收入在整个国民收入中的比重和农业劳动力在全部劳动力中的比重处于不断下降之中;工业部门国民收入在整个国民收入中的比重大体上是上升的,但

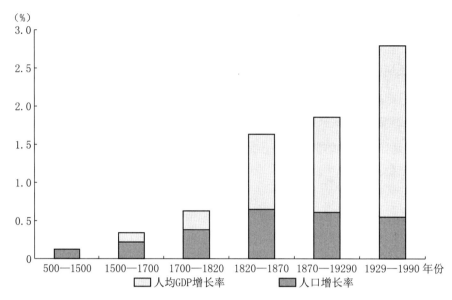

图 1.2　西欧经济增长与人口转型

资料来源：Weisdorf(2004)。

工业部门劳动力在全部劳动力中的比重则大体不变或略有上升；服务部门的劳动力在全部劳动力中的比重基本上都是上升的。

（4）卡尔多事实。尼古拉斯·卡尔多(Kaldor, 1961)基于 20 世纪经济学对经济增长的研究，提出了六个"典型化事实"。劳动生产率以稳定的速率不断提高，人均资本以稳定的速率不断增长，实际利率或资本回报率保持稳定，资本产出比保持稳定，资本和劳动在国民收入中的份额保持稳定，快速发展的世界各个国家的经济增长率存在 2%—5%的显著差异。

（5）盖勒事实。基于马尔萨斯陷阱和卡尔多事实，一些经济学家(Becker, Murphy and Tamura, 1990；Galor and Wei, 1999；Hansen, 2002)提出：人类经济增长存在三个模式，即马尔萨斯陷阱阶段、后马尔萨斯阶段和卡尔多事实阶段，并认为马尔斯陷阱和卡尔多事实阶段是经济增长的稳态，后马尔萨斯阶段是转移动态。

（6）卢卡斯事实。卢卡斯(Lucas, 1988)基于主要国家的历史数据提出，各国收入产出和增长率之间的相关系数应该接近于零，最贫穷国家的增长最为缓慢，最富裕国家的增长次之，中等收入国家的增长最快。主要发达国家的人均产出增长率和人均产出水平之间表现出一种"倒 U 型"的关系事实，它们在经济起飞前、起飞中和起飞后，分别经历了缓慢增长、高速增长和低速增长的变化。

表 1.2　世界主要国家人均 GDP 的增长

	0—1000 年	1000—1500 年	1500—1820 年	1820—1870 年	1870—1913 年	1913—1950 年	1950—1973 年	1973—1998 年
奥地利			0.17	0.85	1.45	0.18	4.94	2.1
比利时			0.13	1.44	1.05	0.7	3.55	1.89
丹麦			0.17	0.91	1.57	1.56	3.08	1.86
芬兰			0.17	0.76	1.44	1.91	4.25	2.03
法国			0.16	0.85	1.45	1.12	4.05	1.61
德国			0.14	1.09	1.63	0.17	5.02	1.6
意大利			0	0.59	1.26	0.85	4.95	2.07
荷兰			0.28	0.83	0.9	1.07	3.45	1.76
挪威			0.17	0.52	1.3	2.13	3.19	3.02
瑞典			0.17	0.66	1.46	2.12	3.07	1.31
瑞士			0.17	1.09	1.55	2.06	3.08	0.64
英国			0.27	1.26	1.01	0.92	2.44	1.79
12 国合计			0.15	1	1.33	0.83	3.93	1.75
葡萄牙			0.13	0.07	0.52	1.39	5.66	2.29
西班牙			0.13	0.52	1.15	0.17	5.79	1.97
其他			0.15	0.72	1.28	0.87	4.9	2.39
西欧合计	−0.01	0.13	0.15	0.95	1.32	0.76	4.08	1.78
东欧	0.00	0.03	0.1	0.63	1.31	0.89	3.79	0.37
苏联	0.00	0.04	0.1	0.63	1.06	1.76	3.36	−1.75
美国			0.36	1.34	1.82	1.61	2.45	1.99
其他西方衍生国			0.2	2.29	1.76	1.14	2.52	1.64
西方衍生国合计	0.00	0.00	0.34	1.42	1.81	1.55	2.44	1.94
墨西哥			0.18	−0.24	2.22	0.85	3.17	1.28
其他拉丁美洲国家			0.13	0.25	1.71	1.56	2.38	0.91
拉丁美洲国家合计	0.00	0.01	0.15	0.1	1.81	1.43	2.52	0.99
日本	0.01	0.03	0.09	0.19	1.48	0.89	8.05	2.34
中国		0.06	0	−0.25	0.1	−0.62	2.86	5.39
印度		0.04	−0.01	0	0.54	−0.22	1.4	2.91
其他亚洲国家（地区）		0.05	0	0.13	0.64	0.41	3.56	2.4
亚洲合计（不包括日本）	0.00	0.05	0	−0.11	0.38	−0.02	2.92	3.54
非洲	0.00	−0.01	0.01	0.12	0.64	1.02	2.07	0.01
世界	0.00	0.05	0.05	0.53	1.3	0.91	2.93	1.33

　　注："西方衍生国"通常指的是那些在西方文化和价值观的影响下发展起来的国家。一般来说，西方衍生国主要包括欧洲国家、北美国家、澳大利亚、新西兰等。

　　资料来源：Madison（2001）。

（7）新卡尔多事实。在卡尔多事实以及20世纪数据"事实"的基础上,查尔斯·琼斯和保罗·罗默(Jones and Romer,2010)提出了六个新的卡尔多典型化事实,并试图提出新的分析框架:市场范围的扩大,即全球化和城市化促进了货物、创意、资金、人员的流动,进而扩大了所有劳工和消费者的市场范围;加速增长,即几千年来,人口和人均GDP的增长在加速,从几乎为零增加到20世纪观察到的较快增长;现代增长速度的差异,即人均GDP增长速度的差异随着与前沿科技水平的差距增加而增大;较大的收入和全要素生产率(TFP)差异,即投入的不同只能解释人均GDP跨国差异中的不到一半;工人人均人力资本增加,即世界各地的人均人力资本大幅度增加;相对工资的长期稳定,即人力资本相对于非熟练工人而言不断增加,但这种量的增加并没有造成其相对价格的不断下降(表1.2)。

（8）尼尔森事实。尼尔森(Nielsen,2016)通过过去12 000年世界人口增长数据的采集和分析认为,人口是单调增长的。有三个大致确定的双曲线增长时期,分别是公元前10000—公元500年、公元500—1200年和公元1400—1950年。有三个人口转变时期,其中公元前500—公元500年、公元1200—1400年处在持续双曲线轨迹之间,而1950年至今还不确定。同时,通过GDP的历史数据分析可以发现,GDP遵循双曲线分布单调增长;人均GDP分布遵循GDP和人口双曲线分布比率所表示的分布,也是单调增长,没有停滞,也没有激增。所以,经济增长是由单一的增长力量推动的。

这些研究虽然指出了一些经济发展指标过去增长的事实,例如1800年之后的所有财富及生活水平的加速提升,人口与经济的不断转型,但也存在相互矛盾的表现。探索人类经济发展长期表现以及内在的发展规律,除了进一步挖掘过去的大数据的蛛丝马迹,以便复原历史的本来面目,更重要的是从长期经济发展的经验共识中,探索和构建能够解释过去和预测未来的发展经济学理论。

1.2 经济发展的文献回顾

1.2-1 经济发展理论的渊源

经济发展是一个国家或地区实现繁荣和富强的重要目标,各国在这方面积累了丰富的经验和思想。虽然以发展中国家的政治、经济、社会、文化的发展问题为对象,探讨其现代化的理论、模式、战略方针乃至具体政策的狭义经济发展理论,产生于20世纪60

年代,但是研究人类经济发展的思想和理论源远流长。

1. 前古典经济增长与发展理论

在西方,增长理论很可能在亚当·斯密之前就已有先驱研究涉猎(Dorfman, Samuelson and Solow,1987)。古希腊的学者色诺芬(Xenophon)已经认识到了专业化、分工、人口规模和市场等对劳动生产率具有提高作用(色诺芬,2011)。而柏拉图(Plato)将分工作为《理想国》的理论基础,提出分工使人精专一业,增加产量,互助使人结成团体,进而形成国家。其后的罗马及欧洲中世纪的经济学者主要关注财富的分配,而很少关注财富的增长。

15世纪至17世纪中叶,欧洲重商主义者把促进经济增长和增进国民财富作为研究主题,最早提出相对系统但片面的经济增长思想。他们认为,财富等同于货币,通过直接扩大国内金银的供给数量和对外贸易可以增加财富。威廉·配第(William Petty)的许多思想闪烁着科学与智慧的灵光。他认为,"劳动是财富之父,土地是财富之母",分工促进劳动生产率提高,是经济增长的源泉。从事生产性劳动的人口规模对经济增长和富裕产生重要作用,科学和技术发明会使财富得到成倍的增长,经济发展中三次产业的重要性和比重都是不断变化的。

重农学派代表弗朗斯瓦·魁奈(Quesnay,1758)①认为,农业领域能增加物质财富,是由于在农业生产过程中各种自然力参加了工作,进行了创造。而其他经济部门并没有使物质资产本身增加,从而也没有创造和增加财富。魁奈发表《经济表》,分析了总产品简单再生产的过程,这也是经济史上第一个经济增长模型。

大卫·休谟(Hume,1752)②认为,生产力提高主要来源于比较利益的开发,生产力由产业规模决定,产业规模由内外贸易的规模决定,贸易是双边互利的,国家繁荣取决于真实要素而非贸易顺差等。"后进赶上先进"是由于低工资和科技进步的潜力,而不是以先进国的损失为代价,等等。

在东方,中国古代经济思想家,多从政权统治出发提出经济对策,揭示经济发展规律的经济理论相对缺乏。

在重农与重商的问题上,战国时期的李悝最早提出"重农抑商"的政策主张。这一政策思想在漫长的古代社会长期居于主导地位,并不断被强化。该主张认为,农业所生

---

① 中译本参见魁奈:《魁奈〈经济表〉及著作选》,华夏出版社2006年版。
② 中译本参见大卫·休谟:《休谟经济论文选》,商务印书馆1984年版。

产的耕织产品是最为重要的财富,因此必须重视农业生产的发展,重视土地的开垦和农业劳动力的利用。这虽然在一定时期内有其合理性,但违背了经济发展规律,严重阻碍了经济发展。与此同时,重视商业或农商并重的政策也被一些思想家和决策者所短期秉持和采用。西周时期的姜尚提出的"通商工之业,便鱼盐之利,而人民多归齐,齐为大国",反映出当时社会重视发展工商业。①春秋时期管子重视工商业发展,提出"设轻重鱼盐之利,以赡贫穷,禄贤能,齐人皆说"。②春秋末年的范蠡提出"农末俱利"的经济思想。③西汉时期的桑弘羊主张以商富国,进行对外贸易,赚取外国财富。东汉的王符提出农工商皆有本业的论点。明末清初唐甄在《潜书》中提出:"夫富在编户,不在府库。若编户空虚,虽府库之财积如丘山,实为贫国,不可以为国也。"明末清初的黄宗羲认为农、工、商都是本,都要积极发展。

在"国富"与"人富"的关系上,《尚书》中有"裕民""惠民"的观点,《周易·益》则有"损上益下,民说无疆",它们都把重视人民的利益视为统治者的德政。春秋时期的荀子提出"上下俱富"的思想,认为"下贫则上贫,下富则上富"。④管仲、商鞅认为民富不可使。但韩非子提出"足民何可以为治"。⑤司马迁主张因顺人民自由求富的愿望,发展农工商虞,达到"上则富国,下则富家"。⑥桑弘羊认为民饶则偕侈,富则骄奢,反对富民。宋代李觏认为实行一夫百亩制,就能使人尽力,地尽利,从而国实民富。明代丘濬在《大学衍义补》中提出:"富家巨室,小民之所依赖,国家所以藏富于民者也。"

在政府与市场的关系上,虽然多数时间都强调政府对经济和社会的管控,但有一些时期奉行"无为而治""休养生息"的黄老思想。西汉时期的桑弘羊主张国家政权直接经营商业,获得商业利润。清初唐甄主张"圣人无生财之术,因其自然之利而无以扰之,而财不可胜用矣"。

在中国古代,尽管没有经济发展的系统理论,但从民间谚语中也可以捕捉到古人的经济思想与智慧。例如,"熟能生巧"强调专业化和分工对财富创造的作用;"艺多不压身"强调科学技术和人力资本对财富创造的影响;"有文不长穷,无文不长富"则说明知

---

① 司马迁:《史记·齐太公世家》,中华书局 1959 年版。
② 杜佑:《通典》(第五册),中华书局 1988 年版。
③ 司马迁:《史记·货殖列传》,中华书局 1959 年版。
④ 王先谦撰,沈啸寰、王星贤点校:《荀子集解》(上),中华书局 1988 年版。
⑤ 陈奇猷:《韩非子集释》,上海人民出版社 1974 年版。
⑥ 司马迁:《史记·货殖列传》,中华书局 1959 年版。

识文化对财富增长的长期影响。"一根筷子易折断,十双筷子抱成团"反映民间对规模经济的理解;"不患寡患不均"反映出收入分配制度的作用和意义;"两害相权取其轻,两利相权取其重"反映了比较优势的思想;"一劳永逸"反映的是知识报酬递增。

总之,上述有关经济发展的萌芽思想,研究对象主要是每个时代相对先进发达的国家或地区,研究内容大多与经济增长有关,不仅包含了传统社会里经济发展关键因素的解析,而且蕴含着现代社会里经济发展因素的提点,但总体是一些零碎的思想,缺乏系统性和全面性。

2.古典经济增长与发展理论

在批判重商主义和重农学派,继承配第等人经济增长思想传统的基础上,西方古典学者将增长与发展作为主要问题进行了深入研究,形成了相对系统的经济增长与发展思想。

亚当·斯密是最早具有科学系统的增长思想的学者。他将"分工"作为"国民财富的性质和原因"的逻辑起点,根据历史事实论证了"财富源于分工"的观点,认为经济增长主要表现在国民财富的增长上并指出:一国国民所需要的一切必需品和便利品供给情况的好坏,应当视社会每年消费一切必需品和便利品对消费人数的比例大小而定,实质上是将人均收入作为衡量一国社会经济状况的指标。其来源取决于两个条件:一是专业分工促使的劳动生产率的提高,二是劳动者数量的增加和质量的提高。资本积累可以使资本存量扩大,从而使得劳动力数量扩大,市场容量扩大使分工加深及劳动效率提高。两者联系在一起,促进经济增长。基于斯密定理,即财富增长由劳动分工决定,新的劳动分工取决于市场的扩大,形成了凭借持续引进新的分工而自我维持的增长理论。斯密还从企业的角度说明了报酬递增及其产生过程:分工加速知识积累及科学技术变迁,成为报酬递增永不枯竭的源泉。分工作为经济进步因果累积,体现出报酬递增的循环机制。但动态的分工累积以及以知识积累体现的科学技术变迁,必然导致垄断的出现,因而静态的竞争均衡是不相容的。这也正是斯密定理的两难困境之所在。在贸易促进经济增长这一点上,他提出了绝对优势理论,认为国际贸易的原因是国与国之间的绝对成本的差异,各国都应按照本国的绝对优势形成国际分工的格局,各自提供交换产品。

马尔萨斯(Malthus,1789)[1]提出人口论:人类的性本能决定了人口会以几何级数

---

[1]　中译本参见马尔萨斯:《政治经济学原理》,商务印书馆 1962 年版。

增长,而土地有限会导致报酬递减,因而以食物为代表的生活资料只能以算术级数增长,从而导致经济增长衰退。虽然人口增长能够推动经济增长,但是经济增长又反过来促进人口增长。经济增长除了受人口影响,还受到资源约束,从而使得其边际递减,所以经济增长将在短期内存在波动,长期处于停滞状态。他的理论可以解释主宰人类绝大部分历史时期的经济增长问题,但是无法合理解释现代经济的持续增长。马尔萨斯认为,人类的天性不一定会使人们愿意尽量扩大他们的消费,那些生产得多、消费得少的工厂主和商人的意愿是生产而不是消费。同时,生产技术的限制使新的投资只能生产出旧品种的消费品,而生产不出新品种的消费品,可是原有品种的消费品又迟早要趋于饱和。如果积累的速度很快,而由积累带来的新增消费品又多是趋于饱和了的旧消费品,那么这也会导致消费落后于生产。并且,导致需求不足即生产超过消费的因素有两个:一是过度积累,二是机器使生产超过消费。

大卫·李嘉图(Ricardo,1817)[1]的经济增长理论则主要体现在他的资本积累和再生产学说之中。他认为,增加积累是扩大生产的必需选择,刺激企业家增加积累要靠利润的增长;进而,他认为分配(利润)乃是经济学研究的主题。而提高劳动生产率促进了利润增加进而经济的增长。他同时认为,土地收益报酬递减将导致增长边际递减。在部门和空间的选择上,他提出了比较优势理论。如两个国家(或地区)中的一个能以较低的成本生产某种产品,它们之间的地域分工和贸易就会使双方均有利,从而各个地区都得到发展。李嘉图(Ricardo,1817)[2]认为:人类的欲望和爱好是无限的。人的天性决定人的消费欲望是无穷的,购买的愿望是无限的,无论何时,只要有消费力量,就会有消费欲望。虽然人们对必需品的消费是有限的,但对享用品的消费是无限的,会尽量追求享用品的消费。人们从事生产不过是为了满足无限的消费欲望,有了资本,就一定能生产出人们愿意消费的各种消费品,生产不会受到科学技术和资源的限制。

弗里德里希·李斯特(Lester,1841)[3]认为财富表现为交换价值,但决定于生产力,必须综合权衡当前财富存量与未来财富的获取。他认为经济发展是一个过程,每个国家都必须经历原始未开化、畜牧、农业、农工业及农工商业时期。在不同阶段,国家必须采取相应的政策,经济才能获得迅速发展。他从保护幼稚产业的角度重点分析了发展中国家的经济增长路径,认为国家之间的贸易必须综合考虑影响国家经济发展的现

---

[1][2] 中译本参见李嘉图:《政治经济学及赋税原理》,商务印书馆1962年版。
[3] 中译本参见弗里德里希·李斯特:《政治经济学的国民体系》,商务印书馆1961年版。

在和未来因素,落后国家应该牺牲一些眼前的贸易利益,依靠贸易保护政策,使国内重要的幼稚产业的生产力达到发达国家的水平,然后再到国际市场上参与竞争,先前的牺牲会得到补偿;从长期来看,这可以增加本国财富。

萨伊定律则提出了三个方面的观点:第一,供给创造其自身的需求,即产品生产本身能创造自己的需求。第二,安全自由的市场调节使得社会总需求始终等于总供给的均衡状态。供求失衡是局部和暂时的。第三,货币仅是流通的媒介,商品买卖不会脱节。萨伊定律的应用主宰整个古典学派的思想和主流经济思想直至凯恩斯的《通论》出版,但在现实中却出现了生产过剩的经济危机。这些思想实际潜藏在穆勒的著作中(Mill,1848)。[①]

约翰·穆勒是古典学派的最后一位代表。他认为经济增长受劳动、资本、土地、生产效率、教育水平、所有权制度、分配制度、习俗等多种因素影响。他继承并发展了马尔萨斯的人口控制思想,甚至提出了"生育控制"的一些措施,还在其"非理性预期"中,论述了经济周期对经济增长的影响。在政府与市场的关系上,穆勒主张在自由放任和政府干预之间进行调和折中,认为有些事情政府应当干预,有些事情政府不应当干预。

3. 古典经济学到新古典经济学的转型

从约翰·穆勒到凯恩斯将近 100 年的时间里,经济增长理论进入"静态的插曲"阶段,但马歇尔和熊彼特等对增长与发展理论做出了巨大贡献。

古典经济学的发展自阿尔弗雷德·马歇尔的《经济学原理》实现了到新古典经济学的转型。阿尔弗雷德·马歇尔(Marshall,1890)的经济增长模型认为,一国工人数量、工人平均效率、财富数量、地表上下自然资源肥力、生产技术水平、公共安全状况决定了该国的经济增长。同时,他把知识和教育引入生产要素之内,认为知识促使经济增长,"把公私资金用于教育之是否明智,不能单以它的直接结果来衡量。教育仅仅当作是一种投资,使大多数人有比他们自己通常能利用的大得多的机会,也将是有利的"。马歇尔不完全赞同李嘉图的报酬递减规律,恢复了以斯密为代表的古典经济学关于报酬递增的许多理论。在处理斯密定理的两难困境和规模报酬递增上,提出了外部经济和内部经济的概念。但他为了避免内部经济的差异将瓦解竞争均衡,作出了强制性假设,使外部经济成为规模报酬递增的唯一源泉,即行业产出扩大也会产生外部经济,使得厂商

---

① 中译本参见穆勒:《政治经济学原理及其在社会哲学上的若干应用》(上卷),商务印书馆 1991 年版。

实现规模报酬递增,这是增长外溢模型的思想来源。但从内部经济和外部经济的区分中来考察产业进步过程的性质必然带有片面性,使得产业进步过程的一些方面得到了阐释,另一些重要方面仍不清楚。这些因素对厂商生产的全体影响表现为规模报酬递增,所以,经济增长与规模报酬递增相联系。

约瑟夫·熊彼特(Schumpeter,1934)创立了一套用经济体系内部因素来说明经济动态现象的"动态的经济发展理论"。他认为,经济发展是指创新或整个资本主义社会不断实现"新组合",是"来自内部自身创造性的关于经济生活的一种变动"。"创新"的经济发展逻辑是持续创新,持续破坏,持续优化,持续发展。创新引起模仿,模仿打破垄断,刺激了大规模的投资,引起经济繁荣,当创新扩展到相当多的企业之后,盈利机会趋于消失,经济开始衰退,期待新的创新行为出现。整个经济体系将在繁荣、衰退、萧条和复苏的周期性运动过程中前进。企业家是推动经济发展的主体,信用制度是企业家实现创新的经济条件,创新的主要动力来自科技发展。

阿伦·杨格(Young,1928)发展了斯密的分工促进经济增长和规模报酬递增的思想;他认为,规模报酬递增取决于劳动分工的发展,现代形式的劳动分工的主要经济是以迂回或间接方式使用劳动所取得的经济。劳动分工取决于市场规模,而市场规模又取决于劳动分工,从而分工决定分工。经济进步的可能性就存在于上述条件中,人们除了获取新知识,取得进步外,也可以取得这种经济进步的可能性,不论他们所追求的是经济利益,还是非经济利益。

约翰·凯恩斯(Keynes,1936)基于当时的经济现实,否定了供给创造需求的萨伊法则,以有效需求原理为逻辑起点,以充分就业问题为中心,创立了宏观经济学。他认为,社会的就业量取决于有效需求,但无论从先验的人性看,还是从经验事实看,都存在一个确定不疑的基本心理法则,即边际消费倾向是递减的。随着收入的增加,消费也在增加,但在增加的收入中,用于消费的部分所占的比重越来越少。同时存在资本边际效率递减和流动性偏好的法则,导致有效需求不足。凯恩斯建议政府实施积极干预,通过刺激需求,促进经济增长。但是凯恩斯理论的结果是经济会陷入滞胀,这显示了他的理论在解释发展上存在深层次的问题。凯恩斯的边际消费递减规律是在一定预算约束下,基于利益最大化的追求,而做出的长期消费与投资的权衡,并不是真正意义上的边际消费递减。

进入20世纪40年代,随着哈罗德和多马相继提出动态的古典经济增长理论,对经济增长理论的研究进入了新一轮热潮。

哈罗德(Harrod，1939)和多马(Domar，1946)在凯恩斯短期均衡的基础上,基于资本劳动比不变、资本产量比不变以及技术不变的假定,构建长期均衡的模型,提出了动态的古典经济增长理论,聚焦于资本和劳动来解释经济增长,强调储蓄或资本形成是经济增长的决定性变量。投资具有双重效应,既增加需求也增加供给。他指出,实际增长率、保障增长率和自然增长率几乎不可能是刀刃上的均衡,短期和长期波动是常态。这意味着经济增长从本质上是不稳定的,政府干预不可避免。哈罗德-多马模型弥补了凯恩斯静态分析的缺陷,奠定了现代经济增长理论的基础。但把劳动力和技术都作为经济增长的外生变量,且假设过于苛刻。

总之,在 20 世纪 50 年代以前,经济增长和经济发展是合二为一的。经济发展的内涵是国家财富增加、劳务生产增大,以及人均国民生产总值提高。此阶段研究的对象主要是发达国家,没有对发展中国家的研究。研究内容主要是经济增长问题,没有经济增长以外的系统性和全面性的论述。它重视分工与贸易的作用,虽然包含了规模报酬递增的思想,但更重视物质要素及其重组,强调规模报酬递减,忽视了知识技术及连续性。

1.2-2　经济发展理论的形成

张培刚(Chang，1949)最早从农业国家的工业化的视角,探讨了发展中国家的经济增长与结构转型问题,掀开了经济发展理论的序幕。二战以后,一些摆脱殖民获得独立的国家,虽然人均国民生产总值迅速增长,但是社会、政治和经济结构并未得到相应改善,贫困及收入分配不公现象仍十分严重。于是,20 世纪五六十年代,研究在经济增长基础上,一个国家经济与社会结构现代化演进过程的经济发展理论开始产生,并与经济增长理论区别开来,此类研究主要有三大流派。

1. 结构主义学派

结构主义学派是研究发展中国家经济问题的前驱,强调资本积累、工业化、计划化和政府干预,批判新古典主义,但不照搬凯恩斯主义。代表性学说主要有二元经济理论、"中心-外围"理论、大推动理论、"贫困的恶性循环论"、起飞理论及平衡增长论与不平衡增长论。

阿瑟·刘易斯(Lewis，1956)[①]等提出了二元经济理论,对增长与转型的机制作出

---

① 　中译本参见威廉·阿瑟·刘易斯:《经济增长理论》,商务印书馆 2011 年版。

了经典的分析,强调物质资本的作用。在劳动无限供给、二元经济结构和现代工业部门的工资水平取决于传统农业部门的工资水平的假设下,产出剩余越多,资本形成越大,农业过剩劳动力转移越快,经济发展越迅速。该理论认为,经济发展会经历两个不同阶段:第一个阶段的工业资本较小,无力吸收全部剩余劳动。第二阶段的资本增长赶上劳动供给,两个部门的收入将随劳动边际生产率的提高而上升,二元经济也逐步变为一元经济。

罗格纳·纳克斯(Nurkse,1953)坚持供给创造需求的萨伊法则,以杨格的"循环累积因果原理"为逻辑起点,创立"贫困的恶性循环论"。他认为导致发展恶性循环的关键是资本形成不足,进一步则是源于投资预期的市场有效需求不足。只要平衡地增加生产,在广大范围的各工业部门同时投资,就会出现市场全面扩大,进而可以提高需求弹性,即通过供给创造需求,从而摆脱发展的恶性循环。

保罗·罗森斯坦-罗丹(Rosenstein-Rodan,1943)提出大推动理论。他认为,在发展中国家或地区对国民经济的各个部门同时进行大规模投资,以促进这些部门的平均增长,从而可以推动整个国民经济的高速增长和全面发展。大推动理论是均衡发展理论中具有代表性的理论。

弗朗索瓦·佩鲁(Perroux,1955)的增长极理论认为,如果把发生支配效应的经济空间看作力场,那么位于这个力场中的推进型单元就是增长极。增长极是围绕推进型的主导工业部门而组织的有活力的高度联合的一组产业,它不仅能迅速增长,而且能通过乘数效应推动其他部门的增长。经济增长通常是从一个或数个"增长中心"逐渐向其他部门或地区传导。经济发展的主要动力是增长极中的推进型产业(先导产业)的技术进步与创新。

冈纳·缪尔达尔(Myrdal,1957)的累积循环理论认为,经济发展过程首先是从一些较好的地区开始的,这些区域一旦由于初始发展优势而比其他区域超前发展时,就通过累积因果过程,不断积累有利因素继续超前发展,使得增长区域和滞后区域之间发生空间相互作用。而市场作用力一般趋向于强化而不是弱化区域间的不平衡。

阿尔伯特·赫希曼(Hirschman,1958)的不平衡发展理论认为,不同经济部门的"联系效应"不同,发展中国家经济部门的"联系效应"比较微弱,把资源重点投入联系效应较大的部门,会带动其他部门成长起来,获得更快的增长。在市场力量的作用下,经济发达地区对不发达地区经济要素的吸引导致区域间不平衡,加剧极化效应,要使区域间保持相对的均衡就必须使经济发达地区反哺不发达地区的涓滴效应占优势。

约翰·弗里德曼（Friedmann，1966，1967）提出了"中心-外围"理论，认为基于多种原因，在若干区域之间，个别区域可能成为"中心"，其他区域可能成为"外围"。区域发展是通过一个不连续的但又逐步累积的创新过程来实现的，创新起源于"变革中心"，扩散至周边外围。区域是不平衡地发展的，中心区与外围发展差距会扩大。"中心-外围"模型可以存在于国家之间、区域之间、城乡之间、社会群体和经济阶层之间。

杰弗里·威廉森（Williamson，1965）提出的"倒 U 型"经济发展理论认为，在一个国家经济发展初期，区域之间的经济差异一般不是很大；但是，随着国家经济发展速度的加快，区域之间的经济差异将不可避免地扩大；而当国家的经济发展达到较高的水平时，区域之间的经济差异扩大趋势就会停止，并转变为不断缩小的趋势。

2. 新古典主义学派

结构主义经济学家从发展中国家的实际出发来研究发展问题，但过度强调了"计划"的作用和过高地估计了政府的理性能力和计划能力，对市场的培育重视不够。他们过度强调"进口替代"，对"出口导向"重视不足。

新古典主义经济发展理论针对结构主义存在的问题，提出利用市场力量解决发展问题，反对政府过度干预。代表性理论包括收入再分配论、自由贸易论、市场机制论、农业发展论、人力资本理论；代表性人物有西蒙·库兹涅茨、加里·贝克尔、西奥多·舒尔茨、霍利斯·钱纳里等。

库兹涅茨（Kuznets，1960，1966，1971）强调经济结构影响经济增长，认为发达国家在快速的结构变化中，产业及就业先从农业主要转向工业，再从工业转向服务业，企业从个体及中、小型企业转向全国性或跨国性大公司。后发国家的经济结构变化缓慢，结构因素对经济增长的贡献较小，传统的结构把劳动力大都束缚在传统的农业生产部门，传统的生产技术和生产组织方式又阻碍着经济的增长。他还提出三个"倒 U 型"曲线：在工业化过程中，随着人均收入的提升，居民收入差距先升后降，第二产业的产值比重和劳动力比重先升后降，环境污染的程度先升后降，即环境污染的程度经历从逐步上升到逐步下降的趋势。

舒尔茨（Schultz，1960）注意到马歇尔有关人的健康、精力和知识的经济重要性，创立了人力资本的理论。他认为，经济发展主要取决于人的质量的提高，而不是自然资源的丰瘠或资本的多寡。人力资本积累是经济增长的源泉，教育是使个人收入的社会分配趋于平等的因素。人力资本是农业增长也是工人工资大幅度增长的主要源泉。

钱纳里（Hollis，1979）认为经济增长中包含结构变动效应，经济增长必然影响经济结构变迁。他将经济发展分为传统社会阶段、工业化初期阶段、工业化中期、工业化后期、后工业化社会、现代化社会六个阶段。

新古典主义学派的一些主张对发展中国家的经济发展都具有一定的指导意义，但是企图建立全球"自由化"贸易，却忽略了发展中国家与发达国家之间发展不平等的实际情况，低估了发展中国家的经济社会的复杂性，高估了发展中国家市场机制的作用。

3. 激进主义学派

激进主义学派对新古典主义持彻底的批判态度，运用马克思主义的历史唯物主义方法论和社会主义理论揭示发达国家对发展中国家的国际剥削关系。他们认为，帝国主义和殖民主义的存在是不发达国家不发展的根源，只有挣脱帝国主义、殖民主义统治的枷锁，才能真正为其发展创造必要的条件。主要学说有：依附性理论、不平等交换论、阶级斗争国际化论、社会主义革命论、世界资本主义体系理论。代表性人物有萨米尔·阿明、巴兰、卡尔多索、桑托斯、伊曼努尔、保罗·斯威齐等人。

在经济发展与经济增长理论分开的同时，经济增长理论从古典进入新古典时期，代表人物包括：罗伯特·索洛、特雷弗·斯旺、詹姆斯·米德和萨缪尔森等人。

索洛（Solow，1956）、斯旺（Swan，1956）、米德（Meade，1961）等提出新古典经济增长理论，认为人均实际 GDP 的增长是由科学技术变革使人均资本增加的储蓄和投资引发的。该理论对哈罗德-多马模型进行修正，其核心是关于总量生产函数性质的三个假设，即规模收益不变、生产要素的边际收益递减和生产要素之间的可替代性，利用代理人的最优化决策与动态时间序列方法，构建了完整的一般动态均衡模型。该理论认为，经济增长源自劳动力的增加、资本投入的增加，以及技术进步引起的两种生产效率的提高。经济可以通过内部调整，以稳定均衡地增长。从长远来看，决定经济增长的因素是技术进步，而不是资本积累和劳动力的增加，但他们将技术进步作为外生变量。

戴维·卡斯（Cass，1965）和佳林·库普曼斯（Koopmans，1965）将拉姆齐（Ramsey，1928）的消费者最优分析引入新古典模型，形成储蓄内生决定的模型。在这一框架中，存在一个消费路径，并且储蓄存在于市场上相互作用的最优居民和厂商间，即在跨期预算约束下，具有无限生命的居民选择消费与储蓄，以实现最大化的动态效用。该模型除了关注宏观总产出、人口增长率、折旧率等因素外，更强调微观家庭效用对经济增长的影响，并利用连续时变函数，从市场出清角度，结合微观家庭和厂商效用最大化的法则，解释储蓄率的影响因素，实现了储蓄率内生化的过程，从而说明了经济增长中消费与资本积累的动态,以及经济的均衡增长与最优跨期消费行为有关。

萨缪尔森(Samuelson,1958)提出纯粹交换经济的世代交叠模型,彼得·戴蒙德(Diamond,1965)建立了一个生产部门的世代交叠模型。假设每个人要为其老年进行储蓄,但他们不能生产任何东西,仅仅存在一种商品且它不能从一个时期转移到下个时期。唯一的事情是年轻时的储蓄能够用来增加年老时的消费,在任何一段时期都存在年轻和年老的交替,所有的市场在任何时候都是出清的。世代交叠模型考虑了经济个体的差异性,将其划分为不同的群体并纳入分析框架。其分析更加贴近现实生活,更容易解释和研究不同年龄段人群的经济行为差异对宏观经济运行产生的影响,真正实现了宏观经济层面与微观个体行为的融合,可以对个人偏好、经济资源、技术等进行详尽的论述。

20 世纪 60 年代以后的新古典经济增长理论,依据以劳动投入量和物质资本投入量为自变量的柯布-道格拉斯生产函数建立增长模型。虽然要素收益边际递减同时技术进步等外生是现代增长理论的基石,但它却不能保证经济的长期持续增长。

琼·罗宾逊(Robinson,1956)、尼古拉斯·卡尔多(Kaldor,1956)和帕森奈蒂(Luigi Pasinetti)的新剑桥经济增长模型,延续了哈罗德-多马模型,认为增长率决定于储蓄率或投资率,而资本-产出比例是固定不变的。这否定了持续稳定增长取决于投入要素比例的变化和技术进步的新古典模型思路,把经济增长与收入分配结合起来,说明经济增长过程中收入分配的变化趋势以及收入分配关系对经济增长的影响。在社会分化为两个阶级即"资本家"和"工人"的条件下,经济增长加剧了收入分配比例的失调,收入分配比例的失调反过来又影响经济增长,要实现持续稳定增长必须靠国家政策对分配比例的失调进行干预。

总体上,尽管经济发展理论有广义和狭义之分,但事实上,很少有关于发展经济学的研究,主要流派大多集中在对战后发展中国家的经济发展研究上。而独立的经济增长理论包括新古典和新剑桥经济增长理论,强调的是物质产品的增长,却没有重视知识产品的增长。

1.2-3 经济发展理论的发展

20 世纪 80 年代后,在经济发展理论的内部及与主流经济学及其他学科的融合中出现了新的理论,包括新经济增长理论、新制度主义、寻租理论、可持续发展理论等。

20 世纪 80 年代中后期创立的新经济增长理论认为,经济增长的根本原因是经济体系内生的广义人力资本(知识资本和货币资本)的持续积累,通过收益递增作用,实现人均产出的持续增长。主要有两种模型,第一类是在肯尼思·阿罗(Kenneth Arrow)的"干中学"模型基础上的模型,第二类是将 R&D、不完全竞争整合进增长框架的科学技术进步模型。

阿罗(Arrow,1962)建立了"干中学"模型,认为经济增长过程中的要素投入分为有形的要素投入与无形的要素投入两类,"学习与经验"的无形要素可转化为物质要素表达,而随着物质资本投资的增加,"干中学"会促使人力资本水平相应提高,从而实现技术进步内生化。

罗默(Romer,1986)在阿罗"干中学"模型的基础上,提出了一个含有外溢性、物质产出收益递减和新知识生产收益递增的竞争性均衡模型,认为生产要素包括资本、劳动力、人力资本和新思想,其中新思想是主要因素。罗默(Romer,1990)从技术内生化开始,建立内生技术变革的长期增长模型,以创意或知识品为基础来理解经济增长和发展的机制。他将整个社会生产部门分为研究部门、中间产品部门以及最终产品部门,并认为通过 R&D 活动增加中间产品的数量,通过中间产品多样化和垄断竞争增加最终产品数量是促进经济增长的有效途径。知识溢出能够抵消固定生产要素存在引起的知识资本边际产品递减的趋势,使知识资本投资的社会收益率保持不变或递增。知识积累致使技术变革成为经济长期增长的原动力,也增强了经济增长的规模递增效应。同时,通过投资促进知识积累、知识又刺激投资的良性循环,得出投资的持续增长能永久性提高增长率。罗默的模型假定存在不足和自相矛盾,即假定最终产品市场仍是完全竞争的,人力资本被看作外生的,研究部门可以免费利用知识,而中间产品部门需要购买新知识。另外,该模型没有考虑内部经济,没有把制度引进来,知识存量是外生的。

卢卡斯(Lucas,1988)以物质资本、技术变动和人力资本三个模型为依托,构建了一个内生经济增长理论框架,运用更加微观和个量的方法,将舒尔茨的人力资本和索洛的技术进步结合起来。他认为,人力资本分为社会一般人力资本和专业化人力资本。社会一般人力资本通过学校教育获得,专业化人力资本通过在实践中学习获得,社会一般人力资本决定专业化人力资本形成的规模和速度。人力资本通过推动科学技术进步,使资本的收益率提高,从而使经济增长速度加快。人力资本越多,科学技术进步越快,经济增长也越快。人力资本的积累从总体上看是递增的,使得人力资本的边际产出在总体上呈递增,使人力资本积累成为经济持续增长的根源,是"经济增长的发动机",拥有大量人力资本的国家会取得持续的较快的经济增长速度。卢卡斯不仅与舒尔茨一样强调人力资本对经济增长的作用,而且实际上将舒尔茨的外生人力资本内生化。

阿吉翁和豪伊特(Aghion and Howitt,1992,1998)引入新技术使原有技术过时的概念,建立了基于"创造性破坏"的内生增长模型,并将其发展成为一个统一的分析框架,分析了经济发展过程中科学技术进步的创造性破坏作用,论证了产品市场竞争、创新与经济增长之间的熊彼特效应、避免竞争效应和结构效应。他们运用熊彼特增长范式解析了全球经济中的可持续的长期增长、不平等的根源、竞争和全球化、健康和幸福的决定因素、科学技术革命、长期停滞、中等收入陷阱、气候变化以及如何从冲击中复苏等重大议题,认为市场经济释放的"创造性破坏"力量,是实现繁荣的强大发动机。他们还认为,自由市场体制并不完美,会出现失灵,需要构建"政府-市场-民间社会"的均衡关系;在激励创新的同时,将"创造性破坏"带来的社会冲击最小化,确保在位创新者不会在成功之后阻碍后来的创新。尽管阿吉翁等发展了市场结构与技术进步的关系,但此时的相关研究还没有真正实现市场结构的内生化。

鲍莫尔(Baumol,2002)从经济行为及行为力量角度研究资本主义的经济增长,并且不同于绝大多数学者一直将价格竞争视为增长背后的驱动力,他独辟蹊径,认为增长背后的推动力是以下三个方面的结合:企业内部系统化的创新活动;一个创新行业中的所有企业在生产新产品和创建新工艺的过程中都争先恐后地竞争;企业之间在创造和运用创新上的协作。典型的资本主义经济与所有其他经济体系最鲜明的差别就是自由市场中存在的压力迫使企业不断进行创新,因而资本主义创造了异乎寻常的经济增长纪录。企业家始终在为经济增长提供关键性的技术突破和其他形式的至关重要的增长激励。鲍莫尔强调了两重交互,即抽象交互的创新同学习和关系交互的竞争与合作,但没有考虑与生产及消费的三重交互统一。

自20世纪90年代以来,在内生增长理论的基础上,还有一些学者对内生经济增长进行了发展、改进和应用。

贝克尔和墨菲(Becker and Murphy,1990)修改了斯密的分工及与经济增长的关系的理论,建立了分工、协调成本、知识与经济增长关系的理论,认为分工主要不是取决于市场,而是取决于将专业化结合起来的协调成本和社会知识水平。分工使经济活动产生规模报酬效应,同时也增加了协调成本。但是,知识积累降低了协调成本,使得分工不断演进和经济持续增长。人力资本和技术进步是经济增长的源泉。知识积累促进专业化,知识投资的激励水平又取决于专业化水平。

杨小凯和黄有光(2000)的新兴古典经济学在斯密的分工、市场、制度和经济增长的关系基础上增加交易成本的环节,提出了一条清晰的经济增长框架,即分工促成市场交易和熟能生巧,从而使得规模报酬递增,但是协调分工又需要成本,分工的深化取决于交易费用与分工收益的相对比较,但是交易费用又取决于制度,所以制度是经济发展中非常关键的一个因素。这些因素相互决定是经济发展呈现出的一个自发演进的过程。他们深化了分工对经济增长的分析,同时也考虑到了经济增长的制度因素。但是从逻辑上,分工不是经济增长的源泉。从方法上,分工体现技术创新、规模经济、交易费用,但分工并没有完全包含它们,而是将工序分解,创新是创造新的产品及新的工序,分工也没有体现匹配、共享和多样化的规模经济。

德内拉·梅多斯等(Meadows et al., 1972)[①]的世界动态模型以人口增长、粮食供应、资本投资、资源消耗和环境污染等五种因素为参数,并指出这五种因素都呈指数式增长,它们之间相互依存和相互影响。他认为,人口指数式增长,引起了对粮食需求的指数式增长;同时,经济增长,主要是工业产量的指数式增长,引起了不可再生资源消耗率的指数式增长,而这些因素的指数式增长又导致环境污染的指数式增长。人口倍增时间在缩短,世界资源耗竭、粮食短缺和污染严重的时间迫近,唯一出路是实现人口和经济的零增长,同时要求技术停滞,以达到全球性的均衡状态。

克鲁格曼等以垄断竞争的 D-S 模型为基础,引入需求多样性规模经济、内部规模经济、垄断竞争及运输成本等,建立中心-边缘模型。其经济机制是:集聚在一个区域的厂商越多,当地生产的产品种类越多。在消费者多样性偏好和正的运输成本假设之下,这意味着该地区工业品价格指数更低,这样有更多的工人被吸引到这个区域;工人数量的增加,形成了对差异产品的更大需求,吸引了更多的厂商搬迁到该地区,这样最终会形成经济活动的非均衡分布,出现经济活动的中心-边缘(CP)格局。CP 模型虽然不是一个增长和发展模型,但是它将复杂的交互及其收益成本权衡考虑在一体化的框架下,将尽量多的主体、行为、要素和产出都纳入其中。垄断竞争即竞争合作决定行为差异化,单个企业专业化供给和多样化外部需求。单个企业专业化供给因为内部规模经济降低了成本,而供给多样化使需求多样化进而又带来规模经济;同时考虑运输成本,引入空间因素,每个都是创新产品。但是,产品不变替代弹性、市场结构垄断竞争以及内部规模经济不收敛等假定,将一些重要经济发展构建仍然排除在分析框架以外,既没有将人

---

① 中译本参见德内拉·梅多斯、乔根·兰德斯、丹尼斯·梅多斯:《增长的极限》,机械工业出版社 2022 年版。

口内生化,也没有考虑制度因素及其内生化。

林毅夫(2012)的新结构经济学认为,如果一个经济体按照比较优势来发展,资本将不断增加,产业将不断升级。在经济发展的每个阶段,除了有效的市场机制,政府应该在结构转型的过程中发挥有为的作用。

总体上,新增长模型纠正新古典模型的技术外生的局限性,实现了人力资本和技术内生化,不仅考虑规模报酬递增,还考虑了创新和市场结构。但是,新增长理论仍将经济增长视为物质的增长,而将知识增长视为原因,没有对长期处于停滞时期的经济发展作出解释,正如卢卡斯所指出的:自索洛模型以来的现代增长理论将人口增长率视为外生的,新增长模型等理论也没有将人口和制度内生化。另外,虽然内生增长模型的标志是它们能够产生人均产出的永久增长,还主要集中在现代经济增长的解释上,但现代增长理论聚焦现代经济增长而不是长期经济发展,没有考虑增长的初始条件,无法解决多重均衡下保证一个经济从贫困陷阱逃脱出来进入高速增长路径的问题。

1.2-4 统一增长理论的探索

之前的多数理论仅仅对当代和现代经济增长与发展进行解释,但也有一些理论尝试对人类经济长期增长作出统一解释。

在中国,春秋时期的公羊学提出"三世说",认为人类社会的发展是沿着据乱世、升平世、太平世顺次进化的过程,此后该理论不断被发展。战国时期的邹衍提出"五德终始论",即土、木、金、火、水五种德性或性能从始到终、终而复始地循环运动,决定历史变迁和王朝更替,也是从秦汉直至宋辽金历代王朝阐释其政权合法性的基本理论框架。这些解释历史发展的理论,也在一定意义上朴素地解释了人类经济发展。

在西方,18 世纪的启蒙思想家孔多赛、圣西门认为人类理性是决定人类发展和社会进步的决定性力量。奥古斯特·孔德(Comte,1830)[1]的社会动力学认为,人类道德和心智的进步是社会发展的动力、根源。人的本能、爱情、同情等思想意识是社会起源和社会性质的决定因素。与此相适应,人类社会的发展经历了军事阶段、抽象权利阶段和工业阶段三个阶段。在他看来,人类社会进化的总方向是:人的物质条件不断改善,人

---

[1] 中译本参见孔德:《实证哲学教程》,载洪谦主编:《现代西方哲学论著选辑》(上册),商务印书馆 1993 年版。

的潜力得到最大限度的发挥,人不再完全受肉体需要的束缚,越来越求之于社会本能和理性,人的本质属性将得到充分展现。而社会进化的速度是由作为内部自然的人的有机体和作为外部自然的人类有机体生长的环境决定的。

马克思①用生产力和生产关系的互动对人类发展作出了统一的解释。他认为生产力决定生产关系,生产关系的总和构成社会的经济结构即经济基础,经济基础又决定在其上的法律和政治等上层建筑,上层建筑又反作用于经济基础,进而作用于生产力。社会的物质生产力发展到一定阶段,便同它们一直在其中活动的现存生产关系或财产关系发生矛盾。于是,这些关系便由生产力的发展形式变成生产力的桎梏,那时,社会革命的时代就到来了。随着生产力的发展,社会的经济基础与上层建筑迟早会发生改变,历史不仅是发展的,而且总体上是走向进步的;他由此提出了历史发展的五个阶段划分。②马克思关于人类社会发展规律的论述,实际上也蕴含了其长期经济发展的理论。但他没有细化这中间的作用机制和作用条件,也没有将空间概念引入框架,无法精确解释生产力与生产关系相互作用的机制。不同空间及主体的生产力和生产关系相互竞争,不仅一个区域内部的生产力与生产关系相互决定,而且不同空间的生产力与生产关系相互作用,从而使得一个空间生产关系约束生产力发展,导致空间主体竞争失败,引发该空间的生产关系变革,进而再驱动其生产力的发展。

道格拉斯·诺思等(North and Thomas,1973;North,1981,1990)利用制度变迁理论解释西方经济发展,至少在关于工业革命之前情形的解释方面与马克思是一致的。他通过对西方市场经济演变史的审视与分析,提炼并构建了以产权、国家和意识形态三大理论为基石的制度变迁理论及框架。他们认为,制度安排是"一系列被制定出来的规则、服从程序和道德、伦理的行为规范",是支配经济单位之间可能合作与竞争的方式的一种安排,旨在提供一种使其成员的合作获得一些在结构外不可能获得的追加收入,或提供一种能影响法律或产权变迁的机制,以改变个人或团体可以合法竞争的方式。一种能够对个人提供有效激励或降低交易费用的制度安排和创新是保证经济增长的决定性因素。产权的界定与变化是制度变化的诱因和动力,政府通过推行制度创新使产权结构更有效率是实现经济增长的有效途径。不完全市场和规模报酬递增是决定制度变迁路径的力量。市场的复杂性和信息的不完全,决定制度变迁的方向不一定按照初始

---

① 马克思、恩格斯:《马克思恩格斯选集》第2卷,人民出版社1995年版,第32页。
② 马克思、恩格斯:《德意志意识形态》,人民出版社1961年版。

设计演进,而可能会被一些偶然的事件所改变。制度及其带来的规模报酬递增决定了制度变迁的总体方向。制度变迁通过共享、学习、协调效应和适应性预期而自我强化。路径依赖对制度变迁具有极强的制约作用,也是影响经济增长的关键因素,导致两者良性循环和恶性"锁定"。诺思用制度经济学的方法来解释历史上的经济增长,将新古典经济学中所没有涉及的制度作为经济发展的内生变量运用到经济研究中去,始终以成本-收益为分析工具,论证产权结构选择的合理性、国家存在的必要性以及意识形态的重要性,使得制度变迁理论具有很大的说服力。但是诺思还没有揭示制度变迁背后的深层原因,尤其是不同利益主体行为力量博弈的描述,也没有实现制度与其他要素的兼容分析。

沃尔特·罗斯托(Walt W. Rostow,1959,1971,1990)以历史阶段分析法、部门总量分析法、心理因素分析法和制度分析法相结合的方法研究人类经济发展阶段及其转型,认为经济发展是产业结构不断变化从而使得结构效应不断提高的作用结果。他将经济发展分为六个阶段。第一阶段:"传统社会",这个阶段不存在现代科学技术,主要依靠手工劳动,农业居于首位。第二阶段:为"起飞"创造前提的阶段,即从传统社会向"起飞"阶段过渡的时期,近代科学知识开始在工业、农业中发生作用。第三阶段:"起飞"阶段,即经济史上产业革命的早期,是工业化开始的阶段,新的科学技术在工业、农业中得到推广和应用,投资率显著上升,工业中主导部门迅速增长,农业劳动生产率空前提高。第四阶段:向"成熟"发展的阶段,现代科学技术得到普遍推广和应用,经济持续增长,投资扩大,新工业部门迅速发展,国际贸易迅速增加。一般来说,从"起飞"到向"成熟"发展的阶段,大约要经过60年。第五阶段:"高额群众消费"阶段,主导部门转到耐用消费品生产方面。第六阶段:"追求生活质量"阶段,主导部门是服务业与环境改造事业。

加里·贝克尔等(Becker,Murphy and Tamura,1990)运用成本-收益法,解释人类所有行为。他们从人力资本的积累着手并将其作为唯一的状态变量,假定内生的生育率和人力资本报酬递增,构建了一个多重均衡的模型,以解释人类经济发展。他们认为,人力资本的收益率是随着人力资本存量的增加而上升的,从而在人力资本相对充裕的时期,人力资本投资的回报率要高于新增的后代给父母带来的收益,而在人力资本相对匮乏的时期,情形正好相反。因此,在人力资本存量有限的时期,经济体倾向于选择较大的后代数量,且每一后代获得相对较少的人力资本投资;而在人力资本存量丰富的时期,经济体更有可能选择小规模的家庭,且每一家庭成员获得较多的人力资本投资。

由此,模型具有两个稳定的稳态,其中一个稳态对应于较大规模的家庭和较少数量的人力资本,而另一个稳态则对应于小规模家庭和较大数量的人力资本。至于这两个稳态之间的转移动态,则由一个关于人力资本存量的临界值来决定。多均衡的模型可以将增长与经济发展阶段结合起来,但是转移动态即人力资本存量变化却被归因于幸运的技术变迁而不是内生转型。

古德弗兰德和德莫特(Goodfriend and Mc Dermott,1995)构建了一个整合专业化的报酬递增、从家庭生产向市场生产的转型、人力资本的积累、工业化等四个涉及长期发展过程的模型。他们认为,工业化前的发展是由不断增长的人口带来的专业化回报的增加所驱动的,人口必须增长到第一个临界点,经济才能支撑城市市场部门产生。人口继续增长会导致人口继续努力从家庭转移到市场部门,因为后者在更大范围内可以更有效地运营。城市化的速度决定了工业化前经济的人口增长率;而专业化程度的提高最终激活了一种学习技术,直到专业产品市场规模的扩大(市场规模的扩大可以是本地人口增长,也可以是对外贸易引起的)使得专业产品种类足够丰富,使得日常创新变得有价值,并带来人力资本或知识积累,以及现代工业增长开始启动,从而使经济走上一条完全基于市场的平衡增长道路。人口增长主要通过加快人口从家庭流向专业市场部门而很快开启工业化,原始部门和市场部门的相对规模决定了人口增长对工业开启的作用。从各区域情况看,市场规模决定于本地人口和对外贸易,所以各地的历史地理决定的市场规模是不同的。但从全球看,全球人口仍然决定着全球市场规模,在世界某个地方发生工业化之前,世界人口仍然必须达到临界规模。这个模型中考虑产生完全现代增长的历史前提。由于原始的地理初始条件不同,工业化开启时,人均产出总值的水平会不同,从过去继承来的人均人力资本也不同。但是,该模型没有将人口内生化,同时初始假定仅有两个部门。

阿里弗维奇等(Arifovic, Bullard and Duffy,1997)利用人口遗传学原理的随机搜寻的遗传算法,构造了一个适应性学习模型,来解决多重均衡下如何保证一个经济从贫困陷阱逃脱出来进入高速增长路径的问题。在这个模型中,个体运用学习在有着多重理性预期均衡的路径上进行选择。不同于以前的学习理论的是,该模型在加入了资本积累后,个体要通过相应的锻炼同时学习两个决策规则:储蓄多少和投资多少。通过引入这种适应性学习之后,该模型表明,在一个人力资本价值足够低(从而可以代表工业革命前的经济长期停滞时期)的经济里,经济系统会通过相当长的时期在停滞的均衡状态附近学习,并最终会出现转型。该模型的转型动态学可以很好地模拟我们观察到的跨国的经济增长和发展格局,其方法超越了主流增长理论的能力范围,一直没有进入主流增长理论的视野。

盖勒和韦伊(Galor and Weil,1999,2000)认为,经济社会的发展是渐进连续的过程,工业革命的发生并非来自突然降临的外生冲击,而是技术进步内生演化的结果,人力资本的形成也并非在后马尔萨斯时期的某个时点促成,因而同样来自缓慢的内生演化。在贝克尔家庭需求分析的基础上,他们构建了兼容经济增长三阶段即"马尔萨斯经济增长停滞时期""后马尔萨斯经济增长时期"以及"现代经济持续增长时期"的统一增长模型,提出人口的增长推动科学技术进步,科学技术进步倒逼人力资本增长,人力资本增长带来人口转型的三要素齿轮。他们通过教育的演化将新增长的人力资本与科学技术进步模型整合起来,引入演化经济学的方法,来内生解释人类从停滞到增长的全过程以及大分流现象。

琼斯(Jones,2001)构造了一个单部门的模型,较好地描述了工业革命前数千年的停滞和工业革命后的喜剧般的增长的长期历史情形。琼斯采用了李(Lee,2002)和克雷默(Kremer,1993)关于人口和新知识的发现在经济增长中扮演着重要角色的研究成果,汲取了贝克尔等(Becker,Murphy and Tamura,1990)、卢卡斯和罗伯特(Lucas and Robert,1988)认为生育问题受制于效用最大化的观点,同时也采取了此类研究通常都采取的马尔萨斯式约束(技术不变的情况下土地的固定供给导致规模报酬递减)。不同于克雷默的地方在于琼斯采用了Stone-Geary效用函数的函数形式。在此基础上,琼斯把基于观念创造的内生增长理论和生育率、死亡率整合进一个模型中。模型内在的动态学可以很好地吻合人口增长、科学技术提高的情况下数千年的停滞和随之而来的高速的增长。为了与实际的历史数据相吻合,琼斯采用了诺思和托马斯(North and Thomas,1973)、罗森博格(Rosenberg,1983)和莫基尔(Mokyr,1990)等的分析结果,引入了提升产权保护这样的外生冲击;同时考虑到战争和饥荒的影响,又引入了TFP的暂时性下降这样的外生冲击。数量分析的结果表明,从传统停滞经济到现代增长经济的转型的关键在于从事知识生产的人数和保护发明者发明补偿权的制度。

汉森和普雷斯科特(Hansen and Prescott,2002)构建了一个涉及两种技术的模型,解释产业革命前后经济发展过程的变化。第一种技术同时使用土地和劳动,而第二种技术仅使用劳动作为投入,并且劳动生产率以外生的速度增长。当只有第一种技术被使用时,经济将趋向于马尔萨斯意义上的稳态。两种技术同时使用,并随着时间的推移,越来越多的劳动转移到具有增长的技术中,经济最终趋向于一个持续增长的稳态。

人口的变迁不是家庭"量质权衡"的结果,也不存在人口增长与人均收入增长之间的互动。

恩盖(Ngai,2000,2003)扩展了汉森和普雷斯科特的单部门模型,将经济划分为马尔萨斯阶段、转型阶段和索洛阶段,外生地引入了影响马尔萨斯资本和索洛资本的障碍因素,从初始条件的角度解释各个国家的收入差距,论证了各个经济体进入索洛增长的必然性。他进而指出,各个国家从马尔萨斯阶段到索洛阶段转型的时点差别,以及所采用技术类型的差别会影响跨国收入差距。

卢卡斯(Lucas,2002)在贝克尔等模型以及汉森和普雷斯科特模型的基础上,构造了一个人口增长和收入增长均内生的模型,其中包含两个状态变量:人力资本与人口。家庭在人力资本投资和后代数量之间进行的"量质权衡"决定了人口的增长以及人力资本的积累速度。人力资本的积累正是经济增长的决定力量,而人口的变迁又要由人力资本的收益率在积累过程中的变化来解释。模型涉及停滞的稳态和持续增长的问题,但也没有展示两个稳态之间的转移动态,不是一个完整的多均衡模型。

田村(Tamura,2002)基于卢卡斯(Lucas,1998)的模型,尝试构建了一个内生的从农业到工业转型的不完全内生增长模型。假设采用工业和农业两种生产方式,父母在意小孩的收入水平导致人力资本在不断地积累,农业部门内的人力资本的生产性强使得潜在劳动力剩余。但是,工业生产需要投入劳动以及需要付出关系协调成本的中间服务。当协调成本足够低的时候,从农业到工业的转换就会有利可图,从而促成农业向工业的转型。

斯特鲁里克和魏斯多夫(Strulik and Weisdorf,2008)构造了最简单的统一增长的两部门模型,基于产业结构的变迁和食物价格的相对变化,来解释人口变迁和经济的长期增长趋势。他们认为,在经济发展的初期,人口规模较小,农业部门中雇用的劳动力比例较高,同时生活水准也只是接近于维持生存的水平。在有限的人口规模内,初始的"干中学"效应也相当有限。尽管如此,这一效应仍然可以促进农业部门的生产率缓慢增长,并且农业部门的生产率要高于"干中学"效应更低的工业部门。农业部门生产率的增长带来了两方面的效应:一是较高的生产率增长使得食物的价格下降,从而提高了生育率及人口的增长率;二是农业部门生产率的增长以及消费升级,使得配置到工业部门中的劳动力比例逐渐上升。基于"干中学"的规模效应,劳动力从农业部门向工业部门转移会使得工业部门中的生产率增长超过农业部门的生产率增长,从而使得工业产品变得相对便宜,农业部门生产的食物反而相对昂贵,导致后代的抚养成本增加,进而使生育率下降。模型简单解释了从前工业革命时期到现在以及将来的人类历史发展过程,但有些解释并不完全符合事实。

蔡昉(2013)从较宏大的经济史视野出发,把经济增长划分为几种类型的阶段,对每个阶段中相关的重大中国命题,如"李约瑟之谜"、"刘易斯转折点"和"中等收入陷阱"等进行实证分析。

与新古典增长理论和内生增长理论相比较,统一增长理论将人口增长内生化,考虑到家庭行为的影响机制,涉及规模经济,从整体意义上解释人类经济发展。但是,它没能将制度内生化为核心解释变量,没有内生地解释不同国家的差异,更没有考虑行为的多重性和主体目标函数的变动性。

就经济学而言,自斯密以来经历了古典、新古典和新增长等理论发展阶段,建立了庞大而相对完整的学科体系,对现代经济发展作出了越来越有说服力的解释,也为经济发展理论的发展奠定了基础。但是,一些解释并不令人满意。阿西莫格鲁(Acemoglu,2008)坦承,到目前为止的西方主流经济学理论,尚不能提供一个统一分析框架来分析库兹涅茨《现代经济增长》中阐述的与经济增长相伴随的全面结构变化,之前所有理论最终关注的是物质的增长,例如新增长经济理论尽管强调知识和创新,但其最终产出仍然强调的是物质产品的产出及增长。经济理论的发展虽然逐步将人口、物质、技术和人力资本内生化,但仍然没有实现制度与其他要素的兼容内生,更没有形成任何更加一般或统一的适用于分析人类有史以来的经济发展的完整理论框架,以解释增长与转型、长期与短期、物质与技术、人才、人口的发展;也没有考虑经济主体多重的不完全理性行为的内生,以及经济主体偏好和预期的内生化。另外,还有许多领域和维度尚未涉及,很多事物的性质还不够清楚,并且随着新事物、新现象的不断出现或强化,一些过去被忽略的领域或要素必须得到重新审视,经济学,包括分析工具,仍有较大的边际改进空间。

1.3　经济发展的要件

一般而言,经济发展是经济结构改进和优化、经济质量改善和提升,以及经济总量扩张和增长的过程。经济总量的扩张和增长是一个国家(或地区)产品和劳务的增加,它构成了经济发展的物质基础;经济结构的改进和优化是一个国家(或地区)的技术结构、产业结构、收入分配结构、消费结构以及人口结构、空间结构等的变化;经济质量的改善和提高是一个国家(或地区)经济效益的提高、经济稳定程度和卫生健康状况的提升,自然环境和生态平衡的改善,以及政治、文化和人的现代化进程。经济发展实际又是由多个经济变量的总量增长、结构优化和质量提升所构成的。金德尔伯格(Kindleberger,1958)定义的经济发展包括:物质福利的改善,尤其是对贫困线以下的人而言;根除民众的贫困和与此关联的文盲、疾病及过早死亡;改变投入与产出的结构,包括把生产的基础结构从农业转向工业;实现适龄劳动人口的生产性就业,而不是只由少数具有特权者来组织经济活动;相应地使具备广泛基础的利益集团更多地参与决策,以增进公众福利。一些经济学家提出衡量经济发展的指标,包括人均收入、文盲率、平均寿命、人均每天蛋白质消耗量、每千人口医师数,以及人均能源消耗量等。

自20世纪五六十年代发展经济学诞生以来,主流经济学使用经济增长理论解释先发国家的发展,而将欠发达地区的增长和转型定义为发展经济学的范畴。统一发展经济学尝试回到发展经济学的本意,对经济发展作如下定义:经济发展是人口资产、物质资产、科学技术、人知资产、制度文化的数量增长、结构转型和质量提升,是家庭、企业和政府等供需主体的偏好与预期,以及主体间多重交互行为的变化。

统一发展经济学是研究人类社会在各个发展阶段上的各种经济行为和各种相应的经济关系及其运行、发展的统一规律的学科。其核心目标是尝试使用力量的分析工具,建立一个简洁的分析框架,将影响经济发展的主要因素及其相互关系内生和兼容在一个统一的分析框架内,从而对不同空间和不同类型经济体的微观主体行为和宏观经济变化、短期增长和长期发展作出统一的解释。我们之所以称之为统一发展经济学,是因为借鉴物理学中的"大统一"概念,不仅旨在通过力量分析工具统一解释人类经济发展,而且将从宇宙物质运动而产生的人类及其经济活动都统一追溯到宇宙法则。

为了系统构建统一发展经济学的整个逻辑体系,本节将基于理论构建的逻辑思路,摘要论述分析工具、基本假定以及经济构成的因素。同时,后续各章将对构成统一发展经济学的各个要件的事实、理论及应用,依据逻辑顺序进行展开论述。

1.3-1 分析工具

本书从物理学中的"大统一"概念中汲取灵感,创造并使用"力"这一新的分析工具来统一解释经济发展。

经济力量的定义:鉴于现有经济学概念的使用混乱,借鉴物理学和心理学有关力量的界定,统一发展经济学对经济力量进行了规范,认为经济发展的力量即经济主体行为,是经济主体分布不平衡带来的主体欲望偏好、预期收益和资产负债相互作用而形成的能动力。经济发展的力量即经济发展的能动力,由动力和能力构成,动力决定于偏好强度与结构及预期强度与结构,能力决定于资产规模和结构。

经济力量的决定:借鉴物理学物质资产时空不平衡分布产生力量的论断,统一发展经济学认为经济主体内部基本粒子与主体之间的物质分布的不平衡会导致经济主体之间的相互作用力,以及物质资产重塑力和知识资产创造力。

经济力量的特征:像自然力量一样,经济力量具有相互性、矢量性、同时性三个特征,但是经济力量不具有独立性。

经济力量的要素:一方面,像自然力一样,经济力量也有大小、方向和作用点。另一方面,经济力量由偏好、预期和资产三要素构成,三者相互影响、相互作用。预期收益影响需求偏好和资产负债,资产负债影响预期收益和需求偏好,需求偏好影响预期收益和资产负债。能动力是动力和动能相结合或者两者的乘积。动力是偏好和预期相互作用;动能即资产,是推动和阻碍经济发展的各种要素。经济个体或者主体的动能是其拥有控制和协调的各种推动或者阻碍经济发展的资源要素,也可以喻为动力的作用点;动能多种多样决定动能与动力结合所形成的能动力也是多种多样的,动力和动能的方向决定了能动力也有多种方向。动能不仅可以与动力结合形成能动力,还可以通过影响个体或主体的需求偏好和预期收益来改变主体的动力。例如,一个人如果拥有了大学的文凭,不仅动能增大,而且收入预期发生变化,因而他的动力大小和类型就可能开始改变。

经济力量的分类:尽管推动经济具体发展和变化的力量复杂多样,但统一起来可以归纳为两种,即源能动力与生能动力。源能动力是个体内心欲望对外部利益的追求、响应而产生的行为力量,是个体行动的积极性程度;生能动力是指主体需求偏好与预期收益相互作用的行动力量,是主体行动的积极性程度;源能动力和生能动力相互作用。源能动力是原生的动力,是生能动力的源泉,所有生能动力都是源能动力的衍生。生能动力是再生的能动力,是源能动力的派生;无论源能动力还是生能动力都可分为发展能动力和交互能动力,在具体方面有不同表现。复杂多样的经济能动力,基于主体、行为和资产等,可以有多种类型分类:从主体的角度可以分为个人行为能动力、企业行为能动力、家庭行为能动力和政府行为能动力;从行为的角度分为生产供给竞合力、消费需求竞合力、交换供求竞合力、创新竞合力、学习竞合力。

空间力量的分类:从空间的角度,经济力量分为聚散力(即集聚力和分散力,是指在空间内部,空间经济主体相互作用力)、吸排力(即吸引力和排斥力,是指在空间内外,空间内部的经济主体对空间外部的经济主体的作用力),以及竞合力(即竞争力与合作力,是指在空间之间,经济主体之间的相互作用力)。

经济力量的作用:经济能动力是经济主体基于偏好、预期和资产而产生的行为能动力,是推动经济主体思维行为和身体行动进而导致物质的变化,是改变物质结构和运动状态并创造知识,最终促进经济增长和结构改变的力量。不同尺度和层次的经济发展快慢大小决定于能动力的大小、方向和作用点。

经济力量的均衡:人体内外物质资产、知识资产的无限不平衡分布,产生了个体持续的源能动力,并派生出各种主体的生能动力。这驱动人体内外资产分布的越来越多的平衡,即要素和产出供求的越来越多的均衡,实现各种力量的越来越多的均衡。与此同时,又凸显出越来越多的人体内外物质资产和知识资产的不平衡,产生个体及其主体持续能动力;如此循环往复。经济均衡不仅是利益均衡、力量均衡,也是力量与利益的均衡。

1.3-2 基本假设

不可再分的基本粒子所具有的自旋、质量和电荷内禀性,决定了宇宙的爆炸、物质的形成、生命的起源和人类及意识的产生。人类的经济行为是人类行为的一部分,人类行为是自然运动的一部分,因此,人类经济行为服从的经济法则,也部分地服从于人类法则和自然法则。

1. 自然与社会的基本法则

自然与社会的平衡法则:基本粒子自旋的内禀性,决定了物质间的自旋粒子不平衡分布,驱动物质的位置变化或基本粒子的不断重新组合,在带来一些物质时空分布平衡的同时,又产生另一些新的不平衡。在演化形成之后,人类作为物质资产和知识资产的生命复合体,展现出双轨并行的动态特性,即生命有机体需要并且始终在维持生理平衡,生命有机体需要并始终在维持心理平衡。

自然与社会的协同法则:在物质的物理化学变化中,相互作用的两个及以上的物质合成转化的总体效果,大于互不相干的两个及以上物质单独转化的叠加效果,这种物理化学现象被称为协同效应,即"1+1>2"的效应。协同效应是自然界普遍存在的现象,在人类社会中也广泛存在,即多人协同行为所产生的效果大于同样多人孤立行为所产生效果的加总。

物质守恒与知识不守恒法则:物理和化学研究证明,在一个封闭体系内,能量既不会凭空产生,也不会凭空消失,它只会从一种形式转化为另一种形式,且在转化或转移的过程中,总量保持不变。在人类演化形成之后,人拥有特殊的意识能力并创造知识。人作为物质资产和知识资产的复合体,在物质资产的转化方面仍然遵循质量守恒定律,在知识资产的转化方面不遵守质能守恒定律。知识资产一旦创造并被合理保存下来不仅不会消灭,而且在运用和转化的时候,其质能不断地复制和增长。所有的事实也证明,知识资产生产是"一劳永逸"的,而且旧知识资产不会因为作为投入要素在创造和转化成新知识资产后消失。知识资产可以被无限复制,也不会因为被复制而消失。知识资产的质能是不守恒且不等价的,知识资产可以从无到有,从少到多。

2. 自然法则衍生经济法则

上述的平衡法则、协同法则、知识不守恒法则与人类物质和知识存在的现实决定了人类经济的三大法则。

第一,平衡法则与人体物质有限性决定了需求内生边际递增法则。虽然人体内外具有生理和心理两种需求,并且这两种需求趋向于平衡分布,但是像其他物质资产一样,由物质资产演化而来的人体内外物质资产和知识资产的分布是不平衡的。人体内外物质分布的无限不平衡性决定人的需求本能及其内生增长,进而决定人的物质需求内生边际递增。

第二,平衡法则与知识质能不守恒性决定了供给内生边际递增法则。人体内外物质分布不平衡,除了表现为人体内始终缺乏生存和发展的全部物质外,还表现在人体内拥有人体外所不具有的特殊物质,而且这个特殊物质能够产生特殊知识。物质分布趋向平衡的法则与人拥有外界所不具有的特殊物质即大脑的不平衡,决定人体的向外输出供给。并且,人的大脑能够创造质能不守恒、规模报酬递增的特殊知识,决定人类总供给的内生边际增长。

第三,协同效应与协同成本决定了交互规模报酬边际递增法则。自然与人类的协同效应在经济领域的表现,经济学界将其定义为交互规模经济或者交互规模报酬递增。当然,任何经济交互都在一定的空间中,任何交互在获得规模效应的同时也付出规模交互成本,包括空间成本。交互规模经济和交互规模成本不仅决定了参与交互的规模,而且决定了参与交互的空间聚散状态。事实上,人类生存的环境及其极限需求,改变了吸引法则在人类社会应用的约束条件。

1.3-3　构成因素

在三大前提假设的基础上,本书提出了"5N53"的分析框架,直接将政府视为三大主要经济主体之一,但认为政府不应过度干预经济。其中,第一个"5"代表人口资产、人知资产、物质、科学技术和制度文化,"N"代表 N 个经济主体,第二个"5"代表具体行为、抽象行为、关系行为、时间行为与空间行为,"3"代表经济部门结构、空间结构和部门空间结构。

1. 经济资产

经济资产包括人口资产、人知资产、物质资产、科学技术和制度文化。这些因素需要通过相互耦合共同发挥引擎作用,但由于它们性质不同,在不同时期,其作用和地位也不相同。

人口资产,是指一个经济体所拥有的全部人口的总量,包括劳动力资源和人才资源。人口资源是人口与生俱来的生理和心理禀赋,即体力和智力。人口拥有巨大的能量,可以从事体力和脑力行为活动。

人口分布在特定空间,其数量、结构、增长等由生育、死亡等因素决定。年龄和性别结构对人口影响最大。人口是生产和消费的关键,通过物质消费和劳动输出实现循环利用,推动经济和个人发展。全球人口作为繁衍群体,具有更长的生命周期。

人知资产,是指人所具有的知识、技术、能力和健康等方面的总和。这实质上是内化于个体的知识资产,包括知识、经验、技能和思想品格等方面。知识是指人们存储在大脑中的信息,是人们对外部世界的认识,包括对自然和社会形态描述和规律的总结。

人知资产主要是用来替代西方经济学的人力资本,人力资本概念除了包含人的知识、技能和经验外,还包括人的健康等。我们认为身体健康与知识是两种性质不同的资产,形成机制也完全不同,将其混在一起,难以逻辑清晰和周全地分析各类不同性质的资产是如何作用、被作用的,它们的机制是如何运作的,以及它们是如何影响人类经济发展的。所以,重构人知资产概念,一方面它作为内化的知识,可以对应外化的科学技术、制度文化等知识,另一方面作为人的资产,可以对应物质资产。

物质资产即自然客体,是指自然界的事物和现象,包括天然存在的自然物和人类生产实践活动形成的人化自然物。物质资本主要创造物质产品,辅助知识产品创造。物质资产从排他性角度可以分为私人物质资本和公共物质资本,具有非排他性和非竞争性的公共物质资本一般由公共部门提供。自然世界的物质资产,包括生态和人工资源环境,影响经济发展,具有运动性、相对稀缺性、质能守恒性和广义内生性的特征,驱动经济循环与再生。

科学技术,是由人类在其与自然的交互中,通过"干中创""学中创"或"创中创",形成关于自然和改造自然的知识,外化到一定介质之上。科学技术投入知识产品创造,扩大物质产品的创造,制度文化影响物质和知识产品创造的动力和效率。科学技术作为知识产品具有规模报酬递增特点;同时,它具有准公共产品的性质。

制度文化,是指由人通过意识活动创造的规范人们思想和行为的思想意识形态的产品,是知识产品的重要组成部分,具备知识产品的一般特征。制度文化与科学技术等其他知识产品相比,具有特殊性。同时,制度与文化虽常被同时提及,但两者也有不同的特性。制度文化是特殊物品,没有明晰的产权,制度要素难以等价交换,但也可以有偿或者无偿转移。

制度文化具有内生性、系统性、约束激励性、差异性、遗传变异性和滞后性,既影响选择也受选择影响,是复杂的、多元的,既规范又约束人们的行为。其变迁滞后于经济和科学技术的变化,具有双面性和无量化特征。

这些要素性质不同,因此在经济发展中的作用方式和重要程度是不同的,相对而言,知识产品的人知资产、制度文化和科学技术更为重要。

2. 经济主体

经济主体是经济要素配置和经济运行的组织者,包括经济个体和经济组织,以及公共资产供给者、私人资产供给者、公共资产需求者、私人产品需求者,但它们有时身份是重合的。经济规模效应决定经济个体必然趋向交互行为,而由于不同交互方式的交互成本不同,基于个体成员组织规模的交互成本与非组织交互成本的比较和权衡,如果在一定成员规模范围内的成员的交互成本小于非组织交互成本,这些个体成员基于收益和力量考虑将形成经济组织。随着科学技术的进步及制度变革,交互成本,尤其是组织和非组织的交互成本不断变化,经济组织及其规模也在不断变化。科学技术的进步及制度变革和经济发展使得经济主体的功能和规模不断变化,在人类远古的经济体系中,人类也许只有一个组织部落,统一负责公私的生产、消费和服务。随着知识增长和交互变化,传统社会开始出现政府和家庭,构成主要的公共部门和私人部门,再到工业革命之后,企业从家庭中分离出来,发展到现代经济体系中的更多部门,未来似有个体经济部门主导的趋势。现代经济体下,经济组织主体主要包括三类。①

---

① 经济组织功能类别多样,并且不断变化。本书展开详细分析经济组织行为时,凡是没有特殊说明,一般假定经济组织为政府、企业和家庭(下同,不再赘述)。有关工业革命之前的经济发展组织的职能及作用,也可以通过这些分析得到理解。

（1）政府及其决定、表现、力量和作用。

就其定义而言,政府是国家事务的管理组织,是国家公共行政权力的象征、承载体和实际行为体。政府拥有辖区行政管理权,同时向辖区的个体及组织提供公共产品,包括制度文化产品和汲取资源的组织。政府是分工交易网络中的一个节点,与其他节点存在交换关系,其特殊性在于需要依赖暴力潜能向公众提供公共物品以换取税收,而其他节点向市场提供产品换取收入时不需要/不允许以暴力潜能为后盾。

政府的性质也相对明晰。首先,它是具有主权属性的组织,对其管辖区域拥有排他性的政治权力。其次,政府是具有空间属性的组织,代表一定的行政管辖空间。再次,它是具有公共属性的组织,向让渡权力和贡献资产的辖区居民行使权力和提供公共产品。最后,政府是具有强制性的组织,需要暴力保障,拥有强制力工具,发挥强制力量作用。

政府具有一些要素。它是人格化的个体,拥有一定的资产与负债(空间上的资源和人口是资产基础)。这些资产与负债影响政府的需求偏好、预期收益,并与之一起塑造政府的行为能动力。政府的目标函数是确保政府可持续生存,确保跨期的公共利益最大化,政府代理人的目标函数是最大化基于自身偏好的净预期收益。

政府受多种因素决定。五类资产相结合,影响经济个体的偏好、预期和资产,决定家庭的形成和发展,个体或组织要不要形成政府以及政府的规模多大,从利的角度,政府决定内部组织边际成本与外部交互边际成本均等;从力的角度,政府存在及其规模决定于主体的边际向心力与边际离心力的均等。而在政府形成和发展过程中,五类资产相结合,影响政府的偏好、预期和资产,构造了政府的公共产品等供给、五类资产的需求等重复、学习和创新的竞合能动力。

从氏族公社开始追溯政府经济的历史,政府财政收支的雏形,可从原始社会满足氏族部落公共需要的祭祀、防卫等活动算起,是人类社会发展到出现国家,进而才有了政府。

在这个过程中,政府的作用主要体现为其从事公共产品(尤其包括"法律"和"秩序"这样的"软"公共产品)的供给。政府这些具体行为的抽象、具体的竞合能动力,决定了政府一方面向企业和家庭汲取物质资产、知识资产和复合物质(主要表现为税收资金)成为公共要素投入;另一方面,形成公共产品(包括制度文化)并向企业和家庭供给,从而影响家庭和企业的偏好、预期和资产及其能动力,支配政府、企业和家庭的在一定空间和部门的最终影响五类资产及其总量经济的增长。

（2）家庭及其决定、表现和作用。

家庭是主要从事人口生产、物质和知识消费、物质和知识投资的经济组织，是一个重要的产权主体。家庭也是私人组织和消费组织，具有生产组织的属性和功能。

家庭同样受多种因素影响。五类资产相结合，影响经济个体的偏好、预期和资产，决定家庭的形成和发展。从利的角度，家庭的存在及其规模决定内部组织边际成本与外部交互边际成本均等；从力的角度，家庭的存在及其规模决定于主体的边际向心力与边际离心力的均等。个体要不要组成家庭以及规模多大决定于交互规模经济与交互成本；而在家庭形成和发展的过程中，五类资产相结合，影响家庭的偏好、预期和资产，构造了家庭的物质消费和投资、人口生育和劳动力供给、人知资产的投资等重复、学习和创新的竞合能动力。

家庭也具备一些要素。家庭是人格化的个体，家庭拥有的人口、人知资产、物质等资产和负债，影响家庭的需求偏好和预期目标。不同家庭有不同的需求偏好、预期收益和资产负债，决定不同家庭人口生产竞合力的分层和异质，决定物质和知识消费需求竞合力的分层和异质，物质和知识投资竞合力的异质和分层。虽然需求牵引创新，但不是每个人都能有需求创新。

家庭的作用主要表现为其作为最终产出的消费、人口生产、人知资产及其他投资单位的角色。这些具体行为的抽象或具体的竞合能动力支配家庭，一方面，向企业和政府投资；另一方面，向企业供给要素和购买产品，向政府供给要素和需求公共产品，同时自身进行物质消费、人口生产和人知资产投资等。随着人均资产水平的提升，简单和低层次需求的满足自动产生高层次和多样化的需求，使得供给从简单和低级转向多样和高级。

（3）企业及其决定、表现和作用。

企业组织是由一定的劳动人口（包括企业家）、物质、技术、人知资产等资产，按照一定制度文化结合起来，主要从事生产、交换或服务，以获取并分配利润的独立核算经济单位和经济组织。

企业的性质是契约性和生产性的统一，是以营利为目的的经济组织，是拥有相对独立决策权的经营组织，是由要素交易契约构成的契约结构。企业本质上是"一种资源配置的机制"。从知识存储的视角看，企业是稳定的中间形态。

五类资产相结合（包括制度文化），影响经济个体的偏好、预期和资产，决定企业的形成和发展。从利的角度，企业存在及其规模决定内部组织边际成本与外部交互边际成本均等;从力的角度,企业存在及其规模决定于主体的边际向心力与边际离心力的均等。个体要不要组织成企业以及规模多大决定于交互规模经济与交互成本。而在企业形成和发展过程中,五类资产相结合,影响企业的偏好、预期和资产,构造了企业的产品供给和要素需求等重复、学习和创新的竞合能动力。

企业是人格化的组织。企业的主要构成要素包括企业资产负债、企业供给偏好(包括企业家精神)和企业预期目标。典型企业家的理性目标是基于需求偏好和预期收益的成本投入最小化。三者结合决定了企业的能动力,包括产品生产和供给能动力、要素需求能动力。企业的需求偏好、预期收益和资产负债的不同,决定了企业产品供给和要素需求是异质和分层的。

企业的作用表现为主要从事私人资产的再生。企业的这些具体行为的抽象、具体的竞合能动力,支配企业。一方面,企业向家庭供给私人产品和需求生产要素;另一方面,企业向政府需求公共产品和供给私人资产。企业是经济发展和资产再生的核心主体。企业的能动力及其行为影响其他主体的能动力及行为,决定经济物质资产、经济复合物质和经济知识资产的扩大再生的循环,从而影响五类资产的总量、部门和空间的发展。此外,企业还有为企业家精神间接定价的作用。

对于经济发展,三个主体的作用就如母鸡(企业)、公鸡(政府)、鸡蛋(家庭)对于"鸡"与"蛋"的循环作用,三者缺一不可。企业创造财富就像鸡蛋可以生鸡,家庭提供生产要素就像母鸡负责下蛋,政府提供公共产品和服务就像公鸡虽然不生蛋,但是负责维持秩序、诱导母鸡提高产蛋量,使鸡蛋受精变成鸡。从主体的角度理解经济发展,可以通俗地称之为"鸡蛋论",这不同于新古典经济学的"鸡蛋"论。[①]

3. 经济行为

经济行为是经济个体在经济主体组织下的躯体和心理活动。经济行为具有多重属性。从行为的工具看,有心理行为和身体行为之分。经济主体的心理行为和身体行为是相互配合的。心理行为支配身体行为,身体行为影响心理行为。从行为的性质看,有具体行为、抽象行为、空间行为、时间行为和关系行为之分。从行为的环节看,有选择行为、策略行为和交互行为之分。从资产再生角度看,有物质再生行为、科学技术再生行

---

① Storper, Michael, Thomas Kemeny, Naji P. Makarem and Taner Osman, 2015, *The Rise and Fall of Urban Economies: Lessons From San Francisco and Los Angeles*, Stanford University Press.

为、制度创新行为、人口再生行为和人知资产再生行为之分。它亦可从主体上分为个人行为、企业行为、家庭行为和政府行为;从性质上主要分为具体行为、抽象行为、关系行为,同时还存在时间行为和空间行为。为了简化起见,突出关注具体行为、抽象行为和关系行为,我们将分别在相关内容中论述时间行为和空间行为。

(1) 具体行为的决定、表现和作用。

具体行为是指经济主体再生物质、人口、人知资产、技术和制度等具体资产的生产、消费、交互与服务的活动。具体行为的核心特征是具体性,涉及具体的人与物的行为。

基于行为主体,具体行为分为政府、企业和家庭的行为。政府的具体行为包括部分私人和全部公共资产的物质、技术、人知资产和制度的供给和需求。家庭的具体行为包括公共产品和私人产品的物质、人知资产、技术和制度产品消费需求,物质、技术、人知资产和人口资产的供给或投资。企业的具体行为包括全部私人产品及服务的供给和部分公共产品及服务的供给。

随着五类资产循环再生过程中的人知资产和技术增长积累,经济主体的具体行为能动力的规模和种类从缓慢到快速地加速增长,经济主体的具体行为表现为从完全分工到部分分工,再到完全分工,从简单到复杂,从单一到多样。

具体行为由多因素决定。五类资产相互作用决定政府、企业和家庭在不同资产再生环节上的偏好、预期和资产的行为力,决定政府、企业、家庭在具体资产的具体再生环节的行为。

就作用而言,经济具体行为决定具体资产的再生产,包括具体物质资产的结构的具体重塑,具体知识的思维加工带来具体人知资产和技术的创造,也包括具体制度文化的重复、借鉴或者创造。具体行为越复杂多样,经济部门及经济环节越复杂多样,资产转换、再造和创造越复杂多样。

(2) 抽象行为的决定、表现和作用。

抽象行为是经济主体基于脑力消耗、知识应用而从事的新颖程度不同的经济活动。抽象行为一般分为创新行为、学习行为和重复行为。家庭在物质消费和人口生产上存在创新、学习和重复。企业在物质生产、交换和服务以及分配上存在创新、学习和重复。政府在产品的生产、交换、分配上存在创新、学习和重复行为。

抽象行为的决定有多方面考虑。物质、人口、人知资产、技术和制度等五类资产相结合,影响经济主体在五类资产再生环节上的重复、学习和创新的偏好、预期和资产的行为能动力及其增长,支配经济主体在具体资产的具体再生环节的重复、学习或者创新行为及其增长。例如,抑制创新的制度文化限制了经济主体的创新能动力,导致经济主体经济行为的重复稳定。

随着五类资产循环再生过程中的人知资产和技术增长积累,经济主体的创新行为能动力从缓慢到快速地加速增长,经济主体的抽象行为从先由重复行为主导,后转到学习行为主导,最后再转到创新行为主导。

就作用而言,经济主体的抽象行为状况不仅决定资产种类的增长,而且影响资产总量的增长。在重复行为主导阶段,不仅经济资产种类增长极其缓慢,而且经济资产总量增长极其缓慢。而在创新行为主导阶段,不仅经济资产种类增长加速度不断提升,由于创新带来的人知资产和技术加快发展,人口和物质与人知资产和技术也更快地循环增长,从而经济总量加速度不断提升。

(3)关系行为的决定、表现和作用

关系行为是指经济主体之间相互作用的行为,基于递进的层次有多对关系行为,比如单独和交互、对峙和合作、竞争与垄断。在现代市场经济体系下,基于经济主体的类型,关系行为至少有两类六种,分别为企业之间、家庭之间、政府之间的平行关系,政府与企业、政府与家庭、家庭与企业之间的交换关系。在三重主体的供需框架下,政府与企业和家庭存在公共产品的供需关系,政府的制度能动力通过供求交互影响家庭和企业。企业与家庭存在私人产品供给和要素提供的交互关系。政府和私人部门存在着公共产品供需和要素供求关系。政府与企业存在公共产品供求和私人产品供求的关系。

关系行为的决定因素更为复杂。为了追求报酬递增的交互规模效应,五类资产相结合,影响经济主体的偏好、预期和资产,进而影响经济主体基于一定具体和抽象行为的关系行为的能动力,从而决定经济主体的关系行为。政府、企业和家庭三类主体内部和各自之间的基于具体和抽象行为的供求竞合行为能动力,支配着政府、企业和家庭三类主体内部及各自之间的基于具体和抽象的供求竞合行为。首先,家庭、企业和政府的关系能动力相互影响。基于制度文化等,家庭的能动力直接从产品需求和要素供给方面决定企业的能力和动力,通过公共产品需求和要素供给影响着政府的能力和动力。同样,企业的动力和能力影响家庭和政府的动力和能力。物质产品和科技产品主要是企业创造的,所以企业的动力和能力直接影响家庭产品需求和要素的供给,以及政府的公共产品需求和公共要素的供给。政府的动力和能力决定家庭和企业的动力和能力。政府的动力和能力通过制度和公共产品影响家庭和企业的能力和动力。其次,家庭、企业和政府的关系能动力及变化决定关系行为。政府部门、家庭部门、企业部门内部及各自之间的五类资产供需能动力,支配了政府部门、家庭部门、企业部门内部及各自之间的五类资产的供需竞合行为。

随着关系行为的发展,经济主体的关系行为不仅规模越来越大,距离越来越远,密度越来越高,而且交互关系从全工到分工,从对峙到合作,从完全竞争到垄断竞争再到完全垄断。

就作用而言,关系行为支配政府部门、家庭部门、企业部门内部及各自之间的五类资产的供需竞合行为,不仅决定了五类资产的再生,而且决定了五类资产及其分布的规模、结构和形态及其变化。交互产生了规范交互的制度,以及节约交互费用的经济组织。交互产生规模化的协同效应,带来报酬递增的规模经济。不同交互带来不同的规模效应,总体分为内部规模效应、外部规模效应和内外规模效应;与此同时带来经济主体的偏好、预期和资产进而行为能动力的异质。追求最大限度地实现个体内外平衡即预期收益最大化,驱动经济个体及其形成的经济主体及行为的异质。只有实现异质,才能从供给角度,形成垄断,进而给供给者带来最大化的生产者剩余;从需求角度形成多样化,进而给消费者报酬递增的多样化效用。所以,即便初始阶段的单一和同质通过交互也将向差异化、规模化和交互方向演化。异质具体包括:形成多样化规模效应,带来经济主体、个体和空间的多样性;形成专业化规模效应,带来经济主体、个体及其空间的分工;形成马太效应,促发经济主体、个体及空间的分化。

(4)三重行为的决定、表现和作用。

经济主体的不同性质的三重行为即具体行为、抽象行为和关系行为是完全统一和重叠的。每重行为都包含这三种性质。

三重行为从资产的角度可以分为物质产品生产、消费、交换、分配的创新、学习和模仿的供求竞合行为;技术产品生产、消费、交换、分配的创新、学习和模仿的竞合行为;劳动人口生产、消费、交换、分配的创新、学习和模仿的竞合行为;人知资产生产、消费、交换、分配的创新、学习和模仿的竞合行为;制度文化生产、消费、交换、分配的创新、学习和模仿的竞合行为。从主体的角度来看,在现有经济体系下,三类主体的三重经济行为包括政府公共产品供给的创新、学习和重复的竞合行为;家庭私人和公共物质产品消费和投资、人口生产和投资、人力资本生产和投资等创新、学习和重复的竞合行为。企业私人产品供给、公共产品需求和私人要素需求的创新、学习和重复行为(图1.3)。

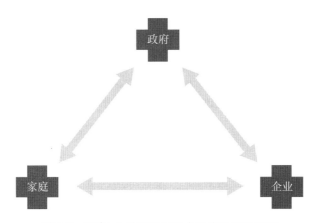

图 1.3 家庭、企业和政府三类主体的多重交互

三重行为的决定因素更加复杂。基于部门和空间分布的政府、企业和家庭在物质、人口、人知资产、科学技术和制度上的具体、抽象和关系等三重行为能动力,决定了基于部门和空间的政府、企业和家庭的物质、人口、人知资产、科学技术和制度上的具体、抽象和关系等三重经济行为。基于部门和空间分布的政府、企业和家庭在物质、人口、人知资产、技术和制度上的具体、抽象和关系等三重行为能动力变化,决定了基于部门和空间的政府、企业和家庭在物质、人口、人知资产、科学技术和制度上的具体、抽象和关系等三重经济行为的变化。

随着经济发展,经济主体的三重行为将发生同步的演变,在具体行为不断扩大规模和类型不断加速扩大的同时,抽象行为从重复学习转向创新主导,关系行为由完全竞争到垄断竞争,并转向完全垄断。

就作用而言,基于部门和空间的政府、企业和家庭的生产与消费、创新与学习、竞争与合作的三重行为,决定了人口、物质、科学技术、人知资产和制度在部门和空间上的规模、结构和状态。在其他要素配合投入下,家庭、企业和政府在人口生育、养育和使用过程中,通过创新、学习和重复基础上的供求竞合,实现人口的再生。同样,在其他要素参与和投入下,家庭、企业和政府在人知资产的投资和使用过程中,通过创新、学习和重复基础上的供求竞合,实现人知资产的创造。在其他要素配合下,家庭、企业和政府在物质的供给与需求过程中,通过创新、学习和重复基础上的供求竞合,实现物质开发和服务供给。在其他要素配合下,家庭、企业和政府在制度文化的创新、学习和重复基础上的供求竞合博弈,实现制度文化的维持或者创新。在其他要素配合下,家庭、企业和政府在技术的生产和使用过程中,通过创新、学习和重复基础上的供求竞合,实现科学技术的开发和应用。部门和空间上的各种资产决定经济主体三重行为能动力及其三重行为,导致五类资产不同发展,从而决定五类资产及其分布的不同变化速度和不同趋势的变化,并导致经济发展在总量加速过程中的结构变化。

通过统一生产与消费、学习与创新、竞争与合作三重行为,三者分析的片面性问题得以解决。

4. 空间分布

事实上,基于资产初始空间分布以及利益和力量的权衡,任何经济主体的资产及行为都分布在一定部门、空间和时间,从而构成了经济部门结构、空间结构和部门空间结构。

(1) 经济空间的决定、表现与作用。

经济空间即经济资产、经济主体、经济行为和经济部门的存在形式和运动载体。经济空间承载着资产、主体、行为等经济发展的各种要件。

经济空间由一定要素构成。一定尺度的空间及其之上的资产可以构成拟人的经济主体,一定空间之上及空间之间的经济资产,形成一定空间上所有经济个体合体的空间偏好和总体预期目标,也形成空间的各种行为能动力。同时,其中还形成了空间之间的相互作用力,即聚集力和分散力、吸引力和排斥力、辐射力和扩散力。

因此,经济空间是经济主体、行为及资产的实现耦合和循环的平台,经济空间是一种没有能量的客观存在。经济空间区位实际上是各种要素、主体及其行为在空间上的综合。

经济空间决定于多因素。经济空间作为资产存在形式和交互的载体,受到经济几乎所有因素的影响。空间分布的资产决定了空间分布的经济主体的空间选择的偏好与预期以及空间交互的偏好及预期,进而形成经济主体空间选择和空间交互的能动力,包括集聚力与分散力、吸引力与排斥力,支配经济主体的空间选择和空间交互行为,进而决定空间资产再生和空间资产交互,也决定经济空间的形态、结构和交互。

就作用而言,经济空间对经济的影响实质上是空间上的经济因素的相互影响。经济空间承载经济因素需要成本,经济空间对经济的影响表现为经济物体空间占用和空间运动成本对经济因素相互作用的影响。经济空间上的经济因素及其占用和运输成本通过影响经济空间上和空间之间的要素、主体、行为和产品及相互作用,决定五类资产的变化,从而决定经济的发展。

(2) 经济部门的决定、表现与作用。

经济体系是由资产、主体及行为等因素构成的体系。随着资产再生循环增长,经济主体能动力决定经济活动的分工越来越细,经济资产、主体及行为的分布的领域和部门越来越多。经济部门结构实际上是指参与经济发展的要素资产、产品资产、经济主体及其行为在不同部门和领域的分布。

经济部门中存在不同要素。不同经济部门是经济主体、资产和行为在不同经济领域的结合存在。各经济部门存在着不同资产,各个部门的个体所组成的主体的偏好、预期也会合成部门总体的偏好和预期,部门资产、预期和偏好相结合,形成部门经济主体的各种行为能动力,决定经济部门主体内外的三重经济行为,以及部门的资产再生循环。

经济部门受多因素影响。在五类资产决定下的经济主体资产、预期和偏好所形成的能动力的支配,将在一定经济部门进行交互行为并再生部门资产,进而形成经济体系的不同经济部门及其相互作用。需求内生边际增长、知识供给边际报酬递增和交互规模报酬递增,决定了经济行为能动力规模的增长和类型的多样化,决定了经济活动分工发展及经济部门的发展,即经济主体、资产和行为越来越分布和结合在不同的经济领域。一方面,随着供给者的知识可以从无到有、从少到多,产品和服务、行为和机构的供给规模增长和种类多样化;另一方面,随着供给增长,需求内生增长决定需求者不断扩大需求的规模和种类。三个假设带来的经济领域的多样化,不仅促进生活资料部门增长,而且促进生产资料部门增长;不仅促进物质资产部门增长,而且使得知识资产部门不断增加;不仅促进经济部门增长,而且促进经济部门内经济环节的增长。

随着五类资产、主体及三重行为的循环再生,分工越来越多样化,承载经济主体、经济行为和经济资产的部门越来越多样化。而由于知识资产的不断积累和规模效应决定了经济分工是加速多样化的,因此,经济部门及其经济环节在加速增长。

就作用而言,存量的五类资产的部门分布决定了经济主体部门的行为能动力,决定了经济主体的经济结构行为,也决定了五类资产再生的总量增长和部门分布变化。首先,在不同经济部门主导下的经济结构,其经济总量增长以及五类资产总量的增长是不同的。在采猎和农牧主导的经济结构下,经济总量增长极其缓慢,而在工业和知识主导的经济结构下,经济总量增长加快。其次,在不同的经济结构下,人口、物质、人知资产和技术等的总量增长并不相同。在采猎和农牧主导的经济结构下,人口和物质缓慢循环增长;在工业主导的经济结构下,物质增长超过人口增长;在知识经济主导的经济结构下,人知资产和技术加速增长,而人口和物质增长加速度减弱。最后,经济结构的优化促进了经济增长。经济结构优化意味着资源的优化配置,规模效应得到更大释放,经济效率得以提升,因此,意味着经济总量增速提升,以及五类资产总量增速提升。

(3) 经济时间的决定、表现与作用。

时间是空间的延续,是物质的永恒运动、变化的持续性、顺序性的表现。经济时间分布是经济资产、主体和行为在不同时间的存在形式和运动状态。由于时间具有不可逆性和连续性,经济时间分布具有前因后果的性质。

同样,经济时间分布具有多要素。经济主体的资产、偏好和预期随时间的变化而变化,在不同时间存在差异和变化性,经济主体及资产和行为在空间和部门上的分布也随时间的变化而变化。

经济时间分布也由多因素决定。经济主体基于预期收益跨期最大化的决策,决定经济主体的资产、偏好和预期跨期分布的行为能动力,决定经济主体跨期的行为组合,进而决定五类资产及总资产的跨期再生组合,以及经济部门结构和经济空间结构的跨期组合。

经济总量及其五类资产的总量和种类随时间变化而表现出波动性加速增长。五类资产的种类以及再生行为(经济部门)随时间变化而表现出波动性加速增长。经济时间分布在规模上加速增长而在结构形态上从小尺度的分散集聚转向大尺度的分散集聚。基于资产质量计量的真实经济总量增长趋势,是从偶然性波动增长、周期性波动加速增长,日常性波动加速增长。虽在较短时期内,经济增长可能经历由 M 形(上下波动增长)到 S 形(先慢后快再慢的增长)再到 J 形(从缓慢增长到快速增长)的增长过程,但在超长时期内,经济增长是一直加速增长的 J 形增长。基于资产货币计量的效用价值总量增长趋势,是从偶然性波动增长、周期性波动增长,到平稳性经济增长,因为资产的不同稀缺状态会影响资产的主观价值:在物质产品供需饱和之前,用货币计量的效用价值产出量与用质能价值计算的价值量是相同的;在物质产品的供需饱和之后,用效用价值计价的产出遵循平行增长路径。

就作用而言,经济主体基于考虑资产增长及偏好和预期变化的预期收益跨期最大化的决策,决定资产在时间上的总量、结构及增长的组合,也决定经济主体各种行为能动力及其所支配的各种行为的时间组合,从而决定经济资产以及经济主体的偏好、预期、经济资产、行为具有路径依赖的遗传和打破依赖的变异。

1.4 经济发展的逻辑

1.4-1 经济体系的形成

经济的发展是一个复杂而有序的过程,其形成与演进遵循一定的逻辑。我们假设在一个球形陆地上,人口和自然资源均匀分布。为了解决人体内外物质分布的不平衡,供需一体的经济个体应运而生。但是,孤立的经济个体的供给能动力支配供给行为所创造的产品无法满足维持生存需求。漫长的人类基因-文化共同进化塑造了人类脆弱的表型生物学性状和强大的心智能力——作为一种文化物种和合作的物种。这促使经济个体之间进行交互,通过规模报酬递增的效应形成经济组织和相应的交互制度。在经济组织和制度的框架下,经济个体和组织通过多重交互行为,开发自然资源、生养人口,创造人知资产和经济科技等副产品,也导致了个体和组织的分层与异质化。

1. 人体内外物质的不平衡分布是推动经济个体行为的关键因素

一方面,人体内外物质的无限不平衡分布驱动个体的经济需求不断增长;另一方面,这种需求又催生了经济供给的内生动力。这种供求动力的结合,支配着经济个体与自然界的交互行为。然而,在人类初始状态下,个体的经济能力有限,难以满足其最低需求,因此无法平衡内外物质分布来维持个体生存。分工和合作是人类生存繁衍的唯一可行方式。

2. 规模效应提升交互行为力并决定人人交互及人物交互行为

"多就是不同。"随着经济交互规模的扩大,产出效果实现规模报酬递增,从而更好地满足人的物质需求,实现人体内外物质分布的平衡。这种需求内生边际增长与规模报酬边际递增的结合,形成更大的交互行为供需动力,推动经济个体的供需交互行为,产生规模报酬递增的经济效果。

3. 经济交互的深化和完善,促进了经济体系的形成

个体内外的自然和知识资产分布不平衡以及交互规模经济效应,共同形成了建立组织与制度的供需动力。经济个体及组织基于制度文化、人口禀赋、物质资产等联合形成物质资产与人口、科技与人知资产的供需动力,支配一定空间上的经济个体及组织,重塑人口与物质、创造科技和人知资产的供需行为,决定各个空间的经济个体及组织的制度与组织、人口与物质资产、科技与人知资产差异。空间之间的经济个体及组织则重

塑人口与物质、创造科技和人知资产联系。

个体交互行为推动经济主体的发展。由于组织内交互成本低而组织外交互成本高,组织内的协同力大于组织外,因此产生了私人资产、公共资产供给与需求的经济组织。这些组织从个体发展到个体与组织,形成了经济主体。

同时,个体交互行为也是经济制度产生的决定因素。为了规范经济个体的交互行为,制度文化伴随交互而产生,随着组织的产生,经济交互分为组织内外两部分,规范经济交互行为的制度也分为组织内外的制度文化。

最后,个体交互行为不断完善经济体系的构件。它不仅创造了经济主体(如经济个体、组织、空间),还将空间部门分布的要素转化为产出。个体交互行为界定了财产权利主体、要素配置手段和产出分配主体,使经济要素和经济产品成为经济主体的资产。

4. 经济交互导致个体及组织的分层和异质

个体交互以及需求内生增长、供给报酬递增导致经济主体异质,因为只有异质的物质才能最大化平衡经济主体内外的物质分布,最大化预期收益,形成异质的供需行为能动力,决定异质行为和产出,进而决定更大规模的交互,如此循环往复。比如,劳动力从同质到异质分工,效率和规模会显著提升。经济主体通过差异化行为而形成异质的资产结构、偏好结构和预期收益,从而造成主体空间的差异。偏好结构差异化体现在个体和组织在竞争状态下对偏好强度和选择的不同;预期收益差异化则表现为对未来需求的差异化信心和预期。要素结构差异化则涉及个体和组织在制度竞合、物质开发、积累知识和人口生育等方面的差异。这些差异又反过来影响物质、知识和人口结构,形成制度文化的差异。

1.4-2 经济体系的发展

基于知识报酬递增、需求内生增长和交互规模经济三个前提假定,分布在一定时空及部门的经济资产通过调整公私产品供需主体及其预期和偏好,并与偏好及预期一起驱动公私供需主体的行为动力,进而主导经济主体的行为,决定资产在不同时空及部门间的循环路径,从而打开经济发展投入产出的"黑箱"。除了投入和产出的资产,这一过程更突出行为、主体、分布及其作用机制。具体而言,在"5N53"的一般框架下,经济体系的"3N53"因素相互作用决定经济发展:"3"即3个假定,也就是需求内生增长、知识质能不守恒和交互规模效应,引致3个主要行为(具体行为、抽象行为和关系行为)、N个主体(具有不同偏好和预期的政府、家庭和企业)、5个要素(制度文化、物质、劳动人口、人知资产、科学技术)、3个分布(部门、空间和时间)的逐步形成。这些要素和分布通过不同的方式相互作用,推动行为、主体、要素和分布的内生发展,以及加总的要素产出总量增长和品类多样化。

1. 经济主体的资产决定经济主体的力量

个体、组织、空间及整体的组织与制度、人知资产与科技、人口与物质资产决定了个体、组织、空间及整体的组织与制度、人知资产与科技、人口与物质资产的四重能动力。

个体的人知资产和科技产生及增长,改变人体内外物质分布的不平衡,扩大了交互规模经济,这决定了经济个体的组织与制度、人口与物质资产、科技与人知资产的供需能力和供求能力增长。与此同时,其也决定了这些方面的供需偏好、预期收益形成供需动力增长。不同经济个体的人口与物质资产、科技与人知资产、制度与文化变化,决定了经济个体的人口与物质资产、科技与人知资产、制度与文化四重能动力的不同变化。人口与物质资产、科技与人知资产共同决定了经济个体的公私供需组织形态的动力。在一定空间的组织与制度下,随人口与物质资产再生而产生的科技与人知资产及特性,加剧了物质资产与知识资产分布的不平衡,推动了交互规模经济,影响个体及组织的制度与组织变革的供需能动力。不同个体的资产组合决定了其组织形态的四重能动力不同。

一定空间的经济组织内个体科技行为的人口与物质资产、科技与人知资产、制度与文化的总四重能动力合成组织总的各个四重行为能动力。经济个体的自身禀赋决定其五类公私资产的体力和脑力需求能力以及偏好预期需求动力,形成经济组织总和五类公私资产需求能动力和供给能动力。组织内不同个体的人口与物质资产、科技与人知资产、制度与文化的不同,决定不同个体在这些方面的四重能动力不同。

每一空间的人口与物质资产、科技与人知资产、制度与文化及其变化决定了经济个体及组织的公私供需空间形态的动力和变化。每一空间部门的资产及改变,导致人知资产与科技、人口与物质资产、制度与文化等的空间部门形态供需能动力的改变,进而引起总和的空间部门形态的供需能动力的改变。每一空间部门的所有经济组织及个体的人口与物质资产、科技与人知资产、制度与文化合成组织总的一定空间的四重行为能动力。空间内的组织内个体的五类资产决定其公私资产的供需能动力,形成加总的空间供需能动力。不同组织及个体的五类资产不同决定了不同组织及个体的供需空间、具体、抽象、关系等四重行为能动力的不同。

所有空间的人口与物质资产、科技与人知资产、制度与文化及其变化决定了经济个体及组织的所有公私供需空间形态的动力及变化。资产变化影响整体形态的供需能动力,进而改变整体供需能动力。所有空间技术与人知资产、人口与物质资产、制度与文化的改变带来空间部门形态及空间部门四重供需能动力的改变。所有空间部门供需者的人口与物质资产、科技与人知资产、制度与文化的四重能动力发展合成全体的四重能动力发展。不同空间的五类资产分布不同,塑造了不同空间人口与物质资产、科技与人知资产、制度与文化的供需的空间、具体、抽象、关系等能动力的不同。

2.经济主体的力量决定经济主体的行为

个体、组织、空间及整体的组织与制度、人知资产与科技、人口与物质资产的供需四重能动力决定了个体、组织、空间及整体的组织与制度、人知资产与科技、人口与物质资产的供需四重行为。

一定空间内,每一供需个体的人口与物质资产、科技与人知资产、制度与文化的四重供需能动力决定每个经济个体的四重供需行为,具体包括:五资产私人、公共、公私的供给个体的空间、具体、抽象竞合交互;五类资产私人、公共、公私的需求个体空间、具体、抽象的竞合交互;五类资产私人、公共、公私的供需个体的竞合交互。

一定空间的公私资产供需组织形态的能动力决定经济个体的供需组织行为。随着人口与物质资产再生而产生的科技与人知资产及特性,加剧物质资产与知识资产分布不平衡,推动交互规模经济,影响组织变革的供需能动力,并与初始个体禀赋并逐步演化的个体及组织的组织变革的供需能动力,合成个体及组织总的组织变革供需能动力,支配一定空间的个体及组织的制度与组织变革博弈。不同个体及组织的组织形态及变化的四重能动力不同,不同个体及组织的组织形态及变革的四重行为不同;一定空间的经济个体及组织的五类资产的供需四重行为能动力决定经济供需个体及组织的五类资产的空间、具体、抽象的交互行为,具体包括:五类资产私人、公共、公私产品供给者的空间、具体、抽象的竞合交互;五资产私人、公共、公私需求者的空间、具体、抽象的竞合交互;五资产私人、公共、公私供需者的空间、具体、抽象的竞合交互。公私产品供需者的异质性决定了不同供需者从事不同的空间、具体和抽象的竞合交互行为,决定了经济主体分层供需行为,即分别从事创新、学习和模仿消费。

每一空间部门的经济个体及组织的所有公私供需空间形态的能动力及变化,支配每一空间的经济个体及组织的空间形态主体行为及变化;每一空间的经济个体及组织的五类资产的供需四重行为能动力决定了经济供需个体及组织的五类资产的空间、具体、抽象的交互行为,具体包括:每一空间五类资产私人、公共、公私产品供给者的空间、具体、抽象的竞合交互;五类资产私人、公共、公私需求者的空间、具体、抽象的竞合交互;每一空间五类资产私人、公共、公私供需者的空间、具体、抽象的竞合交互。每一空间内部的公私产品供需组织及个体的异质性决定了每一空间的不同供需者从事不同的空间、具体和抽象的竞合交互行为不同,也决定了每一空间内的不同供需者从事不同的空间、具体和抽象的竞合交互行为不同。

所有空间部门的经济个体及组织的所有公私供需空间形态的能动力及变化,支配所有空间部门的经济个体及组织的空间形态主体行为及变化;所有空间部门的组织及个体的五类资产供需能动力及改变,支配所有空间部门的个体及组织的五类资产的四重行为改变,具体包括:所有空间五类资产私人、公共、公私产品供给者的空间、具体、抽象的竞合交互;五类资产私人、公共、公私需求者的空间、具体、抽象的竞合交互;所有空间五类资产私人、公共、公私供需者的空间、具体、抽象的竞合交互。不同空间内部的公私产品供需组织及个体的异质性决定了不同空间的不同供需者从事不同的空间、具体和抽象的竞合交互行为,也决定了不同空间之间的空间、具体和抽象的交互行为。

3. 经济主体的行为决定经济主体的发展

个体的行为、组织的运作、空间的布局及整体的组织与制度、人知资产与科技、人口与物质资产的供需行为共同决定了这些主体在规模增长、结构变化和相互联系方面的转换。

特定空间范围内,每个供需个体的组织与制度、人口与物质资产、科技与人知资产的四重行为变化,直接影响了其资产的增长。这些增长包括经济个体规模的扩大、人口寿命的延长、人知资产的积累以及物质财富和思想意识的变化。每一个体人物交互支持下的人人交互行为塑造了一定空间的创新、模仿和重复的制度文化。这种互动还决定了空间中不同主体在创新、模仿和重复方面的人知资产、劳动人口、经济物质和科学技术产出。

同样,经济个体的供需组织行为及其变化,也决定了公私资产供需组织形态的变化。个体之间在公私供需组织及变革方面的博弈,进一步影响了供需组织形态的改变。而每个供需经济组织在五类资产方面的行为变化,又决定了其资产规模的增长、结构的变化和内部关系的改变。每一组织内人物交互支持下的人人交互行为,同样影响着空间的制度文化以及不同主体在创新、模仿和重复方面的产出。

每一空间部门的经济个体及组织在供需空间形态方面的四重行为及其变化,决定了该空间部门形态及其变化。不同组织及个体在供需空间行为上的差异,导致了它们形态的不同及相互之间的联系;空间部门内所有组织及个体在五类资产方面的交互行为,决定了这些资产在规模、结构和内部交互方面的转换。同样,人人交互行为也塑造了特定空间的制度文化以及不同主体在创新、模仿和重复方面的产出。不同组织及个体在人口与物质资产、科技与人知资产、制度与文化方面的行为差异,也导致了它们在规模增长、结构变迁和内部联系方面的不同。

所有空间部门的经济个体及组织的供需空间部门形态的四重行为及变化,决定了所有空间部门的形态及变化。不同空间在空间供需形态上的差异,导致了它们空间形态的不同及相互联系;所有空间内的组织及个体在五类资产方面的四重行为,决定了所有空间的五类资产的增长、结构的变化和相互关系。所有空间内人物交互支持下的人人交互行为不仅塑造了不同空间的制度文化,还决定了不同主题在创新、模仿和重复方面的产出。最终,不同空间内组织及个体在人口与物质资产、科技与人知资产、制度与文化方面的行为差异,导致了它们在规模增长、结构变迁和内部联系方面的不同,从而影响了整个经济系统的发展(图 1.4)。

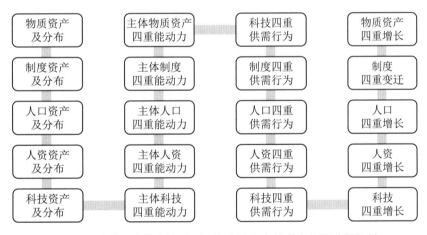

图 1.4　科技进步的主体、行为、资产及分布的联合作用过程机制

4. 经济主体资产、力量与行为的循环发展

知识不守恒及报酬递增、个体体内物质无限不平衡(如稀缺物质、特殊人脑)决定的需求内生增长、供给无中生有、交互带来的资源充分利用及由此产生的协同规模效应,决定了科技与人知资产、制度与文化、人口与物质资产内生增长,带动了空间与部门的内生变化、个体及组织形态和能动力的内生变化。

科技与人知资产的改变带来个体、组织、空间及整体的科学技术与人知资产、人口与物质资产、制度与文化资产联合,带动个体、组织、空间及整体的形态五重供需能动力的变化,支配个体、组织、空间及整体的形态五重供需行为,决定个体、组织、空间及整体形态的规模、结构和联系。

1.4-3 经济体系的作用

在经济体系形成和发展的过程中,经济体系的投入资产、主体、行为、产出资产、分布等构成因素相互作用,从资产的角度看经济因素之间的内生决定和作用机制,大体如下。

1. 经济因素相互决定的兼容机制

与西方经济学抛开了主体及行为,仅基于经典物理学思想的投入产出的直线"黑箱"生产函数不同,统一发展经济学考虑了经济主体及其行为,而且将主体的偏好和预期内生化。统一发展经济学关于经济发展的核心思想表现为三角形生产函数(图 1.5),认为经济发展是各类要素资产投入的质能,转换为产出资产与各类要素资产决定的经济主体能动力支配的行为的结合。

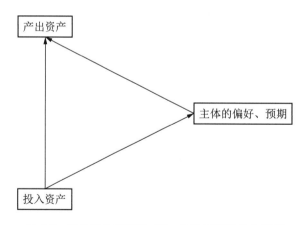

图 1.5 三角形生产函数:统一发展经济学核心框架

一方面,经济体系的要素资产与产品资产相互直接转化。首先,每类资产的直接投入直接影响自己的产出。物质资产投入带来同等或更小量的产出,而知识资产投入则可能带来更多或相同的产出,创造了人知资产和科学技术。但制度文化投入一般影响制度文化创新产出。其次,同类资产的投入和产出相互转化。物质资产与人口劳动结合可以转化出等量的物质资产和劳动人口产出。人口通过消费物质资产实现再生,再生人口则再造物质资产。物质资产从投入转变为产出后,由于劳动能量投入也凝结在物质资产的产出中,人知资产与科学技术属于知识资产,是两者共同的直接投入,人知资产与科学技术作为直接要素结合可以或多或少地创造人知资产和科学技术产出。科学技术被经济个体学习可以转化为人知资产,人知资产通过向外传播可以转化成科学技术。

另一方面,经济体系的要素资产与产品资产通过影响经济主体及其行为间接影响资产相互转化。资产、偏好和预期收益决定经济个体及组织的行为,进而影响资产转化、再生和创造的状况(包括方向、种类、程度)。各类资产不仅直接影响自身循环效率,还影响其他循环。知识资产的生产通过改变人口的体智能力和预期偏好动力,从而改变人口物质、物质资产的规模。物质资产和人口劳动相结合需要人知资产和科学技术的支持,从而提升个体及组织的物质资产和人口再生能动力,将更多物质资产和劳动人口转化为经济要素。人口与物质资产的循环再生通过脑体行为可以产生知识资产副产品及积累。人知资产和科学技术相结合的生产过程,需要物质资产和人口劳动支持,人知资产与技术循环增长带来人口与物质循环增长。其他资产及变化影响制度文化及变化,制度文化及变化反过来影响其他资产及变化。不同性质和类型的资产联合,影响和决定了经济主体及其需求偏好和预期收益,进而形成经济主体的能动力(包括能动力的种类和能动力的大小),支配经济主体的行为,决定投入产出的转化。因而,在各类资产投入与产出的转换中,影响投入产出的各类不同性质的要素资产可以兼容。基于统一发展经济学三角形发展框架模型,各类资产产出的公式如下。

人口的发展一方面决定于人口存量和物质资产质能存量的直接转化;另一方面,决定于由技术、人知资产、人口、物质资产和制度所形成的人口再生总合能动力,可由以下公式表示:

$$L = F(L(s, l, k, t, h), l, k) \tag{1.1}$$

其中,L 代表人口增量。l、k 分别代表人口劳动质能和物质资产质能存量。$L(s, l, k, t, h)$ 是该类资产形成的能动力,它决定了各种要素资产通过影响经济主体的预期、偏好所形成的效率。

物质资产的发展一方面决定于人口存量和物质资产质能存量直接转化;另一方面,决定于由科学技术、人知资产、人口、物质资产和制度所形成的物质资产再生总合能动力。因此,有以下公式:

$$K = F(K(s, l, k, t, h), l, k) \tag{1.2}$$

其中,K 代表物质产品增量。l、k 分别代表人口与物质资产存量。$K(s, l, k, t, h)$ 是该类资产形成的能动力,它决定了各种要素资产通过影响经济主体的预期、偏好所形成的效率。

人知资产的发展由如下要素决定。一方面,人知资产的发展决定于人口存量、人知资产存量、技术存量的直接转化;另一方面,决定于由技术、人知资产、人口、物质资产和制度所形成的人知资产再生总合能动力。可以用下列公式表示:

$$H = F(H(s, l, k, t, h), s, l, k, t, h) \tag{1.3}$$

其中,H 代表人知资产产品增量。l、t、h 分别代表人口脑力劳动决定的知识资产能量、科技存量和人知资产存量。$H(s, l, k, t, h)$ 是人知资产所形成的能动力,它决定各种要素资产通过影响经济主体的预期、偏好所形成的效率。

科学技术的发展主要受如下要素影响。一方面,科学技术的发展决定于人口存量和物质资产质能存量直接转化;另一方面,决定于由技术、人知资产、人口、物质资产和制度所形成的科学技术创造总合能动力。可以用下列公式表示:

$$T = F(T(s, l, k, t, h), l, t, h) \tag{1.4}$$

其中,T 代表科技产品增量。l、t、h 分别代表人口脑力劳动决定知识资产能量、科技存量和人知资产存量。$T(s, l, k, t, h)$ 是该类资产形成的能动力,它决定了各种要素资产通过影响经济主体的预期、偏好所形成的效率。

制度文化的发展一方面决定于旧制度存量向新制度的转换;另一方面,决定于由技术、人知资产、人口、物质资产及其变化和制度存量所形成的制度变迁总合能动力。可以用下列公式表示:

$$S = F(X(s, l, k, t, h), s) \tag{1.5}$$

其中,S 代表制度产品增量。s 代表制度质能存量。$S(s, l, k, t, h)$ 是制度资产形成的能动力,它决定了各种要素资产通过影响经济主体的预期、偏好所形成的效率。

上述方程采用复合函数的隐函数方程形式,表明不同性质的主要因素都能够兼容。一方面,各种产出有其要素的直接贡献;另一方面,各要素通过影响主体需求偏好和预期收益与资产状况影响主体行为的能动力,进而影响自身并相互影响。当然,具体的复杂关系还需要具体分析。

2.经济因素相互作用的内生机制

经济要素资产一方面通过物质资产和知识资产的质能转换产生同类的产品,另一方面通过影响经济主体及其偏好与预期,进而通过主体行为而实现相互作用。由此,不仅不同类别要素在决定产出时可以兼容,还使得包括制度在内的要素资产、经济主体的预期、偏好及行为都实现内生。

人知资产决定其他资产发展的作用日益重要。人知资产作为重要的经济要素,不仅可以直接参与物质资产和科技的创造,而且可以通过脑力加工技术与人知资产,实现新的人知资产的边际递增再生。同时,人知资产的增长及积累,还扩大了人口与物质资产、人知资产与科学技术的供求能力,改变了相关的偏好预期,从而影响了四重能动力的变化。这种变化进一步支配了经济个体及组织的行为,影响了技术与人知资产、物质资产与人口的供需发展。此外,人知资产的增长也推动了制度与文化的变革,提升了制度与文化变迁的供需能动力。但这一变革受到制度和组织存量的能阻力影响,只有在整个空间甚至宏观层面上的制度与文化变迁总合能动力大于总合能阻力时,才能真正实现制度与文化的变迁。

科学技术在决定其他资产发展中日益重要。科学技术作为要素投入,直接参与物质资产和科技的创造,通过脑力劳动对科学技术与人知资产进行加工,实现新的人知资产再生并转化为科学技术。科学技术的增长及积累通过改变供需组织及个体能动力,推动了科技与人知资产、人口与物质资产的供需四重内生发展。科学技术的真实增长决定了供给者技术积累及投入的增加,进而提升了物质资产重塑、人口生养、人知资产投资、科学技术创新的供给能力。供给者在追求最大化收益的过程中,不仅增加了现有产品的供给,也积极开发新产品,以满足不断变化的市场需求。就单个供给者而言,每个供给者将根据比较能力和动力,竞相选择不同数量的创新、学习和重复的产品供给;技术的真实增长且不因投入而消失决定了供给增加带来需求增加,需求者无限扩张的需求可以得到有效的内生增长。

总体而言,随着产品(表现为收入)的增长,需求者在物质和技术消费、物质和人知资产投资等方面有一个权衡,从而需求方始终存在一个不断改变的产品种类和产品数量的需求组合,以最大化解决个体及组织内外物质分布的不平衡。就单个消费者而言,每个消费者根据预算约束决定的消费能力和消费偏好及其预期收益的动力,始终在调整自己的新旧产品组合,并多样化规模效用以最大化解决自身人体内外物质的不平衡。总之,人知资产与科技的增长和积累,不仅提升了它们在总资产中的比例和作用,也带来了人知资产与科技产出规模的扩大和增速的提升。然而,这种增长同样受到制度和组织存量的能阻力影响,只有在整个空间甚至宏观层面上的制度与文化变迁总合能动力大于总合能阻力时,才能真正实现制度与文化的变革。

物质资产对其他资产发展的影响逐步下降。物质资产分布不平衡变得越来越不重要了。一方面,物质资产增长通过物质能量增长和加工重塑,带来等量的物质资产产品增加和人口繁衍。另一方面,物质资产的增长引发了供需四重行为的变化,以及人口与物质资产、科技与人知资产、制度与文化的四重变化。例如,剩余产品的出现推动了私有制度、非农部门和城市空间的出现,会加速人知资产与技术的增长。制度与文化的特性决定了只有物质资产增长所带来的制度变迁的能动力大于制度存量所形成的供需能阻力时,它才能支配制度与文化变迁行为及其制度与文化变迁。另外,物质资产相对稀缺决定了经济个体更强大物质资产的供需偏好和预期收益,科学技术的积累使得人知资产与科学技术在总资产中的比例提升和作用加大。同时,这也缓解了物质资产的稀缺所带来的物质资产作用的逐渐下降,决定了经济个体物质资产供需偏好和预期收益的下降,物质资产的供需增长随着人口供需增长下降而逐步下降。

人口对其他资产发展的作用逐步下降。人口是经济发展的中心,既是资产需求者,也是供给者。人口通过体力劳动将物质能量直接转化到物质资产和人口的再生产品上,通过脑力劳动将意识能量直接转化到人知资产和技术上,从而产生投入与产出不守恒的人知资产和技术。一方面,人口增长意味着直接对人口与物质资产的再生增加物质能量与人知资产和技术的创造增加意识能量。另一方面,人口增长导致个体及组织形态及人口与物质资产、科技与人知资产、制度与文化的供需四重能动力、行为、产品的变化。人口增长改变个体及组织的供求能动力,支配供需行为改变,影响人口、物质资产、科技、人知资产和制度的供需四重改变。通过经济个体及组织及行为的改变,人口规模增长和多样化不仅通过体力的规模经济带来物质资产的边际增长,而且通过脑力规模经济带来创新与人知资产和技术增长。另外,人知资产与技术积累会提升其在总资产中的比例和作用,也将带来人口作用的逐渐弱化,人口的增长率会先逐步下降。

制度具有始终如一地决定其他要素发展的特性。一方面,制度文化存量部分成为增量(即新增的)制度文化的重要成分,决定了制度文化变迁具有路径依赖的特征。另一方面,制度变迁导致个体及组织形态变化及五类资产供需的四重行为能动力的变化,支配五类资产供需四重行为的变化,影响人口与物质资产、科技与人知资产、制度与文化的四重变化。制度与文化的变化,可能会扩大供求能力,更主要的是改变供求偏好和预期的动力,从而可能影响供需能动力,支配行为的变化,决定要素与产品供需变化。因制度与文化变革的相对滞后性而产生的短板效应,强化了制度与文化的变与不变以及对五类资产发展的阻碍和促进作用。如果更具激励意义的制度文化没有建立,经济个体及组织没有改变人口与物质资产、科技与人知资产的预期和偏好及动力,五类资产不可能得到真正的增长。

五类资产的不同性质决定了五类资产相互作用的逻辑顺序:经济投入产出的循环促进人知资产的增长,人知资产增长带动科学技术进步,科学技术进步带动物质资产的积累,而物质资产的增长又带动人口增长,这四类资产的增长共同推动了制度的演进。

人知资产相对最领先发展。无论是通过体力劳动改造物质资产和人口,还是通过脑力劳动创造知识资产的副产品,或是专门进行意识物品的创造、模仿和复制,这些知识产品都首先储存在人脑和产品中,从而实现了人知资产的内化增长。但是随着个体生命的终结,人知资产也将消亡。因此,知识资产必须附着在持续存在的物质资产上,才能永续地存在并发挥作用。

科学技术相对次领先发展。内化的知识资产增长之后,这些知识资产要素将直接作用于知识资产产品,并间接作用于知识资产和物质资产,从而驱动经济个体及组织通过体力和脑力劳动将内化的知识资产即人知资产转换为外化的知识资产(即技术),以解决内外不平衡问题。科技作为知识资产的一部分,其发展处在次领先的位置。物质资产跟随人知资产及科技发展。人知资产与科技的增长提升了个体及组织的开发物质资产的能动力,推动了物质资产开发行为的扩展,进而带来了物质资产的跟进增长。

人口跟随人知资产、科技及物质资产发展。由于人口个体内外物质资产分布的不平衡,人口需要从体外获取物质资产来维持生命。人知资产的增长及科技的进步首先提升了人口的物质供给能动力,增加了维持人口生存的物质资产,进而推动了人口繁衍能力和人口规模的增长。因此,人口与物质资产的增长均源于人知资产的增长与科学技术的进步,而人口的增长又受到物质资产增长的推动。

制度变迁相对最为滞后。现存的制度文化决定了组织及个体的预期收益最大化偏好,进而形成了维持现存制度反对改变的动力,同时,现存组织及个体拥有的强大的资产能力也构成了阻碍制度变迁的阻力。只有当其他增长变化所带来的制度变迁能动力大于制度存量带来的能阻力时,制度文化变迁才能发生,因此,制度与文化变迁具有滞后性。

3. 经济因素相互作用的结果表现

个体、组织、空间与宏观的组织与制度、人口与物质资产、科技与人知资产的规模及空间、部门分布的变化,决定了供需空间、部门、新旧、竞合行为能动力的变化,支配相关供需的变化,并决定了资产规模及空间、部门、新旧及关系的变化。在长期内,经济因素的规模和结构将发生显著变化,包括公私产品供需主体的变化、经济行为主导方式的转变、经济资产主导因素的转变、经济部门多样化和高级化过程、经济空间的流动与固定模式的转变等。这些变化表现为从缓慢加速增长至达到一定临界点后的加速增长和积累。资产、主体、行为的规模的差异化发展和结构的变化,科技与人知资产的质能不守恒和报酬递增的特性,导致其规模报酬和边际作用的递增,进而推动人知资产和科学技术规模的加速增长呈 J 形。而人口与物质资产的特性则决定了其变化发展呈 S 形。资产发展结构的变化则源于物质物品与意识物品的性质差异,其导致人知资产与科学技术规模及作用的增大,以及个体和组织的在发展中供需偏好和预期从物质人口向人知资产和技术的转变。

制度文化特性则决定了人知资产与科技、人口与物质资产、制度与组织等在曲折中有发展。就资产总体规模而言,五类资产的种类和数量表现为以质能表示的客观价值总量将呈 J 形加速增长。而货币计价的主观价值总量则呈现 S 形增长。资产、主体、行为部门的曲折性加速和具有差异性的共同发展,以及科技与人知资产及其带动的人口与物质资产增长,一方面可能扩大供求能力,另一方面会改变供求动力,从而可能影响供求能动力,支配整体和新旧部门的供求行为,决定总体部门加速的多样化,新旧部门从重复主导转向模仿主导再转向创新主导。但是,制度与文化供需变迁能动力与存量所产生的能阻力决定合力状况,从而决定整体和新旧部门的总合能动力,支配总体和新旧部门的行为选择,决定总体部门多样和新旧部门主导的变化。不同部门的初始条件的差异,决定供需能动力的差异及增长,支配行为差异,决定发展的差异。并且,支配供需行为的交互作用,最终带来各部门的组织与制度(包括政治制度结构),进而是人口与物质资产、科技与人知资产的共同发展,以及资产、主体、行为的空间的曲折性加速和具有差异性的共同发展。

技术与人知资产及其结构变化扩大脑体供需的空间聚散能力,降低了空间占用,运输成本下降,收益上升,提升供需的空间聚散能动动力,扩大多样化的供需空间聚散能动力,支配经济组织及个体的空间聚散行为增强,推动空间规模扩大。但是,制度与文化供需变迁能动力与存量所产生的能阻力决定了合力状况,从而影响经济个体及组织的空间聚散规模扩大和结构多样的总和能动力,影响空间聚散规模和结构的行为,影响资产的空间聚散增长和空间结构的变化。不同空间初始条件的差异,决定了供需能动力的差异及增长,不仅支配了不同空间供需四重行为的差异,决定了发展的差异,而且支配了供需行为的交互作用,推动了各空间的组织与制度、人口与物质资产、科技与人知资产的共同发展。

1.4-4　经济体系的平衡

1. 经济发展的平衡决定

人类作为宇宙的一部分,其经济发展必须遵循宇宙发展的平衡法则。与自然发展的无意识力量互动不同,人类经济发展是由物质资产与知识资产在人体内外不平衡分布而产生的力量推动的。这种力量通过经济主体(人及其组织)发生,旨在主动改变物质资产分布、创造知识资产,并努力使两者趋向平衡,但这一过程总是伴随着新的不平衡的产生。

自然和知识资产分布不平衡、知识报酬递增和交互协同规模效应所形成的经济主体及其持续增长和多样化的能动力,支配经济主体的人物和人人的交互行为,改变了物质资产,创造了物质资产,使得物质资产和知识资产的分布更不平衡。一方面,虽然力量决定于组织及个体的预期收益,预期收益决定了资产的供求状况。另一方面,力量通过支配经济行为,不仅决定人知资产与科学技术、人口与物质资产、制度与组织的创造,而且通过制度决定资产的产权归属、收入分配、资源配置;力量影响预期收益,从而影响资产的供求。所以,个体及组织的力量决定经济个体、组织、空间部门及整体的发展。

但力量又是内在的、隐性的。在非市场经济制度下,力量、收益和资产状况直接相互作用,但缺乏明确的表现信号。短期内,经济体系尽管能够实现力量平衡,却难以实现收益和资产的平衡。在激烈的外部竞争下,经济主体需要通过保障公平来约束和激励组织及个人,以实现能动力的最大化,提升效率。这种平衡的达成,往往需要在长期的反复试错中,通过不断调整力量、收益和资产的关系,最终实现长期的平衡。在市场经济制度下,价格是力量明确的表现信号。价格信号是资源稀缺的测度,能够反映、调节和联动力量、收益和资产,使经济主体能够依据价格信号进行公平交互,追求最大化预期收益,释放最大化能动力,实现最优化的行为选择和最大化的产出增长,从而提升经济效率,同时也实现力量、收益、资产的共同平衡。需求者的需求偏好、预期收益和资产负债决定了需求能动力,而供给者的供给偏好、预期收益和资产负债决定了供给能动力。当两者能动力相等时,市场达到供求均衡,此时决定的价格是均衡的价格。

显然,市场经济制度因其明确的价格信号和激励机制,推动了经济主体的发展。而非市场经济制度因其缺乏明确的交互信号和激励机制,往往会阻碍经济主体的发展。因此,在两种制度的竞争中,采用市场经济制度的经济体系将获得更好的发展,而市场经济制度也将逐渐扩张。

2. 经济发展的静态均衡

在经济发展过程中,不同空间的经济主体(包括个体及组织)在不完全信息和有限理性状态下,基于五类资产的当期供需偏好,追求供求预期收益的最大化。这种追求促使经济主体形成特定的行为能动力,从而决定其资产的空间、具体、抽象及关系行为的选择。这些选择进一步影响了经济主体在空间、部门及创新程度上的分布,以及它们之间的联系,最终实现了经济体系及其空间部门的一般均衡。静态均衡实际是预期一般均衡的体现,是力量的均衡、预期收益的均衡和资产的均衡的统一。

当所有经济主体在预期收益上没有改变现状的动力时,静态均衡便得以形成。这意味着经济主体的预期边际收益与预期边际成本相等,不仅总量上如此,在不同部门和空间的选择上也是如此。

从行为角度看,静态均衡的实现要求经济体系在总体上边际能动力与边际阻动力相平衡。这意味着每个部门和空间的边际聚集力与边际分散力必须相等,从而确保经济活动的稳定性和可持续性。

从物品供给和需求角度看,静态均衡要求预期总量产品和要素的供给与需求相匹配。这同样适用于每类产品和要素,以及它们在每个部门和空间的预期供给与需求。

3. 经济发展的动态均衡

按照新古典经济学的动态一般均衡的标准,只有在自由市场经济、完全理性、完全信息等假定下,经济体系才实现真正的动态内生一般均衡。这种均衡状态反映了经济个体跨期最优选择的结果,使得经济体系中的各变量随时间变化而动态变化。同时,经济体系的主要因素,包括物质资产、劳动人口、科学技术、人知资产以及经济个体的偏好和预期,都是内生的。

统一发展经济学的理论框架不仅认为经济主体的选择决定于基于需求偏好的最大化预期收益,即行为能动力,而且假定五类资产以及经济主体的偏好和预期相互内生变化。在不完全信息、有限理性下,借鉴量子力学基本粒子的运动描述,经济发展也呈现波粒二相状态,经济主体基于无限期内五类资产的供需偏好,追求内生基础上的预期收益最大化。这种追求导致经济组织及个体在资产供给方面形成五重行为能动力增长，进而影响它们的五重行为选择变化。这些变化使得五类资产在跨时空间和跨部门的分布上形成特定的分布和联系，推动经济体系跨空间、跨时期、跨部门的均衡发展。

在动态均衡状态下，经济主体的预期边际收益始终等于预期边际成本。不仅在总量上如此，在不同部门和空间的选择上也始终如此。同时，经济体系在总体上的边际能动力始终等于边际能阻力，每个部门和空间的边际聚集力与边际分散力也始终相等。此外，预期总量产品和要素的供给始终与需求相匹配，每类产品和要素在每一部门和空间的预期供给也始终等于需求。

1.4-5 经济发展的解释

统一发展经济学认为：经济体系诸多要件的相互作用驱动的经济发展，就像"五驾马车"的前行，经一发展经济学理论可以简喻为"五驾马车论"。在不同时空中不平衡分布的五类经济资产，基于自然和社会法则而衍生的经济法则，形成个体及组织的多重供需竞合能动力，支配着个体及组织的多重供需竞合行为，决定五类资产的时空部门分布及关系。可以将人类经济发展体系比作由众多空间上"五驾马车"相互竞合而构成的整体空间上的"五驾马车"。其中，人口居中，人知资产与科学技术、物质与制度分别居两侧，它们通过塑造三种"赶车者"（政府、家庭和企业）供需竞合能动力，决定"五驾马车"的发展速度并相互影响整体发展速度，各个空间的"马车"及"马"相互竞合，共同决定整体及"五马"的发展。具体来看，以时间分布为顺序，可从能动力及变动的视角，解释人类经济发展长期演化如下。

1. 自然力主导与人体力辅助决定采猎经济发展

个体交互产生氏族公社和原始经济制度。人体的物质稀缺性、体智特殊性、交互的相互作用、交互规模效应决定了人类自诞生之日起就需要进行交互的再生产行为。个体成员的再生产行为不仅通过交互获得规模收益，形成交互能动力，同时也需要付出交互成本，产生交互能阻力。在特定科学技术条件下，组织内的交互相比无组织交互能够降低交互成本，因此人类初期形成了功能综合的经济组织，即氏族公社，一种基于血缘和亲属间交换的合作组织。随着交互的深入，不仅出现了规范行为的制度，而且通过交互成员的制度偏好、预期和资产所形成的制度能动力，支配个体成员的博弈行为，进而产生了氏族经济制度。这一制度包括产权公有、资源组织配置和收益按需分配。

个体交互创造了物质、人口、人知和技术资产。交互行为在创造物质、人口和人知资产的同时,还创造了附着在人脑之外的物质资产之上的科学技术,这些科学技术和文化通过附着在物质资产之上不断进行积累,尤其是语言的发明促进了交互,实现了科学技术的更多的积累。

氏族公社的交互行为构建了采集经济体系。在"5N53"的一般框架下,当 N=1(只有家庭这一个经济主体)时,即在"5153"构件的经济体系下,五类资产通过不同途径再生五类资产。不同空间和部门的制度、科学技术、物质、人口、人知资产,共同决定了氏族公社的五类产品的再生产预期、偏好和资产的能动力。这些能动力支配着具体行为、抽象行为和关系行为,推动物质、制度、技术、人口和人知资产的再生与分配。

氏族公社经济制度释放了氏族成员行为能动力。在个体能力极为有限,物质供给小于需求的状态下,利己和利他行为变得一致。只有其他成员的生存形成协同效应,个体才能获得生存。氏族经济制度包括产权公有、资源组织配置、集体协作劳动和收益按需分配。这些制度抑制了氏族成员的自利性偏好,激发了共利性偏好动机,充分利用了资源要素,释放了氏族成员的经济行为能动力。

存量极小的人知资产和技术决定物质与人口极其缓慢地循环增长。尽管氏族制度能够释放氏族成员最大的动力,但由于人知资产和技术极其微弱,氏族组织及其成员的物质与人口增长极其缓慢。

人口与物质极其缓慢循环增长决定了人知资产与技术极其缓慢积累。作为物质、人口、制度等的产出过程中的副资产,人知资产和技术在代际之间的增长和积累也极为缓慢。

人知资产与技术极其缓慢积累决定了氏族对人口与物质的偏好和预期更大。尽管人知资产和技术对经济增长始终重要,但由于其增长和积累的加速度极为微弱,物质和人口在资产结构中仍占主导地位。

人知资产与技术极其缓慢的积累导致氏族公社人均物质的极其缓慢的增长。氏族公社对人口及物质的偏好和动力,驱动更多的资产配置在这两者的再生产循环中。然而,由于资源和科学技术的限制,人口增长和物质增长之间难以形成有效的转换和循环,导致人均物质增长极其缓慢,甚至陷入"马尔萨斯陷阱"。

人知资产和技术极为缓慢的积累决定了氏族经济部门结构的极其缓慢的变化。由于人知资产和技术对物质和人口主导的再生行为能动力的规模和种类增长影响有限,经济主体主要从事简单采集和生育活动。这不仅限制了氏族组织采集食物和剩余人口的规模,也限制了经济部门的多样性和氏族成员之间的分工和分化。

人口和物质主导的要素结构决定了早期氏族经济是流动、分散集聚的。由于科学技术特别是交互技术有限,人类经济活动主要围绕人口和天然食物展开。天然食物的空间分布固定且有限,人口移动受限,导致氏族公社经济活动空间流动较小。经济要素的空间存在和移动存在成本,获取经济要素的同时要付出协调成本和空间成本,这决定了氏族公社空间的分散聚集。每个氏族部落因天然食品要素的分散和公共产品空间的共享,形成了生产的分散和公共产品空间的共享,以及生产的分散和生活的集聚。成员和空间规模的边际收益与成本,以及边际向心力和边际离心力,共同决定了氏族的规模。

总之,人类发展初期,人知资产和技术极为有限,导致人口和物质作为主资产缓慢再生,人知资产和技术作为副资产缓慢创造。但知识的边际增长、交互规模效应和需求边际增长推动了氏族公社资产再生的行为能动力的加速增长。因此,五类资产都以缓慢的加速度增长。

物质与人口、技术与人知资产极其缓慢循环积累到一定程度导致农业革命。当技术实现突破,如生产工具的进步,天然食物生长原理的掌握,氏族成员的生产能力增强,从生产行为从采集扩展到农业生产,甚至出现了农业和采猎分工,农业革命带来人类经济的重大发展。

2. 人体力在自然力的辅助下主导决定农业经济发展

农业革命导致人均物质产品相对剩余。农业革命使得氏族成员的物质产品生产能动力显著提升带来了社会物质产品的相对过剩。

物质产品的相对剩余导致非农部门的形成。一方面,个体需求存在边际递增,即产品多样化的内驱力。另一方面,物质产品相对剩余使得人口增加,人们可以从事农业食物以外的生产。同时,随着技术的积累,商业、手工业、行政管理、文化祭祀等非农部门逐渐出现。这些部门的发展进一步促进了分工和专业化,提升了非农部门发展的能动力,促进其进一步发展。

物质产品的相对剩余引起组织发展。物质产品相对剩余将改变氏族成员的预期与偏好,原有的综合性经济组织即氏族部落逐渐瓦解,产生分别负责公共与私人两种性质不同产品供给的新组织。专门负责私人产品供需的家庭形成,而负责公共产品供给的国家也随之产生。

经济组织的发展重塑了经济体系的构成因素。在"5N53"的一般框架下,当N=2(只有家庭与政府这两个经济主体)时,即在"5253"经济构件下,制度、科学技术、物质、人口、人知资产,分别和联合决定政府和家庭的五类产品的再生产预期、偏好和资产的能动力及其具体行为、抽象行为和关系行为,在不同空间和部门、再生并分配物质、制度、技术、人口和人知资产。

家庭政府组织形成导致了政府家庭经济制度形成和发展。各种组织的资产、制度偏好和制度预期决定其制度能动力,支配着组织的制度行为。在相互博弈中,氏族的财产权属公有、资源组织配置和产出组织分配逐渐瓦解,形成了财产权属的私有制。政府开始全面配置资源,并优先汲取所有者获取全部剩余产品的制度。但随着物质和人口与人知资产和技术的缓慢循环增长,不同经济制度在竞争中此消彼长,最终农奴经济制度成为政府家庭制度体系的主体。

政府家庭经济制度限制了经济主体的能动力及其增长。权力政府主导的经济制度虽然是剩余产品出现后各种经济组织和个体相互博弈的结果,但奴隶主对财产和收益的完全占有以及资源的行政配置严重约束了个体成员的预期收益,降低了资源合理配置的效率。

物质和人口缓慢循环增长决定了人知资产和技术作为副资产缓慢增长。这种增长是在人口与物质循环的"干中学"中实现的,它反过来又提升了经济主体及个体的人口和物质循环的能动力,促进了人口和物质总量的缓慢增加以及种类的缓慢丰富。

家庭政府经济制度使得经济主体同异和兴衰轮回。权力政府制度下的财产权利、资源配置和收益分配,使得更有能动力的经济主体和个体进一步获得优势,加剧了经济主体之间及内部财产规模的分化。首先是政府组织与家庭组织的分化,其次是家庭组织之间的分化。旧政府组织内部的分化导致向心的偏好、预期和资产即向心力逐步下降,离心的偏好、预期和资产即离心力逐步增强。旧政府部门与私人部门分化,政府部门对私人部门巧取豪夺,导致私人部门对政府支持的下降和反对力量的增长,并逐渐形成新的政府。私人部门之间的分化也导致了支持旧政府与反对旧政府的私人主体之间的分化。随着分化的加剧,新旧政府之间的能动力博弈决定了政府的更迭。但政府部门与私人部门之间及部门内部的重复博弈导致资产再次分化,如此循环往复。

人知资产与技术作为人口与物质循环的副资产决定了经济主体对物和人有更多的偏好和预期。人知资产和技术尽管对自身及物质和人口增长始终重要,但由于其增长及积累加速度极为缓慢,对物质和人口增长的贡献有限。在资产结构中,物质和人口仍是主资产,人知资产和技术仍是副资产。因此,政府与家庭对物质和人口有更高的偏好和预期,使得更多的资产配置到人口和物质的再生产循环中。这种偏好和预期导致人均物质的缓慢增长,而人知资产和技术作为副产品,其增长也相对缓慢,这使得经济深陷"马尔萨斯陷阱"之中。

农业和非农部门的发展以及交互技术决定了经济活动空间的分散和集中。农业革命带来的产品剩余促进了人口增长和农业开发空间的扩展,也推动了非农发展,进而引发了城市革命。农业经济活动受限于土地的不流动性和人口的流动成本,决定了家庭私人生产空间的固定和分散。而非农经济活动则基于流动的物质和知识以及交互技术,使得经济主体能够选择一定规模的生产、生活以及生产与生活的集聚形态。

不同经济空间的交互推动了不同制度等资产的变迁和增长。不同空间在制度、物质、技术、人口和人知资产上的差异和交互规模效应等促进了经济主体的空间交互,从而推动了空间的竞争与合作、分工与交换,促进了各个空间的变化和增长。例如,相较于奴隶经济制度,农奴制度更能激发经济主体的物质、人口、技术和人知资产的再生能动力,因此一些国家率先进行制度创新,实施农奴制度,以实现富国强兵。同时,不同空间在物质、人口、人知资产和技术等方面的差异性也推动了空间的交互、竞争与合作,促进了各空间的增长。

总之,农业以来的经济阶段,奴隶和农奴经济制度通过影响经济主体的预期和偏好来约束其动力,而物质和知识的有限增长决定了经济主体较低的能力。因此,政府和家庭在公共和私人产品的再生产上仍主要依赖于物质和人口,导致这些行为具有一定的重复性。虽然物质、人口、技术和人知资产的增长及变化仍然缓慢,但知识的边际增长、交互规模效应和需求内生增长等因素正在逐步推动家庭和政府主体的再生产能动力缓慢加速增长,进而决定五类资产都以较为缓慢的加速度增长。

3. 人脑力主导与机械力辅助决定工业经济发展

物质、人口、人知资产和技术缓慢增长带动非农部门缓慢发展。从交互侧,经济主体间的交互在获得内外规模效应,提升经济主体供需行为能动力的同时,驱动经济主体总量的分化和种类的分工。这种分化与分工增强了创新行为能动力,推动了非农部门种类的偶然发展。在供给侧,技术进步带来的剩余产品支持了人口和劳动人口的增长,使得越来越多的劳动人口向非农部门转移。同时,技术的积累也为非农部门的增长提供了能动力,驱动了经济主体在非农部门的供给创新。在需求侧,技术与人知资产的循环带动了人口与物质的循环,形成了缓慢增长的资产和差异化扩张的需求能力,进而催生了创新需求行为。这三者结合,使得经济主体的行为从重复转向学习主导,从农业制造转向工业物质制造主导,关系行为也从完全竞争转向垄断竞争主导。这一转变推动了非农产出种类的增加及非农经济部门的扩大和繁荣。

非农经济部门的发展推动了经济组织主体的形成和发展。规模效应使得大规模的专门非农生产组织相较于家庭组织，更能获得经济效益。因此，私人产品的生产和贸易逐渐从原来的手工业和商业家庭中分离出来，形成了专门从事生产和公共消费的企业组织。同时，手工业和商业家庭也转变为专注于人口生产、人知资产投资和消费的组织。新型企业和家庭成为经济主体的主体，工厂企业的发展进一步促进了内部分工，提升了生产效率。

在"5N53"的一般框架下，当N＝3（存在家庭、企业与政府这三个经济主体）时，即在经济体系的"5353"构件下，制度、技术、物质、人口和人知资产等因素共同决定了政府、企业和家庭的再生产预期、偏好和资产的能动力。这些要素在不同空间和部门中相互作用，实现了物质、制度、技术、人口和人知资产的再生与分配。

企业组织主体创建了企业自由市场制度，成为经济制度的主体。随着工商业的不断发展，企业自由市场制度逐渐成为经济制度的主体。越来越多的工商业企业不仅资产增加，对自由市场制度的偏好和预期也在增强。这导致支持权力政府制度的私人部门和个体的意愿减弱，而企业自由市场经济制度的能动力却在不断增强。

企业市场制度赋予经济组织及其成员更大的行为动力。清晰的产权界定、市场的配置手段和收益的按资分配强化了私人部门的偏好和预期。这不仅影响了政府、家庭和企业的制度偏好、预期和能动力，还促进了自由市场制度文化的不断改进。同时，它也极大地改变了家庭、企业和政府的物质、人口、人知资产和技术的偏好和预期，增强了经济主体在再生产方面的能动力，推动了物质、人口以及辅助要素的快速增长。

企业市场制度差异导致经济主体更大的同异和兴衰轮回。企业自由市场经济尽管能够释放经济组织和成员的能动力，但同样也会导致强弱分化的马太效应。政治制度对经济主体的异同和兴衰产生重要影响。权力制衡的对称性治理政府能够约束政府自利扩张，并通过平衡促进经济组织和个体的行为动力和收益分化，使经济主体处在合理区间，从而保证政府的持续存在。而权力失衡的非对称政府则无法约束政府自利性扩张以及平衡经济组织和个体的行为动力与收益分化，可能导致经济的缓慢增长或兴衰轮回。

企业市场制度驱动人口与物质循环、人知资产和技术循环的相互加速。这一制度自由释放的经济主体能动力，推动了主资产物质与人口的扩大循环，同时也催生了副资产人知资产与技术再生产的循环扩大。随着人知资产和技术的循环积累，物质和人口的增长速度不断加快。而人知资产与技术由于不守恒的特性，其积累速度越来越快，从机械到电器再到自动化的周期逐步缩短。

人知资产和技术与物质和人口加快循环使人均物质加速增长。人知资产与科学技术的快速增长与人口和物质的循环加速相互促进,但由于人口增长的加速度受到生育极限的限制,而物质增长没有这样的限制,最终人口增长的加速度逐渐小于物质增长的加速度,从而实现了人均物质的快速增长,使得经济体系走出"马尔萨斯陷阱"。

人知资产和技术与物质和人口加快循环导致人口和物质与人知资产和技术地位产生变化。人知资产和技术部门的出现及其快速增长使得它们积累到一定临界点后,基于规模效应,人知资产和技术从一般经济组织中分离出来,成为专门再生的主产品,而不再是人口和物质再生的副产品。这一变化进一步促进了技术和人知资产的加速增长,最终使其再生产超过了人口和物质的再生产,甚至使物质和人口成为技术和人知资产再生的副产品。

人口和物质与人知资产和技术地位的显著变化引发了经济主体偏好和预期结构的显著变化。相比较人口和物质,人知资产和技术的贡献在产出中更为凸显,导致经济主体对物质、人口、科技和人知资产的预期目标与需求偏好发生了变化。这种变化使得经济主体的偏好结构和预期目标结构更倾向于人知资产和技术。

经济主体偏好和预期结构的显著变化促发资产结构及其增长的转型。随着能动力增长加速度的提升和结构的变化,人知资产与技术逐渐成为主资产,而人口和物质则转变为副资产。经济主体开始将更多的资源配置从物质和人口再生转到人知资产和技术的再生产,使技术和人知资产增长进一步加快的同时,人口和物质在经历一段加速增长后开始减速甚至负增长,也导致了人口的转型。

资产结构的变化决定经济行为在空间上从分散集聚转向集中集聚。随着经济资产结构的变化以及生产和交互技术的进步,空间占用和运输成本越来越低,使得经济活动分散集聚尺度越来越大。生产和交互技术的进步使得农村地区的边际成本与边际收益发生变化,农业部门的分散集聚尺度越来越大。同时,城市地区因为空间占用和运输成本的下降而实现了人口和空间规模的扩大,城市之间的距离也不断增加。最终,随着非农部门的发展,分散集聚的农业空间减少,集中集聚的非农活动空间相对增加,直到乡村空间形态完全转变为城市空间形态。

4. 人脑力主导与机脑力辅助决定知识经济发展

资产结构的知识化主导决定了经济部门的知识化和多样化。人知资产和科学技术的加速增长,驱动了经济主体的抽象行为从学习主导转向创新主导,具体行为则从物质制造转向知识创造,推动了产业部门及环节的加速涌现。每个经济主体越来越聚焦到细分的领域,以获得历史性的规模效应,而交互技术的进步降低了交互成本,扩大了交往的范围,从而扩大了供需市场。

经济部门知识化和多样化使得个体经济组织成为主导。供需一体的个体上升为经济组织的主体,综合供需的组织、专门供给的企业以及专门需求的家庭逐渐解体或退居次要地位,这也使得政府规模和公共产品供给职能逐渐减弱。

在"5N53"的一般框架下,当 N=1(只有供需一体的个体这一个经济主体)时,即在经济体系"5153"构件下,即 5 类要素资产通过两种途径,分别和联合决定 5 类产出资产。5 类要素分别和联合影响 1 个个体的预期和偏好的动力,并与要素能力,一起形成个体的 4 类公私资产再生产的能动力,支配着个体的 5 类资产通过 5 重行为,形成在时间、空间、部门的分布,并在关系上实现循环产出。

个体经济组织的发展使个体自由市场制度成为经济制度的主体。随着个体经济的发展和壮大,经济主体结构在发生变化。越来越多的个体经济主体不仅资产逐步增加,创建的个体自由市场制度即产权个人所有、个体自由交换和收益市场分配的偏好和预期也在增强,建立个体自由市场制度的能动力越来越强。与此同时,维护企业自由市场制度的动力逐渐减弱。旧政府部门内部成员的预期、偏好和资产也发生了变化。在多方的长期博弈中,一旦建立个体自由市场经济制度的能动力大于反对的力量,个体自由市场经济制度便取代企业自由市场经济制度,成为经济制度的主体,而氏族经济制度、奴隶农奴经济制度和企业自由经济制度则成为补充。而且,旧政府部门内部、私人部门以及政府与私人部门之间的博弈,使得自由人联合的政府将最终通过重建或者改良替代企业代理人联合的政府。

个体市场制度赋予经济个体最大的动力。这种制度文化与其他要素共同作用,一方面,直接影响经济个体的制度偏好、预期和资产,进而支配经济个体在制度变化中的博弈,不断改进强化个体自由市场制度文化;另一方面,它也改变了经济个体对物质、人口、人知资产和技术的偏好和预期,进一步增强了经济主体在这些领域的再生产动力。这种增强与其他要素结合,进一步提升了经济主体在物质、人口、人知资产和科学技术再生产方面的能动力及行为,促进科学技术加速进步和物质的加速增长。

个体自由市场制度导致经济个体的异同及兴衰轮回。该制度明确了财产权属,实现了个体自由交换以及收益市场分配,最大化释放了经济个体的动力,并对经济个体进行了最大化的激励和约束。这加剧了经济个体之间的差异,也导致经济体系的兴衰轮回。对称性政治制度,旨在约束政府对经济个体的干预,以及政府与经济个体以及经济个体之间的平衡。如果政府对个体汲取过度,平衡经济个体分化过度,抑制经济个体的经济行为动力,则会导致经济低于潜力的发展。而政府对个体汲取过度或不足,都会导致一系列连锁反应,包括政府与经济个体以及经济个体之间的异同交替,以及政府兴衰轮回等,从而加剧经济个体的分化和收敛的轮回。

人知资产与技术作为主产品,其种类多样化的加速度迅速提升。随着科学技术的加速突破,尤其是脑机互接技术的发展,科学技术与人知资产融为一体,极大扩展了大脑的知识容量和思维创造行为,从而提升了人脑知识创造的加速度。同时,人工智能技术的发展也赋予机器以意识,尤其是通用人工智能利用人类全部知识的规模效应,不断提升知识创造的加速度。

物质和人口作为副产品随知识的加速增长而减速增长。一方面,随着知识的加速创造,被人类意识和机器意识感知和认知的物质数量在加速增长。另一方面,由于人体内外物质资产和知识资产的不平衡分布,随着物质资产的不断开发,这种不平衡性逐渐下降,从而物质开发相对于知识的加速增长在减速。此外,尽管人口寿命在不断延长,但人口数量的增长将会受到控制。

知识的加速增长决定了人类经济空间的加速扩大,以及空间形态从网落到流落的转变。作为再生产主体的知识,其加速增长降低了知识的空间占用和运输成本,使得经济活动空间不断扩大,联系更加紧密,经济因素的存在更加集聚,流动更加频繁。这使得经济空间表现出更加流动、集中集聚的特点。空间的资产高度集聚引发了空间的高度分化,而空间的广泛交互带来了空间的广泛异质。

总之,个体自由经济制度、人知资产和技术作为主产品与物质和人口作为副产品不同地加速增长,决定了经济主体的预期、偏好和资产决定的能动力将加速增长,进而影响了经济主体的异同和兴衰轮回,以及物质、人口、知识的不同加速度增长。这些因素共同决定了经济部门的加速多样化,经济空间的加速扩展和形态上更大尺度的集中集聚。

尽管不同空间的初始要素条件不同,导致发育中生成的因素及其相互作用产生异质性(路径依赖),但随着知识资产的增长和经济主体的交互能动力的不断提升,人类所有经济空间最终将实现深度相互作用,优胜劣汰,使得空间在更大尺度上实现要素、主体和行为的趋同性。

总之,人类经济长期发展趋势是:人知资产和技术的总量及种类将经历无数个小 S 形增长组成的呈 J 形的加速增长。物质资产的种类和数量将经历无数个小 S 形增长组成的呈 J 形的加速增长。人口将经历 S 形增长。制度文化将经历由无数个小 S 形增长组成的呈 J 形的加速增长,制度性质发生持续的变化。人类行为的空间在经历加速扩张的同时,也将经历分化、收敛和轮回演变。人类经济的总量在质能和价值增长上有两种不同的变化趋势。

总量质能价值长期增长曲线。基于以上分析可知,如果制度适宜并不断变化,由于知识的特性及其作用,以及被开发的物质资产和被创造的知识资产的质能总量,尽管短期内经济增长可能经历由 M 形到 S 形再到 J 形的增长,但在更长时期内,其真实经济增长呈一直加速增长的 J 形增长,即指数双曲线。基于知识产出、物质和人口(多样化、最大化)的特性(知识不灭和知识报酬边际递增等特性),及其所形成的各自的总量增长,按照质能计价的总量产出,可以得到总量增长是由无数条越来越瘦的 S 组成的 J 形增长曲线的加速增长,亦即从偶然性波动增长、周期性波动的加速增长到日常性波动的加速增长。

总量效用价值长期增长曲线。货币出现后,货币可以将不同性质的资产总量统一在效用尺度上。但是,资产的总量价值是主观价值。资产的主观效用价值大,则资产的货币价值大,反之亦然。主观价值受到资产稀缺性等影响,在资产供需饱和之前,资产的效用价值随着资产规模的增长而增长。在资产供需饱和之后,资产的效用价值不再随着资产规模的增长而增长,而是受到确定的总效用影响而保持稳定。所以,总量效用价值的人类长期增长的曲线是 S 形增长曲线,资产效用价值总量经历"马尔萨斯陷阱"、后马尔萨斯阶段和卡尔多事实的过程。

货币计价的资产效用价值与质能意义上的资产总量并不完全一致,因为在不同发展阶段,人们对物质资产和知识资产的主观效用的价值判断存在差异。在物质产品供需饱和之前,两种计算方式得出的价值量相同。但之后,尽管物质和知识的质能仍在增加,但其所赋予的效用价值数量并没有增加,这导致客观真实资产的质能增长被主观的效用价值低估。

1.5 统一发展经济学的创新

1.5-1 新工具

一方面,新古典经济理论主要使用成本收益分析工具,虽然对经济现象作出了比较信服的解释,但也存在一些局限性。另一方面,人类社会经济发展的推动力量是客观存在的,也是人们能够观察和体会到的。另外,尽管过去很多的经济学者都在名义上使用"力"的概念来解释经济运行和经济发展,但是都较为随意和失范,到目前还没有建立起规范系统的经济力量的理论和分析工具。吸收物理学和心理学有关力量的概念和思想,借鉴物理学"大统一"的概念,统一发展经济学对经济力量概念、决定及作用进行了规范,创建并使用"力量"分析工具。

力量工具具有简洁和统一的特征,利用力量的转化和传递的特征,可以建立不同维度的经济因素机制联系:不仅可以将制度文化内生并与其他经济要素兼容,而且可以使得经济主体的需要偏好和与预期收益内生,使得生产函数从简单一维的要素投入变成复杂多维的机制决定;不仅能解释微观行为,而且能解释宏观经济发展;不仅能够解释短期经济增长,而且能够解释长期的经济发展;不仅将经济发展的原因机制统一到力量上,而且可以将社会经济发展统一到物质资产运动的物理学思想原理上。

而在交互行为分析上,新古典经济学认为基于成本收益分析的交互协同效应(即经济学意义上的规模经济)的种类还比较混乱。实际上,交互规模效应或交互规模经济,不仅包括市场交换,还可包括非市场分配;不仅包括交互正效应,还包括交互负效应。交互协同效应是统一发展经济学的三大前提假设之一,也是经济发展的三大支柱之一。统一发展经济学对之前的各种规模效应或规模经济的表述进行了梳理,使用统一规模力量的概念框架,从不同角度对它们进行细致的分类,厘清区别与联系,形成类似交易费用分析工具一样的通用分析工具。

人的行为决定于预期收益和需求偏好形成的力量,而收益有三种:潜在收益、预期收益和现实收益。在新古典经济学的经济个体完全理性的假设下,潜在收益、预期收益和现实收益完全一致,使用效用或利益的最大化可以决定行为选择,并推导出利益和物品的动态均衡。在经济个体不完全理性的情况下,潜在收益、预期收益和现实收益不完全一致,经济主体基于预期收益最大化决定行为选择,并推导出利益和资产的动态均衡。潜在收益、预期收益和现实收益三者完全一致是个特例。使用刻画预期收益的力量分析比使用刻画现实收益的收益分析更具一般性。

1.5-2 新假设

任何理论都有自己的基本前提和基本假设,都有自己的推理逻辑和演绎过程。任何可靠的理论都建立在一定假设基础上。例如,西方新古典经济学建立在经济人完全理性、资源稀缺、完全信息、市场均衡的假设基础上。这个假设是微观经济学分析的基础,也是制定经济政策的重要依据。

经济学是研究人类经济行为的科学,经济是自然和社会的一部分,人类作为高级生物,其经济行为必然将遵循一定基本自然法则,同时也有人类特殊的社会法则,经济行为法则也应该是人、自然和社会法则在经济领域的具体体现。因此,为了保证研究的科学性,统一发展经济学在提出假设时,一方面,将经济法则追溯或前移到自然和社会一般法则;另一方面,将考虑这些假设在经济学领域的具体体现。像凯恩斯在创立宏观经济学时提出的三个心理法则一样,我们从自然和人类变化的法则中引申出经济分析的假设。

统一发展经济学从自然界和人体内外物质的无限不平衡分布,引申出人类无限内生的内生需求,而不像新古典经济学直接假定理性人追求效用最大化。从与物质资产遵循质能守恒定律的对比中,发现知识资产不遵守质能守恒定律,从而得出知识报酬递增;从自然和人类的协同法则中引申出人类经济交互具有规模报酬递增的协同效应。

1.5-3 新框架

经济学的经济增长理论核心框架是通过要素的投入而形成产品产出,是一个基于经典物理学思想的投入产出的直线生产函数,投入经过“黑箱”转化为产出。统一发展经济学关于经济发展的核心思想表现为三角形生产函数,认为投入资产首先影响经济主体偏好、预期并形成能动力,然后支配经济主体将要素转化为产出,从而打开了投入转化成产出的“黑箱”,由此形成了不同于标准经济学的经济增长和发展理论,主要有以下创新之处。

将政府作为分工交易网络中的重要主体。从古典经济学到新古典经济学,尽管有的强调不干预,有的强调积极干预,但都没有将政府作为经济体系的主体,而是假定有两个经济主体,即家庭和企业。事实上,在家庭和企业出现之前,原始部落就在组织经济,并一直发挥重要作用。统一发展经济学认为,政府无法也没有置身经济发展的事外,即使政府作为经济发展的“守夜人”,也是对经济发展具有重要作用的主体之一。经济的空间竞争包含着政府之间的竞争,政府所提供的制度文化和公共产品差异决定了辖区经济的差异。但是,将政府作为一个重要主体,并不是要放弃政府中性的假定,不意味着主张政府过度干预市场,而是主张政府需要基于时空和产业找准自己的位置,发挥恰到好处的作用。从理论上,将政府作为经济重要变量有助于更准确的经济分析。

将经济主体的偏好和预期内生化。如上述假设的创新,由需求偏好和预期收益所形成的动力受到动能即人口资产、人知资产、物质资产、科技资产和存量制度的决定,又与这些要素(即动能)一起形成多种能动力,决定了人口、人知资产、科技产品、物质产品甚至制度产出的规模和结构。家庭动力受到需求偏好与预期收益影响形成动力,以及与资产负债形成本源动能,进而形成家庭能动力。同样,企业的需求偏好和预期收益形成的派生动力与企业资产负债形成的派生动能,进一步形成企业的能动力。政府的能动力是由政府的需求偏好、预期收益形成的生动力和政府资产所形成生动能而形成。

让制度内生并与其他要素实现兼容。经济增长和发展决定于多种要素,但主要包括人口、人知资产、物质资产、技术和制度。虽然前四个要素经历了古典、新古典到新经济增长的理论演化,分别被作为内生变量纳入统一的增长模型,但是到制度这一要素时,仍然无法内生并与其他变量兼容在一个分析框架下。统一发展经济学认识到,一方面,要素是直接投入;另一方面,它影响经济主体的偏好和预期从而影响经济主体的能动力及行为,进而影响经济产出,从而将制度不同性质和作用方式的要素内生和兼容。这不仅克服了先前经济增长理论的难题,也能实现政治经济学与经济学的兼容。

将不同性质的经济行为统一起来。决定经济产出的行为具有多重性,新古典经济学在分析经济发展时,往往侧重强调一种类型。虽有部分学者将不同类型的行为结合在一起进行分析,但并不全面。统一发展经济学认为,经济行为具有多重性,至少存在生产与消费、学习与创新以及竞争与合作三重行为,这三重性质三位一体在一个具体行为上,这些行为也应该作为内生变量被引入分析框架中,它们受到其他主体及要素的影响,同时又影响相关主体及要素。统一发展经济学将这三个行为分别定义为:具象行为、抽象行为和关系行为。

构建预期动态一般内生均衡模型。新古典经济学的动态一般均衡模型,将技术、制度、偏好和预期等视为外生。统一发展经济学不仅将要素、主体、行为及分布等尽量多的经济变量内生化(至少在定性分析的意义),而且基于偏好和预期变量的不确定性和变化性,借鉴量子力学波粒二相性思想,提出了与客观现实更加接近的动态一般均衡模型,即在不完全信息、不完全理性、不完全自由市场经济制度等条件下,短期内,经济动态一般内生均衡实际上是预期动态一般内生均衡。长期内,经济体系发展呈现的是期望动态内生一般均衡。

1.5-4 新内涵

人类经济发展不仅表现为物质产品扩大或人口增加,而且表现为人知资产、技术和制度的增长,包括外化的知识产品即科学技术与制度文化等,以及内化在人体的知识技能和道德认知。但到目前,无论是古典、新古典、新增长,还是发展或者新发展理论,都主要关注物质产品的增长和发展,即使是新增长经济理论强调知识和创新,也只是将其作为要素来衡量,最终产出仍然强调的是物质产品的产出及增长。回顾万年的人类发展历史时,它们也是用知识和技术来衡量和表现人类发展成果。

基于物质资产质能守恒定律,经济物质资产的增长不过是纯粹物质资产被经济主体开发而改变位置和形态,并没有质量的增加,人口则是物质资产的转化。而知识资产质能的不守恒性及其规模报酬递增,决定了投入产出转化是不等价的,知识的投入与产出关系可以是从无到有,也可能是从少到多。知识增长不仅表现为知识经济和人知资产的增长与发展,知识的增长以及积累还可以使得纯粹自然资产改变位置与形态,并转变为经济资产,也推动了物质经济和人口的增长与发展。

统一发展经济学对思想意识进行了重新定义,认为它是知识资产,来自意识行为的创造,也就是大脑利用知识资产进行加工和思考形成新的知识资产。为此,它还将行为区分为心理行为和身体行为,它们分别负责创造知识资产或改变物质资产。

统一发展经济学认为,经济增长的实质是知识的发展而不是物质发展,包括新创造的知识产品种类增加和旧知识反复复制数量扩大。财富的增量即产出的附加值,实质上是知识产品的附加值。衡量狭义或者真实世界、国家、区域、城市、个体的经济发展,主要着眼于知识增长。当然,由于一些知识产品附着在物质产品上,可以通过衡量物质产品变化来估算知识产品的增长,从而可以将物质增长与知识增长统一起来,归结到知识产品增长上。而知识产品包括刚刚创造的知识产品种类增加和反复复制的知识产品数量的扩大。由于TFP可以分解为技术进步率、规模经济效应和配置效应,因而TFP可以大致包含制度文化、人知资产和技术进步等,所以TFP是衡量经济实质增长的一个近似的指标。

1.5-5　新术语

中国的历史文化及其经济发展积淀下来许多具有经济学含义的术语,包括许多成语、谚语和名句,如"天下熙熙皆为利来,天下攘攘皆为利往""无文不长富,有文不长穷""事半功倍""事倍功半""一劳永逸""人尽其才""物尽其用"等。统一发展经济学将尽量借用这些精妙的词语,以体现一定的中国话语体系。同时,将使用更一般词句,如使用"交互"而非"交换"或"交易","行为"而非"劳动"或"活动","资产"而非"资源"或"资本",来表示参与经济发展的投入或产出。强调"预期收益"和"预期成本"而非简单的"收益"与"成本"等。强调"期望动态一般均衡"而非"动态一般均衡"。并且,鉴于统一发展经济学体系与以往经济学的不同,本书构造了一些有关力量的经济术语,对行为进行重新分类和界定,如使用具体行为、抽象行为和关系行为,对资产进行了统一的规范和分类,尤其是使用"人知资产"替代"人力资本"或"人的知识资本",以及用于区分资产的"质能数量"和"效用数量"等。

总之,统一发展经济学构建了兼容和内生多种经济发展因素的理论框架,使用更为一般的资产、预期、偏好等所形成的力量概念,强调通过力量的形成、作用、传递和转化共同驱动资产再生和经济发展;形成了统一的适用于分析人类有史以来的经济发展的完整理论框架。它不仅克服了西方新古典经济学的弱点,也构建了不同于西方新古典经济学的自主创新的中国框架体系。统一发展经济学的思想框架不仅适用于解释长期经济发展,也适用于解释短期经济运行,甚至可以将经济、政治分析统一起来。

但是,统一发展经济学不是对经济学的否定,而是从不同角度,使用不同的方法,聚焦不同的重点,构建与之"同中有异"的经济发展或者经济增长理论,对经济发展作出更一般和更准确的解释,因而是对经济学合理内核的印证,也是对经济学的完善。如果将经济学理解为一个静态的体系,统一发展经济学构建的经济理论是经济学的抖动,是一个波粒二象性的体系。如果经济学研究的是确定的经济体系,那么统一发展经济学研究的是波粒二象性的体系。

本章在总体上对统一发展经济学的框架进行了解释。第 2 章到第 13 章将按照统一发展经济学的逻辑顺序,从分析工具、前提假设、经济交互、经济组织、经济资产(包括人、物质、科技、金融和制度)和经济分布(包括经济部门、经济空间和经济总量)等角度展开分析。

经济发展的统一力量

抽象反映经济客观事实的经济理论,首先需要最能反映经济内在关系及其变化的变量工具,以便用于符合现实的理论逻辑演绎。经济学也是关于行为选择的学科。新古典经济学认为,在现代经济学中唯一可以作为先验条件接受的公理,即现代经济学的"本体",是理性选择(Becker,1976)。使用利益分析工具,新古典经济学建立了庞大的理论体系,对经济发展规律进行了揭示。但是,人类行为并非完全理性,成本收益分析并不能解释微观主体行为选择和宏观经济运行的所有方面,也不是解释人类微观经济行为和宏观经济运行唯一一般的工具。现代物理学的研究揭示了物质资产的运动和变化是宇宙大爆炸所产生的各种力量相互作用的结果。人类作为高级动物,其行为选择受到自然力量法则、社会力量法则、意识力量法则的支配。经济发展是人们选择行为的结果,受到背后的行为力量支配。人的行为力与自然力相互作用,使得物质资产、知识资产和复合物质改变复制和创造。本章,我们将尝试构建力量分析工具,从决定物质资产、知识资产和复合物质发展的统一力量入手,对经济发展作出更一般的解释。

2.1 利益分析的困境和力量分析的尝试

2.1-1 利益分析的成功与不足

利益分析法从利益入手,追溯各个利益主体为了实现自身利益最大化而最有可能采取的行动,以解释经济社会的发展。由于利益是支配人们思想和行为的根源,也是驱动人类发展的基本动因,所以,利益分析方法是理解一系列经济社会现象的工具,是化繁为简、化难为易的分析系统,不仅符合实际,而且具有普适性;从微观到宏观,都可以进行逻辑一致的推导,是经济社会领域中最基本的认识方法和分析方法之一。在经济学中,利益分析除了直接的收益分析,还包括价格和交易费用分析等,但是利益分析也存在一定的局限性。

利益分析无法全面解释现实环境下的行为决策选择。主流新古典经济学假定完全理性、完全信息、完全自利和一致性及稳定性偏好。基于完全理性的假设,新古典经济学使用利益分析工具可以完美演绎基于个体最大化的经济局部均衡或一般均衡。所以,马歇尔(Marshall,1890)认为"经济学家的麦加应当在于经济生物学,而非经济力学",即便如此,马歇尔的局部均衡分析也建基于经济力学范式下。而在现实中经济个体是不完全理性、不完全自利的,信息是不完全的,偏好是不一致和不稳定的。在信息不完全与偏好不断变化的情况下,利益分析没有唯一的解。经济系统本质上是一个复杂系统。正如西蒙(Simon,1962)指出的,复杂系统是由大量以非简单方式相互作用的部分所组成的系统。由于复杂系统中整体大于各部分的总和,考虑到各部分的属性和它们相互作用的规律,推断整体的属性往往并不容易。因此,利益分析工具虽然能对现实中的完全理性、完全信息、完全自利和一致性及稳定性偏好的特例作出解释,但是无法对复杂现实环境下的决策选择作出更一般和有效的解释,需要更一般的分析工具。

利益分析难以反映经济主体之间交互博弈的结果。利益分析可以解释经济主体交互博弈的原因,即经济主体因为利益而进行相互间的交互博弈,但无法解释经济主体之间博弈的结果,包括经济主体的利益分配。实际上,经济体系中经济主体的博弈的结果怎样,决定于经济主体之间力量的较量。参与交互博弈决策的经济主体合力的大小及其方向,最终决定了经济决策选择及其大小和方向,以及博弈的结果。以制度变革为例,不同组织之间的博弈是制度变革的关键,而不同组织在博弈过程中的选择受制于它们为处理复杂且有限的信息而建立的心智模式,以及制度矩阵的范围经济、互补性和网络外部性(North,1991)。因此,要准确刻画经济主体之间的博弈,解释经济主体之间博弈的结果,需要与力量相关的新分析工具。

利益分析不是刻画经济行为的量化工具。经济体系的构件包括经济主体、交互行为、经济要素及经济分布。经济要素有数量的刻画,经济主体有收益的刻画,经济行为没有数量刻画。因此,使用成本收益分析工具,可以分析和讨论要素、产品甚至收益的均衡,但无法分析刻画经济行为,以及讨论经济行为的均衡。例如,新古典经济学将经济学定义为"资源配置",并主要关注经济主体收益最大化下的均衡行为。这是短视和具有误导性的,因为其忽略了经济系统的动态性及其内在的不稳定性(Colander et al.,2009)。所以,需要专门刻画和讨论经济行为的分析工具。

利益分析难以讨论所有要素对经济发展的共同作用。新古典生产函数假定生产要素投入可以转化为产出,并使用成本收益分析工具进行经济增长的分析。但投入要素还通过影响主体的欲望偏好和预期目标影响产品产出。有多种性质不同的要素会同时影响产出,例如,重大的历史事件(如工业革命)是科学技术、经济、制度和文化等多种因素交互作用的结果(Freeman,2019)。成本收益分析工具,无法将各种性质不同的要素尤其是制度文化要素与其他要素兼容在一起,无法解释各种性质不同的要素如何通过直接和间接两种途径影响产品产出。因此,要刻画各种要素共同作用产出及其作用机制,需要新的分析工具。利益分析很难解释主体、行为与要素对经济发展的共同作用。产品产出不仅决定于要素直接投入,而且受经济主体、经济行为影响,成本收益分析工具很难刻画四者相互关系及其对产出的影响。因此,也需要使用新的分析工具。

利益分析很难解释知识资产的生产、交换、配置和消费。成本收益分析,主要可以解释物质的生产、交换、配置和消费,却无法解释意识、精神、知识、文化等生产、交换、配置和消费。格雷伯(Graeber,2019)提出"无意义工作"(bullshit jobs)的概念,这种分工从成本收益角度分析来看是不必要的,因为其更多的是制度、文化、心理等因素作用的结果。随着人类进入知识社会,知识、文化、精神等将知识资产成为生产、交换、配置和消费的主导,因此,也需要开发新的分析工具。

力量分析工具首先是物质资产运动和变化的一般分析工具。像物质资产一样,知识资产和复合物质的变化也受到力量的支配。如果借鉴自然科学范式建立经济发展的力量分析工具,那么力量分析工具就是分析自然、社会、心理的运动变化的统一工具。事实上,虽然马歇尔认为经济学的目标不是经济力学,但是他的局部均衡分析却基于经济力学,以至于整个新古典经济学理论思维框架都有着力学逻辑。而力量分析不仅可以克服成本收益分析的局限性,而且是更一般的分析工具。使用力量分析工具,不仅能够对人类经济行为而且能对自然发展作出统一的解释。因此,我们借鉴物理学和心理学中力的概念及其逻辑架构等,创建并使用经济学的经济力量分析工具,主要在以下方面克服了利益分析的局限性:力量分析可以全面通过欲望偏好、预期目标和资产负债,解释微观主体的经济行为如何决定宏观经济发展;力量分析可以准确刻画经济主体之间的博弈及其博弈结果;力量分析可以通过分析要素如何通过影响主体偏好和预期来影响其行为,从而将所有要素尤其是制度文化与其他要素兼容,并共同影响微观主体行为和宏观经济发展;力量分析通过要素、主体、行为、部门在质、能、力和功上的相互转化,可以化繁为简地解释主体、行为与要素对经济发展的共同作用;力量分析不仅可以解释物质资产发展,而且可以更好地解释知识资产的发展。

2.1-2 力量分析的普适性与经济学尝试

墨子认为"力,形之所以奋也"。亚里士多德把力和速度联系,认为物体相互接触产生力。伽利略把力和速度的变化联系在一起,提出惯性定律并用以解释地面上的物体和天体的运动。继 17 世纪牛顿的理论统一解释了天文学中的天体运动和地面上的物体运动的规律,以及 19 世纪的麦克斯韦的理论统一解释了电、磁和光的相互作用规律之后,由于微观粒子之间仅存在四种相互作用力,即万有引力、电磁力、强相互作用力、弱相互作用力,爱因斯坦等物理学家试图建立可以统一说明四种作用力的大统一模型,研究四种力之间的联系和统一,来解释宇宙的起源、演化以及宇宙间的所有现象。杨振宁和米尔斯(Yang and Mills,1954)的规范场论,揭示了电磁作用和其他作用力的共同本质很可能是规范不变性,开辟了用规范原理来统一各种相互作用的新途径。格拉肖等(Glashow et al.,1967)提出弱电统一理论,把弱相互作用和电磁相互作用统一起来,分别解释了弱相互作用和电磁相互作用的各种现象,但大统一理论还未获得完全成功。

虽然经济发展是通过经济个体的行为而实现的,这与物理学上自然力推动自然界的发展有着显著不同,但人类作为自然的一部分,其行为及其经济发展也受到力量的支配,与自然的发展具有相似和共通性。上述有关物理学自然力的概念、范畴、原理、规律、方法、模型等以及大统一理论等思想和理论,尤其是经典力学、运动学、动力学、弹性力学、连续介质力学、相对论力学、量子力学等基本原理,对构建经济力学以统一解释经济发展具有重要的借鉴和启发价值。有关人的行为支配因素,心理学理论尤其是动机理论作出了不断深入的概括。不同的动机理论从动机的不同成分入手,关注动机产生的原因,形成不同的行为动力理论。

本能理论从进化的角度解释动机,是最早的行为动力理论,认为本能是在进化过程中形成的、由遗传固定下来的一种不学而能的行为模式,是人类行为的原动力。达尔文(1995)最早提出本能概念和一个表现本能主要特征的普遍适用的描述:"我们需要经验去完成一个行为。然而,当这一行为可以被一个动物完成,尤其是被没有任何经验的非常幼小的动物所完成,并且,当该行为为很多个体以同一方式完成,同时它们并不清楚做出这一行为的意图是什么,那么,我们通常称这类行为为本能。"詹姆斯(James,1890)提出,人的行为依赖于本能的指引,人除了具有与动物一样的生物本能外,还具有社会本能,如爱、社交、同情、诚实等。麦克杜格尔(McDougall,1926)系统提出了动机的本能理论,认为人类的所有行为都是以本能为基础的;本能是人类一切思想和行为的基本源泉和动力,本能具有能量、行为和目标指向三个成分,认为人类有18种本能,如逃避、拒绝、好奇心、好斗、获取、自信、生殖、合群性、自卑、建设等。

驱力理论从生理的角度以物理学中的能量系统概念来解释动机现象,认为驱力是指个体由生理需要所引起的一种紧张状态。它能激发或驱动个体行为以满足需要、消除紧张,从而恢复机体的平衡状态,强调人类的活动是为了降低驱力。伍德沃斯(Woodworth,1918)将动机概念应用于心理学,提出了代替本能的驱力概念。赫尔(Hull,1943)提出驱力减少理论,假定个体要生存就有需要,需要产生驱力。驱力供给机体的力量或能量,使需要得到满足,进而减少驱力,从而解释了生理机能。马斯洛(Maslow,1943)的需求层次理论认为,人的生理、安全、社交需要、尊重和自我实现等五种等级的最基本的天然需要。只有低一级的需要得到了满足,才能产生更高一级的需要。只有当低级的需要得到充分的满足后,高级的需要才显出激励的作用。

唤醒理论(Hebb,1949;Berlyne,1960)从生理的角度解释动机,强调人类的活动是为了增加驱力,认为人类行为常常是要增加驱力,如努力探究新的环境、参加惊险竞技比赛等。人们总是被唤醒,而对唤醒水平的偏好是决定个体行为的一个因素。一般而言,个体偏好于中等强度的刺激水平,以引起最佳的唤醒水平,维持着生理激活的一种最佳水平;重复进行刺激能使唤醒水平降低,富有经验的个体偏好于复杂的刺激。

诱因理论从外部因素的角度解释动机。斯彭斯(Spence,1956)认为诱因是激发人们行为的重要因素,动机是由需要与诱因共同组成的。作为个体行为的一种能源,诱因是能够激起有机体的定向行为,并能满足某种需要的外部条件或刺激物。诱因通过外部刺激转变为内在需求才引起动机、唤起行为并指导行为。动机的力量决定于需要的性质和诱因力量的大小,诱因力量又与个体达到目标的距离成反比。

认知理论从后天认知的角度来解释动机,具体又包括几个分支。弗洛姆(Vroom,1964)的期望理论基于人们的期望来解释动机问题,认为需要作为一种动力,在未被满足之前,对需要者来说只是一种期望。需要作为一种动力是通过期望表现出来的,动力的大小与期望的大小成正比。班杜拉(Bandura,1977)的自我功效论认为自我效感和成就动机成正相关,人的认知变量如期待、注意和评价在行为决策中起着重要的作用。成就动机是个体追求自认为重要的有价值的工作,并使之达到完美状态的动机,即一种以高标准要求自己力求取得活动成功为目标的动机。成就动机理论(McClelland et al.,1953)从高层次内在需求的角度解释动机,认为目标的价值和个体对实现目标的概率的估计或期待决定了动机力量。阿特金森(Atkinson,1964)提出了成就动机即期待价值理论,认为动机水平依赖于一个人对目的的评价以及达到目的可能性的评估,重视冲突尤其是成就动机与害怕失败之间的冲突的作用,认为成就行为取决于成就驱力、成功预期以及诱因价值三个因素。迈尔(Maier,1942)的"疲劳动机理论",将人们可用于某项工作进行的潜在的精力和体力称为储存的工作能量。他认为人体的总能量在相对时空内是一个常量,不同的人在同一时期或者同一个人在不同时期,由于个体的动机强度有差异,因此对个体所包含与储存的潜在能量在相关行为上进行分配的比例是不同的。

综上所述,心理学及动机理论认为,行为受认识过程、感情过程、意识过程的共同影响。既可先因认识过程而诱发启导,亦能先由感情过程或者意识过程而诱发启导。具体心理过程对行为的诱发启导作用具有随机随遇性。任何行为都要经历认识过程、感情过程和意识过程,并为达成步调一致而引发。行为既决定于先天本能的内在驱力,也决定于后天认知的外在拉力。上述心理学尤其是动机理论实际上是在研究人的行为选择的心理力量,对构建经济发展力量理论具有重要的参考和借鉴意义。但心理学强调人的特殊性,既没有将心理行为、生理行为区分开来,也没有将人的行为与物质资产的运动统一起来,没有将人的生理运动、心理运动和物质资产运动统一起来,还没有揭示构建支配人的行为力量体系的理论,没有通过质、能、力、功及其相互转化将物质资产运动与人的生理运动、人的心理运动和物质资产运动统一起来。

有关人类社会发展的力量分析,古今中外的众多学者从不同角度或者学科提出假说,一些学者甚至冠以动力名词,但从严格意义上进行力量分析的并不多见。相对系统的研究包括:孟德斯鸠、布克尔、森帕尔、拉采尔等的地理环境决定论,鲍威尔、马克思·韦伯、尼采、黑格尔等的精神意志决定论。社会物理学派试图应用以物理学为核心的自然科学的思路、概念、原理和方法,用来揭示、模拟、移植、解释和寻求社会行为规律和经济运行规律。孔德(Comte,1830)①创立了研究一般的社会关系、秩序、结构及其性质的社会静力学,以及动态地研究人类社会发展的动力、速度、方向和规律的社会动力学

---

① 中译本参见孔德:《论实证精神》,商务印书馆 2011 年版。

理论,认为人的本能、爱情、同情等是社会起源、社会性质和社会进化的决定因素。人类社会进化的趋势是人的动物性逐渐削弱,其知性、德性逐渐发达,并最终取得支配地位。人类社会进化的总方向是人从受个人本能和感情束缚到受社会本能和理性支配的过程。人类社会进化的速度由作为内部自然的人类有机体和作为外部自然的人类有机体生长的环境所决定。人类社会进化的原动力是人类理智即精神的进化。

从古典经济学开始,杰文斯(Jevons,1871)[1],瓦尔拉斯(Walras,1874)[2],门格尔(Menger,1871)[3]深受牛顿物理学的影响,也影响了新古典经济学的诞生。马歇尔(1890)虽认为"经济学家的麦加应当在于经济生物学,而非经济力学",但他的局部均衡分析却基于经济力学范式。后来的新古典经济学家更是将牛顿力学和微积分范式复制到经济研究中,创建了均衡分析与边际分析的范式。马克思创建了以经济因素为始因的社会发展的综合的系统动力论,认为生产力决定生产关系,经济基础决定上层建筑。[4] 杨信礼(2002)将马克思人类社会发展的动力思想概括为经济力、政治力和文化力三个分力,经济力是社会发展的根本动力,政治力是社会发展的动力,文化力是社会发展的精神动力。

有关人经济行为的力量分析,行为经济学作了大量尝试。行为经济学从心理学出发,寻求经济行为的心理基础,构建出心理-行为-经济变量的分析范式,将新古典经济学中经济人的行为内生化,反对新古典经济学的理性"经济人"假说。在有限理性方面,西蒙(Simon,1955)提出了"有限理性"(有限利己和有限意志力)假说,指出经济活动当事人在决策时不仅面临复杂环境的约束,而且面临自身认知能力的约束。即使一个当事人能够精确地计算每一次选择的成本收益,也很难恰当地作出选择,因为当事人可能无法准确地了解自己的偏好序。所以,经济行为人的决策标准是追求令人满意而非最优。在决策方面,沿着有限理性和启发式决策的非传统方法,卡尼曼和特沃斯基(Kahneman and Tversky,1979)发现在不确定条件下人们的决策行为往往会以各种各样的形式偏离经济学理性状态下的标准范式。他们(Tversky and Kahneman,1992,2000)提出累积前景理论,使用变形之后的累积的概率解释随机优势等现象。理查德·塞勒(Thaler,1980,1985)的心理账户理论认为,非强制的方式更乐于被接受,也潜移默化

---

① 中译本参见杰文斯:《政治经济学理论》,商务印书馆1997年版。
② 中译本参见瓦尔拉斯:《纯粹经济学要义》,商务印书馆1989年版。
③ 中译本参见门格尔:《国民经济学原理》,格致出版社2016年版。
④ 参见《马克思恩格斯选集》第2卷,人民出版社1995年版。

地影响人们在决策过程中的心理和行为,从而作出选择设计者所期望的决策。在偏好方面,偏好是指决策人对收益和风险的态度。常规偏好理论认为,偏好是预先存在且稳定的,不随时间变化,不同人之间的偏好差异不大。但社会学和心理学家则认为,偏好是构造出来的而不是预先存在且稳定的。实验经济学、人类学、社会心理学、社会学、历史学、文化进化理论以及更为传统的经济学资料表明,经济制度对偏好的形成有重要影响(Bowles,1998)。

行为经济学将行为分析理论与经济运行规律、心理学与经济科学有机结合起来,研究人的"非理性"经济行为,包括人在作经济决策时的动机、态度和期望,不仅为理性的经济分析提供了一块心理学基石,使经济学理论对实际现象的预期更为准确,也使制定的政策更为合理。经过不断发展,目前行为经济学通过整合博弈论、实验经济学、认知科学的交叉成果,正在形成初步的理论体系,其研究议题涉及个体决策、社会偏好、劳动市场行为、市场机制、消费与储蓄、金融等一系列主流新古典经济学的核心问题,并试图将新古典经济学作为自身理论体系的一个特例。

经济地理学借鉴物理学中经典力学的概念和原理,建立空间吸引力分析工具和贸易引力模型等。托布勒(Tobler,1970)提出"任何事物都是空间相关的,距离近的事物比距离远的事物的空间相关性更大"的距离衰减律。伊萨德和佩克(Isard and Peck,1954)、贝克曼(Beckerman,1956)凭直觉发现地理位置上越相近的国家之间贸易流动规模越大的规律。伊萨德(Isard,1954)将万有引力定律的数学模型引入经济学领域,建立了两地区之间的引力模型。哈里斯(Harris,1954)建立了市场潜能模型和度量方法,提出一个地区的市场潜能可以用其邻近地区的市场购买力的加权平均和来衡量,而权重与距离成反比关系。廷伯根(Tinbergen,1962)和波伊豪宁(Poyhonen,1963)建立了贸易引力模型,得出"两国双边贸易规模与它们的经济总量成正比,与两国之间的距离成反比"的结论。

经济增长及发展理论在语义上大量使用了动力和动能等概念表达,但到目前还没有形成真正意义上的经济增长及发展动力的理论体系。一些学者将经济要素直接等同于力量,以解释经济增长,通常说的经济增长的动力是科学技术、人知资产、物质资本、制度文化,将经济力量当成影响经济发展的要素(Helpman,2009)。另外一些学者将经济主体所追求的经济利益及其大小直接等同于经济力量。新经济地理学者有关聚集力和分散力的观点,实质上指的就是收益和成本。还有学者将一些要素结合的变化带来收益变化,引起经济主体行为变化,最终导致产出变化理解为经济动力(Acemoglu,

2006)。总体上,经济学上关于力量的概念使用还比较混乱。学界对于力量的基本构成、主要来源、作用机制和原理等缺乏基本界定,很少真正用力量工具对微观行为和宏观绩效作出力量的解释,更没有实现对各种微观行为和宏观发展的统一力量的解释。

2.2 经济行为的力量分析

人类经济发展归根结底是人类行为的结果,而决定人们行为的是行为力量。人作为包含物质资产和知识资产的复合物质是自然的一部分,也由自然演化而来。探索经济发展背后的力量,即人的行为力及其与自然力相结合改变自然物资、创造知识资产和复合物质,需要从宇宙、生命和意识的起源和发展的背后力量开始。根据"大爆炸理论",在宇宙大爆炸后,宇宙中只有极少量的原子核和电子。这些原子核和电子在极端高温能和高压力的环境下结合形成了氢元素等原始物质。原始物质内部及其之间的力量相互作用形成了各种星系、恒星与行星。在行星物质的基础上,物质内外力量的相互作用使其从无机物演化到有机物,进一步地,生命在地球上诞生了。在生命物质从单细胞生物、原核生物、真核生物、多细胞生物,再到动物、灵长动物、人类等进化的基础上,逐渐发展出了越来越复杂的神经系统。随着神经系统变得更加复杂和精细的智人形成,意识逐渐产生了,意识力即心理力也随之产生。

意识包括意识行为和知识资产。意识行为是指人类或动物对外界事物的感知、感觉、思考和反应等心理活动的总称,包括意识自我。意识行为受到生理力和心理力的支配,通过大脑的神经元和神经元之间的连接来加工外部世界信息(包括物质资产和知识资产信息),它是大脑的生理功能。知识资产是大脑对外部刺激的反应和认知,是意识行为产生的重要结果。知识资产包括自我意识。自我意识是指人类对于自己身份、特点、能力等方面认知和评价的总称。意识行为与生理行为相互影响。大脑中的意识行为控制和调节人的生理行为。人处于有意识状态时,能够更好地控制自己的生理行为,并且更好地适应周围环境。这也反映出心理力、生理力和自然力的相互作用。

人拥有了一般物质资产的普遍属性,也具有物质资产所不具有的特殊属性即意识。人的行为即心理行为和生理行为,不仅可以改变物质资产的位置、状态和结构,而且可以创造知识资产(包括知识、信息、数据等)和复合物质(即人),推动人类发展(包括经济发展)。概括而言,在人演化形成之后,人体内外物质分布的不平衡产生了相互作用力:

一方面,自身缺乏一些维持自己生存的物质;另一方面,自身拥有一些物质可以向外部获取物质。只是由于人拥有意识从而导致人体内外物质资产和知识资产分布不均衡,因此,不仅产生生理力,还产生心理力。

鉴于收益分析在解释经济行为和经济发展时的局限性,借鉴和参考物理学以及心理学有关力量的概念和原理,从经济学的角度,我们构建和规范了微观经济行为以及宏观经济变化的经济力的理论和工具。

2.2-1 经济力量的概念和构成

借鉴物理学和心理学中与力量有关的概念和构成,我们定义经济学上的经济力是由经济行为人(个体或者组织)内外物质分布的不平衡性所导致经济行为人的内外部物质、欲望偏好与预期目标之间的相互作用,是支配行为主体的行为以改变物质结构、创造知识、生养人口的作用体系。经济学上力的构成也具有三要素。

经济动力有大小。物理学中的物质运动或相互作用力,是由物质的质量、运动的加速度或者相互作用物质的距离决定的。经济学中的经济发展与相互作用力决定了内外资产的多少、预期目标的大小与需求偏好的强弱,因而也存在大小之分。如果预期收益大,但主体对此收益的偏好不大,也产生不了很大的行为力。如果预期收益不大,但偏好很大,也可能产生很大的动力。预期收益小,即便需求偏好大,主体也不会太投入,所以产生的力量有限。例如,劳勒和波特(Lawler and Porter,1967)的"预期理论"认为态度会对工作绩效产生影响。

经济动力有方向。物理学上的力是个矢量,不仅有大小还有方向。经济学上的力也具有方向,并且不同领域、不同空间、不同主体、不同偏好、不同收益、不同要素性质有不同的方向。有空间上的方向,比如集聚或扩散,吸引或排斥;也有预期上的方向,追求收益最大、损失最小;还有偏好上的方向,比如喜爱或者厌恶,趋利产生动力,避害产生阻力;更有要素上的方向,比如有的制度推动经济发展,而有的制度阻碍经济发展(North,1989)。

经济动力有支点。主体拥有或者控制的要素,是经济主体作用力的支点,这些要素也是产品的重要构成要素,包括人口自身的各种生理和心理禀赋,还包括人以外的制度文化、人知资产、物质资产、科技资产等要素。基于要素规模和性质的不同即作用点的不同,需求偏好与预期收益及其相互作用所产生的力量不同,最后产生产出规模和结构也不同。

2.2-2　经济力量的性质和分类

人的经济行为力与物质资产作用力有三个相似的特性,包括:相互性,即经济力是任何两个主体之间的相互作用,施力者同时是受力者;矢量性,即经济力既有大小又有方向,大小和方向共同决定力;同时性,即经济的相互作用力是同时产生并同时消失的。但人的经济行为力与物质力相比较也有以下不同特征。

首先是关联性,即指经济力尤其是同一主体的不同力之间存在此消彼长的关联性。由于主体的资源有限,以及主体的偏好欲望有位序差异,主体各种力之间存在此消彼长的关系,一个力的作用将影响另一个力的作用。

其次是主体性,即经济力是经济主体之间或者主体与客体之间相互作用的力量,不完全是客观物质之间的相互作用。既有心理因素之间的相互作用,也有物质与心理之间的相互作用,但都是通过主体自身或者主体之间的相互作用来实现的。从本质上讲,经济力同时具有物质性和精神性,是心理因素与物质因素的结合,是混合力。

由于经济体系的维度多、构成复杂和关系多样,经济力的表现复杂多样,可以从不同维度进行分类。

基于力的来源可分为个体源能动力及其加总得到的组织、部门与空间等派生能动力。其中,组织派生能动力还分为企业、家庭、政府等组织的派生能动力(下文不再区分源能动力与派生能动力)。

基于力的对象可分为内驱力和外拉力、内阻力和外压力、内协力和外协力。内驱力是由主体内在利益驱动所形成的力量,外压力是由主体外部利益争夺所形成的力量。外协力是内部主体要素协同所形成的力量。外协力是外部主体要素协同所形成的力量。外部吸引力和挤压力,即通过外部收益目标的激励和损失目标的约束而形成的力量。

基于力的方向可分为能动力(又分为驱动力与拉动力)与能阻力(又分为驱阻力与拉阻力)、分散力与集聚力、离心力与向心力、吸引力与排斥力、作用力与反作用力、辐射力与反射力等。动力是根据追求预期收益而投入对应的驱动力量;阻力是根据预期损失而投入的反对目标的阻碍力量。推动力是主要基于需求偏好,配合预期收益和要素动能而产生的推动经济发展的力量;拉动力是主要基于预期收益,配合需求偏好和要素动能而产生的推动经济发展的力量。向心力是各要素及主体趋向中心和组织移动和凝聚的力量;离心力是各要素及主体离开中心和组织的力量。聚集力是基于交互规模经济追求而使主体及要素空间接近的力量;分散力是交互空间成本规避而使主体及要素空间分散的力量。协同或吸引力决定于相互的质量和距离。吸引力是交互的规模经济与运输成本之比。

基于力的支点可分为人口的能动力、科技能动力、人知资产能动力、制度能动力、物质能动力。基于作用工具可以有多种分类,因为作用工具即动能要素多种多样。从个体的角度可以分为体力和脑力。体力是身体作用于物品使得物品发生移动或变化的力,脑力是大脑作用于知识或者物质使知识产生或者通过体力使物质变化的力量。人类最初发展阶段主要使用的是人的体力,体力是推动经济发展的主要力量。随着人类的发展,脑力的使用越来越多,脑力越来越成为推动经济发展的主要力量。从行为角度又可以分为消费能动力与生育能动力、生产能动力与交换能动力、创造能动力与学习能动力、竞争能动力与合作能动力。

基于力的效果可分为具体的供给和需求竞合力,抽象的供给和需求竞合力,包括创新需求与供给竞合力、学习需求与供给竞合力、重复需求与供给竞争力等。

基于力的性质可分为宏观作用力(包括竞争力、协同力、竞合力,扩散力、集聚力和聚散力)、宏观能动力(包括相互作用力的合力)、微观相互作用力(包括协同力和竞争力)、微观发展力(包括微观主体内驱力和外力)。

2.2-3 经济发展能动力的起源

经济发展的源能动力包括源动力与源能力。在个体禀赋基础上,个体需求偏好和预期收益决定了源动力。对个体而言,源动力有多个,每个偏好和预期之间都存在一个源动力。由于禀赋有限性,个体在同一时期的源动力数量和种类也是有限的。源能力是个体与生俱来的生理和心理等要素禀赋,即体力和智力。对个体而言,源能力也是有限的。每一个源动力都有一个源能力,个体在同一时期的源能力数量和种类也是有限的。在此基础上,个体源能动力可以进一步派生得到经济组织、经济空间与经济部门等集体能动力。

1. 个体经济行为能动力的产生机制

作为物质资产的一部分,人体存在着改变物质资产位置和状态的物质资产运动。而与无意识和无生命的物质资产不同,人还有生理行为和心理行为等两个运动。一方面,人通过心理行为和生理行为,实现对物质资产和知识资产的感觉、知觉、记忆、思维和想象,形成知识资产体系。另一方面,人利用心理行为所产生的关于世界的认知,并在心理行为的指挥下,通过生理行为,改变物质投入要素的结构,从而重塑新的物质资产产品。

人类的心理和生理运动及变化也受到力量的驱动。人体物质在运动过程中,通过由物质资产和知识资产的质能分布不均衡引起的生理和心理力及能量的转移,决定了生理、心理运动以及外部物质资产运动,进而改变人类自身与世界。结合物理学和心理学的原理,我们将人类个体的行为过程界定为:人体内外的物质分布失衡产生了需求。人的需求对自己的机体产生刺激,从而需求才能转化为动机,动机作为一种力量推动人采取行动去实现自己的目标,从而导致人体内外物质分布达到暂时的局部平衡,但在长期和整体上也凸显出更多的不平衡。需求是人的行为的起点,动机是行为的内在动力,行为是动机的外部表现。

首先,个体内外物质分布不均衡。人与外部世界、人与人之间的物质分布是无限不平衡的,人体中缺乏一些永久性和暂时性维持生存和发展的物质资产和知识资产,同时可以向外部世界提供自身剩余的自然和知识资产,拥有其他人需要的物质资产和知识资产。

其次,需求和驱力可以平衡个体内外的不平衡。需求是人的行为的原始动力和最终目标,其他心理要素都是需求的不同转化和表现。内驱力是在需求的基础上产生的一种内部唤醒状态或紧张状态,表现为推动有机体活动以达到满足需求的内部动力。需求和驱力是动机产生的基础,当个体的某种需求没有得到满足时,它会驱动个体去寻找满足需求的对象,从而产生活动的动机。

再次,目标与诱因可以满足个体需求。包括预期从人体外输入的目标物质和预期从人体内输出的目标物质。目标是个体努力要达到的具体成绩标准或结果,是个体期望的未来状态,是行为终点。诱因是满足需求的外界条件和刺激物,是引诱行为达到目标的手段,特定目标也是诱因。动机必须有目标,目标引导个体行为的方向,个体通过对目标的认识,将外部的诱因变成内部的需求,进而使其成为行为的原始驱力。

再次,动机驱动个体行为。动机作为激发和维持有机体向目标行动的心理倾向,是引起行为、维持行为并把行为指向一个目标的,以满足人的需要为目的的内在心理过程。动机由需求、驱力、目标和诱因等构成,需求和驱力指向某一特定的目标和诱因而产生动机。动机是心理动力的核心枢纽。当人产生某种需求的时候,会产生一种紧张的心理,在遇到满足需要的特定的目标时,这种心理就会转变成人们进行某种活动的动力。动机是人的行为动力枢纽,其他心理因素(包括需求、诱因和认知调节)只有转化为动机才能对人的行为产生推动作用。动机依据起源分为与有机体的生理需求相联系的生理性动机和与有机体的社会需求相联系的社会性动机。动机有激发功能、指向功能和维持及调节功能。不同类型的动机功能不同，内在动机的激发可以使个体的工作效率和创造力具有持续性，外在动机的激发工作效率不具有可持续性。

最后，行为是心理行为和生理行为的复合。心理行为是个体对客观事物的反应的心理过程，包括认知、思考和决策。生理行为包括语言和肢体行为等。生理行为决定于心理行为的影响，心理活动指导生理行为。人的生理行为力是人体内外的自然性物质和意识性物质在运动过程中分布不平衡所产生的相互作用力。基于人体运动中存在物质资产分布不均衡（即体内缺失一些物质），与外部物质资产相互作用，本能生理动机力进而形成，驱动满足躯体和意识的心理和生理行为。由于人体（包括脑体）在运动中存在着许多物质的分布不平衡，不仅决定了个体的自利性，而且决定了生理和心理行为及其物质资产和知识资产的供求数量和时序不同，表现为物质资产的自利性需求边际递增。

人的心理行为力是人的大脑内外物质资产和知识资产分布不平衡形成的相互作用力。基于人体包括人脑中物质资产分布不均衡即体内缺乏一些物质，使得人脑与外部物质相互作用形成意识力及积蓄意识能，产生意识行为，并创造意识性物质。意识性物质与自然性物质结合起来会创造更大的意识性物质，从而产生更大的生理力和意识力及能量，也将有更多更强的供需物质资产和知识资产的生理和心理行为。上述过程已经展示了人的质量、力量、能量和功能（行为）相关要素的构成及其相互关系。

人的行为力是人的生理行为力和心理行为力的结合，是物质资产、知识资产等相互作用所产生的力量的叠加。心理行为力和生理行为力是相互伴随的。人作为具有生命和意识的物质，其行为力具有特殊性和复杂性，是主观性和客观性、意识性和物质性、愿意和能够的结合。人的行为由人体内外物质资产和知识资产分布不平衡所产生的心理动力决定，也决定了人的资产，包括身体等能力。人体内外的自然与知识资产交换要保持平衡，但人体内拥有和控制的物质资产和知识资产有限，所以支持人体动力实现的动力是有限度，即现实能动力是有限的。借鉴心理学的研究，我们将人的行为力定义为能动力，是动力和能力的结合。人基于一定能力上的一定动力，即一定的行为能动力行动。

人的动力是人体内外物质资产和知识资产分布不平衡的相互作用而形成的力量，个体的动力则又是人的心理动力和生理能力的结合。人的生理动力是人体内外物质资产的分布不平衡的相互作用而形成的力量,心理动力来自知识资产的人体内外不平衡分布,心理动能来自心理力量空间积累。生理动力来自物质资产的人体内外不均衡分布,生理动能是生理动力的空间积累。

人的能力是人所拥有的使得物质资产和知识资产分布平衡的力量,是心理能力和生理能力的结合。心理能力主要包括一般能力(感觉、知觉、记忆、思维和想象)和特殊能力,生理能力主要包括语言能力和操作能力。生理能量来源于个体生理势力的空间积累,心理能量来自个体心理势力的空间积累。心理能量又分为认知能量、意志能量、情感能量,是先天生理遗传和后天心理习得的结果。心理能量有正负,幸福和快乐是一种心理正能量,痛苦和不幸是一种心理负能量。心理能量是可变的。而借鉴物理学的思想,人的能力是人体内外的物质资产和知识资产运动积累的势力和势能。能力影响能动力的方向和大小极限。

动力及动能与势力及势能相结合,转变为能动力和能动能,驱动人的心理行为和生理行为,进而重塑物质资产和创造知识资产;更多的物质资产和知识资产可以产生更多的能量与个体相互作用,能够产生更多力,从而产生更多能量,解决内部的不平衡。个人能动力还可以分为潜在能动力和现实能动力。在完全理性假定下,人的能动力就是潜在能动力,是最大能力和最大动力的结合。在不完全理性的现实下,人的能动力是现实能动力,是现实动力和现实能力的结合。由于能力和动力都是可以变动的,个人可能的能动力不是确定的和唯一的。

2. 个体经济行为能动力的要素构成

人的经济行为能动力是经济动力和经济能力的结合,是心理能动力和生理能动力的结合,具体由欲望偏好、预期、资产和产出四个方面构成。

欲望偏好是各种物质资产和知识资产的需求和偏爱,包括欲望的结构和强度,以及先天固有和后天习得的生理、心理欲望偏好。欲望偏好源自个体的物质资产和知识资产的稀缺。人之所以有欲望偏好,根源在于人体内外的物质资产和知识资产在运动中的分布不平衡,即人体内部的自然性物质和意识性物质的稀缺。欲望偏好也是人体内外物质资产和知识资产不平衡的表现。

欲望偏好不是一个而是一束的。有的欲望偏好源于先天的物质分布不平衡,有的需求偏好源于习得而凸显的物质资产和知识资产的分布不均衡。

欲望偏好的结构和强度不同。人体内外存在着程度重要性不同的物质资产不平衡分布,而作为后天创造的意识性物质又在不断制造新的不平衡;不同个体质量不同,其所决定的欲望偏好的结构和强度也不同。

欲望偏好是不断变化的。当一些物质分布均衡后,相对这些物质的偏好将会下降,另外一些物质分布不均衡导致的物质欲望偏好将上升。相应地,由此产生的内源力量将变化,因此偏好的形成是内生的(Dietrich and List,2013)。

欲望偏好是无限的。人体内外的物质资产和知识资产分布始终是不平衡的,并且不断发展的人对物质资产和知识资产的追求也是无限的。不仅人体自身有无限的资源稀缺,知识资产创造还会唤醒不平衡和创造更大的不平衡。"看到别人拥有,唤起自己拥有"就是知识资产唤醒和创造物质人体内外分布不平衡的典型事例。欲望是人体内外物质资产和知识资产不平衡的表现。效用实质上是人体内外物质资产和知识资产平衡程度的心理度量,是物质资产和知识资产在人体内外得到平衡时的一种心理体验。

欲望偏好的变化决定效用结构的变化。当随着某一具体的物质资产和知识资产分布的不平衡性边际下降时,个体对某一具体物质资产或知识资产的欲望将下降,作为自然与知识资产平衡及欲望满足的心理体验度量(即效用)也会边际下降。欲望偏好对个体力量大小和方向的形成具有重要作用。不同的欲望偏好及其强度,不仅决定了目标选择,还影响目标实现的程度,决定资源利用的程度。偏好会通过影响经济主体的选择进而影响经济社会的发展(Saez-Marti and Zilibotti,2008)。如果个体对某一物品非常偏好,即便预期收益比较低,主体也将调动更多的资源要素,形成相应的力量,以便获得一定数量的相关物品。如果主体对某物品的需求意愿偏好低,即便预期收益高,主体也不一定拼尽全力,创造或获得某一物品。

预期可分为非理性预期和完全理性预期。非理性预期又包括:静态预期,是以即期的某一变量为参数决定下期的活动;外推预期,是以过去经济变量的水平为基础,根据其变化方向的有关信息做出推断;心理预期,主要是以嗜好、兴趣、习惯等心理因素来预期未来的变化。非理性预期是一种无规律、无理性的预期。调整预期是在信息不充分时,根据过去预期的偏离程度,结合客观情况的变化而不断地调整、修正对未来的预期。完全理性预期是人们预先充分掌握了一切可利用的信息,经过周密的思考和判断,形成切合未来实际的预期。另外,基于主体,预期分为个人预期和集体预期;基于对象不同,预期有多种类型,包括消费预期和投资预期;基于性质,预期又可分为积极预期和消极预期、悲观预期和乐观预期。

经济学和经济心理学中的预期是指经济主体对与其决策有关的经济变量(如价格、利率、利润、收益或风险等)在未来的变动方向和变动幅度的一种事前的估计和判断

(Wabba and House，1974)，是经济活动中人的意识的一个重要组成部分，包括经济预期行为和经济预期目标。

预期目标是指如果没有意外事件发生时根据已知信息所预测能得到的目标，包括预期目标的种类结构、数量规模和方向正负。预期目标的本质是意识，是人对物质资产和知识资产运动及变化的推理性间接反映、认知或想象。预期目标具有主观性，预期作为意识行为是主观的，是人的主观意识活动。人们通过意识行为形成的关于预期的目标或收益是主观的，或者存在大脑中，或者存在其他物质介质上，是蓝图和规划。预期目标具有先时性，预期发生在行为前、行为中和结果前，行为的结果出现以后预期随即消失。预期作为行为意识是一种暂时存在的意识行为，知识资产是一种暂时性存在的意识性物质。预期目标具有动态性，具体表现在：时效性，即预期随时间的变化而变化，不同时间和条件，预期不同；非线性，即预期变化是不平稳的。尤其是当信息缺乏时，一方面，人可能无法调整预期，预期呈现黏性；另一方面，人可能大规模地调整预期，预期呈现突变性。黏性预期的突变特征和黏性特征分别对应于事物变化的爆发。预期目标具有传递性，人的预期是相互影响和传递的，人们交流得越频繁，预期传递就越频繁。预期的相互影响，表现为自己的预期有可能跟随别人的预期，或者自己基于预期别人的预期而决定自己的预期，从而模仿其他人的行为(Opp，2021)。

人的预期目标实际受到许多因素的影响，主要包括目标概率、认知能力、自信心，表示为公式即为：$E＝F×V×P×C$；其中，F 代表外部要素环境和要素，V 代表预期能力，P 代表成功率，C 代表自信心。预期目标决定行为的拉动力。预期目标作为主观的知识资产运动所形成的力和能可以转化为主体行为的拉动力，其大小和方向决定个体行为能动力的方向和大小。当其超过一个临界点时，预期结构和强度会发生重大变化或者逆转，行为拉动力也将出现重大变化或逆转。因此，预期会导致经济系统的波动(Chiappori and Guesnerie，1988)。比如，在经济低迷的时候，市场主体普遍预期没有信心，一旦经济形势调整和复苏超过一个临界点，人们的预期信心迅速增长，从而拉动消费和供给行动。

资源是一个更为广泛的概念，经济资产是人类已经开发的资源。经济资产是参与经济产出的资源，资源相对于欲望总是稀缺的。资源基于性质分为人、物质资产和知识资产。在有生命和意识的人类出现之前，资源就是物质资产。当物质演化到有生命、有意识的人出现后，人的意识力和能一起作的行为功产生了意识性物质。物质从物质资产发展到人、物质资产和知识资产并存。

物质资产是基本粒子的原子、分子的凝聚态,是宇宙间一切物体的实物和场。实物粒子和场是组成各种形态、生命,乃至宇宙的基本元素。物质资产的运动能够产生自然力和自然能。知识资产也可称为静态意识,是对客观世界和主观世界的反映。知识资产包括信息、数据、知识,知识和物质的图景(心念),本质上是自然的、客观的。它一般以编码形式存在,比如语言文字、声音、图像、软件或其他静态物质载体。但也有部分知识资产以非标准化的形式存在(Gascoigne and Thornton,2014)。意识性物质运动产生意识力和能。得到的赞美,可以转化为快乐的能量;受到的批判,可以转化为痛苦的能量。意识性物质具有不守恒性,且具有规模报酬递增的特征,而意识质量不守恒决定了意识的能量不守恒。

知识资产与物质资产有着复杂的关系。知识资产不能独立存在,必须依附于物质资产,包括大脑、纸质或计算机等。自然能量和意识能量可以互相转换。自然资源和产品质量蕴藏的物质资产能量和物质力量可以转化为意识能量和意识力量。物质资产决定了知识资产,知识资产反过来影响物质资产。大脑中的意识性物质、自然性物质、大脑物质通过意识行为又产生新的意识性物质,经过与物质和知识的生理行为,最终实现知识创造。

资源具有异质性,自然资源和意识资源具有客观性。资源价值具有主观性和变动性,也是基于人的主观效用来决定资源的价值,同时根据人的效用变化而变化。当资源符合人的偏好和预期时,资源的主观价值就比较大,反之就比较小。具体到个体的经济资源,这里定义为个体拥有和控制的经济总资产,包括净资产和负债。净资产即个体本身拥有生理和心理禀赋,净负债即个体可以利用的外部资源。个体所拥有、控制和协调的资源,形成能量和能力,与欲望偏好相作用,影响意识性驱动力,与预期收益相互作用,影响意识性拉动力。资源能力影响个体行为的能动力,从而影响个体的行为方向和行为强度,也影响行为的结果。

产品和服务等产出是由人的行为重塑的物质资产,人是物质资产与知识资产的复合体。产品和服务是个体行为所达到的实际目标,也是个体行为的产出结果。在物质资产资源转换为自然产出存在损耗,知识资产投入和产出存在差异的情况下,更多的利益意味着相同的投入可以获得更多的产出,更多的知识资产能够创造更多的知识资产。产品和服务不包括天然的物质资产,只包括后天的物质资产、知识资产和人。后天的物质产品由先天物质资产和后天人工物质创造,物质资产的质量保持不变。知识资产是物质资产和知识资产在人的意识行为下,而产生的创造或改变。意识质量能量是变化的,也就是说,后天的物质资产、知识资产和人,既是资源投入,也是产品产出。物质资产产品和知识资产产品性质不同,产出的广义增长也不同,包括知识资产的复制和重塑,以及物质资产被改变位置和形态质量得以增加(Schumpeter and Swedberg,2021)。

产品服务通过预期影响个体的能动力。实际试产和服务所积累的能力和能量,通过与欲望偏好相互作用,转化成人体内的物质即消费,减少人体内外物质的不平衡,满足人体的欲望偏好。当实际产出和服务与预期相符时,会强化未来预期的拉动力,否则会减弱预期拉动力。

3. 个体行为能动力的决定机制

个体行为能动力具有两个特殊性质:个体能动力是源能动力,将派生组织能动力以及经济体系的能动力;个体能动力是单体能动力,也是组织合力的重要构成部分。总体而言,欲望偏好、预期目标、(资产)要素、(资产)产品等四个因素相互作用,决定人的行为能动力的大小和方向,决定自然和知识资产及力、能和功的相互影响及转化(图 2.1)。

经济资产影响需求偏好、预期收益和产品产出。资源禀赋积蓄的能力和能量,影响个体的需求偏好,进而影响个体的驱动力。尤其是文化观念通过影响主体欲望需求偏好,进而影响偏好驱动力与预期收益,以及个体拉动力。个体资源禀赋的规模和结构也影响个体关于产出的预期。在信息不完备和环境不确定的背景下,个人的生理和智力禀赋等所决定的能力,影响预期收益以及与实际收益的一致性。更高的洞察能力能够更加准确地预测到收益。另外,个体的心理活动与社会心理活动是密切相关的。微观个体的预期的形成不仅受到自身心理活动的影响,还会受到其他人对相关事物预期的

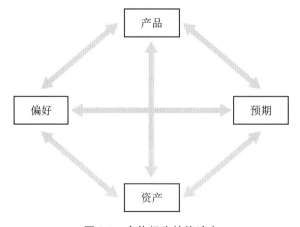

图 2.1 个体行为的能动力

影响(Cartwright，2018)。更为重要的是，制度通过规定目标利益的大小，影响预期目标的拉动力。

欲望偏好影响要素禀赋利用、预期收益和产品产出。欲望偏好决定资源禀赋投入和利用的程度与资源禀赋的主观价值。资源和产品符合偏好，则资源及产品更有效用和价值。欲望偏好影响预期目标，既决定预期目标的价值，也决定预期目标的方向。作为需求偏好的预期满足，个体会将有限的资源使用到自己更偏好和认为更有价值的目标上，因而偏好影响预期拉动力的大小和方向。需求偏好影响产出（Barnett and Serletis，2008）。偏好通过与产品的相互作用，通过解决人体内外的物质分布不均衡，来决定产出对人的欲望和偏好满足是否有价值或其大小，进而决定是否能积蓄消费力和能或其大小。

预期目标影响资源禀赋利用、需求偏好和产品产出。首先，预期目标影响主观价值，资源符合预期目标更有潜在价值。预期目标影响资源禀赋的利用，预期目标越大，要素利用越充分；相反，预期收益越小，要素调动和利用越低。其次，预期目标影响欲望偏好。预期收益结构变化在反复的实践中会使主体形成新的认知，从而形成相对稳定的偏好结构并发生变化。例如，随着经济发展水平的提升，由于科技创新产品带来的收益越来越多，此时经济主体会更加偏好科技创新产品。此外，预期目标影响产品产出。产出的预期目标在很大程度上决定了实际产出目标，预期目标则决定行为的方向，最后决定产出的方向与实际规模。经济产出影响欲望偏好、预期收益和要素资产。产品和服务满足人的欲望，从而减弱欲望偏好的驱动力。产品和服务回应过去的预期，进而影响未来的预期。

欲望偏好与资源禀赋相互作用影响需求能动力。偏好与需求密切相关（Mas-Colell，1977）。欲望偏好是物质资产和知识资产在个体内外不均衡分布而表现出的个体心理倾向。但是，知识资产可能会影响个体对物质资产和知识资产在人体内外不平衡程度的位序的主观理解，因而会影响欲望偏好所产生的驱动力的大小、结构和方向。

预期目标与资源禀赋相互作用形成供给能动力。预期目标是意识基于资源禀赋而形成主观知识资产。它基于臆想的体外物质满足体内需求而实现体内外平衡的程度并形成拉动力。资源禀赋与预期目标在相互作用下共同决定供给拉动力的大小和方向。

欲望偏好与预期目标的相互作用决定了供需能动力。实际物质资产和知识资产个体内外不平衡所产生的驱动力，影响物质资产和知识资产个体内外不平衡所产生的拉动力，它们相互叠加形成行为动力，支配了消费的心理行为和行为选择。

欲望偏好与产品产出相互作用形成需求能动力。个体内外物质分布不平衡形成欲望偏好驱动力,驱动个体消费产出产品,产出产品进入体内实现了人体内外的平衡,从而降低了需求驱动力,但产出产品在个体内部形成并积蓄势力和势能。

预期目标与产品产出相互作用影响供给能动力。先前预期与后来结果相符的程度,影响预期目标的作用力的大小。如果前期预期与后期实际相符,预期对行为的拉动力会加大。如果预期与实际不符,预期目标对行为的拉动力减小。例如,操作行为与奖励结果挂钩。在预期没有实现,即奖励物不如预期时,操作者不仅不能保持原有的操作水平,还会降低操作水平(Hackman and Porter,1968)。

资源禀赋、预期目标和欲望偏好相互作用形成供给能动力。三者相互作用形成供给行为合力。资源禀赋实际是需求偏好与预期收益相互作用的作用点,基于资源分布不均衡相互作用而产生的吸引力。资源差异意味着欲望偏好与预期收益相互作用点的差异,决定了个体行为能动力的差异。资源质量的高低决定了行为工具作用力与行为对象反作用力的高低。如果没有足够高的作用点,不可能产生足够强大的力量。

产品产出、预期目标和欲望偏好相互作用形成需求能动力。三者相互作用形成需求行为合力。产品产出实际是需求偏好与预期目标相互作用的作用点。产品差异意味着欲望偏好与预期目标相互作用点的差异,决定了个体行为需求能动力的差异。如果没有足够高的作用点,不可能产生足够高的需求能动力。

产品、预期、偏好和资产相互作用决定供需能动力的均衡。就个体而言,四者相互作用决定了人体内外各种力的均衡或失衡,进而决定人的生存和发展。一方面,产品产出满足欲望偏好,人体内外部分物质分布实现平衡,部分驱动力消失。但是,由于人体内外物质分布不平衡是无限的,另一些不平衡的凸显会导致产生新的欲望偏好的驱动力。另一方面,资源禀赋转化成物质资产和创造知识资产,在满足需求实现人体内外物质分布平衡的同时,部分供给拉动力消失,又创造了人体内外物质资产和知识资产分布的不均衡,形成新的供给拉动力。物质资产的重组和知识资产的生成实现于在力量的相互平衡中。只有当基本的需求驱动力和供给拉动力均衡的时候,人才能获得生存。如果没有基本的物质需求满足,或者个体没有能力获取基本的物质产品,个体将无法生存。人体内外物质资产和知识资产分布不平衡是无限的,决定了人的欲望偏好驱动力是无限的,但是,由于人拥有和控制的资源是有限且变动的,决定了实现人体内外物质分布平衡的是有限的变动。欲望偏好驱动力决定了在一定资源禀赋能力约束下的、追求最大化的人体内外自然与知识资产的平衡,个体则追求获得物质资产和知识资产收益(即效用)的最大化。由于知识资产具有质能不守恒性质,决定个体创造的知识资产会不断积累,并形成不断扩大的意识力和能,进而决定人的能力不断增长,从而在创造更多物质在人体内部不平衡分布的同时,更多地实现物质在人体内外的平衡分布。人体内外各种力量在转化中实现平衡,人将获得发展。

与新古典一般均衡模型的假定类似(Debreu,1959),在完全信息、完全意志、完全理性和偏好一致的假定下,资源投入完全转化为产出,欲望偏好最为强烈,预期目标与实际目标完全一致。欲望偏好驱动力、预期目标拉动力,要素资源驱动力都达到最大化,经济实现的均衡是物质、力量、利益的均衡,经济达到一般均衡为完全一般均衡;在不完全信息、不完全意志、不完全理性和偏好不一致的现实下,人的能动力不一定达到最大化。欲望偏好并非最为强烈,预期目标不等于最大化目标,资源禀赋不一定完全转化,经济实现的均衡只是力量的均衡,而没有物质分布和利益的均衡,此时均衡为有限一般均衡。像自然力量影响物质位置移动和形态的变化一样,人的行为力也影响人与物的位置移动和状态变化。但由于人的生命和意识特征与自然力不同,人的行为力是动力和能力的结合,或者说是能力约束下和动力动员程度下的能动力,是生理能动力和心理能动力的结合,是驱动人的生理运动及变化(即生理行为)和心理运动及变化(即心理运动)的能动力,也是支配人行为力与自然力相互作用、改造物质资产和创造知识资产的力量。

多样性在竞争性市场均衡中发挥了重要作用(Rosen,2002)。资源多种多样、产品多种多样、需求偏好多种多样、预期收益多种多样决定了它们所形成的自然力和行为力在种类、大小和方向上也是多种多样的,从而支配人的多种多样、方向不同、大小不同的行为。从不同的角度可以将能动力分为投资、生产、交换、消费等具体行为能动力,创新、学习和重复等抽象行为能动力,以及如同物质资产和知识资产同时存在的吸引力和排斥力一样的人们之间的合作和竞争等关系行为能动力。总体上,这些行为力可以分为两类:供给行为力和需求行为力。在此基础上,根据力量的多重性质,可以界定每一个具体行为力,例如,支配在创新领域、投资领域、需求方面行为的力,可以具体分为创新投资合作需求行为能动力。同样,支配在创新领域、投资领域、供给方面行为的力,可以具体分为创新投资合作供给行为能动力。

4. 个体行为能动力的作用

人的行为能动力先支配人的行为变化,并与物质资产的自然力及知识资产的意识力相结合,改变物质资产的位置和形态,创造和复制知识资产,或者改变知识资产的结构和形态,同时,人的行为力和能转化到新的物质资产和知识资产。

人的行为从性质上分为心理行为和生理行为。心理行为包括感觉、知觉、记忆、思维、想象,是大脑的感知及认知功能区与大脑内外的物质资产和知识资产相互作用而产生的力,积蓄能量而做的功。心理行为受到心理力和心理能量的影响。生理行为包括语言、肢体和表情(做),是人体的感知及认知功能区与人体内外的物质资产和知识资产相互作用而产生的力、积蓄能量而做的功。人的行为是心理行为与生理行为的协调,共同决定于行为力和行为能量,而行为力也是心理力和生理力的合成。

从心理学的角度看,人的心理行为和生理行为从环节上总体分为思考、决策、执行和反应。虽然思考、决策、执行或者反应的行为中,心理与生理作用及协调不相同,但都决定于个人的能力和动力。个人能力是指个人自身禀赋和可以利用资源所形成的势力与势能。个人动力是人的偏好与预期所形成的动力和动能。以决策行为为例,心理学研究表明:一个人认为他的决策结果是由能力或他们选择的风险来决定的(Mata et al.,2018)。从经济学的角度看,心理行为和生理行为从经济性质上可分为:具体经济行为、抽象经济行为和关系经济行为。投资、生产、交换、分配和消费属于具体经济行为,重复、学习和创新行为是抽象经济行为,竞争、垄断与合作是关系行为,决定于背后相对应的动力和能力相结合的能动力。

人的行为力支配个体行为(包括生产与消费)。人类经济发展就是人的行为力及其转化的自然力与自然力结合,驱动人的行为改造自然、发展社会和意识,也是意识能量转化为自然能量并与自然能量相结合,创造意识性物质和重塑自然性物质的活动。人的心理力与生理力结合影响人的行为能动力,并改变自然力,从而改变物质资产的位置或状态。人的心理行为和生理行为结合并借助物质资产和知识资产,创造出反映客观世界和主观世界的意识性产品。

总之,知识资产和物质资产能够产生心理和生理经济能力,与偏好和预期所产生的生理和心理经济动力相互作用,转化出经济心理和生理能动力,从而导致人的生理和心理行为可以决定人的意识行为和身体行为,决定知识资产创造和物质资产的重造以及创造,推动了物质和知识产品创造与体力和智力服务的提供和消费。

微观个体行为过程中质量、力量、能量、做功的传导,个体内外的基本粒子以及物质分布的不平衡,产生势场进而转化为交互作用力,个体力量积蓄形成能量,在势场转化为动力的同时,势能转化为动能。能量支持做功即导致个体之间的基本粒子进而物质的交换行为(包括物质资产、知识资产和复合物质),改变物质资产的位置、形态,创造知识资产和复合物质。在人的心理行为和身体行为过程中,自然力量转化为生理力量,生理力量转化为意识力量。外部压力相当于外部势场可以转化为内生动力,同样内生动力可以转化为外部压力。

5. 个体行为能动力的测度

基于上述分析,综合借鉴物理学和心理学多个关于自然力、动机及心理力量的研究模型,类比经济学与心理学中的要素,并使用经济学的概念,可以将微观经济能动力的测度模型写为:$F = D \times C$。F 表示微观个体的行为能动力,D 表示微观个体的动力,C 表示微观主体的行为能力。

微观个体的行为能动力大小是指行为积极性的高低程度,或者潜能大小的发挥程度。借鉴心理学的行为潜力模型,可以将微观个体的行为能动力表示为:$M = P \times E$。M 表示微观个体的行为能动力,P 表示欲望偏好驱动力,E 为预期目标拉动力。欲望不是一个而是一束,所以,借鉴心理学的行为潜力模型,可将偏好驱动力再进一步分成:$P = D \times H$。P 代表偏好驱动力,D 代表先天存在的驱动力,H 代表后天习得的驱动力;$1 \geqslant P \geqslant 0$。

个体的欲望偏好和目标收益受到制度文化、物质资本、人知资产、技术创新和个体的智力和体力影响:$H = F(S,C,K,T,H)$。S 表示制度文化,L 表示人的体智,K 表示物质资本,T 表示科学技术,H 表示人知资产。它们都以不同的方式等要素资源影响欲望偏好,从而影响个体的动力:预期拉动力 $E = R \times C$。$E(1 \geqslant E \geqslant 0)$ 代表预期拉动力,R 代表成功率,C 代表信心。成功率越大,自信心越大,预期行动力越大,人参与的积极性就越高。

成功率 R 由下式决定:$R = f(S,C,K,T,H)$。制度文化、人知资产、物质资本、科学技术和人的体智等要素资源影响都以不同方式的后果价值、成功率和自信心等预期目标构成,从而影响预期目标。制度等要素资源决定了预期目标的方向实现程度,例如,只有拥有某一产品所需要的资源要素,才有可能产生相应的产品。物质通过影响预期目标,从而影响物质的投入和投入多少,以及创新还是重复。

微观个体的行为能力为:$C = A =$ 净资产 + 合理负债。C 代表微观个体的行为能力,A 代表合理资产价值,即微观主体自身拥有资产或者控制的负债,在货币产生后用货币表示。假定合理的总资产价格就是1,所形成的力量也是1。个体自身的资源禀赋能够产生能力,可偿负债是能够偿还负债,个体所能借助的外部资源所产生的能力。"巧妇难为无米之炊",资源禀赋不仅决定力量的大小,也决定具体力量的性质、种类和方向,更决定力量的方向。

从产出的角度说,借鉴物理学中力学的原理,微观个体的能动力是微观个体改变物质资产、知识资产和复合物质的质量乘以变化的加速度:$F=m \times a$。其中,F 代表微观个体能动力,m 代表质量,a 代表加速度。

2.2-4 经济发展能动力的演化

1. 经济组织能动力的形成和构成

个体经济能动力交互决定了组织的形成。交互行为能够产生协同效应进而获得规模报酬,更多地解决人体内外物质分布不均衡,满足个体最大化的需求,这决定着个体之间必然的交互。个体间通过分工形成的交互行为会形成规模报酬递增(Yang and Sachs,2008)。但是,由于交互利益及交互成本随不同的交互方式而不同,追求预期效用最大化的个体将采取不同的方式进行多层次的交互。其中,个体交互和组织交互是两种最基本的形式。个体交互是每个负有完全自主决策权责的个体进行相互间的外部交互。组织是指人们为实现一定的目标,互相协作结合而成的集体或团体,是诸多要素按照一定方式相互联系起来的系统,组织意味着一定数量的个体将决策权责交给代理人并接受代理人的支配(Shapiro,2005)。组织交互包括组织内部个体之间的交互和组织外部交互。

一般而言,与个体交互相比较,组织交互的规模协同力或规模报酬递增是相同的,但随着组织交互的边际分异力或边际成本经历先小后大的变化。为了一定的目的,个体交互有可能发展为组织交互,这样组织主体就产生了。比如,为了公共产品供给,政府产生了;为了私人产品的生产和消费,家庭产生了;为了私人产品生产,企业产生了。但组织存在一定规模,当组织的分异力超过个体交互的分异力时,或者组织的总交易成本高于个体的交易成本时,组织规模就再难扩大了(Coase,1995)。

作为拟人化的经济组织,像经济个体具有行为能动力一样,由个体组成的经济组织的质量及运动也将产生支配组织行为的力量和能量。经济组织能动力是基于要素动能、需求偏好与预期收益相互作用而产生的行动力量,是组织改变物质和创造知识的力量,也是组织的积极程度,即组织调动自身潜能的程度。

像经济个体行为能动力是由欲望偏好、预期目标、输入要素和输出要素所形成的势力和势能一样,经济组织行为能动力是由经济组织的欲望偏好、预期目标、输入要素和输出要素构成的势能和势力。经济组织能动力是基于成员的能动力,但不是成员能动力的简单相加,例如,成员间的"搭便车"行为会弱化集体的行动能力(Olson,1971)。一方面,除了经济个体能动力存在大小、方向的不同外,组织成员的交互还具有协同规模效应,随着组织成员规模的变化而变化。另一方面,组织资产负债与组织成员的资产负债不完全重合。与此同时,组织内部不同的资源配置也会形成不同的分力及合力。经济组织的行为能动力基于不同视角与经济个体有一样多的分类。各种类型的经济组织的行为能动力也由大小、方向和作用点组成。

经济组织的需求偏好、预期目标、资产负债与产品服务相互作用分别构成不同的力,然后再相互作用、传递和转化。经济组织的物质资产和知识资产在组织内外的不均衡分布,导致经济组织内外产生相互作用力。组织内部物质资产和知识资产的缺乏,决定了对外欲望偏好,形成偏好内驱力,外部物质和服务形成向经济组织的外推力,一旦外部产品和服务满足欲望偏好,内驱力和外推力都逐步减少,直到实现平衡。经济组织拥有(过剩)的资产负债,也决定了对外欲望偏好,形成偏好向外推力,外部资产负债缺乏形成外拉力,一旦内部资产负债向外供给,就将逐步减少内驱和外驱力,直到实现平衡。经济组织的预期目标与现实目标相互作用,形成现实目标的外拉力,也是预期目标的外推力。现实目标与预期目标相同,意味着经济组织完全理性,两力平衡。经济组织的资产负债与预期目标相互作用,资产负债与预期目标相互作用形成预期内拉力,也是资产内驱力。经济组织的需求偏好与预期目标相互作用,形成偏好的内驱力,也是预期目标的内拉力,两者力量相同、方向相反。总之,以上势力和势能相互作用所形成的合力将转化为经济组织的发展动力,即决定资产负债与产品服务相互转变的内在动力,也等于或表现为资产负债与产品服务相互转化的外在动力,决定物质资产和知识资产的变化动力,从而决定经济组织的总量增长或结构转型。

经济组织能动力总体上可以分为经济组织的生发力、经济组织的作用力和经济组织的结构力。经济组织的生发力即生存和发展力,根据作用效果可以分为经济组织的向心力与离心力、凝聚力与离散力。向心力是经济组织成员(经济个体或者经济次组织)之间相互吸引而形成的维持组织存在和发展的合力,离心力是经济组织成员(经济个体或经济次组织)之间相互排斥而形成的合力。向心力和离心力方向相反,当向心力大于离心力时,经济组织将继续扩大;当向心力小于离心力时,经济组织将缩小。经济向心力与离心力大小相等、方向相反时的经济组织规模为最优规模。当边际向心力等于边际离心力时,经济组织的规模达到最大。

当个体偏好可以加总为总体偏好时(Sen,1977),经济组织的作用力即组织整体向外作用的力量,是由组织内部所有成员(包括个体或者次组织)的集合欲望偏好、集合预期目标、组织拥有和控制的资产负债与产品服务相互结合和相互作用而形成的集合能动力。根据作用对象(即行为),它可以分为经济组织的生产与消费力,经济组织的创新、学习和重复力,经济组织的垄断、竞争与合作力。更具体到经济组织则可分为创新生产竞合力、学习生产竞合力、重复生产竞合力、创新消费竞合力、学习消费竞合力、重复消费竞合力、创新交换竞合力、学习交换竞合力和重复交换竞合力。

经济组织的结构力,即经济组织内部各构成要素相互作用所产生的力,既可基于作用对象,分为前述的经济组织的内驱力和外驱力、内拉力和外拉力;也可基于内部经济成员和物质分为,个体或次组织能动力和经济物质资产能力。组织内部成员是异质性的,它们所形成的能动力不同;组织内部的不同构成物质也是异质性的,它们所产生的能力和能量也是异质性的。

就性质而言,相对于经济个体,经济组织能动力是在个体能动力即源能动力的基础上派生出来的能动力。相对于经济个体,经济组织能动力是合成能动力,是由组织成员的能动力和组织的资产负债能力相互结合而形成的。

借鉴经典力学的原理,从产出的角度计算和表达的经济组织能动力的测量模型可表示为:经济组织能动力=用价格表现的质量×加速度。而借鉴心理学的原理,从投入的角度计算和表达的经济组织能动力的测量模型可表示为:经济组织能动力=用价格表现的主观能力×偏好强度×目标成功率。经济组织的势力转化为动力,将支配组织的行为,并通过组织支配组织成员的心理和肢体行为,通过专业化分工改变物质资产的形态和位置,创造、复制知识资产或者改变物质结构,并形成不同的经济组织分工结构(Yang and Ng,2015)。其中,家庭消费和投资组织的消费能动力,决定了产品服务转为资产负债;企业生产组织的生产力,决定了资产负债转为产品服务。经济组织的发展是指其拥有更多的物质资产形态的变化以及知识资产的创造、复制或者结构变化:从产出的角度,表现为产品和服务的总量增长或结构转型;从投入的角度,表现为资产负债的总量增长或结构的转型。

2. 经济空间发展能动力

物质资产、知识资产以及自然和意识的复合物质即人口,一定分布于空间之中。其中,复合物质与物质资产存在一定的物理空间中,知识资产或存在于虚拟空间之中,但虚拟空间也存在于人脑或书籍、磁盘等物质资产介质上。因此,复合物质、物质资产和知识资产的存在、运动及相互作用是以空间为载体的。像物质资产在空间上的分布是不均匀的,并基于自然力的相互作用力而形成一定尺度的空间单元一样(如太阳系、银河系等),由地球上的复合物质、物质资产和知识资产组成的经济物质,其在空间上的分布也是不均匀的。这些物质及运动所产生的力量及其相互作用(吸引力和排斥力)决定了不同尺度的空间单元的形成。一定性质的经济物质的空间交互存在一定的空间距离边界。当经济空间的吸引力大于排斥力时,经济空间规模将扩大。当经济空间的吸引力等于排斥力时,经济空间将是最优的。

而在经济主体的意义上,无论经济个体还是经济组织(以下统称为经济主体),不仅存在质量的规模,而且存在空间的规模,经济主体的空间规模也决定于其内部的空间集聚力和空间分散力。当经济主体的空间边际集聚力等于经济主体的空间边际分散力时,经济主体的空间规模最大(Krugman,1998)。

经济空间能动力是基于经济空间上的众多主体的物质资产、知识资产和复合物质所构成的产品服务、资产负债、需求偏好与预期目标及相互作用所产生的、支配人们的行为改变物质形态和创造知识的力量。经济空间行为能动力是由经济空间拟人的欲望偏好、预期目标、资产负债和产品服务等四要素所构成的空间势能和势力。经济空间能动力是基于空间上经济主体的能动力形成的,而不是经济主体能动力的简单相加。一方面,除了经济主体能动力存在大小、方向的不同外,经济主体的交互还具有协同规模效应,会随着经济主体规模的变化而变化(Van der Panne,2004)。另一方面,经济空间资产负债与经济主体的资产负债不完全重合。与此同时,经济空间内部不同的资源配置也会形成不同的分力及合力。

经济空间的需求偏好、预期目标、资产负债与产品服务相互作用分别构成不同的力,然后再相互作用、传递和转化。经济空间物质资产和知识资产在组织内外的不均衡分布,导致经济空间内外相互作用的力。空间内部物质资产和知识资产的缺乏,决定了对外欲望偏好,形成偏好内驱力,形成外部空间物质和服务形成向内部经济空间的外推力。一旦外部产品和服务满足欲望偏好,内驱力和外推力都将逐步减少,直到实现平衡。

经济空间能动力也是派生能动力,是在经济空间上的所有的经济主体、经济资产负债相结合的合成能动力,经济个体、经济组织和经济资产动员的程度决定经济空间能动力的大小。借鉴经典力学的原理,从产出的角度看,经济空间能动力为:经济空间能动力＝用价格表现的质量×加速度。而借鉴心理学的理论,从投入的角度来看,经济空间能动力可表示为:经济空间能动力＝用价格表现的主观能力×偏好强度×目标成功率。

经济空间的势力转化为动力,将支配空间上经济主体的行为,进而影响经济空间的发展。从产出的角度看,空间发展表现为产品和服务的总量增长或结构转型(Desmet and Rossi-Hansberg,2014);从投入的角度看,空间发展表现为资产负债的总量增长或结构的转型。

3. 经济部门发展能动力

物质资产、知识资产以及复合物质基于不同性质特点可以分成不同的类型。被人改造和创造的自然、意识和复合的经济物质,基于再生产方式的差异也分成不同的类型,而不同类型物质产出与决定产出的要素、主体和行为将构成不同的经济部门。基于自然、意识和复合物质及变化所产生的力量及其相互作用(吸引力和排斥力),将会形成不同尺度的部门单元(例如,产业的多级的划分)。一定性质的经济物质的部门交互存在一定部门规模边界。

经济部门能动力是基于经济部门内的众多主体的产品服务、资产负债、需求偏好与预期收益及相互作用所产生的。经济部门行为能动力是由拟人的经济部门的欲望偏好、预期目标、资产负债和产品服务等四要素所构成的经济部门势能和势力。经济部门能动力是基于部门内经济主体的能动力,经济部门的交互还具有协同规模效应,经济部门内部不同的资源配置也会形成不一样的分力及合力。经济部门需求偏好、预期目标、资产负债与产品服务相互作用分别构成不同力,并相互作用、传递和转化。

由于不同部门经济主体的需求偏好、预期目标和资产负债存在很大的差异,因此形成的能动力总量和结构也很不相同。经济部门能动力也是派生能动力,是从经济部门中所有经济个体能动力派生出来的能动力。从产出的角度看,经济部门能动力为:经济部门能动力=用价格表现的质量×加速度。从投入的角度看,经济部门能动力可表示为:经济组织能动力=用价格表现的主观能力×偏好强度×目标成功率。

类似地,无论是资产负债转为产品服务还是产品服务转为资产负债,都是经济部门的发展,即经济部门拥有更多的物质资产形态的改变和知识资产创造、复制或者结构变化。从产出的角度看,经济部门的发展表现为产品和服务的总量增长或结构转型;从投入的角度看,经济部门的发展表现为资产负债的总量增长或结构的转型。

2.2-5 经济交互能动力的演化

1. 经济主体相互作用力的形成与构成

经济主体包含微观经济个体及其组成的经济组织。有鉴于经济个体交互能动力与经济组织能动力具有相似性,在这里一并进行分析。

赫尔曼·哈肯(Haken,1973)的协同论认为整个环境中的各个系统间存在着相互影响而又相互合作的关系,自然界存在协同效应即两种及以上的组分物质相加或调配在一起,所产生的作用大于各种组分物质孤立作用的总和。经济主体交互能动力是经济主体在具体领域的欲望偏好、预期目标、资产负债和产品劳务相互作用形成的支配经济主体从事交互行为的力量。同一交互目标,针对不同经济主体,其欲望偏好、预期目标和资产负债不同,因而所形成的能动力不同。相同的经济主体,不同的交互目标,其欲望偏好、预期目标和资产负债不同,因而所形成的交互能动力不相同。

经济主体的需求偏好、预期目标、资产负债与产品服务相互作用分别构成不同力,进而合成对外作用力。经济主体物质资产和知识资产在组织内外的不均衡分布,导致经济主体内外相互作用的力。当货币作为交互的工具产生后,价格成为经济主体(包括个体)交互能动力的重要作用机制。价格是用货币统一表现的商品主观价值,一方面,供求状况决定了供需作用力,进而决定资产的价格;另一方面,价格通过调整供求双方对资产的预期目标与偏好强度,调节供需主体作用力。当价格上升、需求欲望和预期收益都下降时,供给意愿和预期收益都上升,需求能动力下降,但是供给能动力上升,从而改变供给的作用力。另外,不同的作用目标、不同的经济主体,由于预期目标、需求偏好、产品服务和资产负债不同,其交互能动力也不同。

经济主体的交互能动力有多种分类。基于交互各方合力及方向,交互能动力分为协同力和分异力。协同力是交互各方协同而形成的合力,分异力是交互各方分异而形成的合力。基于支配行为对象的不同,交互能动力可以分为:基于支配关系行为的主体竞争力、垄断力、合作力;基于支配具体行为,有生产供给行为力、消费需求行为力;基于支配抽象行为,有创新需求行为和创新供给行为力、学习需求行为力和学习供给行为力。综合起来,经济主体的交互能动力可分为:创新生产供给竞合力和创新消费竞合力、学习生产供给竞合力和学习消费需求竞合力、重复生产供给竞合力和重复消费需求竞合力,等等。经济主体交互能动力,从作用对象上看是相互作用力,从方式上看是非接触力,从性质上看是派生力和合成力。经济主体交互力也是派生力,是组织成员的经济个体交互力的合成,但它不是经济主体的个体成员交互能动力的简单相加。借鉴万有引力的方程,两个主体之间的总体交互力或者联系力可以表示为:经济主体吸引力=(A 主体的经济质量×B 主体的经济质量)/A 与 B 距离的平方。

经济主体对外交互能动力,通过支配经济主体成员对外的心理和身体的行为,实现自然、意识和复合物质的相互交换。一方面,实现自身的资产负债与产品服务的更多地相互转化,从而实现经济主体的发展;另一方面,实现交互对象的资产负债与产品服务的更多地相互转化,从而影响其他经济主体的发展。总体上,导致经济整体的物质资产、知识资产和复合物质的重塑和创造,包括物质形态重塑、人口的繁衍和知识创造,促进了宏观经济的增长。

就整个经济而言,经济主体之间的相互作用的合力的大小决定经济的均衡状态。当合力为零时,经济体系处在均衡状态;当经济主体的交互合力各自为零的时候,某一方面的经济实现均衡。当多方经济主体交互的合力为零时,整个经济实现一般均衡。

2. 经济空间相互作用力的形成、构成与测度

经济空间交互可以表示为综合空间主体之间的交互。一方面,经济空间内外物质分布不平衡将产生追求经济空间内外物质分布平衡的力量;另一方面,交互可以节约共享化成本、提高专业化效率、多样化效用,获得预期的共享、互享、分享和多享的规模经济(Duranton and Puga,2004),也获得更多的协同力。经济空间交互能动力是经济空间在总体或具体领域的欲望偏好、预期目标、资产负债和产品服务相互作用形成的支配经济空间(空间上的主体)从事交互行为的力量。经济空间的需求偏好、预期目标、资产负债与产品服务相互作用分别构成不同力,进而合成对外作用力。不同作用目标与经济空间,由于预期目标、需求偏好、产品服务和资产负债不同,空间交互能动力的不同。

基于性质、方向、作用效果、作用对象等不同,经济空间的交互能动力与经济主体的交互能动力的分类相同,这里不再赘述。同时,经济空间的交互能动力也是派生力量,是由经济空间成员的能动力及空间资产结合而派生的能动力。类似地,经济空间吸引力=(A 空间的经济质量×B 空间的经济质量)/A 与 B 距离的平方。经济空间交互力的大小,决定经济空间物质交互的多少。经济空间之间相互作用的合力的大小决定了经济的均衡状态。当合力为零时,经济体系处在均衡状态。当多方经济空间交互的合力为零时,整个经济空间实现一般均衡。

3. 经济部门相互作用力的形成、构成与测度

经济部门交互可以表示为部门间各种经济主体之间交互的综合。经济部门交互能动力是拟人的经济部门在总体或具体领域的欲望偏好、预期目标、资产负债和产品服务相互作用形成的支配经济部门(部门内的经济主体)从事交互行为的力量。拟人化的经济部门的需求偏好、预期目标、资产负债与产品服务相互作用分别构成不同力,进而合成对外作用力。经济部门的交互能动力也与经济主体交互能动力的分类相同,这里不

再赘述。

经济空间交互能动力也是派生力量,是由经济空间成员的能动力及空间资产结合而派生的能动力。具体而言,经济部门吸引力=(A 部门的经济质量×B 部门的经济质量)/A 与 B 距离的平方。经济部门之间的相互作用的合力的大小决定了经济的均衡状态。当多方经济部门交互的合力为零时,整个经济部门实现一般均衡。

2.2-6 宏观经济发展能动力的形成和构成

所谓"宏观经济",一般是指一个相对独立的空间单元内经济运行的总体状态。现代宏观经济一般指一个国家或地区(独立的关税、货币和法律制度)的国民经济总体活动,是一个国家或地区的国民经济运行的总体状态。国家宏观经济首先决定于国家及政府。国家及政府的形成、存在和发展决定于国家政府所拥有的由经济、政治、军事和文化等力量综合而成的作用力和能动力。政府间国家竞争力是政府利用和组织国土资源要素,塑造国民整体的国家偏好、国家预期目标,从而动员和合成的各种综合力量。政府国家综合力量支配国家政府之间的战争和政治谈判等博弈行为,决定国家之间的边界等关系,也决定国家规模。从国家自身的角度看,国家的存在和发展决定于国家综合的凝聚力与分散力。当国家的边际凝聚力等于边际分散力时,国家规模处在最大状态。除了决定国家及政府形成、存在和发展的经济凝聚力和分散力之外,国家宏观经济体系背后还有一个宏观经济力量体系。宏观经济是由诸多分项经济构成,宏观力量体系也有各种分力构成。一方面,宏观经济的总量和结构及其变化决定着宏观经济力量体系的合力和分力及其变化;另一方面,宏观经济力量合力和分力及其变化又决定宏观经济体系的总量和结构及其变化。

宏观经济能动力是经济体系在所有经济主体协同的社会欲望偏好、社会预期目标、社会资产负债和社会产品劳务相互作用而形成的支配经济体系上的经济主体从事交互行为的力量。宏观经济能动力的基本构成因素是经济体系内所有主体协同形成的社会欲望偏好、社会预期目标、总体资产负债和总体产出服务。在特定社会环境下,文化规范和社会期望会引导经济主体行为。因此,经济个体的情感及认知、社会文化等多方面因素影响经济主体的行为(Terry and Hogg,1996)。群体预期产生于个体预期,群体预期对个体预期也会产生重大影响,尤其是示范效应对群体预期形成的作用不可小觑,有时具有决定性的影响。在形成一致的群体预期之前,个体间的正负预期会相互抵消,最终产生三种结果,即正向群体预期、负向群体预期和模糊群体预期。群体预期又称为合成预期。一旦群体预期形成,很难将其扭转,这种群体性的预期力对经济和社会将产生巨大的影响。

宏观经济体系内,协同的经济主体的社会需求偏好、社会预期目标、社会资产负债与社会产品服务相互作用,分别形成不同的协同力量,这些力量进一步合成宏观经济的能动力。宏观力量体系及其决定的宏观经济体系是复杂的。从物品的角度看,宏观经济体系由多类物品组成,现代经济体系下具体可以再分为产出的产品体系、投入的要素体系和中介的货币体系。从空间与部门的角度看,宏观经济体系由多个经济空间与经济部门组成。一方面,各经济空间与部门相互作用力的合力决定宏观经济的内部空间与部门合力的大小和方向,从而决定宏观经济的空间平衡状态。另一方面,各经济空间与部门的能动力合力决定整个经济体系的能动力大小和方向,从而决定整个宏观经济增长和结构的变化。从主体的角度看,宏观经济体系由众多的经济主体组成,这些主体相互作用的合力决定宏观经济内部经济主体合力的大小和方向,从而决定宏观经济主体的平衡状态。同时,这些经济主体的能动力的合力决定整个经济体系能动力的大小和方向,也决定了整个宏观经济的增长和结构的变化。借鉴经典力学的原理,从产出的角度看,宏观经济体系能动力=用价格表现的质量×加速度;而借鉴心理学的原理,从投入的角度看,宏观经济体系能动力=用价格表现的主观能力×偏好强度×目标成功率。

从总体上讲,宏观力量体系中,总需求竞合力支配总协同需求行为,决定总需求。总供给竞合力支配总协同供给行为,决定总供给。总需求竞合力与总供给竞合力相互作用支配宏观经济供需主体的相互作用,决定宏观经济的供求状态。价格作为重要的工具,通过影响供需主体的偏好强度和预期目标,从而影响供需竞合力,确保宏观经济供求竞合力和产品供求均处在均衡状态。总需求能动力与总供给能动力的合成决定了宏观经济供需的能动力体系,支配经济体系各主体的供需行为体系,决定宏观经济的总量增长与结构转型。而考虑到现代经济条件下的货币中介力量,宏观经济力量体系产生如下作用:各种产品的交互通过价格调整实现力量均衡,包括要素市场、货币市场均衡和产品市场均衡,产品与要素市场的均衡,以及产品与货币市场均衡和要素与货币市场均衡。而各种行为主体的能动力决定了要素、产品、货币的总量增长和结构的多样化。

宏观经济体系的发展决定于背后的力量体系变化。宏观经济发展是分布在一定时间空间部门的物质要素,通过影响经济主体的预期目标和需求偏好,并与预期目标和需求偏好相互作用形成支配经济主体的能动力体系,支配经济主体的各种交互行为,决定物质资产和复合物质及知识资产的形态重塑、复制和创造。宏观经济力量是不断增长的。在需求端，经济主体内外物质分布不均衡是无限的，一旦一些分布不均衡实现均衡，另一些不均衡就会凸显，从而产生需求驱动力。在供给端，知识资产的不灭和重复使用的特性，决定了其在生产中不断积累增加，也决定经济主体供给能力加速增强。在交互端，一方面，交互的协同效应决定协同力和规模经济；另一方面，交互导致主体异质性，决定了需求和供给的分层。这将导致三方面力量在总量和种类加速增长中相互作用、传递和转化，从而支配主体经济行为增长和多样化，也决定了物质资产、知识资产和复合物质的总量波动性地加速增长和结构加速的多样化。

经济发展包括物质、知识和人口的发展（Romer，1990）。经济动力发展包括源动力及生动力的力量增强和种类增加。经济力量推动经济发展，经济发展反过来增加经济力量的种类和数量，两者相互派生，从而导致经济发展和力量发展的循环递进，具体作用机制如下。

主体与要素作用形成能动力。经济主体依靠自身拥有和控制的需求偏好、预期目标和要素动能，相互作用形成一定类型、方向及大小的能动力。能动力驱动行为促进结合。经济主体具体的能动力推动经济主体实施多重经济行为，包括思维行为和身体行动，多重行为将主体和要素结合在一定部门、空间和时间，进而形成一定部门、空间和时间上的物质、人口和知识的发展，即数量增长和结构改变。能动力促进产品转换为要素。基于能动力，表现为经济发展的产出将转化为主体的产品和要素、被消费的产品和被持有的要素。一方面，影响主体的需求偏好和预期收益；另一方面，又与前两者相结合，从而产生新的更多更大能动力。例如，人口产品转化要素就创造了新的个体需求偏好和预期目标，人知资产就创造了新的个体源动能（Schultz，1961）。而新的能动力支持新多重行为，新的主体要素在新的更多的部门、空间和时间创造产品，根据制度决定力量平衡，分配产品并转化为要素，从而形成新的动能，如此循环往复，推动经济发展，包括规模增长、部门、空间和时间上的变化。随着经济变得越来越复杂，经济动能的能量变得越来越大，种类变得越来越多，能动力也变得越来越复杂，不同领域、不同尺度、不同层次、不同大小、不同方向的能动力与经济发展之间相互影响。

2.2-7　经济发展能动力的统一

1. 个体（本源）能动力与集体（派生）能动力的统一

个体源能动力是经济个体的需求偏好、预期收益、资产负债、产品服务动能相互作用而形成的改变、复制以及创造物质资产、知识资产和复合物质的能动力。个体的资产负债不仅与欲望偏好和预期目标结合形成能动力，而且还影响欲望偏好和预期目标，从而改变个体能动力。由于个体内外物质分布不平衡是多种多样的，所以欲望偏好和资产负债是多种多样的，预期目标也是多种多样的。基于支配个体行动类型、个体能动力可以分为：个体脑力与个体体力，个体生育能动力、个体消费能动力与个体生产能动力，个体创造能动力与个体学习能动力。

集体能动力是基于组织的资产负债、需求偏好、预期目标和产出服务相互作用所产生的拟人的改变、复制和创造物质资产、知识资产和复合物质的行动能动力。集体可以包括组织、空间、部门等由个体组成的团体及资产。像个体资产负债一样，集体的资产负债不仅与集体的欲望偏好和预期目标结合形成能动力，而且还影响欲望偏好和预期目标，从而改变组织能动力。集体的资产负债、需求偏好、预期目标的多样性决定组织能动力的种类、大小和方向是多样的。基于支配行为的不同，集体能动力可以分为：集体的消费需求能动力、生产供给能动力、公共服务能动力，集体的创造能动力、学习能动力和重复能动力、集体的竞争能动力、学习能动力、垄断能动力等。

个体能动力是本源能动力。经济的发展力最初源自物质在人体内外分布的不平衡，到经济个体内生（生理与心理）欲望对外部利益（物质与精神）追求和响应。集体能动力是派生能动力。集体由个体组成但不是个体，集体的需求偏好、预期目标和资产负债不是集体的个体成员的需求偏好、预期目标和资产负债的简单相加。所有经济发展的能动力都可以统一分为个体本源能动力和集体派生动力。个体本源能动力是集体派生能动力的源泉和基础。集体派生能动力是由个体本源能动力的协同和整合。

尽管经济学上关于力的使用和表述多种多样，但都可以统一到基于要素禀赋的需求偏好与预期目标相互作用的能动力。无论是个体本源能动力还是集体派生能动力，都是欲望偏好、预期目标、资产负债和产出服务相互作用力的合成。

2. 微观主体行为能动力与宏观经济发展能动力的统一

人的交互行为导致物质资产、知识资产和复合物质的重塑和产生，这些都是变化背后的力量导致的。借鉴量子力学与经典力学中力的合成、传递和转化的思想，从产出的角度，宏观经济发展能动力即物质质量和变化的加速度表现了物质变化的能动力。从投入的角度，微观经济行为能动力可以转化为宏观经济的发展能动力。具体表现为：微观主体通过交互能动力和发展能动力，支配经济主体的交互和发展行为，进而决定知识资产、物质资产和复合物质的重塑、复制和创造，通过物质质量的加速增长转变为经济发展的能动力。

宏观经济经济的能动力是经济体系所有主体的协同预期目标、欲望偏好和资产负债、产出服务相互作用的合力。宏观经济的能动力建立在所有经济主体的微观行为能动力合力的基础上，所有经济力都源自经济个体以及由经济个人组成的经济组织的欲望偏好、预期目标、资产负债、产品服务的相互作用的合力。

3. 经济互发能动力平衡和经济发展能动力平衡的统一

微观经济主体的能动力是作用发展力，既包含发展力也包括作用力，分为需求互发力和供给互发力。微观经济主体的能动力，既包含竞争力也包含合作力，分为需求竞合力或供给竞合力。微观主体互发能动力在合成宏观经济体系互发能动力的时候，所有微观经济主体互发力。首先分解的是不同方向的相互作用力和相同方向的发展力，不同方向的作用力相互作用实现平衡即合力为零，相同方向的发展力合成宏观经济的发展力。同样，微观经济主体竞合能动力在合成宏观经济的竞合力的时候，微观主体竞合能动力先分解的是不同方向的竞争合力和相同方向的合作力，不同方向的竞争力相互作用实现平衡即合力为零，相同方向合作力合成宏观经济的协同力。

宏观经济体系的能动力首先表现为宏观经济体系的经济主体基于资产负债、欲望偏好和预期目标形成的行为作用力，支配经济主体的选择等行为，促使经济体系物质资产、知识资产和复合物质的发展。在互发合力中，在交互作用的合力为零后，交发力转化为物质变化的发展力。经济主体内外物质分布不平衡产生了欲望偏好、预期目标、产品服务和资产负债的相互作用发展力。考虑时间因素，经济主体将形成一个跨期的互发力量体系。经济体系内所有经济主体的相互发力的合成，在交互作用力合力均衡即合力为零的同时，宏观经济发展能动力体系也将实现跨期均衡。跨期均衡的宏观经济力量体系决定了宏观经济沿着平衡增长路径增长，即主要宏观经济变量（如产出、消费、投资、资本存量等）长期内保持恒定速度增长的状态，或者宏观经济各组成部分的跨部门、跨空间、跨时间的平衡增长（Solow，1988）。

4. 经济发展力量与经济利益的统一

能动力是为了追求预期收益而投入对应的驱动力量。基于经济主体行为过程中，需求偏好、预期收益、资产负债和产出服务的相互作用，以及质能力功的转化，可以发现力与利的复杂关系。

在完全理性的理想假定下，预期收益与现实收益是完全统一的。由于力量是资产、需求、收益的相互作用的合力，所以，力与利是完全统一和对应的。人们基于利益、偏好和资产决定选择、策略和交互行为,确定利益作为物质产生确定对应的力量,确定力量获得确定的利益。释放最大化的潜力,将收获最大化的收益。在不完全理性的现实假定下,收益与力量是不完全统一的。利益分为预期收益和现实收益。现实利益与预期利益不完全一致,现实收益是最终获得的真实收益。预期利益是根据过去的现实收益作出的经验预判收益。现实收益与预期收益不完全相等,人们根据前期现实收益确定和调整下期预期收益。统一发展经济学提出,理性人是会根据预期收益,最充分地利用资源,以实现预期收益。力量也分为潜在力量和现实力量。潜在行为力是主体在要素动能最大释放作用点上,需求欲望与预期收益相互作用所能产生的力量。现实能动力是主体基于需求偏好和预期收益,然后在确定要素动能作用点上相互作用而产生的能动力。潜在动力与现实动力的区别主要在于潜在动力是最大动力。

力量与利益的关系是复杂的。力与利相互作用的机制是:投入资产决定潜在能力,潜在能力影响预期收益,预期利益产生现实动力进而能动力,现实能动力决定现实利益(产出产品)。现实利益影响预期利益,转化为潜在能力(投入资产);预期收益与现实力量对称,但与现实收益即潜在能力不一定对称。人们根据预期收益实现概率来确定和调整现实行为力。其他条件不变,预期收益越大,现实行为力越大。因此,统一发展经济学界定:经济主体的收益最大化,即经济主体基于需求偏好和预期收益而确定的最小成本投入。现实能力进而能动力与预期收益对称,但与现实收益不一定对称。一般情况下,现实行为力与现实收益正相关,但有力不一定得到相应的现实收益。有人终其一生没有创造出意想的物质或知识产品。特殊情况下,现实行为力与现实收益负相关。长期内,通过预期收益调整,现实行为力与现实收益正相关。潜在能力进而能动力与预期收益和现实收益都不一定对称。最大化的动力释放,也不一定收获最大化的收益。这也是主体决策时不将潜力用到最大化的原因。

5. 力、利、物质均衡的统一

经济体系包括利益、物品和力量三个变量。经济体系的均衡分为:静态均衡与动态均衡,静态均衡与动态均衡,局部均衡和一般均衡。一般均衡又分为稳定一般均衡和不稳定一般均衡。

经济体系的不稳定一般均衡又有两种情况。一是力量均衡但利益和物品不均衡。经济体系的力量均衡是经济发展的相关力量的合力为零,但是收益和产出并没有实现均衡。二是物品和利益均衡但力量不均衡。物品和利益的均衡是指经济中存在着这样一套价格系统,它能够使每个消费者都能在给定价格下提供自己所拥有的生产要素,并在各自的预算限制下购买产品来达到自己的消费效用极大化,每个企业都会在给定的价格下决定其产量和对生产要素的需求,来达到其利润的极大化。每个市场都会在这套价格体系下达到总供给与总需求的相等(均衡),当经济具备上述这样的条件时,就是达到一般均衡,这时的价格就是一般均衡价格(Debreu,1959)。但是,各个经济主体的相互作用合力不等于零。

经济体系的稳定一般均衡是利益均衡、力量均衡、物品均衡以及物、利、力均衡。这四种均衡的同时实现才是稳定的一般均衡。具体表现为:边际成本等于边际收益时,边际动力等于边际阻力,经济主体相互作用的合力等于零,产品和要素市场的供给相等,对于个体来说就是个体动机和躺平的力量达到相等。在收益均衡状态下,资源配置达到帕累托优化。在既定要素约束下,对每个经济主体来说,就是边际收益等于边际成本。在力量均衡状态下,所有经济主体博弈的合力为零,同时,每个经济主体行为的边际动力等于边际阻力。在物品均衡状态下,要素市场、货币市场、产品市场供求在任何时空和部门下始终相等。只有当力量均衡、利益均衡和物品均衡时,才实现真正的一般均衡。经济主体没有进一步改变的动力和能力。

总之,单纯的利的分析工具是有局限性的,需要同时使用利的分析工具和力的分析工具。两种分析工具相互补充,也可以相互统一。将两种分析工具结合起来,可以更清楚地解释经济发展的原因、发展的方向、发展的路径。因此,应该将利益分析工具与力量分析工具相结合,共同解释人类经济发展。

经济发展的起点

所有的理论都需要从一定的前提假设出发。如同根植于逻辑推演的标准经济学理论,统一发展经济学亦始于一系列基本原则性假设,并经由严谨的数学演绎推理得出结论。其方法论核心与力求从普遍规律中理解人类社会发展进程的理念相契合。区别于传统西方经济学中对经济发展前提所作的若干未经充分验证的假设,统一发展经济学力图从自然法则中引申出人类经济发展的前提并作出合理假设。这一做法强调了人类经济活动作为自然秩序内在组成部分的属性,从而确保理论建构不仅贴合实际经济动态,亦能反映出自然与人类社会间深刻的相互作用与一致性。

3.1 经济发展的假设前提

众多密集分布的不确定的粒子的自旋导致质量、能量和力量的自我膨胀,当基本粒子相互作用的合力超过一定临界点,奇点膨胀、宇宙爆炸、能量释放导致初始物质形成和进一步发展。在宇宙大爆炸后,又经历了原始物质、星际物质、无机物质、有机物质、生命物质的不断演化,高级生命即人类产生。

人类经济行为是人类行为的子集,人类行为是自然界运动的子集。人类经济行为服从经济法则,而经济法则服从人类社会法则,人类社会法则服从自然法则。

3.1-1 自然社会的基本法则

宇宙演化遵循诸多客观规律即理论法则和定律,对此,科学家们已经作了诸多的探索和发现。基于科学研究和人们的常识观察,本节将总结若干关联人类经济发展的基础性法则。

1.自然与社会的平衡法则

量子力学研究证明:基本粒子所具有的自旋、质量和电荷的内禀性,不仅决定了宇宙的爆炸和物质的形成,也决定了物质间的自旋粒子不平衡分布。从而,物质在时空上的不平衡分布形成了势能和势场,进而转化为动能和动力,驱动物质的位置变化或新物质形成,即基本粒子的不断重新组合,在带来一些物质时空分布平衡的同时,又产生另一些新的不平衡。

自然平衡法则不仅是自然界的基本法则,也是人类社会应当遵循的重要原则。在演化形成之后,人类作为物质资产和知识资产的生命复合体,展现出双轨并行的动态特性:一方是遵循物理及生物化学规律的生理机能运作,涵盖了最基本的新陈代谢至复杂的生命周期管理范畴;另一方则是涉及认知功能、情感体验及决策制定等高层次精神活动的心理过程。首先,生命有机体需要并且始终在维持生理平衡,需要相应的物质与能量。其次,生命体有机体需要并始终在维持心理平衡,也需要内外交互,并形成对外界的心理需求。

总之,作为由基本粒子构成的物质,人类起源之后,天然存在于人体内外的物质资产和知识资产分布的无限不平衡,包括人体内不平衡、人体外不平衡、人体内外不平衡,产生供需驱动力,驱动人与人、人与自然交互;不断实现的越来越多的平衡又带来越来越多的不平衡。而外部自然界作为外生物质不平衡分布及其变化,也带来人体内外新的不平衡,带来力量和物质分布的不断趋向平衡的调整。

2. 自然与社会的协同法则

物理化学研究证明:在物质的物理化学变化中,相互作用的两个及以上的物质合成转化的总体效果,大于互不相干的两个及以上物质单独转化的叠加效果。这种物理化学现象被称为协同效应,即"1+1>2"的效应。物质之间的相互作用和内在联系普遍存在,所以协同效应是自然界普遍存在的现象。赫尔曼·哈肯(Hermann,1976)的协同论认为整个环境中的各个系统间存在着相互影响而又相互合作的关系。

人是自然界的一部分,像自然界物质之间相互作用一样,人与人之间也存在相互配合与协作以及相互干扰和制约的相互作用关系。自然,协同效应在人类社会也广泛存在,即多人协同行为所产生的效果大于同样多人孤立行为所产生效果的加总。人的效应有狭义和广义的区别。狭义协同效应是社会交互,即人与组织之间的相互交互;广义协同效应是人与自然"物"交互,即孤立的个人与某一物质资产反复交互。人的协同效应不仅表现在改造物质资产行为效果上的协同效应上,而且表现为创造知识资产行为效果上的协同效应。"三个臭皮匠,顶个诸葛亮。"人们能够共享相同物质基础以获得更大成本节约的协同效应,而且能够共情相同的知识资产,获得更大的归属感和安全感等协同效应。而由于知识资产的质能不守恒,作为知识资产和物质资产的复合,人类协同交互放大交互协同效应。

当然,协同有规模收益和协同力,也会有协同成本和分异力。在空间上,协同效应与空间的能量消耗决定物质资产相互吸引和相互排斥。牛顿为总结自然界物体之间相互关系所提出的万有引力定律,强调任何两个质点都存在通过其连心线方向上的相互吸引力,引力大小与两者质量的乘积成正比,与两者距离的平方成反比。爱因斯坦的广义相对论也强调"引力随距离而衰减"。托布勒(Tobler,1970)总结出"任何事物都是空间相关的,距离近的事物比距离远的事物的空间相关性更大"的距离衰减律作为地理学第一定律。而人类的忍受力则给自然吸引法增加了新的约束条件。

3. 物质守恒与知识不守恒法则

化学研究证明,质量作为物质大小的度量,在任何与周围隔绝的体系中,不论发生何种变化或过程,其总质量始终保持不变。在化学反应中,反应前后原子的种类没有改变,数目没有增减,原子的质量也没有改变。化学反应的过程,就是参加反应的各物质的原子,重新组合而生成其他物质的过程。

物理学研究证明,能量作为物质运动的度量,既不会凭空产生,也不会凭空消失。它只会从一种形式转化为另一种形式,且在转化或转移的过程中,总量保持不变。相对论研究证明,质能作为物质不同性质的属性和度量,任何具有质量的物体,都贮存着该物体的质量乘以光速的平方的能量。在一个孤立系统内,所有粒子的相对论动能与静能之和在相互作用过程中保持不变,即质能守恒。质量可以转化为能量,能量可以转化为质量。物质资产不管形态和结构怎样变化,其质能总量都不变。

在人类演化形成之后,人拥有特殊的意识能力并创造知识,是物质资产和知识资产的复合。

物质资产的转化仍然遵循质量守恒定律。消费后产生和维持人口的生命,提供劳动力尤其是体力和脑力能量。脑力和体力在重构物质和创造知识时,也将脑力和体力消耗的能量以物质的形式附着在知识产品和物质产品上,带来物质能量的守恒。进而,从经济学的视角审视物质重塑只是改变物质的构成并没有增加物质的数量。物质投入与劳动能量可以通过等价和转化实现统一量纲。体力和脑力消耗的物质能量可以通过物质的重塑和知识的创造,又以物质的形式附着在重塑的物质和生产的知识上。

知识资产的转化不遵守质能守恒定律。虽然脑力的物质消耗创造或者复制了知识资产,但是知识资产不是由物质直接产生的,而是由意识创造的。人类主动创造的本能,不仅决定了知识资产的产生,而且决定了作为人类意识创造的知识资产,具有不同于物质的质能不守恒的特征。知识资产一旦创造并保存下来,不仅不会消灭,而且在运用和转化时,质能不断地复制和增长。所有的事实也证明:知识资产生产是"一劳永逸"的,知识资产一旦创造出来并被合理保存,不仅不会自动消失,而且旧知识资产不会因为作为投入要素在创造和转化成新知识资产后消失。知识资产可以被无限复制,也不会因为被复制而消失。知识资产的质能是不守恒且不等价的,知识资产可以从无到有,从少到多。

3.1-2　自然法则衍生经济法则

上述的平衡法则、知识不守恒法则、协同法则与人类物质和知识存在的现实决定人类经济的三大法则。

1. 平衡法则与人体物质有限性决定需求内生边际递增法则

虽然人体内外具有生理和心理的需要并且趋向平衡分布,但像其他物质资产一样,由物质资产演化而来的人体内外的物质资产和知识资产分布也是不平衡的。人体自身天然不完全具有维持生存的物质和能量,天然需要与外界进行资源和能量的交换,所以生命体天然具有获得外界交换的生理欲望,即生理力。

人体内缺乏的物质资产和知识资产,不仅是无限的,而且是有不同急缓层次的。当最基本的、即刻迫切的需求得到满足后,那些原本被认为较为次要或长远的需求便会上升为新的迫切需求。正是由于人体内外存在无限的分布不平衡性,才导致个体的需求本能及其无限内生增长。所以,不仅"人为财死",而且人会贪得无厌,在原有需求获得满足后,会内生出新的更大需求。

人体内外物质分布的无限不平衡性决定人的需求本能及内生增长,进而决定人的物质需求内生边际递增。这里有三层含义:

就个体静态而言,由于预算收入是确定的,人们追求基于预算约束的最大化物质需求,以满足效用最大化,解决急需的人体内外物质分布的不平衡。经济学上的需求是指人们在某一特定的时期内对愿意并能够得到的物品的需要,而需要是对满足物质和精神欲望的具体资源要求,需求是追求欲望满足过程中选择行为的一种映射。需求可进一步分为物质需求与精神需求,还可以分为消费需求和投资需求。这也是标准经济学中的理性人假定。

就个体静态而言,当人体内外低层次、急需的物质分布从不平衡实现平衡后,即人的需求得到一定满足后,更大的高层次、缓需物质分布不平衡凸显出来,产生更大的需求需要满足,即"欲壑难填"。例如,在物质短缺的时代,物质需求是主要的,但是在物质丰富的年代,精神需求是主导的。马斯洛(Maslow,1943)认为需求从低到高分别为:生理、安全、社交需要、尊重和自我实现。前四层是缺陷需求,而最高层称为增长需求;其中有些需求优于其他需求,人们需要动力实现某些需求。

就整体动态而言,由于预算收入是增长的,人们追求基于预算增长的最大化物质需求,以满足无限的效用最大化。就个人而言,基于一生的预算收入变化,个体追求基于一生时间内的物质需求最大化,以满足基于一生的效用最大化。就整体而言,虽然个体的需求欲望会随着个体生命的结束而结束,但是其他生命可以延续,基于无限期的预算收入增长,追求无限期的最大化物质需求,以满足人类长期效用的最大化。

关于需求无限与需求不足,经济学界一直存在着激烈的争论。先是李嘉图与马尔萨斯争论,然后是凯恩斯与庇古等人的争论重演,接着是凯恩斯主义和供给学派的再争论。但统一发展经济学认为,尽管在一定情况下,由于科技发展的滞后,以及由于货币中介等带来的供给与需求的脱节和错配,社会存在着暂时性的需求不足问题,但是长期内,人体内外物质不平衡分布导致的人体发展物质的缺乏和人体特殊物质的存在,决定了人的不断扩张的需求本能和持续递增的供给本能。通过供给创造,不仅人一生的潜在需求始终存在,而且会使有效需求边际增长。也就是说,在当前需求得到满足后,更大的需求、更高级的潜在需求会变成有效需求。

2. 平衡法则与知识质能不守恒性决定供给内生边际递增法则

人体内外物质分布不平衡,除了表现为人体内始终缺乏生存和发展的全部物质外,还表现为人体内拥有人体外所不具有的特殊物质,而且这个特殊物质能够产生特殊知识。

在人类演化形成之后,作为同样基于基本粒子而形成的原子和分子并最终凝聚而成的高级物质,人体内分布了外界所不具有的特殊物质,尤其是人脑。与自然界的一般动物所具备的刺激反应等主观活动(身体行为)相比,人类的意识能力有两个核心特征:第一是能动性。意识具有目的性和计划性,制定目标,引导行为。意识能够调节和控制人自身的行为和认知活动产生、维持及终止;且能够指导人的行为,并将人类智慧要素和物质要素结合起来;把经验与现实连接起来,形成自我同一性的基础。第二是创造性。意识活动尤其是思维活动,通过主动将要素结合起来,不仅能够创造精神产品和精神世界,还能改造物质产品和物质世界。

物质分布趋向平衡的法则与人拥有外界所不具有的特殊物质即大脑的不平衡,决定人体的向外输出供给。也就是说,向人体外部输出人体内独特的体力所积蓄的物质体能和智力所积蓄的意识智能,改变外界物质,使其成为人体内所需要物质,并与人的需求内驱动力结合形成内需能动力,将改造的外部物质和能量转移到人体内,实现人体内部和人体内外的物质分布的部分均衡。而人的大脑能够创造特殊的知识,即人的意识行为(思维活动创造的经济知识资产)是内生的。经济知识资产作为投入可以再创造经济知识资产,经济知识资产的创造可以由无到有、由少到多。经济知识资产创造可以"无中生有",经济知识资产一旦产生并被合理保存下来将不会消失,一旦创造就可以无限地被复制;作为人的意识行为(即思维活动)创造的经济知识资产是报酬递增的。经济知识资产一旦被创造出来,作为再投入的要素成本是固定的。由于经济知识资产的不灭性和可以无限被复制,随着知识资产被投入和使用规模扩大,再造经济知识资产和改造物质资产的单位成本边际递减,经济知识资产的边际报酬递增。人的知识资产的内生及报酬递增性,决定人类总供给的内生边际增长。

3. 协同效应与协同成本决定交互规模报酬边际递增法则

自然与人类的协同效应在经济领域的表现,被经济学界定义为交互的规模经济或者交互规模报酬递增。任何两个及以上的个体之间的交互行为的经济效果,大于同样规模的个体单独行为加总的经济效果。随着参与交互组分的增加,交互的正负经济效果在发生不同的边际变化,交互的正负协同力也在发生不同的边际变化。交互的净规模正经济效果一般从边际增加转向边际减少。任何经济交互都在一定的空间中发生,任何交互在获得规模效应的同时,也付出规模交互成本,包括空间成本。交互规模经济和交互规模成本不仅决定了参与交互的规模,而且决定了参与交互的空间聚散状态。事实上,人类生存的环境及其极限需求,改变了吸引法则在人类社会应用的约束条件。布拉什(Vidal de Blache, 1921)指出,所有社会,无论发达还是落后,都面临着两难境地：个人必须集聚到一起才能从分工中获得益处，但是各种困难限制着集聚。当然，在虚拟空间里，知识资产的存在及交互是瞬间和无成本的。

3.1-3　经济法则决定经济交互

1. 人类的本能决定了个体行为力支配个体行为（即人物交互）

人体内外物质的无限的不平衡分布，一方面形成了个体的不断增长的经济需求的内生驱动能动力；另一方面，形成了个体的不断增长的经济供给的内生驱动能动力。两者结合形成人的不断增长的经济行为供求能动力，支配了人与自然交互的身体行为和意识活动，尤其是通过意识活动影响身体行为。人的行为使人口、物质、科学技术和人知资产相结合，人口与物质结合的行为实现了人口、科学技术、物质、人知资产和制度的再生（图 3.1）。

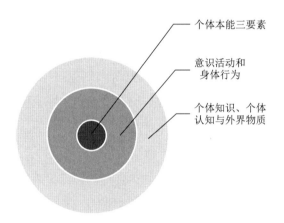

个体本能三要素

意识活动和
身体行为

个体知识、个体
认知与外界物质

图 3.1　个体经济行为的机制

理论上，每个经济个体，一方面基于需求的欲望偏好、预期收益和可及的资产形成基本需求能动力，消费外部的经济物质；另一方面，基于供给的欲望偏好、预期收益和可及的要素形成供给能动力，获得外部的经济物质。个体在供需物质资产的同时，也通过"干中学"获得人知资产（即知识经验）。人知资产作为知识资产会储存在大脑中，无论是否被供需者消费，都不会消失，因而随着个体供需行为的不断重复而不断积累。而个体的人知资产的增加意味着供给能动力的增加，从而创造个体需求能动力的不断增加，驱动个体更大的供需行为和更大的资产循环。

在人类社会发展的初始阶段，个体的人知资产存量通常是相对稀缺的，尽管个体将最大化自我供给能动力,但是个体的最大供给的能动力小于最低需求能动力,即难以仅凭一己之力实现个体内部需求与外部资源分配之间根本性的均衡,而这一均衡是维持基本生存状态的必要条件。

2.规模效应决定交互行为力以及人人与人物交互行为

一方面,需求的最大化满足可以最大化地平衡人体内外物质的不平衡。另一方面,交互规模效应决定经济交互可以带来更大需求的最大化满足,即最大化平衡人体内外物质分布的不平衡性。需求本能的必要性和规模经济的可能性共同决定两者结合形成的能动力,驱使经济个体的交互的供需行为。交互可能涉及分工,也可能不涉及分工。交互能够带来规模正效应,也带来规模负效应。如果处在一定空间的个体间交互规模正效应大于规模负效应时,经济个体的交互供需行为驱动力将支配经济个体的交互行为;如果处在一定空间的个体间交互规模正效应小于规模负效应时,经济个体的交互供需行为驱动力将支配经济个体的自给自足的行为。个体最终选择交互协作或者自给自足,决定于经济个体交互的规模是正效应还是负效应。

在人类社会发展的初始阶段,一方面,个体孤立行为的供给能动力小于个体孤立的需求能动力,个体行为供给能动力支配的行为创造的产品难以满足最低生存需求。另一方面,个体的交互规模正效应大于负效应,个体间交互产生规模效应和规模力量,从而获得更多的供给能动力和更多的行为产出。为了求得更多的需求以获得生存,个体必将选择一定的时空进行交互行为。

3.1-4　交互决定构成因素

1.个体交互行为带来经济主体的发展

由于内部组织的交互成本低,而组织外交互成本高,组织内的协同力大于组织外的协同力,从而将产生经济组织主体。这样,组织经济者从每个个体发展到个体与组织,我们称之为经济主体。在人类初始阶段,经济组织首先表现为氏族和部落。

2.个体交互行为决定经济制度的产生

经济个体之间、主体之间以及个体与主体之间的交互是为了供需要素和产品,但是必须通过个体之间供需制度能动力及其供需博弈行为达成,因而制度文化资产得以创造。为了规范经济个体的交互行为,制度文化随交互产生,由于组织产生后,经济交互分为组织内外的交互,规范经济交互行为的制度也分为组织内外的制度文化。经济制度主要包括一定空间上财产权利的归属、资源配置手段和产出收益分配的界定。

3. 个体交互行为完善经济体系的构件

个体交互行为不仅创造了主体，还将空间部门分布的要素转为产出。个体交互也需要通过制度对一定空间上财产的权利主体、要素的配置手段和产出的分配主体作出界定，经济要素和经济产品成为经济主体的资产。

4. 个体交互促成个体的分层和异质更迭

需求内生增长、供给报酬递增和交互的规模经济，决定了经济个体和主体追求分层和异质的物质。因为只有分层和异质的物质才能最大化平衡经济主体内外的物质分布，以满足分层和异质的最大化预期收益，形成分层和异质的供需行为能动力。其决定经济主体分层和异质行为，决定分层和异质的产出，而分层和异质的产出决定了更大规模的交互，如此循环往复。

总之，需求无限内生增长、知识真实递增、规模报酬递增三大规律，释放持续增长的经济发展能动力，支配经济主体的不断增长和多样的经济行为，决定经济规模增长、结构多样和质量提升。

3.2 经济交互行为的力利分析

本节将利用力量分析工具，从力量的角度对经济学上的各种经济行为作出分析和解释。经济行为可以从多种角度进行分类，按过程可分为选择行为、策略行为和交互行为。

关于选择行为，在完全理性的假定下，经济学理论基于成本收益分析工具，通过收益与机会成本的权衡，已经作出了比较清晰的解释。由于能动力由需求偏好、预期收益和要素能力决定，每一种可选择类型的净预期收益都对应一个力量，净预期收益最大的行为，也是净能动力最大的行为，所以，一般行为选择既是收益与机会成本权衡的结果，也是力量与机会力量博弈的结果，这里不再赘述。

关于策略行为，在策略性行为分析领域，基于完全理性的经典理论框架，博弈论通过对诸如"囚徒困境"及双寡头市场中古诺模型的剖析，揭示了个体在追求自身利益最大化目标导向下的互动规律，对经济主体决策逻辑与市场均衡结果之间内在联系的认知也已作出了基本的解释。

关于交互行为及效应，自然科学称之为交互协同效应。它决定物质资产、知识资产和复合物质(人)的交互,经济学理论则将协同效应应用到经济领域,并称之为规模经济。科斯(Coase,1937)将协同效应应用到经济领域,提出"交易费用"的概念,认为企业的存在是为了节约市场交易费用,即以费用较低的企业内交易替代费用较高的市场交易,企业的规模取决于企业内交易的边际费用等于市场交易的边际费用时的那一点。

自经济学诞生以来,众多经济学家基于成本收益分析,探究了交互规模效应及其对经济发展进程的多维度影响。该研究领域积累了丰富的文献资料,相关理论与实证研究仍在持续扩展与深化。然而,现有研究大多聚焦于交互规模效应的单一面向或若干特定方面,研究成果间呈现出一定程度的交集与重叠,缺乏一种综合性的视角来统合分析。尤为重要的是,目前的研究在方法论上尚未充分采纳"力量"这一概念作为分析工具,来系统性地阐释和解读交互规模效应如何通过不同力量的作用机制影响经济体系的结构与动态变迁。

本书认为,交互规模效应在最一般意义上是指总体报酬(收益与力量)随着交互规模的扩大而递增。统一发展经济学将交互规模效应作为经济发展的三大前提假设之一,交互在统一发展经济学中具有举足轻重的地位。交互分为狭义的主体与主体的交互,广义的主体之间的交互,以及主体与客体的交互。其中,不仅涉及成本,而且涉及收益;不仅涉及供给,而且涉及需求;不仅涉及外部,而且涉及内部。借鉴马丁(Martin,1999)对规模经济的三种分类,结合前述已经构建的交互能动力的分析工具,将所有交互使得报酬递增的现象都归为规模经济或规模效应,从力与利相结合的角度,对所有交互的规模效应或规模经济理论进行全景式的系统梳理和规范分类十分必要。

需要强调的是,在完全理性的假定下,因为预期收益和实际收益相同,力量作为实际收益、需求偏好和要素能力的相互作用力,力量分析和利益分析是一致的,利益分析也是力量分析,规模经济分析也就是规律力量分析。

3.2-1 外部规模能动力

外部规模效应或外部规模经济的实质是指不同主体之间的交互可以在投入相同要素后转化成更多的产出,从而实现更充分和有效的资源利用。经济交互理性行为主体最终决定于由预期收益、需求偏好和要素动能相结合形成的能动力,决定于收益的权衡也即力量博弈。通过梳理学者们对这一问题的研究和分析,我们进一步构建了有关外部规模力量(以下简称"规模经济")的相互关系的逻辑框架。

基于正负效应,规模经济可以分成规模经济和规模不经济。交互即存在收益,也存在成本。规模经济递增不仅因不同主体交互有所不同,而且不是无限的。通常情况下,在交互保持规模报酬递增的同时,规模不经济经历了一个由小到大的过程。随着参与协作主体的增加,一个协作主体效率的改进,会使整个协同主体获益,而一个主体效率的下降,会导致整个协作主体损失。这也决定了交互的最优规模。而从力量的角度,规模力量分为规模动力和规模阻力。在规模经济小于规模不经济时,规模阻力大于规模动力。

基于外部性,规模经济可以分为技术外部性(或非市场外部性)和资金外部性(或市场外部性)。外部性可分为正外部性和负外部性。若一项产品或服务的私人收益大于社会收益时,即负外部性;正外部性是指一种经济行为给他人带来了积极影响,使得他人增加了收益或减少了成本。非外部性规模经济是指某一经济单位的经济活动对其他经济单位所施加的市场性影响。市场性是指一种活动所产生的成本或收益能通过市场价格反映出来,是有意识强加于其他主体的。非市场性是指一种活动所产生的成本或收益未能通过市场价格反映出来,且是无意识强加于他人的。资金外部性规模经济是市场能够补偿的外部性规模经济。技术外部性规模经济是指某一经济单位的经济活动对其他经济单位所施加的非市场性影响。由此,规模经济与经济外部性在逻辑上就实现了规范化的统一。

关于外部性,诸多学者进行了研究和界定。外部性思想的萌芽始于亚当·斯密,马歇尔则首次提出了"外部经济"和"内部经济"这两个概念。庇古(Pigou,1920)正式提出了外部性理论,将外部性问题的研究从外部因素对企业的影响效果转向企业或居民对其他企业或居民的影响效果。他认为,当出现边际私人成本大于边际社会成本、边际私人收益小于边际社会收益的情形时,就出现了正外部性。当出现边际私人成本小于边际社会成本、边际私人收益大于边际社会收益时,则产生了负外部性。为了有效解决外部性问题,庇古提出了著名的"庇古税",即政府应当在企业经济活动出现外部性时发挥作用,对出现正外部性的企业进行补贴,对出现负外部性的企业进行征税,促进社会福利最大化。科斯(Coase,1960)从"产权界定"入手,进一步探讨了对外部性的治理,并提出了著名的"科斯定理"。他对庇古的传统外部性理论进行了创新发展,认为产权制度能够使得外部性内在化,当交易成本为零时,理性的经济活动主体在分析成本和收益时会加入溢出的成本和收益部分,不存在社会成本问题。在明确产权的基础上,引入市场和价格机制能有效确认经济单位各自的责任,充分地利用社会资源,实现个人利益与社会利益最大化相一致,达到帕累托最优状态。雅各布斯(Jacobs,1969)提出了不同产业的企业之间存在的外部性,即产业多样化能够促进知识的流动、溢出和创新,与其对应的是城市化经济。波特(Porter,1990)提出产业集群可以带来外部性,认为不同产业的竞争有利于产业之间的溢出和创新,与之对应的是集聚经济。MAR(Marshall-Arrow-Romer)提出知识溢出的外部性。

基于交互主体,规模经济分为内部规模经济和外部规模经济。内部规模经济是家庭或者企业等经济主体内部各部分交互所带来的报酬递增。外部规模经济是家庭或者企业等经济主体之间的交互所带来的规模经济。对应内部和外部规模经济的是经济外部性与经济内在性。马歇尔(Marshall,1890)[①]称:"我们可以把因任何一种货物的生产规模之扩大而发生的经济分为两类:第一种是有赖于该产业的一般发展所形成的经济;第二种是有赖于某产业的具体企业自身资源、组织和经营效率的经济。我们可把前一类称作'外部经济',将后一类称作'内部经济'。"他指出:随着生产规模的不断扩大,规模报酬将依次经过规模报酬递增、规模报酬不变和规模报酬递减三个阶段。关于内部经济,保罗·萨缪尔森(Samuelson,1970)[②]也指出:"生产在企业里进行的原因在于效率通常要求大规模的生产、筹集巨额资金以及对正在进行的活动实行细致的管理与监督。"

基于空间临近,规模经济可以分为空间不可分或有空间成本的空间聚集规模经济、空间可分或没有空间成本的空间分散规模经济(或者称为网络规模经济)。聚集经济即经济活动在空间上呈现局部集中的特征。这种空间上的局部集中现象往往伴随着分散状态下所没有的经济效率,由此,企业聚集而成的整体系统功能大于在分散状态下各企业所能实现的功能之和。网络效应随着参加网络的主体增加,各网络主体的成本在减少而收益在增加(Brynjolfsson and Saunders,2009)。网络效应最初来自需求方规模经济,一个网络的价值与联网用户数的平方成正比,每名用户所获得的效益随着网络用户总人数的增加而呈线性成长(Nicholas,1996)。事实上,生产方也存在类似的规模经济。需要指出的是,与之前的分类不同,集聚规模经济与网络规模经济不是排斥关系,而是包含关系,网络规模经济包含集聚规模经济。网络规模经济是总体的规模经济。网络经济和集聚经济都既存在规模经济也存在规模不经济,既有正外部性也有负外部性。网络与集聚的概念是相对的,可以基于不同尺度进行划分:可以是将企业或城市确

① 中译本参见马歇尔:《经济学原理(上卷)》,商务印书馆2010年版。
② 中译本参见萨缪尔森:《经济学(第十六版)》,华夏出版社1999年版。

定为集聚单元,企业或城市之外是网络;也可以将区域或国家确定为集聚单元,区域或国家之外是网络。

基于部门临近,规模经济可以分为部门集聚的规模经济和部门分散的规模经济。部门集聚的规模经济是部门相近的强交互行为产生的规模经济(Marshall,1890)[①],部门分散的规模经济是部门不相关的弱交互所产生的规模经济(Helpman and Krugman,1987)。

基于物品形态,规模经济可以分为物质形态的规模经济与知识形态的规模经济。物质形态的规模经济是指,由于物质要素投入和产品消费而带来的规模报酬递增经济。物质形态的规模经济对应于金钱外部性(Krugman,1980)。知识形态的规模经济是指,由于知识要素投入和产品消费而带来的规模报酬递增经济(Romer,1986)。知识形态的规模经济对应于技术外部性。这一点区分十分重要,马歇尔的学习和知识溢出等都可以对应到这些规模经济之中。即使是在物质经济的时代,知识规模经济也已经非常重要。在知识经济时代,知识规模经济更加重要。同时,基于物质资本与人知资产规模经济,又可以将其分为物质资本的规模经济和人知资产的规模经济。

基于具体行为,规模经济可以分为供给方规模经济、需求方规模经济和供需方的规模经济。供给方规模经济实际上是指,在生产、交换、服务等工作层面,随着供给主体增多,整体收益在递增(Chandler,1990)。由于产业链在细化,所以它还可以再细分。需求方规模经济实际上是指在生活层面,随着人口增多,整体效用递增(Katz and Carl,1985)。供需方规模经济是指随着供给和需求方的增多,产出和效用都在递增。

基于抽象行为,规模经济可以分成创新规模经济、学习规模经济和重复规模经济。所谓创新规模经济,就是创新报酬随着创新规模的扩大而递增(Arthur,1989)。所谓学习规模经济,就是学习的报酬经济随着学习规模的扩大而递增(Utterback,1996)。所谓重复规模经济,就是重复的报酬随着重复的规模扩大而递增。

基于报酬来源,规模经济可以分为共享规模经济、互享规模经济、分享规模经济和多享规模经济。共享、互享、分享和多享四者也是相互联系的和相互转化的。其中的规模经济也存在一定意义上的重叠性。共享规模经济在某些情景下可被视为包含"互享"或扩展至"多享"的特殊案例;而"多享"在另一视角下也可被理解为"共享"与"互享"的集成体现;同样地,"互享"在某些分析框架里既是"共享"的延展,也囊括了"多享"的

---

① 中译本参见马歇尔:《经济学原理(上卷)》,商务印书馆2010年版。

特征。

尽管规模经济的构成复杂多样,但统一发展经济学认为,它们真正的来源是共享、互享、分享和多样化,通过这一理论构造也可以将各种类型的规模经济统一在一个逻辑框架。表 3.1 廓清了复杂规模经济的构成及其相互之间的逻辑关系。接下来将从共享、互享、分享和多样化四大类出发对其进行梳理,同时将各种规模经济与之对应起来。

表 3.1 多种类型的规模经济和规模效应逻辑框架

来源	物品		具体行为			抽象行为			主体内外		空间维度		市场维度		性质角度	
	物质	知识	生产	生活	综合	创新	学习	重复	内部	外部	聚集	网络	资金外部性	技术外部性	正向	负向
共享																
互享																
分享																
多享																

1. 共享经济是不可分商品和基础设施的共享

共享规模经济是指多个主体或者主体内部的各部分,因为共享若干非排他性的物品而降低分担成本带来的规模经济(Cropf and Benkler, 2006),可以分为知识共享和物质共享。它具体可以分为生产、生活和生产与生活环节的创新、学习和重复的共享。涉及生产与消费之间、生产的产业之间、产业内部产品之间以及产品的各环节之间的主体存在物质和知识的相互共享。

从生产还是生活,抑或生产与生活的交集视角下,假定生产或消费由两部分要素或者产品构成,即不变的共用要素和产品与可变的私人要素和产品。这可以用如下表达式反映:

$$AC = p(F + ax)$$

其中,AC 是平均成本,F 表示固定共用的要素投入或者固定共用的产品,ax 表示私人独用的要素投入或者产品,a 表示每个主体 x 对应可变的私人要素投入和产品的不变系数,p 表示单位投入要素或者产出的价格。显然,主体 x 的数量越多,每个主体所分摊的成本将会越少。为了强调知识共享的重要性,有必要将物质共享和知识共享区别开来简要进行更深入一层的解释和说明。从物品角度看,共享又可分为物质共享和知识共享,物质要素和产品的共享：基于一些物品的不可分割和非排他性，共用的要素和物品不受使用者数量的影响，较小的规模需要要素或者产品与较大规模的需要或产品相同。由于该成本平均分摊在增加的主体上，单个主体的平均成本随主体增加而下降（Cohen and Kietzmann，2014）。这种共享具体可以细分成三个方面。一是生产领域共享规模经济。这个生产领域实际上包括除消费以外的所有经济环节，在相同或者相近产业的企业之间、同一产业的企业之间以及同一产品的不同环节的企业之间，由于存在共享的生产性基础设施，比如机床或工业码头等，共同使用将减少各自的成本，这又被称为当地化规模经济。二是生活领域共享规模经济，是指共同使用一些物质基础设施，例如在古代，村落集聚的家庭使用一个水井，集聚人口越多，每人分摊的挖井和淘井的成本越低。三是生活与生产共同领域使用的一些物质基础设施，比如城市等综合集聚区的基本基础设施，水电煤气路等不仅生产需要，生活也需要。生产和生活共同分享这些公共基础设施，可以同时降低生产与生活成本，形成综合共享规模经济，这又被称为城市化规模经济。

知识要素与产品的共享：知识的永久性和无限复制性决定了知识的非竞争性和非排他性，也决定了知识具有更强的共享经济效应（Arrow，1972）。共用的知识要素和产品不受使用者数量影响，较小的规模需要要素或者产品与较大规模的需要或者产品相同，由于成本平均分摊在增加的主体上，单个主体的平均成本随主体增加而下降。这种共享具体可以细分成三个方面。一是共享生产领域的规模经济，包括在相同或者相近产业的企业之间、同一产业的企业之间以及同一产品的不同环节的企业之间，共同购买分享通用的专利产品，将减少分别购买使用的成本。二是共享生活领域的规模经济，比如在社区内共同欣赏一场音乐会或者共同分享社区图书馆里的图书，集聚人口越多，每人分摊的成本越低，图书的利用效率越高。三是共享型生活与生产活动中的规模经济效应尤为显著，尤其体现在那些兼具公共消费属性与生产要素功能的知识产品上。以城市基础教育为例，它不仅构成了适龄儿童消费的一部分，实质上也是提升外来劳动力人知资产的重要投入。在一定技术支撑下，教育服务的扩大化供给并不严格依赖于单位成本的同比例增加。因此，社区教育服务的规模配置，其规模大小并不直接与社区居民数量成比例变动，而随着社区人口的增长，每个人分摊的教育成本得以降低。

2. 互享经济是对内部固定要素的自身历史共享与外部多样化多享的结合

互享规模经济是指交互主体在分工的基础上，重复共享自身更专业的固定要素或产品，从而在扩大自身某类产出规模的同时，降低生产成本、提升生产效率，再通过交换而互享分享外部主体低成本的产品及服务,进而获得总体规模递增的报酬(Porter,1990)。互享即主体之间的多样地互享分享,实质是由主体内部的历史共享成本下降和效率提升产出增加的规模经济使得专业行为及产出的规模扩大。

互享涉及分工与交易,涉及更多次地利用不变的物质和知识要素及更多地进行专业知识生产和积累,从而带来成本节约和效率提升,即"熟能生巧"的规模经济的相互分享。分工交易涉及交易和协调,交易与协调需要成本,分工交易的收益与成本的权衡将决定是否分工交易,即决定是否共享及其程度如何。知识特性决定知识要素可以被主体自身持久反复地使用。假定有 n 个企业,生产 n 种产品,每种产品有 n 个环节。假设之前分别由每个企业自己完成,则每个企业的固定投入为 F,劳动产出系数为 a,现在每个企业生产一个环节,即:

$$AC_j = p(F_j + a_j x_j)$$

其中,AC_j 是分工后单个企业的平均成本,F_j 表示分工后固定共用的要素投入或者固定共用的产品,$a_j x_j$ 表示私人独用的要素投入或者产品,a_j 表示每个主体 x 对应可变的私人要素投入和产品的可变系数,专业化程度决定 a 的大小,专业化程度越高,劳动者工作集中度和重复程度越大,劳动效率越高,生产一个产品所需要的劳动就越少,p 表示单位投入要素或者产出的价格。显然,主体 x 的数量越多和 a 变大(即越专业和重复次数越多)的情况下,每个主体所分摊的成本将会越少。其中,知识积累起到叠加的作用。而在相互交换的情况下,要么降低了多要素投入,要么降低了多产品的成本。其中,固定资产投入 $F_j < F$,劳动产出系数 $a_j > a$,$x > x_j$。

$$nAC_j < nAC$$

假设交易成本为零的情况下,分工后的每个产品的平均成本一定小于分工前的成本。

物质要素与产品的互享:在生产领域,企业在产业之间、产业内部、产品环节的分工和交换,由于物质基础设施投入反复共享降低了成本,"熟能生巧"的人知资产积累可以提高效率即减少单位劳动投入,将使得企业成本随着产量的增加而下降,从而获得规模经济(Krugman,1991)。与此同时,通过交换,作为中间产品将降低使用者的成本价格,作为最终产品也将降低购买价格;在消费领域,通过家庭之间最终物质产品的交互,每个家庭都能得到比没有交换前更多的类型产品,基于多样化偏好,消费者将获得更多的效用;在综合领域,更多样化的物质要素或产品的供给和更多样化的需求,可以实现在生产者的供求之间、消费者的供求之间以及生产与消费者的供求之间的匹配,从而提升资源与产品的配置效率,形成规模经济(Grossman and Helpman,1993)。这种互享除了通过市场的外部互享规模经济发生外,还有通过非市场共享的外部性规模经济发生。比如,路边一家住户栽种一院鲜花,除了自己得到赏心悦目的效用,路过小院的行人也免费获得了赏心悦目的效用。

知识要素与产品的互享:在生产领域,除了由于知识存量的投入的反复共享降低成本,"熟能生巧"的人知资产积累以及相互交换获得规模经济外,企业之间的交互还存在知识的溢出和学习效应,从而进一步提升生产效率(Helpman and Krgman,1987);在消费领域,除了家庭之间通过最终知识产品的互享产生报酬递增效用外,家庭的相互学习也能进一步提升规模效用;在综合领域,更多样化的知识要素或产品供给和更多样化的需求,提升了供求的匹配,从而形成规模经济。多样化的知识要素与产品,尤其是交互,将形成规模报酬递增的产出和效用。这种交互除了通过市场的外部互享规模经济发生外,还可以通过非市场共享的外部性规模经济发生,比如在主体过程中的知识溢出。

3. 分享经济是指资源匹配效应

分享规模经济是指多个主体之间能够因为资源、要素、工序相互匹配而降低相互之间的搜索成本,进而带来规模经济和规模力量。例如,随着劳动力和企业规模的增加,企业更容易找到最适合企业需求的劳动力,劳动力更容易找到最适合劳动力需求的企业,从而同时降低劳动力和企业搜索成本(Shimer,2005)。同样,在生产领域和在消费领域内,只要存在交互需要,就存在相互之间的最优匹配问题,随着规模的增加,由于相互搜索成本下降,相互匹配的分享成本也会逐步下降。

4. 多享经济是多样化规模效应

多样化规模经济分为两类,第一类是多样化的交互主体因为共享相同非排他性固定要素,从而降低分摊成本而获得的规模报酬递增的收益,实质是市场主体之间的范围经济。企业规模达到一定阶段,利用现有设备、渠道,增加一些产品种类,并没有显著增加成本,从而使得产品平均成本降低。这是企业进行业务相关多元化的理论基础(Teece,1980)。便利店既卖食品饮料,也卖盒饭快餐,还卖充值卡,下雨会卖雨伞,这就是典型的范围经济案例。只要把两种或更多的产品合并在一起生产比分开来生产的成本要低,就会存在范围经济。第一类多样化产品和服务的表达与共享规模经济的表达相似:

$$AC = p(F + axX)$$

其中,p 表示单位投入要素或者产品的价格,F 是所有多样化产品所使用的固定成本。a 是专业化程度。x 是每类产品的数量,X 是产品种类数量。显然,在每类产品数量不变的情况下,X 种类增加每个产品的平均成本 AC 而变小。

第二类是倍增效应,是指多样化的要素或产品使得收益和效用规模报酬递增。简单地说,就是相同数量或价值的异质要素投入和产品服务消费所产生的产出和效用,要大于同质要素投入的收益和产品及服务的效用(Panzar,1977)。相对于多样化的物质要素和产品,知识要素和产品的对创新、学习和重复的规模报酬递增更加明显。网络效应中的网络价值跟网络上节点数量的平方成正比。这就是多个异质的要素和产品的使用,所得到的生产产出和消费效用大于同质要素和产品的结果。

物质要素或产品的多样化可以带来规模经济:在生产领域,在企业内,一方面,多样化要素投入有可能带来协同效应和报酬递增的内部规模经济;另一方面,企业使用相同的固定投入,可以低成本地生产多个产品。在企业之间,同样的专业基础设施,可以支持发展多样化的产业和产业环节,多样化规模可以提升相互间的供需匹配程度(Leiben-stein,1966)。在生活领域,在家庭内外,多样化的产品消费可以获得规模报酬递增的效用,同样,多样化的家庭规模增长对某一产品及服务规模增加而成本在下降。在综合领域,如果劳动力和供应商市场是大的和多样化的,那么雇主和雇员之间,或者公司和中间供应商之间将会得到更好的匹配。更好的劳动力匹配通过增加工作年限、降低培训成本和降低不匹配的概率来降低成本。优化的中介供应商匹配机制确保了最优投入资源的获取,同时显著减少了因供应商不确定性引发的成本,企业能够便捷地寻找到替代供应商以应对潜在风险。

此外,这一过程伴随着搜索成本的有效缩减,这缘于两个关键因素:一是高概率实现精准匹配,二是潜在优质匹配机会的显著增多。具体而言,在一个理发服务高度多样化的城市环境中,消费者搜索成本的降低尤为明显。这是由于市场上存在多种服务提供商,每家都可能提供契合消费者个性化偏好的服务,从而增加了消费者找到理想匹配的机会。相反,在只有单一理发店的小城镇场景下,由于缺乏竞争,该理发店实质上形成了局部垄断,消费者的选择范围受限,不得不接受该垄断者提供的服务条件,可能并非最佳匹配,这无疑加剧了消费者的搜索成本负担。

知识要素和产品带来的规模经济比物质要素和产品更加明显。在生产领域,无论是在企业内部还是在企业之间,都使用一些自身专有而通用的技术等生产多样的产品;例如,夏普公司的液晶显示技术,使其可以在笔记本电脑、袖珍计算器、大屏幕电视显像技术等许多领域都比较容易获得一席之地。尤为重要的是,使用多样化的知识或人类资本,通过知识之间的交互生产,能够产生更加多样化的知识产出即创新产品,也可实现更多样化的学习效果,多个具有不同思想的人交流可以产生人数平方的不同产品;在生活领域,多样化的知识产品和服务的消费同样可以形成规模报酬递增的复合效用(Kogut and Zander,1992)。由于知识的没有折旧的永续性,多样化的家庭规模增长对某一知识产品及服务规模增加而成本在持续下降;在综合领域,城市内外,多样化的知识要素或产品同时产生规模报酬递增的产出和效用。同时,在多样化的城市里,多样化的知识要素或者产品能够得到更好的匹配,包括企业与企业之间中间知识产品的供需匹配,不同技能劳动力与企业及家庭之间的供需匹配,以及消费者与最终知识产品生产者的供需匹配。高度专业化技能的双职工家庭倾向于在拥有多样化职位需求的大都市区安家。

上述分析已经发现:共享、互享、分享和多享的规模经济,在许多情况下是相互包含或者同义反复的。比如,共享是对固定要素的多主体共享,互享是对固定要素的自身历史共享,多样化又是多种产品生产共享某些相同投入。

表3.1显示,横向的每一种类型的规模效应,实际上都是纵向的四个规模效应的叠加。虽然在不同情况下,交互常常仅突出表现一个或者两个类型的规模经济,但实际上,每一个交互行为都存在以上所说的各种类型的规模经济,只是由于不同时间、不同空间和不同类型的规模经济在不同交互中的作用不同,各类规模经济表现有所差异。所有这些复杂叠加的规模经济在人类生产中都已经孕育和萌芽,随着人类的发展越来越充分地展示出来。

例如,聚集规模效应实际包含着聚集的共享、互享、分享和多样化效应。产业集群是生产中的共享与互享的叠加。生活集群是消费中的共享与互享的叠加,贸易集群是交换中的共享与互享的叠加。网络经济中的长尾经济是多样化范围规模经济与专业化互享规模经济的叠加形成的。随着产品品类的增加,每种产品的需求和产量都会减少,但所有小众需求聚集成大规模,在范围经济的每一个品类上,都实现了自身的规模经济,使得范围经济达到极致,即实现了长尾经济。长尾经济的前提是接近于零的渠道、流通和营销成本。突出表现是多重叠加的规模经济,是知识要素和产品:知识要素带来内部规模经济报酬(平均成本下降),多样化的知识带来规模报酬递增(产出增加),多样化知识要素被多主体共享和互享进而产生规模经济，多种知识产品及服务被消费产生规模报酬递增的效用。

3.2-2　内外规模能动力

物理学上，由相互作用的物体之间的相对位置，或由物体内部各部分之间的相对位置所确定的能叫作"势能"，是储存于一个系统内的能量，也可以释放或者转化为其他形式的能量，势能是势场或势力的积累。应用到经济学上，经济主体（包括经济空间）之间要素分布不均衡形成势场和势能，决定经济主体之间的交往，进而形成规模效应和规模经济。我们将这些交互力量称为内外规模力量或内外规模经济。

基于经济主体交互关系的不同，内外规模效应分为合作规模效应和竞争规模效应。合作规模效应即比较利益、比较优势和合作力量。比较利益是主体之间通过充分利用各自差异要素所构成的优势以及力量并进行充分合作，而获得的超过不合作以及不充分合作所获得的规模利益。比较利益和比较优势最初的含义是：两国之间的生产效率差异并非均匀分布在所有商品生产上。具有全面的生产效率优势（即绝对优势）的国家，则应专注于生产其效率优势最为显著的产品；而在所有商品生产上相对不具优势的国家，也应致力于生产其相对效率损失最小的领域。通过分工与贸易，各国能够根据自身的比较优势进行专业化生产和商品交换，这不仅减少了双方的劳动耗费，还各自收获了额外的经济利益，整体经济福利得以提升，这在一定意义上也是规模经济。

竞争规模效应即竞争利益、竞争优势和竞争力量。竞争利益表现为竞争驱动竞争主体对规模经济最大化释放，竞争程度决定规模经济释放程度和协同成本下降程度，这在一定意义上也是规模经济。从空间意义上说，竞合存在着距离衰减，包括合作的距离衰减和竞争的距离衰减。空间接近可以有利和强化竞争程度，距离与竞争强度成反比，因而与竞争收益成反比，与竞争成本成正比。即使不存在运输成本，虚拟场景下的竞争都不如面对面的竞争更激烈。

针对竞合规模效应，一些经济学家进行了深入探索。亚当·斯密提出了绝对优势的概念，在此基础上，比较利益或比较优势理论从来源的角度进行阐释。比较优势自产生以来不断获得发展，经历了从绝对优势的基础上的技术差异来源说（Ricardo，1817）①到要

---

① 　中译本参见李嘉图：《政治经济学及赋税原理》，商务印书馆 1962 年版。

素禀赋差异(Ohlin，1931)[①]的外生比较优势，再到规模经济与产品差异(Krugman，1985)[②]、递增内部规模经济(Westbrook and Tybout，1993)、分工与专业化(Yang and Borland，1991)、制度(Dollar and Wolff，1993)、开放与演化(Fisher，1995)、政府(Clarida and Findlay，1992)、结构演化(林毅夫，2012)等不断拓展的内生比较优势的发展。与此同时，还有不少学者提出垄断优势(Hymer，1960)、竞争优势(Porter，1990)、后发劣势等概念。但是，在此之前还没有文献对这些优势进行梳理、整合和统一。

不仅如此，传统的竞合规模效应理论还存在局限性。例如，对市场结构的处理过于简化，仅关注完全垄断而忽略了不完全竞争市场的复杂性。无论是比较优势还是竞争优势，反映的都是"有你无我"的完全垄断优势，但从产出的角度看，交互者以比较优势或者绝对优势进行完全的专业化生产即一个产品只有一个交互者的理论与现实不符，无法解释非完全专业化的现实。在评估竞争优势的过程中，存在一种倾向性偏差，即过分强调正面优势而相对低估了劣势因素的影响力。这种偏颇不仅限于对外生比较优势的考量，其中潜在的"资源诅咒"实际上揭示了外生比较劣势的另一面。与此同时，内生比较优势，特别是那些由创新催生的垄断地位，展现了一种双重性质——既是战略优势的源泉，也可能转化为限制竞争、抑制进步的劣势。先行者在市场中的地位同样映射出这种矛盾性，他们享受先动优势的同时，也不可避免地面临后进者的追赶压力和竞争劣势。传统的动态比较优势只考虑自身优势的累积，没有考虑对手优势的变化。尤为重要的是，传统理论在探讨比较优势时，往往只着眼于生产要素的静态配置，却忽略了市场主体的动态行为及其需求偏好、预期收益对竞争优势转化过程的决定性作用。实际上，交互规模经济不仅涵盖了由生产要素动能产生的潜在优势和劣势，更包括这些潜在优劣势如何通过主体决策转化为实际效益的过程。这个转化过程中蕴含着不确定性与变异性，从而决定了竞争地位与比较优势的不稳定性——即优势和劣势可以相互转换，不存在永恒不变的好坏之分，使得未来一切皆有可能。

为了对交互规模效应进行全面和准确的分析，统一发展经济学首先将其分为合作规模效应和竞争规模效应，然后分别从行为的角度对各种交互规模效应进行梳理。同时，对之前文献中从各个角度讨论的交互规模效应与新的分类进行匹配(见表3.2)。

[①] 中译本参见俄林:《地区间贸易与国际贸易》，首都经济贸易大学出版社2001年版。

[②] 中译本参见克鲁格曼:《发展、地理学与经济理论》，北京大学出版社2000年版。

表 3.2　多种交互规模效应的关系

行为		力量	市场结构	力量		状态		主体	
				内生	外生	动态	静态	先发	后发
比较规模经济	抽象	创新比较优势	完全垄断					复杂创新	简单创新
		创新比较劣势	完全垄断					简单创新	复杂创新
		学习比较优势	完全垄断					复杂学习	简单学习
		学习比较劣势	完全垄断					简单学习	复杂学习
	具象	生产比较优势	完全垄断						
		生产比较劣势	完全垄断						
		消费比较优势	完全垄断						
		消费比较劣势	完全垄断						
		交换比较优势	完全垄断						
		交换比较劣势	完全垄断						
竞争规模经济	抽象	创新竞争优势	多种结构						
		创新竞争劣势	多种结构						
		学习竞争优势	多种结构						
		学习竞争劣势	多种结构						
	具象	生产竞争优势	多种结构						
		生产竞争劣势	多种结构						
		消费竞争优势	多种结构						
		消费竞争劣势	多种结构						
		服务竞争优势	多种结构						
		服务竞争劣势	多种结构						

1. 比较规模经济

比较规模效应是由于比较优势和合作力量作用产生比较利益。既有研究主要强调比较优势和比较利益,但统一发展经济学认为,比较优势即要素形成的潜在比较优势很难形成现实的收益,只有结合主体动力才能最终形成现实比较收益。尽管规模效应包含了优势、力量和利益分析,其出发点是识别并利用比较优势,但其目标仍是最大化经济利益。有鉴于此,可以对之前的各种视角下的比较优势进行梳理,并进行适当的力量补充分析。

基于变动性比较优势可以分为静态比较优势和动态比较优势。静态比较优势是通

133

过现有要素形成的某一行为或者创新生产某一产品的优势（Ricardo，1817）①，决定其关键的是不易流动的物质资本分布（Samuelson，1970）②。该理论在分析要素比例与产业结构的关联时采取了一种静态视角，忽略了时间维度下经济结构的动态演化。动态比较优势是通过要素积累形成的某一行为或者创新生产某一产品的优势。比较优势并非固定不变，而是能够随经济发展和策略性行为而内生演进（Krugman，1987），例如不断增加的自身投资、外部环境的变化（Lucas，1993）等。决定动态比较优势的关键是移动困难的知识要素。研究要素比例与产业结构的动态演化关系变化的动态比较优势理论是动态的。

动态比较优势理论是指比较优势可以通过专业化学习、投资创新以及经验积累等后天因素人为地创造出来，强调的是规模报酬递增、不完全竞争、技术创新和经验积累的理论。确定动态比较优势的三条途径：一是直接投资于没有静态比较优势但相对有前景的行业，通过学习然后形成比较优势（Stokey，1991）。二是直接投资于没有任何比较优势也没有别人模仿的行业，然后形成内生比较优势（杨小凯，2003）。三是直接投资于静态比较优势部门，通过投资和学习，逐步形成动态比较优势，但有可能进入"比较优势陷阱"（Redding，1999）。这三条发展路径的成效决定于主体需求偏好、预期收益和内生动能，即创新、学习和重复的能力。很多经济体和人发展的成败，取决于此。如果具有强烈的需求偏好则容易创新，在创新领域具有比较优势、比较力量，进而拥有比较利益。

基于优势形成的事前与事后，比较优势可以分为外生比较优势和内生比较优势。外生比较优势是指通过先天存在的劳动力和资源禀赋等方面具有的相对优势（Posner，1961；Vernon，1961）。内生比较优势是指通过后天差异化的积累而逐渐凸显的优势（包括技术创新、规模经济）。物质资本积累、人力资本积累及知识资本积累都可以成为内生比较优势的来源（Grossman and Helpman，1989；杨小凯、黄有光，1999）。外生比较优势可以转化为内生比较优势。而无论是外生优势还是内生优势，都在存在比较优势的同时也存在比较劣势的危险，比如，资源丰富的同时可能导致资源诅咒。因为潜在比较优势变成现实比较优势，关键是要素动能要与需求偏好和预期收益相结合，以便形成能动力。如果资源丰富带来了主体下降需求偏好和预期收益，不但潜在比较优势不

① 中译本参见李嘉图：《政治经济学及赋税原理》，商务印书馆1962年版。
② 中译本参见萨缪尔森：《经济学（第十六版）》，华夏出版社1999年版。

能转变为现实比较优势进而成为比较利益,丰富的资源也可能变成劣势。内生比较优势也是如此。

基于进入秩序,比较优势可以分为先发比较优劣势和后发比较优劣势。先发比较优势是指先发者在一些领域具有比较优势;主要在创新和复杂学习存在比较优势(Markusen,1990),但在简单学习和重复方面存在劣势。就制度与技术而言,创新者在制度上的创新更有优势。后发比较优势是指后发市场主体在一些领域具有比较优势(Gerschenkron,1962)。后发者主要在学习和简单创新方面存在比较优势,但在创新和复杂学习存在劣势。就制度与技术而言,后发者在技术学习方面存在优势,而在制度学习方面存在劣势。沃森的"后发劣势"理论认为,落后国家模仿发达国家的技术相对容易,倾向于模仿发达国家的技术,可在短期内经济获得快速的增长。

基于市场结构,比较优势可以分为完全垄断和不完全垄断比较优势。完全垄断比较优势是指在要素行为产出的"你无我有"的唯一而导致市场被完全占有,"一招鲜,吃遍天"(Hymer,1960)。具体也可分为外生与内生、静态与动态。外生完全垄断比较优势是先天就存在的优势,比如在全球和区域范围独一无二的有用的自然资源、自然景观、交互区位。利用这些条件可以提供全球唯一的产品和服务(Dunning,1977)。内生完全垄断比较优势是后天形成的全球唯一支撑全球唯一活动形成全球唯一产品和服务的环境和条件(Kojima,1973)。创新比较优势属于内生垄断比较优势,例如,通过创新形成全球独一无二的新科学、新技术、新工艺、新方法等,其中创新活动是重要的内容(Cantwell,1989)。不完全垄断比较优势是指要素、行为及产出方面存在一定程度的可替代性。不完全垄断比较优势也可以分为静态和动态、外生和内生的。学习比较优势是垄断竞争比较优势。

基于行为主体,比较优势可以分为个人之间的比较优势、企业之间的比较优势、地区之间的比较优势。基于地区的空间范围,在同一地域单元内及跨地域单元均存在不同尺度的空间比较优势(Scott,1988)。当行为主体参与更大市场范围内的交互时,相邻或相近主体的比较优势能够通过市场机制实现相互渗透与共享效应。因此,将那些存在于一个城市区域但可以为周边更广范围内区域分享的比较优势,称为广义比较优势。例如,东莞能够借鉴并利用邻近城市广州与深圳在加工制造业中已建立的技术相对比较优势,实现生产过程的专业化与同质化,进而向全球多个城市市场输出这些标准化技术含量的产品。

基于要素性质,比较优势可以分为物质要素比较优势、知识要素比较优势。一个和多个要素都可能带来专业行为的比较优势,决定优势的"状态"变量往往是那些不动的"因素",包括知识、劳动力和制度(Leontief,1953;Porter,1990)。物质要素比较优势和知识要素比较优势都可以分为静态比较优势和动态比较优势。

统一发展经济学尝试从行为的角度,将合作交互规模效应划分为抽象合作交互规模效应与具象合作交互规模效应。

抽象合作交互规模效应是指市场主体在合作过程中,基于抽象比较优势、抽象合作力量,选择抽象行为而获得抽象比较利益。抽象比较优势是指家庭、企业和政府等供需经济主体在不同行为维度(创新、学习、重复)存在的不同替代弹性下所展现出的相对效率优势。它们具体可以分为三类。

创新比较优势是指行为主体在创新行为中具有更为有利的条件,拥有更低的机会成本。它包括创新能力比较优势(包括创新动机、创新偏好和创新技能)和创新条件比较优势(包括物质条件和知识条件)(Ohlin,1931[1];Nelson,1993)。创新比较优势也有静态与动态之分,静态创新比较优势是指不变的创新比较优势,动态创新比较优势是变化的创新比较优势;也分为外生创新比较优势和内生创新比较优势,外生创新比较优势是指外部创新条件带来的创新比较优势,内生比较优势是指内部创新条件积累带来的创新比较优势。创新比较优势属于垄断比较优势。创新比较劣势则是指主体在创新方面处在不利的形势,拥有更高的机会成本。通常情况下,创新活动具有收益潜力大但风险高、初始投资与持续投入成本高的特点,并且创新过程往往伴随着较长的时间滞后效应。

学习比较优势是指主体在学习行为中具有更为有利的条件和更低的机会成本。它包括学习能力比较优势(包括学习动机和偏好、学习专业技能)和学习条件比较优势(包括外生物质条件、一定的知识条件)(Becker,1964;Sorenson,2006)。如果一个国家拥有了学习如何制作电脑芯片的能力,但假设这个国家的学习能力低于其他国家,那么这个国家还是会在国际竞赛中落后。学习比较优势也有静态与动态之分。静态学习比较优势是指不变的学习比较优势。动态学习比较优势是变化的学习比较优势。学习比较优势也有外生和内生之分。外生学习比较优势是指外部学习条件带来的学习比较优势,内生学习比较优势是指内部学习条件积累带来的学习比较优势。学习比较优势可以视为一种动态垄断优势,体现在快速适应变化、有效吸收新技术新知识并转化为生产

---

① 中译本参见俄林:《地区间贸易与国际贸易》,首都经济贸易大学出版社 2001 年版。

力的能力上,即动态抽象比较优势。学习比较劣势则是指主体在学习方面处在不利的形势,拥有更高的机会成本。通常情况下,学习活动的收益具有中长期性特点,其成本投入适中,且学习效果提升的速度亦表现为中等,但这种特性会因具体领域、资源分配以及主体的学习策略不同而有所差异。

重复比较优势是指行为主体在选择重复某个行为上处在更有利的形势,拥有更低的机会成本。它包括重复能力比较优势(包括重复动机和偏好,重复专业技能)和重复条件比较优势,即拥有一定的外生物质条件和一定的内生知识条件(Lewis,1954;Krugman,1987)。重复比较优势也有内生与外生、静态与动态之分。它是不完全垄断优势,也表现为市场主体在重复生产、操作的过程中形成的动态具象比较优势。重复比较劣势则是指主体在重复方面处在不利的形势,拥有更高的机会成本。通常情况下,重复行为可能带来的边际收益递减,呈现出短期收益较低的特征;由于规模效应或者经验曲线的影响,重复行为的成本随着次数增加而降低,体现出边际成本递减的趋势;通过反复实践与优化,主体在重复过程中的执行速度较高并持续加快。

创新比较优势、学习比较优势和重复比较优势是可以相互转化的。利用重复比较优势进行不断重复,有可能改变行为的外部条件和内部条件,在具体领域拥有学习比较优势,进而培育创新比较优势。例如,韩国利用学习比较优势,通过"学中创",实现了模仿、模仿创新、原始创新的过程。韩国在其经济转型初期并没有生产半导体的比较优势,它的静态比较优势是生产大米,如果依照其静态比较优势去发展,那么它可能会成为世界上最好的大米种植国之一。通过学习不仅能够在此领域具有比较优势,而且可能在其他相关领域建立比较优势。学习者能否成为创新者的关键取决于后发者的需求偏好和目标收益,以及形成的比较创新力量。

具象合作规模效应是指市场主体在合作过程中,基于具象比较优势、具象合作力量,选择具象行为,而获得具象比较利益(Weber,1909)[①]。具象比较优势是家庭、企业和政府在替代弹性相同的企业生产、交换与服务,家庭物质的消费与投资和人口的生产与投资,政府公共基础设施、公共服务和制度文化的供给等经济行为上的优势;优势源于各主体在同质替代弹性条件下的资源分配与使用效率差异,进而影响其在合作过程中的收益能力。

具象合作规模效应分为具象合作绝对规模效应和具象合作比较规模效应。具象合

---

① 中译本参见阿尔弗雷德·韦伯:《工业区位论》,商务印书馆1997年版。

作绝对规模效应是指若各个经济都从事自己占绝对优势的产品的生产,继而进行交换,那么双方都可以通过交换得到绝对的利益,从而整体也可以获得分工的好处。具象合作相对规模效应是指市场主体在合作过程中,不存在绝对规模效应,但都有相对比较优势。"两利相权取其重",各主体基于具象比较优势、具象合作力量,选择特定的具象行为,生产特定的具体产品,然后与其他经济主体进行交换,而获得具体的比较利益,通过合作实现的产品生产和交换所带来的额外报酬即规模经济。具象合作规模效应又可分为:外生比较优势[李嘉图的比较优势是外生假定的(杨小凯,2003)]和内生比较优势(斯密的绝对优势其实才是内生的比较优势),静态比较优势和动态比较优势。具体合作行为按照具体行为领域又可以分为生产、交换与消费等行为。所以,比较优势与绝对优势又可以再分成生产领域、消费领域和交换领域的绝对优势或者比较优势。具象比较优势属于完全垄断优势。

在内外条件和环境发生变化的情况下,绝对优势与比较优势、优势与劣势,都可能相互转化。外部竞争减弱或消失,可能导致市场需求偏好结构发生改变,并进一步影响到市场主体对未来的预期收益评估。在这种情况下,原本的绝对优势可能随着市场需求及竞争格局的变化转化为相对的比较优势;同时,原有的比较优势也有可能因为丧失持续创新动力、市场需求适应性降低等因素,演变为比较劣势(Dixit,1977)。

2. 竞争规模经济

竞争规模效应是指在竞争过程中,每个主体拥有的优势及其程度。竞争规模优势从不同角度也可以有不同的划分,包括绝对优势和相对优势之分。这里的绝对优势是指完全垄断整个市场,相对优势是指相对份额更大地占据市场。绝对劣势是完全失去整个市场,相对劣势是市场份额相对更小。

基于垄断程度,竞争优势可以分为绝对竞争优势和相对竞争优势。绝对竞争优势是指在具体产业、具体产品、具体环节,比其他环节的行为及产出的机会成本绝对低,从而完全垄断市场。绝对竞争优势可以分为静态和动态、外生和内生的完全垄断竞争优势。相对竞争优势是指在具体产业、具体产品、具体环节比其他环节的行为及产出的机会成本相对低,从而不完全垄断市场(Porter,1990;Dunning,2008)。相对竞争优势也可以分为静态和动态、外生和内生的完全竞争的不完全竞争优势。

基于要素来源,竞争优势可以分为综合竞争优势和个项竞争优势。综合竞争优势是指主体的竞争地位由多元化的决定性因素共同作用所塑造。这些因素中既有那些为该主体带来优势的元素,也包含对其构成劣势的影响因子。整体上,它们相互交织并综合决定了产出水平相对于竞争对手处于净优势或净劣势状态（Markusen，1995；Melitz，2003）。单一竞争优势是指多个竞争收益的来源要素，只有一个关键变量表现出显著差异，则这个具有差异化特征的因素就成为决定主体优劣势的核心指标。这个优劣势决定的净成本与外部的交易成本共同决定了市场规模的大小，包括完全规模、部分规模和较小规模。

基于进入秩序，竞争优势可以分为先发竞争优势、后发竞争优势、先发竞争劣势和后发竞争劣势。先发竞争优势是指在竞争中处在领先地位的竞争者所可能拥有的一些优势，包括对创新性的产品居垄断地位，即领先技术和产品带来的持久的竞争优势。先发竞争劣势是指在竞争中处在领先地位的竞争者所可能拥有的一些劣势。比如，先行先试高风险和不确定性环境，领先形成垄断导致竞争及动力减弱。后发竞争优势是指在竞争中处于落后者所可能拥有的一些优势，包括由于较晚进入行业而获得的"搭便车"行为所带来的低成本和低风险优势（Caves，1977；Klepper，1966）。后发竞争劣势是在竞争中处于落后者所可能拥有的一些劣势，包括发展门槛提升及发展条件的丧失。

基于变化形态，竞争优势可以分为静态竞争优势（即持续不变的竞争优势）与动态竞争优势（即不断演化的竞争优势）。比如，行为主体内部的管理效率提高或者下降，可能使其在同一产品上的市场占有率上升或下降（Barney，1991）。

事实上，任何竞争规模优势或劣势本质上都是潜在的，并且优势与劣势通常并存于同一经济主体的不同维度。决定潜在优势转化为现实优势或劣势的关键因素包括三种：一是主体的需求偏好和预期收益，以及要素动能对需求偏好和预期收益的影响。如果领先者因为创新潜在优势而改变削弱了创新偏好，可能导致创新动力下降。二是垄断程度。如果长期处在领先地位并垄断了市场，而失去了外部竞争压力，创新意愿也可能下降。三是竞争对手。领先者能否实现持续的领先，涉及领先者与跟随者的竞争，不仅要看自身领先持续的进步，而且要看追赶者的进步情况。

统一发展经济学尝试从行为的角度，将竞争规模效应分为抽象竞争规模效应与具象竞争规模效应。

抽象竞争规模效应可以分为创新竞争规模效应和学习竞争规模效应。从竞争优势的角度考虑，创新竞争优势是针对同一个产品创新的竞争，每个创新者所具有的优势。如果是完全垄断的市场，则进入者拥有绝对优势，被拒入者拥有绝对劣势，无法垄断市场（Fudenberg and Tirole，1985）。如果是不完全垄断市场，则各个进入者都拥有相对优势或者相对劣势。同样，学习竞争优势是针对同一个产品模仿的竞争，每个模仿者所具有的优势。模仿产品一般为不完全垄断市场,则各个进入者都拥有相对优势或者相对劣势(Aghion and Howitt,1992)。

具象竞争规模效应可以分为生产竞争规模效应、交换竞争规模效应和消费竞争规模效应。从竞争优势的角度考虑,具象竞争优势是针对同一个产品生产、消费或交换的竞争,每个生产、消费或交换的竞争者所具有的优势。具体也分为绝对竞争优势和相对竞争优势。如果是完全垄断的市场结构,则产品生产者拥有绝对竞争优势,占有全部市场(Barney,1991)。然而,在实际经济体系内,大多数产品的替代弹性通常大于零,意味着即使对于那些替代弹性较高的商品而言,单一生产者对市场的全面垄断并非常态;相反,多个生产者共同分割市场并各自占据不同份额的现象较为普遍。以两个城市为例,它们相对于其他地区在纽扣生产上可能均具有比较优势,但这一优势在两城之间是相等的。同时,鉴于两城市都需要依赖基础设施服务来支撑其生产活动,而基础设施的成本和质量差异将影响单位纽扣产品的成本构成。

若假设这两座城市的纽扣生产成本差异显著高于两地间的产品运输成本,则拥有较低成本优势的城市有可能逐步占领全部市场,导致另一城市的纽扣生产企业因竞争力不足而面临淘汰风险(Dixit and Stiglitz,1977)。现实中各主体之间、各区域之间大都会生产某些进口产品的替代产品,而没有完全专业化。如果多个经济主体在生产同一产品上的绝对优势和相对优势相同,收益和成本或者相同,或者有所不同。基于运输成本的原因,几个生产者瓜分市场,则处在竞争中的各个生产者在同一商品市场的优势即相对竞争优势。这也是倾向于竞争所得的竞争优势,即它能够比处于同一产品市场的边际(收支相抵)竞争者创造更多的经济价值,这里的经济价值则是标准的经济学概念,即在提供产品或服务过程中购买者获得的感知收益与企业的经济成本之间的差额,也就是消费者剩余和生产者剩余之和(Bani and Clark,2007)[①]。

3.2-3 内部规模能动力

个体和主体自身及与相同物质之间的反复多次交互也可以产生报酬递增的经济效果,具体包括两种。

(1)物质资产内部规模效应,即一个经济主体反复使用物质资产固定资产可以获得规模经济或规模效应。一旦涉及固定成本的要素被初始投入,后续每次使用这些固定

---

① 中译本参见巴尼、克拉克:《资源基础理论:创建并保持竞争优势》,上海人民出版社 2011 年版。

要素时,其沉没成本便能更广泛地摊薄至新增产出上,使得单位产品中固定成本的分摊逐渐减少,直至资源完全耗竭。从动态视角审视,这一过程体现了经济主体对其资本存量在不同时间周期内的有效配置与共享,实现了资本利用效率的最优化。尽管存在着人物交互规模经济的可能性,但是,是否产生规模经济以及规模经济的大小还取决于主体偏好和预期收益及其与要素动能的相互作用。

(2)知识资产内部规模效应,即一个经济主体反复使用知识资产固定资产而获得的规模效应和规模收益。由于知识资产获得后具有一劳永逸性,不会因为使用而损耗和消失(当然可能因为新同类知识的产生而贬值),重复的次数越多,创造的新知识就越多,单位知识资产的成本越低,知识资产永远无法完全转移到新产出上。尽管存在着知识规模经济的可能性,但是,是否产生规模经济以及规模经济的大小还要取决于主体偏好和预期收益及其与要素动能的相互作用。

需要指出的是,分工与交换同时涉及外部规模经济、内外规模经济和内部规模经济,分工可以获得内部规模效应,交换可以获得外部规模效应,分工交换可以获得内外规模效应。亚当·斯密是规模经济理论的创始人。亚当·斯密(Smith, 1789)[1]指出:"劳动生产上最大的增进,以及运用劳动时所表现的更大的熟练、技巧和判断力,似乎都是分工的结果。"分工与交换包括了互享规模经济,包括需求多享、内部规模经济以及人知资产积累。但是,互享规模经济没有完全包括分工,因为分工还要涉及比较利益。从利益的角度看,分工同时获得三种经济:通过共享过去的固定要素或知识投入获得的规模经济;通过积累专业化的人知资产,通过扩大市场规模改变市场结构,获得分享经济。而从力量的角度看,分工可以分为三个协同力。分工协同表现为产业链分割和联系的细节和空间:人人全工(零协同:孤立活动)、产业分工(交互活动,空间范围)、环节分工(交互活动,空间范围)、人人分工(全协同:完全竞合,空间范围),分工协同发展程度决定于具体分工的收益与成本权衡,也决定于动力和阻力的平衡。

3.2-4 交互规模阻力

生产与消费、创新与学习的竞争与合作交互,在获得收益的同时也要付出成本。比如,竞争在带来前述收益的同时,也将发生一定的成本;再比如,创造性破坏。而不正当竞争更是带来"两败俱伤"的负和博弈。合作与交易在获得比较利益和规模利益的同

---

[1] 中译本参见斯密:《国民财富的性质和原因的研究(上册)》,商务印书馆 1979 年版。

时,也将发生成本。综合相关文献,基于空间和部门的交互可以分为交易成本和空间成本。基于内部与外部的交互,交易成本和空间成本又可以分成内外交易成本和内外空间成本。交互成本是构成交互阻力的重要要素,受预期成本的大小影响,形成交互行为的阻力,进而影响交互的行为选择,即要素动能交互投入,最终影响产出的部门、空间和时间的分布。

1. 部门交互成本带来交互的阻力

交易成本就是指当交易行为发生时,所随同产生的信息搜索、条件谈判与交易实施等的各项成本。威廉姆森(Williamson,1975)认为,交易成本问题可归结为合同问题,基于有限理性、投机倾向行为、资产专用性等行为假设,构筑交易行为基本理论框架;威廉姆森(Williamson,1989)进一步将交易成本加以整理区分为事前与事后两大类。事前的交易成本包括签约、谈判、保障契约等成本。事后的交易成本包括契约不能适应所导致的成本。资产专用性越高、交易内容和品质越复杂,交易成本越高。从企业的角度看,交易成本可以分为内部组织交易成本和外部市场交易成本。科斯(Coase,1937)认为交易成本决定了交易方式的选择。组织交易成本高时,行为者选择市场交易;市场成本高时,行为者选择组织交易。

外部合作或交易成本通过外部市场等途径实现交易或合作所支付的成本。其从流程上可分为:搜索成本,即商品信息与交易对象信息的搜集。信息成本,即取得交易对象信息与同交易对象进行信息交换所需的成本。议价成本,即针对契约、价格、品质讨价还价的成本。决策成本,即进行相关决策与签订契约所需的内部成本。监督交易进行的成本,即监督交易对象是否依照契约内容进行交易的成本。违约成本,即违约时所需付出的事后成本。

内部成本包括内部激励成本和内部协调成本等。内部协调成本是通过组织内部管理的方式协调供需双方的矛盾而发生的成本。激励成本即试图通过激励手段弥合因信息不完备和不对称引致的问题,可提高组织承诺可信度,实现个体目标和组织目标的一致性,所付的成本。莱宾斯坦(Leibenstein,1966)提出 X 非效率理论,认为大企业特别是垄断性大企业,面临外部市场的竞争压力小,内部组织层次多,机构庞大,关系复杂,从而导致企业内部资源配置效率降低的"X 非效率",协调和激励成本高,从而制约企业发展的规模。

2. 空间交互成本带来空间交互的阻力

空间成本是指在具体产业及环节上的创新、学习、重复的经济行为上的空间占用成本和空间运输成本,又分为外部成本和内部成本。

外部运输成本主要包括狭义的交互主体之间的物理空间距离成本,也包括广义的制度距离和文化距离。运输成本与运输距离呈正相关关系。

狭义的外部运输成本是不同空间的市场主体在发生人员、物质和知识交互时因距离远近而发生的成本。萨缪尔森(Samuelson,1952)为了对运输成本进行简化处理,提出"冰山运输成本"概念,将产品看作"冰山",产品"冰山"从极地冰川漂往目的地时会在海洋气流和风的作用下逐渐融化,运输成本与产品"冰山"一样。克鲁格曼(Krugman,1991)将"冰山成本"引入国际贸易研究中,假定一单位运往外地的产品中只有一部分能够到达目的地,其余部分都消耗在途中,消耗掉的就是运输成本。要素和产出的物品的性质不同,其运输成本也十分不同,同时,技术的进步也将不同程度地改变不同物品的运输成本。总体上,只要存在成本,运输成本下降就不是在促进分散而是在促进集聚。

广义距离还包括行为主体之间的制度距离和文化距离。制度距离是不同主体在规则、规范和认知等层面的相似程度或差异程度,会影响主体之间的交易成本。威廉姆森(Williamson,1979)认为,文化距离是不同主体(包括城市区域及国家)之间思想意识和价值观念等层面的相似程度或差异程度,文化距离远则增加投资企业的交易成本和资源获取难度,阻碍相互市场间的信息交流。霍夫斯特德(Hofstede,1984)认为,文化距离成本差异大在增加成本的同时,可能因为多样性而产生规模报酬递增的产出收益。

内部空间占用成本包括空间拥挤成本和空间流动成本。不同的拥挤程度土地空间的价格是不同的。比如,在城市里,虽然土地不再成为产出的直接投入要素之后,土地价格决定于土地供求,但在不考虑投机的情况下,当集聚规模扩大时,聚集密度提升的同时,聚集空间规模扩大,中心区域的地租上升,并依次下降,直到与非聚集的农业用地地租相等,而农业用地地租还将进一步下降,直到为零或者对另一个聚集区上升。但是,当土地投资导致地价上涨超过合理水平时,产业会受到影响。空间包含着人口承受的生态环境,人口密集程度和空间开发程度对人口身心健康损害的程度也是重要的拥挤成本,可以用人类在相关指标上的承受度来进行换算衡量。空间占用成本与空间拥挤程度成正比。在其他条件不变的情况下,一定空间内,承载的人与物越多,空间占用成本就越高(Alonso,1964;Batty,2008)。

空间流动成本包括物流成本、人流成本和信息流成本。巴顿(Button,2010)认为,物流成本即组织或内部货物流动存在成本,物流成本涉及商品与货物在组织内部或跨组织移动过程中的经济耗费。此成本的产生不仅局限于市场交易情境下,同样体现在通过行政手段调配资源时,只要物品或者信息出现不同区位的流动就会发生成本。人口流动在空间上很大程度上表现为通勤,因而将发生通勤成本。人流成本即劳动力从居住地到工作地的实际出行距离以及寻找替代交通方式的成本。信息流成本,则与数据、知识及通信在不同地理位置间传输有关的经济负担紧密相关。信息作为一种关键资源,其流动效率直接影响到决策速度、市场响应能力及整体运营效能。因此,信息流成本考量了信息传递、处理与存储过程中涉及的技术投入、网络维护及安全保障等。

需要特别指出的是,这些外部交互的规模效应、内外交互的竞合规模效应、自我交互的内生规模效应,尽管在现代市场经济中表现得比较充分,但其实在传统经济中也是存在的。只要存在交互,就不仅存在物质交互效应,而且存在知识的交互效应,即交互收益、成本与交互动力和交互阻力。

此外,规模经济与物质的质能守恒在逻辑上同时存在且兼容,物质要素的规模经济符合能量守恒定律。分享、共享、互享、多享物质,总量没有改变,只是相对加快了损耗而减少了残值和浪费,提高了效率。知识的规模经济符合知识的不守恒定律,即永不消逝的知识可以改造更多的物质结构,以及增加更多的知识增量。

经济交互行为的统一发展

基于经济发展这一前提假设而产生的个体经济力量,决定了维持人类的生存和发展的经济发展,不仅必然会产生资产供需的具体行为,而且必然会产生资产供需的抽象行为,更必然会产生资产供需交互行为。

4.1 人类行为向无限可能发展

4.1-1 人类生产与消费的多样化

人类经济发展是人类经济行为的结果,人类行为又包括交互行为和孤立行为。在漫长的人类发展过程中,人类经济行为不仅越来越复杂多样,而且越来越广泛全面交互。如果以分工深化和职业多样化表示经济交互行为从单一向多样的演变,则这一发展过程的全貌可能是:首先,所有人都从事完全孤立的生存行为,即不与其他人发生交互;然后,每个人从事一些具体的行为,即越来越多地与其他人交互,其中很多人的行为具有相似性;最后,人类完全分工交互,即世界上每个人都从事专门的行为,并与世界上的其他所有人发生交互行为。

原始人类处于“狩猎采集”部落社会时,依靠狩猎和采集来获取食物供应,大多数人以摄取动物蛋白质、脂肪和蔬果纤维为主。也许人类最初的谋生行为比较简单,最早可能像动物一样,共同从事狩猎和采集,之后逐步发展为男性负责狩猎活动和部落的防卫,女性负责采集营地周围所能发现的一切可供食用的东西和抚养孩子,熟悉宗教仪式的老人则被大家推举为司仪,从而出现初步的分工和交互。

在漫长的采集和渔猎过程中,通过对不同植物和动物生长现象的反复观察甚至实验,人类发生了农业革命,即出现了农业和畜牧业。世界主要人类聚集区陆续进入农业时代,从事农业生产,开始农耕生活。在农业社会里,人类在农业时代的生产、生活及其交互行为仍比较简单,多样化的进程比较缓慢。在农业时代早期,虽然存在着农牧生产与消费行为,但农牧是一体化行为,之后出现农牧行为的分离。再经过漫长演化,在农牧业行为之外出现与之相关的手工业制造行为。这些行为最初也是与农牧行为一体的,之后逐渐从农业中分离出来。在初始产品极度短缺的经济体系里,从单一行为发展而来的农牧两种生产和消费行为之间,是不存在交互行为的,但当出现剩余产品后就出现了交换行为,而且生产、消费与交换都是一体的,进一步使得交换行为从生产与消费中独立出来,出现专门的商业交换行为。同样,脑力行为与体力行为最初也是一体的,并且在人类出现之后两种行为都同时存在,也是当剩余产品出现之后,极少部分人开始专门从事智力性质的行为。中国自商朝开始,职业逐渐分为士、农、工、商,之后越来越细化,自唐代开始才有三十六行的记载,之后又有三百六十行的说法。而在罗马帝国时期的庞贝城大约有 85 种常见的职业,其中包括:进出口公司、渔夫、猎人、屠夫、工匠、奥利弗油经销商、店主、艺人、盐商、牛贩、工人、政府官员等。

在 18 世纪以后,工业革命将人类逐步带入工业社会。一方面,工业革命使机械生产代替了部分手工生产,改变了生产结构和流程,推动劳动分工越来越细化,如一架波音飞机总共有 450 万个零部件;另一方面,工业革命使产品越来越丰富,也推动了劳动分工多样化,如全球商品种类数以亿计。人类社会向精细分工的工业时代迈进,使得人类生产、交换、消费和服务等经济行为加速复杂化和多样化。目前,国际标准职业分类把职业由粗至细分为 4 个层次,即 8 个大类、83 个小类、284 个细类、1 506 个职业项目,总共列出职业 1 881 个。美国劳工部 1991 年版的《职业名称词典》定义了 12 700 种不同的职业名称,基于目前统计大约有 2 万—3 万个职业。

4.1-2 人类创新与学习的加速化

人类自诞生以来,就同时进行生理活动和意识活动,通过重复、学习及创新行为,创造着物质产品和精神产品。但是,相对于重复行为,人类个体和社会的学习和创新行为经历了从偶然到周期再到常规状态的演化。就个体行为而言,学习和创新行为在经历漫长缓慢的增长之后,开始快速增加;就全社会而言,高学习能力和创新行为含量的人口比例在经历漫长缓慢增长以后,开始快速增加。

神学时代,人类早期的先民在生产和生活中终生重复着从上代人身上学习来的些许技能,其中的极个别人在无数次重复和些许学习中获得些许的创新行为,也有极个别人基于人与自然的交互,从事着宗教和神话的知识"创新"行为,形成影响人们行为的知识。

哲学时代,众多的普通民众仍然在循环往复重复从先辈那里习得的知识,并在偶然中出现"干中学"和知识创新行为。尤其是在所谓脑力与体力分工之后,少数人开始更多或者专门从事知识学习行为,在此基础上,更少部分人开始更多或者专门从事知识传播,剩下的极少部分人开始更多或专门从事知识的创造行为。如古代希腊、古代中国、古代印度等出现了一批专门从事知识创新的伟大思想家:老子、孔子等诸子百家,苏格拉底、柏拉图、亚里士多德等希腊学者,犹太教的先知以及释迦牟尼等,这使得人类文明在这一时期出现重大突破。

自17世纪尤其是18世纪工业革命以来的科学时代,欧洲、北美、亚洲以及全球逐步进入"学习型社会"。不仅主要或专门从事知识学习、传播和创造行为的人越来越多,而且在普通民众中,相对于重复的行为,人类的学习行为含量不断增强,学习成为行为的常态。与此同时,创新行为的含量也在逐步增加。这使得工业革命以来,人类文明包括经济文明获得了突飞猛进的加速发展。

未来,随着知识经济的到来,物质生产、消费和交换退居次要地位,知识的生产消费和交换占据主流,专门从事学习创新的人群成为社会的大多数,普通民众相对于重复行为,学习和创新含量也将不断增长。学习和创新将成为所有人的主体行为。人类将进入创新型社会,创新成为人类行为的常态。

4.1-3   人类竞争与合作的白热化

自诞生以来,人类生产与生活、学习与创新的交互合作领域不断扩展,空间越来越大,时间不断缩短。仅从空间上观察,竞争排斥与分工合作,从部落之内扩展到城邦之内,从城邦之内扩展到区域,再从区域扩展到全球。早在新石器时代,人类发明车轮甚至是驯养马匹之前,就已经存在族群之间的贸易活动。金钱甚至伪钞的概念早在那时就已经存在了。

而从时间上来看,经历了从即时直接的物物交换和人人交流到时滞间接的物物交换和人人交流。今天的人们可以通过阅读书籍与古人进行思维交换,尽管是今人单方面的互动;而今天产生的知识可能可以被未来的人们阅读,这意味着今人与后人的交流。

从距离来看,经历了从面对面零距离的交互到远距离的交互。交通和通信的设施和工具是实物与知识交互的载体,可以反映和决定经济交互的空间范围和时间速度。公元前30世纪到公元前3世纪,海上交通经历了从无帆小船到有帆小船,陆上交通经历了从步行到马匹、骆驼,交通和通信的设施与工具合一。例如以西亚为中心连接东西方主要城市的陆海交通和通信通道包括"青铜之路"的建立和曲折发展,左右着以西亚为中心的国际生产、贸易或分配网络的演化。又例如,"丝绸之路"等将欧、亚、非主要城市联通起来,其曲折发展和不断变化支撑和影响着欧亚国际生产网络体系。公元16世纪至公元21世纪,新航路开辟、三次科技革命和两次世界大战,全球交通、通信的设施工具均得到跨越式的发展,不仅全球城市交通和通信网络体系逐渐分离,而且从陆海发展到陆海空,从而促进了全球化的1.0、2.0和3.0"版本",支撑了全球物质与精神产品生产和贸易网络的不断升级和发展。总之,随着交通和通信设施的一次次革命,经济交互的空间范围在缩张交替中从跨地区发展到跨洲再到全球。

瘟疫在社会的扩散从另一个侧面反映了人类交互的规模、频率和速度。瘟疫的扩散最初局限于缓慢的地方传播,然后转向较快的区域传播,最后变成快速的全球传播。人类历史上记载较详尽的最早的一次瘟疫发生于公元前430到公元前427年,在雅典城邦持续了三年,并没有向外扩散的记载。此外,公元164年到191年起源于罗马帝国东部的瘟疫,通过士兵的迁徙而扩散罗马帝国全境。1347年至1353年的黑死病于1347年登陆西西里岛,1348年扩散到东欧和南欧的大部分国家,1350年扩散到欧洲大陆所有国家。1885年至1950年间的瘟疫,通过数年传遍了亚洲、欧洲、美洲和非洲,甚至全世界。1918年至1919年的"西班牙大流感"用了两年从西班牙传遍全世界。其时空传播的变化反映了人类交互速度和空间范围变化。

关于人的行为的经济学研究,西方新古典经济学认为人的行为万变不离其宗,各种人类行为都可以归源为效用最大化,而经济分析是效用最大化、偏好稳定和均衡分析的三位一体,经济分析可以对人类行为作出统一的解释。新古典经济学运用经济分析建立了时间经济学和新消费者行为理论,并考察了传统上由法律学、政治学、人口学、社会学及社会生物学等学科考察的广泛的人类行为(贝克尔,1995)。

关于抽象行为与竞争和垄断的关系,动态竞争理论作出了解释,认为动态竞争不仅是竞争关系随时间变化而变化,更强调竞争各方在"攻击反击"的配对中相互对抗与制衡。熊彼特和斯威德伯格(Schumpeter and Swedberg,1912)认为竞争从时序上看是一个动态过程,从内部结构上看是一个演进的动态过程,一个创新与技术进步的动态过程,竞争作为一个动态过程最重要的作用是推动创新与技术进步。克拉克(Clark,1961)提出了有效竞争理论,认为由"突进行动"和"追踪反应"两阶段构成的无止境的动态过程的竞争,实际上是创新和学习与竞争和垄断相互作用的关系。激烈的竞争促进经济主体追求创新,创新带来垄断及垄断利润,追求垄断利润导致学习模仿,学习模仿又导致激烈竞争。康岑巴赫(Kantzbach,1967)提出了最佳竞争强度理论,认为如果处于被动地位的模仿企业对处于主动地位的先锋企业的创新反应和适应过程越快、越全面,则创新企业的优先利润消失的速度也就越快;反之,则表明反应速度慢。其主张应该保持宽松寡头市场结构的垄断竞争,从而既促进创新,也促进学习。

卡曼和施瓦茨(Kamien and Schwartz,1991)则认为制约和影响技术创新的因素主要有市场竞争程度的强弱、企业规模的大小、垄断力量的强弱。技术创新分为预计可以获取垄断利润的引诱而采取的创新措施和迫于竞争对手的威胁而采取的创新措施,垄断竞争型市场是最适于技术创新的市场结构类型。科恩和莱文(Cohen and Levin,1989)认为竞争降低创新带来的期望垄断利润,从而抑制创新,垄断则有利于创新。阿吉翁等(Aghion et al.,2005)发现竞争对创新的影响具有明显的异质性,不同程度、类型的竞争对不同类型的企业创新有十分不同的影响,而不仅仅是早期熊彼特学派提出的竞争抑制创新,市场竞争程度与企业创新之间呈现"倒 U 型"关系。阿吉翁还探讨了模仿对创新的影响。他发现模仿对创新的作用也是呈现"倒 U 型"关系,即少量模仿可以给企业带来旗鼓相当的竞争对手,为打破竞争格局并逃离竞争,企业的创新动力加强,而大量模仿则会大幅降低创新者的垄断租金,不利于创新。

4.2　经济行为及其变化

4.2-1　经济行为

行为是有机体在各种内外部刺激影响下产生的活动。不同学科、不同时期对行为有不同的理解。生理心理学主要从激素和神经的角度研究有机体行为的生理机制,并对以先天遗传为主的本能行为作出解释。认知心理学主要从信息加工的角度研究有机体行为的心理机制,对以后天习得为主的智能行为作出了解释。社会心理学则从人际交互的角度研究有机体行为和群体行为的心理机制。

经济行为作为人类行为的一种特殊类别,涉及生理与心理机能的协同运作,涵盖了生产、消费产品和服务的各种活动(Samuelson and Nordhaus,2010)。经济行为具有多重属性,基于行为的内容它分为生理行为和心理行为。生理行为即体力行为,是任何由骨骼肌收缩引起的导致能量消耗的身体运动。心理行为即脑力行为,以大脑神经系统为主要运动感官的活动。基于行为的来源它分为先天本能行为和后天习得行为。基于行为过程,经济行为可划分为决策选择与执行实施两个阶段(Simon,1955)。从资产再生上可以分为物质再生行为、技术再生行为、制度创新行为、人口再生行为和人知资产再生行为。从主体上它可以分为个人行为、企业行为、家庭行为和政府行为。

基于关系性,经济行为又分为交互行为和孤立行为。广义上的交互是事物之间通过人、物质和知识形成相互作用的关系,具体可分为物物交互、人物交互和人人交互。狭义上的交互主要是人或者由人构成的主体之间的交互。基于这一定义,单纯的人与物的交互行为可被视为孤立行为。不过,人与物孤立交互,通过物质刺激人的大脑,导致思维反应即思维活动。这一过程不仅可以改造人所作用的物的结构,而且可以创造并积累经验及知识,长期内可以促进大脑的进化和智力的改善。狭义上的交互行为即人与人构成的组织主体的物质的和信息的相互作用关系。经济交互行为则是人与人构成的组织主体相互作用,以生产和消费物质及知识产品的生理和心理活动。

我们之所以将这些行为称为交互而没有称为交流或者交换,是因为它们有更加丰富的内涵。经济交互包含更多方面的共享。例如,由三个人将一个人不能搬动的物品搬走了,他们没有交换,但是他们存在着协同和交互。经济交互包含更多的相互作用。比如,有通过市场的主体交换,也有不通过市场"搭便车"外部性,还包括通过非市场在主体之间转移或者分配物质或信息,包括行政权力(配给)和通过军事武力或者暴力(强夺)或欺骗手段实现交互。

人类经济交互源自人类本能和自然法则,人类本能决定有动力追求利益最大化,即便完全同质的人也存在协同效应,两者结合决定人们形成更大的协同力,从而驱动交互行为实现收益最大化(Olson,1965)。即使最初条件相同的主体也会寻求差异化策略,旨在利用自身的比较规模优势和交互规模优势,构建和增强垄断实力与规模效应(Porter,1980),获得规模收益与垄断规模收益。经济主体选择交互还是选择孤立的行为,决定于成本收益,也取决于力量。当交互总体成本大于交互的收益,当交互的协同力小于交互的分散力,经济主体将选择孤立行为;当交互的收益大于交互的成本将出现交互,当交互的协同力量大于交互的分散力时,经济主体将选择交互。

经济交互可以从不同交互角度进行区分。基于交互过程中使用的工具或载体,经济交互可大致划分为体力交互和脑力交互。脑力交互包括人与人之间进行思维的碰撞,进行知识的交换消费、生产和服务。基于交互关系的性质,经济交互可以分为自愿、平等、对称的交互和被迫、不平等、非对称的交互。基于交互主体,经济交互可以分为个体之间交互、组织之间交互,以及个体与组织交互。基于组织边界,经济交互又可分为组织内部交互和组织外部交互。基于交互性质,组织交互又分为交换交互和平行交互。基于组织的类型,经济交互分为三类主体之间的外部交互:家庭、企业和政府相互之间的平行交互和交换交互。基于交互的性质,经济交互可以分为具体交互、抽象交互和关系交互。

人的行为具有多重性,同一个行为可以是时间、空间、具体、抽象和关系等五重[①],以下主要介绍三个主要行为,时间和空间选择行为将在相关章节讨论,在此不单独进行分析。

4.2-2 具体行为

具体行为是指经济主体再生物质、人口、人知资产、科技和制度等具体资产的生产、消费、交互与服务的活动。具体行为的核心特征是具体性,涉及具体人与物的行为。

具体行为可以分为工作行为与生活行为。从再生产的角度,它又可以分为生产、交换、分配、消费。从产业链的角度,它可以细分为研发设计、获取要素及服务、组织生产及服务、分配销售及服务、最终消费及服务等。从行为主体角度,具体行为可以分为政府、企业和家庭。在此基础上,从行为内容角度看,它又可以分为:政府的具体行为,包括部分私人和全部公共资产的物质、科学技术、人知资产和制度的供给和需求;家庭的具体行为,包括公共产品和私人产品的物质、人知资产、科学技术和制度产品的消费需求,物质、科学技术、人知资产和人口资产的供给或投资;企业的具体行为,包括全部私

---

① 尽管经济行为总体上可以分为五个方面,但由于时间和空间行为有在其他方面体现,没有特殊说明,本书以下各部分涉及行为的分析时,重点分析具体行为、抽象行为和关系行为及关系。

人产品及服务的供给和部分公共产品及服务的供给。

随着五类资产循环再生过程中的人知资产和技术增长积累,经济主体的具体行为能动力的规模和种类从缓慢到快速地加速增长,经济主体的具体行为从完全全工到部分分工再到完全分工,从简单到复杂,从单一到多样。

具体行为受多因素决定。五类资产相互作用决定政府、企业和家庭在不同资产再生环节上的偏好、预期和资产的行为力,决定政府、企业、家庭在具体资产的具体再生环节的行为。

就作用而言,经济具体行为决定具体资产的再生产,包括具体物质资产的结构的具体重塑,具体知识的思维加工带来具体人知资产和技术的创造,也包括具体制度文化的重复、借鉴或者创造。具体行为越复杂多样,经济部门及经济环节越复杂多样,资产转换、再造和创造越复杂多样。

具体行为是经济学的核心与支柱,微观经济学已经作出了详细的理论阐释。这里仅从力量的视角,对生产、消费与投资作些简单的说明。

1. 投资行为是投入更多生产动能的行为

投资行为是投资主体为了获得与风险成比例的预期收益而对其自身所持有和控制的资源的一种运用。开店办厂、长期股权投资、购买债券、将钱存入银行、到期货市场套期保值等都是投资行为。

投资行为构成多样,按投资内容分为实物投资、资本投资和证券投资等;按投资回收期限长短分为短期投资和长期投资;按投资行为的介入程度分为直接投资和间接投资;按投资的方向不同分为对内投资和对外投资;按投资方式分为物质资本投资和人知资产投资行为。

投资行为是为了未来获得更多物品而减少当前消费,以及用于未来生产并获得未来更多收益的决策选择和执行活动。投资行为具有风险性,因为投资的结果具有不确定性;投资行为具有转移性,因为投资是将当前消费转化为未来生产的过程;投资行为具有增值性,利用知识增值性特征,投资可以扩大物质要素重塑,形成未来更多的物质产出,也可以创造更多的新知识。

2. 生产行为包括物质、知识和人口的生产

生产行为是指将投入要素转化为产出的活动,是通过将人的劳动作用与劳动对象和劳动资料一起形成生产力量,创造人们所需要的各种物品或服务的一系列行为。生产过程包括生产决策和实践活动,是从决策选择到原材料投入,再到产品产出为止的全

过程,是人类生存和发展的永恒的自然及社会条件。

　　生产行为也是生理和心理的协同活动。生产行为具有创造性,不管是改变具体物质性能和结构,还是形成具体物品和服务,都是利用智慧的创造性。生产行为是具体的,改造和创造的是具体物质和知识,提供的是具体服务。生产行为同样具有增值性,是直接或间接地满足人欲望的能力的增加,也是增加效用和创造价值的过程。生产行为具有技术性,是利用一定经验、知识和操作技巧来改造物质和创造知识。

　　生产行为可以分为物质生产行为、知识生产行为和人自身的生育行为。物质生产行为是指将先天结合的人口资产与人知资产,与外在的物质资产和科技资产结合,通过体力和脑力行为,扩大利用和改变物质资本的构成创造物质产品。知识生产行为是指生理和社会刺激引发的受知识生产动机驱使,利用物质资产作辅助,然后利用智慧,先主动内化科学技术,再调动潜藏在人脑中的人知资产与内化的科学技术并进行思维加工和生产,从而形成知识产品,即人知资产和科学技术。生育行为是一种在生育动机支配下的有意识有目的生产和再生产他人生命的活动。生育行为同时具有自然性和社会性,虽然表现为人类的生理和心理行为的自然过程,但同时也是对社会环境的反应过程。由生理、社会因素,特别是经济因素激发的生育动机以及具备的生育动能条件,共同决定了个体是否生育、如何生育以及生育的数量等问题(Easterlin,1975)。

　　生产行为还可以分为生产制造行为和生产服务行为。生产制造行为是将生产要素进行组合以制造产品的活动。根据产品生产过程和产品构成,它还可以再细分成多个生产制造环节。服务供给即人借助一定物质和知识条件从事消耗体力和脑力的劳务行为,又分为体力服务行为和智力服务行为。随着分工的深化,许多原来属于制造业的服务活动独立出来,形成生产性服务业,因此,服务行为的范围越来越广泛。

　　3. 消费行为包括物质消费、精神消费和人口养育

　　消费行为是指消费者的需求心理、购买动机、消费意愿等方面的心理与现实诸表现的总和,是指消费者为获取、使用、处置消费物品或服务所采取的各种行动,包括先于且决定这些行动的决策过程。

　　消费者行为是多个环节构成的一个整体,主要分为两大过程:第一是消费者的购买决策活动,消费者在使用和处置所购买的产品和服务之前的心理活动和行为倾向,是消费态度的形成过程。第二是消费实践活动,包括购买、使用、处置等活动,是购买决策的实践过程。

　　消费行为就是消耗或者体验产品及服务的行为。消费行为具有转化性,将物品消

耗并转化成能量,是劳务体验的过程,是知识的体验和储存。物质消费将实现质能等价转化,知识消费可能带来旧知识的储备和新知识的产生。消费行为具有内生性,一旦当期消费行为结束,就自动产生下期的消费行为。消费行为具有边际递增性,一旦当期的消费行为结束,就会产生更大的消费行为。

消费主体的消费倾向、预期收益、预算约束相互作用,形成消费能动力,决定消费选择的决策和行动。消费需要包括生理的、社会的和心理的需要,尤其是社会、心理的需要还受社会环境影响;消费动能即购买力、可支配收入水平和商品价格水平;消费目标是商品本身的特征及商品的购买、保养和维修条件,在不同程度上诱发影响消费者的购买行为。消费动能对消费需求及其消费对象具有影响。收入水平不仅影响消费需求总量,而且影响消费需求结构。随着可支配收入水平的提高,公众对某些中、高档商品的购买和消费量会增加,而对低档商品的购买和消费量则会减少。

4.2-3　抽象行为

抽象行为是经济主体基于脑力消耗、知识应用而从事的新颖程度不同的经济活动。其本质是抽象的脑力和体力耗费。虽然学习也是心理和生理协同的过程,但是主要是脑力行为。抽象行为具有差异性,不同抽象行为产生的脑力和体力消耗不同。创新需要更多的脑力,而重复需要更多的体力;创新行为能够获得更多价值,而重复只能获得较少的价值。抽象行为的收益成本具有对称性,收益大则抽象行为成本大,收益小则抽象行为成本小。

抽象行为受多因素决定。物质、人口、人知资产、科学技术和制度等五类资产相结合,影响经济主体在五类资产再生环节上的重复、学习和创新的偏好、预期和资产的行为力及其增长,支配经济主体在具体资产的具体再生环节的重复、学习和创新的行为及其增长。例如,抑制创新的制度文化限制了经济主体创新能动力,导致经济主体经济行为的重复稳定。抽象行为决定于需求偏好、预期收益和要素动能所构成的抽象行为力,主要决定于创新者的偏好。如果创新者的偏好强、预期收益大,即使要素动能弱,也将产生巨大的创新动力,从而实施创新,但不一定形成创新成果。如果创新者的偏好弱,即便预期收益大,要素动能强,也不一定能产生强大的创新能动力从而驱动创新的成功。所以需要风险投资,降低创新的风险成本,从而提升创新需求动机。

随着五类资产循环再生过程中的人知资产和技术增长的积累,经济主体的创新行为能动力从缓慢到快速地加速增长;经济主体的抽象行为从先由重复行为主导,后转到学习行为主导,最后再转到创新行为主导。

就作用而言,经济主体的抽象行为状况不仅决定资产种类的增长,而且影响资产总量的增长。在重复行为主导阶段,不仅经济资产种类增长极其缓慢,而且经济资产总量增长极其缓慢。而在创新行为主导阶段,不仅经济资产种类增长加速度不断提升,由于创新带来的人知资产和技术加快发展,也使得人口和物质与人知资产和技术更快地循环增长,从而经济总量加速度不断提升。

基于新颖程度差异,抽象行为又分为创新行为、学习行为和重复行为。基于主体,它又包括:家庭在物质消费和人口生产上存在创新、学习和重复;企业在物质生产、交换和服务以及分配上存在创新、学习和重复;政府在产品的生产、交换、分配上存在创新、学习和重复行为。

1. 创新行为:基于创新能动力而实施的从未实施过的活动

创新行为是基于需求偏好、预期收益和要素动能所形成的创新动力推动,创新主体所从事的是从来没有任何主体从事过的创造新产品和新服务的经济活动。索洛(Solow,1951)指出:技术的变化,包括现有知识被投入实际应用所带来的具体的技术安排、技术组合方面的变化,可被称为创新。创新发源于精神活动,如概念、构想及对尚未出现的新产品、新事物的发展计划等。创新包括从选择到构思再到创造的整个过程。

创新的构成是复杂的。基于生产条件它可以分为产品创新、工艺创新或技术创新、市场创新、材料创新和组织管理创新五种类型。基于技术创新对经济发展的影响,它可以分为四类:渐进创新,常常通过"干中学"获得,对现有产品和工艺进行不同程度的修改;突变创新,即企业、大学和科研院所潜心科研产生的全新的产品和生产工艺;"技术体系"的变革,即一系列相互关联的突变创新和渐进创新的组合以及相应的组织创新;"技术经济范式"变革,即技术范式的改变,进而引发整个经济系统的变化,如国家创新系统理论中,弗里曼(Freeman,1987)认为由公共部门和私营部门中各种机构组成的网络中,这些机构的活动和相互影响促进了新技术的开发、引进、改进和扩散。

基于创新内容,创新行为可分为物质产品及服务的创新和知识产品的创新及服务,而知识产品的创新又包括科学技术创新和制度文化创新。制度创新是指能使创新者获得追加利益的现存制度的变革。只有当预期的净收益超过预期的成本时,才可望发现在一个社会内改变现有制度和产权结构的企图。影响制度创新的因素包括规模经济性、技术经济性,以及社会集团力量为防止自己预期收益的下降而采取的行动。制度创新的全过程划分为:形成"第一行动集团",然后提出并比选创新方案,再形成"第二行动集团"阶段,最后"第一行动集团"和"第二行动集团"协作努力,实施制度创新。"第一行动集团"是指那些能预见到潜在市场经济利益,并认识到只要进行制度创新就能获得这种潜在利益的人,包括敢于冒风险的、有敏锐观察力和组织能力的企业家。"第二行动集团"是指在制度创新过程中帮助"第一行动集团"获得经济利益的组织和个人,包括政府机构、民间组织或个人。制度创新与技术创新相互影响,制度创新对技术创新有决定性作用,技术创新可以增加制度安排改变的潜在利润,降低某些制度安排的操作成本,使制度创新有利可图(Davis and North,1970)。

基于创新方向,创新行为分为水平创新和垂直创新。水平创新是产品种类扩张的创新。它是指通过研发使得生产投入品的种类不断增加,这又进一步促进了专业化,进而促进了技术进步和经济增长。垂直创新是对同一产品的质量提升,是创造性破坏。基于创新新颖程度,它分为原始创新、集成创新或者模仿创新。基于创新的联系性不同,它分为自主创新和协同创新。基于创新主体专业性,它分为"干中创"和"创中创"。随着人类社会的发展,兼业的创新逐步转向专业创新。尽管专门创新变得越来越重要,但是,产出增长或者人类社会的进步很大程度上依赖于"干中创"。

创新行为的本质特征是具有绝对新颖性,就是没有任何主体从事过的行为;创新具有有用性,即创新主体所进行的活动具有价值,没有价值的活动不能称为创新;同时,创新具有偶然性,尽管总体上与创新的投入有正相关关系,但是具体创新行为的发生具有一定偶然性,创新结果具有不确定性。创新变革需要的创新条件,需要反复的"干中学",在达到一定的临界点后创新才可能发生。实施创新要素组合的活动需要权衡创新的收益和成本,只有当预期收益超过成本时创新活动才有可能发生。作为思维活动的结果,创新行为受到外部软硬环境和条件的影响,更受到大脑内的多种因素的影响;创新收益大但成本高。不同类型的创新,其难度和效应不同,复杂创新风险大、成本高、效应大,简单创新风险小、成本低、效应弱。相比于学习和重复,创新的成本、风险大、时间长,但收益最高。

创新存在复杂的决定机制。一种新的技术经济范式诞生于旧的技术经济范式中,要经过漫长的孕育和竞争过程。首先需要在一个或几个产业部门证明具有潜在的巨大收益和可实现生产率的巨大提高,并且其在经济系统中的渗透需要伴随一定的制度变革;也就是说,技术子系统、经济子系统和制度子系统相互之间存在是否匹配的问题,三者之间由于发展的速率不同而作用的结果不同。总之,盈利动机是经济发展的推动力,技术经济范式是经济发展的导向机制,它规定了经济发展的方向和模式,而社会制度框架为这种技术经济范式提供了必要的和合适的制度环境。一般而言,在巨大收益预期的驱动下,生产领域的技术创新更快,而制度变革则会遭遇各种综合、复杂的因素如既得利益集团的反对,并延长制度变迁的进程。

就其作用机制而言,创新是经济发展的源泉。从创新产出结果看,新的物质产品,无论是中间产品还是最终产品,都是产品种类的增加。新知识产品中的科技新产品及服务,不仅作为最终产品增加产品种类,而且作为中间产品,促进产出的生产效率及产出的规模增长。但是,作为制度和文化产品,创新具有两面性,有些制度文化作为中间产品可能有助于增加最终产品种类和数量增长,而有些制度文化产品则可能减少最终产品的种类和数量增长。科技创新具有路径依赖,其实也是集聚的一个表现。索洛(Solow,1957)测算各种各样的科技发展和技术革新能带来 2/3 的人均产量提高。

创新主体基于需求偏好、目标收益及其要素动能,形成创新能动力。创新需求偏好、创新的预期收益、创新的要素动能对创新都十分重要。创新的要素动能是多个要素的组合,其中由创新所创造的科技知识最为重要,创新的主要动力来自科技发展(Schumpeter,1934)。索洛(Solow,1957)提出了相对重要的量化资本积累和科技发展模型。不同的主体由于需求偏好、预期收益以及要素动能不同,其创新的能动力是有差异的,从而决定了创新行为的不同。

2. 学习行为:产品的模仿,结构和增长的重要途径

学习行为是一个或一些主体已经从事过而被另一些主体模仿的经济行为,主要由学习决策和学习实践两部分构成,是作出学习决策、选择学习对象、实施信息拷贝和进行生产再造的过程。

学习行为是多样的,基于方式分为"干中学""学中学"和"创中学";基于产品类别分为物质产品及服务再生产各环节行为的学习,知识产品及服务再生产各环节行为的学习。知识产品再生产学习又分为科学技术产品及服务各环节行为的学习,制度文化产品及服务各环节行为的学习。基于困难程度,它又可分为简单学习和复杂学习。

学习行为的本质特征是具有相对新颖性。对于其他主体已经从事过,但学习者并没有从事过的行为,仅对学习者是新颖。一旦一个创新产品形成,跟随者就有了明确的方向,至少可以降低或者减少多种方向的试错成本,也可以通过各种途径包括创新产品的消费和使用,获得诸多的信息,从而减少模仿的难度和无效投入。学习的收益高于重复但低于创新,而学习的成本低于创新但高于重复。学习行为具有对称性,复杂的学习成本高、收益大,简单的学习收益少、成本低。

学习者基于主体需求偏好、预期收益和要素动能优势（主体条件和环境条件），形成的能动力，决定学习什么、学习多少和怎样学习。对于广义的专门学习，是否学、学什么和学多少，也要取决于当前学习成本与未来收益成本的权衡，而且受到需求偏好、预期收益、要素禀赋所构成的比较力量（比较优势、比较力量）的考量。

总体上，学习的直接后果是相对新的物质产品及服务和知识产品及服务的规模的扩大。与此同时，学习增加重复和模仿原有新产品的能力，也可能增加创新新产品的能力，从而更进一步增加原有产品的数量，也可能增加新产品的种类。大部分生产效率的提升来自企业间彼此的学习，或者通过生产实践进行技术的改进。具体地看，首先，通过对原有创新产品的模仿和复制，可以使原有新产品的规模得以扩大。其次，通过"学中创"即学习之中能够产生创新，会间接地贡献产品种类的增加，从而可以促进社会产品的多样化。这一点十分重要，也是落后者追赶领先者的一个重要途径。再次，通过"学中学"和"干中学"，相关的知识产品会累积下来，积累了企业的知识资本和员工的人知资产，为相关领域进一步的创新、学习和重复行为创造条件。最后，学习还能够提高关于学习的技能，积累人的学习资本，提升人的学习效率，从而进一步加快创新、学习和重复行为的发生。另外，通过正规学习进行"专门学"（它的另一面是教育），能将产出各环节的知识和技能储备在人身上，这将形成专业的人知资产。

3. 重复行为：产品的重复，规模增长的主要途径

重复行为是主体在之前创新或学习的基础上，从事与之前行为完全相同的行为，即按原来的动作再次作为。按照行为环节，重复行为可以分为：生产、消费、交换或服务各个环节的重复行为。按照产品类别，它又可以分为：物质产品及服务的各环节的重复行为，知识产品及服务的各环节的重复行为，科学技术产品及服务的各环节的重复行为，制度文化产品及服务的各环节的重复行为。

重复的本质特征是历史性同质，是相对于经济主体自身之前的创新和学习行为的重复。如果是一个创新者，他的重复也许相对于学习者是创新行为。从总体经济发展的角度讲，重复实质上是技术不变情况下的简单或扩大再生产，是使用不变技术的投入要素周而复始地进行同质产品及服务的生产、交换、分配和消费；重复的速度快、收益低，但成本低、风险小。重复的收益和成本均低于创新与学习。由于重复主要是物质资产的重复投入和原有知识资产的重复利用，不需要增加新的知识资产。重复也不需要支付试错的成本，以及承担创新和学习失败的风险。就劳动者而言，主要是重复性体力劳动投入、重复性脑力和体力活动。重复行为具有可替代性。过去机械代替重复性的

体力行为,目前及未来机械将代替重复性的脑力行为。

重复者基于主体需求偏好、预期收益和要素动能优势(主体条件和环境条件),形成的重复能动力,决定重复什么、重复多少。它不仅要取决于当前学习成本与未来收益成本的权衡,还要取决于需求偏好、预期收益和要素动能所构成的比较力量的考量。

重复的直接作用是增加同类产品及服务的数量规模。当某一产出被模仿到一定程度,创新行为技能被掌握到一定程度后,模仿不再有利可图,但如果市场需要还没有得到满足或者需要不断满足,市场供给的现有参与者可以通过不断地重复产出的生产过程或者某个环节,相应并满足市场的需求。重复过程虽然没有专门的知识和技能投入,但是可以实现自我"干中创"和"干中学",能够积累相关领域的经验、技能和知识等副产品,可以"熟能生巧"而提升效率。当以个人或一个组织重复地做某一产品时,做单位产品所需的时间会随着产品数量的增加而逐渐减少。所以,间接意义上,重复可以加快产品数量增加,也可能促进产出种类的增加。这种种类增加的速度比较缓慢。在数千年的农业重复生产中,农业生产效率和农产品种类实现了缓慢的增加。重复能否间接增加产品即提升效率,能否实现创新,还要决定于重复主体的需求偏好、预期收益和要素动能,进而产生的创新能动力。这可以解释为什么有的主体重复产生出创新,有的主体重复没有产生创新,以及为何有的国家永远重复,而有的主体在重复中不断提升。

创新、学习和重复三者相互作用。第一,创新、学习和重复是三者互相包含的。创新中有学习和重复(学习性创新),学习中有创新与重复(创新性学习),重复中有创新与学习。第二,创新、学习和重复是三者互相促进的。创新需要学习与重复,学习和重复将促进创新,创新有助于学习和重复。一连串有组织的改进创新,不仅能促进学习,而且能显著提高学习的能力。学习需要创新和重复,创新和重复促进学习,学习有助于创新和重复。重复需要创新和学习,创新和学习也能够改进重复,重复有助于学习和创新。第三,创新、模仿和重复也是相互接替的行为。就一种产出的演化过程看,是先有创新即新产品的出现,后有被广泛模仿,再有不断重复。

4.2-4 关系行为

1. 经济交互的关系

随着交互行为的发展,经济主体的交互行为不仅规模越来越大,距离越来越远,密度越来越高,而且交互关系经历了从全工到分工,从对峙到合作,从完全竞争到垄断竞争再到完全垄断。经济交互可以表现在不同方面,基于部门分为产业间、产业内和产品内的协作。基于空间视角它可分为社区、地区、城乡、国家和国际的合作；基于主体边界分为内部协作与外部协作；基于性质分为平等协作与不平等协作；基于途径分为市场协作或非市场协作；基于抽象行为分为创新、学习和重复的协作；基于具体行为分为生产、消费和投资存在交互和平行的合作；基于抽象行为分为创新、学习和重复存在着交互和平行的合作。

关系行为是经济主体之间在生产、消费、交换和服务等方面的创新、学习和重复的行为上的相互作用，即交互行为。经济交互行为的本质是主体之间的利益交互，即为分配利益的竞争与为获取利益的合作。经济交互是经济主体之间为达到共同目的，通过物质、信息和思想，在生产、消费和投资的创新、学习和重复上，彼此相互配合的一种联合行动。它主要是分工与交换，但不限于分工与交换行为。

经济交互的本质是人力分工与物品交换，是不同劳动者分工从事不同的劳动行为，同时进行不同要素或产品的交换。经济合作行为具有统一性、吸引性和互补性。合作主体之间存在统一的目标，有相互需求，存在着"你无我有"的互补关系。经济合作具有动态性，在一定时空和部门下是良性协作，在另一个时空部门下就可能是恶性协作。

竞争与合作是交互行为的一体两面。所有的交互同时存在又竞争又合作的关系，只是不同交互竞争与合作的重要程度不同。著名史学家克拉潘在其所著的《现代经济史》一书中就曾经不止一次地作过有关描述：在自由竞争极盛时期，生产者之间的价格协议就是一种重要的合作形式。一般竞合是规模报酬递增的合作与争他及多占的竞争。竞争与合作相互作用，为了合作要加强竞争。合作强化了竞争，合作是竞争的力量。竞争促进合作，为了竞争要加强合作；垄断是一种特殊的竞合，是规模报酬递增的合作与独自排他和独占的竞争或合作排他和独占的竞争。

经济交互的动力在于扩大收益，减少损失，塑造竞争动力，对应的贸易与分工实现资源分布的平衡，满足最大化的需求。经济主体利益最大化追求与交互的协同效应决定了是单干还是交互，因为交互虽然可以获得规模效应（即规模经济和协同力），但是也发生交互成本和分散力。当交互的成本和分散力大于交互的收益和协作力，经济主体将选择单干，而当交互的成本和分散力小于交互的收益和协作力时，经济主体将选择交互。例如，由于土地作为农业生产的投入，人工农业生产的大规模交互成本远远大于家庭单干的成本。漫长的农业社会，由于土地的直接投入使得交互的收益小于交互的成本，自给自足成为长期的经济行为。自我重复、学习和创新即自我的体力劳动生产出供自己消费的产品，维持生命延续，自给的脑力劳动能够供给知识产品供自己消费，缓慢积累人知资产,促进农业经济停滞性发展。1978年农村家庭联产承包责任制的改革,改变了个体劳动力简单加总的集体劳动制度,减少了监督成本,明确了责权利关系,减少了监督成本,极大地调动了农民的积极性,农业经济得到快速发展,农民收入迅速得到提升。规模经济和协同效应决定了交互比孤立产生更大的利益,利益最大化追求决定了交互而非孤立。规模经济决定合作,利益最大化追求决定了创造利益的合作,决定了分配利益的合作与竞争。经济主体为了直接争取自身更大利益而竞争。

交互行为主要有两类六种:第一类是供求交互,包括家庭与企业竞合(同一不同区域家企竞合,不同区域家企竞合),家庭与政府竞合(同一不同区域家政竞合,不同区域家政竞合),企业与政府竞合(同一不同区域政企竞合,不同区域政企竞合)。第二类是平行交互,包括企业之间的竞合(产业之间竞合,产业内竞合,企业内竞合地区内竞合,地区之间竞合,企业内竞合),政府之间的竞合(不同类型政府之间的竞合,同类型政府之间的竞合,政府内部竞合,不同区域政府之间的竞合,同一区域政府之间竞合),家庭之间的竞合(不同类型家庭内部竞合,同一类型家庭之间的竞合,家庭内部的竞合,不同区域家庭之间的竞合,同一区域家庭的竞合,家庭内部的竞合)。基于关系层次,关系行为可以分为独单与交互、竞争与合作、竞争与垄断三个相互交叉的不同维度。

2. 竞争与合作关系

经济竞争行为是经济主体间争取利益的心理需求和行为活动。亚当·斯密(Smith,1776)认为自由竞争作为自然秩序是普遍存在的事实。尽管受到各种干扰,但它能够排除各种干扰,为自己开辟道路。经济竞争包括博弈,即策略性的互动决策和竞争实施。经济竞争的目标是争取更多的利益。

经济竞争行为广泛存在。它基于竞争关系分为公平竞争和不公平竞争;基于手段分为市场竞争和非市场竞争;基于竞争结果分为正和竞争、零和竞争和负和竞争;基于主体分为生产者、消费者与公共部门的三重的交换和平行竞争;基于内容分为要素竞争、产品竞争、价格竞争;基于市场结构分为完全竞争与不完全竞争,又称同质化竞争与差异化竞争;基于部门分为产业间、产业内、产业环节、产业环节内的竞争;基于空间分为城市竞争、区域竞争、国家竞争与全球竞争;基于主体分为企业、家庭与政府的交换与平行竞争;基于具体行为分为生产、消费和投资行为的竞争;基于抽象行为分为创新、学习和重复行为的竞争。

每个经济主体寻求更多的收益,决定了要控制更多的资源要素和市场,导致资源要素与市场相对需求的稀缺,以及主体之间的关于要素与市场的竞争。支撑经济竞争行为的能动力是需求动机、预期收益和要素动能的结合。

　　竞争不仅使得潜在要素得到最大限度的发掘,而且带来经济要素的合理配置。第一,竞争发掘了主体能动力。作为竞争主体的外在压力,经济竞争唤起竞争主体的行为动机,激发竞争主体内在潜能,促使优化内部资源配置,提升竞争主体的行为效率。第二,竞争创造了协同效应的条件。经济竞争作为信息不完全条件下的"知识的发现过程",使得经济主体发现并利用自身优势,为竞争主体提供了分工、创新、差异化以及优化外部资源配置创造了条件。第三,竞争导致的优胜劣汰,使资源要素与最大化需求偏好结合,从而使得资源最大化地发挥作用,是资源最优配置的一个重要方面(Smith,1776)。在竞争之下,每一资源的配置都能保证在各种用途上获得相同的收益率,自由竞争是实现个人自由和社会福利二者协调增长的保证。经济竞争一般是正和性的,通过竞争各方可能获得更多收益。

　　合作是经济主体为获得交互规模报酬边际递增的效应而协同行为。合作分为分工合作、分利合作(降低交互成本分)、共享合作。对应于竞争的分类,合作也有同样的分类。合作的决定因素有多种。为了实现整体收益最大和成本最小,分享报酬递增的规模效应,五类要素相结合影响经济主体的偏好、预期和资产决定合作能动力,支配经济主体基于合作行为行动。

　　竞合是在同一时点上主体之间既竞争又合作的互动关系,但在不同时点上,竞争与合作的重点不同。本特森和科克(Bengtsson and Kock,1999)认为企业间关系是随着时间的推移而不断演化的,有可能在这个时点上的关系以竞争为主,下一个时点上达到竞合平衡,而在之后的时点上又以合作为主。本特森和科克(Bengtsson and Kock,2000)发现企业之间通常在接近消费者的价值链环节上开展竞争,而在远离消费者的价值链环节上进行合作,在自己比较薄弱的业务领域进行合作,而在自己强势的业务领域开展竞争。勃兰登堡和纳勒布夫(Brandenburger and Nalebuff,1996)认为,价值创造活动本质上是合作的过程,而价值获取或分配活动本质上是竞争的过程。

　　竞合的形式和内容非常广泛。基于主体不同,竞合可分私人生产部门相互之间、私人消费部门相互之间、公共部门相互之间的竞合,以及私人生产部门、私人消费部门、公共部门相互之间的竞合。私人生产部门和私人消费部门是可以流动、消失、扩大的;公共部门辖区政府则是不可流动的,但可能消失或扩大。辖区公共部门之间的竞合是主体竞合的重要方面,不仅表现为物品的流动,还表现为私人消费部门和私人生产部门的空间流动。罗(Luo,2007)把企业及其主要竞争对手间的竞合关系分为高合作高竞争适应型、高合作低竞争伙伴型、低合作高竞争争夺型和低合作低竞争孤僻型。基于内容竞合分为如下几种情况：价格竞争与合作，即对定价权的争夺和对高价位的维持成为企业竞争的焦点；成本竞争与合作；产量竞争与合作；要素竞争与合作；要素外部性驱动。当技术溢出效应达到一定程度时，合作创新更有利于实现社会福利最大化；技术溢出率越大，合作创新就越有利。过程竞争与合作：这种竞争为企业间的合作提供了广阔的空间，并使之由以往的价格卡特尔转变为结成生产、营销和技术创新联盟。

竞合之所以同时存在，是因为经济主体的最大化预期目标要求参与主体既要合作以创造更多的规模报酬效应，又要在利益的分配上进行竞争。经济主体的竞合力驱动经济主体最大化转化和配置资源。自由竞争创造所有主体最大化的竞争能动力和协同能动力。

经济主体竞合力，一方面通过竞争激发创新、学习和重复的内在动力和强化竞争外部压力，促进提升效率、节约成本，促进经济主体专业化、差异化和创新；另一方面通过合作，相互充分利用彼此所需的互补性资源，创造了创新、学习和重复的规模效应。竞合也存在协调成本高、效率低下和不对称外溢以及反作用力等问题，所以竞合也是有边界的，经济主体要在多个节点上进行竞争与合作的权衡，确保力量和利益最大化的均衡。协同力量决定要素最优配置程度，竞争力驱动经济主体最大限度转化要素。

一方面，竞争与合作是对立统一的。竞争促进合作，外部更大范围的竞争迫使小范围的合作；竞争可能阻碍合作，合作可能损害竞争。另一方面，在不同的时空下经济主体竞合是相互转化的。竞争迫使竞争主体专一化、差异化和创新，从而带来竞争向合作的转变。合作促进竞争，合作实现竞争主体的补短，有利于竞争主体之间更强大的竞争。小尺度的合作也促进大尺度的竞争。在一定时空下是恶性竞争，在另一时空下是良性竞争；在一定时空是同质竞争，后期则可能转向差异合作。经济主体之间的竞合也是趋向静态均衡又不断打破均衡的动态过程。

3. 竞合与垄断关系

垄断与竞争相互作用。一方面，竞争排斥和限制垄断。另一方面，自由竞争会导致生产规模扩大，形成规模经济，提高产品的市场占有率，又不可避免地造成市场垄断。垄断发展到一定程度又必然阻止竞争，扼杀企业活力，造成资源的不合理配置（马歇尔悖论）。

垄断与合作相互作用。合作是垄断的手段之一，通过合作实现排他性垄断。垄断促进合作,产业内寡头垄断促进合作,产业内完全垄断促进产业间合作。

垄断与竞合相互关系。基于垄断程度不同即不同的市场结构,经济主体之间的竞合关系不同。在完全竞争的市场结构下,完全竞争是同质竞争,是竞争主导、合作辅助。由于经济主体之间缺少共同利益,因而合作的动力不大,即使实现了某种形式的价格或产量,合谋也难以持久。合作是无意识和偶然的,主要是分工合作。在垄断竞争的市场结构下,垄断竞争是指异质竞合,是既竞争又合作;竞争是为了获得独占的利益,合作是为了获得报酬递增的规模经济,包括共享规模效应、分工规模效应,通过合作增强自身竞争力从而获取稳定利润已被广泛认同。在寡头垄断与分利合作阶段,寡头垄断同时包含垄断因素和竞争因素。合作变得更加重要,合作的目的也不再局限于分工合作。经济主体试图通过合作,增强自身在市场中的垄断力量,挤垮竞争对手,从而获取垄断利润。在完全垄断的市场结构下,市场上没有竞争者,只有一种产品。经济主体竞争依然存在,可以在其他领域与之进行交互合作。

4.3　三重主要经济行为的统一

虽然生产、消费和投资的创新、学习和重复行为基于主体关系,可分为孤立行为和交互行为,但在交互的规模收益大于交互成本,交互的动力大于交互的阻力,或者在不考虑成本和阻力的情况下,生产、消费、交换和服务的创新、学习和重复多数表现为交互行为。因此,具体行为、抽象行为和关系行为是三位一体的,一个行为同时具有这三重属性。例如,一个飞机发动机的制造是个具体行为,它同时要么是重复制造,要么是模仿制造,要么是创新制造的抽象行为。同时,它要么是与其他厂家竞争制造或垄断制造,要么是与其他厂家合作制造或者单独制造的关系行为。不仅如此,具体行为、抽象行为与关系行为也是相互影响的。

4.3-1　具体行为与抽象行为的关系

抽象行为是一定意义上的具体行为。创新就是主体从事没有从事过的具体行为,生产新的物质产品和知识产品的行为。熊彼特认为创新是为了获取潜在利润而将生产要素与生产条件重新组合的生产行为。学习是一个主体模仿另一个主体具体行为的行为。阿罗(Arrow, 1962, 1972)认为很多技术进步只是生产或投资的副产品而已。重复是主体模仿自己具体行为的行为。

抽象行为影响具体行为。一方面,创新行为可以扩大具体行为的类型,通过不断的创新行为,同一具体产品生产环节会越来越多,从而具体行为越来越细。通过不断的创新行为,创新的产品越来越多,从而创新行为具体种类会越来越多。另一方面,学习行为可以扩大具体行为的规模。通过不断的学习行为,同一具体产品生产规模会越来越大,从而具体行为越来越多。通过不断的学习行为,学习的产品越来越多,从而创新行为的具体数量会越来越多。

4.3-2 具体行为与关系行为的关系

具体行为也将表现为一定的关系行为,即具体行为与关系行为是统一的,关于生产与消费行为及关系行为中的竞争与垄断的关系,古典竞争、均衡竞争的静态竞争理论作出了解释。瓦尔拉斯(Walras,2013)、马歇尔(Marshall,1890)提出了完全竞争理论,认为完全竞争市场是帕累托最优的市场,也就是资源使用效率最高的市场。20 世纪 30 年代,罗宾逊和张伯伦各自提出了不完全竞争或垄断竞争理论。张伯伦(Chamberlin,1933)从产品差异出发,得出了垄断竞争的结论,认为完全竞争与完全垄断都是极端状态,而介于二者之间的垄断竞争才是存在于绝大部分市场上的一种常态。罗宾逊(Robinson,1933)从消费者偏好和产品之间的可替代性出发,得出了不完全竞争的结论。由于存在消费者偏好,市场具有不完善性,使每一个厂商对自己生产的产品量都是垄断的。哈佛学派的分析采用的是市场结构决定市场行为、市场行为决定市场绩效的框架。

具体行为总会表现为一定的关系行为。霍普曼(Erich Hoppman)提出市场竞争过程是由生产者与消费者之间的竞争过程(交换过程)和生产者之间、消费者之间的竞争过程(平行过程)构成的。交换过程和平行过程不是孤立存在的两个市场过程,而是同一市场过程的两个方面。

一定的具体行为影响关系行为。唯一性、专业性的具体行为可以带来主体的垄断行为,以及主体相互之间的合作行为。例如,分工可以带来相关主体专门从事擅长的行为,并与相关行为通过交换进行合作。同质性或者相似性的具体行为可能带来主体之间的同质竞争。例如,对于同一类型的产品生产,生产者之间存在着效率和成本之间的竞争。

一定的关系行为影响具体行为。竞争行为促进具体行为的效率提升和成本下降,也促进具体行为的差异化。例如,两个同质产品的生产者之间的竞争,将促使参与竞争的双方降低成本、提升效率或者改变行为,充分释放内在能动力,或者创造新的能动力,以便在竞争中取胜。同样,两个相关行为的合作行为,可以使得双双实现要素互补,从而增加各自的要素动能,增强各自主体整体的能动力。相反,垄断行为由于没有外部竞争而动机变弱,从而降低能动力,导致具体行为减少、效率变低、成本提升。

4.3-3 抽象行为与关系行为的关系

关系行为即垄断或竞争和单干或合作,与抽象行为(即创新、学习或重复)存在着复杂的相互关系。创新带来完全垄断,学习带来垄断竞争,重复带来完全竞争。

1. 一定的抽象行为对应一定的关系行为

创新行为多与垄断或单干行为相对应。总体上,尽管创新需要合作,但是为了保证信息不被竞争对手泄露,创新一般具有一定的参与排斥性,即使合作也是少数主体的合作;学习行为多与竞争与合作行为相对应。学习本身就是教与学合作的行为过程,同时,学习者之间、学习者与教育者之间也存在一定的竞争关系。重复行为可能是垄断行为,也可能是竞争行为。如果重复行为不可被其他主体替代,这时的创新重复行为也是垄断。而如果创新者重复自主创新的行为,同时这些创新行为也被学习者所模仿,那么创新重复行为与其他模仿者之间存在竞争关系,是竞争行为。

完全竞争与合作驱动重复。完全竞争与合作通过内部动力和外部压力驱动经济主体从事重复性的生产、消费与分配;通过外部压力倒逼经济主体驱动学习性的生产、消费与分配;通过外部压力倒逼经济主体驱动创新性的生产、消费与分配。

垄断竞争与合作驱动创新和学习。垄断竞争与合作通过内部动力和外部压力驱动经济主体从事创新性的生产、消费与分配,通过内部动力和外部压力驱动经济主体从事学习性的生产、消费与分配,通过外部压力驱动经济主体从事重复性的生产、消费与分配。寡头垄断驱动创新、学习或重复。寡头垄断与非合作通过外部压力和内部动力驱动经济主体从事创新性的生产、消费与分配,从事学习性的生产、消费与分配,从事重复性的生产、消费与分配。

完全垄断与合作驱动重复。完全垄断与合作通过内部动力驱动经济主体从事重复性的生产、消费与分配;通过内部动力和外部压力抑制或驱动经济主体从事学习性的生产、消费与分配;通过内部动力和外部压力抑制或驱动经济主体从事创新性的生产、消费与分配。

2. 一定的关系行为影响一定的抽象行为

竞争促进创新和学习。相关主体之间的竞争会激励主体调动潜在资源,从事包括创新在内的行为,以便形成更大的力量和产出战胜对手。雅各布斯(Jane Jacobs)和波特(Michael Poter)都认为竞争会使企业不断创新,从而促进不同产业的发展。合作促进创新和学习。相关经济主体通过合作可以利用彼此的互补性资源,相互借力,从而为学习和创新提供动能,同时也增强创新和学习的动机。但是,合作也存在彼此主体信息、资源和力量的非市场化外溢,从而不利于创新和学习。垄断对学习和创新产生不同的影响。熊彼特认为垄断能促进创新,阿罗认为垄断消磨创新的动力,阿吉翁则提出垄断与创新呈现"倒U型"关系,认为产业集中到达某一个程度后创新活力被激发,之后创新活力随垄断率提高不断下降。MAR则认为,产业内部的企业创新会很快被其他企业模仿,垄断会使企业更容易创新。单干总体上阻碍创新和学习,但是,当合作的成本大于单干的成本时,单干可能更有利于创新。

3. 一定的抽象行为影响一定的关系行为

总体上,创新有助于促进行为差异性,从而强化了垄断,减弱了竞争,但是也强化了合作与分工。不同类型的创新对垄断、竞争、单干与合作有不同的影响。垂直创新是强化了同一市场的优胜劣汰的竞争,创新成功的企业会将原来的企业排挤出市场,导致垄断。水平创新开辟了新空间,促进了竞争与合作。从市场结构看,创新产生的唯一性,可以带来垄断。

学习促进竞争,减弱了垄断。从市场结构看,学习可以打破创新垄断,促进竞争。随着学习者增加,市场结构将不断发生变化,从垄断市场结构转变成垄断竞争再到完全垄断,创新者的垄断行为将转变成学习者的竞争行为。

重复或者促进竞争、减弱垄断,或者促进垄断、减弱竞争。如果重复是创新者的重复,则重复将促进垄断、减弱创新。如果重复是学习者或者是学习者与创新者共同的重复,则重复可能促进竞争、减弱垄断。从市场结构看,单个主体的重复导致市场垄断和合作,多个主体的重复导致市场和竞争。

从领域角度看,相同或者相关领域的创新、学习或重复行为之间可能存在竞争与合作关系。

上述分析显示:抽象行为及其变化决定着具体行为及其变化,对应着关系行为及其变化,表现为具体行为和关系行为及其变化。在多重交互行为中,抽象行为变化及决定和作用机制是行为机制的核心。

4.3-4 三重主要行为的重叠

经济主体不同性质的三个行为即具体行为、抽象行为和关系行为是完全统一和重叠的,每个行为都同时包含这三种性质。

三重行为从资产的角度分为以下几个方面:一是物质产品生产、消费、交换、分配的创新、学习和模仿的供求竞合行为;二是技术产品生产、消费、交换、分配的创新、学习和模仿的竞合行为;三是劳动人口生产、消费、交换、分配的创新、学习和模仿的竞合行为;四是人知资产生产、消费、交换、分配的创新、学习和模仿的竞合行为;五是制度文化生产、消费、交换、分配的创新、学习和模仿的竞合行为。现代经济体系下,三重行为从三类主体的角度分为如下几种(图 4.1):一是政府公共产品供给的创新、学习和重复的竞合行为;二是家庭私人和公共物质产品消费和投资、人口生产和投资、人类资本生产和投资等创新、学习和重复的竞合行为;三是企业私人产品供给、公共产品需求和私人要素需求的创新、学习和重复行为。

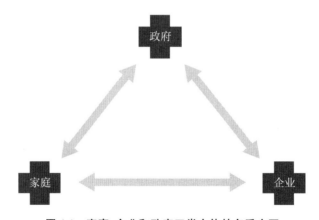

图 4.1 家庭、企业和政府三类主体的多重交互

4.4 交互行为的决定因素

从本源上说,人的行为是由其心理需求和动机驱动的,这一观点在心理学和社会学中有广泛的理论支持,例如马斯洛的需求层次理论(Maslow,1943)和贝克尔的理性选择理论(Becker,1976)。而由人构成的经济主体的经济行为及其变化主要决定于主体的偏好倾向、目标收益和动能要素,从而形成不同的比较能动力,经济主体选择动力最大、阻力最小的行为,获得最大化的收益。经济主体行为是具体行为、抽象行为和关系行为的统一。

经济主体的具体行为,特别是生产、消费和投资行为,受到其偏好倾向、目标收益和动能要素的影响,这一观点与新古典经济学中的效用最大化原则(Neumann and Morgenstern,1944)以及行为经济学中的有限理性模型相呼应。抽象行为即创新、学习与重复行为的选择及其变化,基于生产与消费利益和力量的作用及其变化,基于主体对利益的追求和力量博弈,基于要素动能的投入行为。关系行为即竞争、垄断、分工与合作行为的选择及其变化,基于生产与消费利益和力量的作用及其变化,基于主体对利益的追求和力量博弈,基于要素动能的投入行为。

三重统一行为是经济主体基于具体行为、抽象行为和关系行为的需求偏好,以及可能的预期收益及其比较,调动包括拥有和控制的支持具体行为、抽象行为和关系行为的要素,形成具体的具体行为、抽象行为和关系行为的合理力量,从而形成某一产品生产或消费的环节,以及创新、学习或重复、竞争或合作的行为。例如,一家企业根据自身文化决定具体生产环节的偏好,创新、学习或者重复的偏好,以及竞争与合作的偏好,基于在生产环节的创新、学习以及重复的竞争与合作的收益预期,动用适当的支撑具体生产环节的创新、学习或重复的竞争与合作的要素动能,决定从事垄断创新生产飞机发动机的行为力量,从而决定垄断创新生产这个零部件行为的选择。

人类经济发展的机制是三类经济主体基于需求偏好、预期目标和要素动能形成的内部能动力和外部协同力体系,决定每一个经济主体的三重经济行为和所有经济主体的行为体系,决定经济产品和要素循环转变的体系,表现为人类经济的发展和演化。显然,人类经济行为体系及变化作为人类经济发展的重要环节,决定于三类主体,基于要素积累,形成利益和内外力量及其变化。

4.4-1　供需主体的能动力及变化支配多重经济行为的发展及变化

经济主体基于需求偏好、预期收益和要素动能所形成的内外力量,决定自身的抽象和具体的交互行为。经济行为是经济主体的行为,经济交互是经济主体之间的交互。在经济体系中,逐步形成和发展起来的三类主体即消费主体、私人生产主体和公共生产主体,在创新、学习和重复具体行为中存在两类六种竞合交互,即企业之间、政府之间、家庭之间的平行交互,政府与企业、政府与家庭、家庭与企业之间的交换交互。

政府部门由具体的需求目标、资产负债和预期收益构成,同时处于众多家庭、企业和政府存在的环境之中。这决定了政府部门之间在公共产品和制度文化上的创新、学习或重复的平行竞合关系,也决定了政府与家庭和企业之间在公共产品和制度文化上的创新、学习或重复的交互竞合关系。由此共同决定了所有政府在公共产品和制度文化上的创新、学习和重复的内在能动力及其整体协同力,进而决定了所有政府部门所组成的公共产品和制度文化上的创新、学习或重复行为体系。如政府处于众多家庭、企业和政府存在的环境中,政府应该通过制定适当的政策和法规,促进市场竞争、鼓励创新和保护消费者权益。同时,市场也应该通过竞争和创新,推动政府的改革和发展(Strange,1988)。又如在短期内,政府通过财政、货币和产业调控政策显著影响企业和家庭的生产及消费总量和结构(Mankiw,2020),以及政府的大量人知资产公共投入可以快速积累区域人知资产,为企业、政府和家庭在创新和学习方面提供比较优势,促使行为主体选择创新和学习。此外,资源配置方面,政府通常通过权力强制分配资源,而市场则依赖于自由交换来配置资源(Coase,1960)。但若政府实行大政府、小市场的策略但未能确保效率与公平,且市场在保障效率与公平方面的能力受限,可能导致经济主体缺乏动力,影响其生产、服务、创新和学习活动(Rodrik,2008)。

家庭部门由具体的需求偏好、预期收益、资产负债构成,同时处于众多家庭、企业和政府存在的环境之中,决定了家庭部门之间在消费、投资和人口生产上的创新、学习或重复的平行竞合关系,也决定了家庭与企业和政府之间在消费、投资和人口生产上的创新、学习或重复的交互竞合关系。由此共同决定了所有家庭在消费、投资和人口生产上的创新、学习和重复内在能动力及其整体协同力,从而决定了所有家庭部门所组成的消费、投资和人口生产上的创新、学习或重复行为体系。比如,家庭的偏好、预期收益与财务状况影响其在物品消费、储蓄投资、人口生育和人知资产投资等方面的行为,这些行为进一步影响企业的生产、交易和服务活动,以及政府公共产品与服务的供应。而家庭需求多样化促使其行为更加倾向于创新和学习,这同时为企业和政府提供了创新和学习的动机,以创造或模仿新产品和新服务(Rogers,Singhal and Quinlan,2014);家庭偏好的多样性决定了其行为的差异性,这进一步引导企业和政府行为的多样化,促成了家庭、企业和政府之间不同程度的竞争和合作关系。

企业部门由具体的需求目标、资产负债和预期收益构成,同时处于众多家庭、企业和政府存在的环境之中。这决定了企业部门之间在生产和服务上的创新、学习或重复的平行竞合关系,即在同一行业或市场内的企业相互之间在生产和服务领域的创新竞赛、学习模仿与重复实践,受到各自目标定位、资源禀赋以及市场竞争态势的影响(Teece,2010),也决定了企业与家庭和政府之间在生产和服务上的创新、学习或重复的交互竞合关系,即企业如何在满足市场需求、顺应政策导向以及响应社会治理的过程中,通过创新、学习与重复行为进行适应与调整(Porter,1990)。由此共同决定了所有企业在生产和服务上的创新、学习和重复内在能动力及其整体协同力,进而决定所有企业部门所组成的生产和服务上的创新、学习或重复行为体系。

企业部门影响家庭、政府和企业的具体行为。企业部门追求预期收益最大化和其要素配置,主要决定了企业的生产内容、交换活动、提供的服务类型及其规模。企业的行为模式,通过与家庭和政府的互动交流,进一步塑造了家庭消费和政府提供公共服务的行为模式。企业的生产活动与家庭的互动直接影响家庭的消费选择和投资决策,这涉及消费企业生产的产品和向企业提供其所需的生产要素。同时,企业的生产、交换和服务活动需要与政府提供的公共产品和服务相协调,因此,这些活动影响政府公共服务和产品的供应决策,同时企业的纳税行为也对政府的公共支出策略产生影响。

企业部门影响家庭、政府和企业的抽象行为。企业的内部制度文化和要素配置决定其是否倾向于创新、学习或是重复性行为(Teece,1996)。企业的创新和学习行为不仅对政府和家庭提出了创新与学习的要求,同时也为它们创造了创新和学习的环境。这一过程有助于塑造政府和家庭中的创新和学习文化,并为企业积累相关的创新和学习要素(Nonaka and Takeuchi,2009)。

企业部分影响家庭、政府和企业的关系行为。企业部门通过其制度文化和要素配置,显著影响家庭、政府及企业间的竞合关系,进而决定这些主体间的相互作用和行为模式。企业的要素结构的同质性导致企业间的激烈竞争,而要素的异质性促进了企业间的合作和非完全竞争。企业间的竞合关系同样影响家庭和政府间的互动。企业对同质要素的需求促使家庭提供同样的要素,使企业间的竞争加剧;反之,对异质要素的需求则鼓励家庭提供不同的资源,促进家庭间合作与非完全竞争。企业的行为对政府政策制定具有显著影响。若企业间需求要素及对公共产品的需求均呈同质性,可能诱发政府间的同质性竞争;相反,若需求呈异质性,则促使政府间出现合作与部分竞争态势。企业在某一领域内的垄断地位不仅导致其与家庭之间的非完全竞争关系,同时也通过对特定要素的垄断需求,塑造了家庭对企业的非完全竞争态势。

4.4-2 经济要素通过影响经济主体能动力进而影响多重经济行为的发展及变化

1. 制度文化影响三重交互

"制度是行为规则,是引导人们行为的一种手段,能使得他人的行为变得更可预见,也为社会交往提供一种确定的结构。"①与其他要素十分不同,制度的直接作用是决定经济主体的需求偏好和预期收益。制度对个体的影响主要表现为制度对个体的外在激励和约束,以及对其内在的偏好、认知和习惯等的影响和塑造(黄凯南,2016)。制度变迁的直接作用是改变经济主体的需求偏好和预期收益,与此同时制度影响交互经济和成本。制度文化主要通过影响主体的需求偏好、预期收益影响经济主体的动力,通过影响经济主体的资产负债(要素分配)来影响主体能力,能力与动力结合形成能动力影响主体的三重行为选择,同时影响交互行为的经济与成本,影响各要素的产出,及其在部门、空间和时间上的结合。按照布罗姆利(Bromley,1989)的观点,个人的市场选择是在存在的制度安排以及个人收入条件所决定的选择集中作出的,制度界定了有益可图的交换范围。

制度文化会通过影响潜在收益和成本及其能动力从而影响具体行为(包括制度具体行为)。生产相关的制度变革改变了生产方式,提升了生产效率,降低了生产成本,扩大了生产规模。交换相关的制度创新改变了交互方式。在一个国家内建立统一度量衡的制度,便利了整个国家的产品交易;在多国之间签署自由贸易协定,也便利了商品和服务在国家之间的自由贸易。消费相关的制度及变化改变了生活方式。规范消费的行为交互,化解消费中的冲突,建立消费秩序,并且需要建立合适的制度与道德。但是,不同的制度文化会产生不同的消费方式。

制度文化也会通过影响潜在收益和成本及其能动力从而影响关系行为(包括制度关系行为)的状态。非市场经济制度决定了个体及组织通过非市场的竞争与合作途径(权力分配和武力强夺)实现资源分配,带来零和竞争或负和竞争。市场经济制度则决定经济主体通过市场的竞争与合作途径,实现资源的配置,带来正竞争。而在市场经济制度下,竞争性政策、公平竞争审查、公平产权保护等一系列的竞争制度的合理性和有效程度,决定竞争的公平程度。同样,合作制度的公平有效程度决定了合作的公平程

---

① 引自柯武刚、史漫飞、贝彼得:《制度经济学:财产、竞争、政策(第二版)》,商务印书馆2018年版。

度。而就政府之间平行竞争和合作以及政府与企业、家庭的交互竞合而言,计划经济下的统收统支的财税制度决定了每个政府都没有独立的利益,引发了政府之间的行政性竞争与合作。市场经济体制下分权财税制度,决定了政府之间政府独立的利益追求,带来政府之间市场化的竞争与合作。制度文化的质量和有效性直接影响交互的效率和成本,进而影响经济发展状况。此外,制度文化循环和路径依赖可能导致主体经济能动力良性或恶性循环,从而使主体之间经济主体能动力分化或者收敛。

制度作为社会的博弈规则,和所使用的技术一起,通过决定构成生产总成本的交易和转换(生产)成本来影响经济绩效(North,1990)。总体上,由政府创新、学习或者重复的制度文化,通过影响三大主体的需求偏好、预期收益和要素动能,影响三大主体的内在和协同的动力,进而影响三大主体的交互行为体系,并影响人口产品、人知资产、物质产品和科技产品及制度文化产品的产出体系。例如,政府的有关计划生育制度,影响人口的生育行为,进而影响人口的生产规模、生产结构和生产质量。[1]

2. 人口资本影响三重交互

经济主体包括个体和组织,人口既是经济主体也是经济主体的基本单元,经济主体行为最终体现在人的行为上。人口的需求偏好、预期收益和自身禀赋,决定了经济主体需求偏好、预期收益和人口(劳动)要素动能,从而影响经济主体的内在能动力和外在协同力,进而影响由人口构成的家庭、企业和政府的交互行为体系。需求结构决定了供给行为,多样化的消费需求引致多样化、复杂化的生产供给行为。劳动力相对充裕决定劳动密集型产业行为,而劳动力稀缺引致资金或技术密集性产业行为。由个体组成的不同空间和部门的人口,在偏好上的结构和程度不同,使得人口的具体抽象和关系行为不同。

比如,在工业革命之前,人口增长首先带来消费行为规模的扩大,同时带来农业生产行为规模的扩大。不仅如此,人口增加,通过规模效应,更多人次的具体消费和生产的重复,还可能带来具体生产行为的创新和学习。在工业革命后,家庭无限供给的农业剩余劳动人口,使得非农生产行为成为可能和必要,进而使得大量非农企业诞生,以及出现更多的从事非农生产行为。如刘易斯(Lewis,1954)提出的"二元经济模型"认为,在欠发达国家内部存在传统农业部门和现代工业部门两种经济部门,农业部门拥有近

---

[1]　蔡昉、汪正鸣、王美艳:《中国的人口与计划生育政策:执行与效果》,工作论文系列十四,2001年。

乎无限的劳动力供应,随着工业化进程的推进,现代工业部门对劳动力的需求逐渐增加,从而吸引农业部门的剩余劳动力流入。在劳动力无限供给阶段,工业部门的增长不会因为劳动力成本上升而放缓,直到农业部门的剩余劳动力几乎被吸纳完毕,达到"刘易斯拐点"。在"刘易斯拐点"之后,农业部门的劳动力供给变得稀缺,农业工人的工资开始上涨,城乡收入差距缩小,整个经济体逐步迈向较为均衡的发展阶段。这一理论为理解发展中国家工业化初期阶段的经济增长和劳动力转移提供了重要的理论指导,对于政策制定者和经济学者评估和制定发展策略具有重要意义(Lewis,1954)。

3. 人知资产影响三重交互

基于人类特有的意识本能,人在与自然界以及与人的交互中不断创造和积累人知资产即人内化的知识,如舒尔茨(Schultz,1961)的研究将人的知识、技能和健康视为一种可以投资和积累的资本,认为人力资本是通过教育、培训、健康和营养等途径积累的知识、技能、健康状况等无形资产,指出个体或社会通过投资于人力资本可以显著提升劳动生产率,从而推动经济增长和社会发展。随着人知资产增加,人知资产变得更加重要,家庭物质消费、物质投资、人口生产可能相对减少,人知资产的投资将增加。随着人知资产再增长,不仅物质消费、人口生产行为会减少,而且家庭创新型消费、创新型人口生产行为也将不断增长。总体而言,人知资产规模及变化通过决定或改变家庭的偏好结构、预期收益和资产负债,决定或改变了家庭在物质消费、物质投资、人口生产和人知资产投资上的竞争性重复、垄断竞争性学习和垄断性创新的行为。

具体而言,第一,人口转型对生产和服务产生影响。人口转型从供给和需求两个层面影响具体经济行为(包括企业、家庭和政府)。从需求的角度讲,人口数量的减少对物质和知识产品增长的需求将相对减少,但人知资产上升对精神产品的需求不仅在总量上增加而且在种类上增加。因此,总体上,人口转型将增加知识产品的种类和数量,从而使得精神产品的生产和服务更具多样化,物质和精神产品的分工也越来越细化。从供给的角度讲,人口增长下降和人知资产增长上升,使得供给更加依赖于人知资产和科学技术,从而使得物质和知识产品的分工再细化,知识产品的生产比例不断扩大。

第二,人口转型对创新和学习产生影响。人口转型从供给和需求两个层面影响抽象经济行为(包括企业、家庭和政府)。从需求的角度讲,人口转型家庭、企业和政府更有条件也更加需要增加创新、快速学习和减少重复行为。从供给的角度讲,如果说重复更多地需要物质和体力支持,那么创新和学习是需要脑力和知识支撑的。人口转型尤其是人口减少和知识增加,支持和倒逼家庭、企业和政府更多地增加创新、快速学习和减少重复行为。

第三，人口转型对竞争与合作产生影响。人口转型使得在人口的人知资产提升的同时，人口的差异化也相应提升，从而影响家庭、企业、政府之间的竞合关系。首先，三大主体内部及各自之间的家庭人口总量的竞争发展成为人知资产的竞争与合作。其次，由于差异化在提升，三大主体内部及其之间从同质竞争转向异质合作。再次，在人知资产主导竞合的同时，在物以稀为贵的规律作用下，争夺人口的竞争有可能更加激烈。同样，潜藏在人们头脑中的思想观念，以及政府官员的有关公共产品和公共服务层面的具体人知资产知识的积累，影响政府之间的制度文化和公共产品上的创新、学习和重复的平行竞合交互行为，以及政府与企业和家庭之间交换的竞合交互行为（Ostrom，1990）。

4. 科学技术影响三重交互

科学技术与人知资产都是知识，对于经济主体的行为具有相同的影响意义。但是与人知资产这一内化的知识不同，科学技术作为外化的知识，不随个人身体消亡而消亡，从而可以不断积累。而由于知识的不守恒和报酬递增，科学技术对经济主体行为产生决定性影响。消费、投资和人口生产层面的科技知识的积累，影响家庭的消费、投资和人口生产上的创新、学习和重复的平行竞合交互，以及家庭与企业和政府之间的交换交互。生产和服务层面的科技知识积累，影响企业之间的生产和服务上的创新、学习和重复的平行竞合交互，以及企业与家庭和政府的交换交互。同样，涉及制度文化和公共产品的科技知识，影响政府之间的制度文化和公共产品上的创新、学习和重复的平行竞合交互行为，以及政府与企业和家庭之间交换的竞合交互行为。随着科学技术知识的不断积累，政府、企业与家庭的创新、学习行为在增长，重复行为的比重在下降、效率在提升，政府、企业与家庭的具体行为越来越复杂多样。随着技术进步尤其是交通和通信技术进步，交互成本下降，政府之间、企业之间、家庭之间的平行交互，以及政府、企业及家庭之间的交换交互种类越来越广泛，空间上越来越遥远，时间上越来越及时。

5. 物质资产决定三重交互

物质要素及其产品状况影响家庭的消费、投资和人口生产行为，影响企业的生产与服务行为，影响政府的制度文化和公共产品供给行为。物质投入是通过经济行为发生结构变化的物质产出。但物质要素和产品反过来又会作为要素投入影响企业生产行为，作为产品产出影响家庭消费和投资行为，同时也从供求两个角度影响政府行为，不仅影响着家庭、企业和政府的经济行为的内容，而且影响三类主体的经济行为方式。例如,由于技术引起的交通工具的变化,使得家庭、企业、政府相互之间的竞争与合作范围扩大、内容加深、时间缩短。当物质产品极其短缺时,经济主体偏好物质产品,所以主要从事物质产品的重复、学习和创新的消费、生产、交换和服务。随着物质产品的增长,经济主体需求偏好、预期收益和资产负债结构的变化,家庭、企业和政府的行为则从物质产品竞合的重复、学习、创新的消费、生产、交换和服务,转向更多知识产品竞合的重复、学习、创新的消费、生产、交换和服务。当物质产品增长到一定程度,经济主体将主要从事知识产品竞合的重复、学习、创新的消费、生产、交换和服务。

4.4-3 经济分布通过影响供需主体能动力进而影响多重经济行为

经济行为由为实现经济发展的经济能动力推动,经济能动力是需求偏好、预期目标和要素动能相互作用的结果。经济行为是多个主体与要素相互结合、相互作用的结果,并且在不同部门、不同空间和不同时间,主体和要素的禀赋集合并不相同,这不仅决定了具体行为的不同,而且决定了抽象行为和关系行为也不同。

1. 空间对三重行为产生影响

空间本质是要素在区位上的集合。空间对经济行为的影响是空间上的先天和后天要素组合在一起对经济行为产生影响。不同的空间要素组合不同,而且由于要素量的不同,形成的满足最大化收益的力量的大小和方向也不同,从而决定了经济主体的具体行为、抽象行为和关系行为不同。

2. 经济空间影响交互主体的具体经济行为

具体经济行为需要一定要素及空间条件,不同的具体经济行为所要求的条件不同。因此,经济空间的先天差异以及后天内生的差异,所形成的各区位的空间具体行为的比较优势,决定了具体经济行为的差异。例如,气候温暖、土地肥沃的区位适合农业生产经济行为,而河流交叉的区位适合交换行为的发生,矿产资源丰富的区位决定了现代技术条件的矿业开采和加工行为。同样,教育科技发达区域决定行为主体大多会选择和从事教育与科创行为。

3. 经济空间影响交互主体的抽象经济行为

抽象经济行为需要一定要素及空间条件,不同的抽象经济行为所要求的条件不同。因此,经济空间的先天差异以及后天内生的差异,所形成的各区位的空间抽象行为的比较优势,决定了抽象经济行为的差异。例如,创新富集知识生产要素的先发空间区位,基于比较优势,该空间区位上的经济主体将持续选择和从事创新性经济行为。拥有一定知识要素和人知资产的区域后发区位,基于比较优势,该空间区位上的经济主体将持续选择学习行为,并在学习中不断积累创新要素,从而在改变区位性质后,转向创新行为。对于没有任何创新要素分布的知识贫穷的后发区位,相对比较优势可能在于重复,从而经济主体可能主要先致力于重复经济活动,然后在重复的基础上,改变空间区位的性质,积累学习和创新的要素条件。具体区位的抽象行为所需要的要素禀赋状况,决定了具体空间行为的个性,同时决定了整体空间结构的差异。

4. 经济空间影响交互主体的关系经济行为

关系经济行为需要一定要素及空间条件,不同的关系经济行为所要求的条件不同。因此,经济空间的先天差异以及后天内生的差异,所形成的各区位的空间关系行为的比较优势,决定了关系经济行为的差异。首先,就具体空间区位而言,不可移动物质要素、制度文化以及政府等空间要素禀赋影响着区位上的主体是选择垄断、竞争、对抗还是合作。例如,不可移动物质要素高度同质,可能导致行为主体之间的完全竞争。而随着区位上行为主体的竞争,以及获取最大化收益的追求,要素积累并转向差异化,经济主体之间从完全竞争转向不完全竞争,从竞争转向合作。

另外,制度与文化的区位特征也非常强烈地影响着行为主体的竞合特性。保护竞争、反对垄断的制度文化区位中,经济主体更多地倾向于公平竞争行为。相反,如果在不可移动要素存在较大差异,尤其是通过后天累积形成的区位,则支持合作和垄断,支持垄断的制度文化则带来经济行为主体的垄断。在技术不甚发达的古代,平坦广袤的地势带来战争的成本比贸易的成本更低,则战争可能成为主要的经济交互行为。而在崎岖不平的山地带来战争的成本高于贸易,则贸易成为这一区域的主要行为。同样,在整体空间结构中即各具体区位之间,如果各区位之间存在较大的差异,则有利于不同区位之间的主体开展合作。而如果各区位之间存在较大的同质性,则导致各区位之间的主体展开同质竞争。例如,改革开放刚刚开始之时,相邻区域的要素禀赋几乎相同,即区位之间呈现雷同,这使得各区位之间,无论是政府、企业还是家庭,其比较优势都不明显,于是展开同质竞争。但是在竞争过程中,基于最大化利益追求,行为主体在竞争中寻求和强化差异,通过因果循环,反过来使得区位发生差异。进而,区位之间由竞争转向合作,由完全竞争转向不完全竞争。

5. 部门对三重行为产生影响

部门是经济发展的结果和表现。不同部门实际上是集聚不同要素投入和产品产出。显然,不同要素决定不同的生产行为,不同产品要素决定不同的生产行为,不同产品决定不同的消费行为。所以,部门对交互行为的影响,实际上是部门的组合的要素或者产品对经济行为的影响。从需求角度看,经济结构的多样化和高级化对要素投入提出的需求,改变了经济主体部门结构的需求能动力,从而影响经济主体的有关经济结构多样化和高级化的需求决策选择。从供给角度看,经济结构的多样化和高级化作为产出为经济主体多样化和高级化的消费、投资、生产、服务等提供了最终产品和中间产品,塑造了多样化和高级化的供给能力,影响经济主体实现经济结构多样化和高级化的供给行为选择。总体上,经济结构的多样化和高级化,通过改变经济主体的资产和负债结构,改变了供需能动力结构,影响经济主体在具体领域的创新、学习和重复的竞合交互行为。

经济结构影响家庭在人口生产、消费与投资等具体领域的创新、模仿和重复的竞合交互行为。从需求角度看,经济结构的多样化和高级化对家庭要素投入结构多样化和高端化提出需求,作为需求牵引力,通过多样化和高级化所带来的预期收益的变化,进而改变家庭的人口生产、人知资产投资、物质资本投资的规模和结构的创新、模仿和重复的竞合交互选择行为。从供给角度看,经济结构的多样化和高级化的经济产出,作为供给驱动力,支持家庭的消费和投资组合作出多样化和高级化的创新、模仿和重复的竞合交互行为选择。

经济结构影响企业在生产、交换和服务等具体领域的创新、学习和重复的竞合交互行为。从需求角度看,经济结构的多样化和高级化对企业要素投入的多样化和高级化提出需求,作为需求牵引力,将改变企业要素投入及生产行为的的选择。从供给角度看,经济结构的多样化和高级化的产出,可以转化为企业多样化和高级化的生产与服务等的中间产品和要素,形成供给驱动力,将改变企业要素投入及在生产方面的创新、模仿和重复的竞合交互行为选择。

经济结构影响政府在公共产品和公共服务等具体领域的创新、学习和重复的竞合交互行为。从需求角度看,经济结构的多样化和高级化对政府的公共产品和公共服务供给提出需求,作为需求牵引力,通过多样化和高级化所带来的预期收益的变化,进而改变政府的公共产品和公共服务供给组合,以及在规模和结构的创新、模仿和重复的竞合交互选择行为。从供给角度看,经济结构的多样化和高级化的部分经济产出,可以转化为公共产品和服务的投入或者公共资产,形成供给驱动力,支持政府在公共产品和公共服务上的供给组合,作出多样化和高级化的创新、模仿和重复的竞合交互行为选择。

6. 时间对三重行为产生影响

时间是部门和空间的延续,其本质是部门要素和空间要素集合的变化。时间对经济行为的影响通过部门和空间上的要素组合变化发生。不同部门和不同空间要素组合,在数量和质量上是变化的。形成的满足最大化收益的力量的大小和方向也是变化的,从而决定经济主体的具体行为、抽象行为和关系行为变化。例如,全球气候变暖已经对不同空间和不同部门的家庭生活、企业生产和政府公共服务行为产生了重要影响。

4.4-4 三重主要经济行为的决定机制

1. 人类长期经济发展决定于经济主体行为发展

经济主体行为即创造物质、人口、知识的行为,由经济主体的三个因素,即需求偏好、预期收益和要素动能所构成的行为能动力决定。要素动能由人类经济发展产出转化而来的。由经济产出转化而来的要素动能,通过影响主体们的需求偏好和预期收益,并与需求偏好和预期收益一起影响经济主体行为体系。首先,个体的需求偏好、预期收益和自身禀赋,形成源能动力,决定个体行为,个体反复交互形成的认知模式会影响需求偏好和预期收益。而个体的本能欲望决定最大化的需求以及协同规模效应,产生交互行为进而是交互的经济组织主体和制度文化,但是初始制度文化的内容决定于主体内个体制度文化认知及其个体之间的制度文化能动力的博弈,个体异质性及其形成的能动力相互作用形成制度合力及其变化,决定了制度文化及其变化。

基于主体自身生理及心理禀赋和制度文化,衍生并连同需求偏好和预期目标,形成组织能动力,决定了经济主体的经济行为,获得一些报酬递增的物质产出,然后改变需求偏好和预期收益,连同产出转化的要素动能(人、物与制度文化),形成主体能动力,驱动经济无数次的行为重复,在获得物质产出的同时,获得一些知识创新,然后转化成要素动能。但是在人类经济发展的初始阶段,在要素结构中,由于知识创新十分偶然,知识积累十分有限,产出报酬递增的效应并不明显,因此相对于知识,劳动力及人口在物质和知识创造中的作用更大,从而物质产品导致需求强化人口需求偏好和目标收益,导致物质增长向人口增长转变,从而导致物质生产、物质消费、人口生产的循环。在物质和人口生产重复中,附带着"干中学",即偶然的创新和知识积累。当知识积累到一定阶段,知识要素动能作用加强,即报酬递增效应比较明显。知识积累会改变经济主体对知识的预期收益,使知识变得更重要,进而使得经济主体更加偏好知识创新。基于知识不守恒和规模报酬递增性质,三类主体的需求内生边际增长和协同规模效应,伴随知识的不断增加以及向要素动能的直接转化,带来更多的知识创新行为、更多样的具体行为和更大范围的交互行为,从而形成数量和种类更多的物品,同时基于协同规模效应(分工规模效应),促进分工以及组织的发展多样化。

与此同时,初始制度文化及其背后的力量均衡结构影响对产出向要素的转化产生了影响,同时也影响了主体的需求偏好和预期收益,进而影响主体的产出以及向要素的转化。由于个体存在着异质性,交互规模经济所导致的制度文化及其背后的均衡力量结构存在着差异。这种差异进一步导致了需求偏好和预期收益存在差异。相对自愿性组织所对应的相对自由市场的经济制度,促进需求增长和预期目标的改变,带来物品和制度的创新,从而带来经济体系扩展。相反,强制性组织所对应的相对非市场的经济制度,抑制了需求增长和预期目标的改变,导致物质和制度的重复,从而导致经济体系的停滞或者萎缩。由于初始条件存在着多个组织社会,随着知识缓慢积累,交互成本不断下降使得竞合的规模越来越大。这个过程中,竞合的性质也在发生变化,从低水平相同转向高水平的差异,从完全竞争转向垄断竞争再转向完全垄断,从自给自足到局部分工再到完全分工。随着这些变化,经济主体间的交互范围将扩大。在不断扩大的竞合交互中,如果相对自愿的联合性制度结构(市场经济制度)能够有效地发挥作用,而相对强制的联合性制度结构(非市场制度)抑制需求偏好合和预期收益,导致抽象行为的重复和具体停滞或者萎缩,或自取消亡,或优胜劣汰,在组织之间的制度竞合中,自愿性联合制度体系(市场经济制度)将逐步增强。

2. 金融体系及发展影响主体交互行为的规模扩大、类型增多和范围扩大

金融体系的形成和发展支持经济主体的创新、学习和重复行为。基于最大化满足内生边际递增的欲望,知识内生报酬递增和交互规模报酬递增,经济主体的创新、学习和重复始终并存,金融体系的形成和发展扩大了需求内生增长程度,从而扩大了创新和学习的需求能动力及行为,扩大知识的内生报酬递增程度,从而扩大创新和学习的供给能力及行为,降低创新和学习的交互成本,提升创新和学习的交互能动力及行为。

金融体系的形成和发展扩大经济主体的生产、服务和消费行为。一方面,它通过货币和信贷可以更加便利家庭的投资、消费和人口生产行为,更加便利政府的公共产品和服务的供给行为,更加便利企业的具体生产和交换行为。另一方面,它通过信用可以放大家庭的投资、消费和人口生产行为,可以放大企业的生产和交换行为,可以放大政府的公共产品的供给行为。

金融体系的形成和发展促进了经济主体的合作与竞争的交互行为。在货币和信贷

出现之前,经济主体之间的交互关系简单但不便。货币和信用的出现既增加了经济主体之间的复杂关系,也增加了经济主体交互的便捷性。现代经济体系下,金融降低了经济主体的六种竞合交互的难度和成本,扩大了六种竞合交互的范围和规模,增加了经济主体之间的复杂性和信息非对称性,带来不确定性和利益的冲突。通过金融工具和金融机制,经济主体之间的合作得以促进。同时,通过金融赋力,经济主体之间的竞争也更剧烈。

3. 经济总量增长影响家庭在人口生产、消费与投资等具体领域的创新、模仿和重复的竞合交互行为

经济增长增加了家庭的收入,短期内,在消费方面,快速的经济增长不仅从实际上而且从预期上扩大了家庭消费规模和提升消费层次,从而扩大了家庭消费的创新、模仿和重复行为的竞合行为。在人口生产方面,收入是影响生育率更为根本以及更为重要的变量,经济增长为家庭人口增长创造了物质条件,也提升了人口生育的信心。在投资方面,经济增长在扩大消费的同时,也从实际和信心上增加了储蓄和投资(包括物质资本和人知资产投资)。长期内,经济增长改变经济主体物质消费、物质投资、人知资产投资和人口生产的结构,随着人均收入的提升,人知资产变得越来越重要,相对于物质消费、投资和人口生产,知识消费和人知资产投资将逐步增加。

经济总量增长影响企业在生产、交换和服务等具体领域的创新、学习和重复的竞合交互行为。短期内,经济快速增长通过扩大居民储蓄使得企业投资快速增长,从实际和预期上支持了企业的扩张行为,促进企业在具体生产领域的创新、学习和重复行为的快速增长。而缓慢的经济增长通过不变甚至萎缩的储蓄,导致企业投资缓慢甚至下降,从实际和预期上限制企业的扩张,加速企业在具体生产领域的创新、学习和重复竞合行为的减少。长期内,经济增长改变企业的投资结构,相对于劳动和物质资本投资,科学技术投资和人知资产投资占比在提升;相对于重复的竞合行为,学习和创新的竞合行为更加普遍。

经济总量增长影响政府在公共产品和公共服务的具体领域的创新、学习和重复的竞合交互行为。短期内,经济快速增长通过快速扩大政府的收入,进而快速扩大政府的支出,从实际和预期上支持政府的公共产品供给的扩张行为,促进政府在具体公共领域的创新、学习和重复行为的快速增长。而缓慢的经济增长通过不变甚至萎缩的政府收入,导致政府支出缓慢增长甚至下降,从实际和预期上,限制政府在公共产品供给方面的扩张,加速政府在具体公共产品领域的创新、学习和重复竞合行为的减少。长期内,

经济增长改变政府的投资结构,相对于物质公共产品和公共服务的供给,知识公共产品和公共服务的占比在提升,相对于重复的公共产品供给竞合行为,学习和创新的公共产品供给竞合行为更加普遍。

所以,人类的经济行为最终还将表现为上述经济行为、经济组织的制度竞合,从而导致经济主体的三重行为:从偶然的创新、缓慢的学习、长期的重复,转向周期性创新、较快的学习、短期的重复,再转向日常性创新、快速的学习、短暂的重复。具体行为从长期不变到偶尔增加,再到周期性增加,最后到快速和加速增加。主体之间的交互,从数量很少到越来越多,从空间很小到越来越大,从时间很长到越来越短。

总之,需求内生增长、交互规模效应和知识内生增长,以及制度的决定、性质与影响,决定了初始交互行为产生的物质和知识有可能改变需求偏好和预期收益,促进三重交互。初始交互阶段知识动能十分有效,对产出的作用有限,主体偏好物质和人口的需求,从而导致长期缓慢人口和物质生产消费的循环。随着附带创新行为带来的知识积累,知识逐渐增加,知识作用扩大,主体知识偏好增加,人口产出减少,知识产出增加。初始交互形成的不同制度文化对需求偏好和预期收益有不同影响,抑制或者促进三重交互,从而使得积极的制度文化促进知识对三重行为变化的影响,消极的制度文化抑制三重行为变化,最终通过组织之间的竞合,选出积极的制度文化。要素及主体的多重影响决定了促进经济主体具体行为多样化、抽象行为创新化、关系行为广泛化。

4.5 人类经济行为的统一解释

4.5-1 采猎经济时代的供需能动力决定了采猎的具体行为、重复的抽象行为和合作的关系行为成为主导

人类在演化而来的智慧生理组织基础上拥有了意识,以及本能的生产与交互技能,包括旧石器以及语言和口口相传的交流技能。本能需求与交互规模效应决定极小范围的交互,形成氏族及部落组织。由于生存和繁衍是第一要务,因此物质生活资料生产及消费者以及人口生产是生产者和消费者的主要偏好,而彼此相依才能创造更多的极度短缺的规模产出,决定了氏族内部产权公有和资源组织配给制度保证收益和力量最大化,氏族成员内的公有制度需求偏好、预期收益和要素动能决定了制度能动力的合成,决定了氏族公有制度的行为选择。与此同时,氏族及部落之间的无政府状态,以及资源

相对稀缺、氏族及部落组织的最大化需求偏好,决定了氏族及部落之间的弱肉强食的强夺性自发秩序"制度"。基于氏族制度,氏族成员的要素动能组合成能动力,决定不断重复接近本能的采集和渔猎生产、人口繁衍、进攻与防御等的简单行为,氏族规模决定于规模成本收益、规模向心力和离心力以及氏族之间的竞争力量的均衡。同时,基于物质要素的空间有限性,氏族生产、消费和生育的行为都具有流动性。

经过漫长而不断重复物质和人口生产的"干中学",知识副产品开始被极其偶然地创造,从而提升了生产和消费动能,也逐步获得了更多的物质产品及人口。但当物质产品相对人口出现些许剩余后,氏族成员的自利需求本能产生物质自有需求偏好释放以及预期收益发生变化,会引起私有和市场制度需求偏好强化及预期收益变化,进而形成多种个体的制度力量,并在博弈中形成新的力量均衡,出现氏族内部私有产权。在氏族之间,当出现交易的收益大于强夺的收益,交易的成本小于强夺的成本时,交易制度成为氏族的重要制度偏好,交易制度可能成为除了强夺制度之外的新制度选择。此时,物质生产与交互技术表现为天人生产与交互;知识生产与交互技术表现为人工的生产与交互;人口的生产与交互技术表现为人口天然生产和交互。

4.5-2 农业化时代供需能动力变化决定了农业具体行为、重复抽象行为和孤立的关系行为在增长

长期的采集、渔猎生产中的"干中学"实现的偶然创新,还逐步积累了对植物和动物生长规律的认知以及生产、交换(货币)的技术知识。主体需求偏好、预期收益和知识要素动能的相互作用,形成了从天然制造转向天人制造的新农业生产力和消费力。而农业的主要生产要素即土地的不可移动性所带来的空间生产成本和空间收益的比较,决定了开启种植和养殖的农业生产和消费行为可能是更小范围的交互行为,即自给自足的生产消费行为,决定经济主体之间的制度是自给自足主导和市场交换为辅助的制度安排。另一方面,更多的物质产品出现相对剩余,使得非农和分工成为可能。专门处理公共事务行为的国家开始出现,与此同时,除了专门的手工业者和商人外,军人、行政人员、文化人员等开始出现。在世界早期农业文明发源地,以家庭为单位的自给自足的农业生产、农产品消费以及人口繁衍,城市国家之间的频繁交战,以及相互的贸易也开始出现。近年的研究发现:希腊在公元前 1000 年到公元前 600 年就拥有了相对成熟的市场体系(Izdebski et al., 2020)。就一个经济体系而言,以家庭为单位的农业生产和农产品消费以及人口繁衍行为的知识、物质、人口的积累以及制度完善,使得以家庭为单位

的农业生产和农产品消费以及人口繁衍行为变得更加普遍。

4.5-3 农业时代的供需能动力决定了农业的具体行为、重复的抽象行为和隔绝的关系行为成为主导

长期的农业生产、人口繁衍和国家进攻与防御中，形成了人口与农业物质产品生产、人口生产和人口消费农业产品的循环往复。一方面，通过农业生产、消费以及偶尔的商品交换的"干中学"，偶然产生的生产和交换的知识副产品，以及剩余产品，带来了专门的知识者和传播者，也将偶然带来一些"基础"科技的创新行为。但是，由于知识积累比较少，不仅使知识创新比较难，而且使知识无法发挥显著的规模效应，物质生活资料过度短缺，因此物质以及创造物质的人口仍然十分重要，生产及消费者的物质与人口需求偏好，与一些知识动能结合，带来物质增长与人口增长的循环重复行为，带来制度的不断重复行为，带来物质产品和人口循环增长与下降，导致长期停滞的"马尔萨斯陷阱"。

尽管如此，长期物质生产消费与人口生产重复，也会偶然地创新并积累生产与交换的技术进步的副产品。这些副产品包括：生产技术工具即新石器和铁器，以及交互技术性设施和技术性工具。人与物的载体如牛马、车船，知识承载和传播工具文字、书籍、印刷术等，商品交换工具（如货币）诞生并缓慢发展。与此同时，由于初始的外生要素禀赋差异，自然演化而来的各经济子系统，与物质要素、知识要素、人口要素、制度要素，以及由此导致的主体需求偏好和预期收益不同，而相邻经济体系又处在无政府的对抗之中，从而导致各经济体系之间的力量处在此消彼长的变化之中，进而导致人口、知识和物质产出也处在此起彼伏的变化之中。例如，最早的两河文明、尼罗河文明、爱琴文明、古印度文明、黄河长江文明等几经兴衰此起彼伏。以欧洲和中国为例，欧洲中世纪的奴隶和封建经济制度，限制了个体的积极性和资源的有效配置，导致经济长期衰落和停滞。而在文艺复兴之后逐渐形成的市场经济，驱动了近代欧洲经济的崛起。中国经过春秋战国的对抗和竞争，由秦创新的"废井田，开阡陌"的私有和市场交换制度，不仅统一了六国，也率先创立了自给自足为主和商业交换为辅的制度体系，能够维持经济简单循环，使得中国在很长的时期内保持着领先的地位。此时，物质生产与交互技术同样表现为天人生产与交互；知识生产与交互技术同样表现为人工的生产与交互；人口的生产与交互技术同样表现为人口天然生产和交互。

4.5-4 工业化时代的供需能动力变化决定了非农物质产品的快速重复与广泛交互的行为

技术积累达到一定程度,尤其是机器动力的生产技术和机器动力的交互技术出现后,对物质产品和知识产品生产发挥的作用显著增加。这使得一些经济主体消费和生产物质、人口、知识的需求发生变化,对新的物质尤其是知识产品的需求偏好增强。但是,新的物质和知识产品,预期收益会有差异,这影响了生产者、消费者和政府关于制度选择(即制度创新)的偏好和预期收益。在与各自拥有的制度变化要素动能相结合后,他们形成不同方向的制度变化力,进而综合形成不同结构的均衡,这决定制度向不同的方向变化或者保持不变。然后,制度成为重要的动能,并与主体偏好、预期收益一起决定物质、知识和人口产出增长和结构变化。总体上,在制度变革的支持下,技术、物质与人口三者相互促进,使得物质数量和种类快速增加,人口增长快速增加,技术知识周期性增长,经济增长主要表现为物质产品和人口的高速增长。在由历史演化而来的世界经济的各个子系统中,一些国家的知识创新和制度创新实现了历史的巧合,相继渐进改变经济主体的需求偏好和预期收益,并与制度、技术、物质和人口一起推动了工业化进程,即大规模机械化的非农生产、消费和交换行为。在各经济系统的竞争和对抗中,其他经济体系也陆续主动和被动地实施迈向工业化时代行为的转型,直到接近完全进入工业时代。这一时期的物质产品尤其是工业产品取得极大发展,知识产品包括生产工具技术和交互工具技术呈现周期性飞速发展,带来了"后马尔萨斯时代"的加速增长。从技术层面看,从"干中学"的副产品转向"学中创"和"创中创"。例如,1782—1892 年间,工厂及其制度诞生,机器生产逐渐替代手工业,纺织业、冶金、钢铁成为当时的主导产业。蒸汽机提效及铁路的出现进一步推动了工业化进程,蒸汽机、轮船、机械成为当时的主导产业。英国以仅占世界 2% 的人口,占据了全世界 50% 的制成品贸易,成为"日不落帝国"。

4.5-5 工业化时代的供需能动力使得非农物质产品的快速重复与广泛交互的行为成为主导

在工业化完成之后,随着物质产出的积累、人口的增长,尤其是知识创造的积累,知识相对于人口和物质变得更加重要,从而使需求者和生产者的需求偏好和预期收益更偏重于知识而不是人口和物质,进而导致人口生产增长放缓而人知资产的投资增加。

经济主体总体需求偏好和预期收益的变化决定了制度需求偏好和预期收益变化,从而形成制度变革的个体力量和整体综合力量,并通过各个经济主体之间的博弈,决定知识增长和人口增长放缓的具体(方向)制度安排(市场经济制度在竞争中处于主导地位)。如此,主体需求偏好、预期收益以及物质、人口、技术与制度结合,分别形成各种产出力量,决定工业时代物质、知识、人口、制度的产出及其循环。具体表现为:物质继续增长(但是需求下降),人口生产行为减缓,知识的生产行为包括人知资产投资和科技知识创造继续快速增加。这表明经济增长开始表现为知识的增长。

在主体行为上,非农行为占据完全主导地位,物质活动行为数量增长放缓,但种类继续快速增长。同时,人口生产增长逐步放缓,而知识经济行为,包括人知资产投资与科技知识的生产及消费行为快速增长。这反映了物质和知识产品的创新增长、学习速度加快以及重复行为减少的趋势。此外,更少的孤行行为,更多、更大范围、更快速的交互,成为新的特点,自由竞争行为转向垄断竞争行为。技术创新行为已经转变为专门的行为主导,生产技术包括材料技术和动力技术,知识交换、物质交换的交换技术,创新周期不断缩短。1892—1948年间,电力、内燃机、化学等技术的发明和应用,推动了电力、石油、汽车、化学、航空等新兴行业的出现。而自1948年以来,石化和汽车在二战以后对经济产生巨大的推动作用。此外,世界货币、汽车、飞机、电报、电话、书籍不仅推动了金融、交通、通信等产业发展,而且扩大了经济交互的空间和部门,缩短了交互的时间。这些变化共同促进了工业时代物质、知识、人口、制度的产出及其循环的发展。

4.5-6 知识化时代的供需能动力变化决定了知识具体行为、创新抽象行为和全球交互行为的提升

物质的广泛开发,知识的创新周期缩短,以及人口数量的增长放缓,将影响并改变主体的需求偏好和预期收益的持续变化,进而创造和改变主体的相关力量。在物质方面,由于维持人们生存的物质的质能数量需求将稳定增长,重复性物质产品消费需求将减少,非重复性物质产品以及知识产品需求将不断增加。人越来越多地从事非重复性物质生产和消费,而重复性的物质生产更多地被机器以及智能机器代替。在知识方面,知识在创造物质和新知识方面更加重要。由于知识积累所不断增长的动能,与生产、消费、公共部门主体的偏好知识和预期收益一起,形成更强的知识生产、消费和投资力量,产生更加广泛的知识生产、消费和投资能动力,形成比例越来越高的非重复性知识生产、投资与消费行为,重复性知识生产更多地被机械代替。在人口和人知资产方面,知

186

识重要性的提升使得三种主体强化对人知资产的偏好,减弱对人口劳动力数量的偏好,这与要素动能相结合,促使经济主体增加人知资产投资的力量和行为,减少人口数量增长生产和抚养的力量和行为。

与此同时,主体关于人口寿命增长的需求偏好和预期收益,以及由此带来的生物医药技术的进步,合成延长人口预期寿命的力量和行为,促进人口预期寿命的增长。在制度文化方面,知识的作用日益增强。主体在改变知识需求偏好和预期收益的同时,也在改变部分主体的制度文化需求偏好和预期收益,并结合要素动能,形成有关主体关于具体制度创新的不同方向和强度的力量。如果制度创新的力量超过制度不变的力量,制度创新将得以实现,进而物质种类多样化创新、知识产品种类和数量的创新才能转变为现实。反之,若制度创新未能实现,则潜在的知识无法再生产,在此基础上,有关人口转型和物质多样化的生产与消费、创新与学习都无法实现。

总体上,由于在全球各子经济体系的制度创新、人口结构、知识技术和物质要素及其开发存在差异,不同空间和不同部门处在力量结构下,一些空间和一些部门的知识经济行为可能率先发生。在随后的竞合中,其他的区域和部门通过竞争与合作、创新与学习,在曲折之中主动或者被动地实现由物质投资、生产和消费向知识的生产消费投资的主导的转变。世界银行 2019 年度报告指出,近年来"可编码、可重复"的工作正在被替代,比如德国运动品牌阿迪达斯建立数字工厂,使用 3D 打印技术生产鞋子,在越南减少了 1 000 多个工业岗位。这表明,非重复性和知识密集型职业的比例开始提升,劳动密集型、资本密集型职业转换为高端认知技能和社会行为技能密集型的职业。

总之,在具体行为方面,物质和知识行为变得复杂和多样化。在抽象行为方面,人主要从事不断增加知识的创新,智能机器也将从事部分的知识创新,物质和知识重复生产逐步由机器完成。在交互行为方面,由于技术进步带来的交易费用的下降,促使组织主体不断变化,生产和消费的单位将小型化,并向完全市场交换行为转变。与此同时,技术进步继续不断降低交互的成本,促进分工和迂回生产,分工将无限细化。此时,物质生产技术表现为人工智能及智能制造;物质交互技术表现为交通工具和交通设施,具体例如高速车船、航空航天、飞行器等;知识生产技术表现为人工智能及智能制造;交互技术表现为互联网、物联网、电子货币;人的生产和维持技术表现为生命的生物与医药技术。

4.5-7 知识化时代的供需能动力使得知识的具体行为、创新抽象行为和全球交互行为成为主导

知识的进一步增长和积累改变了主体的需求偏好和预期收益。知识与主体的需求偏好和预期收益相结合,形成了决定物质生产、消费与投资行为的主体能动力,维持人们生存的物质的质能数量需求将继续保持稳定增长,但欲壑难填的本能决定了人们对新种类物质的需求将继续增长。与此同时,物质产品的重复生产主要由机器和智能机器完成,人们的制造行为主要表现为含有知识创新的新物质产品的制造。

对于知识生产、消费与投资行为,维持人们生存的物质的质能数量需求也将继续保持稳定增长,但欲壑难填的本能决定人们对物质尤其是对新种类知识的需求将继续增长。多样化创新的知识生活资料仍在不断增加,知识在创造多样化物质和新型物质方面更加重要,从而生产、消费主体以及公共部分更加偏好知识,知识的预期收益更大,再基于不断增长的知识要素动能,形成更强的知识生产、消费和投资力量,从而形成更加广泛的知识生产、消费和投资行为。与此同时,促进知识创新的制度通过三类主体的需求偏好、预期收益和要素动能形成的力量的变化及其博弈并不断创新。

对于人口生产和生活行为,人口寿命延长一直是经济主体的需求偏好。随着人口健康寿命动能增加,人口寿命和健康预期不断增长,由此决定了人口寿命消费和生产力及其行为的增长。也就是说,每个家庭将更加重视维持健康的消费,提供促进健康和延长寿命的生产和服务将不断增加,政府和公共部门也致力于提供提升人民健康水平和有助于长寿的公共产品。但是当人口生产技术实现重要改进,人口生产和抚养的成本大幅下降时,在人口数量增加和人口寿命之间的比较中,继一段时间下降之后,人口数量也许会再度出现快速增长。

对于人知资产投资行为,由于知识更加重要,所以,三类主体的知识需求偏好相对于物质和人口增加更加强烈,从而带来更大的人知资产时间和资本的投入,使得人口的知识技能更精深,人的知识创新能力更高。随着知识作用的增强,知识会改变三类主体对工作、休闲和学习时间安排的需求偏好和预期收益,形成相应的行动力,使得休闲时间与学习时间进一步增加,工作时间进一步缩短。

对于制度文化的创新行为,知识的作用增强,主体在改变知识需求偏好和预期收益的同时,也在改变部分主体制度文化需求偏好和预期收益,并结合要素动能,不断形成有关主体关于具体制度创新的不同方向和强度的力量,决定制度创新的力量不断超过

制度不变的力量,开展有关制度创新行为的博弈行为。总体上,在具体行为方面,物质和知识行为继续变得复杂和多样化。在抽象行为方面,人们主要从事不断的知识创新,智能机器也将从事部分的知识创新,而所有的物质和知识重复生产都将由机器完成。在交互行为方面,技术进步带来交易费用的下降,使得家庭、企业将最终消失,人们以个体作为生产和消费单位,实现完全市场交换行为。与此同时,技术进步继续不断降低交互的成本,促进分工和迂回生产,从而最终实现人人分工,真正实现在世界意义上,"人人为我,我为人人"的寡头垄断市场结构及其行为。

在知识创新主导的时代,物质生产与交互技术表现为智能生产与交互;知识生产与交互技术表现为智能生产与交互;人口的生产与健康技术表现为智能生产和康养;交互技术表现为即时通信,特别是元宇宙技术的出现不仅提升了即时通信的体验,而且增加了沉浸感和交互感,打破了时空约束。支持交互的货币也可能经过虚拟货币的演化而逐渐消失。

人类经济组织的统一发展

经济个体在其供需能动力支配下从事的行为决定产出。基于前提假定，经济个体不仅拥有资产供需能动力，从而支配资产供需行为，形成资产循环；而且形成不同交互方式供需能动力，从而支配不同交互方式，包括组织的供需，形成组织并循环发展。经济组织进而又作为行为主体影响经济发展。

5.1 经济行为组织的基础分析

5.1-1 经济组织的本质与构成

1. 经济组织的性质与分类

经济主体是指在经济活动中能够自主设计行为目标、自由选择行为方式、独立负责行为后果并获得经济利益的能动的经济有机体。经济主体包括经济个体和经济组织。

经济组织是个体的集合，是经济个体为了一定目标而交互的一种方式，即经济交互的指令性方式。它是在一定物质技术条件下，进行资源配置并在此过程中最大化解决经济主体内外不平衡分布的机制；从一定意义上来说，组织是生产要素或者生产力。马歇尔把组织作为第四种生产要素引入经济学理论。

与经济个体类似，经济组织具备四个要素：稳定的以人为中心的若干经济资产，具体的经济预期目标,明确的个性特征和欲望偏好,以及区别于其他主体和外部环境的明确边界。

基于不同经济目标,经济组织有多种类型。从经济运行目标看,经济组织一般应分为公共资产供给组织、私人资产供给组织、公共资产需求组织、私人资产需求组织,这些组织基于成本收益或者向心力离心力决定可以是分离的或者合一的。经济组织从总体功能角度可以分为:供给组织或需求组织,供给组织又分为私人产品供给组织、公共产品供给组织、私人要素供给组织和公共要素供给组织。需求组织又分为私人产品需求组织、公共产品需求组织、私人要素需求组织和公共要素需求组织。这些组织基于利益的权衡和力量的决定,有些是合工重叠的,有些是分工独立的,并且都不断发展。现代经济体系下,组织通常分为三类:公共部门、企业部门和家庭部门。有一些经济或非经济组织,可以根据性质的接近程度,分别归类到家庭部门、企业部门或公共部门。

2. 经济组织的偏好

鉴于经济主体由人构成,每个人都拥有偏好禀赋,经济组织不仅要满足个体的某些偏好,而且要通过构造组织的一定文化因素等,将组织成员的个人偏好汇聚和转化为组织偏好或意志(Becker,1976)。当然,处在不同地位的组织成员,其个人偏好对组织偏好具有不同的影响。例如,在企业中,企业家及企业领导人的偏好对企业偏好的影响比一般员工要大很多。成员构成不同,使得不同经济组织具有不同的偏好。

3. 经济组织的目标

各经济主体追求的经济目标各异(Simon,1955);具体来说,包括一般/最终目标和具体/直接目标。经济组织的一般目标或最终目标是追求报酬递增的最大化的经济利益;具体目标或直接目标是追求具体的产出结果,比如重复、模仿或创新生产一定的产品或者重复和创新消费一定的产品,通过这些具体目标的实现,经济组织最终实现一般的目标。组织目标还可分为理想目标与预期目标:理想目标是经济组织偏好强烈及要素最大释放的目标;预期目标是主观预期可能达到的目标。在一定条件约束下,经济组织的预期目标是最大化解决组织内外物质分布平衡问题,即实现组织收益最大化。

4. 经济组织的资产

经济组织的资产不仅包括组织的主体人,也包括其他不同形式的自然物质要素与资产、科技要素与产品、人知资产要素与产品资产、制度文化要素与产品资产。其中不仅包括组织内拥有的资产,还包括组织外部可以利用的资产。因此,主体拥有和控制的资产即组织的自有资产与对外负债。

5. 经济组织的能动力

经济组织的偏好与预期结合形成组织动力。经济组织的资产与负债决定着经济主体要素动能或行为能力,经济组织的要素与产品资产影响经济组织的偏好与预期。经济主体的需求偏好、预期收益与要素动能也是相互影响的。预期收益具有一定的主观性,受组织个性特征及偏好影响,一般文化自信的企业也许会拥有更高的预期收益。预期目标会影响要素能力的发挥(Kahneman and Tversky, 1979)。比如,经济主体若意识到将难以达到理想目标,它将不投入所有资源。资产结构影响预期收益。一般而言,拥有更多的要素动能,自然就产生更高一些的预期收益。要素动能也会影响经济主体偏好及其变化,如果经济组织拥有更多且更重要的知识资本,经济组织的知识偏好可能更加显著。总之,经济组织的资产与负债、偏好与预期结合,决定经济组织的能动力。

而组织的形成和存在决定于组织成员的向心力和离心力。组织成员同时存在着资产、偏好和预期决定的向心力和离心力,当组织成员向心力的合力大于离心力的合力时组织将产生和发展,而当成员的离心力合力大于向心力合力时组织将不存在。

5.1-2　经济组织主体的决定因素

经济组织主体是经济制度的一部分,基于统一发展经济学关于经济发展的三角形生产函数(图1.5)模型和公式(1.5),经济组织制度变迁是旧经济组织向新经济组织的转换,与由技术、人知、人口、物质和制度决定的供求经济组织主体变迁能动力及其行为结合。一方面,组织制度要素同类要素影响制度产品。组织制度存量只能重复过去制度,阻碍组织创新产出。人口脑力劳动、科学技术、人力资本可以设计新的组织。另一方面,人口、物质、技术、人知和制度作为资产通过塑造能力或者影响偏好和预期动力,形成供需经济组织主体创造的多重能动力及多重行为,进而影响组织发展。

1. 要素资产影响经济组织主体及能动力

物质资产变化改变经济组织主体形态及其内部要素。在物质资源有限的条件下,生存需求主导经济组织主体的需求偏好和预期收益,物质资产和负债成为资产负债表的主体。随着物质资源的增加,生存所需物资的剩余推动需求偏好向多样化转变,预期收益和资产负债结构也相应多样化。进一步的物质增长促使经济主体偏好知识和人知资产,预期收益结构和资产负债结构从物质主导转向知识主导。这一变化不仅增加了知识产品的多样性,还可能使得在一些发展中国家观察到,经济发展后需求偏好的改变导致失去既有发展动力,从而难以突破中等收入陷阱。

人口资产是经济组织的基础动力源,其规模和质量直接影响经济组织的生产能力、消费需求、策略规划和文化形态。首先,人口规模的扩张或收缩决定了劳动力市场的供需状况,从而影响组织的成本结构和运营效率。其次,人口的教育水平和技能结构塑造了经济组织的人知资产质量,进一步驱动技术革新和生产效率的提升。此外,人口的心理状态和价值观引导消费行为和生活方式的选择,这不仅塑造了市场需求的方向,还影响了企业的产品策略和政府的公共服务政策。总之,人口资源通过决定劳动力供给、形成消费模式、影响文化价值观及推动经济政策的调整,对所有经济组织构成了全方位的影响。

人知资产是驱动经济组织发展的核心要素,它直接影响经济组织的结构调整、策略制定和文化塑造。首先,人知资产的积累和优化能提升组织的决策质量和执行效率,从而促进内部管理的现代化并提高响应外部挑战的能力。其次,随着人知资产的增长,经济组织倾向于从简单的生产消费模式转变为更加复杂和专业化的运作模式,这不仅提高了其经济效益,也增强了对外部变化的适应力。最后,人知资产的提升为经济组织带来了创新能力的增强,使其能够开发新产品和服务,从而在激烈的市场竞争中占据优势。总之,人知资产的增长和优化是推动经济组织持续发展和适应社会经济变迁的关键驱动力。

科技进步显著影响经济组织的形态和功能。在技术水平较低时,经济组织规模受限、功能综合,主要承担生产与消费、私人与公共事务,此类经济组织有氏族和部落等。技术提升后,氏族部落分化为家庭和政府,家庭专注于私人产品,政府提供公共产品。更高技术水平则促使企业从家庭分离,专门从事商品生产。19世纪70年代电力等技术革命催生现代企业,引发新产业如钢铁、汽车产业产生,推动了股份公司和大企业体制的发展。科技进步还提高了经济主体对创新的偏好和预期收益,增加了对科技产品的需求,促进了产品个性化和服务定制化,改变了劳动力市场需求(Autor et al., 2003)。可以说,当科技进步达到一定程度,经济组织的性质就发生了根本的变化,从一个物质型和人口型的经济组织转变为科技型和人知资产型组织。

金融体系作为科技进步的一个方面,具有独特的作用,其发展显著影响着经济主体的需求偏好、预期收益和资产负债。随着金融体系的形成和演进,经济主体的需求变得更为复杂,包括货币、信用及风险偏好的增加。金融的发展不仅提高了经济主体的预期收益,还通过引入金融资产和负债,增加了资产结构的调整弹性,允许快速变动科技资本、人知资产和物质资本之间的投资比例。此外,金融发展还扩大了经济主体资产和负债的规模,深刻影响其经济行为和能动力。

制度文化差异影响区位主体经济能动力的差异。不同区位的制度文化存在差异。一方面,制度文化改变各主体的经济需求偏好和经济预期收益,即动力是不同的;另一方面,产权、资源配置和要素回报制度决定各主体经济能力也是有差别的。这决定了三大主体的经济能动存在差异,进而汇总的整个区位的整体经济能动力大小和结构也是有差别的。在稳定的制度文化背景下,主体能动力与主体间的交互作用、主体产出以及主体要素所获得的回报共同形成了一个循环机制,这个机制不断促进并维持着主体能动力的变化与更新。然而,一旦制度文化发生变动,这一变动将直接强化主体能动力在决定与被决定之间的循环关系,即制度文化的变化会进一步激发或调整主体能动力的生成与影响机制,使得能动力的决定因素与被影响结果之间的相互作用更加显著。

2. 经济行为通过影响经济主体及能动力

经济行为分为具体行为、抽象行为、关系行为,涵盖经济主体的所有活动。具体行为包括经济主体的生产、消费和服务活动,涉及物质、技术、人力资源和制度的持续互动。其中,政府行为涉及公共和私人资产的管理,家庭行为关注于消费和投资,而企业行为则专注于产品的供给和服务。例如,政府通过公共产品的供给和税收政策直接影响家庭的消费偏好和经济预期,从而间接影响企业的资源配置。再例如,家庭通过消费活动和对人知资产的投资,比如对教育和健康的投资,直接影响企业的市场和劳动力供应。家庭的消费决策影响企业的产品设计和生产计划,而家庭成员的技能和教育水平则决定了企业可利用的人力资源质量。同时,企业通过其在市场上的活动,如生产、交换和服务提供,与家庭和政府进行直接的经济互动。这些互动可能包括提供就业机会给当地居民,或响应政府对某些产品的采购需求。企业的经营决策和战略,如决定进入新市场或开发新产品,都会受到家庭消费趋势和政府政策的影响。

抽象行为,包括创新、学习和重复。创新尤其关键,它促进技术和人知资产的发展,从而加速经济总量的增长。经济主体的抽象行为也决定了资产的多样性和经济的综合增长能力。例如,企业的创新、学习和重复影响着其物品和服务创造能力,进而影响政府财政收支、资产负债及其规模和结构,最终影响政府的行为能动力。政府间的创新和学习推动交互规则的变革,为其他主体的行为提供制度环境。

关系行为体现为经济主体间的互动,如合作和竞争,以及在供需框架内的交换行为。例如,企业间普遍存在的竞争和合作,是推动经济发展、技术进步的重要动力来源;政府间的竞争是制度创新的动力,而政府间的合作是其他主体合作的基础。这些互动不仅限于直接的经济活动,还包括通过政策和公共产品影响各经济主体的能动力和行为。例如,政府的政策可以影响企业的生产决策和家庭的消费行为,而企业的供给能动力及创新行为则反过来影响政府和家庭的决策。

经济主体的行为不是孤立的,它们相互依存和影响,形成一个复杂的经济互动系统。在这个系统中,政府、家庭和企业通过各自的具体行为、抽象行为和关系行为相互作用,共同塑造经济结构和发展趋势。这些互动不仅影响了经济的短期表现,也决定了长期的发展路径以及经济体的适应性和创新能力。最终,这些行为和互动促成经济的循环再生与创新,推动人口资源、物质资本、科学技术、人知资产和制度文化在不同部门、空间、时间有效配置和优化,驱动经济向更高效率和更广泛福利的方向发展。通过这种方式,经济行为和互动的综合效应不仅促进了经济的量化增长,也促进了经济结构和性质的质化提升。

3. 经济分布影响经济组织主体及能动力

如前所说,经济在部门间、时间和空间上存在不同的分布。分布情况的不同会影响经济主体的行为。

经济的部门分布影响政府、家庭及企业的行为。首先,经济的部门分布表现为经济结构,其多样化和高级化的演变趋势要求政府提供相应的公共产品和基础设施,以满足家庭和企业的需求。这包括鼓励多样化消费、高端化投资以及推动文化和企业精神的发展。对于家庭,经济的部门分布直接影响家庭的消费偏好、资产配置及长期经济策略。例如,农业主导的经济结构中家庭倾向于消费农产品,拥有土地和人口资产;工业化带来家庭偏好工业产品,增加人知资产和金融资产的比重;服务业的兴起促使家庭需求更加多样化,强化对知识资本的依赖。对于企业,部门结构的多样化和高级化提供了不同的发展机遇,影响了其发展方向和策略。产业链和产业集群的配置为企业提供了需求驱动和增长机遇,促进了企业文化的形成和专业化的发展。劳动密集型产业可能培养吃苦耐劳的文化,而知识密集型产业则倾向于推崇科学和创新。经济的部门分布结构的变化,不仅影响单一经济主体,还通过各类主体间的相互作用,塑造整个区域或国家的经济发展路径和社会文化面貌。因此,经济的部门分布结构的多样化和高级化是推动现代经济发展的关键动力,也是经济主体决策的重要考量因素。

经济的空间分布影响政府、家庭和企业的能动力。经济的空间分布表现为经济活动的空间结构。对于政府而言,空间结构特性决定了税收收入的多样化和地区间的公共产品供给需求。不同地区提供的税收结构和要素价格差异,导致公共服务的专业化需求和供给模式的区域差异。例如,资源丰富的地区可能需要更多的环境管理和基础设施建设,而商业繁华地区则可能需要更多的交通和安全服务。对于家庭而言,空间条件如地理位置和环境因素极大影响了家庭的形成和发展。优越的区位条件,如良好的自然环境和完善的基础设施,会吸引家庭聚集并促进其繁荣;而不利的区位条件,如环境恶劣或资源匮乏,可能促使家庭迁移。这些因素不仅塑造家庭的地域特性,还影响家庭成员的经济行为和文化习惯,从而影响家庭的人知资产形成和经济决策。对企业而言,空间位置决定了其经济活动的可行性和效率。地区的商业文化、自然资源和政策环境直接影响企业的成立、成长和业务扩展。例如,高科技企业倾向于聚集在科技园区或教育资源丰富的地区,以利用当地的技术和人才优势。此外,良好的营商环境和行业聚集效应可以吸引更多企业入驻,形成产业集群,增强区域内企业的竞争力和创新能力。因此,经济的空间分布和不同区位条件不仅决定了各经济主体的成长路径和策略,也塑造了特定区域的经济结构和发展潜力。

经济的时间分布显著影响政府、家庭和企业的跨期决策。经济的时间分布主要体现为经济主体基于预期的跨期决策。对于政府来说,不同时间段内经济情况的变化导致政府税收收入的波动,需要政府进行相应的财政收支调整。例如,在经济快速增长期,政府可能会增加公共投资以支持经济发展,而在经济增长放缓时期则可能采取紧缩政策以保持财政稳定。这种调整直接影响政府的资产负债状况及其发展战略和目标,进而导致不同的政府行动力表现。家庭的行为和特性也受经济的时间分布的影响。在经济快速增长时期,家庭资产通常会迅速增加,促使家庭消费模式和偏好发生变化,例如增加高端消费和投资。反之,在经济增长缓慢或衰退时期,家庭倾向于增加储蓄、减少消费,更注重基本需求,投资行为也会更加保守。对于企业而言,经济的时间分布直接影响其发展策略和资源配置。在经济扩张期,企业倾向于扩大规模和多元化经营,以适应市场需求的增长和变化。而在经济萎缩期,企业可能需要调整其生产和运营策略,优化资源配置,以应对需求减少和市场不确定性的挑战。总之,经济的时间分布影响政府、家庭和企业的行为和战略,塑造了它们的经济动力和发展路径。这些影响展示了时间对各主体的重要作用,以及它们如何应对经济随时间变化的策略调整。

5.1-3　经济组织的内生机制

1. 经济组织的形成

在一定空间内,经济组织的形成是由该区域内经济个体的资源禀赋、目标导向及其供需能力和预期动力所决定的。这些个体拥有的自然资源、科技、人知资产以及其所处的制度和文化背景,共同塑造了他们的供需能力和偏好预期,进而影响组织行为的动力。这种动力集中体现在为达成特定经济目标而采取的四重供需行为上,即个体如何通过竞争与合作的互动关系,在空间上构建经济组织并产生经济产品。

经济组织的形成本质上是经济个体在组织内部指令性交互与外部非指令性交互之间的权衡。这种权衡反映了内部管理的效率和外部市场的机会成本。当组织内指令性交互的成本低于市场交易的成本时,个体倾向于形成或加入更为集中的经济组织。反之,当市场交易提供更高效的资源配置时,个体可能选择较少依赖于形式化的组织结构。因此,经济组织的规模和内部结构是对组织内外交互成本动态平衡的直接反映,由此决定了组织的形态和发展方向。

首先,在一定空间上,经济个体的自身禀赋、拥有的资源(如自然资源、人知资产及技术)共同塑造了交互行为的能动力,这种能动力影响经济个体的交互供需能力和动力。交互行为的成本和收益的平衡决定了个体是否进行交互及其交互的规模。当交互的预期收益超过预期成本时,经济个体的交互行为得到激励,交互规模可能增加(Granovetter,1985)。相反,如果预期成本超过预期收益,即分散力大于协同力,经济主体可能选择自给自足的分散状态,避免成本过高的交互(张五常,2014;Coase,1937)。这种动态平衡影响着经济个体如何、何时以及在何种规模上与其他个体进行交互,进一步影响经济组织的形成和结构调整。

其次,经济个体的自身禀赋及其掌握的资源决定了其交互行为的选择和能动力,这些资源在不同交互方式和规模下表现出不同的预期收益和成本。在特定的经济交互目标下,如果组织内部的指令性交互成本低于组织外部的非指令性交互成本,经济个体倾向于形成或加入组织,以降低交互成本并提高效率。相反,如果组织外的非指令性成本较低,经济个体则倾向于维持自由市场行为,采用非指令性交互。这种决策过程影响经济组织的形成与结构,以及组织内部成员间的协同与分工。组织内部,交互能动力较强的个体通常担任协调或指挥角色,而较弱者则参与具体执行或被协同活动。组织之间或组织与个体间的交互可以通过市场机制(如价格调节)或非市场方式(如行政配置或冲突)进行,这决定了资源的分配和产品的流动,进一步塑造经济结构和组织发展的方向。

再次,经济组织的规模和结构是对内外交互成本的直接反映,这些组织通过不同的经济目标和交互方式,形成了多样化的经济组织,如公共资产需求组织、私人资产供给组织等。这些组织内的分工和决策机制进一步推动了社会经济活动的专业化和效率提升。

最后,在全球经济空间中,不同地区的组织因目标和资源禀赋的差异而表现出不同的组织行为和结构。这些差异塑造了全球经济的多样化景观,并通过交互行为在全球范围内重塑经济动力和结构。因此,经济组织的形成与发展是一个复杂的动态过程,涉及多重决策因素和相互作用的力量。

2. 经济组织的发展

随着技术进步和人知资产的增长,经济个体依据自身禀赋以及其控制的资源(如物质资本、科技、人力资源)产生动力,影响经济交互的方式和规模。在一个给定的经济空间内,这些因素共同决定了组织形态、规模增长和结构的变化。技术和人知资产的发展减少了交互成本,扩大了交互的规模收益,从而推动了经济组织向更高效率转型。

具体而言,经济组织形态的变化是由个体内外部的资源分布不平衡驱动的。资源累积和技术进步降低了组织内部的指令性交互成本,促使经济个体倾向于通过组织内协作而非市场交易来优化资源配置。当内部交互的净收益超过外部市场交易的净收益时,组织形态向更加集中的指令性交互倾斜;反之,则可能倾向于非指令性、市场驱动的交互模式。这一过程中,组织内部的协同者与被协同者之间的分工明确化,强化了组织的内部结构。

随着时间的推移,全球经济空间内的组织形态、规模和结构也随技术和人知资产的演进而持续变化。全球层面上,经济组织的形态和结构受到跨国技术流动和全球人力资源配置的影响,形成了跨国公司和国际合作组织等新型经济实体。这些实体在全球经济空间中发挥着协调和资源优化的作用,推动了全球经济结构的重组和优化。

3. 经济组织的静态均衡

理论上,在其他经济因素不变的情况下,基于不完全信息和有限理性,经济个体基于资产所形成的行为能动力支配组织行为选择,使从事不同目标的各类经济组织都存在最优规模,每一空间都存在最优数量的各类最优规模的经济组织,所有空间也存在最优数量的各类最优规模的经济组织,这事实上也是经济组织的静态一般均衡形态。

从收益的角度来看,当经济个体的资产结构确定或者在既定的经济技术条件下,在较小的规模上,经济个体的指令性交互成本小于非指令性交互成本,经济个体将选择指令性交互,即建立组织。在较大的规模上,经济个体的指令性交互成本大于非指令性交互成本,经济个体及组织将选择非指令性交互。经济组织的最优规模满足在目标收益下令边际收益等于边际成本(Williamson，1981)，同时经济组织规模的边际收益与外部交互边际成本相等。

从力量的角度来看，经济组织的最优规模既决定于内部动力和外部压力的平衡，也决定于组织的向心力和离心力的平衡。从内部竞合交互看，经济组织最优规模的均衡条件为边际向心力等于边际离心力；从外部竞合交互看，经济组织最优规模的均衡是各个组织的边际竞争力相等。不同组织因供需欲望、预期效益及资产负债状况的差异，在追求不同目标时，所面临的边际收益与边际成本各不相同。这种差异进而影响了各组织形成的边际竞合力，使得它们在外部竞争环境中展现出的边际竞争力相等时的规模也各不相同。因此，每个组织在构建其要素配置时，所需的最优数量规模也会有所不同。

从资产的角度来看，在一定空间上，基于一定经济目的，经济个体对公共资产需求组织、公共资源供给组织、私人资产供给组织、私人资产需求组织的供给与需求相等。

4. 经济组织的动态均衡

理论上，随着人知资产、科学技术的增长和积累，以及由此而来的个体、空间、宏观的资产规模和结构的变化，依据不完全信息和有限理性，经济个体基于资产所形成的行为能动力在变化，支配组织行为选择在变化，从事不同目标的各类经济组织的最优规模将变化，每一空间存在的最优数量的各类最优规模的经济组织将变化，所有空间最优数量的各类最优规模的经济组织也将变化，经济组织最优规模连续变化构成了经济组织的动态一般均衡形态。理论上，随着经济交互演化及人知资产、科技和制度文化的发展，经济个体的交互成本降至最低甚至为零(Romer，1990)，导致不再需要通过内外不同的交互方式维持的经济组织消失，个体可直接通过外部交互分享规模经济。

从收益视角看，随着资产规模的增长和结构的变化，基于一定经济目的行动的经济个体的平均交互规模收益增长的同时，平均交互规模成本在下降，经济个体交互的范围越来越广泛，空间距离越来越远。与此同时，经济个体的不同交互方式的平均规模收益上升及平均规模成本下降程度不同，基于一定经济目标行动的经济组织内部的平均边际收益与平均边际成本的均衡点不断变化，经济组织内外的组织指令性交互的平均规模边际成本与非组织非指令性交互的平均规模边际成本的均衡点也在不断变化，经济组织最优规模不断变化。与此同时，每一空间基于一定经济目标的最优规模的经济组织数量不断变化，所有空间基于一定经济目标的最优规模的经济组织数量也在不断变化。

从力量视角看,随着资产规模的增长和结构的变化,基于一定经济目的行动的经济个体,其以交互偏好增强为基础的平衡交互规模收益增长的同时,平均交互规模成本在下降,经济个体交互的范围越来越广泛,空间距离越来越远。与此同时,经济个体的不同交互方式的基于偏好变化的平均规模收益上升和平均规模成本下降的程度不同,基于一定经济目标行动的经济组织内部的边际向心力与边际离心力的均衡点不断变化,经济组织内外的组织指令性交互的规模边际竞争力与非组织非指令性交互的规模边际竞争力的均衡点不断变化,经济组织的最优规模也在不断变化。与此同时,每一空间基于一定经济目标的最优规模的经济组织数量不断变化,所有空间基于一定经济目标的最优规模的经济组织数量也在不断变化。

从资产视角看,随着人知资产、技术、物质资产、人口等资产规模和结构的增长,基于一定经济目的行动的经济个体关于每一个最优的经济组织形态、规模和结构的供给与需求能动力在变化,经济个体重塑的每一个经济组织形态、规模和结构的供需行为选择在变化,每一个经济组织的形态、规模和结构的供需均衡点在变化。在每一空间经济单元中,基于多个相同和不同经济目标的不同形态、规模、数量和结构的经济组织供需平衡的均衡点均在变化,在所有空间经济单元中,基于多个相同和不同经济目标的不同形态、规模、数量和结构的经济组织供需平衡的均衡点也在变化。

为了更详细地分析经济组织行为,基于经济组织的分类,以及现代经济体系下经济发展的典型主体,接下来的部分将继续重点分析一下三个组织。

5.2 政府部门的形成及发展

政府在经济发展中的角色一直是经济学领域内的一个重大争议点。在西方经济学的观点中,亚当·斯密(Smith, 2002)、马歇尔(Marshall, 2009)强调企业自由经营和自由竞争,认为自由市场可以自动调节经济活动并达到自动均衡,政府在经济发展中主要发挥"守夜人"的作用。而凯恩斯强调政府在经济中的作用,主张放弃经济自由主义,支持国家干预主义的方针和政策(Keynes, 1937)。此外,计划经济的理论和实践者将政府作为主要的经济调节者(Pasvolsky, 1921)。新制度经济学则将国家作为影响经济发展和制度变迁的一个内生变量并将其纳入分析框架。许多经济学家都在研究中细致探究了政府的作用。比如,亨利·乔治定理事实上提出了有政府参与的经济体系

(George，1879)；在讨论城市发展和城市体系的时候，亨德森将城市政府与土地开发商作为相互替代主体(Henderson，1991)；一些讨论政府竞争的模型，也实质上将政府作为一个主体，构建政府的相关收益最大的生产函数(Buchanan and Tollison，1984)。

本书亦认为，政府是经济发展中一个重要的行为主体。首先，政府参与了经济体系的经济活动。历史上，在各种经济发展模式中，政府均扮演了关键角色，无论是直接参与非市场经济中的产品生产，还是作为市场经济中公共产品的供应者。政府的存在对经济活动产生了不同程度的影响。其次，政府是空间区位上经济主体利益的代表(Tiebout，1956)。西方经济学往往假定整个经济体系是一个政府或者是完全同质的。但现实中经济体系内可能拥有多个政府，政府的不同会影响空间差异，进而影响企业和家庭的选择、行为和绩效，带来政府之间的相互竞争，进一步影响各自辖区的经济绩效。再次，政府是辖区制度文化的主要供给者。制度文化是影响企业和家庭行为的重要因素，不同政府所提供的制度文化影响其辖区的经济绩效。最后，将政府作为一个重要变量并不意味着主张政府过度干预市场。将政府作为经济体系的一个重要主体，探讨政府与其他主体的关系机制，更加准确地理解影响经济发展的因素及其作用机制。尤其是，分析不同政府治理下的经济发展绩效和空间竞争绩效时，都不能抛开政府变量。例如，亚当·斯密提出国家间经济增长的差异，但没有具体分析政府作用的影响。政府内生化并不意味着主张其主导经济发展(Rodrik，2018)，不当的政府干预可能阻碍创新及经济表现。

5.2-1 政府的本质特征与构成要素

1. 政府是经济主体交互的特殊方式

政府是国家事务的管理组织，国家由政府组织来代表和治理。关于政府，西方经济学主要有以下两类观点。一种观点认为，政府是一个在公共利益提供和争端解决方面具有相对优势的组织，这一观点接近福利和公共经济学中关于政府的标准观点(Baumol，1952；Samuelson，1954)。经济主体可能愿意将资源和自主权交给这样的政府(Locke，1689)，从而解决外部性问题(Pigou，1924；Bator，1958)以及私人提供公共产品和服务的协调失败问题(Olson，1965)。另一种观点认为政府是一个代表精英阶层进行榨取的组织，进而认为政府提供公共产品是社会群体之间讨价还价的结果(Acemoglu and Robinson，2000；Persson，Roland and Tabellini，2000)。

讨论政府组织的构成涉及三个相互关联的层面。国家是由一定人群组成的空间组织,是一个特殊的组织。政府是国家进行统治和管理社会的机关,是实现国家目标的主要工具,是国家的代理组织,代表国家主权,政府的成立标志着国家的形成。而政府由政府官员构成,官员是政府事务的管理者,是政府的代理人。官员治理和代理问题是其中的关键议题。

政府履行多项重要职能,包括政治、文化和国防安全等。在经济发展领域,其主要职责是建立和维护制度文化,以及提供促进经济发展和增进民众福祉的公共产品(Ostrom,1990)。经济制度涵盖产权制度、资源配置制度和收入分配制度。产权是一切市场活动发生的基础,有章可循、有法可依的收入和财富分配制度基于产权而形成。在市场经济体制下,特别是市场失灵导致经济运行低效时,政府提供公共产品并承担稀缺资源配置的职责。其职能具体包括经济调节、公共服务、市场监管、社会管理和生态保护等。政府需要对垄断和寡头企业进行管制,内部化外部性,利用公共资源,提供公共产品,并对收入进行再分配。

政府拥有与其他组织不同的属性和特征。国家是一个空间组织,政府是代表国家行使主权的组织(Weber,2004)。作为国家的代理,政府具有空间属性是其区别于其他组织的重要属性。由于国家的地理边际相对固定,政府也具有同样的不可移动性。此外,政府具有公共属性,即主要从事公共行为,提供非排他性的公共产品;政府具有强制性,即通过拥有并运用强制手段来确保其命令的执行;政府具有制度性,不仅负责制定法律和制度,还负责文化的塑造、实施及监督。

政府也拥有一些与其他组织相似的特征和属性。政府是一个经济组织,拥有一定的经济职能,虽然在不同的制度体系下,政府的经济职能有差别,但其普遍具有的基本职能包括负责辖区的公共产品供给,同时向辖区的经济主体征税,这对经济发展和运行产生影响。有时政府甚至承担与企业相似的功能和属性。在市场经济制度下,现代政府的经济职能主要体现为:市场监管、宏观调控、社会保障和公共服务。

政府的类型可能有多种多样:按照职能可以分为不同部门,按照空间可以分为不同行政区域的政府,按照级别可以分为中央政府和地方政府,按其性质可以分为公共政府和私人政府。在古代,"溥天之下,莫非王土,率土之滨,莫非王臣",家天下的国家及政府,可以理解为私人政府(郭万金,2021),"私人政府"尽管也提供公共服务,但是其提供的公共服务与"私人企业"提供的公共产品和服务性质相似。此外,按照对经济事务的介入程度,政府又可分为大政府与小政府。主要通过政府行政计划配置资源、分配收入的是大政府;主要通过市场交易配置资源和分配收入的是小政府。

2. 政府的偏好是内生变化的

政府作为一个经济实体具有特定的偏好体系,这些偏好反映了政府在政治过程中追求最大化特定利益的意图(Buchanan and Tullock,1965)。政府偏好是全体国民偏好的汇聚与转化,也是社会各方博弈的结果(Acemoglu and Robinson,2013)。不同性质的政府拥有不同的治理结构,使得国民在影响政府偏好中的作用和地位各异。

政府偏好是一个体系,表现在多个领域。在政府存在规模上,有的是大政府小社会,有的是小政府大社会。在政府公共产品供给结构上,其所提供的公共产品及服务存在偏好差异,有的更重视物质公共产品,有的更重视知识公共产品。在国家与国民的关系上,有的政府偏好于"富国富民",有的政府偏好于"富国穷民"。例如,战国时期的秦国,商鞅提出"弱民、贫民、疲民、辱民、愚民"驭民五术。在经济与军事的关系上,北宋政府的偏好是"重文轻武",一些国家"穷兵黩武",有的政府实行偏好于"富国强兵"(Kennedy,2010)。在经济发展上,中国古代社会一直坚持以农为本,重农抑商。15 世纪至 17 世纪中叶的西欧流行重商主义,18 世纪的法国曾出现过重农主义。政府的偏好并非静态,它们可能在内容或强度上随时间而变化(Rodrik,2015)。正是政府在公共产品供给上的偏好变化,如从重视物质到注重人口、土地、人知资产及科技,促进了经济从农业到工业,再到知识经济的发展与转型。

政府的欲望偏好与预期收益决定了政府的内在动力。政府行为受其预期收益的影响。虽然政府追求收益最大化,但其行为——尤其是短期行为——受到其欲望偏好和预期收益的双重影响(Akerlof and Shiller,2010)。预期收益根据政府的需求偏好和内外部条件进行预估,这决定了政府的内在动力,旨在在特定偏好和预期收益下最小化成本(Becker,1983)。

3. 政府的目标是追求政府利益最大化

国家和政府作为经济实体追求特定目标,主要是当前和未来收益的最大化,以保证长期稳定和经济繁荣。无论是现代政府还是古代政府,无论是掠夺性的"私人政府"还是契约性的"公共政府",它们均需解决公共事务和提供公共产品。因此,政府的理性目标是最大化其当前和未来的公共利益,即通过最小的治理和服务成本获得最大的收益(Stiglitz,1999)。这通常表现为长期执政和财政盈余的可持续增长。政府的财政平衡有其界限:过低的财政收入将无法维持必要的公共服务和国家安定;而高额税收可能导致民众生活困苦,危及政府的存续。

政府目标也分为一般目标和具体目标。一般目标(或者最终目标)就是执政集团收益最大化,即政府长期执政和国家收益最大(Alesina and Rodrik,1994)。具体目标是政府在不同发展阶段及不同领域的目标,例如促进国家经济增长、稳定物价水平、保证居民的就业和收入福利等。

政府的目标函数可以根据不同研究目的写成不同的形式。从经济总体发展的角度,政府要在取得收入与确保国家长期执政以及促进要素增长的公共支出方面做出权衡。具体目标函数表达式如下:

$$T=G_a+G_b+G_p+G_t+G_h+G_m$$

G_a 是国防及社会安全开支,G_b 是政府办公开支,G_p 是人口生育抚养的公共开支,G_t 是科学技术公共开支,G_h 是人知资产公共开支,G_m 是物质公共产品的开支,T 是财政收入。当然,短期内政府可以通过增加负债扩大开支,但是长期内,理论上收支须保持平衡。

政府的预期目标则是跨期的公共利益最大化,这包括执政的永久性和公共目标利益的最大化。然而,政府的操作实际上是由代理人执行的,这些代理人追求物质收益和精神收益的最大化。代理制度的不同可能会导致政府目标的不同追求方式。政府及其代理人在追求永久执政和最大化利益之间需要找到平衡。他们还需要调整政府与非政府组织的关系,平衡政府的强大与非政府的弱小,特别是在外部竞争的环境下。政府通过提供公共产品和服务(如基础设施、国家机器、制度文化、管理服务等)来获得管理空间上的税收收入,从而支持其公共职能和政策目标的实现(Oates,1999)。

4.政府的资产与负债决定政府行为能力

政府主要通过征税和提供公共产品及服务来支持国家运作。政府的财政收入主要来源于社会产品分配中的权力行使,即通过税收和其他形式的公共收入筹集资金。这部分资金是社会产品分配中归政府所有和支配的部分,用于支持政府职能的实现。政府的财政支出涉及根据政策和制度,将集中的财政资金分配使用于不同的领域,如公共服务、基础设施建设和社会管理等,以实现政府的职能和政策目标。

国家和政府不仅拥有资产,也可能承担负债。国家资产包括辖区内的人口资源、人知资产、物质资产、科技、制度文化及国土空间等。政府资产则指政府拥有产权的物质和空间资源,包括公共的自然资源、环境、基础设施、科技产品和服务,以及其他政府或公共拥有的空间资源。国家债务包括所有经济主体的总债务,以及国际法下的对外财务义务。政府债务主要通过国内外债券发行和向外国政府或银行借款形成,这是一种特殊的社会资金调度方式,用于弥补财政赤字并调控经济。

国家及政府的能力不仅取决于其内部的可用资源或净资产,还依赖于能够借用的外部资源,即债务。政府的总能力由其净资产加上能承担的债务总和决定(Stiglitz,2015)。然而,债务并非越多越有利,存在一定的适度范围和限制。

5. 政府的能动力受多因素影响

政府的能动力由其偏好、预期收益及资产负债的相互作用共同决定(Besley and Persson,2011)。这些因素共同构成政府行为的上限,并限制其能动性,影响其行为模式。政府虽然追求长期执政和规模最大化,但其实际能达到的规模受到资产与负债状况的限制。政府的预期规模也会限制其资产负债的利用方式;同时,政府的偏好结构、偏好强度和预期目标会影响其资产负债状况,反过来,资产负债状况也会影响政府的偏好和目标。

国家的能动力决定于政府协同下的国家发展偏好、国家预期收益,以及国家的资产负债的相互作用,这些因素共同塑造了国家的发展能动力,进而决定了国家的整体行为。

5.2-2 政府形成与发展的决定因素

统一发展经济学认为:政府的偏好结构、预期收益和要素动能,决定于五项要素、三个主体、三重交互行为以及上述三者的结合。五类要素在部门、空间和时间上的结合,影响家庭与企业及其行为,进而又通过家庭和企业与政府的关系行为决定政府的要素动能、需求偏好、预期收益,及其能动力,最终决定政府的形成与发展。

1. 企业和家庭多途径影响政府及其能动力

企业通过向政府缴纳税款和索取公共产品影响政府,从而与政府形成交换和竞合关系。企业的财富创造能力和行动力由其欲望偏好、目标收益以及资产负债状况所决定。企业通过缴纳税款和索取公共产品,不仅对政府的财务状况有所贡献,也影响政府的偏好和策略(Stigler,2021)。同样,家庭的纳税情况和对公共服务的需求也塑造了政府的财政和行动策略(Samuelson,1954)。

此外,企业和家庭通过多种行为影响政府及其能动力。首先是企业、家庭的具体行为对政府的影响。家庭通过消费、储蓄、生育对政府公共产品的需求提出要求,同时,家庭对人知资产的投资促使政府采取相应的动作,增加政府债务同时影响未来税收,进而影响政府的财政状况和发展策略,从而影响政府的行动力。企业则通过经济活动如生产、交换和服务,不仅提出公共产品的需求,也直接影响政府的税收。这些活动都通过改变政府的财政收支和资产负债,塑造政府的偏好和预期收益,进而影响政府的能动力。

接着是企业、家庭的抽象行为对政府的影响。家庭通过在消费、储蓄、生育和人知资产投资上的重复、学习和创新行为,对商品和服务需求产生影响,从而对政府公共产品和服务的需求提出新的要求,同时影响其对政府的纳税贡献。这些行为最终影响政府的财政状况和资产负债表,进而改变政府的策略和能力。同样,企业在生产、交换和服务上的重复、学习和创新也影响着其物品创造,进而影响政府财政收支、资产负债及其规模和结构,最终影响政府的能动力。

企业、家庭和政府的关系行为也会对政府产生影响。政府的对称性或非对称性均衡状态决定了其与企业和家庭之间的互动及竞合关系,影响各方的力量博弈。政府结构确立后,家庭和企业的性质及其相互关系也会对政府产生影响。家庭和企业之间充分的竞争关系能减轻政府的干预需求,导致较小的政府规模和更低的财政支出及负债。相反,如果家庭或企业形成垄断力量,可能会促使政府加强干预,从而扩大政府规模,增加财政支出和负债,形成一个较大的政府模式。

政府自身的行为也会影响其行动力。公共产品提供(生产、交换和服务)上的比重差异和供给结构上的不同,都会影响政府的财政收支和资产负债,也会影响政府的欲望偏好、预期收益和能动力。同样,政府公共产品供给上的重复、学习和创新,由于收益和成本不同,也影响政府财政收支和资产负债,进而影响其策略和能力。政府之间的交互,包括竞争与合作的程度,对提升或降低各自的竞争力具有重要作用,重复的竞争和广泛的合作均能增强政府的能动力。

2. 经济要素影响政府及能动力

人口资源是政府宏观管理和策略规划的基础。人口的规模和增长率直接影响政府的税收收入和公共服务需求,如教育、卫生和基础设施投资(Olson,1971;Banerjee and Duflo,2013)。人口的结构性变化(如年龄、性别、教育水平等)也决定了公共政策的调整方向和重点,同时影响政府对于未来经济社会发展的预期和计划。然而,人口增长与政府能动力之间的关系是复杂的,存在"倒 U 型"关系,过度人口增长可能对政府能动力产生负面影响。

人知资产是提升国家竞争力的关键资源。人知资产的积累与提升加强了政府的资源开发能力,是政府发展能力的基础(Becker,2009),也是提高国民经济总体生产效率的关键。政府通过教育、培训和健康保障投资于人知资产,增强劳动力的技能和创新能力,这不仅提高了国民经济的生产效率,也有助于社会的长期稳定和经济增长(Barro and Sala-i-Martin,1999)。政府需要进行跨期权衡,评估当前的人知资产投资与未来财政和资产能力之间的关系。此外,人知资产的增长驱动政府结构和功能的转型;从早期的氏族和部落到拥有专门负责公共事务的政府机构的现代社会,随着社会的进步,政府角色由主要提供物质型公共产品转为强调知识型公共产品,以适应人口结构和经济需求的变化。这种转变不仅响应了人口和人知资产的转型需求,也是对科技进步的适应,强化了对人知资产的偏好和预期收益的增加。

物质资产,如自然物质资产和人工基础设施,是支撑政府发展战略的核心力量,它直接影响政府的财政收入和经济潜力。因此,政府需要合理配置物质资产,以促进经济平衡发展和区域均衡。然而,过度依赖物质资本可能导致资源诅咒(Sachs and Warner,2001),影响政府可持续发展的能力。

科学技术的发展为政府提供了新的治理工具和服务手段,推动了政府功能的现代化。首先,科学技术影响政府能力。科技的递增报酬属性意味着政府对此的投资可以通过税收收入显著增加政府资源和力量,但这种提升需要较高的前期财政投入,并可能对政府预算产生滞后影响,要求政府进行跨期权衡。其次,科技进步不仅改变了经济主体的组织形态,如从氏族部落向现代家庭和政府转变,还促进了角色分化,使政府专注于提供公共产品。此外,科技进步还直接影响经济主体的需求偏好和预期收益,推动了对高技术含量产品的需求增加,促使产品和服务个性化、定制化发展,最终促使经济主体向以科技和人知资产为主导的新型组织转变(Autor,Levy and Murnane,2003)。

制度文化形塑了政府的操作框架和政策导向。它不仅包括法律法规的设定,也涵盖了政府的治理理念和行政操作的标准。首先,制度本身定义了政府的权力和责任,同时塑造了经济主体的行为和期望,间接调整政府的策略和决策(Robinson and Acemoglu,2012)。其次,制度文化可以分为经济主体内部文化和外部制度环境:内部文化包括个体习惯、企业组织文化、政府行政文化等,这些文化内涵影响决策和行为模式;外部制度则通过法律、政策设定交互框架,界定产权归属和回报,进而影响经济动力。"官本位"的思想观念、"君子喻于义,小人喻于利"①的重义轻利观念、"君子爱财,取

---

① 引自钱穆:《论语·里仁篇,论语新解》,三联书店2010年版。

之有道"①等"义利"经济伦理思想,它们所表现出来的不同价值观导致不同经济交互行为动机和动力。凡勃伦曾说,"制度本身也能反作用于个人,促成个体习性的优胜劣汰,并通过新制度促使个人习性更加适应不断变化的环境"(Veblen and Galbraith,1973)。

此外,文化和制度的演变也反馈影响政府行为,如中国改革开放前后经济制度的转型,从计划经济向市场经济转变,不仅改变了资源配置方式,也推动了地方政府政策偏好和经济发展的自主性,显著增强了政府对经济发展的推动力。

3. 经济分布影响政府及能动力

部门分布方面,就需求而言,经济部门结构的多样化和高级化,向政府提出了与之匹配的公共产品供给需求。例如,政府应制定鼓励家庭和企业多样化、高端化消费的政策,并提供必要的公共基础设施,同时,应倡导符合这些消费模式的文化与企业家精神。就供给而言,经济部门结构多样化和高级化,意味着家庭多样化的消费及投资和企业多样化的制造及服务,在一定程度上提升了政府支持高级化和多样化经济结构的配套公共供给能力。

空间分布方面,经济的空间分布不仅给政府提供了差异化的税收收入和各种不同价格、数量的要素组合,也对公共产品和服务提出了专业和特殊的需求。同时,它决定了各地政府税收收入体系的差异化,提供了不同要素的价格和数量组合,促成了差异化的公共产品需求体系(Krugman,1992)。

时间分布方面,不同时间段的要素组合导致税收收入的差异,需要不同的财政收支配套(Hamilton,2020),这决定了政府在不同时间的财政收支、资产负债、发展意愿和预期目标的差异,进而导致政府行为力的不同(Buchanan and Musgrave,1999)。

5.2-3 政府形成与发展的决定机制

关于国家的起源有多种理论解释,如部落联盟理论、酋邦理论和群落演化理论(马新,2008)等,但总体上可以分为两类:契约理论与掠夺和剥削理论。新制度经济学运用经济理论分析国家的起源,认为国家并非是"中性"的,国家决定产权结构,而经济增长有赖于明确的产权,但在技术制约和现有的组织制约下,产权的创新、裁定和行使代价都极为昂贵,因此国家作为一种低成本的提供产权保护与强制力的制度安排应运而生,以维护经济增长和发展,并最终对造成经济的增长、发展、衰退或停滞的产权结构的效

---

① 引自张齐民:《增广贤文》,中华书局 2020 年版。

率负责(North,1981)。

基于统一发展理论,统一发展经济学认为:国家及政府产生于国家及政府的向心力大于离心力。理论上,作为特殊的政治或经济组织,国家及政府的产生决定于个体交互经济利益成本的权衡以及个体交互的向心力与离心力的博弈。向心力由国家内每个个体对国家的积极欲望、预期收益及要素动能所构成,而离心力则由个体对国家的消极欲望、预期收益及要素动能所构成。一方面,交互可以获得规模经济,由于个体间能动性的差异,可能通过强制手段建立组织以分配互动产生的规模收益,使得能动性较强的个体获得更多的收益。为获得更多利益,强势个体可能通过暴力征服或和平谈判,与其他较弱势个体结成联盟,形成更强大的力量,并促进规模收益的有利分配。随着联盟力量的增强,它们可以通过征服或谈判吸纳更多较弱势个体,如此循环,不断扩大联盟规模。另一方面,由于一些产品和服务存在外部性,个体可能需要通过某种程度的强制组织形成联盟——无论是基于契约还是基于掠夺,以降低成本和提高协作效率。当国家和政府的向心力大于离心力时,国家和政府就得以产生和存在(Tilly,2017)。而当政府的统治力量小于反对力量时,就可能出现国亡政息(Hirschman,1972)。当政府从经济主体征收的税收收入足以覆盖其管理和服务国家的财政支出时,政府能够维持运作;反之,政府则面临财政危机。

国家及政府规模决定于国家及政府向心力和离心力的平衡(Alesina and Spolaore,2003)。理论上,国家及政府的规模大小决定于国家及政府收益与成本的平衡、国家及政府向心力与边际离心力的平衡(Alesina and Wacziarg,1998)。从收益和成本的角度来看,随着国家规模的扩大,资源要素增多,国家的整体收益也相应增加;然而,较大的国家规模同时意味着更高的管理成本,包括空间成本。当边际收益与边际成本相等时,国家规模将确定下来(Barro,1990)。从力量上看,受到个体预期收益、要素动能和欲望偏好的影响,虽然国家规模越大,形成的向心力和离心力越大(Rodrik,1998),但当国家和政府规模扩大到一定程度后,向心力的增长将呈现边际递减,而离心力可能会边际增加。国家和政府的最优规模是在边际向心力与边际离心力相等时决定的。同时,鉴于多个国家和政府的存在,它们之间的相互竞争与合作会导致各政府的边际收益相等以及国家间的相互作用力平衡。当然,在国民心理偏好和预期收益变化时,国家的向心力和离心力也将发生变化。

此外,军队是构成国家同心力的重要力量,军队既能消除实际的离心力,也能通过威慑来减弱潜在的离心力。强大的军队存在会降低个体和组织的离心预期收益,增加预期损失,从而减少离心的倾向。当军人的欲望偏好与预期收益发生变化时,军队力量也随之变化(Posen,1993)。当一个国家内部的边际收益等于边际成本,边际向心力等于边际离心力,且这些条件在各国间均等时,国家规模达到最优。同理,当政府内部的边际收益等于边际成本,边际向心力等于边际离心力,并且这些条件在不同政府间相等时,政府规模达到最优。

5.3 家庭的形成及发展

5.3-1 家庭的本质特征与构成要素

1. 家庭是经济交互行为的最小组织单元

家庭在不同学科领域中被赋予了多样的定义(Zimmerman,1935)。普遍来说,家庭基于血缘关系,由情感纽带紧密相连的成员组成,形成了一个在亲属或类亲属关系中较小的群体,通过成员间的合作发挥其社会功能。经济学视角下,家庭(无论是单一个体还是多人家庭)构成了经济活动中的基本单元,类似于经济组织中的细胞,同时也是政府管理与服务的重要对象。

相较于其他社会组织,家庭具备以下特征:第一,体现为血缘关系。如同自然界的其他动物一样,人类为了生存需要在血缘关系基础上建立交互组织,其中家庭是基本的单位。第二,体现为合作关系。这其中包括社会分工和经济合作,家庭成员基于天赋差异,在交互中扮演不同角色,并进行协作。第三,具有消费特性(Becker,1974)。自家庭形成之初,其主要功能就在于生存和繁衍,包括消费生活物资和延续后代。第四,表现为生养关系。家庭成员间的血缘和合作关系促成繁衍、抚养和赡养等关系的形成,其中延续后代为其核心使命。第五,具备共住特性。家庭成员通常共享居住空间,尽管对空间有一定需求,但家庭的居住地是可以变动的(Gordon and Richardson,1997)。

家庭作为经济组织,其功能随时间发展而变化(Barnett and Hyde,2001)。工业革命前,家庭集经济生产、消费、生育及抚养等多重功能于一身。工业社会的兴起使经济生产活动逐步从家庭中独立出来,家庭主要承担私人消费、投资、资源供应、生育、抚养及教育等职能,尽管某些家庭依然保留经济生产功能。

家庭类型多样,可按规模、结构、权力分配和劳动分工等角度进行分类。家庭形态随着成员间的互动和资源配置不断演化,展现出丰富的多样性(Popenoe,2020)。

2. 家庭的偏好与预期广泛且多样

作为拟人化主体的家庭组织,具有欲望偏好、预期收益、收入支出及资产负债等方面的属性。

欲望代表对产品或者服务的广泛需求,而需求特指具备支付能力且愿意购买特定产品的欲望。偏好表示对商品或行为的喜爱程度,具有可比性、传递性和非饱和性。家庭消费偏好通过消费者选择得以表达。需求量与偏好程度成正比,当其他条件不变时,对某种物品的偏好越强,其需求量亦越大。

家庭需求与偏好广泛且多样,大致可划分为消费和投资两大类。其中消费需求包括物质与精神消费,而投资则涵盖物质资本、人口资产与人知资产。物质投资方面,包括住房消费与投资、储蓄和金融投资等。人口投资涉及生育与抚养,人知资产投资则包括对子女及个人教育的投入。这亦包括对现有及新增人口的投资与消费。贝克尔认为,"家庭养育子女可视作购买'孩子'这一商品,孩子如同其他商品一样具有数量与质量的区分,涉及相应的养育与教育成本"(Becker,1960)。

3. 家庭的收益与效用可以实现统一

效用是指商品或服务满足消费者欲望的程度,分为正效用和负效用:正效用反映商品或服务满足欲望的能力,而负效用指其造成的不适或痛苦。当商品数量超过一定阈值时,正效用可能转化为负效用。此外,边际效用递减法则指出,随着消费量增加,同一商品带来的满足感会递减;而边际效用递增法则则指出,随着消费品种多样化,满足感会增加。家庭消费者的效用分析表明,总效用相对稳定,相同目标的效用存在边际递减,且效用结构会随时间发生变化,具有饱和性、完备性和传递性(Becker,1965)。

亚当·斯密定义收益为"那部分不侵蚀资本的可予消费的数额"(Smith,2002);林德赫尔将其视为既定时期内消费与储蓄之和;J.R. 希克斯则描述其为"在期末、期初保持同等富裕程度的前提下,一个人可以在该时期消费的最大金额"(Hicks,1946)。欧文·费希尔提出,"收益有三种形态:精神收益即精神上获得的满足,实际收益即物质财富的增加,货币收益即增加资产的货币价值"(Fisher,1906)。总体上看,收益可以分为货币收益(物质收益)和非货币收益(精神收益)。其中,物质收益通过购买物品和服务转化为消费效用;精神收益可以直接增加总效用(Kahneman and Deaton,2010),也可以通过增加个人信用或知名度转化为更多的货币收益,进而通过物质消费增加效用。

即收益最终都会转化为效用(Samuelson and Nordhaus, 2011)①。在追求精神收益与物质收益的过程中,两者可以相互替代,追求一方可能需牺牲另一方(Thaler, 1985)。

家庭的总效用函数是一个间接效用函数,包含三个部分:第一部分是家庭成员的非货币收益;第二部分是家庭成员的货币收益,这部分通过消费转化为效用;第三部分是通过投资产生的货币收益,再通过消费转化为效用(Lancaster, 1966)。家庭通过平衡这三个部分来最大化其总效用。

再具体来看,家庭的目标效用旨在在预算约束下最大化当前及未来的综合效用,这要求家庭在消费和投资之间做出权衡,同时在消费品种、数量及质量上做出选择(Friedman, 1957)。加里·贝克尔的家庭生育行为的量质权衡理论强调,家庭需在个人消费、子女数量与质量间进行权衡,以实现效用最大化。此外,家庭还需投资于人口和人知资产,这些都是实现长期效用最大化的重要因素。

而家庭的预期效用则反映了在固定收入下通过最小的投入获取最大可能的货币和非货币收益,以及以最低的货币支出换取最大的物质和精神价值的目标[包括在保持效用不变的条件下最小化支出(Samuelson, 1948)、规划消费以应对预期消费效用的变化]。当预期效用降低,消费欲望和最低消费量也相应减少。家庭投资决策依据预期收益,与投入量成正比:高预期收益鼓励增加投入,而低预期收益则促使减少投入(Fisher, 1930)。如果制度不能保证投入与产出的一致性,可能导致偷懒或机会主义行为,如在平均主义制度下,缺乏足够激励可能使人不愿增加投入,即使有获得更高收益的机会也一样。

4. 家庭的收入与资产决定支出与负债

从家庭的收入与支出角度看,家庭收入来源于向企业提供劳动力和人知资产,或通过家庭直接经营获得所有资本投资回报。这些构成了家庭未来消费和投资的预算约束,并受多种因素影响。家庭支出包括为保障家庭成员当前及未来的生活与发展,最大化利用资源而产生的各项支出(Modigliani and Brumberg, 1954),如物品消费、投资、人口增长与教育以及税收等。家庭的收入与支出水平共同决定了其财务赤字的情况(Ando and Modigliani, 1963)。

从家庭的资产与负债角度看,家庭资产来源于收入的累积,通常涵盖人口资源、人知资产、物质资产及知识资产等方面。家庭资产进一步分为投资性资产与自用资产。

---

① 中译本参见萨缪尔森、诺德豪斯:《宏观经济学》(第19版),人民邮电出版社2011年版。

投资性资产旨在实现资产增值,期待通过此增值提升家庭生活水平;而自用资产也可能实现增值。家庭负债分为消费性负债和投资性负债(Minsky,1977)。消费性负债包括信用卡欠款和小额消费贷款等;投资性负债则涵盖金融产品投资、房地产和实业投资借款等。适当的投资性负债能有效利用财务杠杆,促进家庭资产的快速增长。家庭收入属于流量概念,代表持续的资金流入;而家庭资产则是存量概念,指家庭所拥有的总资源。家庭支出由收入所限制,负债则受资产限制。

家庭的经济行为是由其消费和投资动力共同驱动的,这两种动力受到家庭收入、资产、预期收益和偏好的相互作用所影响(Merton,1973)。家庭的消费决策受限于收入和资产的最大化约束,同时预期目标和偏好也对消费行为有重要影响(Tobin,1958)。例如,一个乐观的预期可能提高家庭的消费需求,从而调整预算约束和消费行为。此外,家庭的投资行为不仅由可用的投资资源决定,也由对未来收益的预期及其与现有资源之间的相互作用所形成(Duesenberry,1962)。收入水平和其增长预期决定家庭对不同物品的需求以及需求的时间变化。家庭将投资视为未来消费的一部分,通过优化其资源配置,达到长期的最大效用。例如,如果预期通过人口投资能获得较高效用,家庭将展现更强烈的生育偏好,并相应增加在生育方面的资产投入。因此,家庭的资源分配策略既反映了其对未来效用的预期,也适应了其消费和投资偏好的变化。

5.3-2　家庭形成与发展的决定因素

不仅家庭的形成与发展是由内部因素驱动的,其需求偏好、预期收益以及收入和资产的构成也源自内在因素。在家庭偏好、预期和收入之间的相互作用之外,经济发展的要素在部门、空间和时间维度的交互作用对政府和企业的行为产生影响,从而塑造家庭与企业及政府间的相互关系,这些关系反过来决定家庭的形态、发展路径、偏好、预期收益以及收支和资产负债状况。

1. 政府与企业影响家庭及其能动力

政府的政策偏好、预期收益及资产负债通过制度文化塑造家庭偏好及其预期收益。此外,政府提供的公共产品的规模和结构改变家庭的公共资产并影响其效用满足水平。通过税收征收比例,政府进一步影响家庭的资产负债、消费与投资,以及预算约束。可见,政府能够通过多种手段影响家庭的消费和投资决策。

企业的经营策略、预期收益与财务状况决定了其产品供给的规模、结构和价格,从而影响家庭的消费选择(Porter,1985)。企业对生产要素的需求直接影响家庭就业机会、工资水平、人知资产和资金收益,进而影响家庭的总收入和经济规模。

2. 经济行为影响家庭及其能动力

首先,具体行为影响家庭主体。政府提供的公共产品和税收政策直接塑造了家庭的消费偏好、预期收益和要素能动(Musgrave,1959)。企业通过其产品和服务的生产、销售以及生产要素的购买,影响家庭的消费偏好、预期收益和要素能动(Friedman,2016)。这些因素最终影响家庭的人口资源、人知资产和物质资源等状况。

其次,抽象行为,包括创新、学习和重复策略,对家庭的偏好、预期收益和财务状况也会产生影响(Aghion and Howitt,1998)。创新使家庭探索新的消费和投资路径,提高未来收益的可能性并扩展偏好范围(Schumpeter,1934;Aghion and Howitt,1992);学习通过提高技能和知识,增强家庭成员的就业前景和收入潜力,改善长期财务状况(Schultz,1961);重复的行为通过建立稳定的消费和投资习惯,加强经济安全感(Schumpeter,1942)。这些行为共同促使家庭在不断变化的经济环境中优化决策,实现财务效益的最大化(Aghion and Howitt,1996)。

再次,关系行为影响家庭。政府间的竞争与合作行为,以及政府与企业之间的互动,会改变家庭的偏好、预期收益及财务计划。家庭间的竞争可以激励家庭追求更高效的资源使用率,增强其财务策略的创新性,推动家庭在市场中寻求价格和质量更优的商品与服务(Aghion et al.,2005)。家庭间的合作能够开辟资源共享和风险分担的途径,有助于降低成本、优化决策、增强财务安全、提高经济福祉。

3. 经济要素影响家庭及其能动力

人口资源决定家庭部门发展的能动力。家庭的主体是其成员,其规模和健康状况直接塑造家庭的经济行为和偏好。人口增长不仅可能增加家庭的总收入,也可能加大消费和投资的压力,影响家庭对物质产品和精神产品的消费结构。

人知资产的增长促使家庭结构和功能逐步转型。在知识和技能被高度重视的社会中,家庭会加大在人知资产上的投资,这不仅有利于其提升经济地位,也引导家庭结构从传统向现代过渡。随着人知资产的积累,家庭可能从依赖集体生产的大家庭结构转变为以核心家庭为主的小家庭结构,同时这一过程也可能推动政府及其他社会结构的发展。

物质财富是家庭发展的基础。物质财富的积累直接提升了家庭的消费能力和生活质量,但其分布的不均也可能导致社会不平等。物质财富使家庭能够投资于更高教育和更好的生活条件,从而在社会结构中提升其地位。同时,物质财富的积累也可能加剧家庭内部和社会间的贫富差距。

科技进步深刻改变了家庭的结构和功能。技术的发展促进了生产效率提高,引发了家庭结构的变迁,如从氏族部落向以核心家庭为单位的社会结构转变。科技的进步也使家庭更倾向于购买高质量和技术密集型的消费品,促进了消费偏好的升级和个性化服务的发展。

制度和文化环境深刻影响家庭的经济行为和社会地位。社会保障体系的完善、对教育的文化支持以及产权保护的法律框架的构建等(Demsetz,2013),均能够影响家庭的财务决策和长期发展策略。例如,健全的社会保障制度可以减轻家庭对未来的不确定性感,激励更多的消费和投资。此外,家庭财富的形成受到多个主体间交互和收益分配机制的影响,这些机制决定了家庭间的经济平等性,进而影响整个社会的财富分布结构(Alchian and Demsetz,1972)。

4. 经济分布影响家庭及能动力

部门分布深刻影响家庭特性及其经济行为。经济部门中要素的组合塑造了家庭的偏好、目标收益、收支情况及资源配置(Kuznets and Murphy,1966)。例如,农业结构中家庭消费倾向于农产品,主要资产为人口和土地(Schultz,1966)。工业生产结构导致家庭偏好转向工农业产品并寻求更高的预期收益,资产结构也从人口为主转变为人知资产、金融资产和技术知识为主(Rostow,1990)。服务业的生产结构促使家庭消费更加多样化,包括对精神产品的需求增加,同时人知资产和知识资本成为家庭的核心资产(Baumol,1967)。要素的部门分布变化作为经济结构演变的表现,不仅影响家庭的消费和投资偏好,还改变其资产负债结构,从而塑造家庭的经济动力和长期发展策略。

空间分布影响家庭的特性和组成要素。区位条件,包括特定的地理和环境因素,影响家庭的形成、发展、迁移和流动。优越的区位条件吸引家庭聚集,促进其人口增长和健康,而不利的环境则可能导致家庭迁出(Duflo,2001;范芝芬,2013)。这些条件不仅塑造了家庭的地域特性,还决定了家庭成员的经济活动、人知资产积累及其行为和道德观念(Scott,2022;巫锡炜、宋健,2018)。例如,沿海地区的家庭与内陆地区的家庭在生活方式和风俗习惯上存在显著差异。此外,经济空间的总体结构也影响家庭在区域间的分布和差异。随着经济结构的变化,家庭的空间特性和区域分布也会持续演变,进一步影响家庭资产的规模和结构。

时间分布影响家庭行为的演变方向及程度(Solow,1956)。经济快速增长通常导致家庭资产的迅速膨胀和家庭特征的快速演变。相反,当经济增长及其结构调整进展缓慢时，家庭的特性、偏好、预期收益以及净资产规模和结构也将缓慢变化。例如，2000年至2010年，中国经历了快速的经济增长，与之伴随的是大量中国家庭物质财富的大幅增值和消费模式的显著变化，如更多地购买奢侈品、更频繁地海外旅行、更高的教育支出等。而20世纪90年代，在日本经济泡沫破裂后，该国经历了长期的经济停滞。在这种经济环境下，家庭储蓄率提高，消费更为保守，投资意愿下降，更倾向于保守的资金配置方式，如存款和国债。

5.3-3 家庭形成与发展的决定机制

家庭作为资源配置机制的存在，是基于家庭组织中边际收益与边际成本的权衡，以及家庭内部向心力与离心力之间的相互作用。

家庭产生于家庭的向心力大于离心力。剩余产品导致氏族内部公私生产与消费的交互成本超过了收益，使得氏族部落的离心力超过向心力，进而引发了氏族部落的解体。由于公共事务处理需要专门机构以降低成本，因此形成了专责的公共部门，即政府和国家。同时，私人产品的生产和消费由专门的组织——家庭——负责，以实现规模经济并降低组织内外的交互成本。除了生物本能的异性吸引和亲子依恋外，家庭组织的预期规模效益超过成本，使得家庭成员间的吸引大于排斥，进而使得对家庭组织的向心力超过离心力。

家庭的最优规模决定于家庭的边际向心力等于边际离心力。家庭成员的需求偏好、资源条件以及交互规模经济的预期收益共同构成了家庭的向心力。同时，成员的需求偏好、资源条件以及交互规模经济的预期成本共同构成了家庭的离心力。当家庭的边际向心力等于边际离心力时，即边际收益与边际成本相等时，家庭规模达到最优。随着边际向心力与边际离心力的均衡点变化，家庭的最优规模也将相应调整（Samuelson，1956）。

家庭转型决定于家庭的边际向心力与边际离心力的变动。传统家庭在私人生产和消费方面的内外交互成本超过其收益时，离心力超过向心力，促进了家庭的转型。为降低私人生产成本，私人生产事务被专门的机构处理，形成了独立的企业。同时，现代家庭专门负责产品消费与投资，以及人口和人知资产的投资。现代家庭组织使得个体生活交互能够实现规模经济，同时降低了指令性资源分配和行为协同的交互成本。生产交互行为外部化后，产品消费、人口养育与教育的交互经济规模和成本发生显著变化。边际规模收益与边际规模成本在较小规模上达到平衡。随之，家庭的向心力和离心力也经历变化，其边际值在较小规模上达到等同。当向心力超过离心力时，这一平衡在更小的规模上实现。家庭消亡决定于所有规模的家庭的向心力都小于离心力。当家庭间的外部交互成本降至小于或等于二人家庭内部交互成本时，个体间形成家庭的动力消失，导致家庭的向心力不足以抗衡离心力，进而导致家庭结构的解体，此时个体自身即构成了"家庭"。个体将独立承担公共产品与私人产品的生产与生活功能，成为一个综合的单元。所有公共与私人的经济及社会事务都将通过个人之间的直接互动来进行。

5.4 企业的形成及发展

5.4-1 企业的本质特征与构成要素

1. 企业的属性与特性

企业，作为一个经济组织，集合了人口资产、物质资产、科学技术和人知资产等资源，在特定的制度文化框架下提供商品与服务，获取并分配利润。企业不仅从事生产经营活动，还参与市场监管过程(Chandler et al.，2009)。其核心职能包括整合生产要素，制造物质产品和精神产品，提供劳动和智力服务并承担环境保护和社会福利等责任(Carroll，1991)。其本质是个体交互的一种方式。

在传统社会中，企业结构较为简单，主要依照出资形式划分为独资企业与合伙企业。在现代社会中，企业结构变得更加复杂(Williamson，2007)，其分类包括按规模划分的大型、中型、小型及微型企业，以及按产权性质划分的国有、私营和混合所有制企业。出资形式方面，企业可分为独资、合伙及多种公司形式，包括无限责任公司、有限责任公司、合伙公司、股份有限公司等。企业类型根据其经营活动的具体内容更为多样化和细分。

相较于其他组织，企业除了拥有一些共通特性之外，还有自己的独特之处。第一，和其他组织类似，企业的主体性表现为拥有特定的偏好与预期。即使是相同的生产要素，不同企业基于其独特的偏好和预期也能生产不同规模和类型的产出。第二，企业以盈利为主要目标，通过生产商品和提供服务实现此目的。第三，在自主性方面，企业管理者享有独立的决策权，通过购买或租赁以掌握生产要素的所有权、使用权和控制权。第四，企业作为生产实体，主要专注于创造产品或提供服务。新古典经济学将企业视为生产函数,即一个将输入转化为产出的机制。阿罗的"干中学"理论强调生产过程中经验积累的重要性,支持了企业作为生产函数的观点(Arrow,1962);而新制度经济学则强调企业的契约性质和组织结构(Alchian and Demsetz,1972),认为契约和产权安排的有效性直接影响企业的运营效率,同时企业内外的制度环境塑造了企业及其成员的偏好与预期。

2. 企业的供给与偏好

企业偏好反映了企业对其生产活动和所提供服务种类的喜好程度,即对不同生产或服务选项的满意度排序。作为个人汇聚的集体,企业的意愿偏好是成员个体偏好的综合,特别是企业家及核心管理层的偏好对企业整体倾向有显著影响。显然,不同个体对企业偏好的贡献程度各异,尤其是企业家和主要负责人的个人偏好在塑造企业偏好结构中占据核心地位。比如,倾向于冒险和创新的企业家可能导向企业偏向于采取冒险和创新策略,而偏好避免风险的企业家则可能使企业更倾向于模仿和重复。企业间的供给偏好存在显著差异,某些企业可能更重视利润最大化,愿意承担更高风险并创新产品,而其他企业则可能偏向于追求稳定性、安全感和重复已有产品的策略。企业偏好构成一个多元化体系,涵盖对风险的态度,对不同要素的需求偏好,以及对产品供给策略的偏好(Arruda,Rossi and Mendes,1986)。

3. 企业的利润与收益

企业利润是指销售总收益减去总成本后的结果,它包括毛利润(收入减去销售成本)、营业利润(毛利减去间接费用)和净利润(扣除所有其他费用后的利润)。利润不仅是财务成果的表现,也反映了企业经营偏好的实现程度。企业收益是指在一定时期内企业经济利益的增长,包括资产增加、价值提升或负债减少,最终导致所有者权益的提高。收益可以分为两大类:收入和利得,其中收入主要来源于企业的常规活动,如销售商品、提供服务或转让资产使用权;而利得则来源于非常规活动,通常是意外的或非运营性的收益。企业收益还涵盖了营业收益、投资收益以及营业外收支的净额(霍恩格伦等,2013)。

企业的目标收益旨在通过既定资源和偏好实现利润最大化,体现了满足企业最大化目标的追求(Friedman,1953)。在理想的完全竞争市场假设下,利润最大化意味着企业的所有资源都得到充分且有效的利用,实现了对企业偏好的最大限度满足(Varian,1992)。企业的预期收益则是基于现有信息预测的未来收益,考虑到未来的不确定性,通常表现为多种可能结果及其概率。

4. 企业的资产与负债

生产要素是企业进行生产活动所需的资产集合,包括人口资产、物质资产、人知资产、科学技术和制度文化等。这些资源通过购买或租赁获得,形成了企业的生产能力和综合能力。生产要素既包括企业拥有的资源,也包括企业控制的资源。其中,企业拥有的要素直接构成了其净资产,而企业控制的要素通常关联于其负债。负债在一定程度上可以增强企业的生产能力,但过高的负债比例可能会对企业造成不利影响(Myers and Majluf,1984)。不同行业、不同时间及不同地理位置的企业,其资产负债比的合理区间各不相同(Modigliani and Miller,1958)。

5. 企业的能力与动力

企业的内在动力由其预期收益和欲望偏好共同塑造,这些因素不仅决定了企业的产出规模和结构,还影响了企业对生产要素的需求和配置(Penrose,2009)。企业的规模和结构体现了其综合能力,并在偏好与预期收益之间形成相互作用(Nelson,1985)。例如,如果预计物质产品能带来高收益,企业可能更倾向于增加对这类产品的生产;反之,如果知识产品的预期收益更高,企业则可能更加注重知识相关的投资(Teece,1998)。

5.4-2　企业形成与发展的影响因素

1. 政府与家庭影响企业及其能动力

政府的偏好及其采购行为通过人际互动和市场活动,塑造企业的文化和偏好,进而影响企业的预期收益及其要素的规模和结构。政府的法律制度和社会文化塑造对企业产权有重要影响,进而影响投资回报、创业意愿以及企业的目标收益。政府在公共要素的规模和结构上的投入,通过改变公共产品和服务的供给,不仅影响企业的经营环境和资产配置,也决定了企业的发展动力、能力及其发展的方向。

在私人产品市场上,家庭与企业形成了互动的竞争与合作关系。家庭的偏好、预期收益、财务状况对企业的经营策略、财务预期和资产配置产生了影响。一方面,通过购买企业的最终消费产品,家庭的消费偏好和财务能力决定了企业的生产规模、产品组合和定价策略。另一方面,家庭也作为生产要素的提供者存在,家庭提供的生产要素的多样性和规模,影响企业对这些要素的需求及成本。

2. 经济行为影响企业及其能动力

在具体行为方面,政府在公共产品提供和税收政策上的行为,直接塑造家庭的消费偏好、经济预期和财务状况;家庭对私人产品的消费及生产要素的供应,影响着企业的资源配置和企业文化。企业在生产、交换和服务中与家庭及政府的互动,反过来塑造了企业的生产文化以及资源的规模与配置(Freeman,2010)。同样,政府的产品需求及制度文化和公共产品供给行为与企业产品供给和公共要素需求交换交互,影响企业的经济动机和资产负债。

在抽象行为方面,政府的创新和学习策略推动企业发展相应的创新学习文化,为企业创新提供条件。家庭作为人力资源的提供者,其学习和创新行为不仅提供了企业所需的人才,也带来了新的消费需求,促使企业持续创新和学习以满足市场变化。

在关系行为方面,政府、企业与家庭间的竞争与合作关系塑造了企业的经营环境,影响了企业的文化氛围和资源配置。良好的市场竞争和合作关系提高了企业的外部激励并改善了其合作网络,促进了企业间的专业分工和专业化发展。

三重交互不仅改变了企业的需求偏好和预期收益,而且通过网络效应影响了整个产业的需求结构(Dosi,1988)。

3. 经济要素影响企业及其能动力

要素构成企业的核心,其规模和结构体现资产负债表上。它不仅直接作用于企业运营,也塑造企业的战略偏好和财务预期,进一步决定企业的动力和发展方向。

人口资源作为企业的基本要素,通过提供劳动力和塑造企业文化,对企业运营和发展起着关键作用。丰富的人口资源使企业在劳动密集型行业中获得比较优势,促进这些行业的增长。同时,员工的心态和价值观形成企业文化,进而影响企业的战略和财务预期。例如,积极的员工态度可提升协作和规模经济效应,降低成本;而消极的员工态度可能导致保守的财务和战略决策。人口的增长速度和规模也对企业的发展有决定性作用:平衡的人口增长支持企业持续发展,而过快的增长可能增加未来的成本负担。此外,人口结构的变化促使企业从劳动密集型向技术或知识密集型转变,强调人知资产的质量提升(Deal and Kennedy,1982)。

人知资产是企业产出增长和创新的关键。企业的人知资产配置影响其资源结构和综合能力,尤其是在创新和生产效率方面。社会和技术的进步增强了人知资产的重要性,推动企业增加在此领域的投资。人知资产的增长促进企业结构的转型和更多创新活动的发生,增强规模经济效应。企业家,作为人知资产的一部分,其个人偏好、预期和资源禀赋直接决定了企业的战略方向、财务预期和资源配置(Schumpeter and Swedberg,2021)。

物质资本既是物质产出规模的关键决定因素,也是创新和知识产出的基础条件。它在企业资源中的比重决定了企业的资本密集程度,对企业动力起到了杠杆作用,影响企业的整体发展势能、产出和利润水平。

科技极大地驱动企业增长和创新,是人知资产的延伸,影响企业的创新能力和知识密集度,从而塑造其战略选择和财务预期。例如,19世纪的电力革命不仅促进了工业化,还使企业从家庭作坊转变为现代公司组织,同时生产方式也从劳动密集型向资本和技术密集型转变。科技进步增加了对新技能和专业知识的需求,推动企业向科技型和人知资产型组织转变(Autor,Levy and Murnane,2003)。此外,现代金融体系,作为科技进步的一种体现,通过货币政策如利率和货币供应调控,间接影响企业的资本结构和财务决策,使企业能够适应市场变化。

社会制度和文化背景深刻影响企业的内部决策和市场行为。制度如产权保护和资源配置方式直接影响企业的投资决策和预期收益。社会文化价值观如创新和诚信影响企业文化和战略,促进企业在风险管理和创新上的优化决策,增强其市场竞争力。政府政策和市场机制的变化能够激发或抑制企业的活力,影响其长期发展潜力。

社会制度和文化背景对企业发展也具有深刻影响。产权结构、资源配置和收益分配制度直接塑造企业及其成员的偏好和财务预期,从而调动参与者的动机并影响资源的综合利用效率。例如,不稳定的产权或不公平的收益分配可能削弱企业的投资意愿,降低对未来收益的预期;相反,制度优势区能吸引企业投资,增强活力。社会文化价值观,如进取性、创新、诚信和风险接受度,也通过企业文化影响企业的战略选择、财务规划及资源配置。一个鼓励创新和诚信的文化环境能促使企业优化创新和风险管理决策,增强竞争力(Hofstede,1984;Schein,2010)。此外,市场机制下的自由交换较政府主导的资源配置可能更能提高生产效率,激发企业活力。缺乏创新文化的环境则可能使企业在技术和市场竞争中处于劣势,影响其长期发展。因此,制度文化既塑造企业内部运作,也决定其在外部环境中的适应与成长。

4. 经济分布影响企业及其能动力

经济分布的三个维度均能影响企业能动力。就部门分布而言,经济部门分布通过产业结构、产业链条和产业集群的配置,为企业提供不同的发展机遇和条件。宏观产业结构和产业链的现状带来需求驱动和机遇,影响企业的发展意向和预期收益(Porter,2011,1998)。例如,劳动密集型产业倾向于培养吃苦耐劳的企业文化,而知识密集型产业则更倾向于形成崇尚科学的文化。经济部门结构的多样化和高级化,促使企业改进其资产结构和投资策略,支持更多专业化企业的发展,并提供更多高知识含量的中间产品,增强整个产业链的供给能力。

就空间分布而言,区位作为综合性因素,尤其是其中的特定条件,如自然环境和制度文化,对企业的创建、特性及发展具有关键作用(Porter,2000)。例如,商业文化盛行的地区更倾向于发展工商企业,而自然资源丰富的地区可能更愿意推动特定制造业和服务业的兴起(Florida,2002)。此外,优质的营商环境能吸引企业迁入,增强特定区域的产业聚集,进而形成企业集群。区位条件不仅塑造企业的内部文化和偏好(吕叔春,2006),而且决定其资源情况和市场接近性,影响企业的流动性和发展方向(吴波,2012)。因此,经济的空间配置和区位条件直接决定了企业的成长路径和区域性企业特征。

就时间分布而言,经济的增长及其结构的转变对企业特性与资源配置产生影响。产出的持续增加和结构的日益多样化,为各个微观企业提供了更广大的市场空间,同时也创造了需求与供应的条件,促进企业向更加专业化生产的方向转型,这使得企业在扩大规模的同时,其资源配置也趋向专业化。同时,经济的增长和结构的变化也可能导致部分企业在规模扩张的同时,使其业务和资源配置变得更加多元化。

5.4-3 企业形成与发展的决定机制

企业产生的根本原因,在于个体私产所有者需合作以发挥各自的比较优势。科斯指出:这种合作生产形式的出现,主要是充分利用个体间的比较优势。企业存在的目的在于减少市场交易成本,通过实现成本更低的企业内部交易来替代市场上成本更高的市场交易。在讨论企业的规模时,科斯提出了协同效应的概念,并解释了企业的最优规模是在其边际协调成本等于边际市场交易成本的点上实现的。

企业的形成经历了一个复杂的发展过程。在传统社会,生产和生活由家庭或部落承担,而现代社会中企业从家庭中分化出来,形成了以降低交互成本和实现规模经济为目的的新型组织。因此,企业的形成源于交互成本和规模效应的平衡,随着技术进步和生产需求的增长,生产性交互的组织逐渐从生活交互的组织中分离出来,形成专门的生产组织。此外,奈特的观点补充说明,企业的管理层承担风险以掌控剩余价值,而工人则放弃控制权以换取固定工资,这种结构有助于企业在不确定性环境中稳定运作(Knight,1921)。

可见,整体来看,自企业诞生以来,它们已经从家庭手工作坊演变为现代工厂,进而发展为股份制公司，历经多阶段发展。这一发展历程的总体目标是实现生产和经营活动中规模经济的优势和减少交互成本（钱德勒，1987）。从规模上看，企业呈现出扩大的趋势。同时，随着外部交互成本的持续降低并趋近于内部交互成本，企业面临着缩减规模甚至消失的可能性。在行为复杂性方面，企业正变得越来越专业化，未来可能出现个体专注于特定的生产或经营活动，服务全球市场和客户的情形。此外，也存在着企业生产和经营活动日益多样化的趋势，众多企业正变得涵盖各种产品和服务。

再考虑企业的最优规模。这一概念由科斯理论提出，强调市场与企业为资源配置提供的不同机制，企业内交易成本低于市场时将扩大规模（Coase，1995）。威廉姆森补充，市场治理高激励但调整成本高，企业治理则降低调整成本但激励性低，企业达到最优规模时，内部交易成本等于市场交易成本（Williamson，1979）。企业的发展历程正体现了企业探索最优规模的权衡过程。

5.5 经济组织发展的统一解释

5.5-1 氏族组织的供需能动力决定其形成与发展

在人类经济早期发展阶段，受限于人知资产的极度缺乏，人们在空间和部门上的经济活动范围非常有限（Renfrew，1997）。为了实现规模经济效益和增强协同效应，人们基于生存本能、预期收益及自身的能力，在有限的空间和部门内进行交互。但这种交互过程也会带来一定的成本和潜在的反协同效应。而当组织交互的规模到达一定程度时，其产生的成本将低于规模带来的收益，协同效应也将超过反协同效应。因此，人们创建了一定规模的组织，在有限的空间范围内，通过极为简单的分工来生产和消费不充分的公共和私人产品及服务。这种早期的组织形式，即我们所称的氏族及部落。其最优规模是在边际向心力与边际离心力达到平衡点时确定的（Carneiro，1970）。

5.5-2 家庭与政府组织的供需能动力决定其产生与发展

随着人知资产的逐渐积累和增长，物质产品的剩余促进了公私事务分工的发展（North and Thomas，1973）。劳动人口得以分配部分时间或人员从事非生存必需的活动，包括军事和行政等公共事务（韦伯，2010）。同时，对剩余产品的保护和争夺要求更加专门化的行动。私人与公共事务在空间和规模经济上的不一致性导致氏族和部落组织的解体(涂尔干,2000)。公共产品和服务的规模经济的共享空间较广,相较之下,私人产品和服务的规模经济的共享空间较小。这种分工决定了公共和私人事务不能也不应该在同一规模的组织内进行,导致了原本公私一体的氏族及部落的瓦解(Service, 1975)。

公共事务由新兴的专门组织即政府负责,在更广泛的空间和更大的规模上负责管理,无论是家族式的"家天下"政府还是代表公共利益的"公天下"政府。国家和政府的规模在公共产品的供给成本与其收入相等时确定。国家规模在边际向心力等于边际离心力,政府的边际控制力等于边际反抗力时达到平衡。私人事务由新兴的组织家庭在更小范围和规模上承担。劳动人口可以在更小的规模上组织互动以维持生计。同时,交互的规模缩小使产权更加明确,增强了劳动力的积极性,并且可以缓解规模缩小导致的规模经济收益减少。私人产品的生产和消费在更小的规模上达到边际向心力与边际离心力的平衡。

5.5-3 企业组织供需能动力决定家庭的转型和企业的产生

随着人知资产的持续增长和农产品剩余的进一步扩大,同时受到需求多样化倾向的推动,非农生产与消费开始逐渐增加(Boserup,2014)。由于非农生产的直接投入要素不再依赖土地,非农生产的交互成本,特别是组织间交互的成本显著降低(Krugman,1991),这意味着非农领域的交互反协同效应大幅减小,使得组织的边际向心力等于边际离心力时,组织能够达到更大的规模。相比非农生产,私人消费的规模经济效益较低,交互成本较高,导致消费组织在边际向心力等于边际离心力时的规模相对较小,私人生产与消费的组织规模不一致性导致了消费和生产组织的分离。家庭转型为专注于消费的相对小规模的组织,而企业则成为专门从事大规模生产的新型组织。生产和消费组织分离后,多个消费家庭与单个生产企业之间的生产交互成本比同等人口的消费加生产家庭的交互成本低,收益更高,因此这种利益驱动下的动力促进了家庭的转型和企业的兴起。

5.5-4 组织供需能动力的变化决定政府、家庭和企业的转型

政府的最优规模是在公共产品供给的支出与收入达到平衡的状态下决定的,即当国家的边际凝聚力等于边际分裂力时,同时也是政府的边际管理效率等于边际管理挑战时的规模。随着人知资产的增长,在其他条件保持不变的前提下,国家的规模效应会

提升,交互成本会降低,从而增强国民的凝聚力并减少分裂趋势,使最优规模在更广阔的范围内实现。

人知资产的初期增长能够刺激物质资产增长,从而促进人口增加,使家庭规模向更大型化发展。中国古代四世同堂的大家庭现象,很大程度上源于人知资产的有限性,这一因素增强了家庭的向心力,使得家庭的最优规模相对较大(费孝通,2008)。企业的最优规模是由其内在的凝聚力和扩张力决定的,随着人知资产的初期增长使内部交流成本的降低和凝聚力的增强,企业的最优规模相应扩大。

5.5-5　个体组织能动力决定个体经济组织的崛起

在其他条件保持不变时,随着知识资产的持续增长和积累,尤其当信息、数字及智能交互技术知识达到关键阈值,得益于高效交互工具与成本降低驱动的规模扩张,分工精细化程度加剧。专业机构服务范围拓宽,更多经济主体在全球市场中提供与获取商品服务。个体逐渐成为经济活动核心,供求主体历经从合并到分离,再回归整合的过程。最终,每个个体在全球经济的微小环节中既是供应商也是消费者,实现全球范围内点对点的产品与服务交换。与此同时,随着企业的外部交互成本进一步降低,企业的离心力边际增加,使得企业内部经济个体的边际向心力与边际离心力相等将在更小的规模上实现,企业的最优规模逐步缩小到个体。知识尤其是交互知识的进一步增长,家庭的外部交互成本的进一步降低,也导致家庭成员的离心力边际递增,家庭内部经济个体的边际向心力与边际离心力的相等将在更小的规模上实现,家庭规模将逐步变小(Becker and Lewis,1973),成为个体组织。

人的统一发展与转型

在经济组织形成之后,经济主体(包括经济个体和经济组织)受力量支配,通过经济行为将经济要素资产转化为经济产出资产。由于不同类型的资产在性质上存在很大差异,它们不仅形成机制不同,而且作用机制也有别,出于简化考虑,统一发展经济学将资产分为五种,即人口资产、物质资产、科技资产、人知资产和制度资产。人是经济发展的核心要素,也是核心产出;是经济发展的条件,也是经济发展的目的。人的发展包括人的数量和质量的发展以及人的知识发展。联合国人类发展指数提出用人均收入、人均寿命和人均知识作为考察人类发展的核心指标。

6.1 从自发走向自觉的人的发展

广义的人口状态是人口规模、人口质量与平均人口知识的组合。观察人类经济发展的历史,可以看出人口状态有一个逐步发展和转型的过程。人口的规模和增长,主要受生育率、死亡率和迁移率三种因素驱动。人口历史学家基于不同的考古学和人类学证据,对过去 100 万年以来不同阶段的人口发展进行了估计,所有的长期估计结果都相当接近(McEvedy,1993;McEvedy and Jones,1978;Deevey,1960;Kremer,1993;Durand,1977)。总体认为,自人类产生以来,约有 1 080 亿人曾经生活在我们的星球上。从公元前 1 万年到公元 2100 年，世界人口的规模和增长经历很大的变化。以人口增长的不同趋势为标志，人类的发展可以分为三个时期。与此同时，人口的健康及寿命，人的知识、经济及技能也在发生深刻的变化。

6.1-1 人的发展

在 15 万年前到 1.2 万年前的采猎时代，几乎罕见人类，更无从谈起人均寿命，人的知识几乎忽略不计。一般认为：大约 250 万年前人类起源，大约 15 万年前现代智人起源于非洲，大约 7.3 万年前人类数量锐减。据遗传学家估计，当时非洲的育龄人口只剩下 4 000 至 1 万人。随后人口逐渐增加，并且在 5 万年前到 1.5 万年前现代智人扩散到世界各地。在这一漫长的时期，高死亡率使人类数量的增长总体处在停滞的稳态。与此同时，人口的平均预期寿命也大约在 15—20 岁之间，人口内化的知识、经验和技能极其有限。

在公元前 1 万年到公元 18 世纪的农业时代，人口增长十分缓慢，人均寿命很短，人口知识增长缓慢。历史人口统计学家估计，在公元前 1 万年之后的很长时间内，世界人口总数经常远低于 100 万。公元前 1 万年到公元 1700 年的年增长率仅为 0.04％；之后人口总量翻番的时间不断缩短，从 9 世纪初到 16 世纪中期用近 7 个世纪的时间，人口从 2.5 亿增长到 5 亿，翻了一番；从 16 世纪到 1800 年实现翻一番，人口年均增长率升至 0.22％。[①]与此同时，世界人口的平均寿命也在缓慢增长，1700 年全球人口预期寿命大约为 35 岁。人知资产即人的知识、经验和技能极其有限，并且这一时期人的技能与科学技术也是一体的，人们主要通过干中学而获得身体（手工）技能和行为经验，这包括使用旧石器、火、新石器、铁器，以及掌握采集渔猎、种植养殖等生产技术，专门的教育只有少数人口才能获得。

到 1800—1962 年的工业化时代，人口数量快速增长，人口知识快速增长。汇总联合国人口司、人口基金会等数据，参考历史人口统计学家估计，1803 年世界人口只有 10 亿左右，到 1927 年增长到 20 亿。从 1927 年到 1960 年的 33 年间，人口从 20 亿上升到 30 亿。从 1960 年到 1975 年的 15 年间，人口从 30 亿上升到 40 亿。在 20 世纪前 50 年里，全球人口年增长率上升至 2.1％，1962 年达到历史顶峰，年增长率为 2.2％，婴儿数量也在该年达到顶峰。同时，全球人口预期寿命在 1800 年为 37 岁，在 1900 年为 40 岁。

---

① 参见 https://www.ourworldindata.org。

从国家视角看,在所有国家都存在一种人口转变模式:首先是死亡率下降而引起人口繁荣,然后是生育率下降,导致人口繁荣结束。此外,身处欧洲、拉丁美洲、非洲和亚洲等不同区域的不同类型国家人口转变的事实也表明人口繁荣是异步的。与此同时,专门的教育从少数人口逐渐转向"普遍人口",人口的知识增长加快,以成人受教育年限衡量,布鲁金斯学会(2015)的研究显示:1870年、1910年、1950年发达国家的成年人平均受教育年限为2.8年、4.5年、7年,而发展中国家为0.5年、0.8年、1.5年。从国别比较看,1870年受教育年限最高的国家仅接近4年,而多数国家不到1年。

到1962—2100年后工业和知识时代,人口增长率开始下降,但人的寿命和知识继续分别快速延长和增加。人口转变通过两个基本人口变化的异步时机起作用:死亡率的下降之后是出生率的下降。根据联合国人口司的统计,尽管在1975—1987年、1987—1999年、1999—2011年三个12年的时间里,人口从40亿增长到50亿、60亿、70亿,但由于人口基数增长,自1962年人口增长达峰之后,增长率一直在下降。世界卫生组织的报告显示,全球人口预期寿命在2000年是66.8岁,在2019年是73.3岁。工业化国家的人口增长率早在1962年之前就已经开始下降,较不发达国家的增长率在20世纪60年代后期达到顶峰,最不发达国家的人口增长率在1990年前后达到顶峰。目前,大多数发达国家处于出生率和死亡率都很低的阶段,但发展中国家则仍处在高出生率和低死亡率阶段,撒哈拉以南非洲地区的增长率高于3%。

从国家的角度看,自20世纪中叶之后,一个又一个国家进入人口因生育率低而停滞的状态。与此同时,劳动人口要越来越多地从事知识生产和体力劳动,甚至将一部分智力劳动交给机器自动完善,随着不断外化的技术进步,通过"学中学""创中学""干中学",专门的教育即"学中学"从少数人口逐渐转向"普遍人口",少数人口专门通过创新"创中学"增加个体知识。人的知识、技能和经验在快速增长,同时也在快速折旧。以成人受教育年限衡量,布鲁金斯学会(2015)的研究显示:1980年、2010年发达国家的成年人平均受教育年限为10.4年、12年,发展中国家为3.8年、6.5年。从国别比较看,2018年最高国家已经超过14年,许多国家超过10年。

在2100年之后知识时代,总和生育率预计将长期稳定在2的水平,人口增长率趋向于零,形成新的停滞。目前,在一些发展水平非常高的国家和地区,生育率已经出现再次上升,总和生育率大约为2,即人口自然增长率将为零或略高于此水平。在西欧,人口增长率目前接近于零。根据联合国的预测,2100年全球人口的年增长率为0.1%。这将是低出生率带来的世界人口增长停滞的新平衡。与此同时,劳动人口主要从事知识的生产、交换和消费,随着人类创造技术的加速增长,通过"干中学""学中学""创中学",不仅教育在人口中实现了全面普及和终身化,而且创新在劳动人口中实现了普及和终身化。人的知识、技能和经验快速加速增长,同时也在人体内加速折旧。以成人受教育年限衡量,未来整体都将超过 14 年,许多国家可能超过 20 年甚至更长。

总之,在人类经济的长期发展中,人口出现停滞、增长和停滞的循环,而人口寿命在继续快速增长(相信人口寿命增长也会有生理极限),人的知识即人内化的知识、技能与经验在加速增长着,当然在不同时期和不同空间加速增长的表现不同。

6.1-2　关于人的发展的解释

如何解释人的发展,西方经济学从相互联系的人口数量、人口转变和人口知识三个方面进行了依次和同时的研究。这些研究体现了这一问题的解释的演变。

1. 20 世纪之前,人口数量及增长作为首要问题先被重视

西方人口理论主要从人口与经济增长相互影响的角度来研究人口的总体发展过程及其潜在的增长极限。17 世纪开始,重商主义对人口理论进行了初步探索,认为国家进行殖民扩张和海外贸易需要充足的劳动力,而且这有利于维持低工资从而降低出口商品的价格,提高出口产品的国际竞争力(Botero et al.,2012;Botero,2017;Steuart,1767)。17 世纪末,重农主义认为,财富是人口发展的原因,人口变化是财富增减的结果(Groenewegen,2000;Cantillon,2017)。魁奈(1908)在《人口论》中认为人是财富的第一构成因素,强调"构成国家财富的是人"。威廉·配第(Petty,1767/2021)考察了人口和财富、人口和资本的关系,提出人的劳动是财富的源泉。亚当·斯密(Smith,1776)分析了人口增长与资本积累的关系,认为劳动是财富的源泉,并指出财富增长会提高劳动报酬,从而使人们获得更多的生活资料。

马尔萨斯(Malthus,1872)通过分析资源环境和人口增长容量,构建了人口理论,认为两性间的情欲是必然的,从而促成生育。食物为人类生存所必需,但土地收益递减。他提出,一个国家人口发展的总趋势若不被日益减少的粮食供给抑制,则将会以几何级数增长。但由于粮食增速难以与人口增速同步,人口更快增长将会导致人均收入水平持续下降,进而抑制人口的进一步增长,陷入马尔萨斯人口陷阱。他首次提出了对人口增长加以抑制的观点。坎南(Cannan,1888,1914)首先系统性地提出适度人口理论,从人口与土地、人口与生产率、人口与收益等方面探讨了人口的适度规模,认为适度人口是指在特定时期内、特定土地上能够达到产业最大生产率的人口数量,并指出平均生产

能力最大点的人口,也就是报酬最大点人口,实际上就是经济适度人口。同期,维克塞尔(Wicksell,1910/1979)第一次明确提出了"适度人口"的概念。桑德斯(Carr-Saunders,1922)提出了经济适度人口密度理论,进一步提出了人口适度密度的范畴,并把获得人口平均最好的生活水平作为适度人口密度的评判标准。

2. 20世纪中期,现代马尔萨斯主义开始影响人口研究

20世纪40年代起,现代马尔萨斯主义的人口学说兴起,人口增长控制论再度盛行。皮尔逊和哈珀(Pearson and Harper,1946)认为人口增长快于食物供给能力,提出解决世界饥饿的唯一办法只能是减少人口,从而形成了第一个围绕人口压力而形成的人口学说。福格特(Vogt,1948)首先提出人口压力理论,认为世界各地区均存在人口过剩压力。赫茨勒(Hertzler,1956)从人口经济学的角度论述了人口压力及其对经济发展的影响,认为人口压力是人口过剩对自然资源和生产能力的压力,或者是对地球供养能力的压力。梅多斯等(Meadows et al.,2013)以人口和资源环境、粮食的系统分析论证了人口和经济的增长极限。马寅初(1957/1998)认为人口增长过快将给国家的经济发展和社会稳定带来巨大的压力和挑战,主张控制人口增长速度,避免人口过快增长所带来的负面影响。除了实施计划生育政策外,他还强调了教育和提高妇女地位的重要性,认为这是控制人口增长的另一重要途径。田雪原(1996)从总体人口与生活资料、生产年龄人口与生产资料、人口质量与经济技术进步等多方面阐述了人口与环境可持续发展的问题。

3. 之后,将人口转变视为人口发展中的重要现象的研究后来居上

20世纪初,人口转变现象开始被研究。兰德里(Landry,1909,1934)首次对人口转变理论思想进行论述,他通过总结西欧历史上的出生率、死亡率等人口统计资料,将人口发展的方式分为原始阶段、中期阶段和现代阶段,认为造成人口转变的主要影响因素是经济发展,特别是其中生产力的发展。汤普森(Thompson,1929)正式提出"人口转变"概念。通过联系经济发展和出生率与死亡率的变动趋势,从区域差异的角度对人口转变进行分析,把人口转变理论拓展到更大的适用范围,将世界人口分为三类地区,由此反映了人口发展的三个不同阶段。

20世纪40年代,通过关注如出生率、生育率和死亡率等变量及其相互关系的人口转变模型逐步完善。诺特斯坦(Notestein,1945)在继承和发展兰德里和汤普森人口转变思想的基础上,提出了体系更为完整的人口转变论的理论模型。他认为人口转变理论对世界各国都有很强的普适性,并把人口转变分为了前工业化、工业化、后工业化三

个阶段,同时指出人口转变具有一定独立性,不是经济社会发展过程的附属物,但也并非独立于经济与社会发展过程而存在,其产生需要一定的经济社会条件。他对人口转变原因的阐述被认为是现代人口转变理论诞生的标志,确立了他作为当代西方人口转变论创始人的地位。人口转变理论把社会经济发展与人口变动联系起来,解释了人口再生产方式随着生产力发展而产生的变化,诸如导致生育率变动的生育和抚养子女的费用、子女的经济价值、妇女社会地位的变化、妇女受教育和就业机会的增多、家庭功能的变化等各种社会经济条件和因素。

4. 20 世纪中后期,人口研究的微观角度和非经济因素视角开始兴起

20 世纪 50 年代末至 70 年代末,使用微观经济学方法分析生育率日益成为人口转变研究的主流。莱宾斯坦(Leibenstein,1957)首次参考微观经济学的边际效用理论来分析父母生育孩子的决策行为,认为根据效用最大化的原理,不同家庭由于社会、经济、文化等因素的作用,对孩子数量的期望各不相同,人们在对边际孩子做出生育选择决策时,通过孩子所带来的效用(收益)与负效用(成本)的比较均衡来决定家庭生育规模。贝克尔(Becker,1960)首次将消费者选择理论用于解释生育率的变动趋势,并将生育孩子的成本进一步细化为数量和质量成本。他认为在偏好和家庭收入不变的条件下,父母会将孩子看作家庭的耐用消费品,父母会基于效用最大化的原则选择是否生育小孩和生育小孩的数量。同时,强调非经济因素的微观人口研究、家庭人口社会学研究也蓬勃发展起来。弗里德曼(Freedman,1962)、伯奇(Burch,1967)等对家庭的规模与结构、家庭生命周期、社会变动及其对家庭生育决策的影响等研究,都有不同程度的贡献。

20 世纪 80 年代后,生育率研究在经济因素仍为主流的背景下,出现了非经济因素视角。考德威尔(Caldwell,1982)的财富流理论试图整合经济方面、文化方面以及制度方面的因素来解释生育率的下降。他认为生育率的下降并不是社会现代化的结果,而是西方化引发的家庭模式转变的结果。伊斯特林和克里明斯(Easterlin and Crimmins,1985)尝试结合社会学的概念来扩展生育率下降的经济学解释,通过构建需求、供给、成本三因素框架解释生育率下降行为,以更客观地评价不同时期和地区的人口转变行为。克莱兰和威尔逊(Cleland and Wilson,1987)认为生育率的转变依赖于生育控制信息的传播和新社会规范的接受,且这一过程受复杂的社会群体决策影响。莱瑟吉和苏尔金(Lesthaeghe and Surkyn,1988)提出,生育率及其变化速度与各个时期宗教信仰的差异、世俗观念、物质享乐和个人主义的盛行程度密切相关。柯克(Kirk,1996)、梅森(Mason,1997)认为生育率的下降引致的人口转变是产业化和城市化进程所引起的社

会变革的结果。卢茨和希尔贝克(Lutz and Skirbekk，2005)提出了"低生育率陷阱"假说，认为总和生育率降到 1.5 以下后就会在人口学、社会学和经济学三重机制下自我强化。

5. 人的内化知识作为日益重要问题的研究源远流长和日益重要，但是西方经济学主要冠以"人力资本"的名义进行了研究

不少研究者都探讨了人力资本的界定与决定。威廉·配第(Petty，1767/2021)认为人的素质不同决定了人的劳动能力不同。魁奈最早研究人的素质。亚当·斯密(Smith，1776/2010)提出人的劳动能力受制于劳动技巧和判断能力，而劳动技巧的熟练水平需要教育培训才能提高，教育培训则是需要花费时间和付出学费的。萨伊(Say，1836)认为花费在教育与培训方面的费用总和称为"积累资本"，受过教育培训的人的工作报酬，不仅包括劳动的一般工资，还应包括培训时所付出的资本的利息，因为教育培训支出是资本。费雪(Fisher，1906)首次提出人力资本的概念，并将其纳入经济分析的理论框架中。舒尔茨(Schultz，1960)则第一次系统提出了人力资本理论，认为人力资本投资就是人的知识、能力、健康等人口质量的投资，他研究了人知资产形成的方式与途径。贝克尔(Becker，1962，2002)建立了人力资本微观决策理论的分析框架；他分析了正规教育的成本和收益，讨论了在职培训的经济意义，明确了人力资本在各种形式资本中的重要性，进一步完善了人力资本理论。格鲁贝尔等(Grubel, Herbert and Scott，1966)认为人力资本的积累才能带来技术进步，增加知识技能的投资积累就是对人力资本的积累。卡内罗和赫克曼(Carneiro and Heckman，2003)建立了从人的生命周期动态分析人力资本投资的理论框架，认为人力资本投资是一种滚动的过程，前期的投资会影响后期的投资效率。

研究者们进一步探讨了人力资本的回报。明瑟(Mincer，1958)首次将人力资本投资与收入分配联系起来，并给出了完整的人力资本收益模型。舒尔茨(Schultz，1960)则研究认为，教育也是使个人收入的社会分配趋于平等的因素。在十几年后，明瑟(Mincer，1974)又从收入分配领域系统地研究了人力资本投资的多种形式与个人收入及其变化之间的关系。贝克尔(Becker，2009)进一步完善了人力资本理论，研究了人力资本与个人收入分配的关系。

显然，人力资本的经济意义得到了越来越多的关注。在更早之前，柏拉图就在《理想国》中论述了教育和训练的经济价值；亚里士多德则从教育的消费品角度认识到了教育对国家经济及其确保福利的重要性；穆勒(Mill，1872)认为技能与知识影响劳动生产

率,劳动能力应当与机器、工具一样被视为国民财富的一部分,教育支出将会带来更大的国民财富。20 世纪的研究更深入审视了人力资本的重要性。马歇尔(Marshall, 2009)强调教育投资对经济增长起到重要作用。舒尔茨(Schultz,1960)对教育投资的收益率以及教育对经济增长的贡献做了定量研究,认为人力资本的积累是社会经济增长的源泉。丹尼森(Denison,1962)通过人力资本理论的计量分析得出人力资本投资积累对经济增长的贡献。宇泽弘文(Uzawa,1965)提出的两部门模型,通过在经济系统中引入教育部门,认为教育投资带来的人力资本提升能够促进生产率提升。罗默(Romer,1986,1990)将生产要素分为资本、非熟练资本、人力资本和新知识,构建了内生增长模型,并提出了人力资本存量决定经济增长率,进而是人力资本而不是人口数量决定经济增长的观点。卢卡斯(Lucas,1988)将人力资本作为独立的生产要素纳入经济增长模型,对人力资本的增长机制研究和人力资本脱离于个体的社会效应研究做出了贡献。

6. 研究视角逐渐扩展至人口数量、人口转变和人口知识的相互决定

贝克尔等(Becker,Murphy and Tamura,1990)在生育理论中首次提出了"数量和质量替代"这一概念,此后又提出了人口数量和质量替代理论。他认为,当家庭财富积累到一定程度时,父母会偏向于追求孩子的质量,通过减少生育孩子来增加对孩子的人力资本投资。家庭效用最大化的决策使得人口出生率下降,从而解释了经济发展过程中人口出生率逐步降低的现象。

盖勒和韦尔(Galor and Weil,2000)的统一增长理论模型,通过引入生育数量和质量的替代关系,将人口增长、人力资本、技术进步和人均收入联系起来,解释了工业化国家长期发展过程中的人口转变、增长方式转变等问题,以及一个国家不同发展阶段和不同国家之间的人口与经济增长的差异性。

上述关于人的发展的研究文献的演进不仅反映了西方经济学的发展,而且显示了人的几个方面的发展和对经济发展的重要性及其在不同发展阶段的重要性的变化。它们分别从不同方面解释了人口停滞、人口增长、人口下降、人的知识增长及其对经济增长的影响,就每一阶段的具体人口问题而言,无疑是具有一定解释力的,也为统一发展理论的解释提供了很大的启发。而贝克尔将人口数量和质量联系起来的做法,以及盖勒等在此基础上所做的研究拓展,无疑为更一般地解释人的发展即人口的数量规模、健康质量及人的知识三者联动变化打开了思路。贝克尔将家庭偏好和预期及其变化作为人口转变的重要枢纽的想法,十分具有启发性。但是他们都没有将微观个体与宏观绩

效联系在一起,从动态一般均衡意义上构建多因素相互作用的经济模型,也就没有很好地让制度文化、家庭以外的其他主体的预期与偏好等关键因素实现兼容和内生,更无从谈让人口与人的知识在作用和被作用于其他因素的过程中,与其他因素共同发展。

6.2　人的性质与构成

人口是经济发展的核心要素,也是财富的第一构成因素。人口不仅拥有先天的物质和精神禀赋,还拥有后天产生的物质和精神资产,它们共同构成完整的人口。因此,广义的人口包括人口资产和人知资产。这两者既合二为一又相互影响,其不同的结合方式决定了广义人口的不同形态。

6.2-1　人口资产的性质与构成

人口资产是一个经济体所拥有的全部人口数量和质量。尽管作为供给者,只有一部分人参与了经济,但是作为需求者,所有人都参与了经济。

人作为多种具体而特殊的生理组织有机构成的复合体,像一般动物一样,首先是一个生命体,会经历从出生、成长、成年、衰老到死亡的生命周期;因此,人的生命具有时限性。其次,人具备强大的生理和心理潜能,能够从事体力和脑力行为,具有能动性和创造性等多重属性。

人口是分布在一定空间的人的集合。每个人的生育、死亡、健康、成长、寿命、分布及流动等状况,决定了人口的数量、结构、增长、质量、成长、寿命、健康、分布及流动状况。而在多种人口结构中,影响最大的就是年龄结构和性别结构。

人口既是生产过程中的关键投入要素,也是最终产品的消费者,扮演着供需两端的关键角色,在推动经济发展的同时也促进自身的发展。具体来讲,人口通过外部消费物质积蓄能量,并通过付出体力输出能量,实现物质和能量的循环利用,从而维持人口生存并积蓄能量。在这一过程中,物质及能量与人口及能量相互转化,但质能总量不变。虽然单个人口的生命周期较短,但是从不断繁衍的群体视角来看,全球或一定空间的人口具有更长的生命周期。

1. 人的体力和智力是人类生存和发展的内生能力

物质在人体内外的分布不平衡,人的一般生理禀赋赋予了人类与动物类似的生理能力,包括体能、体格和体力等,这些要素对于支持人类基本生存和繁衍至关重要。除此之外,人也拥有远比动物复杂的生理禀赋即大脑。人脑中新皮质占据了整个脑容量的三分之二,几乎将左右脑半球囊括在内。人脑的特殊结构使其具备高层次的认知功能,决定了人具有高级和复杂的精神或意识能力,包括智力、人格等,并具有一些特征:一是主动性,即人的意识能力具有主观能动性,能够有目的、有计划、主动地促进要素结合并实现人的目标。二是创造性,人的意识活动尤其是思维活动,不仅能够创造精神产品和精神世界,还能改造物质产品和物质世界。三是有限理性,伴随人的认知过程的情感和意志过程决定了人的认知意识并不完全理性,而是具有一定的非理性特征。

正是人的特殊生理禀赋赋予了人供需能力。不同的人的生理和心理禀赋不同,所决定的体力与智力不同,所形成的资产供需能力也不同。尤其是人的智力能力,可能呈正态分布,高智商和优秀人格的人口出现的概率较小,所以,数百年才能出现跨世纪智商和人格的"超人",而数千年才能出现跨千年的"超人"。而人的生理禀赋通过适应自然环境变化和社会竞争优胜劣汰,进而实现遗传和变异的变化,这也决定了个体资产供需能力的变动。

2. 人的欲望偏好和预期收益是人类生存和发展的内生动力

如前所述,物质在人体内外分布不平衡。这促使人们渴望拥有体外所不具有的生理禀赋,再加上大脑及其所具有的意识功能,人具有了欲望偏好和预期收益。为了维持生理平衡,人需要与外界进行资源和能量的交换,这是与动物一样的供需物质欲望偏好和预期收益。为了维持心理平衡,人需要进行内外交互,这是人特有的供需心理欲望偏好和预期收益。恩格斯曾指出:"人们首先必须吃、喝、住、穿,然后才能从事政治、科学、艺术、宗教等等。"除了有生理和心理、物质与精神的区分偏好和预期外,从性质上它们又分为正向偏好及预期(即趋利)和负向偏好及预期(即避害);从满足物来源来看,则分为通过环境和他人获得满足的外部偏好及预期和通过自我活动获得满足的内部偏好及预期;从行为来看,又可分为消费、生产、投资、创新和投资型的偏好及预期;从满足的方向来看,还可分为需求偏好及预期和供给偏好及预期。有关人的偏好与预期的性质特征已在第2章做过分析,这里不再赘述。

正是物质在人体内外的不平衡分布,尤其是由人的特殊生理禀赋决定的人的资产供需的偏好和预期,形成了人的资产供需动力。不同人由于体内外物质不平衡分布的情况不同,生理和心理禀赋不同,所决定的预期与偏好不同,所形成的资产供需动力也不同。随着物质在人体内外不平衡分布的变化,以及人的生理禀赋的变化,个体资产供需动力也在变化。

3. 人口的各种能动力驱动人口的各种行为

人的资产供给能动力与资产需求能动力的结合,形成人的供需能动力,支配人的资产供需行为。人的需求和供给能动力是经济发展最本源的动力。人的能动力可以从不同角度进行细分,从具体行为角度分为人口的投资能动力、人口的储蓄能动力和人口的生育能动力等;从抽象行为角度分为创新、学习和重复能动力;从关系行为角度分为竞争能动力和合作能动力。

作为分布在一定空间的人的集合,人口的资产供需能动力是一定空间的人的供需能动力组合。同样,人口的资产能动力也可以从不同角度进行细分,每一个资产供需能动力也是一定空间上人口细分资产供需能动力的组合。人口的资产供需行为也是组成人口的个体资产供需行为的组合,它也可以从不同角度进行细分,每一个资产供需行为也是一定空间上人口细分资产供需行为的组合。

人及人口的禀赋决定了人的知识供需能动力,支配人的知识供需行为,形成人及人口的知识、观念、经验和技能。为了区别和分析这类资产,统一发展经济学将人的知识、经验和技能作为一个专门的资产进行考察。

6.2-2 人知资产的性质与构成

如第 1 章所说,人知资产是指人所具有的知识、技术、能力和健康等方面的总和。这实质上是内化于个体的知识资产,包括知识、经验、技能和思想品格等方面。这里进一步对各个组成进行分类。其中,根据功能,知识可分为陈述性知识和程序性知识。技能则是指利用已经认识到信息与规律去改变和适应自然与社会的能力,一般分为智慧技能、动作技能和认知技能,能够潜意识地应用所学技能是熟练掌握技能的标志。至于品格,它是道德层面的认知、情感、动机和行为的心理品质,是人的大脑皮层对自己和外部世界的直接价值判断,或者是价值观的直接外显反映。

人知资产还可以分为:社会一般人知资产和专业化人知资产。卢卡斯(Lucas,1988)认为:人力资本分为社会一般人力资本和专业化人力资本,社会一般人力资本通过学校教育获得(具有内部效应),专业化人力资本通过在实践中学习获得(具有外部效应)。由于内化在人身上的知识技能和思想认知是生产者身上所发生的普通教育、职业培训等支出和其接受教育的机会成本等价值在生产者身上的凝结,所以被称为人知资产,其中最重要的是教育支出,教育支出形成教育资本。

作为内化于个体的知识产品,人知资产拥有资本和知识的一般特性。作为资本,人知资产具有能带来经济收入的能力。作为知识,人知资产具有以下属性:首先,人知资产具有无中生有性。一个人所拥有的人知资产并非与生俱来,而是靠后天投入一定成本后通过"干中学""学中学""创中学"以及创新等思维行为获得的,为积累知识进行的投入与获得知识积累的产出是不完全相等的。其次,人知资产具有内生增长性。通过教育、培训等方式进行投资而形成一定的人知资产存量可以被反复用于物质要素的重塑和精神产品的创造,并且在使用过程中还会产生新的人知资产。再次,人知资产具有外部性。由于人知资产具有知识资本的特性,在个体之间的交互中,参与交互者常常也可以通过非市场的途径无偿分享彼此的人知资产。

人知资产还具有自身的特殊属性。首先,人知资产具有依附性。它不仅由人产生,而且更紧密地依附于人体。通过人力投资形成的知识、技能、情感、价值观念及思想道德等,如同体能和智能一样,都依附于活生生的人而存在。其次,人知资产具有时效性。由于人知资产依附在人身上,其存在和发挥作用决定于人的物质条件状况,而人具有的生命又是有限的,健康状况也是变化的,因此,若不适时开发和利用人知资产,它将随着人的老去逐渐减少直至消失殆尽,此时它不仅难以成为经济发展的要素,而且可能变成阻碍经济发展的"包袱"。

6.3 人的发展的决定因素

人是拥有先天物质禀赋和后天知识禀赋的生命个体,人的发展是物质和精神素质的进化,主要表现为寿命从短到长和人力资本从少到多。所以,人口的发展体现在人口数量、人口健康寿命和人口知识的增长及变化上,这三个方面不同的变化趋势实际反映出人口的两个转型,一是人口数量与寿命组合变化的转型,二是人口物质资产与人口知识资产组合的变化的转型,人知资产提升是从极低到增长再到快速增长的过程。人的发展即人口的这两个转型,是经济主体、人物要素、交互行为、空间部门等相互作用和共同演化的结果。

6.3-1 人口资产发展的决定因素

人口的平均寿命和数量规模及变化是一定制度约束下,在政府、企业、家庭等资产供需者的交互行为中,众多家庭基于需求偏好、资产负债、预期收益,综合考虑当前和未来期望福利而在消费、投资、生育等决策中进行选择的结果。

基于统一发展经济学关于经济发展的三角形生产函数(图1.5)模型和公式(1.3),人口发展可以被视为人口资产和物质资产通过质能转化过程直接促进人口再生产的结果,这一过程与由技术、人知、人口、物质和制度因素共同决定的供求主体人口发展能动力及其行为紧密相关。一方面,经济体系的人与物的资产与产品资产相互直接转化。人口投入直接影响人口产出。人口通过消费物质资产实现再生,再生人口再造物质资产。另一方面,经济体系的资产通过影响经济主体及其行为间接影响资产相互转化。人口、物质、技术、人知和制度作为资产,通过塑造能力或者影响偏好和预期动力,形成供需主体人口发展的多重能动力及多重行为,进而影响人口的发展(包括规模、健康、寿命等及其空间、时间分布)。

1. 经济要素影响人口规模、体智素质、平均寿命及变化

物质要素及增长在促进个体人口体智素质提升和平均寿命不断延长的同时使得人口数量发生不同变化。人口是通过物质尤其是食物消费而生产的,人口生产就是物质的质能等价变换。在人口形成劳动人口后,又可以形成劳动能量而再生产或者转化成物质产品,从而确保质能守恒。魁奈的《经济表》认为:财富的增长先于人口的增长,一国人口是随着国民收入的增长而增加的,由于收入能够提供富裕的生活和利益,因而促使人口增长速度加快。当然,人口过多或者无限制的增长对一个国家也是不利的。在物质要素极其短缺的情况下,相对于维持生存,物质要素极为重要,经济主体偏好于物质要素,人口规模极为有限且增长极为缓慢,人知资产投资受到挤出,所以其增长也极为有限。在物质产品出现剩余但物质增长不能超过人口增长的情况下,物质要素的增长促进人口的增长,但是边际报酬递减决定物质产品的增长在经历一段快速增长后会放缓甚至下降,而人口却可能呈几何增长,从而导致人口增长与物质增长交替性衰退,同时物质对人口增长的决定性作用也决定了经济主体重视物质要素。

科技进步带来人口的数量发生不同变化的同时使得体智素质提升、平均寿命不断延长。生命科学技术的进步可以直接提升家庭等主体对人口的生养能力,通过防治疾病、改善人口健康,增加人口的平均寿命。同时,通过减少婴儿死亡率、增加出生率、增加平均寿命来增加人口数量。此外,通过控制人口的生育来控制人口数量规模及增长。科技进步还通过影响其他资产发展来影响对人口的供给和需求,进而影响人口数量和寿命组合变化。

制度文化及其变迁影响人口规模、体智素质与平均寿命及变化。制度文化通过规范家庭的生育和抚养行为，影响家庭人口数量的选择。除了强制性和诱致性的制度要求家庭多生或者少生子女外，系统性制度安排则通过影响人口的生育收益和成本，从而影响家庭人口数量规模以及性别结构。例如，萨缪尔森认为，收入分配制度会影响人口的最优规模。

再比如，中国在一段时间内实行计划生育制度，以硬约束的方式限制了人口规模增长，也影响了人口结构的变迁。当前一些发达国家采取的激励生育的政策，在一定程度上缓解了生育率的下行压力。中国古代社会长期实行人丁税的制度，导致"富者田连阡陌，竟少丁差；贫民地无立锥，反多徭役"。这不仅抑制了物质增长，而且增加了中低收入家庭的人均税负，抑制了人口生育。明朝的"一条鞭法"和清朝实施的"摊丁入亩"等税赋制度，降低了中低收入家庭的人均税负，刺激了人口的增长。

在现代社会，个人养老保障的社会化，也在一定程度降低了家庭的生育预期比较收益，从而抑制了人口增长。文化也深深影响人口的增长和结构。例如，在中国传统社会，"多子多福"的观念从需求偏好上激励家庭生育更多的子女；而一些区域的"重男轻女"观念，也是导致人口性别结构长期失调的重要原因之一。

2. 供需主体及其能动力通过支配多重主体行为影响人口规模、体智素质与平均寿命及变化

家庭对人口的数量规模、体智素质与平均寿命及变化起着直接的决定作用。人口一般由家庭负责生育和养育，家庭生育行为最终决定家庭以及加总的全社会人口状况。

统一发展经济学认为，家庭基于需求偏好、预期收益和资产负债来选择人口的生产规模和人知资产的投资规模。一旦家庭的需求偏好、预期收益和资产负债发生改变，家庭进行人口生产和人知资产投资的能动力就将发生改变，进而家庭人口规模和人知资产投资规模的组合将发生改变。具体来讲，当家庭偏好人口、人口增长预期收益更大或家庭资产有限时，家庭人口规模大、人知资产低；而当家庭相对偏好人知资产、预期人知资产收益更大和家庭资产更多时，家庭将更倾向投资人知资产和减少人口生产。在中国，受到传统观念的影响，过去男孩往往在家庭中受到更多重视，在计划生育政策和现代生育技术的背景下，男孩的出生率相对较高(Greenhalgh，1985)。家庭的偏好导致其子女数量的显著差异，从无子女的丁克家庭到多子女的大家庭各不相同。家庭的收入和资产水平是影响其生育决策的关键因素(Willis，1973)。通常，在其他条件保持不变的情况下，较高的收入水平可能促使家庭选择生育更多孩子。

政府主体对人口数量规模、体智素质与平均寿命有重要的影响。人口是国家的重要构成因素，也是国家最重要的财富和经济发展的重要要素，为了确保国家长治久安的目标实现，政府需要保持适度的人口规模及其增长率。政府通过制定法律、塑造社会文化、提供公共产品等手段，影响人口的生产、健康状况、规模和结构。例如，政府若认为人口过度增长将威胁未来的社会可持续发展，可能会通过实施强制性生育控制和迁徙限制政策来抑制人口增长（Ehrlich and Ehrlich，1997）。反之，政府若预见到人口减少将严重影响区域及其可持续发展，可能会实施鼓励生育和移民的政策，以促进人口增长（Lee，2002）。

企业主体对人口数量规模、体智素质与平均寿命同样具有重要影响。劳动是企业重要的投入，劳动力是企业的重要要素，尽管企业物质和精神产品的生产周期与家庭人口生产和抚养周期并不一致，但是企业决策会通过劳动力市场影响人口规模及其增长。企业数量和规模扩张会引起劳动人口就业需求增加，也会提升就业劳动力的报酬，这不仅对潜在劳动人口增长提出了需求，同时也为人口生产和抚养提供了物质要素和精神要素条件。在不同的经济发展阶段，企业或者生产部门对劳动人口进而对人口的需求是不同的。在依靠体力劳动的物质产品开发时代，企业开发物质产品的规模及增长与劳动人口的规模和增长是正相关的。但是，在知识经济时代，企业创造知识产品对劳动人口的增长需求下降，企业数量和规模增长对人口增长的要求下降。

3. 供需主体的多重行为直接影响人口规模、体智素质与平均寿命及变化

经济主体的生产、交换与消费的具体行为以及创新、学习与重复的抽象行为对人口体能的要求，影响人口的规模、体质及变化。劳动密集型的生产、交换等体力劳动及其发展对劳动力进而对人口大规模增长提出了要求，同时也塑造了家庭偏好人口生育的思想观念，这是在农业社会和工业化初期人口快速增长的重要原因之一。知识密集型的生产、交换等脑力劳动及其发展减少了对劳动力及人口增长的迫切需求，同时改变了家庭偏好生育的观念。

经济主体的交互行为同样影响人口规模、体智素质与平均寿命及变化。人口一般由家庭负责生育和养育，由家庭需求偏好、预期收益和要素动能决定的生育力决定，家庭生育行为状况最终决定家庭以及加总的全社会人口状况（谭崇台，2008）。但是家庭需求偏好、预期收益和要素动能还都受到外部主体行为的影响。家庭之间在生育问题上相互作用包括竞争攀比与合作支持，也通过影响家庭生育行为，进而影响人口规模、质量与结构。尤其是激烈竞争，使得物质禀赋相对弱的家庭的生存和繁衍能力较弱，从

而遭到淘汰,而基因强大的人得以保留,反复的淘汰使人类得以进化。政府与家庭关于人口的交互,即政府关于人口生产的制度供给和公共产品服务,影响家庭人口生产和抚养。企业与家庭关于人口的交互,即企业对劳动人口的需求以及劳务回报,影响家庭人口生产能力。例如,失业率不断上升可能影响,劳动者收入下降,劳动者生育能力必然下降。另外,女性适育人口的就业率上升,也影响人口的生产。

4. 经济分布通过两个方面影响人口规模、体智素质与平均寿命及变化

经济结构的变迁影响人口的产出和结构。从需求的角度看,经济产出结构的多样化一般是以经济总量规模扩大为基础的,经济规模扩大需要人口的增长,从这个意义上看,经济结构多样化产生的需求拉动力带动了人口增长。而经济结构的高级化一般要求更高比例的知识投入和更低比例的体力劳动投入,这可能导致知识预期收益上升和人口收入下降,从而阻碍人口规模的增长。从供给的角度看,经济结构多样化是以经济总量扩大和产品数量增长为基础的,这为人口规模扩大提供了供给驱动力。同样,经济结构高级化所产出的更高比例的知识产品,也产生了人口增长的供给阻滞力,影响人口规模的扩大。总之,经济结构变迁对人口的增长具有双重影响,在经济结构变迁和经济发展水平的不同阶段,两种经济力量大小不同,导致人口规模变化的趋势也不相同。

空间区位影响人口资源的栖息规模和分布结构。空间区位是各种主体、要素和行为结合性存在的形式。不同空间存在的自然环境、科学技术、人知资产以及制度文化等因素及结合状况不同,使得综合影响因素不同,从而决定了不同空间人口规模、结构、增长、素质和偏好的不同。例如,适宜的气候和肥沃的土地,如古代两河流域的"新月沃土"和"东方伊甸园",吸引了大量人口聚集,促进了文明的早期发展。相反,恶劣的气候和贫瘠的土地则会推动人口迁移。随着时间的推移和条件的变化,这些因素的重要性也在不断变化,影响着不同区域人口的发展和特性。

6.3-2　人知资产发展的决定因素

人知资产作为内化的精神产品主要是通过家庭的学习和教育、学校的学习和教育、社会的学习与教育(主要是"干中学"和"干中教")而获得的。根据统一发展经济学关于经济发展的三角形生产函数(图1.5)模型和公式(1.1),人知发展是基于人口资产、人知资产和科技资产的质能转化过程,这一过程与由技术、人知、人口、物质和制度共同决定的供求主体人知发展能动力及其行为紧密相连。

一方面,人知同类要素向产品直接转化。知识资产投入则可能带来更多或相同的

人知资产。人口脑力劳动、人知资产与科学技术属于知识资产,三者作为直接要素结合可以或多或少地创造人知资产。另一方面,各类资产通过影响经济主体及其行为间接影响人知同类要素向人知产出转化。人口、物质、技术、人知和制度作为资产通过塑造能力或者影响偏好和预期动力,形成供需主体人知创造的多重能动力及多重行为,进而影响人知发展(包括方向、种类、程度)。具体表现为:在一定的制度约束下,政府、企业及家庭的三重交互下,家庭基于人口、物质、科技、地理区位等要素的约束和影响,为确保当前和未来期望最大化,在物质消费、人口抚养和人知投资的最优匹配中,决定人知资产的规模及增长。政府基于可持续存在的目标,在人知资产公共投资与其他公共产品投资之间做出权衡,从而决定公共人知资产的规模及增长。企业基于利益最大化的目标,决定人知资产投入规模及其增长。所有这些加总在一起构成总量意义上的人知资产规模和增长。

1. 经济要素促进或者制约人知资产发展

物质资产对人知资产具有边际递增的影响。物质产品尤其是物质消费品,是人知资产产生的前提,只有人口获得物质消费并实现生存和发展,才有人知资产的存在和增长。人知资产主要是通过创新和学习等脑力活动获取,人的大脑只占体重的 2%,但一般性脑力劳动消耗了整个身体能量的 20%,这些能量主要来自物质资产的补充。更有效率的物质产品生产,可以使维持人们生存的物质劳动时间减少,从而有更多的时间从事知识的创新和学习,促进人知资产的增长。因此,随着物质产品的增长,人知资产的积累方式将会从最初的“干中学”,到专门的“学中学”,再到专门的“创中学”,人知资产的创造和积累逐步增长。同时,物质产品增长又会使得经济主体的供需偏好、预期收益发生改变。在物质产品有限的情况下,经济主体对物质资产预期收益和供需偏好更大,物质资产增长对人知资产形成的贡献极为有限。当物质产品丰富到一定程度,经济主体对人知资产的预期和偏好更大,物质产品增长对人知资产的作用更加突出。

人知资产存量创造人知资产增量。就个体而言,知识是按照一定的相互关联的结构存在着的,人的大脑中存在的总体知识或者专业知识越多,就越能有效地利用这些存量知识去学习和创造更加复杂、深奥和广博的知识、技能和思想认知。就整体而言,个体和组织交互可以使人知资产在个体之间通过有偿或者无偿的方式进行传播,实现复制和共享,每个人拥有的人知资产越多,通过相互交互,学习和创造的总体知识就会越多。

科学技术进步影响人知资产的增长。科学技术进步主要通过以下几个途径影响人知资产增长。首先,科学技术作为外化的知识产品,其增长及传播为人知资产增长提供了内容。当代人的知识、技能和思想认知远远超过古代人,根本的原因是不断积累的外化的人知资产增长。

其次,交互科技和生命科技发展促进人知资产的积累和充分利用。交互科技的发展,使得经济主体能够更加低廉、便捷和广泛地获得外化的科学技术,从而为外化的科学技术转化成内化的人知资产创造了条件。而人机对接技术,可以使得外化科学技术内化成人知资产。生命科技尤其是医疗科技的进步,减少了因病导致的劳动力损失,提高了人类的平均寿命和健康水平,增加了人知资产的有效供给。

再次,科学技术增长倒逼人知资产配套性增长。科学技术的进步所带动的交互的技术复杂性,要求参与交互的个体必须掌握相应的知识与技术,从而倒逼个体的人知资产的增长,表现为家庭为了使人知资产适应企业采用技术的需求,必须加大对人知资产的投资,企业和政府也会因应技术进步被迫增加相应的人知资产政府和企业投资。技术进步导致原有人知资产难以适应而不断地贬值。例如,许志成和闫佳(2011)、李群峰(2015)等实证研究都表明,技能偏向型技术进步会抑制低技能劳动力需求而提升高技能劳动力需求。

复次,科学技术进步也使得劳动效率提升,人们有更多的时间投入人知资产积累。外化科学技术可以对内化的人知资产产生替代,也使得一些人的人知资产的收益预期下降,从而使其人知资产的形成和积累的动力下降。例如,计算机的出现和使用导致人的计算能力下降,这种现象在一些国家已经出现。

最后,科技进步导致经济主体的人知偏好和预期发生变化而对人知资产产生不同影响。在经验技术即工业化之前时代,科技水平低下,科技对经济发展的决定作用有限,对体力劳动的需求远大于对专业技能或高级知识的需求,此时人知资产主要依赖于传统知识和技能的世代传承,所以,此时对人知资产的投资有限。在自然科学即工业化时代,随着科技水平的提升,一方面,科技对经济发展的决定作用增强,经济主体的人知资产和科学技术偏好增强;另一方面,要求更高人知资产与生产配套的需求提升。工业革命之后,随着工厂生产方式的兴起,对有基本读写能力和算术能力的劳动力需求增加,促进了公共教育体系的发展。同时,技术进步需要操作复杂机械的技能,这导致了对专业技术教育和职业培训的需求增加,人知资产投资显著增加的同时越来越被重视。在思维科技即智能化时代,科技水平的大幅提升,特别是在人工智能和自动化领域,正在改变对人知资产的需求结构。对低技能劳动力的需求日益减少,同时增加了对编程、数据分析和其他高技能领域的需求（Acemoglu and Restrepo，2018）。

人口是人知资产的承载和创造主体。人口是人知资产的承载主体，没有人口就没有人知资产，并且人口的健康状况直接影响人知资产的创造和储存。同时，人口是人知资产的创造主体，通过行为尤其是交互行为，人口在创造物质产品的同时兼创造人知资产（"干中学"），或者专门创造人知资产（"学中学"）。此外，人口或者劳动人口的数量及其交互频度和交互距离，也决定了人知资产形成的规模和速度。

物质资产及增长通过经济主体及行为影响人知资产的形成和积累。首先，人口需要通过一定物质产品消费，为脑力活动提供能量，支撑脑力的学习和创新行为，物质财富及增长为人知资产的形成和积累创造了条件。其次，物质财富状况不仅影响人口的生产，而且影响对人知资产的投资。就家庭而言，在物质产品相对匮乏的状态下，为了维持生存，会将更多的时间用于物质生产，从而减少甚至牺牲教育等人知资产的投资。就政府而言，在财力有限的情况下，首先要确保居民的物质公共产品提供，从而限制了人知资产公共产品的提供。就企业而言，物质匮乏的情况下，可能倾向于利用物质要素直接生产物质产品，而非投资于人知资产。反之，当物质产品相对充足之后，政府、家庭和企业都更加偏重于人知资产的投资，从而使得人知资产规模更大、增长更快。

制度文化及其变迁影响人知资产的增长。制度框架将勾勒获取知识和技能的方向，这一方向将是该社会长期发展的决定性因素（North，1990）。人知资产相关的制度环境影响人知资产的投资、生产和积累。首先，专门的教育制度安排会强制和诱导家庭进行人知资产的投资。例如，各国关于义务教育、高等教育、职业教育和终身教育的法律制度，影响着各国人知资产的总体结构。其次，有关知识产权保护以及知识回报的制度安排，会影响经济主体进行人知资产投资、生产和积累的动力（Acemoglu and Autor，2012）。对知识产权保护和人知资产投资回报的政策选择会影响个人、企业和社会对于人知资产投资的积极性（Acemoglu and Autor，2012），进而影响人知资产的累积。再次，重视教育的传统观念，即便短期经济收益有限，也会驱动家庭在家庭资源的分配上向子女教育倾斜。例如，"有文不长穷，无文不长富"的文化观念，使得家庭和政府偏好于投资人知资产，从而有助于人知资产的形成和积累。最后，制度文化通过对物质、人口、科技及增长的影响，反过来间接地影响着人知资产及其增长。

2. 供需主体的能动力通过支配多重主体行为影响人知资产的发展

人知资产的形成和积累虽然最终决定于个人，但资产供需者主体的偏好结构、预期收益和资产负债在很大程度上影响人力资本投资。人力资本的重要性随着经济进步而增加(Schultz，1961)。

不同家庭对人知资产投资具有不同的偏好，这影响着家庭收入在人知资产投资上的不同比例分配。例如，中国等东亚国家家庭自古以来就特别重视子女教育和人知资产投资；汪洙的"万般皆下品，唯有读书高"，反映了中国古代家庭重视教育的传统。而那些高度重视教育的家族，也往往人才世代辈出。不同家庭对人知资产的收益有不同的预期，因而决定对其人知资产的投资多寡不同。一些家庭预期教育未来收益不确定或者有限，很早便让孩子放弃了学习。不同家庭的财富水平不同，也会影响人知资产投资。一些家庭因为有足够的财富，可以在确保物质消费的同时支持子女接受良好教育；而一些家庭因为收入有限，除了维持生存，没有更多人知资产投入。家庭的需求偏好与收入水平直接促进或限制了人知资产的积累。通常，经济条件较好的家庭能够为子女提供更优质的教育机会，从而增强人力资本(Becker and Tomes，1986)；同时，高收入家庭也更有能力投资于继续教育。此外，家庭对教育的重视程度也是人力资本积累的关键因素(Coleman，1988)。对教育高度重视的家庭，即便经济条件有限，也会优先投资于子女的教育，以此提高人知资产。所以，随着物质要素和外部技术要素的增长，人知资产的预期收益不断增长，家庭越来越偏好人知资产，人知资产的投资占比将不断增长。

政府的偏好结构、预期收益和资产负债影响人知资产投资。人知资产具有一定的公共外部性，也是国家最重要的财富和生产要素。首先，不同的政府对人知资产投资具有不同的偏好或者传统。不管政府资产负债状况如何，那些高度重视人知资产投资的政府，将有更大比例的人知资产公共投入。其次，在辖区竞争的背景下，基于长治久安的最大化目标，政府会一方面直接进行适度人知资产公共投入，另一方面会制定相关政策激励和引导家庭和企业进行人知资产的适度投资。再次，政府的资产负债状况影响政府对人知资产的公共投入。在财政相对紧张的情况下，政府主要维持政府常规运营的公共产品(主要是物质性公共产品)的供给。而当财政相对充裕，政府的物质要素和技术资产不断增长后，政府一般会加大对辖区居民和政府公务人员的人知资产的投资。

企业的偏好结构、预期收益和资产负债影响人知资产投资。企业的偏好结构不仅影响企业的性质和发展方向，而且影响企业的人知资产投资状况。一般而言，那些偏好创新的企业，不仅会雇用更多的高人知资产人才，而且会加大对员工的人知资产投入。适应技术的进步和参与外部竞争、预期高人知资产能够带来更多利润的企业，同样也会雇用和培训更高人知资产水平的人才。与此同时，随着全社会技术进步和人知资产积累,企业的生产的知识含量在提升,一方面企业对家庭私人人知资产和政府公共人知资产增长提出了需求,另一方面,企业自身也将不断增加对人知资产的投资。同时,人知资产富集的企业通过"干中学",能够创造更多人知资产。

3. 供需主体的多重行为直接影响人知资产形成和积累

首先,家庭在物质消费和投资、人口的生产以及人知资产投资的竞争性重复、垄断竞争性学习和垄断性创新行为中,通过"干中学""学中学""创中学"等积累不同规模的人知资产。如果家庭主要从事垄断性的创新行为,家庭成员将在"创中学"中获得专业化的增量人知资产。如果家庭主要从事垄断竞争性的学习行为,家庭成员将在"学中学"中获得专业化的人知资产。同样,如果家庭从事重复性消费、投资和人口生育,不断重复的"干中学"也能提高一定人知资产积累。

其次,企业的私人物质和知识生产的竞争性重复、垄断竞争性学习和垄断性创新行为,通过"干中学""学中学""创中学"等积累不同规模的人知资产。如果企业主要从事垄断性的创新行为,企业在创新中,首先使得参与创新的员工获得增量人知资产。如果企业主要从事垄断竞争性的学习行为,企业在产品模仿中,也使得参与学习的员工在学习中获得人知资产。同样,如果企业从事自己创新和学习的产品的重复性生产,参与重复的员工在重复中也会有一定人知资产积累。

最后,政府的公共物质和知识生产的竞争性重复、垄断竞争性学习和垄断性创新行为,通过"干中学""学中学""创中学"等积累不同规模的人知资产。如果政府主要从事垄断性的创新行为,政府在创新中,首先使得参与创新的员工获得增量人知资产。如果政府主要从事垄断竞争性的学习行为,政府在公共产品模仿中,也使得参与学习的员工在学习中获得人知资产。同样,如果政府从事自己创新和学习的产品的重复性生产,政府内参与重复的员工在重复中也会有一定人知资产积累。

4. 经济分布通过两个方面影响人知资产的形成和积累

产业结构影响人知资产的形成和积累。首先,通过"干中学"可以创造人知资产。总体而言,经济的部门结构越简单,分工越简单,人知资产的形成就越困难。相反,经济部门越复杂多样,分工就会复杂和细致,从而每个个体就有更多精力反复地从事一个活动,使得专业化的人知资产形成和积累就越多。其次,通过"创中学"可以创造人知资产。具体而言,经济体中,技术密集型产业部门越多,每个产业部门的技术密集性越高,人知资产对人知资产的要求就越高,同时也越能形成和积累更多的人知资产。在传统的农业社会里,经济收益主要来源于农业部门,农业生产要素首先是土地和体力劳动,人知资产决定性作用相对较小,进而人知资产的增长也长期比较缓慢。再次,通过"学中学"可以创造人知资产。教育等部门的人知资产投资越大,教育部门劳动时间占比越大,教育部门的分工越细,人知资产的创造越快、积累越多。

空间结构影响人知资产的形成和积累。作为物质存在及运动的载体,空间对人知资产的影响实质上是一定空间上的人知资产受到基于空间成本而可及的各种主体、要素及行为的影响。首先,不同空间上,能够基于成本可及的主体、要素和行为不同,因而人知资产的形成和积累不同。其次,人知资产在空间上具有集聚效应(Duranton and Puga,2001,2004),不同空间、不同规模的人知资产,会产生规模更加分化的人知资产。再次,人口等一些要素在空间上具有流动性,使人知资产在不同空间的形成和积累不断变化。优越的生活环境和创业环境,可能培育和吸引具有更高端人知资产的人才,从而能够形成和积累更多的人知资产。当然,人才过度聚集导致拥挤,又可能破坏优质的环境,有可能导致高端人才的离开和人知资产投资减少。

6.3-3 人口与人知资产转型的影响因素

人口资产与人知资产是共同进退还是此消彼长主要决定于经济要素、主体、行为及分布的相互作用。总体上,随着人知资产的积累、科学技术的发展、物质产品的剩余以及制度文化的发展,人知资产的重要性增加,家庭、企业和政府对人口和人知资产的偏好结构和预期收益发生变化,相对于人口,变得更加重视人知资产,因此,家庭增加对人知资产的投资而减少对人口生育的支出,企业增加对人知资产的投资而减少对人口的需求,政府增加对公共人知资产的投资而相对减少对人口生育的公共投资,从而导致人口产出减少和人知资产产出增加。

1. 经济要素通过多方面影响人口转变

物质要素通过影响主体偏好结构、预期收益和资产负债所形成的能动力,影响要素变化及三主体的行为选择,同时影响制度文化与科学技术等变化,对人口转变产生影响。

首先,物质资产及其增长是人口和人知资产发展的基础。人口是通过物质尤其是食物消费而生产的,人口生产就是物质的质能等价变换。在人口形成劳动人口后,又可以形成劳动能量而再生产或者转化成物质产品,从而确保质能守恒。人知资产附着在人身上,人知资产生产需要保持人口的生命处在健康状态,也需要物质能量转化的脑力支持。所以,人口数量状况和人知资产状况都决定于物质产品产出的总水平。

其次,物质要素规模及增长在不同的发展阶段对人口资产和人知资产增长有不同的影响。物质产品增长会使得经济主体的需求偏好结构、预期收益结构发生改变。在物质要素极其短缺的情况下,相对于维持生存,物质要素极为重要,经济主体偏好于物质要素。一方面,由于物质产出极为短缺,人口规模极为有限且增长极为缓慢。另一方面,由于重视物质产出,人知资产投资受到挤出,所以其增长极为有限。在物质产品出现剩余但物质增长不能超过人口增长的情况下,一方面,物质要素的增长促进人口的增长,但是边际报酬递减决定物质产品的增长在经历一段快速增长后会放缓甚至下降,但人口却可能呈几何增长,从而导致人口增长与物质增长交替性衰退。另一方面,物质对人口增长的决定性作用,也决定经济主体重视物质要素,所以,人知资产的增长依然有限。

而在物质产品的增长超过人口的增长之后,一方面,决定物质要素的作用在减弱,知识要素的作用在增强,进而决定人知资产的作用在增强,从而决定经济主体从重视物质和人口转向重视人知资产和科技,导致人口增幅放缓,人知资产持续增长。另一方面,物质产品的增长意味着产业部门即分工的增加,也在促进人知资产不断增长。总体上,在物质产品产出水平较低时,物质产品对人口数量具有刚性影响,而对人知资产具有柔性影响,物质产品增长主要支撑人口数量增长,对人知资产增长的支撑极为有限。在物质产品产出水平较高时,物质产品对人口数量具有柔性影响,而对人知资产具有刚性影响,物质要素更多地支持人知资产的增长。

科技要素通过影响主体偏好结构、预期收益和资产负债所形成的能动力,影响三主体的行为选择,同时影响物质和制度要素变化,进而对人口转变产生影响。科技要素作为外化的知识,在不同时期对人口资产增长和人知资产增长具有不同的影响。

首先,科技进步先促进人口规模增长后促使人口规模下降。科技进步通过创造更多的物质资产支持生育率提升、人口寿命延长,从而促进人口规模增长。与此同时,科技进步通过降低婴儿死亡率、延长人口寿命,促进人口规模增长。但科技进一步发展,其所派生的替代体力和脑力的工具的发展,对劳动人口产生了替代,也改变了经济主体关于人口的预期收益和需求偏好。例如,李嘉图(Ricardo,1817)就认为节约劳动的机器会给作为消费者的所有各个阶级带来好处,但有损于劳动阶级的利益。其次,科技进步倒逼人知资产增长,先促进人口增长后又促进人口下降。作为外化的知识,一定的技术水平要求相应的内化知识即人知资产与之匹配,技术进步也在一定程度上贬值了存量的人知资产,倒逼家庭、企业和政府对人知资产不断投资。再次,科学技术水平及增长决定人口资产和人知资产的变化。随着外化知识即技术的积累,技术对经济发展的决定性作用日益显著,家庭、企业和政府都将更加偏好技术与人知资产,从而在家庭、企业和政府的决策中,更加重视人知资产和科学技术的投资,相对减少对人知资产和物质资本的投入。

总之,科学技术对人口转变具有复杂的影响。在传统经济体系下,科学技术水平极低,物质产品与人口数量相互因果循环。科学技术微小的进步对人口增长有刚性影响,对人知资产的影响却是柔性的。而在现代社会,科学技术逐步积累对人口增长的作用不断加强,从而使得科学技术对人口数量增长的影响是多重的,对人知资产则具有刚性影响。

制度文化及其变化通过影响主体偏好结构、预期收益和资产负债所形成的能动力,影响要素变化及三主体的行为选择,同时影响物质要素与科学技术等变化,对人口转变产生影响。制度文化通过影响经济主体的预期收益和偏好结构,从而规范和影响经济主体的行为,从而影响内化的人知资产和人口资产的选择,以及人口的转型。如果专门的人口制度和基础经济制度,如计划生育政策、义务教育制度等,使得政府、家庭和企业认为人口生产比人知资产投资预期收益更大,如果专门的人口文化和基础文化使得政府、家庭和企业更偏好于人口生产而不是人知资产投资,那么整个社会人口将是人口规模不断增长而人知资产增长缓慢的;如果制度文化使得政府、企业和家庭的偏好结构更看重人知资产,以及人知资产收益预期更大,则整个社会人口将转向缓慢增长甚至不增长,而人知资产不断增长。

制度文化如果能够即时回应人口增长、人知资产和科学技术的进步,将促进人口的快速转型,而制度文化如果难以回应人口数量、科学技术、人知资产的增长的需求变化,将抑制人口数量、科学技术和人知资产的变化。在传统社会里,经济运行实际是由不完全市场经济制度支持的,这些制度安排以及长期形成的文化认知,导致重视激励人口增长而抑制人知资产增长。而完全扭曲的经济制度阻碍了物质产品的增长,还有可能限制人口数量的增长。当然,在现代经济体系下,生育惩罚制度或者生育奖励制度,都对人口数量和人知资产同时产生影响,从而打乱了人口转变的正常进程。

2. 供需主体的能动力通过支配具体行为、抽象行为、关系行为和时空行为,影响人口转变

由于知识要素的规模报酬性质,当知识积累到能够发挥更大决定作用的程度,政

府、企业和家庭都更加偏好于人知资产投资而不是人口的生育。从企业角度看,无论是内在动力还是外在竞争,都驱动企业在生产与交换、创新与学习方面更多地利用精神要素(即科学技术和人知资产)实现递增的报酬和竞争制胜。企业通过员工培训和"干中学"也使得劳动人口悄悄地转型。偏好于雇用具有更高人知资产水平的劳动人口,通过报酬回报,对家庭劳动人口的供给起到重要的交互引导。所以,企业从劳动密集型向资金甚至技术密集型转型也对家庭人口转变提出了需求,同时也为家庭人口转变创造了条件,更高的劳动报酬回报使得家庭可以在子女教育上有更多的投入。同样,家庭向人知资产偏好的转变和投资,也分别会支持企业和政府偏好于人知资产的投资。而政府向人知资产偏好的转变和投资,也分别会引导和支持企业和家庭偏好于人知资产的投资。

具体来看家庭主体对人口转变的影响。家庭是人口生育者和人知资产的投资者,因而也是人口转变的主要决策者。按照标准经济理论,基于预算约束和实现当前及未来预期效用总值最大化的目标,家庭在物质消费、物质投资、人口生产和人知资产投资上进行权衡。假定物质消费和物质投资不变,扩大家庭人口生产和提升家庭成员的人知资产水平是存在相互替代关系的。统一发展经济学认为:家庭基于确定需求偏好、预期收益和资产负债,来选择人口的生产规模和人知资产投资规模。一旦家庭的需求偏好、预期收益和资产负债发生改变,家庭人口生产和人知资产投资的能动力就将发生改变,从而家庭人口规模和人知资产投资规模的组合将发生改变。当家庭偏好人口、人口增长预期收益更大或家庭资产有限时,家庭人口规模大、人知资产低;当家庭相对偏好人知资产、预期人知资产收益更大和家庭资产更多时,家庭将更倾向于投资人知资产和减少人口生产。所以,家庭人口生产和人知资产投资能动力的变化直接决定家庭进而决定社会人口的转型。

企业主体对人口转变的影响也显而易见。企业是劳动人口和人知资产的需求者,也在一定程度投资人知资产,同时企业的物质和知识产品的生产供给满足并影响人口生产和人知资产投资。所以,企业也是人知资产和人口资产的影响主体。企业基于确定需求偏好、预期收益和资产负债,决定企业产出的要素结构,选择劳动人口规模和人知资产规模组合,即选择在多大程度上是劳动密集型或者知识密集型组合。一旦企业的需求偏好、预期收益和资产负债发生改变,企业人口生产和人知资产投资的能动力就将发生改变,从而企业有关人口规模和人知资产投资规模的组合将发生改变。当企业偏好人口、人口增长预期收益更大或技术资产有限时,企业需要更大劳动人口规模和更低的人知资产组合。而企业需求偏好、预期收益或资产负债改变时,企业人口生产和人知资产投资的需求组合将发生变化。当企业相对偏好人知资产、预期人知资产收益更大或技术资产更多时,企业将更倾向需要更多人知资产和更少的人口资产。而企业支付更多的人知资产回报和更少的人口资产回报,也引导和影响家庭偏好人知资产和预期人知资产收益增长,从而增强人知资产的能动力。所以,企业的人口生产和人知资产投资能动力的变化间接影响着家庭,进而影响社会的人口转变。

政府主体对人口转变的影响则分几个方面。人口和人知资产具有外部性,是一定意义上的公共产品,因此,政府的偏好结构、预期收益和资产负债对人口与人知资产的组合也具有一定的影响。首先,政府通过制度文化的供给来影响家庭,进而影响社会人口和人知资产的组合。政府是辖区的系统性制度安排、专门的人口增长与人知资产投资政策的供给者,会影响家庭和企业对人知资产和人口生产的偏好结构和预期收益,进而会对家庭人知资产和人口生产决策具有强制性和诱导性作用。其次,作为公共产品的供给者,政府在人口增长和人知资产提升方面的公共产品配置的权衡,会影响家庭和企业对人知资产和人口生产的偏好结构和预期收益,从而影响家庭进而影响社会的人口与人知资产的组合。显然,当政府偏好人口、人口预期收益大且公共资源有限时,政府制度和公共产品供给有利于家庭的人口生产和企业劳动人口需求;反之则相反。当政府偏好、预期收益或资产负债发生从人口向人知资产的转变时,家庭及社会将逐步发生人口转变。

3. 供需主体的多重行为直接影响人口转变

在人口生产与物质生产主导循环的时代,三主体基于人口数量的竞争促使在人口数量规模扩大的同时抑制人知资产的增长。在人知资产与科学技术主导循环的时代,三主体基于人知资产的竞争促使在人知资产不断攀升的同时抑制人口数量的增长。在人口生产与物质生产主导循环的时代,三主体主要重复简单生产过程,刺激了人口规模及劳动人口规模的增长而抑制人知资产增长。而在人知资产与科学技术主导循环的时代,三主体更多地从事学习甚至创新,则在刺激人知资产增长的同时抑制人口规模增长,加快人口转变的步伐。

家庭的竞争性重复、垄断竞争性学习或垄断性创新的物质消费、物质投资、人口生产和人知资产投资行为选择,决定家庭进而社会的人知资产和人口构成组合。基于家庭物质消费能动力、物质投资能动力、人口生产与人知资产投资的能动力,家庭在人口生产规模及增长和人知资产投资规模及增长方面存在确定的组合选择。而家庭能动力组合发生变化所决定的家庭人口生产规模和人知资产投资行为组合的变化,决定了人口规模与人知资产平均规模组合的变化。总体上,人口生产优于人知资产投资选择时,两者的组合是人口处在人知资产极低情况下的人知资产缓慢增长或快速增长。而当家庭人知资产投资优于人口生产的行为选择时,则呈现家庭以及社会人知资产的持续增长而人口数量从增幅上升到增幅下降的组合。

企业的竞争性重复、垄断竞争性学习或垄断性创新的公共产品的生产或交换行为选择,影响家庭和社会的人知资产和人口构成组合。基于企业物质和知识生产能动力,家庭在物质与知识的选择组合上,从需求和供给两个途径,影响家庭关于人口生产和人知资产投资的组合行为,从而影响人口规模与人知资产平均规模组合的变化。总体上,企业垄断性创新、垄断竞争性学习和竞争性重复物质和知识产品,从供给和需求两个途径,决定家庭人口主导人口与人知资产组合或者人知资产主导人口与人知资产组合。因此,企业行为的变化,即企业从重复性物质生产转向创新性知识生产,决定了企业对家庭人知资产投资与人口生产的供需的权重发生变化,同时影响家庭人口生产和人知资产投资的能动力变化,最终导致从人口数量主导转向人知资产规模主导的人口转变。

政府的竞争性重复、垄断竞争性学习或垄断性创新的公共产品的生产或交换行为选择,影响家庭进而影响社会的人知资产和人口构成组合。基于政府公共产品(包括制度文化与公共物品)生产能动力,政府在公共产品上的选择组合,也从需求和供给两个途径,影响家庭关于人口生产和人知资产投资的组合行为,进而影响人口规模与人知资产平均规模组合的变化。总体上,企业垄断性创新、垄断竞争性学习和竞争性公共产品,从供给和需求两个途径,决定家庭人口主导人口与人知资产组合或者人知资产主导人口与人知资产组合。政府行为的变化,即政府从重复性物质公共产品供给主导转向创新性知识公共产品供给,决定了政府对家庭人知资产投资与人口生产的需求和供给权重发生变化,同时影响家庭的能动力的变化,最终导致从人口数量主导转向人知资产规模主导的人口转变。

家庭、企业和政府关于人口生育、养育和使用的交互行为影响人口规模、体智素质与平均寿命及变化。人口一般由家庭负责生育和养育,是由家庭需求偏好、预期收益和要素动能决定的生育力决定的,因此家庭生育行为状况最终决定家庭以及加总的全社会人口状况(谭崇台,2008)。但是,家庭需求偏好、预期收益和要素动能还都受到外部主体行为的影响。首先,家庭之间在生育问题上相互作用,包括竞争攀比与合作支持,会影响家庭生育行为,进而影响人口规模、质量与结构。其次,政府与家庭关于人口的交互,即政府关于人口生产的制度供给和公共产品服务,影响家庭人口生产和抚养。最后,企业与家庭关于人口的交互,即企业对劳动人口的需求以及劳务回报,影响家庭人口生产能力。例如,失业率不断上升可能影响,劳动者收入下降,劳动者生育能力必然下降。另外,女性适育人口的就业率上升,也影响人口的生产。

4. 经济分布通过两个方面影响人口转变

经济的部门结构及其转型通过主体及行为促进人口资产与人知资产的组合变化。经济部门结构从供给和需求两个途径影响人口的转型即人口生产和人知资产投资的组合及变化。首先,在经济部门越是相对单一的情况下,经济部门对劳动人口数量的供需越优于对人知资产的供需,劳动人口与人知资产组合就越偏重于人口资产,因为部门越单一,分工越粗,对人知资产的供求相对于劳动人口越有限。反之,经济部门越复杂,经济部门对人知资产的供需越优于对劳动人口的供需,劳动人口与人知资产组合就越偏重于人知资产。所以,当经济部门从单一向多样转型时,人口也在逐步转型。其次,经济部门中劳动密集型产业的比重越重,其对劳动人口的供需就越偏重;相反,经济部门中知识密集型产业比重越重,其对人知资产供需就越偏重。当经济体系从劳动密集型转向知识密集型时,人口也逐步实现了从主要人口增长到主要人知资产增长的转型。最后,经济的结构性变化可能使儿童的经济价值发生变化,妇女在社会和伙伴关系中的地位和作用也发生变化,从而导致生育率发生变化。

经济的空间结构及其转型通过主体及行为决定促进人口资产与人知资产的组合变化。首先,经济空间结构从供给和需求两个途径影响人口空间结构的转型。不同空间由于要素及其决定的主体及行为不同,也决定了劳动人口与人知资产的组合不同。低知识资本、高物质资本禀赋的空间决定了经济主体偏好于人口生产,更偏向于从事劳动密集生产和人口生产,从而是低人知资产的简单劳动人口及人口增长组合。高知识资本、低物质资本禀赋的空间决定了经济主体偏好于人知资产投资,更偏向于从事劳动密集生产和人口生产,从而是高人知资产增长和低简单劳动人口及人口增长组合。其次,不同空间的人口转变状况通过空间聚集效应进一步导致不同空间人口转向状况的变化。各个区位的要素条件不同,决定主体偏好、预期及行为不同,不仅导致不同区域人口转变的阶段不同,而且影响不同人知资产禀赋的人口在区位之间的流动,从而形成不同空间区位人口与人知资产组合的结构变化。

6.4 人的发展的决定机制

人及人口在身体及体力行为的支持下,可以通过大脑及脑力行为、知识的创新和学习,获得知识、观念、经验和技能,我们将其称为人的知识资产,即人知资产,它既是经济发展的重要内容,也是经济发展重要而特殊的要素。人除了拥有先天的物质和精神禀赋外,还逐步积累了后天的精神禀赋即人知资产,包括生产经验和劳动技能或文化科学知识。

6.4-1 人口的资产发展的决定机制

不同部门和空间分布的物质与其他要素一起塑造不同主体的物质的三重行为能动力,支配不同主体物质的三重行为,在其他要素支持下,实现不同主体的物质投入与产出的相互转换。三重分别的物质与其他要素一起影响不同主体的技术、人口、人知资产、制度的三重行为能动力,与其他要素一起支持不同主体进行人知资产、技术、人口和制度分别的要素与产品相互转换,或者人口与物质、人知资产与技术的分别转换。

1. 空间及组织的人口发展的内部决定

人口的发展主要由人口群体自身的动态变化决定,尽管单个人口的生命存在是有限的,但是人口群体通过持续的个体出生得以长期延续。在直接的途径上,只有空间及组织的人口物质要素才能产生空间及组织的人口物质产品。在不考虑人知资产、技术等外部条件的情况下,拥有特定物质资产禀赋的有生命的两性人口通过交配,产生生命胚胎,并通过女性体内的物质能量形成新生人口。没有人体内部的精卵结合,及其母体的相关物质,不可能有新人口的产生。同样,新生人口的成长和成年人口的健康,也需要成年人口的脑力和体力的付出。

在间接的途径上,人口存量禀赋决定资产、偏好和预期,进而形成供需能动力决定人口供需行为。人口的自然禀赋决定个体的人口供需体力和脑力,人体内外物质的不平衡分布决定个体的人口供需偏好和预期收益,两者结合形成个体的人口供需能动力,人口供需能动力支配空间及组织的个体的人口供需行为,并决定人口物质要素转换为人口物质产品的程度。

在这两种途径上,空间及组织的个体通过人口从出生到死亡整个生命周期的供需交互行为,最直接决定人口新生及其抚养,进而决定空间及组织的人口数量增长和质量提升。

其次,人口资产与物质资产共同直接决定人口发展。人口作为物质资产的一部分,主动通过发展物质资产以支持人口发展。在直接的途径上,物质资产与人口投入直接带来人口产出变化。一方面,人口发展是物质资产要素和人口劳动质能要素合成向人口产品的转换。人口与物质资产一起作为直接投入的物质要素生养人口产品,人口产品实际是物质资产要素质能与人口要素质能的结合。另一方面,物质资产与人口循环决定人口发展(即数量增长和质量提升)。物质资产发展促进人口发展。物质资产同时是人口的消费产品和生产要素。人口通过消费物质资产,满足了人口物质需求,解决了人体内部的物质分布无限不平衡,保持人体生存发展,保持和提升人的物质生产体力和脑力。物质数量和种类增长,促进人口数量增长和质量提升;人口发展则促进物质资产发展。人口通过劳动能量供给,将物质资产要素转换为物质资产产品。人口的数量增长和质量提升,促进了物质数量和种类的增长。总之,人口通过外部消费物质积蓄能量,然后付出体力、输出能量,获得外部物质资产以便消费,维持人口生存并积蓄能量,如此循环往复。但在物质及能量与人口及能量相互转化中质能总量保持不变。

在间接的投入产出途径上,物质与人口通过影响人口与物质资产的供需能动力影响人口与物质供需程度。一方面,空间及组织的个体禀赋及人体内外的物质不平衡分布决定经济个体的体力和脑力,形成经济个体、组织及空间的人口繁衍和物质开发的供需能力。另一方面,空间及组织的个体禀赋及人体内外的物质不平衡分布,决定经济个体的偏好和预期,形成经济个体、组织及空间的人口繁衍和物质开发的供需动力,两者结合形成的能动力直接支配空间、组织及经济个体的人口供给和需求行为,从而直接影响人口的数量和质量的均衡及发展。在不考虑人知资产与技术、制度与文化外部条件的情况下,由于人知资产与技术在初始阶段比较有限,人口与物质资产的循环中,经济个体、组织及空间的人口物质供给能动力相对较小,经济个体、组织及空间的物质需求能动力较大。经济个体、组织及空间的人口供给能动力相对较大,经济个体、组织及空间的人口需求能动力较小。物质增长边界决定人口增长边界。

就直接途径与间接途径的结合而言,在人口与物质资产供需能动力的支配下,空间、组织及个体通过物质资产供需与人口供需行为,将物质资产要素和人口要素结合,形成人口产品数量增长和质量提升。

不考虑人知资产与技术的情况,人口与物质资产的循环中,经济个体、组织及空间的人口物质供给能动力有限,而经济个体、组织及空间的人口供给能动力较大,经济个体、组织及空间的人口需求能动力较大,导致经济个体、组织及空间的物质需求能动力较大,物质增长成为人口增长的天花板。

2. 空间及组织的人口发展的外部决定

人知资产与技术、制度与文化作为人口的不同类型的资产,不能从直接的投入产出途径参与人口物品的质能转换即人口的发展。但是,这些资产通过影响人口的能力和动力,从而分别影响和联合影响人口物品的质能转换,即人口的数量增长和质量提升。

首先,技术和人知资产的发展形成人口供需的外部技术与人知资产能动力,改变人口规模和提升人口质量。提升人口的人口供需和人口的物质供需能动力,可以改变人口的数量和提升人口质量。一方面,人知资产与技术的增长提升或延伸了空间、组织及个体的脑体等能力,从而扩大了空间、组织及个体的人口的物质要素和人口要素的投入。另一方面,人知资产与技术的增长改变了空间、组织及个体的人口数量和质量的供需偏好和预期收益及动力,从而提高了空间及组织的人口的物质要素和人口要素的投入,以及人口产品的产出效率。两者共同决定技术与人知资产发展,改变了人口发展的能动力。科技和人知资产通过影响人口的出生率和死亡率,不仅影响人口的数量,而且影响人口的质量。科技与人知资产的质能不守恒特性所带来的人知资产和技术不断积累,以及人知资产和技术的报酬递增,使得空间组织及个体的人口发展的供需能力加速变化,最直接的结果是人口死亡率越来越低,出生率越来越可控。人口从出生率和死亡率都高转向出生率高但死亡率低,然后再转向出生率低、死亡率低,即人口的数量出现"倒 U 型"变化,但人口质量却加速增长,促进了人口质量增长和数量变化。

其次,制度与文化及其变化形成人口供需的外部制度文化动力,改变人口规模和质量。制度与文化及其变化主要通过影响空间、组织及个体的人口和物质物品供需的偏好和预期收益,影响人口的人口供需和人口的物质供需动力,支配经济个体的人口与物质的供需行为,在促进物质数量增长和种类扩展的同时,促进人口的数量增长和质量提升。由于存量制度对制度变迁的负向能动力,因此,制度变迁一般相对滞后和缓慢,制度与文化对人口发展的调整也相对缓慢。

最后,技术与人知资产及发展和制度与文化及变迁合成人口供需的外部总合能动力,改变人口数量和提升人口质量。作为外部因素,人知资产和技术与制度和文化在相互影响中影响物质与人口进而影响人口发展的。由于技术与人知资产的领先性和制度与文化的滞后性,它们联合作用于人口的机制是:技术与人知资产增长和积累作为要素资产在改变空间及组织的物质及人口的偏好和预期即供需能动力的同时,也在试图改变空间及组织的制度文化的偏好和能动力。存量制度与文化在维持空间及组织内现存的物质与人口供需的偏好和预期收益的同时,也维持着技术与人知资产发展的现存供需偏好和预期收益,进而影响了物质资产与人口的现有供需能动力。当人知资产与技术增长所形成的制度文化变异的供需能动力超过现存制度文化所维持的制度文化遗传的供需能动力,制度文化变迁不仅直接改变物质资产与人口发展的能动力,还通过影响空间、组织的物质资产、人知资产、技术等供需的偏好和预期收益,释放人知资产与技术的人口发展供需能动力,并形成总合的人口供需外部能动力,支配空间、组织的人口供需行为,影响空间及组织对人口供给与需求的数量和质量的均衡。

3. 空间及组织的人口发展的内外决定

空间及组织内个体间的物质资产与知识资产分布存在不平衡,这种不平衡及交互过程中的规模经济效应,决定了空间及组织内主动的人口流动与被动的物质资产流动之间的供需交互循环行为。这一循环行为在再生人口与物质资产的同时,也促进了技术与人知资产的产生与积累。随着这些资产的进一步积累,个体内外物质资产与知识资产的分布不平衡及交互规模经济效应加剧,进而影响了个体及组织在制度与组织变革方面的供需能动力。

初始的个体禀赋以及逐步演化的个体及组织的制度与组织变革,既可能提供推动力也可能形成阻力,这些力量与供需能动力相结合,形成了个体及组织总的制度与组织变革供需能动力。这一总动力支配着一定空间内个体及组织的制度与组织变革博弈,并最终决定了组织与制度的状态。

空间及组织的经济个体基于产生及积累的人知资产与技术、不确定变化的制度与文化、变化人口与物质资产等联合形成空间及组织的总合的物质资产与人口的供需能动力,支配空间及组织的生养人口与再造物质资产的供需行为,决定物质资产及人口的发展。

具体而言,一方面,空间及组织的人口与物质资产、制度与文化、科技和人知资产及变化决定需求者的人口的需求能力、动力及能动力增长。包括:人口的体智禀赋决定人口的需求能力,人体内外物质不平衡分布决定人口需求偏好与预期收益变化决定的人口的需求动力增长。空间、组织及个体拥有或控制的物质资产增长影响人口的需求能力变化,物质资产增长带来新的人体内外新的物质不平衡分布决定的需求偏好和预期收益,进而决定人口需求动力变化。个体及组织的技术与人知资产通过影响其需求偏好、预期收益及动力增长，进而作用于其人口与物质资产的需求能力。同时，现存的组织与制度也对个体及组织的人口需求动力增长产生着影响。空间、组织及个体这些因素共同作用，形成了推动个体及组织再生人口与物质资产的合力及变化。这种合力及变化进一步支配着组织及人口通过脑力和体力结合所展现出的需求行为变化。

另一方面，空间及组织的人口与物质资产、制度与文化、科技和人知资产及变化决定供给者的人口的供给能力、动力及能动力增长，包括：劳动人口的体智禀赋变化决定空间及组织的人口体智供给能力和预期偏好供给动力变化。物质资产增长决定空间、组织及个体的物质资产的人口供能动力变化。而技术与人知资产的变化，既会改变空间、组织及个体的人口的供给能力，也会改变空间、组织及个体的人口的供给动力。现存的组织与制度影响空间、组织及个体的人口的供给动力。空间、组织及个体的人口供需者的供需三重交互行为能动力决定供给者之间、需求者之间、供需者之间在人口生养上竞合交互，从而决定空间及组织的人口数量和质量的供需均衡。

人口与物质资产的循环再生，是多种经济因素共同作用的结果。当人口、物质资产、技术、人知资产、制度与文化等经济要素形成并相互作用时，空间及组织内的经济个体会面临内外物质不平衡分布和交互规模经济的情况。这种不平衡和交互作用形成了推动人口与物质资产供需的动力，进而支配着经济个体通过体力劳动和脑力劳动实现人口与物质资产的循环再生。

同时，这种动力也促使经济个体在人口与物质资产再生的过程中，不断产生并积累人知资产与技术。由于人知资产与技术的质能不守恒特性，它们会不断积累并增长。这些积累的人知资产与技术，又通过改变经济个体的供需偏好和预期收益，进一步增强人口与物质资产、制度与文化增长或变化的能动力。

然而，存量制度与文化也会对经济变迁产生负向能动力。只有当技术与人知资产及其带来的变革力量足以超过现存制度文化的负向能动力时，制度文化才会开始变迁。这种变迁不仅直接影响经济个体的行为，还通过技术与人知资产对人口供需能动力产生影响，进而改变空间及组织内人口供需的总和能动力。这种能动力的变化，最终决定了空间及组织内人口供需者的行为及其变化，进而影响了人口规模和质量的均衡与变化。

当空间及组织的人知资产与技术资产稀少时，物质资产规模及增长是人口发展的天花板。人知资产及技术稀少、人口繁衍的潜在高速特性和物质缓慢增长带来人口高出生率和高死亡率。人知资产和技术积累及其对人口与物质能动力的提升，带来物质资产快于人口的增长决定,人口出现高出生率和低死亡率。技术与人知资产加速增长和积累不仅增强了空间、组织及个体的人口规模可控和质量增长的能力,而且逐渐改变空间、组织及个体的人口、物质资产、技术与人知资产的供需偏好与预期收益,带来人口数量与物质资产数量的供需偏好和预期收益及动力增长放缓,人口质量、物质资产种类、技术与人知资产的供需偏好和预期收益及动力加速增长,人口呈现规模增长放缓而质量持续加速提升。当然,如果同时考虑制度文化直接影响人口或者其他资产影响人口,空间、组织的人口从缓慢增长到加速增长再到缓慢增长的总体趋势会表现出一定的变化性。亚当·斯密指出,"就一国的繁荣而言,最明确的标识是居民人数的增长","充足的劳动报酬,既是财富增加的结果,又是人口增加的原因"。经济发展导致人口增长和必要劳动力的雇用量增大,而人口与劳动力的增长促进了生产量的提升。人口增长扩大了对生产物的需求,扩大了"分工的利益",又提高了劳动生产率。

4. 整个经济体系人口发展的内外决定

不同空间、组织的人口与物质资产的供需能动力及变化不同,决定人口与物质资产的产出不同,也决定不同空间人口与物质资产的流动与交换,从而决定不同空间、组织的人口共同而有差异的发展,决定整体的人口数量变化和质量提升。

不同空间、组织的人口及变化存在差异甚至分化。不同空间、组织及个体人知资产与科技、制度与文化、人口与物质资产分布的差异支配不同空间、组织人口生养供需行为的差异,决定不同空间、组织人口分布及变化的差异。

就内部而言,不同空间、组织及个体的人口与物质分布差异决定不同空间、组织及个体的人口与物质资产供需能动力的差异,支配不同空间、组织的人口供需竞合交互行为的差异,影响不同空间、组织及个体之间不同的人口规模及增长和人口质量及提升,一些影响人口发展的不可移动物质物品在空间上的不均衡分布决定不同空间的人口差异化和非均衡分布。同时,由于物质资产因素差异带来的人口与物质供需预期收益的分化,通过不同空间及组织的循环往复,可能导致不同空间及组织的人口发展的分化。

就外部而言,不同空间及组织的制度与文化、人知资产与技术分布的差异决定不同空间及组织的制度与文化、人口与物质资产的各自供需交互能动力的差异,支配不同空间及组织之间各自竞合交互行为的差异及变化,决定空间及组织之间的制度与文化、人知资产与技术的差异及变化,决定不同空间、组织及个体的制度与文化、人知资产与科技的人口与物质资产供需行为能动力的差异及变化,决定不同空间、组织的人口数量与质量的差异及变化。而外部因素差异带来的预期收益的分化,通过不同空间及组织的循环往复,可能导致不同空间及组织的人口发展的分化。

就内外合力而言,不同空间可移动的经济个体的禀赋差异和不可移动的物质资产的初始差异,决定了不同空间的经济个体建立组织与制度的体智等能力差异、偏好和预期收益动力差异,从而决定了不同空间的组织与制度差异同人知资产与技术差异的结合,影响了不同空间个体及组织的人口和物质资产供需能动力差异。这可能会通过强化不同空间及组织的预期收益差异,而加大不同空间及组织的人口供需能动力,支配不同空间的经济个体及组织人口与物质资产的供需行为差异及分化,决定不同空间、组织的人口发展的差异及分化。另外,人知资产和技术的积累及其作用加大与物质资产作用的相对下降,将使得物质资产差异主导的空间及组织之间人口发展差异转向知识主导的空间及组织的人口差异,从而引起人口的空间及组织差异发生变化。

不同空间、组织的人口及变化之间相互联系,并影响了空间均衡。不同空间及组织的人知资产与科技、人口与物质资产、制度与文化等资产组合及变化决定不同空间及组织之间不同的人口供需交互能动力及变化,并决定不同空间、组织之间的人口竞合行为,从而决定不同空间及组织的人口的供需交互和流动,以及不同组织及空间的人口的联动发展。

就内部而言,不同空间及组织的人口与物质资产分布差异决定不同空间及组织之间人知资产的人口供需交互能动力,支配不同空间、组织及个体之间的人口竞合交互行为,决定不同空间及组织之间人口的供需联系和流动,从而改变不同空间及组织之间的人口规模及增长。

就外部而言,不同空间及组织之间的制度与文化、人知资产与技术分布差异决定不同空间、组织及个体之间制度与文化、人知资产与技术的各自供需交互能动力,决定空间及组织之间的制度与文化、人口与物质资产的相互传播和流动,改变不同空间及组织之间制度与文化、技术与人知资产的状况及增长趋势,改变不同空间及组织的制度与文化、人知资产与技术的人口供需行为能动力及变化趋势,影响不同空间及组织的人口及变化趋势。人知资产与技术尤其是交互技术的进步和制度与文化的变迁将降低空间及组织交互的成本,从而扩展空间及组织的人口流动与交互。

就内外合力而言,不同空间及组织的人口分布,影响物质资产开发的人口能动力及其物质资产产品的不同分布,从而共同影响不同空间、组织及个体的人知资产与技术、制度与文化、人口与物质资产的人口供需能动力及变化的不同。其还决定不同空间及组织之间的人知资产与技术、制度与文化、人口与物质资产的总合的人口供需交互能动力,决定不同空间及组织的人口联系和流动,决定不同空间及组织人口的交互和流动,使不同空间及组织的人口分布及变化达到空间动态均衡。

全部空间及组织的人口规模增长及结构演化较为复杂。整体经济空间、组织及个体的人口与物质资产、制度与文化、人知资产与科技的差异分布及变化,决定各个空间、组织及个体的总合的人口供需能动力的差异,包括相互间竞合交互能动力的差异,支配整体经济不同空间及组织的经济个体有差别的人口供需交互行为(包括相互间的差异化竞合交互能动力),支配整体经济不同空间、组织的人口的生育与养育的创新、模仿和重复交互行为及其变化,包括不同空间、组织及个体的交互行为的不同及变化,决定不同空间及组织共同但有区别的共同发展,影响整体经济的人口规模变化、质量提升和结构演化。

一方面,所有人知资产供需者人口生育和养育交互行为能动力合成宏观经济的人口供需能动力;支配所有人口供需者交互行为,决定所有人口供求者供求人口的总量规模及增长。另一方面,所有人口供求者的人口生育和养育交互行为能动力的差异,决定所有人口供求者的行为差异和交互竞合,决定所有空间、组织之间的人口差异分布和变化流动。具体而言,空间、组织及个体的人知资产规模增长与结构演化决定于人知资产与其他资产的内外循环作用。人口产出的增长与积累,在改变所有个体、组织、空间的人口供需能动力的同时,增长与改变所有个体、组织、空间的人知资产、科技、物质资产的人口供需能动力,形成所有空间、组织及个体总合的人口生育和养育交互能动力及其变化,支配和改变人口生养的供求交互行为,决定所有组织、空间的人口具有差异而又共同的发展变化。

5. 人口发展的均衡决定

人口发展的静态均衡是多层次的。在不完全信息、不完全理性等状态下,短期内,经济个体及组织基于当期人口供需偏好内生基础上的预期收益最大化目标,形成人口供需交互行为能动力,支配跨空间人口供需交互行为选择,形成不同空间及组织的人口产品与劳动人口要素均衡产出。人口产品与劳动人口要素发展呈现预期静态均衡,是力量的均衡、预期收益的均衡和预期人口的均衡。

经济主体的人口收益的均衡可分两方面来看。总量上,所有经济个体及组织的人口生养和使用的预期边际收益等于预期边际成本。结构上,不同组织及个体在不同部门的生养和使用的预期边际收益相等,同一人口的预期边际收益等于预期边际成本。不同空间人口生养和使用的预期边际收益相等,同一空间的人口生养和使用的预期边际收益等于预期边际成本。

经济主体的人口力量的均衡要从多方面考虑。总体上,所有人口生养加总的边际能动力等于所有人口生养加总的边际阻动力。结构上,每一部门所有人口生养和使用加总的边际聚集力与所有人口制造和应用加总的边际分散力相等,各部门的所有人口生养和使用加总的边际集聚力相等。同时,每一空间所有人口生养和使用加总的边际聚集力与所有人口生养和使用加总的边际分散力相等,各空间的所有人口生养加总的边际集聚力相等。

同样,经济主体的人口资产的均衡,总体上,所有人口要素和产品市场供需相等。结构上,每个空间的用于人口产品的预期供需相等,每个空间的用于人口生养和使用的技术、人知资产、物质资产等要素预期供需相等。每个部门的用于人口产品的预期供需相等,每个部门的用于人口生养和使用的技术、人知资产、物质资产等要素预期供需相等。

经济主体的人口综合的均衡需整合考虑。不同空间、不同部门的不同人口产品与劳动人口要素的需求者的需求偏好、预期收益和资产负债决定其不同的人口需求能动力。不同空间、不同部门的不同人口产品与劳动人口要素的供给者的供给偏好、预期收益和资产负债决定其不同的供给能动力。需求能动力的大小和多样化决定需求的多样化和大小变化,供给能动力的多样化和大小决定供给的多样化和大小变化。当供给能动力和需求能动力相等时,基于偏好的人口边际预期收益与边际成本相等,人口要素和产品市场供求均衡。当供给能动力种类和规模小于需求能动力种类和规模时,供给种类和规模小于需求种类和规模,反之相反。但是供给种类和规模小于需求种类和规模,将引起供需主体预期收益变化,从而决定供需能动力调整。最后,不同部门和空间的个体及组织的人口发展的力量、收益和资产共同均衡。

现在考虑人口发展的动态均衡。在不完全信息、不完全理性下,长期内,经济个体及组织基于无限期内人口产品与劳动人口要素供需偏好内生基础上的预期收益最大化目标,形成跨时空的人口再生的行为能动力,支配经济个体及组织跨时空人口供需行为选择,形成跨时空的人口产品与劳动人口要素均衡产出。长期内,人口发展呈现期望动态内生均衡,即在平均意义上呈现动态内生一般均衡的发展,是众多力量、不均衡构成的均衡,是力量的均衡、平均预期收益的均衡和资产的均衡。

经济主体的人口发展收益的动态均衡,不仅总量上,所有个体及组织跨期的人口平均边际收益始终等于平均边际成本,而且不同个体及组织在不同部门的选择的平均预期边际收益始终相等,同一人口产品的平均预期边际收益始终等于平均预期边际成本。此外,不同空间的人口选择的平均预期边际收益始终相等,同一空间人口选择的平均预期边际收益始终等于平均预期边际成本。

再考虑经济主体的人口发展力量的动态均衡。此时,不仅总体上,人口发展的边际能动力始终等于边际能阻力,而且每一部门的人口产品与劳动人口要素发展边际能动力与边际能阻力始终相等,各部门人口产品与劳动人口要素发展的边际能动力始终相等。同时,每一空间人口产品与劳动人口要素发展的边际能动力与边际能阻力始终相等,各空间人口产品与劳动人口要素发展的边际能动力始终相等。

而经济主体的人口发展资产的动态均衡要求,不仅总体上,所有的人口产品与劳动人口要素的实际供给与需求始终均等增长,而且所有部门、空间的资产市场的预期供给与需求都分别始终平均相等,包括所有部门和空间的人口的物质资产、科技、人口、制度等要素供需始终平均相等,所有部门和空间的人口产品供需始终平均相等。

至于在经济主体的人口发展联合的动态均衡下,无限时期、不同空间、不同部门、不同的人口产品与劳动人口要素的需求者的需求偏好、预期收益和资产负债决定其人口产品与劳动人口要素需求能动力变化。无限时期、不同空间、不同部门、不同产品和要素的供给者的供给偏好、预期收益和资产负债决定供给能动力变化。而需求能动力的大小和多样化决定需求的多样化和大小变化,供给能动力的多样化和大小决定供给的多样化和大小变化。当供给能动力和需求能动力始终相等时,基于偏好的人口产品与劳动人口要素边际预期收益与边际成本始终相等,人口产品与劳动人口要素供求始终均衡。当供给能动力种类和规模小于需求能动力种类和规模时,供给种类和规模小于需求种类和规模;反之则相反。但是,当供给种类和规模不等于需求种类和规模时,将引起供需主体预期收益变化,从而决定供需能动力调整。最后,不同部门和空间的个体及组织的人口产品与劳动人口要素发展的力量、收益和资产共同均衡增长。

6.4-2 人知资产发展的决定机制

1. 空间及组织内的人知资产形成的决定机制

个体人知资产的形成相对简单。一定空间的个体内外物质分布不平衡,决定个体具有脑体能力和偏好预期动力,形成创造、学习和复制人知资产的供需孤立能动力,支配一定空间的经济个体创造、模仿和重复人知资产的孤立行为,以及经济个体孤立的人知资产。个体内外物质分布不平衡与交互规模经济,形成了经济个体的交互供需能动力以及不同交互方式的不同交互供需能动力和制度文化的供需能动力,决定了组织与制度的形成,从而经济个体基于制度文化、自身禀赋、物质资产联合形成创造、学习和重复人知资产的供需交互能动力,支配经济个体人知资产的创新、学习和重复,形成经济个体交互的人知资产。

组织人知资产的形成更进一步。组织经济个体拥有和控制制度与文化、技术与人知资产、人口与物质资产等资产,形成个体的人知资产创新、模仿、重复的供需交互能动力,支配所有的组织、个体的人知资产的创新、模仿、重复的供需交互行为,决定所有的组织、个体的人知资产的创新、模仿、重复的形成。

至于空间人知资产的形成,空间内组织及个体拥有或控制制度与文化、技术与人知资产、人知资产与物质资产等资产,形成组织及个体的人知资产的创新、模仿、重复的供需交互能动力,支配所有的组织及个体的人知资产的创新、模仿、重复的供需交互行为,决定所有的组织、个体的人知资产的创新、模仿、重复的形成。

2. 空间及组织内的人知资产发展的内部决定机制

人知资产与技术的质能不守恒与报酬递增决定人知资产能动力加速增长,支配人知资产供需行为的创造和学习加速增长,决定人知资产的加速增长。

人知资产内力增长影响人知资产的增长。从直接的投入产出的途径来看,空间、组织及个体的人知资产与技术存量作为投入,通过人的脑力加工,直接增加人知资产的产出。作为知识的人知资产和技术的增长有可能带来人知资产的增长。通过间接的投入产出途径,人知资产与技术的增长会提升空间、组织及个体在人知资产与技术领域的供需能力,具体表现为资产价值、预期和偏好的提升。这种提升进而增强了人知资产供需的能动力,促使空间、组织及个体在人知资产供需方面发生四重行为变化,最终影响并促进空间、组织及个体中人知资产的形成与增长。

人知资产与科技的增长相互促进。人知资产增长外化技术进步。人知资产借助物质要素通过人的脑体行为转化为科技知识,附着在人脑以外的物质资产上。内化于人脑的创新性人知资产增长借助物质资产支撑。通过人的脑体行为加工,科技知识得以外化为更多附着在人脑以外的物质介质之上的形式;同时,技术进步内化则促进了人知资产的内生增长。一方面,存量的科技知识增长,提升了经济个体的人知资产供给的脑体能力和偏好及预期动力,支配经济个体的人知资产创新和学习供给交互行为提升,决定经济个体创新供给行为即自我生产人知资产,学习供给行为即将科技转化为人知资产。另一方面,存量的科技知识增长,提升了经济个体的人知资产需求的脑体能力和偏好及预期动力,因为只有拥有与科技水平相适应的人知资产,人口才能进行脑力劳动,以加工科技知识,创造新的知识包括内化人知资产和外化的科技。最终,这些变化影响了空间、组织及个体的人知资产增长。

3. 空间及组织内的人知资产发展的外部决定机制

空间及组织内的人口与物质资产、制度与组织的增长,分别决定空间及组织内经济个体的人口与物质资产、制度与组织的能动力增长,支配经济个体的人知资产等供需交互行为的变化,决定空间、组织及个体的人知资产等资产的发展。

组织与制度通过人口与物质资产增长影响人知资产的增长。经济个体的供需交互能动力支配的人与人和人与物的经济交互,使组织与制度、人知资产与技术形成后,空间、组织内经济个体的人口与物质资产、人知资产与技术供需能动力发生变化,从而支配人口与人口、人口与物质资产之间的交互行为,再生的人口与物质资产、人知资产与科技,以及这些资产的特殊性质带来更大的个体内外物质资产与知识资产分布不平衡和更大的交互规模经济,影响个体及组织的制度及组织变迁供需能动力,支配空间内组织及个体的制度与组织变革博弈,决定空间内的组织与制度以及组织内制度的改变。而制度及其变化通过影响空间经济个体的人知资产供需的偏好和预期即经济个体的人知资产供需的动力,支配空间、组织内个体人知资产供需交互行为变化,影响人知资产的增长以及增长速度。

人口与物质资产增长在影响组织与制度的同时促进人知资产的增长。一方面,人口与物质资产互相转换促进空间、组织内经济个体的物质资产与人口的人知资产能动力不断提升。物质资产增长和人口增长是物质资产增长的基本条件,人口是存量人知资产的载体和增量人知资产的生产者,人口的发展可以扩大和延长人知资产存储和使用。物质资产增长通过改变人口数量和质量,保障扩大和延长的人知资产存储和使用。物质资产规模增长和种类多样化,保证人口数量增长和质量提升,通过延长经济个体的脑体力和改变偏好及预期,提升了空间、组织内经济个体的物质资产与人口的人知资产能力和动力。

另一方面,物质资产与人口循环增长促进空间、组织内经济个体人知资产的动力持续增强。在空间及组织的制度及变迁背景下,经济个体的人口与物质资产供需交互能动力,不仅支配经济个体的人口与物质资产的供需身体行为,而且支配经济个体的人口与物质资产供需的脑力行为,在循环供需人口与物质资产的同时,经济个体的脑力劳动产生的人知资产进而转化为技术副产品并不断增长。空间、组织及个体的物质资产和人口增长改变空间、组织及个体的人知资产供需偏好和预期收益,即人知资产供需四重能动力增长,从而改变行为进而使人知资产增长。当物质资产增长到相对于人口存在过剩时,空间、组织内一些专营经济个体的资产、偏好、预期收益决定专营人知资产的供需能动力,支配其专营人知资产的创新和模仿行为,一些经济个体及组织继续兼营人知资产的资产、偏好和预期收益,决定兼营人知资产的供需能动力,经济个体的人知资产供需行为从"干中学"到"干中学""学中学""研中学",实现人知资产从缓慢加速到较快加速增长的转变。随着物质资产与人口的进一步发展,当物质资产的增长速度超过人口的增长速度时,经济个体的人口数量与物质资产数量的供需能动力相继出现增长放缓,人口质量、人知资产与科技的供需能动力持续加速,人知资产、人口质量、科技等增长持续加速,人口数量、物质数量增长放缓。

4. 整个经济体系的人知资产发展的内外决定机制

人知资产存在内外合力。在人知资产与科技、制度与组织形成后,人口与人口、人口与物质资产之间的交互,所再生的人口、物质资产、人知资产与科技等,及其这些资产的特殊性质,带来了更大程度的个体内外物质资产与知识资产分布不平衡和更大的交互规模经济,从而影响个体及组织的制度及组织变迁供需能动力,支配空间内组织及个体的制度与组织变革博弈,决定空间内的组织与制度以及组织内制度的改变。空间、组织及个体基于不断积累的人知资产与技术、不确定变化的制度与文化、不断增长的人口与物质资产等因素,分别塑造变化了的空间、组织及个体的人知资产供需四重行为能动力,支配空间、组织及个体的人知资产供需四重行为的不断变化,决定空间、组织及个体

图6.1 人知资产的经济主体、行为、要素、耦合的作用过程机制

的人知资产的不断增长。空间、组织及个体的人知资产与其他要素共同影响空间、组织及个体的技术、人口、物质、制度的四重行为能动力,并与其他要素一起支持空间、组织的人口、物质资产、人知资产、技术、制度的分别要素与产品的转换,以及技术和人知资产、技术、人口和物质资产的相互转换。

人知资产还存在内外交互的循环。空间、组织及个体的内化人知资产积累带来外化的技术积累,从而延伸了空间及组织的人口的体脑能力,改变了个体的偏好及预期动力,从而扩大了空间及组织的人口增长和物质资产增长,也促进了交互发展,影响经济个体的组织与制度变迁的能动力,进而支配组织与制度行为决定组织与制度变迁。制度与文化变迁、人口与物质资产增长、科技与人知资产的增长,进一步改变了空间及组织内的经济个体人知资产供需的资产、偏好和预期,支配空间及组织内经济个体更快增长的人知资产供需行为及人知资产增长,以及外化科技的更快积累,如此循环往复。

人知资产、技术、人口与物质资产相互决定。人知资产增长外化为技术增长,技术增长支持和倒逼人知资产增长,技术增长带来人口和物质资产增长,人口和物质资产增长促进人知资产增长。人口通过消费或者投资可以将外化的知识转变为内化的人知资产,也可以将内化的人知资产外化为科学技术。当空间、组织及个体的物质资产超过人口,即物质资产相对人口剩余时,由于资产结构变化,经济个体的偏好和预期发生变化,人知资产供需能动力发生改变,一些经济组织及个体拥有专门从事人知资产创造和学习的能动力,在经济活动中,在部分经济组织及个体继续通过"干中学"的方式兼营人知资产的同时,另一些则专注于"学中学"和"创中学",专营人知资产的供求。随着这种趋势,人知资产的增长显著加速。由于人知资产与技术具有质能不守恒及报酬递增的特性,它们在空间、组织、个体以及科技、人口、物质资产和制度等领域所发挥的作用日益增强。首先,这种增强作用带动了人口与物质资产的增长,同时也促进了人知资产与技术的进一步发展。而当物质资产增速超过人口增速,空间、组织及个体关于人口与物质资产、人知资产与科技的偏好和预期发生改变,对人知资产与技术的偏好越来越强、预期收益越来越大,对人口与物质资产的偏好越来越弱、预期收益越来越小,空间、组织及个体的科技、人口、物质资产及制度的人知资产供需能动力越来越大,人知资产与科技持续加速的同时,人口与物质资产的增长依次下降。

人知资产、技术、人口、物质资产等与制度相互影响。人知资产及其带来的技术、人口和物质资产增长形成空间及组织内的经济个体的制度变迁的能动力,但是组织及空间内的存量制度形成经济个体的制度变迁的能阻力,只有空间及组织的经济个体的制度变迁的能动力超过能阻力,才有适应或者促进人知资产增长的制度创新行为及制度创新,空间、组织及个体有人知资产增长的制度文化能动力并与其他资产能动力合成,才能形成空间、组织及个体越来越大的人知资产供需能动力,驱动人知资产加速增长。但在每次适应人知资产增长的制度文化变革之前,人知资产的增长相对缓慢。

整个经济体系人知资产的形成和发展受多因素复合决定。不同空间、组织及个体的人知资产供需能动力及变化不同,决定技术与人知资产的产出不同,也决定不同空间技术与人知资产的流动与交换,从而决定不同空间、组织及个体的共同而有差异的发展,整个经济体系的人知资产加速发展。

不同个体、组织及空间的人知资产存在差异甚至分化。不同空间、组织及个体的人知资产与科技、制度与文化、人口与物质资产分布的差异,支配不同空间、组织及个体的人知资产供需的创造与学习的行为差异,决定不同空间、组织及个体的人知资产分布及变化的差异。就内部而言,不同空间、组织及个体的人知资产分布差异决定不同空间、组织及个体的人知资产供需能动力的差异,支配不同空间、组织及个体之间人知资产竞合交互行为,决定不同空间、组织及个体之间人知资产的不同供需行为及变化,影响不同空间、组织及个体之间不同的人知资产规模及增长。就外部而言,不同空间、组织的制度与文化、人口与物质资产分布差异决定不同空间、组织及个体的制度与文化、人口与物质资产的各自供需交互能动力差异,支配不同空间、组织及个体之间各自竞合交互行为的差异及变化,决定空间及组织之间的制度与文化、人口与物质资产的差异及变化,决定不同空间、组织及个体的制度与文化、物质资产与人口的人知资产供需行为能动力的差异及变化,决定不同空间、组织及个体的人知资产状况的差异及变化。就内外合力而言,不同空间的可移动的经济个体的禀赋差异和不可移动的物质资产的初始差异,决定不同空间的经济个体建立组织与制度的体智等能力差异及偏好和预期收益动力差异,从而决定不同空间的组织与制度差异,与人口和人知资产差异结合,决定不同空间个体及组织的人知资产供需能动力差异,支配不同空间的经济个体及组织人知资产的供需行为,决定不同空间人知资产的不同投资、创造、学习和应用,决定不同空间、组织及个体的人知资产不同的发展。

不同个体、组织及空间的人知资产联系密切甚至趋同。不同空间、组织及个体的人知资产与科技、人口与物质资产、制度与文化等资产组合及变化,决定不同空间、组织及个体之间不同的人知资产供需交互能动力及变化,决定不同空间、组织及个体之间的人知资产竞合行为,从而决定不同空间、组织及个体的人知资产的供需交互和流动,决定不同个体、组织及空间的人知资产状况及变化。就内部而言,不同空间、组织及个体的人知资产分布差异,决定不同空间、组织及个体之间的人知资产供需交互能动力,支配不同空间、组织及个体之间人知资产竞合交互行为,决定不同空间、组织及个体之间人知资产的供需联系和流动,从而改变不同空间、组织及个体之间人知资产规模及增长。就外部而言,不同空间、组织的制度与文化、人口与物质资产分布差异,决定不同空间、组织及个体之间制度与文化、人口与物质资产的各自供需交互能动力,支配不同空间、组织及个体之间各自竞合交互行为,决定空间及组织之间的制度与文化、人口与物质资产的相互传播和流动,改变不同空间、组织及个体之间制度与文化、物质资产与人口的状况及增长趋势,改变不同空间、组织及个体的制度与文化、物质资产与人口的人知资产供需行为能动力及变化趋势,影响不同空间、组织及个体的人知资产状况及变化趋势。就内外合力而言,不同空间、组织及个体的人知资产分布,影响不同空间、组织及个体的人知资产与技术、制度与文化、人口与物质资产的人知资产供需能动力及变化的不同,支配不同空间、组织及个体之间的人知资产与技术、制度与文化、人口与物质资产的供需行为及变化的不同,决定不同空间、组织及个体之间的人知资产与技术、制度与文化、人口与物质资产及变化的不同,决定不同空间、组织及个体之间的人知资产与技术、制度与文化、人口与物质资产的人知资产供需交互能动力的不同,决定不同空间、组织及个体的人知资产联系和流动,决定不同空间、组织及个体的人知资产及变化。

全部空间、组织及个体的人知资产规模增长及结构演化情况,总体而言,全部空间、组织及个体的人口与物质资产、制度与文化、人知资产与科技的差异分布及变化,决定各个空间、组织及个体的总合的人知资产供需能动力的差异,包括相互间竞合交互能动力差异。它们同时支配全部空间、组织及个体的人知资产的投资与使用、创新与学习交互行为的不同及变化,包括不同空间、组织及个体的交互行为的不同及变化,决定全部空间、组织及个体的人知资产规模增长和结构演化。一方面,所有人知资产供需者人知资产的投资与使用、创新与学习交互行为能动力合成宏观经济的人知资产供需能动力,支配所有人知资产供需者四重行为能动力,决定所有人知资产供求者供求人知资产的总量规模及增长。一方面,所有人知资产供需者的人知资产的投资与使用、创新与学习的交互行为能动力的差异,决定所有人知资产供求者的投资与使用、创新与学习行为差异和相互交互,决定所有人知资产的个体、组织及空间的不同分布结构及其变化;具体而言,空间、组织及个体的人知资产规模增长与结构演化决定于人知资产与其他资产的内外循环作用。人知资产产出的增长与积累,在增长所有个体、组织、空间的人知资产供需能动力的同时,提升与改变所有个体、组织、空间的人口、科技、物质资产的人知资产供需能动力,形成所有空间、组织及个体总合的人知资产总合投资与应用、创新与学习供需交互能动力及其变化,支配和改变人知资产产品的投资与应用、创造与学习的交互行为,决定所有个体、组织、空间的人知资产差异而又共同地加速的人知资产发展。

5. 人知资产的均衡决定机制

人知资产发展的静态均衡是多方面的。在不完全信息、不完全理性等状态下,短期内,经济个体及组织基于当期人知资产供需偏好内生基础上的预期收益最大化目标,形成人知资产再生的四重行为能动力,进而支配经济个体及组织跨空人知资产生产四重行为选择,形成不同空间、组织及个体的人知资产产出。人知资产发展呈现预期静态一般均衡,是力量的均衡、预期收益的均衡和预期资产的均衡。

经济主体的人知资产收益的均衡也需要多角度考虑。总量上,所有经济个体及组织的人知资产的预期边际收益等于预期边际成本。结构上,不同主体在不同部门的人知资产选择上的预期边际收益相等,同一人知资产的预期边际收益等于预期边际成本。不同空间人知资产制造和使用的预期边际收益相等,同一空间的人知资产制造或使用的预期边际收益等于预期边际成本。

经济主体的人知资产力量的均衡条件如下。总体上,所有人知资产制造与应用加总的边际能动力等于所有人知资产生养与使用加总的边际阻动力。结构上,每一部门所有人知资产制造和使用加总的边际能动力与所有人知资产生养和使用加总的边际能阻力相等,各部门的所有人知资产制造和使用加总的边际能动力相等。同时,每一空间所有人知资产制造和使用加总的边际能动力与所有人知资产制造和使用加总的边际分力相等,各空间的所有人知资产生养和使用加总的边际集聚力相等。

经济主体的人知资产的均衡,总体上,要求所有人知资产要素和产品市场供需相等。结构上,每个空间的用于人知资产产品的预期供需相等,每个空间的用于人知资产生养和使用的人口、人知资产、物质资产等要素预期供需相等。每个部门的用于人知资产产品的预期供需相等,每个部门的用于人知资产生养和使用的人口、人知资产、物质资产等要素预期供需相等。

经济主体的人知资产综合的均衡要求整体考虑。不同空间、不同部门、不同人知资产产品与要素的需求者的需求偏好、预期收益和资产负债,决定需求者人知资产需求能动力。不同空间、不同部门、不同产品和要素的供给者的供给偏好、预期收益和资产负债决定供给能动力。需求能动力大小和多样化决定需求的多样化和大小变化,供给能动力多样化和大小决定供给多样化和大小变化。当供给能动力和需求能动力相等时,基于偏好的人知资产边际预期收益与边际成本相等,人知资产要素和产品市场供求达到均衡。当供给能动力的种类和规模小于需求能动力的种类和规模时,供给种类和规模小于需求种类和规模,反之相反。但是,若供给种类和规模小于需求种类和规模,将引起供需主体预期收益变化,从而决定供需能动力调整。最后,不同部门和空间的个体及组织的人知资产发展的力量、收益和资产共同均衡。

至于人知资产发展的动态均衡,在不完全信息、不完全理性下,长期内,经济个体及组织基于无限期内人知资产供需偏好内生基础上的预期收益最大化目标,形成跨时空的人知资产再生的三重行为能动力,支配经济个体及组织跨时空人知资产生产三重行为选择,形成跨时空的人知资产产出。长期内,人知资产发展呈现期望动态内生一般均衡,即在平均意义上呈现动态内生一般均衡的发展,是众多力量、不均衡构成的均衡,是力量的均衡、平均预期收益的均衡和资产的均衡。

经济主体的人知资产发展收益的动态均衡是多层次的。不仅总量上,所有个体及组织跨期的人知资产平均边际收益始终等于平均边际成本,而且不同个体及组织在不同部门的选择的平均预期边际收益始终相等,同一人知资产产品的平均预期边际收益始终等于平均预期边际成本。此外,不同空间的人知资产选择的平均预期边际收益始终相等,同一空间人知资产选择的平均预期边际收益始终等于平均预期边际成本。

经济主体的人知资产发展力量的动态均衡也是多角度的。不仅总体上,人知资产发展的边际能动力始终等于边际能阻力,而且每一部门的人知资产发展边际聚集力与边际分散力始终相等,各部门人知资产发展的边际集聚力始终相等。同时,每一空间人知资产发展的边际聚集力与边际分散力始终相等,各空间人知资产发展的边际集聚力始终相等。

经济主体的人知资产发展资产的动态均衡方面,不仅总体上,所有的人知资产要素、人知资产产品市场实际的供给与需求始终均等增长,而且所有部门、空间的资产市场预期的供给与需求都分别始终平均相等,包括所有部门和空间的人知资产的物质资产、科技、人口、制度等要素市场供需始终平均相等,所有部门和空间的人知资产产品市场供需始终平均相等。

经济主体的人知资产发展还要考虑联合的动态均衡。无限时期、不同空间、不同部门、不同人知资产产品与要素的需求者的需求偏好、预期收益和资产负债决定需求者人知资产需求能动力变化。无限时期、不同空间、不同部门、不同产品和要素的供给者的供给偏好、预期收益和资产负债决定供给能动力变化。而需求能动力大小和多样化决定需求的多样化和大小变化,供给能动力多样化和大小决定供给多样化和大小变化。当供给能动力和需求能动力始终相等时,基于偏好的人知资产边际预期收益与边际成本始终相等,人知资产要素和产品市场供求始终均衡。当供给能动力的种类和规模小于需求能动力的种类和规模时,供给种类和规模小于需求种类和规模,反之相反。但是,供给种类和规模小于需求种类和规模,将引起供需主体预期收益变化,从而决定供需能动力调整。最后,不同部门和空间的个体及组织的人知资产发展的力量、收益和资产共同均衡增长。

6.5 人的发展与转型的统一解释

在人类经济长期发展过程中,人口作为生命物质资产经历了从高增长率、高死亡率、低自然增长率,到高出生率、低死亡率、高自然增长率,再到低出生率、低死亡率、低自然增长率的变化,人口作为生命知识资产经历了人体知识从极少到越来越丰富的变化。因此,人及人口的发展和转型总体表现为,人口数量极低增长极慢、寿命极短增长极慢、人口知识极少极慢,变化到人口数量多增长快、寿命较长增长较快,再变化到人口的数量较多增长较慢、寿命较长增长较快、人知较多增长加快。

具体而言,人的生理禀赋不仅决定了人的无限欲望,还赋予了人知识创造能力。人的无限欲望在预算约束下表现出收益最大化追求、交互协同效应和知识报酬递增,这些动力和能力的结合而形成的能动力,决定人们之间的交互及人口生产,以及人口的内生边际递增的需求与内生体力和智力的报酬递增的供给的相互作用。一方面,人口的物质和精神需求需要物质和知识产品来满足;另一方面,人口拥有创造物质和精神产品的重要要素——体力和智力要素。

为了创造物质和知识产品,最大化满足人口的需求,需要建立一定的经济主体组织和制度文化,经济组织主体形成的需求偏好和预期收益将生产动力,利用人的体力和智力,并控制或拥有一定物质要素,从而产生一定的动能,动力与动能相结合形成能动力,人因此在一定的空间上,从事重复、学习和创新的行为,以开发物质产品和创造知识产品,这同时也改造了人自身。而当人口的物质和知识需求得到满足后,自动产生新的更大的物质和知识产品需求,从而产生新的更大的动力。人口的繁衍和知识积累所形成的新人口资产和人知资产成为创造物质和精神产品的新增要素,外化的知识要素(包括制度和科技)实现了积累,从而形成更大的动能。因此,为了满足新一轮更大的物质和知识需求,人口在变化的空间上,从事更多的重复、学习和创新行为,以开发更多样的物质产品和创造知识产品,同时也改造了人自身。如此循环往复,人口资产和人知资产的组合不断演变,人口实现转型。基于以上理论,可以解释前述人的发展的特征事实。

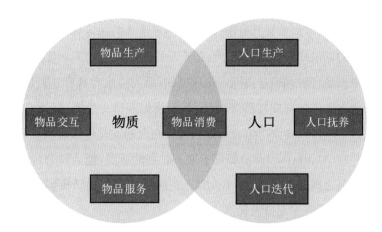

图 6.2　人口资产与物质资产的循环

6.5-1　游牧时代的物质、人口供给能动力与人知供需能动力极其有限的增长决定人口与人知极慢增长的组合

在人类起源之初,内化的人知资产和外化的科学技术几乎为零,知识的动能极其有限。人类为了生存,交互成群形成氏族部落组织和交互制度,氏族部落极低的需求偏好和预期收益所构成的极低的动力,利用拥有的体力、极其有限的人知资产及其智力组合,在适宜的自然空间内,从事以重复为主的三重行为,采集十分有限的难以满足需求的食物等物质产品。这种"干中学"方式虽然能使人口得以繁衍,但产生的新的物质和知识需求非常有限,人口变化较小,人知资产与科学技术积累较低。下一轮仍然是以重复为主的重复、学习和创新行为,经济发展主要表现为物质性人口生产与物质产品生产的长期简单循环。所以在人类起源的很长时期内,人口发展表现为人口出生率低但死亡率高和人知资产增长极其缓慢,人口形态即人口增长和人知资产增长都十分缓慢。

6.5-2 农业时代的人口超过物质的供给能动力增长与人知供需能动力缓慢增长决定人口与人知缓慢增长的组合

随着经济主体、人物要素、交互行为及部门空间的相互作用和循环演化,人知资产与科学技术积累到一定程度,在"干中学"中创造了交互的新技术即语言文字等,语言文字使得人知资产外化成科学技术成为可能,一定程度上加快了知识(即科技进步和人知资产)积累。知识积累到一定程度,导致经济主体所开发的物质产品出现了些许的剩余,从而对经济主体、交互行为和人口资本、人知资产以及制度文化产生重要影响。但是,人知资产和科学技术仍然极其有限,难以发挥更重要的决定作用,一方面,决定供需主体对人知资产的低偏好和预期,继续形成较低的人知资产的需求能动力;另一方面,决定物质产品增长是有限或者是边际产出递减的,而人口生产具有几何级增长特性,导致人口生产和物质生产的周期性舒张循环,从而使得人口出生率高、死亡率高。因此,人口形态即人口资本和人知资产组合表现为人口在周期波动中缓慢增长和人知资产缓慢增长。马尔萨斯(Malthus,1872)提炼了这一时期的特点,把人口与经济的关系归结为人口与生活资料之间的关系,提出了人口几何级数增长和生活资料算术级数增长的假说,认为食物增长落后于人口增长。

6.5-3 工业时代的物质超越人口的供给能动力增长与人知供需能动力较快增长决定人口与人知的较快增长的组合

随着经济主体、人物要素、交互行为及部门空间的相互作用和循环演化,知识(即人知资产与科学技术)积累到一定程度,尤其是动力机械制造技术出现和动力机械交互技术出现并被广泛应用,使得机械在一定程度上代替了人力,并扩大了人力交互空间,同时也使得交互部门多样化。这促成了经济主体的转型发展,专门从事生产的企业从传统家庭中分离出来,传统家庭转型为主要物质消费、物质投资、人口生产和人知资产投资单位,也使家庭、企业和政府组织的能动力大幅提升。与此同时,经济主体在相互博弈中适应了工业化大生产的经济制度建立。如果现有主体在博弈中不能改变制度,所有的要素、主体、行为及结合将不能出现有改进的演化,只有在经过反复的博弈之后制度发生适宜性改变,新的演化才能继续。基于人知资产和科学技术的飞跃,经济主体能够以规模报酬递增的形式生产物质和知识产品,也结束了人口与物质生产因为物质增长天花板而产生的波动性缓慢增长循环,使得人口出生率大幅上升和死亡率下降,而人知资产也出现较快的增长。所以,人口资产与人知资产组合是人口资产的加速增长和人知资产快速增长。

6.5-4　知识时代人口增长的需求动力放缓与知识供需动力加速增长决定知识成为主导因素,推动人口增长放缓与知识资产加速增长并存

随着经济主体、人物要素、交互行为及部门空间的相互作用和循环演化,人知资产与科学技术积累到新的高度。科学技术进步,通过经济主体及行为,一方面倒逼人知资产的刚性增加,同时也为人知资产增长创造了条件;另一方面,带来物质产品的增长,为人口增长带来可能,但在一定的预算约束下,增加人知资产必然要减少人口生产的供给及需求。所以,随着科技进步和人知资产的增长,人口形态即人口增长与人知资产的组合将发生转型,从人口高增长和人知资产快速增长转向人口低增长和人知资产持续加速增长。尤其是到了智能技术和信息技术出现并被广泛应用的时代,智能机械不仅在体力而且在脑力上全面代替了人口,信息技术也在使得人力交互空间进一步扩大的同时使得交互部门进一步多样化,促进人的能动力大幅提升,进而使经济主体进一步转型。由于知识发展使得组织外部交互成本的大幅下降,经济组织主体可能最终消失,个人作为消费者和专业的生产者,可以通过交互平台,与世界上任何人进行即时和极低成本的交互,同时经济主体也将在相互博弈中适应智能化大生产的经济制度建立。而人知资产和科学技术的发展,使得经济主体更加重视也有条件创造知识和提升人知资产,从而使得物质产品因为物质需求的边际递减而有限增长,而人知资产和科学技术因为需求无限性将继续以规模报酬递增的速度增长。所以,人口形态将转向人口资产缓慢增长甚至下降与人知资产持续加速增长的组合。

总体上,随着经济主体、人物要素、交互行为及部门空间的相互作用和不断循环,经济主体不断发展和转型,制度持续发展和演变,主体行为不断转变,物质产品从长期缓慢增长和短缺转向周期性过剩和持续过剩,科学技术从缓慢增长转向加速增长。在这一过程中,人口增长与人知资产的组合经历了几个阶段:起初,人口增长和人知资产均呈长期缓慢增长。随后,人口增长进入周期性波动的缓慢阶段,而人知资产依旧缓慢增长。之后,这两者均转向快速增长。最终,人口增长速度放缓,而人知资产的增长则持续加速。在人类经济发展长河中,两者组合表现为人口总量发展呈现一条S形的逻辑斯谛增长的曲线,而人知资产总量则是一条J形的指数型增长的双曲线。

物质资产的统一发展

在经济组织形成之后,经济主体包括经济个体和经济组织受力量支配通过经济行为将经济要素资产转化为经济产出资产。由于不同类型的资产在性质上存在很大差异,不仅形成机制不同,而且作用机制有别,出于简化考虑,统一发展经济学将资产分为五种类型,即人口资产、物质资产、科技资产、人知资产和制度资产。本章将着重从物质资产的角度展开讨论。

7.1 物质资产从极端稀缺到极大丰富

从人类起源的采猎时代到当下和未来的知识时代,经济物质资产的形态、数量规模、质量水平和种类形态发生了重要的变化。总体上,物质资产的数量规模在经历长期相对于人口绝对短缺、相对过剩,以及缓慢加速增长之后,会进入相对于人口而绝对过剩的快速加速增长,然后再进入数量的缓慢增长和种类的持续加速增长。其中,供人们生存和发展的最终消费的物质产品也从极端稀缺到相对剩余再到极大丰富。

7.1-1 极端稀缺和缓慢增长的天然物质产品

人类的经济史始于东非并向亚欧大陆等具有有利生存环境的地域扩展,这一迁徙伴随着采猎经济模式的兴起。此阶段的生活状态,如汉朝班固《白虎通义》所述,"饥即求食,饱即弃余;茹毛饮血,而衣皮革"①。在这一经济初期阶段,物质资产积累微乎其微且增长步伐极其迟缓,无法充分满足人口增长与基本生存需求,从而限制了部分社群的持续繁衍与生存能力。同时,经济产出的多样性极其有限,其构成以生存性物质产品为主体,生产性物质产品为辅助,以天然产品为主体,人工产品为补充。典型的物质产品是天然生成和人工获取的食物,在这一阶段两类物质产品均存在,但一直以前者为主。

人们采集的天然生成物质产品包括树梢的果实、地表的植被、土壤中的根茎以及水域中的植物。这些物质资产在没有被人工采集之前是要素,而在被人工采集之后,变成了物质产品,除了位置移动和形态变化外,也凝结了人体的劳动能量。人们渔猎的天然生成物质产品囊括了翱翔天际的飞禽、陆地上奔跑的走兽以及水中游弋的鱼类等。这些物质资产在没有被人工渔猎之前是物质要素,而在被人工渔猎之后,变成了物质产品,在位置移动和形态变化中,凝结了人体的劳动能量。

与此同时,在工具技术的演进上,人类社会依赖的是简单打制的石器,随后进步至使用更为精细的磨制石器;在建筑材料的选择上,早期人类充分利用自然环境,如用就地取材的树枝构建临时居所,或直接居住于自然洞穴之中。生产动力上主要是最初偶然发现并直接利用的天然火。人力与畜力是最为直接的动力形式,同时,人们也巧妙地利用风力和水力,将其转换为推动生产和社会运行的重要能量。

7.1-2　比较稀缺和缓慢增长的天然物质产品

约于 1 万年前,农业经济革命的浪潮首先席卷了亚欧大陆等地的广大区域,包括北非、中亚、东亚、南亚及南欧等地,并逐步波及全球多个角落。这一转型期间,尽管农产品产出量以缓慢步伐增加,但相较于快速增长的人口基数,社会整体物资供应仍面临严峻挑战,表现为人均占有量的增长近乎停滞,难以满足基本生活需求。由于物质产品增长率低于人口增长率,人均物质产品增长长期几乎为零。此时期的物质生产多样性虽有初步拓展,但仍受限于技术水平与生产方式,增长步伐迟缓,产品种类相对单一。这一阶段经济体系的核心特征,乃是人与自然协同作用下的物质产品与服务,主要有以下两大类。

①　引自陈立:《白虎通疏证》,中华书局 2019 年版。

人力通过优化配置自然界的基本资源,包括土地、阳光、水资源及种子等,采用精细化农业生产技术,转化并提升这些要素的价值,系统性地生产出如粮食等具有高附加值的植物产品。同时,人力还有效整合自然界中的动物资源与生物原料,借助养殖和放牧等管理实践,对牛羊等动物种群进行培育和扩增,实现了动物资源的高效转化,产生了更为复杂和有序的动物产品体系。

除了核心的衣食最终消费物质产品外,人们通过让物质资产产品发生物理、化学变化和生物进化,创造了更多的最终消费和中间生产的物质产品。在最终产品方面,手工制造包括陶瓷、织物、木器、编织品、金属制品,奶酪、酒酿、酱油,甚至牛痘疫苗。在工具方面,青铜器和黑铁器先后缓慢出现,车马、帆船等交通工具先后出现并得到不断改进。在能源方面,出现了人工火。此外,还有凝结人的劳动的生活性服务等。

7.1-3　比较丰富和快速增长的后天物质产品

从 18 世纪以来,先是英国及欧洲其他一些地区,然后是美洲和亚洲等一些地区,经济陆续进入工业时代。物质产品加速增长带来数量的充裕。物质产品数量增速超过人口增速,人均物质水平实现了显著提升,生活质量不断改善;物质产品加速增长,种类变得越来越丰富。不仅最终物质产品数量和种类加速增长,日益丰富,而且中间产品的种类和种类增长更快更丰富。不仅天然生成物质产品和人工制造物质产品继续增加,而且机械制造的产品成为主体,数量和种类增长得更快更丰富。在工具方面,不仅生产、运输的工具机械化,而且种类和数量加速增长,不断迭代。而人利用机械创造的产品更是加速增长和不断迭代,典型或主导的物质产品主要有两类:

蒸汽动力机械的引入通过将热能转化为机械能,极大地增强了人类生产和提供服务的能力。这一技术进步使得物质产品和体力服务的生产不仅在数量上,而且在种类上,较之传统手工生产出现了数十倍乃至数千倍的飞跃式增长。随后,电气机械的广泛应用进一步加速了这一进程,电能作为更加高效、清洁的能量形式,替代或辅助热力机械,再次重塑了生产格局。电气化不仅提升了产能,更促使物质产品和服务的多样化以数十倍乃至数百倍的速率超越了前一时期的热力机械时代,彰显了科技进步对经济增长模式的根本性变革及生产效率的空前提升。

与此同时,通过化学和生物反应而创造的新的物质产品数量和种类也越来越多。如石油化学品、农用化学品、医药化学品、塑料加工、轮胎等化学制品开始出现。如菌苗、疫苗、毒素、血液制品等生物制品也开始影响人的生活。

7.1-4 十分丰富和降速增长的后天物质产品

20 世纪后期开始,美欧亚的一些先进国家或地区进入了知识经济时代。物质产品快速增长,变得充裕,相对人口增长,物质产品已经达到了绝对过剩的程度,从而出现物质产品数量增速开始放缓的迹象,但物质资产的种类形态继续多样化加速增长。不仅天然生成物质产品和人工制造物质产品继续增加,而且在机械制造产品成为主体的基础上,智能机械制造的产品成为关注重点,数量和种类增长得更快更丰富。智能机械不仅可以生产传统的物质产品,还可以生产越来越多的智慧物质产品。这些产品在设计和功能上都达到了前所未有的复杂和精细水平。在工具方面,生产、交互工具智能机械化,不仅种类和数量加速增长,而且不断迭代。典型或主导的智能机械制造的物质产品和智能机械提供的体力服务,具体又分以下两类。

自动智能制造物质产品是机械体力和机械智力自动制造的物质产品和自动提供的服务产品,是在机械化的基础上,利用电子技术、计算机技术等现代技术,使机器能够智能、自动完成生产过程中的多种操作而形成的物质产品。自动智能制造产品除了包括天然、人工、机械制造的物质产品外,已有更多类型的物质产品。自主智能制造物质产品是机械智力和机械体力自主制造的物质产品和自主提供的服务产品,是在自动化的基础上,利用人工智能、控制理论、机器学习等技术,使得机器能够更加智能、自主、自适应完成生产过程中的多种操作而形成的物质产品。自主智能制造产品将不仅涵盖更多的天然、人工以及一般机械制造的物质产品,而且将有更多的天然、人工及一般机械不能制造的物质产品。例如,未来生命物质的智能选择也可以通过生物工程、仿生工程和无机生命工程等智慧设计而取代自然选择。智慧创造的物质产品本身也具有创造力。

过去有关经济增长和发展的文献大多隐含假定物质产品增长,第 1 章对此已经进行了系统的评述,这里不再赘述。

7.2 资产的构成与发展

7.2-1 资产的内涵和构成

关于资产及其相关概念的关系,学术界已经做出了明确的界定,即资产是由经济个体或组织拥有或控制的、能够带来经济利益的资源,资本是用于生产和经营的资金,而资源是指自然或社会环境中原始存在的元素,如自然资源(如水、矿产)和人力资源(如劳动力)。这些资源在被利用前不具有直接的经济价值,但通过转换、改造或重组,它们可以成为有价值的资产。

广义上的资产不仅包括物质资产,而且包括知识资产,而人是特定物质资产和一定知识资产的结合体。波普尔在《客观知识——一个进化论的研究》中提出了"三个世界"的理论,认为世界有三种存在状态,即物理状态、精神状态以及人类的知识产品状态。他指出:"如果不过分认真地考虑'世界'或'宇宙'一词,我们就可以区分下列三个世界或宇宙:第一,物理客体或物理状态的世界;第二,意识状态或精神状态的世界,或关于活动的行为意向的世界;第三,思想的客观内容的世界,尤其是科学思想、诗的思想以及艺术作品的世界。"所有资产(包括物质资产和知识资产)都是客观存在的。由于人体内外资产的不平衡分布,在每一条件下,相对永不满足需求,资产都是相对稀缺的。

资产是丰富多样的,可以从多个角度进行分类。从生产视角审视,资产可细分为产品资产和要素资产,前者指向劳动成果,涵盖从原料到最终消费的各类产品,形式多样;后者作为生产投入,与产品相互转化,共同推动经济进程;人口兼具产品与要素双重属性。资产的排他性特征将其划分为私人产品、准公共产品及公共产品,其中,公共产品的特征为非排他性和非竞争性,源自自然或公共部门供给,细分为自然与人造资源、物质与非物质等多个子类。流动性是另一分类维度,资产据此分为高流动性资产、低流动性资产及不可流动资产,反映了资产转换为现金或其他等价物的速度与难易程度。不同类型的资产,性质不同、形成机制不同、生产函数不同、作用机制不同,因此,需要进行分别的经济分析。而有关人口资产与人知资产,第 6 章已经做出了分析,后面有关章节也将对科学技术、制度文化和货币信用资产进行深入分析。由于广义上的资产既包括物质资产,也包括知识资产,本章将依次对物质资产和知识资产进行分析。

7.2-2　物质资产的内涵和特征

物质资产即自然客体,是指自然界的事物和现象,包括天然存在的自然物和人类生产实践活动形成的人化自然物。尽管复杂多样,但基于与人的关系,可以把未经人类改造的自然称为"第一自然",即先天资产,把经过人类改造的自然称为"第二自然",即后天资产。第一自然不可能脱离第二自然,它要以第二自然为自己存在和发展的前提。但第二自然毕竟不同于第一自然,不是其自动延伸的产物,而是由人导致的结构和形态的改变。不论是第一自然还是第二自然,都是物质自然。

自然世界的物质资产,包括先天的生态资源环境与后天的人工资源环境,对经济发展具有一定影响。其性质和特征主要表现为:一是运动性,所有物质资产占用物理空间,导致经济活动面临空间成本。物质资产的移动伴随能量消耗及差异化成本,按移动难易它分为可流动性与不可流动性资源。二是相对稀缺性,资源相对人类无限欲望而言始终稀缺,其价值与稀缺程度正相关。三是质能守恒性,物质转化遵循守恒定律,资源形态虽变,质能总量不变,驱动经济循环与再生。四是广义内生性,物质资产通过人类活动转为人工产物,技术进步拓宽资源利用边界,使更多自然要素内生化为经济生产的组成部分。

7.2-3 知识资产的性质和特征

尽管不少经济学先贤已经意识到知识资产的重要性,但有关其产品的讨论多限于物质产品。萨伊提出科学知识是生产力的一部分。马歇尔提出知识和组织是一个独立的生产要素,是最有力的生产力,认为教育投资对经济增长起重要作用。即便在现代经济学,有关知识资产的讨论,包括科学技术、制度文化、知识信息等的相关论述,也都是将其作为要素投入和中间产品,而很少将知识资产作为最终产品进行分析和讨论。此外,多数经济学家仅关注科技的创新进步,而事实上经济学理论本身的创新如边际分析、贴现值计算、计量经济预测等也是极其重要的知识资产创新(Faulhaber and Baumol,1988)。

1. 知识资产是具有一定数量和质量的观念形态资产

知识资产的质量是指产品性能及思想内容、品质的好坏、社会功能的正负作用等;知识资产的数量是指知识资产借以表现的形式所占用的载体元素的多少。知识资产表现的是人们的思想感情、理论学说、方法技巧、科学技术、知识技术、知识信息、文学艺术、伦理道德等。

知识资产展现出了多维度的多样性,构成了经济发展的核心要素。从生产过程角度看,知识资产可划分为生产性知识与中间性知识——服务于产品和服务的创造,以及消费性知识和最终性知识——直接面向市场应用。根据排他性和竞争性,知识资产可分为私有、准公共和纯公共三大类,分别对应不同的产权安排设定。从学科内容层面看,知识资产覆盖自然科学、社会科学、思维科学及其交叉领域,体现了知识的广阔度。从形成来源看,知识资产可区分为原创知识资产与复制知识资产,反映了创新与传承的双重路径。知识的层级从数据、信息、知识到智慧,体现了知识深化与提炼的过程。存在形态上,知识资产又分为隐形与显性两大类,强调了知识表达与传递的差异。

载体视角下,内化知识(如人知资产)与外化知识(如科学技术)并存,人知资产包含原创与再生两部分,而科学技术则涉及增量创新与存量积累。值得注意的是,所有知识资产起初均以内化形式存在,而外化程度各异,且随着时间推移,外化知识总量往往因传承而超过现存的内化知识,因为个体生命具有有限性。知识资产的分类还包括基于认知方式的细分,如经验知识、迷信知识、经验技术与科学知识等,这些知识形态对经济社会发展的作用各不相同,其中科学知识和技术以其验证性和可复制性,对生产力的提升尤为显著。外化的知识资产可进一步细分为硬性产品(如技术设备)和软性产品(如制度文化),强调了知识在实体与规则层面的双重影响力。知识的内外化过程动态且循环,通过教育、学习和交流,知识在个体间、内外形态间持续转换与累积,推动社会整体的认知进步与创新迭代。

2. 知识资产具有特殊性

知识资产通过内化附着于人脑和外化附着于物质资产而存在。与物质资产相比较,知识资产有以下几个特征:一是可复制性;外化的知识资产可以被无限重复地复制,并且相对于原创,知识资产的复制成本较低。二是可储存性;外化的知识资产可以通过一定的介质储存下来,理论上它可以完全储存下来,但事实上,由于介质等原因不可能完全储存并保留下来,会有一定的损耗。三是可传承性;内化于人脑的知识资产可以通过人的智力交互,部分地传承下来,但其传承过程同样受阻于技术条件。四是能量不守恒;知识资产生产不遵守能量守恒定律,知识资产投入与智力行为的结合产生新的知识资产后,原有的知识资产不会因为新知识资产的产生而消失,从而使得知识资产不断增加。五是非竞争性;知识资产是非竞争性资产,一个人的消费并不影响另一个人的消费。知识资产的非竞争性决定其具有公共性。六是准排他性;知识资产在一定时期和一定范围内是可以排他地使用的。但是,超过一定时间和范围后知识资产往往具有非排他性。

知识资产一般在原创初期可以排他和垄断,此时是私人产品,但随着不断被复制和传承它将变得不可排他和垄断,从而成为公共产品。私人知识具有排他性,需要付费获得。公共知识具有非排他性,不需要付费即可获得。现实中,一般知识有专利期,在这一期限内,不可以使用或者付费使用,但过了一定专利期限,可以付费使用或者免费使用。知识资产的非排他性决定其具有外部性。知识资产规模报酬递增:由于知识资产可以无数次消费和投资,不考虑空间接近时,在创造成本不变的情况下,消费和投资的规模越大,知识使用的平均成本越低。知识资产还具有无形化和轻运输的特征。马克卢普(Machlup,1962)中提出了"知识产业"的概念,他认为知识产业产出是无形的、非物质的,且大多数知识产业提供的服务不是按商品在市场上销售的,而是以很低的成本或免费扩散的。

3. 知识资产是由思维行为生产和创造的

知识资产生产即创新过程,知识资产原创是知识资产生产者(个人或者群体)借助一定的物质条件,通过个体或者群体的意识活动,提取相关的各自内化的知识资产和外化的知识资产,进行加工整合形成新的思想观念形态产品。与物质产品的生产是在新产品重组形成后原要素消失不同,知识资产的创造是在各种知识资产加工组合创造新的知识资产后,原有的知识资产仍然存在。知识资产的生产和创造需要创造者一定的智力能力和知识资产积累,受到心理结构和偏好的影响。这一生产过程以脑力劳动为主,主要运用知识资产和智慧,相同的知识资产社会仅承认首发优先发现权和发明权。知识资产是通过"干中创""学中创"和专门创新实践而创造的。总体上,知识资产的产出与知识资产的投入正相关,总体的知识增长有一定的必然性。

知识的创新最终决定于经济行为主体创新的动力和能力所合成的能动力,即如果创新主体的预期收益大,所拥有的创新要素动能大(包括知识和物质要素充分),两者结合将产生足够的思维行为能动力,通过思维行为将物质和精神要素结合起来,通过大脑思维行为尤其是交互思维行为,创造出新的规律知识(如科学)、非规律思想(如宗教)和发明创造(如技术)产品。但是,具体的知识资产创造具有偶然性、非连续性和不确定性。一是新的知识资产创造即"发现规律和发明产品",事先不知道是什么模样,不知道需要什么样的要素,也不知道需要怎样的组合。二是新的知识资产需要多种精神和物质要素,这些物质和精神要素藏在多个人脑和外化的物质中,是否被激发出来,是否正好参与交互,存在不确定性。三是现实的知识要素实现不同的结合,会产生不同的甚至意想不到的新知识资产。

4. 知识资产是通过思维行为被交流和复制的

知识资产的复制、传播或扩散过程也是学习的过程。与物质交换相比,知识资产的交流特征在于,其思想形态的复制不会损耗原资产,而是在智慧的碰撞中倍增,经由脑力劳动的编码与解码,在多种形式的表现下与人脑互动,进而被吸收存储。知识的获取途径多样,既可通过实践中的"边干边学"或教育体系中的"针对性学习"来实现,也可借由市场交易与非市场渠道实现。所有旨在提升个体体力与智力的教育努力,均视为对人类自身的投资,产生的是内在化的效用增值。知识的传播超越传统界限,既可在人与人之间直接传播,也能通过媒介或人-媒介-人的复合路径广泛扩散,展现出强大的渗透力(Mill,1885)。知识溢出现象,作为知识在不同主体间无意识传播的自然结果,无论空间远近,皆可通过直接互动或间接联系发生。其机制多元,涵盖了人才流动、研发协作、企业家精神驱动的创新及贸易投资等渠道,形成了跨个人与地域边界的知识流动网络。特别地,视之为具备专业技能个体交互的副产品,随着互动圈层的扩张,促进了技术与创意集群的形成,进一步催化集群内部及之间的知识溢出效应(Keely,2003)。

5. 知识资产是通过思维行为被消费和应用的

知识资产的本质在于其被思维驱动的消费与应用,这一过程贯穿需求识别、占有、处理至再生四个核心环节,构成了知识消费与资产互动的动态演化。知识需求源于个体认知框架与目标知识间结构与质量的不对称,驱动个体寻求知识补足。占有阶段,通过获取知识载体实现内容占有。处理过程则是知识内化的核心,涉及认知系统的解析与整合,重塑个体知识结构。知识再生标志着消费的顶点,不仅深化了个人知识库,更促成了新知识的创造,实现知识资产的增值转化。

智力行为是知识资产流通与应用的催化剂,它依据消费者的预期收益、偏好及既有知识储备,激活知识消费的动力机制。知识消费本身具有独特的增值特性,它既是知识吸收与创新的融合,也体现了"用中创,用中学"的持续进化逻辑。与物质消费不同,知识一旦被大脑吸收,便形成长久留存的资产,潜在地为新的知识创造提供基底。知识资产消费的作用主要包括:一是作为最终消费品,满足消费者的最终精神需求;二是作为中间产品,形成人知资产,用于未来的物质和精神产出的投资;三是兼有最终消费品和中间产品的作用。知识资产是人类思维创造的,它不仅可以满足人的精神需求,而且可以作为中间产品,帮助人类生产更多的物质和知识资产。

认知演进遵循一种加速逻辑:认知深化是知识积累的驱动力,而频繁的实践经历逐步提升认知的层级,实现从直观经验、理论抽象到科学体系的渐进跃升。实践的重复与反思积累成宝贵经验,经由智者与思想家提炼与升华,转化为理论,并进一步接受科学实验的严格检验,从而确证理论的正确性,科学因此成为经受实践考验的真理。每当认知跨越至更高层次,其发展速度就显著加快,呈现出认知升级的指数级增速特性。

知识资产的膨胀存在双重加速模式。首先是认知层次的攀升直接加速了知识的积累。从原始的迷信、直观经验直至严谨的科学理论的发展,以及技术知识从巫术式的神秘到实用技能再到精密技术的演变,均见证了这一加速轨迹。其次,知识结构的优化自身也促进了知识爆炸式增长,知识的增量周期从千年缩短至百年乃至十年。

产品创新的加速则呈现三重叠加效应:认知深化、知识飞跃与产品迭代各自加速,并相互促进。从理念孕育到技术实现,再到产品面世,这一链条上的每一步都经历了从缓慢到快速的转变。经验型知识向技术转化较为迟缓,技术向实际产品转化亦是如此;而基于科学的知识与技术,则能更迅速地促成产品的诞生。产品更新周期也随之急剧缩短,从以往的百年一变,加速到十年乃至每年更新换代,彰显了知识经济时代下创新的飞轮效应。

6. 知识资产在人类经济发展中发挥决定性作用

知识作为人类思维的产品,依靠人类智力,通过人类的思维行为被创造、传播和积累。如前所述,知识资产不仅作为最终产品满足精神消费需求,而且作为中间产品,提供生产、交换、消费方法,扩大物质和知识资产的要素投入,也参与最终物质和知识资产的生产。知识资产自人类产生以来就与物质产品同在,知识资产的非排他性、可重复性、规模报酬递增,决定了随着知识资产的积累越来越多,其作用越来越大,推动人类发展越来越快。目前在一些发达的城市、区域和国家,知识产品已经超越物质产品而成为主体。

认知层次越高,知识作用越强。认知方法和知识资产的作用呈指数增强。在科技革命前,技术进步主要源自直观经验和技艺积累,而非基于科学理论的指导。例如,古代的青铜冶炼技术,其成功高度依赖工匠的个人经验和直觉,这些"经验性技术"因缺乏科学原理的支撑,往往难以精确传授,创新与复制均面临重重障碍,限制了技术的传播与跨领域应用。此外,基于此类技术的产品开发能力有限,规模经济效益低下,难以实现大规模生产与经济增长。

然而,随着科学方法的兴起,技术发展迈入了"科学性技术"阶段。这一转变是基于对自然界规律的系统性理解和验证而发生的,科学原理的揭示为技术创新提供了坚实的理论基础。教育与培训能够有效地传授这些知识,使得技术不再受限于个体经验,且能够被广泛学习、复制乃至进一步创新,进而催生大量新产品与技术迭代。

科学理论的每一次突破,都可能引发技术领域的连锁反应,带来指数级增长的创新机会,即所谓的"报酬递增"效应。科学性技术对产品创新的促进作用同样体现为报酬递增,这意味着一项核心科学发现能够激发众多衍生技术与产品的涌现,极大地推动经济规模的扩张和效率的提升。在未来研究领域和科技史研究领域,"加速变革"的提法广为人知,它指的就是知识和技术进步呈指数级增长的现象。其中有代表性的观点包括霍金斯(Hawkins，2002)提出的"认知阶梯"(技术进步和认知水平阶梯式增长且不可逆)、库日韦尔(Kurzweil，2001)提出的"加速回报定律"等。

7.2-4 物质资产与知识资产的关系

物质产品和知识资产都由人类行为创造，物质要素和知识要素投入通过直接和间接两种途径，决定物质和知识产出。一是直接参与某类产出的生产，成为相关产出的一部分，促进经济的发展。另一方面，物质要素和知识要素，通过影响主体的需求偏好和预期收益进而影响产出。例如，科学技术直接导致物质重构的扩大，通过影响经济主体的需求偏好和预期收益，尤其是要素动能，制度文化通过影响经济主体的预期收益和需求偏好，从而影响经济主体的动力，进而影响主体的三重行为的实现，导致物质和知识产出的增加或者减少(North，2005)。

物质产品和知识资产的性质和功能不同决定：物质产品生产是知识资产生产的基础，物质要素辅助知识产出，也成为知识的载体。知识资产生产决定物质产品的生产，知识可以扩大物质的开发和结构重塑。这进一步决定：在经济发展的不同阶段，物质产品和知识资产对于经济发展的地位和作用不同。

人类生存是人类发展的前提，而生存首先需要物质产品。在人类发展的早期或者经济发展的低级阶段，知识资产相对较少，人类创造的物质产品极为有限，维持人类需求的物质产品相对重要。只有解决人类生存后，才有可能产生精神需求。从这个意义上，物质产品决定知识资产，这是低水平的物质产品与知识资产相互影响的循环。而随着人类经济社会发展，知识资产缓慢增长和不断积累，使得物质产品增长逐步满足了生存需求，需求的内生增长特性决定精神需求不断增长，知识资产增长进一步扩大了物质产品的增长。因此，就满足需求而言，知识资产变得越来越重要。知识资产被消费，提升人口的人知资产，进而提升生产效率和物质产品生产。不断增加的知识资产，与不断增加人知资产的人口一起，生产更多的物质产品和知识资产。当知识资产尤其是科技产品积累到一定程度时，精神要素投入超过物质要素投入，知识资产产出超过物质产品产出，脑力行为超过体力行为，经济体系将进入知识经济体系。当今世界科学技术日新月异，人们的社会生活日趋复杂化、多样化、个性化，使得人们对精神文化生活和知识资产的消费需求所占比例越来越大。

从产品的角度划分时代，人类已经从天然物质产品主导的时代，到天人合物产品主导的时代，再到人工物质产品主导的时代，现在则到了知识资产主导的时代。总之，人类发展的标志是资产的发展,即人口的增长与进化、知识的增长,以及物质的增加,人口增长及转型、物质产品增加可以作为知识资产增加的表现,用知识资产能将人口产品、物质产品和知识资产统一。随着知识的增长,知识资产不仅越来越多、越来越重要,而且对物质产品、对人类发展更具决定性意义。知识资产积累不仅决定而且标志着人类经济发展形态的演化。

7.3 物质资产的决定因素

基于统一发展经济学关于经济发展的三角形生产函数(图1.5)模型和公式(1.2),物质发展是人口资产和物质资产的质能直接重构物质,是由技术、人知、人口、物质和制度决定的供求主体的物质发展能动力及其行为的结合。一方面,经济体系的人口及物质要素向产品直接转化。物质资产投入带来同等或更小量的产出,人口通过消费物质资产实现再生,再生人口再造物质资产。另一方面,经济体系的各类资产通过影响经济主体及其行为间接影响资产相互转化。人口、物质、技术、人知和制度作为资产通过塑造能力或者影响偏好和预期动力,形成供需主体物质重塑的多重能动力及多重行为,进而影响物质发展(包括方向、种类、程度)。在物质资产投入与产出的转换中,影响投入产出的各类不同性质的要素资产可以兼容。

总体而言,随着人类经济的发展,在经济主体对各类产品的权衡中,物质产品的相对地位从绝对重要转向相对重要,物质产品增长有一个从长期缓慢增长到加速增长再到快速增长的转变过程。其中,要素、主体、行为和分布对物质产品的形成与要素结构重塑和形态变化,发挥着不同但又联合的作用。

7.3-1 经济要素多方面影响物质要素转化物质产品

五类要素通过直接和间接两种途径,通过影响主体需求偏好和预期收益,进而影响主体的三重行为,并最终决定五类产出增长。一方面,某一类要素可以直接作为生产投入,推动并扩大相应产品的产出。另一方面,要素还可以作为辅助条件和配套设施,间接推动其他要素向产品的转化。

1. 就物质要素向物质产品转化而言,金融发展促进物质增长

人类历史上,物质的极大丰富主要是从工业革命后开始的。希克斯(Hicks,1970)

考察了金融对工业革命的影响,认为工业革命不仅是技术创新的结果,更是金融革命的结果。信用和货币通过集聚、转移和配置物质产品再造的相关资源和要素,通过扩大经济主体对物质产品的需求,可以增强供需主体的供需能动力,从而扩大物质产出的增长。信用和货币领域的物质要素增长也能够促进整个经济体系物质产出的增长。不过,金融的过度发展在一定程度上会挤出物质产业的资源投入,增加物质生产和交换的成本,影响物质产出的偏好,导致金融空转,阻碍实体经济的发展和物质产出增长。

2. 人口发展对物质要素向物质产品的转化有着决定性影响,这主要体现在供给和需求两方面

萨伊(Say,1836)指出,"物质不是人力所创造,物质的量也不会忽增忽减。人力所能做到的,只不过是改变已经存在的物质的形态……人力所创造的不是物质而是效用"。凯恩斯(Keynes,2018)认为,人口增长由于促进投资而促使经济成长。人口的规模、结构、增长、收入以及偏好及其变化,决定最终物质产品的规模、结构和增长。另一方面,人口尤其是劳动人口创造物质产品。劳动人口通过劳动将物质要素、人知资产、科学技术要素结合起来,实现物质要素等价转化为更多的物质产品。劳动人口的规模、结构、偏好及其变化决定着物质产品的规模、结构和增长。哈罗德(Harrod,1939)认为:人口增长不仅扩大了消费,还增大雇用量,使投资规模扩大,促进经济的长期景气;人口发展与物质增长也是相互转化的。基于质能守恒定律,通过物质的消费,生养人口并成为劳动人口,形成了劳动能量,通过劳动与物质和精神要素的结合,形成新的精神和物质产品,劳动转化的物质附着在物质产品和精神产品上。

希克斯(Hicks,1959)指出,人口是经济发展的内在因素,经济发展的过程是财富与人口增长之间相互抗争的过程,经济发展只有超过人口最低生活水平的限度时才能实现真正的经济增长。李嘉图(Ricardo,1901)以萨伊的销售法则、土地收获递减法则和马尔萨斯的人口法则为基础,构筑了人口与经济增长的动态理论,强调增加劳动人口能生产更多的生活资料,迅速地积累资本可以减轻人口过剩的压力。"巅峰时期的孩子"之后的人口结构带来了"人口红利",即工作年龄人口比例上升和赡养人口比例下降,这进一步促进了生产性贡献的增加和经济的增长。此外,人口的规模和增长还会影响物质要素和物质产品的分配,强劲的人口增长有助于实现物质要素和物质产品的均等化,而人口增长的停滞或减少则可能加剧物质和财富分配的不平等(皮凯蒂,2015)。

3. 人知资产作为内化在人口身上的知识,也是从供给和需求双重渠道影响物质的增长

一方面,人知资产的增长作为内化的知识,不仅决定或者增加了经济主体的要素动能,还会影响经济主体的需求偏好和预期收益,从而从供给的角度影响物质要素的增长。在拓展的新古典增长模型(augmented neoclassical growth model)中,GDP 变化与人力资本的变化直接相关,然而,由于一个国家投资于人力资本的能力受到自然约束,因此人力资本的变化对 GDP 每名工作者的影响有限(Mankiw, Romer and Weil, 1992)。但在内生增长模型(endogenous growth model)中,人力成本是决定长期生产力水平的核心要素(Schumpeter, 2017; Lucas, 1988; Romer, 1990)。

另一方面,人知资产的初始规模直接影响其经济效能:微小的人知资产基础限制了其转换物质资源为产品的能力,导致经济主体对此类资本的需求低、预期收益有限,进而制约了物质产品增长。反之,丰富的人知资产能显著增强产品开发动能,提升经济主体对其偏好与预期收益,驱动更高效的资源转化与物质产品快速增长。此外,人知资产的小规模导致对辅助其增长的物质产品的需求疲软,减缓经济增长;而人知资产充沛时,对相关支持产品的需求激增,强力拉动物质产品扩容,加速经济增长进程。

人知资产增长决定物质要素扩大利用的规模。虽然物质要素在转变成物质产品时,并没有改变物质要素的总量,但是更多物质要素被利用后形成更多等价的产品,这也是经济发展的重要表现。实现这个等价转换当然需要人口劳动、人知资产、科学技术等,但人知资产水平的增长不仅可以使得转化后的物质产品附着更多的精神产品(由人知资产转化来的),而且更重要的是由于人知资产与科学技术的参与,个体或者组织可以将更多物质纳入物质要素,从而使得重组后的物质规模更大。例如,在游牧时代,人在与自然界反复的交互中获取天然食物,人们观察到一些食物从土地上生长出来并掌握了一些生长规律,于是就将土地作为生产要素,在土地上直接种植植物,从而出现了人工与自然结合的农业生产,粮食产量远远超过自然生长的产量。

人口转变促进物质要素开发和物质产品生产。虽然劳动人口的投入会相对减少,但是人知资产的增长可以扩大物质要素参与经济的规模,增加物质产品的产出,进而增加物质资本的消费,并减少物质资本消费的比例。

4. 作为外化在物质媒介上的知识,科学技术的进步通过增强人的脑体能力及偏好和预期的动力使物质重构规模扩大

从供给的角度,科学技术对物质要素转化为物质产品即物质产品增长的作用机制,

与人知资产类似。一方面,科学技术作为重要的要素产生动能,能够决定物质开发的规模和成本,从而决定物质产品的规模和增长。技术进步越快,经济主体物质产品创造越快,即物质产品的增长越快。如穆勒所提到的,人类日益增长的支配自然的能力促使劳动的效率日益提高,即生产成本不断降低(Mill, 1885)。另一方面,科学技术的规模和增长影响经济主体的需求偏好和预期收益。当科学技术有限的时候,物质产品相对于科学技术更加重要,经济主体对物质产品的需求偏好和预期收益较高,物质产品相对科学技术增长较快。当科学技术增长和积累到一定程度,科学技术对物质产品、知识产品等的作用重要,相对于物质产品,经济主体对科学技术的需求偏好和预期收益更加扩大,经济主体更加注重知识增长而轻视物质增长,所以,物质产品的数量也许还在加速增长,但是物质产品的主观价值增长速度也许在逐步下降。

5. 制度文化作为在物质媒介上的知识,对物质要素转化为产品具有重要的间接影响

整体而言,尽管其作用难以直接量化,但制度文化在推动物质产品和经济增长方面的作用不容忽视。很大程度上,制度文化主要通过影响人知资产来间接作用于物质要素的转化过程(Glaeser et al., 2004)。制度差异塑造了经济主体对物质产品创造的多样态度:偏好与预期收益因制度文化背景不同而异,直接关联生产动力的强弱,导致物质产品产出规模与增速的分化。例如,重商文化激励创造财富,而产权保护制度的完善与否显著影响主体的收益预期与积极性。明确的产权制度提升创造动力,反之则抑制。制度文化非直接介入生产,而是更多地通过影响行为主体交互的需求偏好、预期收益、资产负债,从而影响相关产出行为选择,以及行为成本等,影响要素和产品市场均衡,进而决定要素结合、产出绩效和要素收益分配。

可见,制度文化及其演进均影响物质产品增长。物质的产权体系,以及市场交易规则和利益分配制度的合理性、完善程度和可信程度共同决定着物质产品的增长速度。在古代社会,由于制度的长期约束,市场配置资源范围有限,导致物质产品增长缓慢。然而,在 1600 年到 1850 年间,尽管海洋运输在技术上并无多大进步,但由于制度变革的推动,生产率得到了大幅提高。具体而言,制度文化通过影响经济主体对具体物质产品的需求偏好和预期收益来作用于其生产与消费的创新、学习和竞合动力以及相关的成本。此外,制度文化还间接地通过对人口、科技、人知资产的影响来提升物质增长的能力,进而促进物质产品的增长。正如某些社会学理论所指出的,"一套社会共同的文化规则组合支持着劳动分工,因为它减少了交往的风险与成本"(Kasper, Streit and

Boettke，2012)。

总体上,制度文化对物质产出增长的作用具有两面性。良好的制度文化能够有效激励和约束经济主体的交互行为,降低交互成本,提升交互效率,促进产出增长。不良的制度文化则不利于产出增长。道格拉斯·诺思认为,降低交易费用的制度安排及其创新才是经济增长的决定因素,其中产权制度的界定与变革尤为重要。

7.3-2 供需主体能动力影响物质要素转化为物质产品

经济主体的组织以及所构成的需求偏好、预期收益和资产负债对物质产品的增长具有重要的影响。经济主体的组织形态虽然决定于物质、知识和人口,但一旦形成,对物质产品增长便具有重要影响。例如,在原始社会,由于公共与私人、消费与生产事务综合化的组织形态,物质创造的能动力有限,从而限制了物质要素向物质产品转化的规模和增长速度。而在现代社会,随着专业化公共、私人、生产、交换、服务、消费主体组织产生及其协作,经济主体能够更多更快地创造物质产品。在稳定的经济组织主体下,不同家庭、企业和政府的不同的需求偏好、预期收益和资产负债会导致其创造物质财富的能动力存在显著差异。如果家庭、企业和政府都偏好物质财富,且预期物质财富创造的预期收益更大,则物质产品的增长可能超过知识产品。相反,如果他们更加偏好知识和预期其收益更大,尽管物质财富增长可能仍在快速甚至加速增长,但其主观价值增长将相对下降。此过程不仅仅是简单的投入与产出的循环,家庭需求动机、企业生产动机、政府发展动机都可能影响物质资产的形成和构成。

政府主体影响物质资本。作为经济发展的关键指标,物质资本的积累受到政府政策、法律制度、社会文化及公共服务的深刻影响(Romer，1986)。一方面,政府政策在促进企业和家庭对物质资本的积累和再投资方面发挥重要作用,进而推动物质资本存量的增加(Hall and Jones，1999)。另一方面,政府通过直接投资于人知资产与科技,以及激励家庭和企业进行相同的投资,扩大物质资本的有效利用(Mankiw，Romer and Weil，1992),从而加速物质资产的增长。

家庭及其物质需求和人口及人知供给能动力影响物质资产。家庭的物质资产直接受到其意愿偏好、目标收益、收入水平和资产状况的影响,有强烈致富愿望的家庭通常能够获得相应的资产增长。另外,拥有健康劳动力、较高人知资产或物质财富的家庭,在强烈的致富动机驱动下,有潜力获得更多的物质收入(Robbins，1984)。即使家庭在人口、人知资产和物质资产方面不充裕,若有强烈的致富动机,通过最大化利用现有资源也能实现物质收益。

企业部门及其物质要素资产需求和物质产品供给能动力影响物质资产。企业部门既利用又创造物质资产,通过整合人口、物质、人力以及科技资本,拓展对物质要素的应用,进而加强物质资源转化为产品的能力。企业的偏好、目标收益及要素组合决定了其在物质转化方面的具体策略,包括选择转化哪些资源、转化地点及规模,以最大化收益,增强企业的竞争力和市场地位。

7.3-3 经济行为直接影响物质要素转化为物质产品

家庭、企业和政府关于物质产品的生产消费、交换和服务的重复行为可以使得物质产品数量不断增加。而创新行为则能不断增加新的物质产品种类和总体数量。学习行为则有助于扩大物质产品的规模和增加总体数量。

通常情况下,家庭基于需求偏好、预期收益和资产负债,对物质产品的需要方面有一个逐步升级的过程。高收入家庭在满足相对低端的物质产品需求后,率先开启高端物质新产品的创新需求,而中低收入家庭则跟随模仿新物质产品的需求,并逐步减少对同旧的低端物质产品的重复消费。这种需求层面的变化牵引着物质产品的重复、模仿和创新。

企业基于需求偏好、预期收益、资产负债所形成的比较优势,决定从事物质产品的重复生产、模仿生产或创新生产。具有创新偏好、对创新预期收益高同时拥有创新比较优势的企业,将率先从事物质产品的创新生产、交换和服务,从而带来物质产品种类和数量的增加。而具有模仿偏好、模仿预期收益高且具有模仿比较优势的企业,则会模仿新产品生产。

政府也是基于偏好、预期收益和比较优势,从事创新、模仿和重复的公共产品生产和服务供给,进而也会影响私人物质产品的重复、模仿和创新的消费、生产、交换和服务。

家庭、企业和政府的物质的供给与需求的创新、学习和重复的供求竞合行为,共同推动着物质开发和服务供给的发展。

7.3-4 经济分布通过影响供需主体能动力来影响物质要素转化为物质产品

经济的部门结构,即分工,影响物质产品的创造。总体而言,部门分工或者专业化可以提升劳动效率,促进物质产品的增长。对此,亚当·斯密等古典经济学家做过十分深刻的论述(亚当·斯密第一个指出产品数量的跃增和产品质量的改善起因于分工)。然而,分工的深化还受到市场规模的制约。缺乏足够市场规模的分工并不能带来更多的物质产品增长。如萨伊指出,"某些种类产品能够享受到分工的收益,但这些产品也要在消费超过一定数量后才能享受这种收益"。具体而言,分工对物质产品创造的影响,实际是各种要素、主体和行为在各部门分布对各部门物质产出的影响。因此,要素、主体以及行为在各部门不同的分布,决定物质产品的部门结构。如果在某些部门聚集更多的物质和知识要素、经济主体,则可能意味着该部门会有更多的物质产出。相反,如果聚集较少的物质和知识要素、经济主体,则可能意味着该部门会有较少的物质产出。

经济结构的变迁影响物质投入产出的总量和结构。经济结构最终反映在产出结构上。从需求的角度看,经济产出结构的多样化要求多样化的物质要素投入,而经济结构的高级化则意味着知识要素在投入中的比例增加,物质要素比例相对下降。从供给的方面看,经济结构的多样化带来了物质要素重塑的多样化,以及中间物质产品和最终物质产品生产的多样化。同样,经济结构的高级化也意味着经济产出中物质产品比例的下降,以及物质供给相对能力的减弱。总之,经济结构变迁对物质的总量增长具有双重影响,在经济结构和经济水平的不同阶段,两种经济力量大小不同,所以,物质规模变化的趋势也不尽相同。而经济结构的多样化和高级化变迁驱动物质要素和产出结构的高级化和多样化。

经济的空间结构影响物质产品的创造。空间分工或者专业化能提升劳动效率,促进物质产品的增长。空间分工的范围越大,每个物质产品的市场规模也越大,生产效率就越高,物质产品的增长也会更多。马歇尔曾指出,聚集经济主要表现为更好地获取熟练劳动力(劳动力市场汇聚)、专业供应商(共享输入)以及来自竞争企业的知识溢出(Marshall,1920)。另外,由于空间拥挤成本和空间运输成本的存在,一定程度的集聚不仅可以节约交互成本,还可以获得报酬递增的规模效应,从而促进物质产品的增长。如克鲁格曼所倡导的新经济地理学中总结的经济活动空间的核心线索:报酬递增、空间聚集和路径依赖(Smith,1776)。当然,不同物质产品及其所需要的要素性质和形态不同,因此空间占用和移动成本也不同,获得最大化规模报酬的聚集程度也会有所差异。具体而言,空间对物质产品创造的影响实际是各种要素、主体和行为在空间分布上的综合体现。这种分布决定了物质产品的空间结构。在某些空间,如果聚集了更多的物质和知识要素、经济主体,那么该空间会有更多的物质产出。相反,如果聚集的要素和主体较少,物质产出可能也会相应减少。同样,如果在特定空间聚集了更多的创新的物质和知识要素、经济主体,那么该空间会有更多的创新物质产出。反之,则可能意味着创新物质产出较少。

空间区位影响物质的流动和空间再配置。空间区位是由固定的要素、主体、行为及其吸附的不易流动的要素和主体所构成的组合。在每一具体空间上,这一组合通过行为主体的选择决策,对流动的物质要素产生不同程度的吸引和排斥,从而对物质产品的生产和流动施加影响(Fujita,Krugman and Venables,2001)。例如,某些物质产品只能在一定的气候条件下生产(如农产品或需要特定温湿度的工业品),这便会吸引相关的生产要素向该空间集聚。物质产业集群区大多是特殊的经济空间区位所带来的相关要素集聚和匹配,进而带来特定产业和产出的空间集聚。因此,具体空间区位的特征以及整体空间的结构差异,影响不同流动物质要素的集聚和流动,促使这些要素在空间上不断地匹配和重组。

经济的时间结构即经济总量增长影响物质要素的总量和结构。短期内,从需求的角度看,在生产函数不变的情况下,经济产出总量增长一般需要更多的物质投入。从供给方面来看,经济总产出中的物质产出,在满足物质消费之后,剩余部门可以将其转化为储蓄和投资。因此,在经济总量增长尤其是物质产出增长的情况下,如果消费规模保持不变或者低于总量增长,物质要素的投入将持续增加。然而,在长期内,随着经济持续增长和人均收入提高,产出结构和要素结构都会发生变化,经济增长对物质要素的需求和供给占比都会逐渐减少。

7.4 物质资产的内生发展机制

7.4-1 空间及组织的物质资产发展的内部决定

从直接投入产出途径上,空间、组织及个体拥有或控制的物质资产要素增长可以直接带来物质资产产出增加。在不考虑人知资产、技术等外部条件的情况下,物质资产要素的投入决定资产产品的产出,基于物质的质能守恒定律,一定质能的物质资产要素最大可能产生同等质能的物质资产产品。当然,人口物质要素通过劳动也可以将人口物质能量附着在物质资产产品上或者直接表现为服务产品。

从间接投入产出途径上,空间、组织及个体拥有或控制的物质资产要素增长可能促使物质资产投入产出的能动力增长。个体自身禀赋及拥有和控制的物质资产作为资产与其决定的物质资产偏好和预期收益一起,形成个体的物质资产供需能动力,进而支配物质资产的供需行为。经济个体物质资产供需能动力的大小决定空间、组织及个体的物质资产及人口转变物质资产的程度。

总体而言,空间、组织及个体的物质资产供需行为变化决定物质资产从要素向产品规模和种类的增长。空间及组织的个体通过物质资产再造能动力支配供需行为,一定程度上将物质资产从投入要素转换为产品产出。物质资产能动力提升决定物质资产从要素转向产品的规模和种类不断扩大。

物质资产与人口相互循环也帮助实现物质资产从要素到产品的转换。人口与自然资产都是物质资产,物质资产是被动为人口重塑,被动用于生养人口。

同样分直接途径和间接途径来看。从直接途径上,自然资产与人口资产的投入增长直接带来自然资产与服务产出增加。一方面,物质资产与人口一起作为直接投入的物质资产要素再造物质资产产品和服务。物质资产产品是自然资产要素和由劳动转换而来的人口资产要素的合成,物质资产产品内凝结着一定的由劳动而转换的人口物质能量。物质资产服务主要由人口的劳动而形成,其中主要凝结着由劳动而转换的人口资产能量。另一方面,物质资产与人口相互循环直接影响物质资产的发展。物质资产发展支持人口发展。物质资产的数量增长和种类提升可以通过被更多的人口消费,解决一定层次上的人体内部的物质分布不平衡,支持生命个体的数量增长和质量提升,也可以改善人口的体力和脑力;人口发展促进物质资产发展。人口数量增长和质量提升,通过人口劳动能量供给扩大,形成更多附着劳动能量的物质资产和主要凝结劳动能量的服务产品。总之,物质资产通过被人口消费而由人体外转入人体内,进而形成人口的体力和脑力能量,然后再向外输出,去开发更多的物质和凝结更多的服务产品,如此循环往复,但在物质及能量与人口及能量相互转化中质能总量保持不变。

从间接途径上,物质与人口通过影响人口与物质资产的供需能动力影响人口与物质的供需程度。一方面,空间及组织的个体禀赋及人体内外的物质不平衡分布决定经济个体的体力和脑力,形成经济个体、组织及空间的人口繁衍和物质开发的供需能力。另一方面,空间及组织的个体禀赋及人体内外的物质不平衡分布,决定经济个体的偏好和预期,形成经济个体、组织及空间的人口繁衍和物质开发的供需动力。两者结合形成的能动力,直接支配空间、组织及经济个体的物质资产的供给和需求行为,从而直接影响物质资产的数量和质量的均衡及发展。

从直接途径与间接途径的结合上,在人口与物质资产供需能动力的支配下,空间、组织及个体通过物质资产供需与人口供需行为,将物质资产要素和人口要素结合,形成物质产品的数量增长、质量提升和种类增长。

7.4-2 空间及组织的物质资产发展的外部决定

人知资产与技术、制度与文化作为性质不同于物质资产的资产,不能从直接的投入产出途径参与物质资产的质能转化和形态重塑,即人口的发展。但是,这些资产通过影响人口的能力和动力,从而分别或联合影响物质资产的质能转换和形态重塑,即更多种类和数量的物质资产要素转变为同等更多数量和更多种类的物质资产产品。

技术和人知资产的增长通过提升重塑物质的技术与人知资产的能动力,扩大物质产品的规模和种类。一方面,人知资产与技术的增长延伸空间、组织及个体的开发物质和人口繁衍的脑体等能力,可以扩大空间、组织及个体的物质要素和人口要素的循环和加总投入。另一方面,人知资产与技术的增长改变空间、组织及个体的人口和物质要素转变为人口和物质产品的供需偏好和预期收益及动力,可以提高空间、组织及个体的人口和物质要素转变为物质产品的效率和种类数量。两个方面结合决定技术与人知资产的发展将提升空间、组织及个体的物质重构的能动力。科技与人知资产的质能不守恒特性所带来的人知资产和技术不断积累,以及人知资产和技术的报酬递增,使得空间组织及个体的物质重构的供需能力加速变化,导致物质产品的数量和种类不断增长。不过,随着人知资产与技术的积累及其作用的加速提升,可能会相对降低空间、组织及个体对物质数量的供需偏好和预期收益,而增加物质种类的供需偏好和预期收益,从而带来空间、组织及个体的物质产品的数量供需能动力下降和种类供需能动力持续加速,降低物质产品数量的增长速度。由于人知资产与技术质能不守恒决定人知资产与技术的扩大再生,因此,技术增长一般相对领先和超前,人知资产与技术对物质资产发展增速的调整相对较快。

制度与文化及其变迁通过提升重构物质资产的制度与文化的动力,扩大物质资产产品的规模和种类。制度与文化及其变迁主要通过影响空间、组织及个体的物质(要素与产品)与人口资产供需的偏好和预期收益,影响供需者的物质(要素与产品)和人口供需动力,支配空间、组织及个体物质(要素与产品)和人口的供需行为,在促进人口的数量增长和质量提升的同时,促进物质(要素与产品)的数量增长和种类扩展。由于存量制度对制度变迁的负向能动力,制度变迁一般相对滞后和缓慢,制度与文化对物质资产发展速度的调整也相对缓慢。

技术与人知资产及其发展和制度与文化及其变迁合成物质资产供需的外部总合能动力,增加物质资产要素规模和种类,进而增加物质资产产品的规模和种类。作为外部资产,人知资产和技术与制度和文化在相互影响中影响物质与人口,进而影响物质资产发展。基于技术与人知资产的领先性和制度与文化的滞后性,它们联合作用于人口的机制是:技术与人知资产增长和积累作为要素资产,在改变空间、组织及个体的物质及人口的偏好和预期收益(即供需能动力)的同时,也在试图改变空间及组织的制度文化的供需偏好和预期收益(即动力)。但存量制度与文化在维持空间及组织的现存的物质与人口供需偏好和预期收益的同时,也在维持技术与人知资产的现存供需偏好和预期收益,从而维持物质与人口的现有供需能动力。当人知资产与技术增长所形成的制度文化变迁的供需能动力超过现存制度文化所维持的制度文化不变的供需能动力时,制度文化变迁不仅直接改变物质资产与人口发展的能动力,还通过影响空间、组织的物质资产、人知资产、技术等供需的偏好和预期收益,释放人知资产与技术的物质资产和物质要素发展供需能动力,并形成总合的物质资产和物质要素的供需外部能动力,支配空间、组织的人口供需行为,影响空间及组织对物质资产和物质要素供给与需求的数量和质量的均衡。

7.4-3 空间及组织的物质资产发展的内外决定

空间及组织的主动的人口与被动的物质资产分别与相互的供需交互循环行为,在生产物质资产的同时,产生并不断积累技术与人知资产,带来更大程度的个体内外物质资产与知识资产分布不平衡及交互规模经济,影响个体及组织的制度与组织变革的供需能动力,并与初始个体禀赋以及个体和组织逐步演化的制度与组织变革的供需能阻力,合成个体及组织总的制度与组织变革供需能动力,支配一定空间的个体及组织的制度与组织变革博弈,决定组织与制度状态。

1. 空间及组织的经济个体决定物质资产的发展

空间及组织的经济个体基于产生及积累的人知资产与技术、不确定变化的制度与文化、变化人口与物质资产等联合形成空间及组织的总合物质资产的供需能动力,支配空间及组织的再造物质资产供需行为,决定物质资产的发展。

具体而言,一方面,空间及组织的人口与物质资产、制度与文化、科技和人知资产及其变化决定需求者的物质资产的需求能力、动力及能动力增长,包括:人口的体智禀赋决定物质资产的需求能力,人体内外物质的不平衡分布决定物质资产需求偏好与预期收益变化,进而决定物质资产的需求动力增长。而空间、组织及个体拥有或控制的物质资产增长影响物质资产的需求能力变化,物质资产增长带来新的人体内外的物质不平衡分布决定的需求偏好和预期收益,进而决定人口需求动力变化。个体及组织的技术与人知资产影响其物质资产的需求能力,通过影响个体及组织的需求偏好和预期收益及动力增长。现存的组织与制度影响个体及组织物质资产的需求动力增长。空间、组织及个体所有这些因素所形成的个体及组织再生物质资产的合力及变化,支配组织及人口通过脑力和体力结合物质资产的需求行为变化。

另一方面,空间及组织的人口与物质资产、制度与文化、科技和人知资产及其变化决定供给者物质资产的供给能力、动力及能动力增长,包括:劳动人口的体智禀赋变化决定空间及组织物质资产的人口体智供给能力和预期偏好供给动力变化。物质资产增长决定空间、组织及个体的物质资产供给能动力变化。而技术与人知资产的变化,一方面改变空间、组织及个体的物质资产的供给能力,另一方面改变空间、组织及个体物质资产的供给动力。现存的组织与制度影响空间、组织及个体的物质资产的供给动力。空间、组织及个体的人口供需者的供需三重交互行为能动力决定供给者之间、需求者之间、供需者之间在物质资产重塑上竞合交互,从而决定空间及组织的物质资产数量和种类的供需均衡。

2. 人口与物质资产及与其他资产的循环决定

在人口与物质、技术与人知资产、制度与文化等经济因素形成后,空间及组织内的个体内外物质不平衡分布和交互规模经济所形成的人口与物质资产供需能动力,支配经济个体体内的人口与物质资产的循环再生行为,决定人口与物质的分别和相互循环再生。同时,这一内生动力还外延至经济体的“体脑”层面,即促进了与人口和物质资产再生密切相关的人知资产(知识、信息等)与技术的不断创造与发展。这些行为能动力及其变化,决定了人知资产与技术作为经济活动的副产品,不仅持续产生,还因其质能(价值或效用)的非守恒特性而不断积累与增值,进一步丰富了经济体系的内涵与活力。人知资产和技术的不断积累作为资产,通过改变空间及组织的经济个体的供需偏好和预期收益,增强人口与物质资产、制度与文化增长或变化的能动力。但是,存量制度与文化会产生改变制度文化变迁的能阻力。只有当技术与人知资产及其带来的人口与物质资产所形成的制度文化变迁的能动力超过现存制度文化的能阻力时,制度文化开始变迁,不仅直接而且通过技术与人知资产所形成的物质要素和产品供需能动力变化,从而空间及组织的物质要素和产品供需的总合能动力变化,决定空间及组织内的物质要素与产品供需者的物质要素和产品供需行为及变化,进而决定空间、组织及个体的物质产品数量和种类增长。

在空间及组织的人知资产与技术资产稀少时,物质产品规模和种类的增长比较缓慢。技术与人知资产加速增长和积累不仅延伸了空间、组织及个体的物质要素和产品的供需能力,而且逐渐改变了空间、组织及个体的人口、物质资产、技术与人知资产的供需偏好与预期收益,带来物质数量的供需偏好和预期收益及动力增长放缓,物质种类、技术与人知资产的供需偏好和预期收益及动力加速增长,物质呈现规模增长放缓而种类加速扩大趋势。当然,如果加上制度与文化直接影响物质或者通过其他资产影响物质这一考虑,空间、组织的物质数量从缓慢增长到加速增长再到缓慢增长的总体趋势会表现出一定的变化性。

7.4-4 整体经济中物质资产发展的决定

1. 不同空间、组织的人口及变化的差异甚至分化

不同空间、组织及个体的人知资产与科技、制度与文化、人口与物质资产分布的差异,支配不同空间、组织物质要素与物质产品供需行为的差异,决定不同空间、组织及个体的物质尤其是不可移动物质的开发程度及变化的差异。就内部而言,不同空间、组织及个体的物质要素与人口分布的差异,决定不同空间、组织及个体的物质与人口供需能动力的差异,支配不同空间、组织的物质要素与产品供需竞合交互行为的差异,影响不同空间、组织及个体之间物质产品数量与种类及增长的差异。一些影响物质产品形成的不可移动物质要素在空间上的不均衡分布,决定不同空间的人口及物质产品的差异化和非均衡分布。

同时,这些差异会带来不同空间、组织及个体的人口与物质产品数量的供需预期收益的分化,通过循环往复可能导致不同空间及组织的物质产品数量的分化;就外部而言,不同空间及组织的制度与文化、人知资产与技术分布差异决定不同空间及组织的制度与文化、人口与物质资产各自的供需能动力、行为的差异及变化,决定空间及组织之间的制度与文化、人知资产与技术的差异及变化,决定不同空间、组织及个体的制度与文化、人知资产与科技的人口与物质资产供需行为能动力、行为及物质产品数量和种类的差异及变化。

而由于外部因素差异带来的不同空间、组织及个体的物质产品数量预期收益的分

化,通过循环往复可能导致不同空间、组织及个体的物质产品数量增长的分化。就内外合力而言,不同空间的可移动经济个体的禀赋差异和不可移动的物质资产的初始差异,决定不同空间的经济个体建立组织与制度的体智等能力的差异,偏好和预期收益动力的差异,从而决定不同空间的组织与制度的差异,其与人知资产与技术差异结合,影响不同空间、组织及个体的人口和物质供需能动力的差异,可能通过强化不同空间及组织的预期收益差异,而加大不同空间及组织的物质产品的供需能动力,支配不同空间、组织及个体的物质产品的供需行为及物质产品数量和种类供需均衡的差异及分化。另外,人知资产和技术的积累及其作用加大和物质作用的相对下降,将使得物质产品的空间及组织差异发生新的变化。

2. 不同空间、组织的物质及变化的联系及收敛

不同空间、组织及个体的人知资产与科技、人口与物质资产、制度与文化等资产组合及变化,决定不同空间、组织及个体之间不同物质要素与产品的供需交互能动力及变化,决定不同空间、组织及个体之间的物质要素与产品的竞合行为,决定不同空间、组织及个体的物质产品与要素的供需交互和流动,决定不同组织、空间及空间物质的联动发展。

就内部而言,不同空间、组织及个体的人口与物质资产分布差异,决定不同空间、组织及个体之间物质供需交互能动力、行为差异及变化,决定不同空间、组织及个体之间物质要素与产品的供需联系和流动及变化,从而改变不同空间、组织及个体之间的物质产品数量和种类的联动增长。

就外部而言,不同空间、组织及个体之间的制度与文化、人知资产与技术分布差异及变化,决定不同空间、组织及个体之间制度与文化、人知资产与技术各自的供需交互能动力及变化,决定空间、组织及个体之间的制度与文化、人口与物质资产的相互传播和流动,改变不同空间及组织之间制度与文化、技术与人知资产的状况及增长趋势,改变不同空间及组织的制度与文化、人知资产与技术的物质要素和产品供需行为能动力及变化趋势,影响不同空间及组织的物质产品数量和种类的变化趋势。人知资产与技术,尤其是交互技术的进步和制度与文化的变迁,将降低空间及组织交互的成本,从而扩展空间及组织的物质流动与交互。

就内外而言,不同空间及组织的物质分布不同,决定不同空间及组织的个体之间物质开发和人口繁衍的交互能动力差异及变化,支配不同空间、组织及个体之间的物质产品和要素交互行为及变化,共同影响不同空间、组织及个体的人知资产与技术、制度与

文化、人口与物质资产的人口供需能动力及变化的不同。它还决定不同空间及组织之间的人知资产与技术、制度与文化、人口与物质资产的总合人口供需交互能动力的不同，决定不同空间、组织个体之间物质要素与产品的联系和流动，决定不同空间、组织及个体物质的交互和流动，以及不同空间、组织及个体之间物质分布的变化。

3. 全部空间及组织的人口规模增长及结构演化

整体经济空间、组织及个体的人口与物质资产、制度与文化、人知资产与科技的差异分布及变化，决定各个空间、组织及个体的总合的物质要素与产品供需能动力的差异，包括相互间竞合交互能动力差异，支配整体经济不同空间及组织的经济个体有差别的物质供需交互行为，包括相互间的差异化竞合交互，支配整体经济不同空间、组织的物质供给和需求的创新、模仿和重复交互行为的不同及变化，包括不同空间、组织及个体的交互行为的不同及变化，决定不同空间、组织及个体共同但有区别的发展，决定整体经济的物质产品和种类和数量不断增长。

一方面，所有物质要素和产品供需者的交互行为能动力合成宏观经济的物质供需能动力，支配所有物质要素和产品供需者的交互行为，决定所有物质要素和产品供需者供求物质的总量规模及增长。另一方面，所有物质要素与产品供需者的交互行为能动力的差异，决定所有物质要素与产品供求者的行为差异和交互竞合，决定所有空间、组织之间的物质要素与产品的差异分布和变化流动；具体而言，空间、组织及个体的物质规模增长与结构演化决定于物质与其他资产的内外循环作用。物质要素发展，在改变所有个体、组织、空间的物质供需能动力的同时，增长与改变所有个体、组织、空间的人知资产、科技、物质资产的物质供需能动力，形成所有空间、组织及个体总合的物质要素和产品供需交互能动力及其变化，支配和改变物质要素和产品供需交互行为，决定所有组织、空间的人口差异下共同的物质发展变化。

7.4-5　物质资产发展的均衡决定机制

1. 物质要素与产品发展的静态均衡

在不完全信息、不完全理性等状态下，短期内，不同空间或部门的物质要素和产品的供求者基于当期物质供需偏好内生基础上的预期收益最大化目标，形成物质供需交互行为能动力，支配跨空间物质供需交互行为选择，形成不同空间或部门供求者的物质产品与物质要素均衡产出。物质产品与物质要素发展是预期静态均衡，是力量的均衡、预期收益的均衡和预期物质要素与物质产品的均衡。

2. 供需者的预期物质收益的静态均衡

总体上,所有供需者的物质供给或需求的预期边际收益等于预期边际成本。结构上,不同部门供需者的供给或需求的预期边际收益相等,同一部门的供需者的供给或需求的预期边际收益等于预期边际成本。不同空间供需者的供给或需求的预期边际收益相等,同一空间供需者的物质供给或需求的预期边际收益等于预期边际成本。

3. 供需者的力量的静态均衡

总体上,所有供需者的物质供给或需求的加总的边际能动力等于所有供需者的物质供给或需求加总的边际阻动力。结构上,每一部门供需者的物质供给或需求加总的边际能动力与所有供需者的物质供给或需求加总的边际能阻力相等,各部门所有供需者的物质供给或需求加总的边际能动力相等。每一空间所有供需者的物质供给或需求加总的边际能动力与所有供需者的物质供给或需求加总的边际能阻力相等,各空间的所有供需者的物质供给或需求加总的边际能动力相等。

4. 供需者的物质要素和产品的静态均衡

总体上,所有直接物质要素和物质产品的预期供需相等,所有用于延伸物质要素的技术、人知资产等要素的预期供需相等。结构上,每个空间所有直接物质要素(包括物质要素和人口要素)和物质产品的预期供需相等,每个空间用于延伸物质要素的技术、人知资产等要素的预期供需相等。每个部门所有直接物质要素(包括物质要素和人口要素)和物质产品的预期供需相等,每个部门用于延伸物质要素的技术、人知资产等要素的预期供需相等。

5. 供需者的物质要素与产品的综合的静态均衡

不同空间、不同部门的不同物质产品和物质要素的需求者的需求偏好、预期收益和资产负债决定其需求者不同的物质产品和要素需求能动力。不同空间、不同部门的不同物质产品和物质要素的供给者的供给偏好、预期收益和资产负债决定其供给者不同的物质产品和要素供给能动力。需求能动力的大小和多样化决定需求的多样化和大小变化,供给能动力的多样化和大小决定供给的多样化和大小变化。当供给能动力和需求能动力相等时,基于偏好的物质产品和要素的边际预期收益与边际成本相等,物质要素和物质产品的市场供求达到均衡。当供给能动力的种类和规模小于需求能动力的种类和规模时,供给的种类和规模小于需求的种类和规模,反之相反。但是,供给的种类和规模小于需求的种类和规模,将引起供需者预期收益变化,从而决定供需能动力调整。最后,不同部门和空间的供需者的物质要素和物质产品发展中,供需者的力量、供需者收益及供需产品和要素共同均衡。

在不完全信息、不完全理性下,长期内,供需者基于无限期内物质要素与物质产品的供需偏好内生基础上的预期收益最大化目标,形成跨时空的物质产品供需行为能动力,支配供需者跨时空的物质要素和物质产品供需行为选择,形成跨时空的物质要素和物质产品均衡产出。长期内,物质发展呈现期望动态内生均衡,即在平均意义上呈现动态内生均衡的发展,是力量的跨期均衡、平均预期收益的跨期均衡和平均资产供需的跨期均衡。

6. 供需者的预期物质收益的动态均衡

不仅总量上,所有供需者跨期的物质平均边际收益始终等于平均边际成本,而且不同部门所有供需者跨期的物质平均边际收益始终相等,同一部门所有供需者跨期的物质平均边际收益始终等于平均边际成本。不同空间所有供需者跨期的物质平均边际收益始终相等,同一空间所有供需者跨期的物质平均边际收益始终等于平均边际成本。

7. 供需者的物质发展力量的动态均衡

不仅总体上,供需者的物质要素和产品需求或供给的边际能动力始终等于边际能阻力,而且每一部门供需者的物质要素和产品需求或供给边际能动力与边际能阻力始终相等,各部门供需者的物质要素和产品需求或供给的边际能动力始终相等。同时,每一空间供需者的物质要素和产品需求或供给的边际能动力与边际能阻力始终相等,各空间供需者的物质要素和产品需求或供给的边际能动力始终相等。

8. 供需者的物质发展资产的动态均衡

总体上,所有直接物质要素和物质产品的供需跨期相等,所有用于延伸物质要素的技术、人知资产等要素跨期供需始终相等。结构上,每个空间所有直接物质要素(包括物质要素和人口要素)和物质产品的跨期供需始终相等,每个空间用于延伸物质要素的技术、人知资产等要素跨期供需始终相等。每个部门所有直接物质要素(包括物质要素和人口要素)和物质产品的供需跨期始终相等,每个部门用于延伸物质要素的技术、人知资产等要素供需跨期相等。

9. 供需者的物质发展联合的动态均衡

无限时期、不同空间、不同部门、不同物质要素和物质产品的需求偏好、预期收益和资产负债决定其物质要素和物质产品的需求能动力变化。无限时期、不同空间、不同部门、不同物质要素和物质产品的供给者的供给偏好、预期收益和资产负债决定其物质要素和物质产品的供给能动力变化。而需求能动力的大小和多样化决定需求的多样化和大小变化,供给能动力的多样化和大小决定供给的多样化和大小变化。当供给能动力和需求能动力始终相等时,基于偏好的物质要素和物质产品的边际预期收益与边际成本始终相等,物质要素和物质产品的供求始终均衡。当供给能动力的种类和规模小于需求能动力的种类和规模时,供给的种类和规模小于需求的种类和规模,反之相反。但是,供给的种类和规模小于需求的种类和规模,将引起供需主体预期收益的变化,从而决定供需能动力调整。最后,在不同部门和空间的物质要素和物质产品的发展过程中,供需者的力量、收益和资产在跨期增长中实现同时均衡。

7.5 物质资产的发展解释

物质资产的发展是更多的物质要素转化为更多物质产品的过程。从人类起源到未来的经济发展中,物质资产的发展和变化是基于若干经济发展法则,经济体系内的五类资产、供需主体、多重行为等相互作用的结果,是重构物质资产的力量从自然力到人体力,再到机械力并扩大和延伸的结果。

7.5-1 自然力和人体力制造极端稀缺和缓慢增长的天然物质产品

在人类起源的初期,人类个体内外资产无限持续的不平衡分布,决定个体有能动力摄入外部资产而维持生存,也决定个体有一定能动力从外部摄取资产,但由于初始阶段个体内外的知识资产几乎为零,孤立个体的外部资产需求能动力小于外部资产供给能动力,而交互的规模经济决定个体通过交互增强个体的供给能动力,从而个体交互组织供需能动力和制度供需能动力及其交互行为决定氏族公社组织和氏族制度产生。尽管组织和规范交互的氏族部落和制度文化已经产生,但由于技术与人知资产几乎为零,氏族公社只能利用个体单纯脑体能力获取可以触及的十分有限的由自然力已经塑造的天然物质资产,以解决个体内外资产平衡并维持人口生存。因此,最初进入人类经济体系的经济资产是被人口获取用于维持生存的天然资产,包括天然食品、天然建材、天然能源等。尽管个体内外物质分布不平衡决定了个体及氏族的物质资产需求能动力很大,但是个体及氏族的供给能动力极其低下,进入经济体系的天然经济资产极其有限。在早期经济形态中,原始社会与农牧业时期的人类生活节奏紧密遵循两大自然韵律:植物生长的季节循环与太阳能量的昼夜及四季变化。这一时期,经济活动的核心能源转化过程主要是将植物通过光合作用积累的太阳能,间接转化为人类劳动所需的体力能量,体现了人与自然生态系统的深刻联结及对自然资源的基本依赖。

资产在个体内外无限持续的不平衡,决定个体及氏族不竭的物质资产供需能动力,支配个体及氏族物质资产供给需求行为的持续循环中个体拥有意识及创造知识资产的特殊禀赋,决定个体及氏族的物质产品获取及关于物质产品获取的人知资产和科学技术副产品的产生,并且人知资产和科学技术等知识资产具有质能守恒的性质,会在物质产品供需的循环中通过创造和积累变得越来越多。正是人知资产和技术的增长,提升和延伸了人口获取物质的能动力,支配经济个体及氏族获取更多数量和种类的天然资产,但是由于人类起源初期的知识资产极为有限,因此个体及氏族通过供需天然资产而积累人知资产和技术副产品的进程非常缓慢,进而导致供需者获取的天然物质产品的数量和种类的增长极其缓慢。由于人类生存主要依靠天然物质资产,流动的人口与适宜人口需求的天然物质产品(包括气候环境等)相结合,最早的经济体系在一些适合人类居住的空间陆续出现。显然,氏族及成员主要通过人力使用自然力创造天然食品、天然工具、天然材料,使天然资产变成经济物质产品。

7.5-2 人体力和自然力制造比较稀缺和缓慢增长的天人物质产品

在氏族部落的个体交互供需天然物质产品的漫长过程中,个体及氏族通过观察和思考,掌握了动植物成长的一些规律,积累了栽培和驯养的经验。这些天然物质产品生长的人知资产和科学技术副产品积累得越来越多,一些氏族及成员种植和养殖的预期收益超过了采集和渔猎的预期收益,从而提升或改变了天然物质产品供需者的供需行为能动力,并支配资产供需行为从获取天然物质产品转向制造天人的物质产品,即结合人力与自然力种植粮食和养殖牲畜等。

不仅如此,人知资产积累和科学技术进步还使得人口的物质产品的供给体智能力增长,从而带来粮食和牲畜的数量和种类相对于采猎时代的天然物质产品大幅增长,使个体物质产品供给能动力相对超过个体物质产品最低需求能动力,进而出现物质产品的相对剩余。物质产品的相对剩余使得氏族内部一些经济个体的组织和制度变革的预期收益大于不变的预期收益。随着技术进步,物质产品剩余增加,一些经济个体组织及制度变革的预期收益更大,当新生的组织和制度变革的能动力大于现存的组织和制度产生的改变制度文化变迁的能阻力,一统的氏族组织和指令性氏族制度在经济个体的博弈中解体,进而产生供给公共产品的国家和提供私人产品及要求公私产品的家庭,与此同时,指令性经济交互为主体、多种交互并存的经济制度产生。相对于氏族组织及氏族制度,国家及家庭组织和指令性为主体的交互制度,通过预期收益和供需偏好的改变,推动供需者提供更大的供需动力,促进供需者更大的农牧物质产品数量和种类的增长。

物质产品的相对剩余还导致社会大分工,带来非农手工业、科技教育和商业部门的产生,以及城市的出现。虽然相对于采猎的天然物质产品规模和种类增长得更快,但由于人知资产和科学技术仍然主要是物质产品生产中的副产品,加上指令性主导交互制度的约束,供需者的物质产品供需能动力提升极为有限。因此,农牧物质产品的规模及种类、非农物质手工产品等的增长比较缓慢。

各地的人口与物质、人知资产与技术、组织与制度分布不同,决定各地从采猎到农牧的过渡时间不同,也决定各地农牧经济发展水平不同,农牧物质产品等的生产规模和种类及增长存在差异。例如,中国在秦以后建立了允许一定程度自由市场的制度,使中国的农业物质产品增长在很长的时间内高于其他经济体。但是,由于农牧物质产品供需者相互交换,以及影响农牧产品的要素尤其是制度与文化、技术与人知资产的交换,一些空间、组织及个体的物质产品的发展必然促进或减缓其他空间、组织及个体的物质产品的发展。例如,古代青铜器技术从西亚向亚欧大陆一些经济体之间的传播,带来相关经济体的农牧产品的出现和大幅增长。

7.5-3 人脑力和机体力制造比较丰富和快速增长的后天物质产品

经过长期的农牧业、手工业、商业、教育及科研等兼业和专业部门产品再生产的循环往复,一些先进的经济体,例如英国及欧洲等区域经济体,农业知识资产不断积累,带来农业产品和农业要素剩余不断增加,进而带来非农的商业、手工业、教育及科研部门等兼业和专业部门的增长。而非农部门非土地密集特性使得集聚交互规模效应得以释放,非农物质和知识资产获得更快于农牧产品的增长。这些物质资产和知识资产积累到一定程度,一方面塑造了一些供给者使用机械制造替代手工的行为改变,从而延伸了物质产品的供给能力,另一方面改变了一些供给者产品供给的偏好和预期收益。而需求者体内外的物质资产不平衡分布与供给增长带来收入增长相结合,改变和提升了一些需求者的物质产品需求偏好、预期收益需求所构成的需求能动力,支配供给者非农产品的机械化大规模供给以满足大规模需求者的需求。

知识资产和物质资产的增长还改变了经济供需者的组织和制度变革的能动力,随着越来越多经济供求者对组织与制度的供需偏好与预期收益的日益增强,以及越来越多经济供求者的物质与知识资产的逐步增长,组织和制度变革的能动力越来越大。与此同时,越来越少的供需者维持原有的经济组织和制度文化的能动力越来越小,变革的能动力大于不变的能动力,通过组织与制度供求者反复的博弈,专门从事私人生产的组织从家庭手工工场等中分离出来,形成专门从事私人产品生产及服务的企业组织,同时,企业市场经济制度替代了直接指令性经济制度,成为多种经济制度并存的主体。

企业组织与市场制度建立,极大地提升和改变了物质产品的供需偏好和预期收益,同时也极大地提升和改变了人知资产、科学技术增长所提高的物质产品生产和人口生产的动力,组织与制度变迁及其人知资产与技术、人口与物质等快速增长,大大提升了物质产品供需者的能动力,并使物质产品的生产能力不断迭代,从天人制造农牧产品和人力制造非农产品,到蒸汽机械制造产品,再到电气机械制造产品,带来物质产品的规模和种类加倍的增长。

各地经济体的人口与物质、人知资产与技术、组织与制度分布及变化不同,决定它们从天人物质产品主导到机械物质产品主导的过渡时间不同,也决定各地物质资产经济发展水平不同,各地的机械制造物质产品的生产规模和种类及增长存在差异。但由于机械物质产品供需者相互交换,以及影响机械制造物质产品的要素尤其是制度与文化、技术与人知资产的交换,一些空间、组织的机械制造物质产品的发展必然促进或减缓其他空间、组织的机械制造物质产品的发展,从而带动了整个世界的蒸汽机械制造和电力机械制造物质产品的规模和种类的增长。

7.5-4 机体力和机脑力制造十分丰富和降速增长的后天物质产品

人知资产与科学技术的加速增长和积累,农业知识资产的持续积累,带来农业剩余产品的持续增加和农业剩余要素的持续释放。一些先进的经济体快速完成工业化和城市化,非农供需者的城市集聚交互促进物质资产和知识资产加速增长和迭代,增长和积累到一定程度后改变了一些供给者物质产品供给的偏好和预期收益,塑造了一些供给者使用机械体力和智力制造替代人机制造的行为改变,从而进一步延伸了供给者物质产品的供给能力。需求者体内外的物质资产不平衡分布与供给增长带来收入增长相结合,改变和提升了一些需求者的物质产品需求能动力(由需求偏好和预期收益需求构成),支配供需者的大规模的物质产品智能化供给,以满足大规模的需求。

知识资产和物质资产的增长,尤其是交互技术的进步,使得市场交互的成本小于组织交互的成本,同时实现个体市场经济制度对供需者的最大化预期收益和自由偏好。越来越多经济供需者日益增强的个体组织和个体市场制度的供需偏好和预期收益,加上这些供求不断增长的物质与知识资产,使得建立个体组织和市场制度的能动力越来越大。越来越少供需者维持原有的企业主导的多种经济组织和企业市场经济制度为主体的多种制度并存的能动力越来越小,这些供需者通过反复的博弈,最后导致个体组织成为经济组织的主导组织,个体市场经济制度成为多种经济制度中的主导经济制度。

个体组织与个体市场制度的建立,通过促进并且加上人知资产、科学技术增长所提升的物质产品和人口供需的能动力,形成更大的物质产品供需者的能力。尤其是技术不断迭代升级延伸了物质产品供给者的供给能力并改变了物质产品供给者的供给动力,使得物质产品供给者的物质产品生产能力不断迭代,支配供给者从电气机械制造产品转向自动机械制造物质产品和服务,再到自主机械制造物质产品和服务。但是,人知资产和科学技术的增长以及在经济发展中的作用的不断增强,使得经济资产的供需者的供需偏好和预期收益发生变化,资产供需者物质种类、人口质量、人知资产和科学技术的供需能动力越来越强,而物质数量、人口数量的供需偏好和预期收益越来越小,从而使物质产品的数量规模增长逐渐放慢而种类数量持续增长。

各个经济体的人口与物质、人知资产与技术、组织与制度分布及变化不同,决定它们从机械制造物质产品主导到智能机械制造主导的过渡时间不同,也决定各地的经济发展水平不同,智能机械制造物质产品等的生产规模和种类及增长存在差异。但由于智能机械制造物质产品供需者相互交换,以及影响智能机械制造物质产品的要素尤其是制度与文化、技术与人知资产的交换,一些经济体及空间的智能机械制造物质产品的发展必然影响其他经济体或空间的机械制造物质产品的发展,从而带动整个世界的自动机械制造和自主机械制造物质产品的规模和种类的增长。

科学技术的统一发展

科技资产是经济发展的决定性要素资产和产出资产。科技正是由于作为知识具有质能不守恒的特性,所以决定供给和需求的内生边际递增,决定经济不断扩张和发展的事实。

8.1 不断加快的科创脚步

8.1-1 科学技术的进步

科学技术的进步历史横跨了数千年,它不仅关于发明和发现,也关于人类对自然世界理解的深化。从古代文明到现代科技革命,科学技术的发展经历了从简单工具和基本概念到复杂机械和理论的演变。美索不达米亚文明和埃及文明时期,人类发明了写字系统、数学、天文学和早期的工程技术。之后,中国人发明了纸、指南针、火药和印刷术;希腊产生了哲学和自然科学的早期概念,如毕达哥拉斯的数学理论和希波克拉底的医学原则。欧洲在中世纪时科学技术发展较为缓慢,直到中世纪晚期才逐渐恢复对古典知识的兴趣。在文艺复兴时期,哥白尼提出日心说,伽利略使用望远镜观察天体,牛顿发展了经典力学和万有引力定律,均昭示着现代科学革命的开始。

现代科学被转化为技术应用形成了标志性事件。18 世纪末到 19 世纪初,以英国为中心开始的工业革命,随后向欧洲其他国家和北美地区扩散。蒸汽机的发明、机械化生产的实现,均表明技术应用从手工劳动向机器生产的转变,形成了科学技术第一次大的飞跃。大约在19世纪末到20世纪初,以电力的广泛应用和内燃机的使用为标志的第二次科技革命的发生,彻底改变了人们的生活和工作方式,这又形成了科学技术的第二次巨大飞跃。20世纪四五十年代以后,以信息技术、生物技术和新材料技术为核心的第三次科技革命的发生,标志着信息时代的到来,同时开启了生物技术、新材料技术、新能源技术的新纪元。21世纪初至今,以"互联网＋"、大数据、云计算、人工智能和可持续技术为核心的第四次科技革命正在全球蓬勃兴起,第四次科技革命不仅使科学技术得到巨大飞跃,而且正在把人类社会带入新时代(施瓦布,2016)。

概括来说,人类历史上重要的科学技术主要经历了以下发展历程:一是材料科技经历了天然材料、合成高分子材料、人工设计材料、智能材料的发展历程;二是能源动力科技经历了植物能源及自然动力、化石能源及机械动力和原子能源及核动力等的发展历程;三是运载技术经历了人力运载、工具运载、机器运载、智能运载的发展阶段;四是生物医药科技经历了经验性的传统生物技术、实验性的近代生物技术、科技性的现代生物技术以及21世纪生物技术多样化和融合化发展新生物技术革命的发展过程。

总体来说,科学技术的发展经历了完全人工体力和脑力、石制工具辅助的脑力和体力、金属工具辅助的脑力和体力、机器部分替代的脑力和体力、机器支配的机器脑力和机器体力(阿格瓦拉尔等,2021)的发展历程。在科技进步历程中,科学技术所蕴含的知识,以及其传播的方式,也在不断演进。从远古时期人类通过语言、结绳记事、利用图符和壁画来承载信息,到文明起源的文字发明以及承载文字的相关技术(如造纸术和活字印刷术发明,再到现代的编码工具发明以及不断迭代的)现代信息技术,知识传播和信息传递的方式也随之不断进步,持续革新。特别是第四次科技革命的万物互联新形态的出现以及量子通信技术的大发展,使得显性与隐性知识皆可被观测、被直接地搜寻(Forman and Zeebroeck,2019),科学技术进步的速度在不断加快。

与物质科学相伴的是思维。科学技术经历了神学和巫术—经验与哲学—实验与科学的发展阶段。远古时代,是基于神学之上的巫术时代,人们对世界的理解其实都建立在主观意识之上。从轴心时代到19世纪中叶,自然哲学、逻辑学成为研究思维规律的重要方面,心理学尚未从哲学中分离出来。19世纪中叶到20世纪中叶,进入基于自然科学和心理学的思维科技时代,科学与技术开始相辅相成,互相促进。20世纪中叶以来,基于脑科学的人工智能技术,在生物化学和生物工程技术的影响下,推动了脑化学研究的进展,对于思维机制做出了重大贡献,电子计算机在脑模拟上迅猛发展,取得了重大的进展。在数字经济时代,脑机接口技术持续推进,数字化永生正在逐步变为现实。

8.1-2　观察人类科技创新历史的总体发现

1. 科学技术的进步呈现多个 S 形曲线组合的 J 形曲线增长

科学技术的发展过程是创新积累和技术突破的基本过程,呈现出非线性特征。首先,对于单一技术的演化,它呈现出 S 形曲线的典型形态,因为单一技术的技术生命周期一般都经历三个阶段:初期的缓慢增长、中期的快速增长以及后期的放缓增长(Christensen,1997)。由于在初期,技术常常面临着许多不确定性,包括技术难题、市场接受度和资金投入问题等,因此增长缓慢;到中期,随着技术难题的逐步解决和市场接受度的提高,技术开始快速增长和普及;慢慢发展到后期,技术逐渐成熟,市场饱和,增长速度放缓,此时该技术可能会被新兴的技术所取代(罗杰斯,2002)。其次,当多个 S 形曲线(代表不同技术的生命周期)叠加在一起时,就形成了 J 形曲线,这是科技进步的总体趋势。每当一个技术进入成熟期并且增长放缓时,新的技术就会出现,开始它自己的 S 形曲线。新技术的兴起推动整体科技进步进入下一个增长周期,从而实现整体的 J 形增长曲线(佩雷丝,2007)。由此可知,J 形曲线是技术进步的总体趋势。最后,可以说科技进步不是一个平稳的线性过程,而是由一系列技术创新和替代构成的动态过程,每一项新技术的出现都为科技进步注入新的动力。

2. 科学技术进步的加速度是不均衡的

不同层次、不同领域的科技进步的加速度是不同的。首先,科学技术发展速度不均衡,不同技术领域的发展速度存在显著差异。如信息技术和生物技术在过去几十年中经历了快速的发展和革新,而其他领域如能源技术和制造业技术虽然也有进步,但其发展速度相对较慢。同样,那些替代弹性更低、基础性更强的科学技术进步的速度和加速度会更慢一些。那些替代弹性更高、应用性更强科学技术进步速度和加速度更快一些。其次,科技进步表现出显著的地理不均衡性。发达国家通常拥有更强的研发能力、更多的资金投入和更完善的创新生态系统,因此在科技进步上领先于发展中国家。再次,科学技术进步在行业层面也表现出不均衡性。一些行业由于技术创新而快速发展,如互联网、电子商务和智能制造,而其他行业如传统制造业和农业则受限于通用技术,可能由于缺乏创新而发展缓慢。最后,科学技术发展在社会经济影响层面存在不均衡性。

技术革新可以创造新的就业机会和经济增长点,但同时也可能导致就业岗位的消失、收入差距的扩大和社会不平等的加剧(Jaron,2013)。所以,科学技术进步的加速度的不均衡性体现在多个方面,这种不均衡性的原因复杂多样,涉及经济、政策、文化、资源分配和创新能力等多重因素。

3. 科学技术进步是连续的渐变而非瞬间突变

科学技术的进步通常被认为是一个连续的渐变过程,而不是由孤立的、瞬间的突变所驱动。它具有累积性质,新的科学技术建立在之前的知识和发明之上(巴萨拉,2000)。每一项新技术或理论的发展都依赖于既有的知识基础。科学技术进步主要来自生产过程中持续不断的微小改进积累,而不是一次性的重大科技成就,尽管某些改进,甚或许多微小的改进,很可能来自重大科技成就,或与之有千丝万缕的联系(Nordhaus,1969)。另外,科学技术进步往往涉及跨学科的协作、交流以及知识融合创新,同时在此过程中实验和迭代起着核心作用。不断试验、失败、学习和改进,逐步推动技术向前发展,这种渐进式的改进过程强调了科技进步的连续性(波普,2008)。同时科学技术的发展受到社会经济因素的深刻影响,这又通常导致科技进步是一个渐进的过程。所以,科姆洛什(Komlos,2003)认为技术创新是历史车轮上的一环,产业革命是传统社会物质生产条件连续不断改进的一部分。

8.1-3 关于科技进步的解释

1. 针对科技进步概念的研究

如何解释科技的发展,尤其是如何解释科技创新的非均衡、渐进性的加速发展,经济学此前已经做出了诸多的努力。

针对科学技术进步,长期以来,经济学领域和其他多个分支学科的众多学者一直在研究科学技术的发展,并将技术进步视作一个进化过程。科学与技术既紧密联系,又各自独立,存在本质的区别。科学的目的在于认识物质世界,解决"是什么""为什么"的问题,它的成果是科学理论知识;技术的目的在于改造物质世界,解决"怎么做"的问题,它的成果通常是新的技术人工物的产生。传统观点认为技术是应用科学或科学的应用。以布什(Bush,2021)为代表的传统学者认为科学是基础研究,而技术是科学原理的应用。现代学者也对科学和技术的关系进行过阐述,林苞(2016)提出作为知识,科学与技术可视为两个独立的体系,尽管彼此有联系,但有不同的演化机制。作为活动或"实践",科学可被视为"探索性"活动,技术可被视为"利用性"活动。尽管科学和技术本质上不同,但现代技术的快速进步与科学发展有着密切的关系。陈昌曙(2012)认为,虽然科学与技术是在质上不同的知识体系和活动体系,但科学、技术与经济的关系是由社会构建的,在经济场域中,所有的科学研究都具有技术的指向性。

关于技术的定义,经济学、哲学等多领域的界定有狭义和广义之分。从古希腊到近代和现代,技术概念从原来的生产实践过程中的技能含义,扩展到工具、机器、设备和技术知识(吴国林、程文,2018)。具体来说,对狭义技术的理解可以大致分为三类:一是将技术理解为知识或知识的运用,邦奇(Bunge,1976)定义技术是"为按照某种有价值的实践目的,用来控制、改造和创造自然的事物和过程,并受科学方法制约的知识总和"。二是将技术理解为实现目的的物质手段的体系或手段的总和。关锦镗(1987)在《技术史》中论述到,"兹沃雷金认为技术是社会生产的劳动手段的总和,……而奥基戈夫认为技术是劳动手段、生产工具和一切用以提高劳动生产率的实物"。三是将技术理解为知识、能力、手段的总和。霍姆亚德和霍尔(Holmyard and Hall,1959)将技术定义为"人类能够按照自己愿望的方向来利用自然界所储存的大量原料和能量的技能、本领、手段和知识的总和"。

从广义来理解,埃吕尔(Ellul,1962)认为"技术是合理、有效活动的总和,是秩序、模式和机制的总和"。世界知识产权组织(WIPO)在1977年将技术定义为生产产品的系统性知识。经合组织(OECD)则将其界定为从产品的研发、生产到销售过程中所应用的全部知识。从经济学视角来看,在投入产出维度上,索洛(Solow,1957)在《技术变化与总生产函数》中提出,技术变化就是对生产函数中任何形式变化的一种形式表述,技术是指在经济生产过程中把要素投入转化为产出的特定方式,它的本质就是投入产出的效率。在经济学定义的维度来看,技术是综合各种知识,用以指导生产、促使产出增加的工具和方法。

关于技术进步概念,结合索洛、卢卡斯、熊彼特等学者的相关阐述,学界已经有了较为一致的认知。钟学义和陈平(2006)对技术进步的概念进行了界定,将社会领域的"技术进步"或"科技进步"划为狭义和广义之分。狭义技术进步主要指生产领域和生活领域内所取得的技术进步,指在生产、流通、信息交流等方面所使用的工具和程序水平的提高,也就是在硬技术应用方面所取得的进步;广义技术进步则将除狭义技术进步外的促进社会生产力发展的政策、制度、社会和自然条件的变化等均包括在技术进步之内。从经济学视角来看,技术进步不仅指字面意义上"技术的进步",还指当单位投入量对产出的贡献增加时,其增加部分就是技术进步。也就是说,除劳动投入和资本投入增加使经济产出量增长之外,其他使经济增长的所有因素均为技术进步。相较于传统意义上的"技术进步"或"科技进步",经济学视角的技术进步内涵更为丰富。

2. 20 世纪前关于技术进步的研究

20 世纪前,关于技术进步的研究主要处于理论认知阶段。这一领域的研究从 17 世纪下半叶的经济分析系统性起步,开始全面展开。特别是 18 世纪末左右从斯密到李嘉图的古典经济学时代,技术和组织的进步及创新一直都是经济分析的主要议题。此时的历史背景主要是西欧社会开始经历工业革命并且进入了人均社会产出持续增长的起飞阶段。经济系统不再被认为是静态的,而被视为处于不断运动当中,其各个维度都受到技术和组织变革的深远影响且在其中不断变化着(Kurz, 2017)。

古典学派的代表者亚当·斯密在《国富论》中指出:"众多机器的发明,不仅提升了劳动力效率,也简化了劳动内容,使得一人可以完成多人的工作。"斯密认为技术进步是劳动分工加强引致的劳动生产率提高的结果,这种技术进步可以划分为劳动者自身能力增强和物质资本技术水平提升两种路径(Smith, 1977)。同时,斯密阐述这种技术进步是内生的,是从劳动分工的演化过程中内生产生的。

后来,李嘉图在收入分配基本规律中提出的分析型概念 $r=f(\omega)$, $f'(\omega)<0$, r 为利润率, ω 为实际工资率,一般情况下两者为逆向关系。李嘉图(Ricardo, 1975)强调"机器和劳动力不断处于竞争状态,在劳动力价格上升之前,前者都可能常常不被应用",这种观点被称为"诱致性技术变革"。李嘉图认为生产技术变革只能产生于一个无利可图的就业环境中,随着资本积累和人口增长,在没有任何新的技术进步的条件下,工资性商品的价格会相对于制成品上升,从而诱导技术变革,影响 $f(\omega)$,并在 ω-r 空间上随时间移动相应的工资曲线(Kurz, 2010)。

3. 熊彼特时代关于技术进步的研究

19 世纪后由于边际主义逐渐占据主流,研究关注焦点是将给定资源在不同用途中配置的静态问题。从这时起到第二次世界大战结束这段时间被称为经济学说史上"静态的插曲"(The Static Interlude),这一阶段对于技术进步的关注在新古典经济学框架中逐渐失势。虽然在这一时期技术进步的研究不再是主流,但也出现了最靓丽的"一抹颜色"。熊彼特 1912 年出版的《经济发展理论》一书系统地提出了创新思想理论,标志着经济学界关于技术进步的研究进入了定性分析阶段(Schumpeter and Swedberg, 1912)。

熊彼特认为,创新是企业家通过对生产要素和生产条件的重新组合,创造了"新的生产函数"。在此,重新组合的方式包括五类:一是开发新的产品,二是引进新的生产方法和技术,三是开辟新市场,四是寻找新的原材料供应来源,五是创建新的生产组织(Hanappi,and Hanappi-Egger,2004)。熊彼特特别强调前两类在技术进步中的意义,同时认为企业家是技术进步的发起主体。他认为,从个体的角度讲,企业家是为了经营获利;但从整个社会的角度讲,企业家创新活动是实现技术进步的源泉。加尔布雷思(Galbraith,2017)及佩克和卡普兰(Peck and Kaplan,1956)进一步强调了大企业在创新中的重要性。

从熊彼特的观点中可以看出,技术进步的实现方式是多样的,既可以通过技术创新扩张生产边界,还可以通过技术的引进和扩散提升技术水平。特别是产业突变,从内部让结构革命化,不断破坏旧结构和创造新结构,这个"创造性毁灭"过程就是资本主义的本质事实(Schumpeter,2013)。

4. 熊彼特之后关于技术进步的研究

熊彼特之后对于技术进步的研究基本上围绕两个方向进行:一是新古典经济学家为将技术进步纳入新古典经济学的理论框架所作的努力,其结果就是经济发展增长理论以及近年来发展声势颇大的新经济增长理论;二是以施穆克勒、罗森伯格和弗里曼为代表的技术创新经济学,侧重研究技术进步与经济结合的方式途径、机制及影响因素等问题。以下就这两方面作具体介绍。

一是将技术进步纳入经济增长的框架,认为技术进步是经济持续增长不竭的源泉。1912年熊彼特从技术创新的角度解释经济增长,他是首位将技术进步作为经济理论体系核心的经济学家(Schumpeter and Swedberg,2021)。到20世纪30—40年代,宏观经济学诞生并迎来大发展,凯恩斯主义者哈罗德在1939年发表的《关于动态理论的一篇论文》(Harrod,1939)和1948年出版的《动态经济学导论》(Harrod,1948)中提出了他的经济增长理论,同时多马独立提出了与哈罗德模型基本一致的增长模型(Domar,1948)。哈罗德-多马模型假定不存在技术进步和折旧,忽略了技术进步在经济增长中的重要作用。针对哈罗德-多马增长模型"刃峰式增长"的弊端,索洛在于1956年发表的《对增长理论的一个贡献》(Solow,1956)和于1957年发表的《技术变化与总生产函数》(Solow,1957)中提出了经典新古典增长模型。但该模型以新古典总量生产函数为核心的设定方式,最终会走向零增长状态。为了修正这一缺陷,索洛在生产函数中加入了技术进步因素,将不能被劳动和增长解释的部分全部解释为技术进步。可以说,索洛的增长分析再次强调了技术变革的重要性,而此时技术变革的重要性几乎成为默认的事实（Solow，1956）。

由于索洛模型中技术进步仍然是外生的，其经济增长理论与现实实践的呼应中仍然存在漏洞。20 世纪 50 年代开始，许多学者开始关注经济增长模型中的技术进步内生化问题。1962 年阿罗最早将技术进步内生化，其提出的"干中学"模型假定技术进步或生产率提高是资本积累的副产品，即投资产生溢出效应（Arrow，1962）。1965 年宇泽弘文提出的两部门模型，在经济系统中引入教育部门生产新技术提高生产率，通过这种将技术进步视为教育投资结果的行为将技术进步内生化（Uzawa，1965）。在这一基础上，卢卡斯（Lucas，1988）认为人力资本主要指体现在劳动者身上的技能水平，其具有可加性，能够带来经济增长的技术进步正是源于这种人力资本增长以及形成的外部性。同时期，在阿罗（Arrow，1962）的基础上，罗默（Romer，1986）提出了知识溢出模型。他认为技术进步源于生产实践中形成的知识溢出，这种知识溢出可以促进知识的扩展和传播，为其他厂商提供借鉴并进而提高生产率。罗默所构造的由知识积累和人力资本积累组成的知识生产模型中，知识生产来自人力资本（H_t）与知识存量 A，并且他提出了技术进步和人力资本投资二者共同决定经济增长（Rmoer，1990）。

在这些经典的内生增长模型基础上，技术进步内生于经济增长的框架中，有关领域的理论发展速度很快，研究成果也在不断涌现。后续在技术进步内生化理论领域中极具代表性的有格罗斯曼和赫尔普曼的质量梯度概念（Grossman and Helpman，1991）和产品质量内生提高模型（Grossman and Helpman，1993）。此外，阿吉翁和豪伊特（Aghion and Howitt，1990）将熊彼特的"创造性毁灭"过程内生化，对熊彼特经典理论模型化做出了非常重要的贡献。

总之，在这一研究路径上，技术进步经历了由认知到定性再到定量分析，从经济增长模型的外生化到内生化的过程。其对于经济持续增长的核心动力和根本源泉进行了系统化的认知和解释。

二是从技术创新视角对技术进步理论分析，认为技术进步的影响是多样和复杂的。自 20 世纪熊彼特提出技术创新概念后，关于技术进步的研究逐渐增多，研究主题也越发多样化，如在技术变革过程中不同因素如何影响变革过程，各种制度和政策如何参与技术变革过程等。自此，关于技术进步理论和自身机制的研究逐渐展开。近 40 年来，相关研究开始系统探究"技术的黑匣子"（Rosenberg，1994），即调查新机遇的源头、充分利用新机遇的动力，以及有关生产技术进步和产品特性改善的显性结果。这一领域的研究延续并补充了熊彼特创新理论的分析路径，也被称为"新熊彼特学派"。新熊彼特学派对技术进步的研究主要从几个方面展开：

第一，技术进步动力机制和演进方式。这个方向主要研究技术进步的动力机制和模式源于哪些因素。这其中又普遍有三种模式共识。其一，技术推动模式。科学领域的进步可以使技术领域得到迅速发展。一般而言，科学知识丰富，技术进步发展迅速；相反科学知识缺乏，技术进步发展缓慢。纳尔逊和沃尔夫（Nelson and Wolff，1997）指出，发展最为迅速的技术领域总是和应用科学或工程占据显著位置的领域相关。知识累积程度体现技术探索的增量本质，不同知识累积程度所引致的创新活动差异巨大（Malerba and Orsenigo，1996），这也就是我们常说的"站在巨人的肩膀上"的重要性。

其二，需求拉动模式。从市场需求和其他影响技术发展方向的社会经济因素的视角看，用户需求和偏好、相对价格等经济条件对技术进步也存在影响。技术体制中影响特定领域技术进步的一个重要方面是用户的特性，即用户需求和限制约束，更广泛而言新产品和新服务的市场可能会推动技术进步（Freeman，1982）。需求因素诱导创造和开发新技术的出现，正如施穆克勒（Schmookler，1966）强调的，市场需求和盈利预期对技术创新具有引导作用，即"推动创新的动机要么是要解决成本昂贵的问题，要么是要抓住潜在的获利机会。总而言之，技术问题是由经济条件决定的"。在此基础上，他强调市场成长和市场潜力是技术进步的主要决定因素。后续由莫厄里和罗森堡（Mowery and Rosenberg，1999）提出"技术和市场的耦合范式"，将技术推动模式和需求拉动模式结合了起来，认为技术进步由需求和技术共同决定，需求决定了创新的报酬，技术决定了成功的可能性及成本。

其三，技术范式-技术轨迹模式。技术进步所带来的新观点、新范式会趋于模式化，最终形成一定的技术轨迹。技术范式为推进技术进步提供了重点方向，促使创新探索形成独特的技术轨迹并不断完善。技术知识的范式、积累和本质其实提供了创新路径（Sahal，1985），引导着技术演化的方向，而技术演化的不连续性往往与技术范式的改变相关。当把技术进步视作对知识、技术元素的搜寻和组合过程，那么企业及其员工受认知能力和搜索习惯的局限，更有可能在局部范围内搜索，从而使技术进步沿着既定的技术轨迹涌现。同时，技术路径依赖有可能导致技术演化向低效率方向演进。

第二，国家创新体系视角下的技术进步理论。国家创新系统的相关研究兴起于20世纪80年代末期和90年代初期，其核心观点是将技术创新活动视为一个复杂的国家系统，强调从社会经济的宏观角度来解释各国技术创新实践的差异，强调从更为广阔的社会文化背景来研究不同企业的技术创新行为差异。弗里曼（Freeman，1987）观察日本的战后发展史,发现二战之后日本为了追赶其他发达国家,制定了以技术创新为主导的国家发展战略,通过制度和组织层面的主动作为推动社会整体进步,使国家经济保持长期快速发展。弗里曼认为,日本经济发展水平跃迁的案例有力地证明了政府可以在国家技术进步和创新发展方面起到关键推动作用。政府需要将自身职能与推动技术创新和经济发展紧密结合,打造出国家创新体系。纳尔逊(Nelson,1993)通过比较美国和日本各自的国际创新支持体系,认为国家创新系统包含了制度、技术和实体等多方面要素,国家既需要通过不断优化制度为技术进步提供优渥的土壤,也要通过科学合理的发展规划引导技术进步发展方向,还要为承担基础研究职责的科研机构提供充分的资助和支持。另外,迈克尔·波特(Porter,2011)在《国家竞争优势》一书中提出了国家创新系统的综合性框架,指出企业创新能力决定了一国的竞争力,因此政府应当为企业创新提供有利的政策环境,包括为各种生产要素提供补贴,制定符合发展趋势的生产工艺标准,直接参与或影响与创新相关的辅助性活动以及影响企业发展战略等。

第三,产业经济学视角下的技术进步理论。产业经济学认为能够形成技术进步的技术创新是企业的一种策略性行为,企业通过创新获得策略性优势,从而实现其盈利目标(马丁,2003)。科恩和利文索尔(Cohen and Levinthal,1990)指出,企业进行研发投资不仅是为了追求新产品核心生产过程,而且是为了发展和保持它们吸收和利用外部信息的能力。在这种创新动机背后有两种推动力量:一是盈利性投资;二是策略性优势。投入资源进行创新性研究与开发,一旦成功就会增加企业的利润,这是进行创新的"利润激励"。在产业经济学看来,这种激励是企业单独决策时所面临的激励,卡茨和夏皮罗(Katz and Sharpiro,1987)将其称为"单独"激励。促使企业从事研发工作的第二个激励是为了获得策略性优势。更新、更好的工艺过程和产品可以扩大企业的市场份额,一家企业为了防止输给竞争对手就要投入资源进行研发。因此,产业经济学家将从事研发的所有激励因素中的策略性因素归因于"竞争威胁"。

相关研究认为,技术的创新、扩散以及同产业部门之间的交互关系,是实现技术进步的根本途径。新技术在产业部门的扩散主要受技术的创新性、技术应用所需投资规模以及学习新技术的企业自身经营状况三方面因素影响。曼斯菲尔德(Mansfield,1982)和门施(Mensch,1983)将技术创新分为基础创新、改进创新和虚假创新三类,认为基础创新是这其中最关键的一环。除了对技术本身的关注外,凯曼和施瓦茨(Kamien and Schwartz,1975)将市场结构变量引入技术进步的影响因素中进行分析:在垄断竞争市场结构下,企业技术创新行为主要受三方面因素影响:市场竞争水平、企业自身规模及其垄断地位。竞争是企业提升技术创新的动力,企业的创新能力和市场前景受企业规模影响,而垄断地位是企业获取创新收益的来源。处于完全垄断市场的企业缺乏市场竞争,因而缺少技术创新的动机。而处在完全竞争市场的企业无法获取创新带来的超额收益,因此创新活动也就不能变现。当企业处在垄断竞争市场中时,可以较好地达到这两种状态之间的平衡,是最有利于推动企业创新和技术进步的状态。

第四,多维影响因素视角下的技术进步理论。国内外学者从资本要素、环境、技术、劳动要素等多方面阐述了技术进步的影响作用。希克斯在《工资理论》(Hicks,1932)一书中对技术进步偏向进行定义,诱导性技术进步是为了减少价格较高的生产要素的使用。随着 20 世纪 70 年代以来发达国家技能溢价现象的出现,技术进步被认为是技能溢价的主要因素。《新帕尔格雷夫经济学大辞典》对"技能偏向性技术进步"的定义是:技术进步通过提高技能劳动力(例如,受过更多教育、更有能力、更有经验)对非技能劳动的生产率(或边际产出),提高了技能劳动力的相对需求,使技能溢价上升,即技能工资与非技能工资之比上升。

伴随着制度经济学的兴起,学者们在自己的研究中结合了熊彼特创新理论发展,并认识到技术进步有时候根植于制度。拉坦(Latan,1994)围绕制度与技术变迁的互动关系,提出了制度变迁的诱致性创新理论模型,这一理论认为制度变迁促进了新知识和新技术的产生,新的技术反过来又对制度提出了新要求,进而促使制度变迁。

从上述文献回顾可以看出,有关技术进步的研究源远流长。技术进步与社会经济增长密切相关,同时技术进步和组织创新相互交织、相互影响。管理经济学中的技术进步研究,更偏重于企业组织的内部变化和外部环境的影响,其微观逻辑十分清晰,但"切入点"较小的特征也比较明显。发展经济学中的技术进步研究,更偏重于技术欠发达的发展中国家的技术追赶方式、追赶路径和追赶绩效等层面,其局限于技术落后国的视角比较明显。鉴于此,从统一发展经济学完整的框架考虑,特别是考虑多维主体行为以及主体之间的交互内生的影响技术进步的方式、逻辑和路径,更具一般意义。

8.2 科学技术的性质特征

科学是关于"是什么"和"为什么"的知识。技术是关于"做什么"和"怎样做"的知识。如前所述,世界知识产权组织把世界上所有能带来经济效益的科学知识都定义为技术。科技的本质是发现或发明事物之间的联系,通过这种联系组成特定的系统来实现特定的功能。科学与技术相互依赖,科学是技术发展的理论基础,技术是科学发展的手段。科学与技术相互促进,科学为技术发展提供理论支持,技术为科学探索提供必要的手段和物质帮助。科学与技术相互交织,相互渗透。科学日益技术化,技术日益科学化。科学与技术的联系越来越紧密,科学的基础研究与技术的应用开发之间的时间缩短,科技发展也越来越快。通过回溯科学技术的发展史和社会变迁,可见科学与技术之间的关系经历了一个发展变化的过程。前期技术领先于科学,后期科学领先于技术,前期技术与科学分离,后期科学与技术结合。

总体技术基于再生产过程可分为采集、生产、交互、传递、储存、使用;基于再生产物质对象可分为物质资产技术和知识资产技术。物质资产技术主要包括人力、畜力、自然力技术、机械力、电力技术。知识资产技术具体包括:语言、文字、造纸术与印刷术、电信、计算机、量子纠缠,等等。

科技知识有质量和数量的度量。知识的数量是指知识的信息量,是对知识的规模和广度的度量,可以用知识所携带的信息量多少表示。知识的价值量是对知识的质量的度量,是对知识传递性和可定性的评价,也是对知识传递状况、知识质量以及作用价值的度量。作为附着在物质物品之上的自然知识,科学技术具有知识产品的一般特性,不同类型的科技又具有具体的特性。

科技知识本质上是无形且不灭的。科技知识的无形性是指知识本质上不是物质形态,而是以思想、理念、技能、信息等非物质形式存在。这种特性使得科技知识可以通过语言、文字、图像等方式传播和共享,而不受物理空间的限制。科技知识的无形性使得其有典型的易于传播、复制成本低以及可以持续累积和扩展的特性。同时,科技知识的不灭性指的是一旦科学技术知识被创造出来,它就可以被记录、传播和保存,理论上不会随时间而消失。这一特性源于知识的无形性和可复制性,使得科技知识可以跨越时空被人类持续利用和发展(库恩,2012)。然而,科技知识的不灭性并不意味着所有知识都会永远有用或正确。随着新的发现和理论的出现,旧的知识可能会被证明是不准确或不完整的。但即使是这样,这些被修正或淘汰的知识也为后来的研究提供了宝贵的经验和教训。因此,科技知识的不灭性不仅仅体现在其持久存在上,更重要的是它对人类认知世界和推动社会进步的持续贡献。

科技知识具有公共品属性。一方面,科技知识具有非竞争性。科技知识的非竞争性是指一旦知识被创造出来,它可以被无限次地共享和使用,不会因为某个人或实体的使用而减少其他人的使用机会。这一属性是知识区别于物质资源的重要特征。知识的非竞争性的特点首先源于知识的共享性,知识可以通过教育、培训、出版物、网络等方式与他人共享,而这种共享不会导致知识的"耗尽"(Barachini,2009);其次来源于知识的扩散效应(Jaffe,1986),知识的使用和分享可以促进更广泛的社会和经济效益;最后来源于知识的增值性,知识的使用和分享往往能够创造新的知识,实现知识的增值,这与物质资源使用后减少的性质不同。另一方面,科技知识具有非排他性。科技知识的非排他性是指一旦知识被创造并公开,理论上所有人都可以使用这些知识而不会影响其他人的使用。这种属性与物理商品的性质大相径庭,物理商品的使用通常会排除他人的使用(即具有排他性)。知识的非排他性源于知识共享与传播的便利,其可以跨越地理和文化障碍,正如克鲁格曼(Krugman,1991)所指出的那样,"知识流动……无法察觉;没有书面记录可以用于衡量并追踪知识流动,没有可以组织理论家假设任何其喜欢的知识流动内容"。所以,知识这种高流动性、广泛传播特性,使得其一旦被创造出来就成了一种类似于公共产品的特征,可以被无限量地消费,一个人的消费不会减少其他人的消费份额,这种知识的非排他性体现了知识作为一种独特资源的本质特征。

科技知识具有外部性。卢卡斯(Lucas,1988)和罗默(Romer,1990)指出,由于外部性是知识生产与利用中的固有特性,因此知识往往属于收益递增,从而挑战了传统经济增长模型规模收益固定不变或递减的假设。在网络效应作用下,知识价值非但没有递减,反而有所增加。另外,知识的非排他性和非竞争性是进一步支撑收益递增这一概念的两个重要特征。知识的外部性核心在于可以引起不易察觉、无处不在且难以衡量的知识溢出。所以,阿罗(Arrow,1962)强调知识的非竞争性和非排他性决定了知识本质上与公共物品相似,而这种性质形成纯知识溢出会产生重大的影响。

科技知识创新具有不确定性。基于知识创造的科技创新的核心特征在于探索未知,其过程充满了不确定性,这主要是因为研究与开发(R&D)的结果难以预测,且不能保证每项投资都产生商业上可行的产品或技术。这种不确定性来源于技术挑战、市场接受度以及研发过程中可能出现的意外。因而在科技知识创新中,所需要的要素以及思维过程都是未知的。因此,具体的创新条件是否具备,在哪些创新上具备等,都具有偶然性和不确定的,既可以无中生有,也可以以小生大,还可以以大生小。

科技知识的功能是中性的。知识的功能是中性的,意味着知识本身不带有道德或价值判断,它可以被用于正面或负面的目的,取决于使用者的意图和社会环境。同样,科技知识只有先进和落后之分,没有好坏之分。所以,虽然技术进步可能因为在一定程度上带来利益的调整和观念的冲击而受到一定的阻挠(历史上就有类似的案例),但与制度文化相比,其受到的阻挠要小得多,技术变革能提高生产率和生活水平,所以很受欢迎,且很快便被采用(Stavrianos,1970)。

科技知识的这些特征无论对科技进步还是对科技进步的作用都有重要影响。其不灭性、外部性和规模报酬递增的特征决定科技进步具有逐步加速增长的特征。科技知识创新的不确定性决定科技进步是波动的,所以科技进步是在波动中不断加速的。科技知识的无形性和物质附着性也影响科技进步及其科技作用的发挥。

8.3 科学技术的决定因素

基于统一发展经济学关于经济发展的三角形生产函数(图1.5)模型和公式(1.4),科技发展是人口资产、人知资产和科技资产的质能再造人知资产的过程,与(由技术、人知、人口、物质和制度决定的)不同供求主体科技发展能动力及其行为的结合。一方面,科技同类要素向产品直接转化。科技资产投入则可能带来更少、更多或相同的产出,创造了科学技术。人口脑力劳动、人知资产与科学技术属于知识资产,三者作为直接要素结合可以或多或少地创造人知资产。另一方面,各类资产通过影响经济主体及其行为间接影响科技同类要素向科技产出的转化。人口、物质、技术、人知和制度作为资产通过塑造能力或者影响偏好和预期动力,形成供需主体科技创造的多重能动力及多重行为,进而影响科技发展(包括方向、种类、程度)。具体而言,经济主体基于科技创新、扩散和应用的需求偏好和预期收益所形成的动力,与所拥有、控制的创新、扩散和应用的配套要素所形成的能力相结合,形成竞争与合作、学习与创新、生产与消费的能动力并在此推动下,从事科技的关系行为、抽象行为和具体行为,从而在一定领域、空间和时间上,创造、扩散和应用科技产品。

8.3-1 经济要素从多方面影响科技进步

1. 存量科技知识是新增科技知识创造、扩散和应用的主要要素投入和原料

存量科技知识是指已有的、积累的科技知识资源,它是新科技知识创造的基础和前提。在知识管理和创新研究领域,存量知识被认为是创新和学习过程中不可或缺的一部分(Polanyi,1966),这同样适用于科技知识,新科技知识的创造往往依赖于对存量知

识的深入理解和有效利用。通过分析、整合、重构现有科技知识,个人和组织能够产生新的见解,发现解决问题的新方法,从而推动科学技术的发展。这个过程中,创新者往往需要批判性地评估现有科技知识,识别科技知识的缺口和限制,并在此基础上进行创造性的思考和实践。

2. 物质资产是科技创新的重要条件

物质资产是科学技术的重要载体,语言文字总是需要保留在一定的物质(甲骨文、竹简以及书籍)上,同时旧石器、新石器、青铜器、铁器等不同技术表现在不同物质材料上。物质资产也是科技创新的基本材料,因为设备、工具、实验室和研发设施等均为创新研究和产品开发所必需。物质资产,尤其是被科学技术改造的物质产品,是科学技术进一步发展的基础。因此,物质资产在科技创新中扮演着至关重要的角色,特别是含有一定科学知识的物质要素,是科技创新的配套条件。罗默(Romer,1986)在形成增长的规模报酬递增机制中强调,研发投入的关键基础是巨大的物质资本。另外,阿西莫格鲁和曹(Acemoglu and Cao,2015)的研究结果显示适宜的物质资本配置对促进新入企业的创新尤为重要。更为重要的是,进入物质资产转变为经济物质的状况通过影响劳动者的科技产品再生劳动时间的分配,影响科技产品再生。当农业剩余出现过剩时,分工产生,专门从事科技产品的部门产生,科技创新步伐加快。

物质产品增长将使得经济主体的科技偏好、科技预期收益增加,经济主体从而更加重视和更多投资科学技术,使得科技产品逐步增加,甚至超过一定临界点,经济主体对科学技术的重视程度超越了物质要素和人口要素,物质产品增长间接意义上对科学技术增长产生更重要的作用。当然,科学技术发展主要还是由科学技术本身推动的。与此同时,像人知资产一样,物质产品的发展,改变着经济主体的需求偏好、预期收益和资产负债的结构,从而影响主体的行为,进而影响着科学技术的消费、生产、交换和服务。

3. 金融发展影响科技的规模增长与结构变迁

金融体系的成熟度、创新性和可接触性可以显著影响科技进步。最直接地,金融系统可以为企业提供资金,这些资本在加速企业研发和创新活动开展以及促进技术进步方面发挥了基础性作用(Hsu,Tian and Xu,2014)。同时,信用和货币通过集聚、转移和配置科技创新的相关资源和要素,通过扩大经济主体产品创新的需求,通过增强供需主体的供需能动力,从而促进科技创新产出。这主要表现为金融的发展可以形成风险分散机制、市场信息效率提升机制以及企业治理完善机制,来对创新活动起到关键支撑和推动作用(Levine,2005)。所以,信用和货币领域的发展,可以为整体科技创新聚集更多的相关科技要素,并降低科技创新的交互成本。但是,金融发展的方向、资本结构会在一定程度上影响科技进步方向、规模增长和结构偏向。

4. 人知资产是科技进步的主要投入和最初表现

作为内化的知识产品,人力资本也是科技创新、扩散和消费的重要原料和投资(Lucas,1988)。许多的科学技术首先是由个体通过单个和多个脑力交互,形成在大脑中的创新知识产品,然后再通过语言、文字、程序、书籍等知识媒介成为外化的科学技术。所以,人知资产即人体中的知识和技能是科学技术的重要源泉和构成部分。高素质的劳动力能够更有效率且更创造性地工作,他们不仅能够使用现有的知识和技术,还能创造新的知识和技术,促进科技创新。

另外,高素质的研发人员是创新的基石,国家或企业的研发活动往往取决于其人力资本的丰富程度(Goldin and Katz,1998)。科技领域的关键性突破往往来自具有深度技术知识和研究技能的专业人才。同时,在不断变化的技术环境中,有着扎实人知资产基础的个体和组织能够更快适应新兴技术,促进技术传播和吸收,降低技术落伍的风险。人知资产还会促进各类知识和技术的传播,进一步作为科技创新的基础材料,人知资产多寡决定科技创新的可能性大小和创新的规模。当然,它对科技创新的贡献也具有不确定性和不恒等性,虽然人知资产投入量和科技进步速度并无典型的正相关性,但是因为人知资产规模及增长通过主体及其行为连同其他要素影响决定科技进步,所以说人知资产不是科技进步的唯一因素,却是最为重要的因素之一。

5. 劳动人口是科技创新的初始动力和能力

首先,劳动人口是思维的重要载体,是科技创新、学习和消费的物质基础,是科技创新、扩散和应用的执行主体(Acemoglu and Autor,2011)。没有劳动人口的思维本能,没有人口的无限欲望的本能,就不可能有科技创新的初始动力和能力。其次,人类本性决定人拥有好奇心和创新探索的能力,因为探索能够带来多样化的效用。再次,由于思维能力及其知识的规模报酬递增性质,劳动人口规模越大,科技创新会以更大规模发生。最后,人口的体力和脑力的结合会借助自然资源带来科技进步放大效应,因为人口的规模及其交互频度和集聚密度,决定精神产品的主体即人力资本和科学技术的规模(Kuznets,1960;Kremer,1993)。特别是个体之间存在着差异化的人力资本,人口越多、交往越频繁、空间越接近,则通过交互而生产的知识产品(即科学技术和人力资本生产)的规模就越大,人口、科技和各种资本会加速创造、复制和循环。另外需要注意的是,人口增长所带来的资源和要素短缺的压力,也在倒逼科技进步,形成诱致性技术进步(Hayami and Ruttan，1971)。

6. 制度文化是科技的规模增长与结构变迁的关键因素

经济的演化和技术的发展是一个"惯例"的学习过程和技术经验的累积过程,而且由于"惯例"的存在,技术的发展、制度的演化遵循着一个路径依赖、自我维持与调整的过程(Nelson and Winter，1982)。在纳尔逊和温特的演化理论框架中,制度不仅被视为技术创新的背景或舞台,而且作为影响创新行为的活跃因素。首先,"例行程序"(routines)是企业的"基因"。这些例行程序不仅包括生产技术,还包括决策模式、管理实践和公司文化等。制度环境影响这些例行程序的形成和演变,从而影响技术创新的路径和速度。其次,企业技术进化是一个动态过程,企业不断试错、学习并适应其操作环境。所以,制度因素会对这个环境形成重要影响,决定技术进化的方向和环境互动。另外,技术进步还存在路径依赖,而路径依赖的根源在于制度环境,因为它可以通过激励和约束影响创新活动的方向和速度。除此之外,制度和技术之间还存在复杂的反馈机制,技术的发展可以推动制度的变革,制度的变化又能开启新的技术可能性。纳尔逊也指出,在历史上,有过三次有利于技术创新的根本性制度和重大性制度的变化,这也明确表征科技创新交互行为需要制度规范和保护,不同的科技创新行为又需要不同的制度规范和保护。正是相应科技创新的制度创新,才带来相应的科技创新。

一是制度影响科技创新活动的开展。一个开放的、鼓励探索与失败、重视知识产权保护的文化环境,以及配套的法律法规体系,是吸引人才、资本和促进科技成果转化的重要因素。良好的制度文化环境能够刺激个人和机构创造性地思考和行动,推动科技创新(Landes，1999)。制度决定相关经济主体的科技创新的预期收益,从而影响经济主体的创新动力,进而影响经济主体有关科技产品的竞争与合作、生产与消费、创新与学习的行为选择。制度文化对科技产品的创造、扩散和应用具有双重影响,一些制度文化促进和保护科技创新,另一些则可能存在相反作用。二是制度影响科技成果扩散。科技知识的所有权具有部分排他性,因此知识产权保护制度影响着科技成果的传播。没有良好的知识产权保护,虽然短期有助于知识传播,但是由于影响创新的积极性,因为创新者可能会担心他们的发明和创意无法得到充分的法律保护,最后可能导致无科技知识可以传播。而过度的知识产权保护也会限制知识产权的传播。另外,出于经济、政治和军事等利益的考虑,所设计的技术限制扩散制度框架,在一定程度上直接限定了相关知识和技能的扩散范围和速度。三是制度影响科技成果应用。如果科技应用产品供需双方都无法获得更高的净收益,供需双方将没有动力进行科技成果的转化和应用。

但相关制度环境构建和制度安排的改善,会使得科技应用的收益大于科技成本,科技成果也将会更容易实现转化和应用。

同时,作为非正式制度最重要的形式——文化,也影响着科技创新、学习和重复。一般来讲,崇尚冒险、自由自在、无拘无束、开放包容的社会认知,将构造创新的文化氛围,有利于促进科技创新。崇尚学习、喜好模仿的文化氛围,会强化经济主体学习和模仿科技创新产品的需求偏好和优势,有利于科技知识的传播和扩散。同时,需要注意的是,制度文化也会阻碍和损害科技创新。过度的政府监管和复杂的官僚程序可能会增加创新活动的成本和时间,抑制企业和研究人员的创新意愿。更为重要的是,一种抵制变革和新技术的社会文化态度可能会阻碍科技创新。如果社会对新技术持怀疑态度,可能会限制创新的接受和采用(阿西莫格鲁、罗宾逊,2013)。相对于科技创新,制度和文化的创新具有一定的时滞性,进而导致制度创新、技术创新和经济产出的曲折发展,也决定不同空间的科技创新、制度创新和产出增长的此起彼伏。

8.3-2 供需主体及科技能动力影响科技进步

经济主体的需求偏好结构、预期收益结构和资产负债结构决定科技进步,即创新、学习和重复的能动力。家庭、企业和政府对科技的需求(包括好奇心、求知欲等偏好)的强烈程度,预期科技创新、学习和重复的收益大小,以及所拥有和可利用的科技进步的要素状况,决定科技进步的状况。

1. 企业主体及其科技能动力影响科学技术

企业部门既是科学技术的应用者,也是创新者。其研发部门专注于技术创新,其内部文化、偏好、预期收益以及资产结构直接影响技术成果的产出。企业利用科技改进物质产品制造,根据其独有的需求、偏好和资源状况,对科技创新提出特定要求。在生产和知识复制的过程中,企业通过实践学习和创新活动,能够产出科技副产品,从而在科技进步中扮演关键角色(Soete and Freeman,2012)。企业为了在市场竞争中占据优势,偏好通过对新技术的研究和开发投资以及与其他企业、研究机构合作协作来推动科技创新,进而实现这一目的(波特,2005)。其中,企业在通过创新来推动科技进步时,会有明确的成本收益衡量,技术进步形成的预期收益是企业进行创新的最核心动力。企业拥有或者控制的科技要素形成科技进步的主要能力,即企业的禀赋条件决定了其在科技创新、学习和重复上的能力大小(Barney,1991)。所以,企业的创新动力和动态能力(Teece,Pisano and Shuen,1997),共同决定企业创新、学习和重复的能动力。

2. 家庭主体及其科技能动力影响科学技术

家庭对创新产品的需求偏好以及家庭人知资产状况从供给和需求两个渠道影响企业科技创新、学习和重复。一方面，家庭作为消费者，偏好消费科技创新产品，为科技创新、学习和重复创造广阔的市场。家庭的消费需求形成了对科学技术进步的"拉力"，因为市场需求是激发创新的源泉，进而推动研究开发、生产和销售（Schmookler，1966）。另一方面，如果家庭天然提供劳动力资源以及偏好于人知资产投资，则为科技创新、学习和重复提供了体力和智力要素支撑（Becker，1964）。科学技术进步可视为人知资产促进效应的集中表现，尽管企业和政府在科技创新中扮演重要角色，但其根基仍在于家庭培育的人口和人知资产。例如，朱克等（Zucker，Lynne and Michael，1998）研究人力资本对生物技术行业创新的影响后发现，家庭对科学技术进步具有间接贡献。可见，家庭的偏好、资产规模和结构间接地促进了科学技术的进步。

3. 政府主体及其科技能动力影响科学技术

政府对科技创新的需求偏好以及对科技要素资源配置的需要，也从供给和需求两个渠道影响科学技术进步。一方面，政府如果偏好于科技创新产品的采购，通常通过政府采购政策来影响科学技术进步。政府采购创新产品或服务，不仅可以直接支持技术开发和应用，还能通过市场需求的创造为私营部门提供创新激励（Edquist and Zabala-Iturriagagoitia，2012；孙薇、叶初升，2023）。由此可知，政府从需求的渠道激励企业从事科技产品的创新、学习和重复。另一方面，政府通过供给手段给科技产品生产以及企业学习和重复提供更充裕的公共要素：一是通过基础设施等"硬条件"建设助力知识交换的速度和时机（Parent and Riou，2005）；二是通过公共政策制定，特别是在环境的设定、调查、协调、弥补缺口等方面，来助力企业学习、家庭消费和创新系统演化（Nelson and Winter，1982）。其中最典型的是政府通过法律制度、社会文化的塑造等手段，影响企业在科技领域的决策（Jaffe and Lerner，2011），从而影响科技资源的规模和结构；同时，通过直接投资于科技项目，政府不仅促进科学技术的创新和发明（Mowery et al.，2015），还引导企业和其他机构进行科技创新的投资。这种直接与间接的影响共同作用，促进了科技创新资源的积累及其整体量的增加。总之，政府通过政策支持、投资基础研究和人才培养以及促进国际科技合作等方式，成为科学技术进步的重要补充载体。

8.3-3 科技行为直接影响科技进步

大体上看，科技进步也可从三类行为的视角考虑。在具体行为中，物品生产包括物质产品生产和知识产品生产。在抽象行为中,创新、学习或重复包括物质产品和知识产品的创新、模仿和重复。物质产品的创新模仿和重复,可以在知识产品不变和变化两种情况下进行;知识产品的创新、模仿、重复也是如此。物质产品创新、模仿和重复的竞争与合作,在创新、模仿和重复物质产品的同时,促进知识产品的创新、模仿和重复。科技知识产品的创新、模仿和重复的竞争与合作,决定知识产品的创新、模仿和重复,将促进物质产品的创新、模仿与重复。

1. 具体行为影响科技产品创新、模仿和重复

在具体领域和具体环节的物质生产、交换和消费过程中,创新可以源自对现有产品、服务、工艺、技术或管理方法的改进,以及新思想的实施(Schumpeter,1934)。生产过程中遇到的挑战和问题往往会激发创新思维。为了解决这些问题,企业和个人可能会开发新技术或改进现有工艺。如古代农业生产技术即在反复的农业生产过程中,通过试错学习和顿悟学习,而逐步创造并进行改造的。同时随着技术的发展,生产过程也在不断进化,特别是从物质产品生产开始分离出知识产品生产,在知识产品生产过程中,人们专门从事科学实验和科学发明,通过专门的"创中创"和"创中学"促进知识产品更多的生产。如人们通过在计算机领域等长期的科技攻关,最终不断地发展计算机技术等。

2. 抽象行为影响科技产品创新、模仿和重复

企业家创新是资本主义最积极的力量和经济增长的源泉。科技产品无论是作为"干中创"的副产品,还是作为"创中创"的主产品,都是经济主体通过调动个体内化在人脑和外化在介质上的知识,通过与外部环境反复交互,通过脑力的激荡,提取和加工知识,观察与感知现象,其中经过了准备、孕育、顿悟和验证等心理和身体行为过程。经济主体基于偏好结构、预期收益结构以及要素结构,分别选择创新、学习或者重复行为,从而影响科技产品的创新、学习和模仿。

创新行为决定科技产品的创新、模仿和重复。创新行为不仅决定物质产品,更决定科技知识产品。原因在于创新行为很大程度上源于知识创造。知识创造是通过生成新的思想、概念、理论以及实践方法来提供价值和新颖性的过程。这一过程不仅包括新知识的发现,还包括现有知识的重组、重新解释和应用,从而产生新的产品、服务或流程。科学研究、技术开发和实验探索都是生成新知识的方式(Nonaka and Takeuchi,1995)。这些新知识可以直接应用于开发新技术或产品,或者用于改进现有的工艺和服务,所以科技产品的出现、改造和发展均源于以知识创造为核心的创新行为,创新行为是科技产

品出现的根本。

学习行为影响科技产品的创新、模仿和重复。在个人、组织和社会层面上,学习行为促进了知识的获取、分享和应用,进而推动了新思想的诞生以及产品、服务和流程的创新(Argyris and Schon,1978)。学习是知识获取的基础。通过学习,个人和组织能够吸收新信息和技能,这是形成科技产品创新的原料。学习行为促进了知识的分享与传播。跨组织的学习网络和合作也有助于拓宽知识来源,增加科技产品创新机会。另外,高度的学习能力和适应性使个人和组织能够迅速适应环境变化,识别并抓住新的创新机会,是科技产品持续创新的关键。

重复行为影响科技产品的创新、模仿和重复。许多科技创新都是通过无数次的重复实验和实践行为而取得的(哈福德,2014)。无论是物质产品还是知识产品,都往往源于无数次的重复尝试和持续的实践。这个过程包括对现有知识、技术、流程或产品的不断探索、实验和优化,最终可能带来新颖和有价值的创新。产品创新过程中的试错学习是不可或缺的。通过反复尝试,个人和组织可以从失败中学习,识别哪些方法有效、哪些不行,从而逐步接近有效的解决方案。另外,重复实践还有助于技能的熟练掌握。在某些领域,如工艺设计或软件开发,高水平的技能熟练度是创新的重要前提。重复实践可能在不经意间激发灵感和直觉,这些往往是各类创新产品的重要源泉。

3. 关系行为影响科技产品创新、模仿和重复

为了获得规模经济和协同力,经济主体必然从事交互的行为,包括竞争与合作。经济主体的竞争与合作等关系行为,即具体的物质产品和知识产品(包括科技产品)的生产、交换和消费的创新、学习和重复的竞争与合作行为,影响着科技产品的创造、扩散和利用。

合作有助于经济主体的创新、模仿和重复的各种具体行为。合作可以跨越个人、团队、组织乃至国家,这种交叉汇聚促进了新思想的产生和现有思想的改进,同时合作的互补性会弥补彼此的不足,通过合作,参与方可以共同承担风险和分摊成本(Chesbrough,2003)。总之,合作可以充分发挥创新、模仿和重复的各种具体交互行为的协同效应,实现创新、模仿和重复等各种具体交互行为的规模经济。

竞争具有同样的作用。它迫使企业不断寻找新的方法来提高效率、降低成本、提升产品质量和开发新产品或服务,以在竞争中获得优势(Aghion and Howitt,1992)。竞争为企业提供了持续的激励机制,为了在市场中保持或增加市场份额,企业需要不断地创新、模仿和重复,以满足消费者的需求和偏好。竞争激发的创新、模仿和重复不仅有利于企业,也使消费者受益。新的产品和服务可以提供更多的选择,改善生活质量。另

外,在激烈的市场竞争中,成功的创新会被迅速模仿和采纳,促进技术的扩散和应用,以及行业内的整体科技进步。

4. 关系行为中,不同企业之间关系形成的市场结构是最为重要的交互关系

交互关系对经济主体的创新、模仿和重复的影响各不相同,因为不同市场结构提供了不同的激励机制、资源分配方式和竞争水平。在完全竞争市场,由于该市场结构下企业利润率较低,单个企业可能缺乏进行大规模研发投资的动力。正如阿罗(Arrow,1972)的论述,在完全竞争的市场中,由于创新活动的特殊性质,市场无法有效地分配资源给创新和发明。所以,完全竞争无法驱动经济主体创新和模仿产品,包括科技产品的生产、消费和交换,它仅能驱动经济主体重复进行产品(包括科技产品)的生产、消费和交换。

在垄断竞争市场,企业通过创新来进行产品差异化,以吸引消费者并获取市场份额。垄断竞争市场倾向于鼓励非价格竞争,包括品质、品牌和新产品开发。正如市场集中度和创新水平之间存在一个复杂的非线性关系——"倒 U 型"(Aghion et al.,2001),在垄断竞争市场有众多的竞争者,存在竞争压力,同时有一定程度的垄断,此时为了争夺市场份额,企业也拥有更多资源和更大的激励来进行研发投资,因为它们可以期望从创新中获得较大的收益。所以,垄断竞争既带来创新,又驱动模仿。模仿即差异化复制。模仿者对创新者的模仿带来模仿者的创新。它还可能激发了企业的学习动机,驱动企业模仿,导致物质产品和科技知识的被模仿生产。垄断竞争导致模仿,为了战胜竞争对手,需要学习。为了在获得垄断利润的同时降低成本,需要模仿和学习。垄断导致了模仿创新,竞争倒逼模仿创新。

在寡头竞争市场,少数几家大企业控制市场,进入障碍较高,寡头之间竞争促使企业通过创新来获得竞争优势。企业也可能会进行重大的研发投资来开发新技术或产品,以争夺市场份额。另外,寡头市场也许还存在合作(如联合研发),可能促发重大创新。所以,寡头垄断可能带来经济主体的科技产品的创新、学习和重复。寡头市场结构通过外部竞争压力驱动经济主体从事创新性生产、消费与分配科技产品。而寡头垄断可能带来经济主体的科技产品的学习,其会形成寡头厂商之间的互相观察、学习和模仿。并且,寡头垄断可能带来经济主体的科技产品的重复。

在完全垄断市场,单一企业控制整个市场,没有近距离的竞争者。由于缺乏竞争,垄断者可能缺乏创新的动力。然而,为了保持其市场地位并防止潜在竞争者的进入,垄断者可能会投资于创新。此外,垄断者由于资源丰富,有能力投资于大规模的研发项目

(熊彼特,1999)。所以,完全垄断给科技产品创新提供了充分非必要条件。同时,完全垄断市场为科技产品重复提供了条件。垄断者出于利益考虑更有动力重复自身的创新产品。完全垄断市场结构既没有学习条件,也没有学习内外动力。

5. 经济主体反对与支持创新、模仿和重复的竞争影响科技产品的创新、学习和重复

支持行为促进科技创新学习或者重复,反对行为阻碍创新模仿和重复,两种力量的胜负决定创新、模仿和重复。相同的科技创新对不同的主体来说对应于不同的预期收益和需求偏好。创新产品使创新者能够获得垄断收益,从而形成巨大的创新和模仿动力。创新产品可能导致现有产品被替代,损害现有一些经济主体的利益,因此,技术创新、模仿和应用会遭到一些经济主体力量的反对。在经济主体之间不同力量的博弈中,只有当支持科技创新、学习和重复的力量大于反对的力量时,科技创新、学习或者重复才有可能发生,否则科技产品应用难以发生。例如,一项科技产品的出现,虽然有助于创新者的利益,但是可能损害了同类旧产品生产者的利益,会遭到这些企业的反对。如网约车等共享出租车的出现受到了原有出租车司机及其行业协会的反对。一般而言,创新产品在开始阶段,由于存在一定瑕疵或者受消费习惯影响,消费者支持力量小。但在经过改进完善之后,会得到越来越多的消费者青睐,新产品的支持力量就会逐步增强。所以经过一段时间的博弈,新的科技产品最终会战胜同类旧科技产品。

6. 家庭、企业和政府关于科学技术的交互行为决定科学技术的规模、质量与结构

科学技术是外化的知识产品,其显著的正外部性问题,使得很难实现单个主题的最优。所以,所有经济主体,包括家庭、政府和企业,都是创新、学习和重复的主体,科技进步是多主体协同和合作的交互行为的结果。企业或公共部门通过创新、学习和重复行为推动技术进步,同时家庭部门的"有效需求"和"必要供给"为技术进步提供交互机制。除此之外,企业、公共部门、家庭等微观主体之间的交互行为,包括相互竞争、相互合作、相互促进等,决定了技术进步的速度和科学技术的规模。同时,辅之以政府部门的"有的放矢"的行为和战略规划,市场各微观主体之间的良性互动,会影响科学技术的质量和结构。可以说,从根本上来讲,科技进步是多主体交互行为推动的集中体现,是通过重复、学习和创新来促进知识生成和知识积累的主要结果。

8.3-4 经济分布从多角度影响科技进步

1. 经济部门结构影响科技的规模增长与结构变迁

分工,即经济部门结构,影响科技产品的创造、模仿和复制。首先,部门分工使得个

体和企业可以专注于其最擅长的活动,提高了生产效率和产品质量。这种效率的提升为研发活动释放了资源,为创新提供了资金和时间的保障(Rosenberg,1983)。其次,通过专注于特定领域,个体和组织能够深化其技能和知识,促进了技术专长的发展。这种深化有助于推动技术创新和科技新产品的开发。再次,部门分工使不同领域和专业之间具有互补性,促进了跨领域的协作。这种协作可以带来新的思想碰撞和知识融合,是创造科技新产品的重要来源。最后,分工和专业化促进了市场的扩展和产品的多样化,创造了新的市场需求和机会,从而激励企业进行创新来创造新科技产品以满足这些新需求。

2. 经济结构的多样性影响科技创新的产出和结构

从需求的角度看,经济产出结构的多样化一般以经济总量规模为基础,当超大市场规模叠加多层次需求结构,不仅会提升产品质量,而且更重要的是会促进新创产品生成(Foellmi and Zweimuller,2006;安同良、千慧雄,2014)。从供给的角度看,经济结构多样化是以经济总量扩大为基础的,经济结构多样化一般意味着产品数量的增长(刘伟,1995)。大规模的科技人才资源、完善的基础设施以及齐全的产业门类,在促进分工和专业化、发挥网络效应分摊成本、实现各类创新快速落地方面有不可比拟的优势(Laurent,2008)。所以,经济结构的多样化不仅在需求侧发力为创新提供"拉力",而且在供给端为创新构筑"推力"。

3. 经济空间结构影响科技的规模增长与结构变迁

空间分工对科技产品创新的影响是通过地理位置、产业集群以及地区间的经济互动机制来体现的。空间分工指的是不同地区专注于不同类型的经济活动、产业或技术发展,这种现象在全球化和地区经济一体化的背景下尤为显著(Zeng and Williamson,2007)。

首先,地区内产业集群的形成,如硅谷的信息技术产业、波士顿的生物技术产业,促进了知识共享、技术溢出以及创新合作。这种集聚效应通过提供丰富的人才资源、专业服务、供应链合作伙伴以及研发设施,加速了新技术的开发和商业化进程。

其次,地理上的接近可以促进信息和知识的流动(Bottazzi and Peri,2003)。在空间上相近的企业和研究机构之间,交流和合作更为频繁,有利于知识的互相借鉴和技术的快速传播。

最后,空间分工在全球层面上形成了跨国公司的研发网络,这些网络通过跨地区协作,整合全球资源进行创新活动。这种全球化的空间分工使得创新活动可以在最适宜的地点进行,从而优化了资源配置,提高了创新效率。但需要注意的是,空间分工可能导致地区间创新能力的不平衡发展,一些地区可能成为创新的热点,而其他地区则可能面临技术落后的风险。这种不平衡要求政策制定者采取措施,促进知识和技术的平衡发展,减少地区间的创新差距。除此之外,空间区位影响科学技术的规模和分布结构(肖凡等,2018)。不同空间集聚的特征会决定科技创新的能力和技术进步的方向,因为创新具有固有的演化特征,其本质是由跨不同空间和规模的多种社会经济互动组成(Edquist,Hommen and Tsipouri,1998)。所以,空间区位因素以及聚集特征决定科技创新特性、规模和结构。

4. 经济时间分布即经济总量增长影响科技创新的规模增长和结构变迁

从需求的角度来看,创新是推动经济增长的关键因素。通过开发新技术、新产品和新服务,创新可以提高生产效率、开辟新市场和创造新需求,从而促进经济总量的增长。从供给的角度来看,较大的经济总量通常拥有更多的资源来投资于研发和创新,经济总量成为支持创新投资的首要条件。由于规模经济的优势,大规模的市场允许企业分摊研发成本,同时享受更高的创新回报。可以说,经济总量的多寡决定了复杂性和多样性的程度,越大的经济总量,其复杂性和多样性也会越高,这种多样性和复杂性为创新提供了丰富的基础,因为新的创意往往来源于不同领域和技术的交叉融合。

8.4　科学技术的形成和发展机制

8.4-1　科技形成的内生决定机制

经济个体通过组织和资本将劳动人口、物质资产、人知资产、科学技术及制度文化结合起来,形成个体及组织的能动力,支配经济主体的四重行为,决定经济产出及其分布。不同类型的资产,性质不同,决定结合、转化和相互作用不同。总体而言,人类个体所特别具有的内在禀赋决定个体具有脑体能力和偏好预期动力,从而具有"无中生有"地创造人知资产并将其转为科技的供需能动力,结合组织与制度、物质资产与人知资产所构成的科技供需能动力,形成个体总合的科技供需能动力,支配经济个体的感知、认知、思维和想象等"有中生有"或"无中生有"地创造人知资产及技术。

1. 经济个体决定科技形成

经济个体科技行为的人口与物质资产、科技与人知资产、制度与文化资产合成个体总的四重能动力,决定每一个体的四重科技行为,以及每一个体的科技循环。经济个体的自身禀赋决定经济个体(最终人知资产与科技产品需求者与中间人知资产与科技产品需求者)创造科技的体脑需求能力和偏好预期需求动力,结合人知资产与科技带来的直接形成经济个体的科技创造的需求能动力,物质资产所间接形成的经济个体的科技创造的需求能动力,组织与制度带来的经济个体的科技创造的需求能动力,形成经济个体总合科技创造需求能动力,从而支配经济个体通过脑力和体力结合而需求(最终消费或中间需求)的人知资产及技术副产品。经济个体的自身禀赋决定经济个体(初始科技要素供给者与中间科技要素供给者)创造科技的体脑供给能力和偏好预期供给动力,结合人知资产与科技而直接带来的科技创造的供给能动力,物质资产所间接形成的科技创造的供给能动力,组织与制度带来的科技创造的供给能动力,形成经济个体总合科技创造供给能动力,从而支配经济个体通过脑力和体力结合而供给(初始要素供给或中间要素供给)的科技产品。

2. 经济组织决定科技形成

经济组织内个体科技行为的人口与物质资产、科技与人知资产、制度与文化的总四重能动力合成组织总的科技四重行为能动力,决定每一组织及其内部所有个体的四重科技行为,决定每一组织及其内部所有个体的科技循环。组织内的经济个体的自身禀赋决定经济组织(最终人知资产与科技产品需求者及中间人知资产与科技产品需求者)创造科技的体脑需求能力和偏好预期需求动力,结合人知资产与科技而带来的直接形成经济组织的科技创造的需求能动力,物质资产所间接形成的经济组织的科技创造的需求能动力,组织与制度带来的经济组织的科技创造的需求能动力,形成经济组织总合科技创造需求能动力,从而支配劳动人口通过脑力和体力结合而需求(最终消费或中间需求)的人知资产及技术副产品。组织内的经济个体的自身禀赋决定经济个体(初始科技要素供给者与中间科技要素供给者)创造科技的体脑供给能力和偏好预期供给动力,结合人知资产与科技而直接带来的科技创造的供给能动力,物质资产所间接形成的科技创造的供给能动力,组织与制度带来的科技创造的供给能动力,形成经济组织总合科技创造供给能动力,从而支配经济组织内的劳动人口通过脑力和体力结合而供给(初始要素供给或中间要素供给)的科技产品。由于企业是组织资源的一个方式,企业的产权及决策权属于企业所有者,即企业家,因此,企业所有者及企业家群体的供需偏好与预期收益决定企业的科技产品创新、模仿和重复的动力。

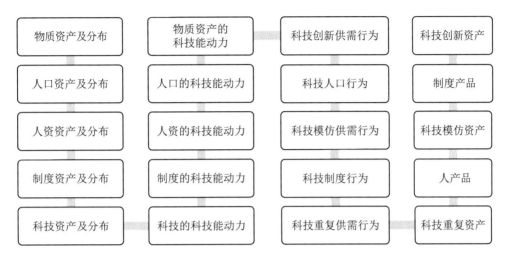

图8.1　科技进步的主体、行为、资产及分布的联合作用机制

3. 经济空间决定科技形成

一定空间的组织与制度下，随人口与物质资产再生而产生的技术与人知资产及特性，带来更大的个体内外物质资产与知识资产分布不平衡及交互规模经济，影响个体及组织的制度与组织变革的供需能动力，支配一定空间的个体及组织的制度与组织变革博弈，决定组织与制度状态。科技制造和应用的积累，在提升了科技行为的科技供需能动力的同时，还提升与改变了科技行为的人口、人知资产、物质资产的供需能动力。产生及积累的人知资产与技术、不确定变化的制度与文化、变化人口与物质资产等联合形成的科技与人知资产的供需能动力变化，支配一定空间的经济个体及组织创造人知资产和技术供需行为变化，使得一定空间的人知资产与技术不断发展。技术与人知资产具有不灭的特性，即它们不会因单次使用而消耗殆尽，反而能在不断地创造、交流和应用中持续增值。这一特性决定了技术与人知资产在长期来看将始终保持增长态势，并在众多领域中保持领先地位。

8.4-2　经济空间部门的科技需求决定

1. 科技需求能力的决定

科技既可以是最终消费产品，也可以是生产最终消费产品的中间产品，还可能是两者兼有。因此，科技产品的需求者既可以是最终消费的经济主体，也可以是中间生产的生产者。首先，从最终产品需求的角度来看，每一部门空间的消费主体基于资产（收入水平）形成其科技需求能力。一些高收入经济主体有消费更高价格的科技产品的需求能力,中等收入经济主体有消费一般价格模仿科技产品的能力,低收入经济主体只有消费更低价格的重复科技产品的能力。其次,从中间产品需求的角度来看,每一部门空间的生产主体基于财务约束形成引致不同科技需求的不同能力。物质资产重塑的主体,基于预算约束,形成支持物质资产生产的科技要素创新、模仿和重复的需求能力。劳动人口生养的主体,基于预算约束,形成支持人口生养的科技要素创新、模仿和重复的需求能力。人知资产主体教育的主体,基于预算约束,形成支持人口教育的科技要素创新、模仿和重复的需求能力。制度文化经济主体,基于预算约束,形成支持制度文化的科技要素创新、模仿和重复的需求能力。高预算约束的生产主体,拥有更大的科技创新需求能力;中预算约束的生产主体,拥有更大的科技模仿需求能力;低预算约束的生产主体拥有重复科技要素的需求能力。

2. 科技需求动力的决定

首先,从最终产品需求的角度来看,每一部门空间的消费主体基于资产(收入水平)形成其科技需求动力。一般而言,一些高收入经济主体释放了消费更高价格的科技产品的需求偏好和预期收益及其需求动力,中等收入经济主体有消费一般价格模仿科技产品的需求偏好和预期收益及其需求动力,低收入经济主体只有消费更低价格的重复科技产品的需求偏好和预期收益及其需求动力。但是,也有一些中收入经济主体拥有消费更高价格创新科技产品的需求偏好,创新科技产品对其具有较大的预期效用。低收入经济主体拥有消费模仿科技产品的需求偏好,模仿科技产品对其具有较大的预期效用。

其次,从中间产品需求的角度来看,每一部门空间的生产主体基于财务约束形成引致不同科技需求的不同动力。与需求能力类似,物质资产重塑的主体、劳动人口生养的主体、人知资产主体教育的主体和制度文化经济主体,基于预算约束,形成支持物质资产生产、支持人口生养、支持人口教育、支持制度文化的科技要素创新、模仿和重复的需求偏好和预期收益及需求动力。一般而言,拥有高端、中端和低端要素的物质资产、人知资产和科学技术存量的经济主体,分别需要创新科技产品、模仿科技产品和重复科技产品作为配套要素。

再次,所有空间部门的经济主体的科技需求能力合成总体科技需求动力。所有最终产品需求主体的需求动力合成最终消费科技产品的需求动力。所有中间产品需求主体的需求动力合成中间生产科技要素的需求动力。由于科技能力属于不同的主体,也可以用在不同的方面,因此,经济体系总体的科技动力,不是所有经济主体科技动力的简单加总。

3. 科技需求能动力的决定

首先,从最终消费产品的角度来看,每一部门空间的消费主体的能力和动力结合形成能动力。一般而言,高收入消费主体、中等收入消费主体、低收入消费主体拥有消费创新科技产品、模仿科技产品和重复创新科技产品的能动力。但由于需求偏好和预期收益受到多种因素影响,消费主体的能力和动力具有不一致性,能力和动力组合不同,能动力大小不同。能力小动力大,也可以实现较大的能动力;能力大动力小,则难以实现较大的能动力。

其次,从中间生产要素的角度来看,每一部门空间的生产主体的能力和动力结合形成能动力。一般而言,一些收入资产负债规模小而创新科技产品能力小但动力大的企业具有较大的创新能动力。一些资产负债规模大而创新科技产品能力大但动力小的企业具有较小的科技创新能动力。能力和动力组合不同,能动力大小不同。能力小动力大,也可以实现较大的能动力;能力大动力小,则难以实现较大的能动力。

8.4-3　经济空间部门的科技供给决定

1. 科技供给能力的决定

科技产品的供给者既可以是初始要素生产者,也可以是最终产品的生产者。首先,无论从最终消费产品还是从中间生产要素角度,每一空间部门的经济主体拥有或控制的技术等要素都分别形成科技具体科技行为能力。物质资产、劳动人口、人知资产决定科技的物质资产、劳动人口能力、知识资产能力。特别是,科技增量是科技存量通过人脑或者人工智能对科技知识的加工处理而产生。内存在人脑内的人知资产影响科技创新、模仿和重复的能力;科学技术决定经济主体的科学技术的能力。人脑之外的科技是由人脑加工存量知识而创造,外化的科技存量形成科技增量的主体;制度存量状况影响制度科技创新的能力。由于其特殊的性质,除了对制度科技的贡献外,制度要素对科技能力形成的贡献不多。

其次,每一空间部门的供给经济主体具体要素的科技能力合成每一空间部门供给经济主体的合成科技供给能力。每一空间部门的经济主体的科技能力,不是其所拥有的或其所处空间的要素能力的简单等权相加,它们之间存在着复杂的关系。持有和控制资产的经济主体可能会形成创新科技产品、模仿科技产品和重复科技产品的供给能力。

2. 科技供给动力的决定

供给主体的技术等要素结合,分别形成经济主体的人口、物质、科技、人知资产和制度的科技供给动力。首先,每一空间部门的经济主体拥有或控制的技术等要素分别形成具体科技行为动力。物质资产状况、劳动人口状况、人知资产的状况、制度文化状况影响经济主体的科技创新、模仿和重复的供给偏好和预期收益,分别形成科技创新、模仿和重复的物质资产、劳动人口、人知资产和制度文化动力。

其次,每一空间部门的供给经济主体的具体要素科技动力合成每一空间部门供给经济主体的合成科技供给动力。每一空间部门的经济主体的科技动力,不是其相应供给偏好和预期收益所分别形成的动力的等权相加,它们之间存在着复杂的关系。由此决定,一些持有和控制资产的经济主体将形成再造科技等新产品的供给偏好和预期收益,进而形成科技新产品的供给动力。一些持有和控制资产的经济主体将形成模仿产品的供给偏好和预期收益,进而形成科技产品模仿的供给动力。一些持有和控制资产的经济主体将形成重复科技产品的供给偏好和预期收益,进而形成重复科技产品的供给动力。

3. 科技供给能动力决定

首先,每一部门空间的供给主体的每一资产的科技能力和科技动力结合形成科技供给的每一资产的能动力。物质资产的能力和动力结合、科技存量资产的能力和动力结合、人知资产所形成的能力和动力结合、劳动人口所形成的能力和动力结合以及制度文化要素所形成的能力和制度文化资产所形成的动力,分别决定科技行为的物质资产能动力、科技能动力、人知资产能动力、人口能动力、制度文化能动力。制度文化所形成的能动力,决定科技行为的制度能动力,制度文化主要影响供给者的需求偏好和预期收益,因而主要影响供给者的科技供给行为的动力。

其次,每一部门空间的供给主体科技供给的所有资产的能动力合成每一供给主体的科技供给能动力。一般而言,随着科技产出的积累,科技行为的科技能动力不断增长,同时向科技行为的人口、人知资产、物质资产的能动力增长提出需求,也为人口、人知资产、物质资产和制度增长能动力。如果人口、人知资产、物质资产实现了增长,如果经济主体的科技创新制度的供需能阻力始终大于科科技创新制度的能动力,则科技创新制度无法确立,科技创新的预期收益始终比较低而成本始终比较高,一些经济主体将始终难以形成更大的科技产品供需能动力,科技产品创新供需行为和产出将难以增长。

8.4-4 经济空间部门的科技供需决定

1. 科技的四重需求能动力

每一空间部门的所有经济个体及组织的科技的四重需求能动力,支配所有经济个体及组织的科技的四重需求行为,决定科技需求者的科技需求规模和结构,影响科技的规模和结构。科技需求者的空间区位聚散力决定需求空间选择及空间规模和结构。科技需求者关于科技产品和要素的具体行为能动力决定需求科技产品和要素的部门的选择及规模和结构。科技需求者关于科技产品和要素的抽象需求行为能动力,支配科技需求者的科技产品和要素的创新、模仿和重复需求行为力及三者规模和比例。科技需求者的需求竞合能动力,支配科技需求者之间的需求竞合行为及科技总体需求规模及空间、部门及创新程度的结构分布。

2. 科技的四重供给能动力

每一空间部门的所有经济个体及组织的科技的四重供给能动力,支配所有经济个体及组织的科技的四重供给行为,决定科技需求者的科技供给规模和结构,影响科技的规模和结构。科技供给者的空间区位聚散力决定空间选择及空间规模和结构。科技供给者关于科技产品和要素供给的具体行为能动力决定科技产品和要素供给的部门的选择及规模和结构。科技供给者关于科技产品和要素供给的抽象行为能动力,支配科技供给者的科技产品和要素的创新、模仿和重复供给行为力及三者规模和比例。科技供给者的供给竞合能动力,支配科技供给者之间的科技供给的竞合行为及科技总体供给规模及空间、部门及创新程度的结构分布。科技供给者基于科技供给的能动力,组织人口或利用物质条件,主要通过脑力劳动对人知资产、科技进行加工,模仿更多的科技产品。一方面,一些专业的科技供给经济主体,基于专门的科技能动力,组织人口或利用物质条件,主要通过脑力劳动对人知资产、科技进行加工,创新、模仿和重复生产科技产品;另一方面,一般的科技能动力的经济主体,在人口和物质再生产循环的过程中,使用体力尤其是使用脑力,通过"干中学",将人知资产和技术相结合,创造、模仿和重复科技成果。

3. 科技的四重供需能动力

每一空间部门的所有经济个体及组织的科技的四重供需能动力,支配所有经济个体及组织的科技的四重供需行为,从而决定科技产品和要素的形成以及每一空间的科技发展。从最终消费产品的角度来看,每一部门空间的科技消费者和科技生产者的供需能动力,决定最终科技产品的生产和消费行为,决定最终科技产品的形成;从中间生产要素的角度来看,每一部门空间的科技要素生产者和使用者的供需能动力,决定中间科技要素的生产和应用行为,决定中间科技要素的形成。一方面,科技供给创造科技需求。科技产品和要素的供给满足了需求者的科技产品和要素需求,提升了科技产品需求和要素需求的能动力,驱动科技需求。另一方面,科技需求牵引科技供给。科技需求改变科技供给者的供给预期,科技供给能动力因此决定科技供给方向的变化和空间。

8.4-5 整个经济体系的科技形成决定

所有科技供给者、需求者和供需者的科技行为能动力合成经济体系总体科技供给、科技需求和科技供需的能动力。所有最终科技供给者的供给、需求和供需能动力,以及所有中间要素供给者的供给、需求和供需能动力,分别合成最终科技产品和中间生产科技要素的供给能动力、需求能动力和供需能动力。所有科技供给者、需求者、供需者的四重行为能动力支配科技供给者、需求者和供需者的四重行为。科技供给者、需求者、供需者的创新、模仿或重复的具体产品及区位的竞合能动力,决定科技供给、科技需求和科技供需的创新、模仿和重复具体产品及区位的竞合选择。

需要注意的是,所有科技供给者的四重行为决定科技创新、模仿和重复的规模和结构。所有科技需求者的四重行为决定科技应用的规模和结构。所有科技供需者的四重行为决定科技的再生规模和结构。进一步,科技供给、需求和供需的创新、模仿和重复的具体产品及区位的竞合选择行为,决定科技产品产出的总规模,以及创新、模仿和重复的各种具体科技产品种类及供给、需求的空间结构。

不同空间的科技存在差异和联系。不同个体、组织及空间的资产组合决定个体、组织及空间的不同科技四重供需能动力。不同个体、组织及空间的四重行为,决定不同个体、组织及空间存在差异和联系。不同空间的可移动的经济个体的禀赋差异和不可移动的物质资产的初始差异,决定不同空间的经济个体建立组织与制度的体智等能力的差异、偏好和预期收益动力的差异,从而决定不同空间的组织与制度的差异,其与人口和人知资产差异结合,决定不同空间个体及组织的科技供需能动力差异,支配不同空间的经济个体及组织的科技的供需行为,决定不同空间技术创造和使用的差异以及差异化的联系与流动。

整个体系的科技状况受各个部分的影响。不同个体、组织、空间的科技的差异和联系,决定整个经济体系的科技存量的规模和结构。

8.4-6 科技的静态均衡及其决定

在不完全信息、不完全理性等状态下,经济个体及组织基于当期科技供需偏好内生基础上的预期收益最大化目标,形成不同空间的科技再生的三重行为能动力,支配经济个体及组织跨时空的科技生产的三重行为选择,形成科技产出。科技发展呈现预期静态均衡,即不是实际收益的均衡,而是预期收益的均衡,实际可能不均衡,是力量的均衡、预期收益的均衡和预期资产的均衡。科技的静态均衡状态可从以下几个角度理解。

一是经济主体的科技收益的均衡。总量上,所有经济个体及组织的科技的预期边际收益等于预期边际成本。结构上,不同主体对不同部门科技选择的预期边际收益相等,同一科技资产的预期边际收益等于预期边际成本。不同空间的科技制造和使用的预期边际收益相等,同一空间的科技制造或使用的预期边际收益等于预期边际成本。

二是经济主体的科技力量的均衡。总体上,所有科技制造和应用加总的边际能动力等于所有科技制造和应用加总的边际能阻力。结构上,每一部门所有科技制造和应用加总的边际聚集力与所有科技制造和应用加总的边际分散力相等,各部门的所有科技制造和应用加总的边际集聚力相等。同时,每一空间所有科技制造和应用加总的边际集聚力与所有科技制造和应用加总的边际分散力相等,各空间的所有科技制造和应用加总的边际集聚力相等。

三是经济主体的科技资产的均衡。总体上,所有科技要素和产品市场的供需相等。结构上,每个空间的用于科技产品的预期供需相等,每个空间的用于科技制造和应用的人口、人知资产、物质资产等要素的预期供需相等。每个部门的用于科技产品的预期供需相等,每个部门的用于科技制造和应用的人口、人知资产、物质资产等要素的预期供需相等。

四是经济主体的科技综合的均衡。不同空间、不同部门、不同科技产品与要素的需求者的需求偏好、预期收益和资产负债决定需求者的科技需求能动力。不同空间、不同部门、不同产品和要素的供给者的供给偏好、预期收益和资产负债决定供给能动力。需求能动力的多样化和大小决定需求的多样化和大小变化,供给能动力的多样化和大小决定供给的多样化和大小变化。当供给能动力和需求能动力相等时,基于偏好的科技边际预期收益与边际成本相等,科技要素和产品市场达到供求均衡。当供给能动力的种类和规模小于需求能动力的种类和规模时,供给的种类和规模小于需求的种类和规模,反之相反。但是,供的种类和规模小于需求的种类和规模,将引起供需主体预期收益的变化,从而决定供需能动力的调整。最后,不同部门和空间的个体及组织的科技发展的力量、收益和资产共同均衡。

8.4-7 科技发展的内生决定机制

科技产出的增长与积累,有可能改变经济组织的形态,并在革新所有个体、组织、空间的科技行为的科技供需能动力的同时,增长与改变所有个体、组织、空间的科技行为的人口、人知资产、物质资产的供需能动力,加总形成所有个体、组织、空间的经济主体科技行为的人口、人知资产、物质资产的总合四重供需能动力,从而支配科技产品创造和应用的四重行为,带来所有个体、组织、空间具有差异而又加速的科技发展。

同时需要注意的是,经济个体、经济组织和经济空间决定科技形成的逻辑,这同样适用于长期的科技发展。具体来讲,经济个体的行为、经济组织之间的互动以及经济空间演变决定着科技发展。

1. 经济空间科技需求长期增长的决定

关于科技需求动力发展的决定,首先,每一部门空间的需求者各类要素的发展决定科技行为的各要素能力的增长。物质资产增长提升了科技行为的物质资产需求能力,因为科技创新行为需要一定的物质条件作为支撑。科技发展增强了科技产品的制造能力。人知资产积累、人口积累以及制度变迁分别增强了科技产品的人知资产能力、人口能力以及制度能力。其次,不同部门空间的需求主体的技术结合和发展形成科技需求能力增长。每一部门空间的经济主体的科技能力增长,会重塑物质资产、人知资产、人口以及制度和科技本身的能力,表现为这些因素的普遍增长和跃迁。这些系统性变化会决定着科技需求能力的增长和改变。

具体来讲,从最终需求的角度来看,随着资产收入的增长,每一部门空间的需求者的需求偏好和预期收益也在改变。由于需求偏好和预期收益差异及其对收入变化反应的差异,每一最终消费者的偏好和预期改变并不与收入增长完全对应。有些需求者,收入稍微增长可能带来其科技创新产品的需求偏好和预期收益较大的增强,而另一些需求者,即便收入极大增长,也可能难以带来其科技创新产品需求偏好和预期收益的增强。因此,每一需求者科技行为的动力增长也有差异。同时,收入及其带来的影响需求偏好和预期收益的变化,每一最终需求者对科技产品的需求和偏好也存在典型的差异,有些最终需求者的科技创新产品需求能力更强,而另一些最终需求者的科技模仿产品需求能力更强,还有一些最终需求者的科技重复产品需求能力更强。但整体上从一般意义来讲,随着整体收入水平的提升,最终需求者对科技创新产品的偏好和预期在加速改变,最终需求者对科技创新产品的需求动力增长在不断加快,对科技模仿和重复产品的需求动力增长不断趋于放缓。从中间产品需求的角度来看,每一部门空间的生产主体基于财务约束的变化引致科技行为的需求能力变化。类似于经济主体行为决定科技形成的需求能力,从科技发展的角度来看,基于预算约束,自然物资、劳动人口、人知资产、制度文化等也随着时间的推移在加速变化,这些变化会引致科技行为需求能力和结构的变化和跃迁。

而至于科技需求能动力增长的决定,与科技需求能动力决定科技形成类似。从最终消费产品的角度来看,抑或是从中间生产要素的角度来看,每一部门空间的消费主体的能力和动力在时时变化,其在增长和积累中会结合形成需求能动力的增长和改变。但由于需求偏好和预期收益变化受到多种因素影响,消费主体的能力和动力提升具有不一致性,能力和动力变化的组合不同,能动力变化的情况不同。

2. 经济空间科技供给长期增长的决定

关于科技供给能力发展的决定,首先,每一部门空间的供给者各类要素的发展决定科技行为的各要素能力的增长。物质要素增长了科技产品的物质能力,人口和物质再生产循环既在使用体力也在使用脑力,因而可以通过“干中学”发现规律、总结经验,形成科技创新成果。科技发展、人知资产发展、人口增长以及制度变迁均增长了科技产品的科技能力、人知资产能力、人口能力和制度能力。需要注意的是,如果经济主体的科技创新制度阻力始终大于科技创新制度动力,科技创新的预期收益始终比较低而成本始终比较高,此时经济主体始终难以形成更大的科技产品供需动力,科技产品创新供需行为和产出将难以增长。其次,不同部门空间的供给主体的技术等结合形成科技供给能力增长。每一部门空间的经济主体的科技能力增长,不是其所拥有或所处空间的要素能力增长的简单等权相加,它们之间存在着复杂的关系。由此决定,持有和控制资产的供给者将形成创新科技产品、模仿科技产品和重复科技产品的供给能力增长。

而至于科技供给动力发展的决定,首先,每一部门空间供给者的技术要素分别增长带来科技行为每一要素供给能力的分别增长。物质资产发展、科技发展、人知资产发展、人口发展以及制度变迁多维增长了科技产品的物质动力、科技动力、人知资产动力、人口动力和制度动力。这同样类似于科技发展供给能力的决定，科技发展动力也受制于制度"推力"和制度"阻力"。若科技创新的预期收益始终比较低而成本始终比较高，一些经济主体将始终难以形成更大的科技产品供需动力。其次，每一部门空间供给者科技行为的各要素增长能力合成其科技行为供给动力的发展。与科技形成的供给动力决定类似，每一空间部门的经济主体科技动力的增长，取决于相应供给偏好和预期收益的时时变化。持有和控制资产的经济主体不断变化形成再造科技等新产品、模仿产品、重复科技产品的供给偏好和预期收益的增长，进而引致科技新产品、科技模仿产品以及重复科技产品供给动力的增长和发展。

考虑科技供给能动力增长的决定，首先，每一部门空间的供给主体科技行为的要素能力增长和资产动力增长合成科技供给的资产能动力增长。物质资产、科技存量资产、人知资产、劳动人口要素、制度文化要素的能力增长和动力增长共同决定科技行为的物质资产能动力、科技能动力、人知资产能动力、人口能动力以及制度文化能动力的增长。制度文化所形成的能动力增长，决定科技行为的制度能动力增长。其次，每一空间部门供给者科技行为的要素能动力增长合成科技供给行为能动力增长。只有供给者的各项资产的能动力之和大于过去供给者各项资产的能动力之和，供给者能动力才能增长。

3. 经济空间科技供需长期增长的决定

科技供给者的四重科技供给行为能动力增长，支配科技供给四重行为的变化，决定每一空间科技产出的增长。科技供给者关于科技产品和要素供给的具体行为能动力增长，支配科技供给具体行为的变化，决定科技产品和要素供给的部门的选择及部门规模增长和结构多样情况。科技供给者关于科技产品和要素供给的抽象行为能动力增长，支配科技供给者的科技产品和要素的创新、模仿和重复供给行为力及三者规模和增长比例。科技供给者之间的竞合能动力发展，决定科技总体供给规模的增长及空间和结构分布的改变。

科技需求者的四重科技需求行为能动力增长，支配科技需求四重行为的变化，决定每一空间的科技应用的增长。与科技供给者决定供需能动力类似，科技需求者关于科技产品和要素的具体行为以及抽象需求行为能动力增长，会决定科技产品部门规模增长和结构多样的情况，以及支配科技需求者的创新、模仿和重复需求行为。同样，科技需求者的需求竞合能动力变化,改变着科技总体需求规模和空间、部门及创新程度的结构分布变化。

科技供需者的四重科技供需行为能动力增长,支配科技供需四重行为的变化,决定每一空间的科技发展。从最终消费产品角度和中间生产要素角度来看,每一部门空间的科技消费者和科技生产者、科技要素生产者和使用者的供需能动力增长,决定最终科技产品和中间科技要素的生产、消费和应用行为的变化,决定最终科技产品和中间科技要素的增长及积累。一方面,科技供给发展创造科技需求发展。科技产品和要素的供给发展满足了日益增长的科技产品和要素需求,也提升了科技产品需求和要素需求的能动力发展,驱动科技需求发展。另一方面,科技需求牵引科技供给发展。科技需求发展改变科技供给者的供给预期,科技供给能动力发展及行为变化进而牵引科技供给方向的变化和空间的增长,驱动科技供给发展。科技需求发展与科技供给发展相互作用,驱动科技发展。

4. 整个经济体系科技长期发展的决定

所有科技供给者、科技需求者和科技供需者的行为能动力的增长合成经济体系的科技供给、科技需求和科技供需能动力的增长。与之前科技形成的决定机制类似,所有最终科技产品供给者、科技需求者和科技供需者的能动力随着时间的增长和变化,深刻影响着最终科技产品的供给、需求和供需能动力的增长和变化。同样,所有中间要素供给者、需求者和供需者的能动力的改变也促使中间生产科技要素的供给、需求和供需能动力的增长。所有科技供给者、科技需求者和科技供需者四重行为能动力的改变,支配科技供给者、科技需求者和科技供需者四重行为的革新和加速演变。具体来讲,科技供给者、科技需求者和科技供需者的创新、模仿或重复的具体产品及区位的竞合能动力的改变,从底层决定着科技供给、科技需求和科技供需的创新、模仿和重复的具体产品及区位的竞合选择,进而决定科技产品的产出、科技产品的应用以及科技产品的再生等规模的增长,以及创新、模仿和重复的各种具体科技产品种类增加及供给空间结构的变化和跃升。

不同个体、组织及空间的科技能动力及增长的差异,决定四重科技行为的差异,进而形成科技规模和结构的差异与联系。不同空间的科技供需者的四重行为能动力的改变,支配不同空间科技需求者四重行为的改变,决定技术与人知资产的创造和应用不同,决定不同空间的科技再生规模和结构的改变。受到制度文化累积演化的影响,一些空间个体及组织加总的科技创新制度阻力可能大于科技创新制度的能动力,科技产品创新供需行为和产出将难以增长,同时导致科技产品创新供需行为及科技创造和应用也难以有突破。

不同空间的科技供需者四重行为能动力的改变,决定空间之间科技供需主体之间的交互行为,决定不同空间科技资产的流动与交换,使不同空间的科技规模和结构发生变化。虽然在短期内受制于制度阻力的影响会产生较少的科技创造和应用,但由于每一部门空间的供需能动力决定的四重供需行为可能超出所在空间,长期内,各个空间的个体及组织的科技四重供需能动力,可能支配个体及组织的跨空间的四重科技供需行为,带来跨空间科技资产的流动和联系,从而改变一些空间的个体及组织的科技供需能动力,使科技供需能动力大于能阻力,在长期层面带来科技创造和应用的繁荣。

不同个体、组织及空间的科技增长存在不同。不同个体、组织、空间的科技的差异和联系,构成整个经济体系的科技总量的加速增长情况。

8.4-8 科技的动态均衡及其决定

借鉴量子力学基本粒子的运动描述,科技发展呈现波粒二相状态,经济个体及组织基于无限期内科技供需偏好内生基础上的预期收益最大化目标,形成跨时空的科技再生的三重行为能动力,支配经济个体及组织跨时空的科技生产三重行为选择,形成跨时空的科技产出,趋向科技再生的跨时空的主体力量、预期收益和市场均衡。长期内,科技发展呈现期望动态内生一般均衡,即在平均意义上呈现动态内生一般均衡的发展,是众多力量、不均衡构成的均衡,是力量的均衡、平均预期收益的均衡和资产的均衡。科技的动态均衡可从以下角度考虑。

一是经济主体的科技发展收益的动态均衡。总量上,所有个体及组织跨期的科技平均边际收益始终等于跨期的平均边际成本,同时不同个体及组织在不同部门选择的跨期的平均预期边际收益始终相等。另外,同一科技产品跨期的平均预期边际收益始终等于跨期的平均预期边际成本。不同空间的科技选择的跨期平均预期边际收益始终相等,同一空间科技选择的跨期的平均预期边际收益始终等于跨期的平均预期边际成本。

二是经济主体的科技发展力量的动态均衡。总体上,科技发展的边际能动力始终等于边际能阻力。每一部门的科技发展边际集聚力与边际分散力始终相等,各部门科技发展的边际集聚力始终相等。同时,每一空间科技发展的边际集聚力与边际分散力始终相等,各空间科技发展的边际集聚力始终相等。

三是经济主体的科技发展资产的动态均衡。所有的科技要素、科技产品市场实际的供给与需求始终均等增长,所有部门、空间的资产市场跨期的供给与需求始终相等。所有部门和空间的科技的物质资产、人知资产、人口、制度等要素的市场供需始终动态相等,所有部门和空间的科技产品的市场供需始终动态相等。

四是经济主体的科技发展综合的动态均衡。无限时期、不同空间、不同部门、不同科技产品与要素的需求者和供给者,他们的需求偏好和供给偏好以及预期收益和资产负债决定需求者、供给者的需求和供给能动力变化。需求和供给能动力的大小和多样化决定需求和供给的多样化和大小变化。当供给能动力和需求能动力始终动态相等时,基于偏好的科技边际预期收益与边际成本始终动态相等,科技要素和产品市场的供求始终动态均衡。若供给能动力的种类和规模小于需求能动力的种类和规模时,则供给的种类和规模小于需求的种类和规模,反之相反。同时需要注意的是,供给的种类和规模小于需求的种类和规模,将引起供需主体预期收益的变化,从而引致供需能动力的调整。最后,不同部门和空间的个体及组织的科技发展的力量、收益和资产共同均衡增长。

8.5 科技发展的统一解释

作为增强和替代人类的脑力和体力的技术,经济主体基于科技进步即创新、扩散和应用的需求偏好和预期收益所形成的动力,主要利用所拥有和控制的科技存量要素,与所拥有、控制的科技创新、扩散和应用的配套要素所形成的能力相结合,形成科技竞争与合作、学习与创新、生产与消费的能动力,支配科技供需主体的科技生产与消费、学习与创新、竞争与合作,在一定领域、空间和时间上,创造、扩散和应用科技产品,同时生产相关的人口与物质产品等。基于科学技术的外部性特征,科学技术随时有通过非市场的途径实现扩散的可能性。基于未来竞争,创新者对学习者的扩散都会不同程度地有所保留。加上扩散的冰山成本效应,科学技术扩散相对于科技创新存在扩散时间的滞后、扩散距离衰减和扩散内容损耗。

科技知识是科技产出的主要投入,它和科技的不灭性、可重复性共同决定,科技投入对科技产出的规模报酬递增,以及科技进步的加速增长性。不同类型的科技性质不同,新兴科技比传统科技具有更大的规模效应。基础科技比应用科技具有更大的规模效应,尖端科技比普通科技具有更大的规模效应,从而决定不同类型的科技进步具有差异性。长期内,科技进步呈 J 形趋势发展。随着科技知识存量的增长,重大基础科技创新进步的间隔也在不断缩小,科技进步的速度由缓慢加速逐步转向快速加速。短期内,科技进步呈 S 形趋势发展。结构上,不同类型科技进步的时间间隔不同。具体到人类经济发展的不同阶段,科技进步有不同的加速增长趋势。

8.5-1 附属的科技供需能动力形成决定科技副产品从无到有

在人类文明起源之前的史前文明时代,旧石器时代的人类虽然展现了一定的思维能力,但无论是内化的人知资产还是外化的知识体系,都几乎处于空白状态,而人的特殊禀赋决定利用体力尤其是脑力可以无中生有地创造知识资产及外化的科学技术。人的生存需求、人的禀赋和知识副产品供给以及交互预期规模经济,个体的需求偏好、预期收益和体智禀赋及知识,决定经济组织的行为能动力和制度行为能动力,通过相互博弈形成氏族经济组织和制度文化。氏族公社基于制度文化、人口、物质和人知及技术,扩大物质和人口重塑能力,同时改变了经济组织的物质资产及人口的供需偏好和预期收益,增强了物质资产和人口重塑的动力。在这样的背景下,经济组织组织劳动人口,充分利用由人知资产和技术所带来的脑力和体力的提升,实现了人口与物质资产的高效结合与规模扩张。同时,这一过程中还不断产生新的知识资产和技术副产品,作为脑力与体力结合的产物,进一步丰富了人类的知识宝库和技术积累。由于没有承载知识的专门技术,人们在"干中学"中习得的经验知识很难完整准确地传承下来。人们只能通过结绳记事、故事传说以及打造的耐用物质产品及工具来传承经验知识。所以,劳动年龄及其生命极其短暂,个体终其一生所获得的经验十分有限,很少能够积累和传承下来。与此同时,由于科技极其有限,科技对人类经济发展的决定作用并没有显现,经济主体更加偏好物质和人口增长,也决定科技仅仅是物质和人口兼营的副产品,而不是专门的投资产出。在此基础上的"科学意义上"的知识的增长极其缓慢,尽管如此,科学意义上的知识在缓慢地积累着,也促进着知识的进一步增长。

8.5-2 附属的科技能动力缓慢增长决定科技副产品缓慢增长,专业的能动力形成决定科技主产品从无到有

到经验技术时代,基于经济主体的交互需求以及长期的"干中学"和自然积累,一些

关键的如文字等交互技术最终出现,文字产生对知识积累和增长具有决定性意义,文字等成为外化知识的专门载体,使得人们在"干中学",对世界的经验认知得以外化和保存,进而实现积累和传承。借助知识的特性,科技加速增长。但由于认知仍然处在经验认知层次,所形成的经验技术如青铜烧制技术,背后的科学原理未得到揭示,成功全凭师傅的经验,在许多方面只可意会不可言传,不仅新发明比较困难,甚至模仿和复制都比较困难,更难以在更多的领域广泛应用,经验技术规模报酬效应非常小。文字进一步发挥作用,科技进步不断加快,使得物质增长出现相对剩余,从而促发了体力与脑力的分工。科技除了作为物质和人口生产的副产品,还在一定范围内成为专门投资的产出。与此同时,随着科技创新产品的资产积累和需求内生增长,科技新产品的供需能动力增强,科技新产品的再生行为和产出不断扩大。随着科技新产品供需循环,进而市场扩大,当科技新产品的专门生产的规模经济大于生产成本,专门的科技新产品供给经济主体开始形成并逐步强大。科技专营的出现加快了科技进步的速度。但由于科技对人类经济发展的决定作用仍不明显,此时经济主体仍然偏好物质和人口增长,对科技和人知资产投资有限。

8.5-3 附属的科技能动力快速增长决定科技副产品快速增长,专门的科技能动力快速增长决定科技主产品快速增长

到自然科学技术时代,认知上进入所谓的科学时代。科学认知层次上的技术,由于其科学原理为人所知,可以通过专门学习掌握,利用原理不仅可以模仿和复制,而且可以创造新的科学技术,形成大量的产品。在专营科技资产部门产生后,一方面,一些经济主体专门创造科技产品;另一方面,更多经济主体仍然从事额外创造科技产品的工作。随着科技创新产品的资产积累和需求内生增长,科技新产品的供需能动力增强,科技新产品的再生行为和产出不断扩大。在初始阶段,科技新产品供给是一些经济主体兼营的结果;随着科技新产品供需循环,进而市场扩大,当科技新产品的专门生产的规模经济大于生产成本,专门的科技新产品供给经济主体开始形成并逐步强大。专兼营科技资产齐头并进,人类的科技进步出现重大转折即进入快速加速发展时期。由于科学技术快速增长,物质产品极大丰富,科学技术对物质和知识增长的决定作用更加显现,经济主体更加偏好科学技术与人知资产,经济主体对科学技术的预期收益更高,经济主体对科学技术的投入更多,从而科技进步速度更快。

8.5-4 专门的科技能动力快速增长决定科技主产品从少到多

到了思维科学技术时代,物质产品及其服务大部分主要由机器替代完成,技术替代了人。这个时期,不仅物质资产及体力服务主要有机器替代,而且知识产品及服务即科技的创新、扩散和应用主要由机器代替人类完成。一方面,更多的科技创新、模仿和重复主要由机器完成,另一方面人类更专注于重大科技创新,经济主体不仅更加偏好科学技术和人知资产,而且更加偏好重大科技创新和高端人知资产。人类因而真正进入知识创新、扩散和重复的快速加速增长即科技爆炸的时代。

经济制度的统一发展

在经济组织形成之后,经济主体(包括经济个体和经济组织)受力量支配通过经济行为将经济要素资产转化为经济产出资产。由于不同类型的资产在性质上存在很大差异,不仅形成机制不同,而且作用机制有别,出于简化考虑,统一发展经济学将资产分为五种,即人口资产、物质资产、科技资产、人知资产和制度资产。

9.1 人类经济制度推陈出新的异类变迁

9.1-1 人类经济制度及其变迁

关于经济制度的历史变迁,可以从不同的视角进行观察,基于资源配置主导制度的视角观察,人类经济制度是随主导制度多样化变化而更迭的。人类起源后,经济制度从公社经济制度演化成公社经济为主体、多种制度并存。虽然一些考古证据表明人类起源于东非,但欧亚大陆及北非却是人类早期文明的核心区,该核心区自西向东大致可以分为五个主要区域:欧洲、西亚、中亚和北非、南亚及东南亚和东亚。世界上几乎所有区域的族群在发展初期都以狩猎和采集为主要经济形态,都实行公社经济制度,即氏族公社作为基本经济单元、产权为公社所有、收益平均分配、资源由公社配置。这种制度安排是对当时人类生存条件、合作规模和技术水平的适应。只是各地族群及其公社经济制度形成及主导的时间长短不同,具体表现形式也有所差异。直到 17 世纪,非洲、美洲、亚洲、大洋洲等区域的一些国家或地区的土著人仍然实行公社经济制度。例如,南非的柯伊萨族人直到 17 世纪中叶还处在原始经济制度状态。即便之后在一些国家和地区,氏族公社经济制度的主导地位被其他经济制度所取代,但该制度仍在一些领域和部分时期存在。尤其在由战争和自然灾害等导致产品稀缺的特殊时期,公社经济制度即产权共有、行政配给和平均分配等也常常被临时采用。另外,在一些时期和区域,公社经济制度有时被短暂地实行,例如,20 世纪一些后发国家曾经进行过一段时间的类似的公社经济制度实践即公有制、平均分配和计划经济,但最后证明失败了。

替代公社经济的是,政府人地分封经济为主体、多种经济制度并存。一般而言,族群区域内城市的产生,意味着氏族及部落的转型和公社经济制度的衰落。这一时期族群身份开始分化,有的人成为国王,有的人成为贵族,有的人成为平民,有的人成为奴隶。私有制开始形成,人地分封经济也随之发展。而完全分封经济作为主导的经济制度大约从公元前 6000 年开始,陆续在西亚、北非和南亚出现,公元前 8 世纪到公元 5 世纪,在希腊和罗马等南欧地区相继出现。除此之外,位于东亚的中国,从商代到周代伴随分封制而行的是井田制经济制度,该制度体现出政府分封经济为主、多种经济并存的制度体系特征。而美洲的玛雅人则出现了土地私有制、奴隶及贵族、商品交换并建立了城邦。其后虽然多数地区的完全分封经济制度退出了主导地位,但在一些领域和部门仍然辅助存在。

替代政府人地分封经济为主体、多种制度并存的是,政府土地分封经济为主体或家庭双重经济为主体、多种经济制度并存。从 476 年西罗马帝国灭亡到 1500 年左右的时间里,欧洲国家通过实行采邑改革等,逐步确立了封建庄园经济制度为主体、多种经济制度并存的体制。在中世纪,90％以上的欧洲人通常一辈子就生活在一座庄园里,庄园虽小,但满足了人们的各种需要。世界上有许多国家或地区则在 1453—1640 年转入封建经济制度主导的社会形态。位于亚洲的中国,从公元前 4 世纪到公元 20 世纪,一直实行租佃和小农为主体、多种经济制度并存的制度体系。公元前 361 年,秦国通过商鞅变法率先实行"废井田,开阡陌"措施,允许秦国百姓开垦无主荒地并将其私有化,土地可以自由买卖,赋税则按照各人所占土地的面积来平均负担。西汉的"编户齐民"制度使得所有居民成为平等经济主体并承担纳税服役义务,之后的历史中该制度得到不断的完善。总的来说,政府土地分封制与家庭双重经济制度有相似性,都体现了政府在资源配置上的主导作用,但是家庭双重经济制度更多地体现了家庭的主导性和交互的市场性。

替代政府土地分封或家庭双重经济为主体、多种制度并存的是,企业市场经济为主体、多种经济制度并存。14—15 世纪,欧洲地中海沿岸城市里出现了雇佣劳动者工厂。而资本主义经济制度则通过一系列战争或改革先后于 16 世纪在荷兰、17 世纪在英国、18 世纪在欧洲和北美分别实行。到 19 世纪,在亚洲、非洲和美洲的一些国家通过殖民统治或者主动借鉴实行了资本主义经济制度。第二次世界大战以后,一些被殖民国家获得独立后,也学习并建立了以雇佣为主体、多种经济制度并存的制度体系,20 世纪 80 年代一些实行社会主义经济制度的国家转向实行资本主义经济制度,资本主义经济制度逐渐在世界范围内普遍实行。

替代企业市场经济为主体、多种经济制度并存的可能是,个体市场经济为主体、多种经济制度并存。在组织主体制度方面,个体将成为主体,企业、家庭、政府部门或将成为辅助组织。在产权方面,将表现为以个体产权为主、多种产权并存,多权分离和产权清晰。在资源配置制度方面,由于数据技术的支持,将更加通过市场完成交换和配置。在收益分配制度方面,主要通过市场交换,实行以按要素贡献为主体、多种分配方式并存的制度,在那里消费也是生产的一部分,因为消费也创造和实现价值,也是贡献。这种经济制度将在世界上一些国家的一些领域开始逐步实行然后逐步扩展。

与制度变迁相匹配,人类的思想文化作为一种非正式制度,发轫于人类经济行为,也在其中发展并影响后者。纵观人类历史,人类的思想文化存在巫学、神学、哲学和科学四种形式,在不同区域和不同时期,这四种思想文化形式的地位和作用各有不同。

观察人类经济制度变迁,有几点事实值得注意。一是几乎每个时代都存在氏族、人地分封、土地分封、企业市场、个体市场等经济制度,社员的服务、采集、农业、制造和公共部门,奴隶的服务、制造、农业和公共部门,农奴的服务、制造、农业和公共部门,工人的服务、制造、农业和公共部门,以及个体的服务、制造、农业和公共部门,只是在不同的时空其主导经济制度不同。二是整个经济制度存在一个从"人格化交换"到"非人格化交换",从完全非市场经济到局部市场经济和非市场经济主导,再到市场经济主导的逐步转化过程。

9.1-2 关于制度及其变迁的研究

制度文化发展通常表现为新的制度替代旧的制度,而不像物质资产和知识资产一样,表现为数量规模和种类结构的增长。目前,关于制度及其制度的变迁,学术界的研究是十分滞后的。

传统经济学基于交易成本为零的假定,认为制度无足轻重。新古典经济学基于制度不变或制度外生的假定,在经济分析中对制度不予考虑。然而,制度作为经济主体交互的规则,对经济发展至关重要。因此,自经济学诞生以来,制度经济学也经历了从萌芽到创立再到不断发展的过程。在这一阶段,以亚当·斯密和卡尔·马克思为代表的古典制度学者对制度进行了初步分析。其中,斯密以个人之间的关系为起点研究制度,马克思则基于整体主义的方法,从生产力与生产关系的关系角度研究制度决定、作用及其变迁。19 世纪末 20 世纪初,以凡勃伦(Veblen,1899)、康芒斯(Commons,1931)、米切尔和芒格(Mitchell and Munger,1991)等为代表的旧制度经济学兴起,该学派将制度作为经济分析的核心要素,以人与人之间的关系作为研究的起点,强调制度分析或结构分析方法。20 世纪 60 年代,以加尔布雷思(Galbraith,1974)和缪尔达尔(Myrdal,1978)为代表的后制度经济学兴起,该学派使用历史分析方法分析资本主义的社会矛盾及其弊端,建立了"二元结构"理论模式,同时将新古典经济学的部分分析工具运用到公共政策的分析过程中。

20 世纪 70 年代,以科斯、诺思、阿尔钦、德姆塞茨和威廉姆森为代表的新制度经济学兴起。新制度经济学仍把新古典经济学价格理论作为理论"内核",实现制度分析与新古典经济学的整合,采用微观经济学中的供求分析理论、比较静态和动态分析理论。其中,科斯(Coase,1937)将"交易成本"引入制度分析,通过分析边际交易成本,解释了现实制度的内生化及其对经济绩效的影响;诺思(North,1989)将"成本-收益分析"方式引入制度分析,探究了制度的变迁及其对经济增长的影响。20 世纪 80 年代,以纳尔逊、温特、诺思、霍奇森、鲍尔斯和金迪斯等为代表的演化制度经济学兴起。演化制度经济学借鉴达尔文的自然选择思想,在批判继承熊皮特的创新理论和西蒙的人类行为和组织理论基础上,吸收自然选择和组织行为形成初步理论框架,然后运用现代演化经济学的方法,勾画出演化经济学的框架。纳尔逊和温特(Nelson and Winter,1982)把制度变迁看作习惯或协调博弈的参与者之间策略互动的变化。

1. 关于制度文化变迁的原因与机制

马克思从生产力与生产关系的视角解释了制度文化的变迁,认为生产力组织和运行于一定的生产关系之中,生产力的发展要求财产关系等制度的变革,产品的再生产必然伴随社会关系的再生产。他明确指出:"随着经济基础的变更,全部庞大的上层建筑也或慢或快地发生变革。"①他认为生产关系反作用于生产力。

凡勃伦用"累积因果论"来解释制度的变迁,即制度演进的每一步都由以往的制度状况所决定,他认为技术作为制度的一部分,改变了生活的基本模式,并最终改变制度和文化规范。康芒斯将制度变迁的原因主要归结于个人和组织为追求自身经济利益而采取的改革行为,归因于个人和集体的意志以及他们在冲突和冲突解决中发生的相互作用。米切尔和芒格(Mitchell and Munger,1991)强调"流行的社会习惯"制度变迁的影响。克拉克(Clark,1896)等发展了制度变迁理论,从资本主义企业的视角分析制度与技术相互作用关系等。艾尔斯(Ayres,1944)认为技术变迁是制度变迁的推动力。

诺思等(North,Wallis and Weingast,2009)使用成本收益分析工具,基于产权、国家和意识形态三大基石构建制度变迁理论,认为核心制度即产权结构决定经济绩效,国家界定产权结构,意识形态影响产权结构。制度作为一种公共产品,由国家生产出来即制度供给。随着外界环境的变化或自身理性程度的提高,现存制度不能使人们的需求得到满足,人们就会不断提出对新的制度的需求,以实现预期增加的收益。当制度的供给与需求相一致时即达到制度均衡,制度均衡的实现条件是制度供给者的边际收益等于其边际成本。当制度的供给和需求基本均衡时,制度是稳定的,只有在预期收益大于预期成本的情形下,行为主体才会去推动直至最终实现制度的变迁,反之亦然。"制度通过降低我们向我们的信念支付的价格,使得观念、教义以及意识形态成为制度变迁的重要来源"(North,1990)。

哈耶克(Hayek,1948)将生物学的自然选择和进化理论应用到制度分析中,认为制度的起源和变迁是自发的演进过程。形成自发演进的关键是保证人的自由选择,加上相互之间形成的博弈和互动关系,从而实现信息和知识的共享。具体而言,在群体上自然选择的表现形式为不同的群体因为偶然或者其他原因采取某种制度获得了竞争优势,从而具有相对优势的文化群体击败了那些具有相对劣势的文化群体,于是,搭载在相应文化群体上的优势制度得以胜出和扩散。奥尔森(Olson,1993)的利益集团理论认为:制度不完全是自发演进的,也不完全是理性设计的产物,利益集团及其博弈决定制度变迁。鲍尔斯和波拉尼亚·雷耶斯(Bowles and Polania-Reyes,2012)在索伯和威尔逊(Sober and Wilson,1998)多层级选择理论的启发下,从多层级互动的视角来考察基因-文化的共同进化、制度与偏好等的协同演化。穆尔曼(Murmann,2003)、迪亚斯等(Dias,Pedrozo and Silva,2014)在吸收马克思主义关于生产力和生产关系矛盾运动的

---

① 引自《马克思恩格斯选集》(第二卷),人民出版社1995年版。

观点的基础上,考察技术创新和制度演化的内在互动机制。

2. 关于制度文化的作用

马克思认为生产关系对生产力具有反作用。诺思等认为制度变量是经济增长的内生变量,现行的经济组织或制度安排有效决定经济增长是否发生,制度则通过影响交易费用和生产费用来影响经济的实绩。制度在社会中的主要作用是通过建立一个人们互动的稳定(但不一定有效)结构来减少不确定性(North,1990)。盖勒等(Galor,Moav and Vollrath,2009)认为,土地所有权分配的不平等对促进人力资本的机构(如公立学校)的出现产生了不利影响,从而影响了从农业经济向工业经济过渡的速度和性质,导致各国人均收入的巨大差异。虽然盖勒认识到制度重要性,但是在他的框架里,制度是外生的。琼斯(Jones,1999)和罗默(Romer,1990)总结了"新卡尔多事实",指出通过阻碍采纳和应用全世界的创意,制度对跨国收入差异产生了极为重要的影响(Jones and Romer,2010)。坏的制度会扭曲劳动、资本等竞争性要素投入的使用(Restuccia and Rogerson,2008;Hsieh and Klenow,2009),影响部分创新和学习。

3. 关于经济规模增长和结构变迁

新古典经济学隐含地假定,经济运行建立在私有制为基础的市场经济制度之上,旧制度经济学和新制度经济学则强调制度对经济发展的影响,诺思认为:制度是继要素禀赋、技术和偏好之后经济理论的第四大柱石。尽管旧制度经济学和新制度经济学者对制度文化性质、成因和作用做了大量卓有成效的研究,一些研究也对经济发展作出了说服力的解释,但它们都没有抓住制度文化的本质特征,以及制度等要素对经济发展作用的重要机制,没有创造出新的分析工具,很少细致分析制度行为、制度能动力、制度产出之间的决定关系以及其对经济发展的影响,没有将制度的三重行为与经济的三重行为区别开来,也始终不能将制度与其他要素兼容。因此,在解释制度的形成和作用方面,无论是旧制度经济学还是新制度经济学,始终存在一定的缺憾。

9.2 制度文化发展的性质特征

9.2-1 制度文化的内涵与构成

制度可以被定义为对人类重复交往所作的法律、行政和习惯的安排(平乔维奇,1999)。"制度是社会的游戏规则,是为人们的相互关系而人为设定的一些制约"

(North，1990)。没有制度规则也是一种制度安排，如无政府状态社会的弱肉强食法则和"丛林法则"。凡勃伦(Veblen，1899)将制度定义为"一种盛行的精神态度或生活理论"，而将制度变迁解释为"思维习惯的适者生存以及个体对环境的强制性适应过程"。在现代文化演化理论中，制度就是搭载在文化群体上的"复制者"。

制度文化是制度与文化相互关联的复杂体系，基于形态与功能分为正式制度、非正式制度和这些制度的实施机制。正式制度是一系列政治、经济规则及契约等法律法规，是由一定组织按照一定的目的和程序自觉创造出来的。非正式制度即文化包括价值信念、伦理规范、道德观念、风俗习惯及意识形态等，认知起源于参与者的心智模式，也是人在交互中自发形成或组织创造并"教化"出来的。文化是"在族群、宗教、社会团体中世代传承而不易改变的信仰和价值观"(Guiso，Sapienza and Zingales，2006)。实施机制是确保规则得以执行的相关制度安排，上述三部分构成不可分割的制度整体。"无法可依，有法不依，执法不严，违法不究"是规则与规则实施机制的相互关系的反映。制度从形态上还分别称为规则、规范和认知(Scot，1995)，其中，规则是正式制度，规范是社会文化，认知是个体心理。基于行为，制度分为：规范创新、学习与重复行为的制度，生产、交换、消费与分配的制度，规范竞争与合作行为的制度。制度文化还可以分为制度环境和制度安排。制度环境是一系列用来确定生产、交换与分配的基本的政治、社会、法律规则。制度安排是指在特定领域内约束人们行为的一组规则，支配经济单位之间的合作与竞争方式的规则。人类经济制度主要包括组织主体制度、财产权利制度、资源配置制度和收入分配制度。

9.2-2　制度与文化的关系

制度与文化不仅通过影响主体的能力和动力影响制度博弈行为，而且其本身之间是相互影响的。

制度强制性影响文化的产生和变化。正式制度决定集体社会行为模式，集体社会行为影响集体认知模式即集体社会文化模式。组织主体可以通过强制性硬约束和激励塑造支持制度的文化。例如，组织通过法律对践行一定的价值观和道德观给予奖励，有助于激励全社会塑造相应的道德观和价值观。与此同时，制度变革将影响文化变革。制度供给者通常利用其所依托的暴力工具，强制性构造与之相匹配的文化，以服务和维护制度安排。

文化诱致性影响制度的产生和变化。文化通过影响主体的需求偏好，以诱致性软约束和激励形式支持文化的制度安排。社会习俗或宗教等作为信念一类的文化表征会影响个体的价值观和偏好(Guiso，Sapienza and Zingales，2006)。文化稳定支撑制度稳定，文化遗传性维护制度的稳定性。文化没有实现变异，则组织崩溃后建立的新组织仍然采用原来的制度，这一制度可能是更加强化固有文化的"新"制度，因此组织将表现出兴衰轮回的交替状态。例如，中国经历过数次改朝换代，但由于思想文化没有改变，所建立的制度依然是不变的制度。文化变革促进制度变革。文化具有变异性，外来文化冲击和本地文化变革，通过调整或维持主体的利益和偏好影响其行为，从而导致规范行为的制度的变革。

文化与制度在一定程度上相互替代。文化在一定程度上可以替代制度。法律规范人的外在生理行为，道德规范人的内在心理行为，人的心理行为影响人的外在生理行为，如果心理行为得到规范，就不用法律再规范人的生理行为。制度在一定程度上可以替代文化。例如，平均主义的分配制度容易在集体主义文化下建立，多元包容的文化很难在专制集权的制度下存活。"意识形态共识是对正式规则的一种有效补充和替代"(Powell and Dimaggio，1991)。

制度与文化相互影响。制度与文化的匹配和兼容使得两者相互支撑、相互吸引、相互促进、相辅相成，从而提高两者的有效性。制度与文化的错配和排斥则使得两者相互拆台，制度不能起到有效作用，文化也就无从建立。

9.2-3　制度与组织的关系

组织是个体的集合，由人、物品、交互和制度构成。组织需要制度规则，组织是个体通过制度而建立的，制度是组织不可或缺的要素。制度是由组织建立的，服务于组织。组织建立起来的制度又反过来影响组织及其个体的行为。组织是"游戏者"，制度则是"游戏规则"。基于组织边界制度文化分为家庭制度文化、企业制度文化和政府制度文化，基于地域尺度制度文化分为国家制度文化、区域制度文化、城市制度文化，基于部门行业制度文化分为农业、工业、服务业等制度文化。诺思认为制度不一定需要集体行动。制度是组织成员共同的集体行动或者少数成员制定出来约束人们行为的规范。正如康芒斯所言，"制度解释为集体行动控制个体行动"(康芒斯，1962)。

9.2-4　制度文化的性质与特征

制度文化是由人通过意识活动创造的、规范人们思想和行为的思想意识形态产品，是知识产品的重要组成部分,具备知识产品的一般特征。作为特殊的知识产品,制度文化与科学技术等其他知识产品相比,具有特殊性。同时制度与文化两者也有不同特性。制度文化是特殊物品,没有明晰的产权,制度要素难以等价交换,但也可以有偿或无偿转移。

制度文化具有内生性。之前的研究都将制度作为一种要素,而没有将其作为一种产出。实际上,制度文化既是人们意识和智力活动的产出产品,也是影响人们行为的投入要素。因此,制度是选择的结果,又反过来影响选择。

制度文化具有系统性。尽管具体制度是针对具体行为进行规范的,但是由于社会是复杂系统,人们的行为也具有系统复杂性,所以制度也是一个复杂系统,一项制度的创新需要相关制度的匹配,要不然不仅阻碍制度变革,也会制约制度的扩散。"属于任何一种文化或任何一个民族的制度系统总是一个整体,其间任何一项制度都不是孤立的"(Veblen,1899)。

制度文化是一种约束和激励力量。与其他知识产品不同,制度与文化的作用是规范人及组织的行为。制度多以成文的法律形式规范行为,或者人的长期行为逐渐演化为组织内默许的行为规范,它们大多具有强制性,通过一定的物质产品和知识产品的激励或惩罚影响人们的行为。制度通过正式的激励或惩罚的方式得到执行,即通过潜在和现实的强制性人身及财产损益来影响人们的行为。文化则是软约束,是长期行为达成的共同价值观念,通过同侪压力、内疚感和道德义务等非正规方式得到执行,即通过潜在和现实的精神及荣誉的损益来影响人的行为。

制度文化具有差异性。在规范同一类行为时,不同场域在制度的规则、规范和认知三个方面是有差异的,科斯托娃(Kostova,1999)将其称为制度距离。科斯托娃和查希尔(Kostova and Zaheer,1999)运用国家制度特征量表来测量国家在规制、规范和认知三个维度上的制度特征。由于制度文化是在一定时空和长期的社会实践中逐步形成的习俗、惯例与规范等,在不同国度、场域中制度文化存在差异。比如,中国制度文化中的社会结构强调集体主义,重视家庭、宗族和等级制度等,而西方制度文化则更注重个体主义,强调个人自由和权利;又如,中国南方商业文化较为浓厚、讲求利益,而北方"重义轻利"、讲求情谊。

制度与文化具有遗传性和变异性。一方面,制度变迁存在路径依赖。一旦制度形成就具有一定的稳定性,其变革存在相互依赖。一种制度机制的规模经济、技术互补性和网络外部性,使得制度变迁不可抗拒地具有不断累积和路径依赖的特性。制度演化创新具有路径依赖特征。"人们倾向于把现在的思维习惯永远维持下去,除非环境迫使其改变"(Veblen,1899)。另一方面,制度的学习和竞争又使得组织将改变或作出重新选择,从而实现制度的优胜劣汰,改变制度演化的轨迹。

制度文化变迁具有滞后性。行为规范背后是利益规范,其调整涉及利益调整和思想冲击,制度创新涉及集体行动,所以会受到多方牵制,只有调动其个人勇气和团结力量,才能改变无效的制度,建立有效的制度。所以,制度与文化的改变要比科学技术以及经济结构的变化缓慢得多。另外,制度创新并无现成的制度规则可供直接模仿,只能在长期的探索过程中不断试错,通过经济主体之间的互动博弈,最终才有可能形成一套全社会都认可的制度体系。文化是在"物竞天择,适者生存"的社会中进行遗传和变异的,这决定它相较于制度演变更慢,也决定文化比制度更有持久的生命力。制度创新与技术创新具有一定的时滞,一方面会导致制度创新、技术创新和经济产出的曲折发展,另一方面决定不同空间的科技创新、制度创新和产出增长的此起彼伏。

制度文化具有两面性。有些制度是激励人们的行为的,而有些制度是约束人们的行为的。有些制度文化所规范的行为促进经济发展,而有些制度文化所规范的行为则阻碍经济发展,或者说对促进经济发展无效。制度的性质也是变化的,在一定技术条件下的好制度,在另一个技术条件下可能是坏制度。比如,在生存能力极端低下的情况,产权共有有助于人类生存。但当人类生存能力提升后,公有制又变成阻碍经济发展的制度了。在不同水平上需要不同的最佳交互制度,不断演化的制度相对于最优制度的偏离程度,决定收益和成本,进而决定产出增长和结构变迁的速度。基于制度的正负性,制度具有规模报酬递增和成本递增等特征。制度文化功能是双面性的,两者相互作用、意义不同,在不同情况下,两者相互影响的地位和作用也不同。

制度文化有质无量。虽然异质的制度可以有多个,但同质的制度通常只有一个。制度规范行为主体的范围有大有小,就其数量而言,主要看其覆盖的范围。一个社会的制度由数个异质性要素组成,通常哪个制度覆盖面大则哪个制度的数量就大。

9.2-5 制度文化的度量和统一

第一,将制度由质变量。可以用制度应用场域或者接受主体的程度来衡量。如果制度应用所占的空间范围或者所占的主体占总体的比例低,则表明该制度的数量小,假设全部应用为1,没有应用为0。则有:

$$I_{jpt} = \frac{s_j}{S}$$

其中,I_{jpt}为制度j被应用的比例数量,s_j为应用该制度的主体数量和空域规模,S为总主体量或总空域规模,$0 \leqslant I_{jpt} \leqslant 1$。

第二,量化制度的优劣。在不考虑其他交互成本的情况下,个体自由经济制度是最优的经济制度。具体表现为:产权明确为个人自有,市场在个人之间进行分配,收益在个人之间进行分配,第一次分配基于效率,投入与收益完全对称。第二、三次分配基于公平,投入与收益不完全对称。这一制度既可以实现对个体最大的激励和约束,也可以保证整体最优发展。

9.2-6 经济制度的核心内容

虽然所有的制度文化最终都可能影响经济发展,但经济制度尤其是产权制度、资源配置和报酬分配等对经济发展的影响最为核心。所以,本章以下部分的分析论证主要集中在这三个方面。以该分析为典型,其他经济制度的决定因素及机制、作用渠道及机制也基本类似。

财产权利是人们对支配的有价值的所有物品的所有权、使用权和处置权的社会安排;是由物(包括服务、专利等)的存在引起的界定人与人之间的关系的规则,是制度化的财产权利关系或财产权利关系的制度化,是关于财产权利的划分、确定、界定、保护、使用、收益、转让的一系列规则。经济主体的交互涉及自然物品和意识物品,物品产权关系清晰与否影响交互的效率。

资源配置制度是市场配置还是行政配置,抑或是抢劫窃取,影响经济交互主体的预期收益和预期成本,进而影响交互主体的交互成本。

收入分配制度涉及经济主体交互获得报酬递增的收益如何分配,直接影响交互的效率和公平及交互的成败。人民公社失败的很大原因就是产权不清、分配不公和配置不优,从而导致交互的效率低下和成本高企。中国民间的谚语“一个和尚担水吃,两个和尚抬水吃,三个和尚没水吃”,也反映了责权利不明确导致的交互的规模报酬递减。产权制度、资源配置制度和分配制度状况不仅影响效率,也影响公平。理想的目标是追求效率优且公平,但由于人的禀赋是异质的,效率和公平存在两难冲突,现实世界很难实现最优解。经济制度的作用是规范人的经济行为,解决激励和约束以及资源的匹配和有效利用等问题。

9.3　经济制度的决定因素

制度要素与制度产品关系具有特殊性,虽然制度产出与制度存量有一定的相关性,但是制度变迁主要是对制度投入的否定。

基于统一发展经济学关于经济发展的三角形生产函数(图1.5)模型和公式(1.5)。制度变迁是旧制度存量向新制度的转换,是由技术、人知、人口、物质和制度决定供求主体的制度变迁能动力及其与行为相结合的产物。一方面,制度要素同类要素影响制度产品。制度文化存量只能重复过去的制度而阻碍制度文化创新产出。人口脑力劳动、科学技术、人力资本则可以再造制度文化。另一方面,经济体系的要素资产与产品资产通过影响经济主体及其行为间接影响资产相互转化。人口、物质、技术、人知和制度作为资产通过塑造能力或者影响偏好及预期动力,进而形成供需主体制度创造的多重能动力及多重行为,最终影响制度发展(包括方向、种类、程度)。

9.3-1　非制度资产及变换影响制度供需主体的制度能动力及变化

其他资产因为与制度的性质不同,并非直接作用于制度文化,而是通过产出变化给经济主体带来不同的收益回报,引致经济主体对制度文化的创新、学习和重复的动力,同时塑造经济主体对制度文化的创新、学习和重复不同的能力,进而影响制度文化及其变迁。制度决定经济绩效,而人口数量变化等所引起的相对价格的变化则是制度变迁的源泉(North and Thomas,1973)。资产相对价格的变化不仅能改变"个人在人类互动中的激励",而且能改变人们的口味和偏好(包括对回报、收益等的主观感知),从而改变人们的行为方式和一些"先存的心智构念"并引致制度变迁(North,1990)。

1. 物质资产影响经济主体的制度文化及其变迁的动力和能力

物质产出和收益回报通过影响主体的偏好和预期收益重塑主体的动力,进而再造主体的经济能动力。物质要素的收益变化给各个主体的回报不同,从而导致其对制度文化的变革的意愿和动力不同,有的愿意改变制度,有的希望保持制度。物质要素及收益给各个经济主体文化意识的影响也是不同的,有些能被物质要素的变化改变,有些则不能改变。所以,经济产出及回报影响经济主体的制度偏好和预期收益,再造了经济主体的制度能动力。与此同时,经济产出及回报通过影响经济主体的资产负债结构,也在重塑经济主体的制度能力;物质要素通过影响其他要素来间接影响经济主体对制度的需求偏好、预期收益和资产负债。物质资产的增加带动人口增长,人口增长带动科技资产增长,科技资产增长倒逼人知资产增长,人知资产增长倒逼人口资产放缓和转型,从而倒逼相关制度的需求偏好、预期收益和资产负债发生变化。尤其是,物质产品状况及其变化会影响制度性质及其变化。随着社会物质产品的积累和富裕程度的增长,社会的制度文化(可理解为经济主体可获取的制度机遇)也会相应得到提升(Glaeser et al.,2004)。在宏观层面,物质产品极度短缺决定公有产权制度、计划配置资源和行政分配的经济制度组合(是有效的)。而在物质产品剩余出现之后,私有产权制度、市场配置要素以及相关的分配制度得以形成。在微观层面,物质产品增长(包括物质数量和种类的增长)所带来的不同经济主体的预期收益变化,驱动不同经济主体去促进或阻碍物质产品数量和种类创造行为,并且为了保障或反对物质产品增长行为,经济主体将在建立新制度和维持旧制度层面进行博弈。

2. 人口资产及其变化影响经济主体的制度文化及其变迁的动力和能力

人口资产产出及其回报影响人口资产的预期收益,进而影响人口资产制度的预期收益。人口资产及其变化影响家庭、企业和政府的人口认知即人口文化。人口资产产出及其回报,影响经济主体的资产负债结构及选择制度的能力。例如,在农业社会,经济产出主要靠体力投入,人口的产出回报相对较高,人口增长能够带来更多收益回报,从而决定经济主体更多的人口资产生产投入,也决定促进人口增长的制度能够有更高的预期收益。而人口的产出回报相对较高所形成的重视人口生产的文化认知,也将强化经济主体重视人口的需求偏好;人口资产是产出的核心要素和本源动力,同时影响四个要素产出。人口资产通过影响其他要素会间接地影响经济主体对制度文化的需求偏好、预期收益和资产负债,从而影响制度及其变化的能动力。人口增长带动科技资本增长,科技资本增长倒逼人知资产增长,人知资产增长倒逼人口资产放缓和转型,从而倒逼相关制度需求偏好、预期收益和资产负债的变化。

尤其是,人口发展对制度文化及其变化具有决定性影响。在一个社会和组织内,选择和建立什么样的制度既受到整体人口的思想意识的影响,也受到不同利益的群体之间力量博弈的影响(奈特,2009)。人口规模增加,不仅促成新的主体及其新行为的产生,而且导致原有主体组织及其行为的变化,影响支撑现有制度背后的家庭、政府和企业的交互行为以及均衡力量的变化,从而影响制度文化的变革。人口因素在制度变迁过程中是重要的原动力,也是推动中国制度变迁的基本动力(周祝平,2002)。

3. 人知资产及其变化影响经济主体的制度文化及其变迁的动力和能力

人知资产产出及其现实回报,影响家庭、企业和政府的人知资产的预期收益,进而影响人知资产制度及其变迁的预期收益。人知资产及现实回报影响社会认知即人知资产的文化。人知资产产出及其回报转化为经济主体的重要要素,影响经济主体的偏好结构、预期收益和资产负债结构,所产生的能动力导致经济主体产生生产与交换、创新与学习、竞争与合作等行为及其变化,这些变化要求制度和文化作出保障或者进行相应改变。例如,在农业社会,土地和体力劳动是从事农业生产最关键的要素,人知资产处在不太重要的决定作用地位,无论需求偏好和预期收益都不大,保证人知资产增长的制度的需求动力和供给能力也都比较小,所以制度完善及其变革有限;人知资产通过影响其他要素间接影响人知资产制度。人口资产通过影响其他要素会间接地影响经济主体对制度文化的需求偏好、预期收益和资产负债,从而影响制度及其变化的能动力。人口资产与人知资产在人体内结合,人知资产与科学技术是相互转化的。人知资产增长倒逼人口资产转型。人知资产增长影响物质、科技、人口的增长,进而影响物质、科技、人口相关的制度需求动力和供给能力。

此外,人口转型为制度文化改变提出了需求也创造了条件,一方面,通过改变家庭和企业的偏好,汇聚在一起可改变社会的文化价值趋向;另一方面,通过改变家庭和企业的比较预期收益,使得人知资产投资有可能获得更高的回报,由此激发保护人知资产回报的制度动力和创建新制度的动能,最终决定新制度的推出。

4. 科学技术及其变迁影响经济主体制度文化及其变迁的动力和能力

科技通过影响主体目标函数,影响制度文化的能动力,进而影响变革行为,并影响制度及其变化。科姆洛什(Komlos, 1998)认为在技术发展需要的组织架构上也在逐渐积累相应的条件。一方面,科技及变迁带来科技相关制度及其变化。科技产出及其回报,影响经济主体对科技的需求偏好、预期收益和资产负债,具体的科学技术的生产与交换、创新与学习、竞争与合作等行为都需要相应的制度规范。科技制度及其变迁的预期收益,转化为科技制度及其变迁的需求动力,科技在成为重要的资产后,构成科技制度及其变迁的供给能力。

另一方面,科技及变迁通过影响其他要素及其变化来影响制度变化。科技资本、物质产品的开发倒逼人知资产增长,影响人口增长及结构,进而影响经济主体对相关制度及其变迁的需求偏好、预期收益和资产负债,从而决定相关制度增长的动力和能力。技术进步导致更多收益、更大的物质产品开发成为可能,而开发这些物质产品需要建立制度规范以保护这些行为。具体而言,蒸汽机等科技成果在生产中的应用就是例证,大规模的机械生产能够带来更多的规模收益,从而对工厂制度的诞生提出了需求。1721年英国第一个水力驱动的现代纺织厂诞生。交互技术发展使得经济主体对有关物质、人口和科技的交互发生了变化,需要相关具体交互制度对此予以规范和保护。信息交互技术越来越先进,经济主体的交互形式和内容不断变化,也需要越来越多的相关制度予以规范和保护;科技及其变迁给制度变革创造了条件。比如,保密技术的发展为专利申请制度的建立创造了条件。

在技术变革和使之成为必需的制度变革之间,通常存在一个明显的时间差,制度变革总是滞后于技术创新。另外,科技及其进步有时还成为维护落后制度的工具。例如,互联网技术创新既可能推动一些制度的变革,也可能巩固和强化一些制度。技术发明导致对所交易物品的产权的更进一步界定,并降低了私人成本与收益和社会成本与收益之间的差别(科斯等,1991)。技术进步会产生新的利润、名声、权力和声望等的机会,也会产生实现这些进步制度变迁的需求(斯密德,2004)。技术变迁通常改变一个社会中的财富分布结构,而财富的财产权主体必然对社会的权力结构调整提出相应要求。从早期人类社会到现代早期以来的制度变迁历史,我们一再见证了财产权利结构变化导致的政治权力结构变化。

总之,物质、人口、人知资产和科技通过影响家庭、企业和政府的需求偏好、预期收益和资产负债,形成家庭、企业和政府的制度变革的能动力。

9.3-2 供需主体制度的能动力决定供需主体的制度文化行为

组织的制度行为是组织内部经济主体制度能动力相互作用的结果,经济体系的制度行为是经济体系内各个经济主体制度力相互作用的结果。经济主体在制度文化层面具体、抽象、关系的自我及交互行为能动力,决定经济主体在经济体系的制度文化层面具体、抽象、关系的自我及交互行为。经济主体包括家庭、企业和政府,经济主体的经济行为能动力包括每个具体活动的自我内驱的创新、学习和重复能动力,每个具体行为的创新、学习和重复的平行竞争力和平行合作力,以及每个具体行为的创新、学习和重复的交互竞争力和交互合作力。

一般而言,在整个社会经济体系中,家庭或企业是每一具体制度文化的主要创新、学习和重复的需求者,政府则是每一具体制度文化的主要创新、学习和重复的供给者。

1. 企业主体在制度上的多重能动力影响企业的制度需求的多重行为

企业的显著特征是作为价格机制的替代物(Coase，1937)。企业的最大化行为既可以是在现有约束集合中作出选择，也可以是去改变(制度)约束(North，1990)。作为制度的需求者，企业经济主体对制度文化的需求偏好、预期收益、资产负债，形成企业在制度文化上的具体、抽象、关系的多重行为的需求能动力或能阻力，从而影响企业在制度文化上的具体、抽象、关系的多重行为。具体而言，一些企业预期制度创新和学习能够获得更大收益或者使经济主体拥有强烈的制度创新和学习的需求偏好，从而产生较大的制度创新和学习的需求动力；一些企业预期制度创新和学习能够导致较大的损失或者使经济主体拥有强烈的反对制度创新和学习的需求偏好，从而产生较大的制度创新和学习的需求阻力；一些企业预期保持制度不变可以获得更大的收益或者使经济主体对制度创新和学习的需求偏好保持中性，从而产生较大的制度重复需求动力；一些企业预期保持制度不变可以导致更大的损失或者使经济主体拥有强烈的制度创新和学习的需求偏好，从而产生较大的制度重复的需求动力。与此同时，每个企业的资产负债规模和结构将决定经济主体的需求能力。与动力、阻力结合在一起形成多重能阻力。就一个具体制度的创新、学习和重复而言，许多企业在不同方向的不同大小的需求动力和阻力相互作用，会形成净合力，决定企业在某一具体制度的创新、学习或重复上的总体需求行为。

2. 家庭主体在制度上的多重能动力影响家庭的制度需求的多重行为

作为制度的需求者，家庭经济主体对制度文化的需求偏好、预期收益和资产负债，形成家庭在制度文化上的具体、抽象、关系的多重行为的需求能动力或能阻力，从而影响家庭在制度文化上的具体、抽象、关系的多重行为。具体而言，一些家庭预期制度创新和学习能够获得更大收益或者使经济主体拥有强烈的制度创新和学习的需求偏好，从而产生较大的制度创新和学习的需求动力；一些家庭预期制度创新和学习能够导致较大的损失或者使经济主体拥有强烈的反对制度创新和学习的需求偏好，从而产生较大的制度创新和学习的需求阻力；一些家庭预期保持制度不变可以获得更大的收益或者使经济主体对制度创新和学习的需求偏好保持中性，从而产生较大的制度重复需求动力；一些家庭预期保持制度不变可以导致更大的损失或者使经济主体拥有强烈的制度创新和学习的需求偏好，从而产生较大的制度重复的需求动力。与此同时，每个家庭的资产负债规模和结构将决定经济主体的需求能力。与动力、阻力结合在一起形成多重能阻力。就一个具体制度的创新、学习和重复而言，许多家庭在不同方向的不同大小的需求动力和阻力相互作用,会形成净合力,决定家庭在某一具体制度的创新、学习或重复上的总体需求行为。

家庭与企业都作为制度的需求者,就某一具体制度的创新、学习和重复而言,企业净需求能动力和家庭的净需求能动力,驱动制度的需求者之间展开竞争与合作,最终合成一定方向(或是创新或是重复或是学习)和强度的制度需求能动力,再合成制度需求总能动,从而决定制度创新、学习或者重复需求的总体行为。

3. 政府主体在制度上的多重能动力影响政府的制度供给的多重行为

政府作为制度的供给者,也由多个主体组成,包括各级政府、各级部门、各地政府以及相应的委托代理人。政府经济主体对制度文化的需求偏好、预期收益和资产负债,形成政府在制度文化上的具体、抽象、关系的多重行为的供给能动力或能阻力,从而影响政府在制度文化上的具体、抽象、关系的多重供给行为。具体而言,一些政府及其代理人预期制度创新和学习能够获得更大收益或者使经济主体拥有强烈的制度创新和学习的供给偏好,从而产生较大的制度创新和学习的供给动力;一些政府及其代理人预期制度创新和学习能够导致较大的损失或者使经济主体拥有强烈的反对制度创新和学习的供给偏好,从而产生较大的制度创新和学习的供给阻力;一些政府及其代理人预期保持制度不变可以获得更大的收益或者使经济主体对制度创新和学习的供给偏好保持中性,从而产生较大的制度重复供给动力;一些政府及其代理人预期保持制度不变可以导致更大的损失或者使经济主体拥有强烈的制度创新和学习的供给偏好,从而产生较大的制度重复的供给动力。

与此同时,每个政府及其代理人的资产负债规模和结构将决定主体制度供给的能力,与动力、阻力结合在一起形成多重能阻力。就一个具体制度的创新、学习和重复而言,许多政府及其代理人在不同方向的不同大小的需求动力和阻力相互作用,会形成制度供给的净合力,决定政府在某一具体制度的创新、学习或重复上的总体供给行为。制度的供给者之间展开竞争与合作,最终合成一定方向(或是创新或是重复或是学习)和强度的制度供给能动力。

家庭、企业与政府在制度创新、学习和重复上存在交换交互的竞争与合作关系,政府与企业及家庭还存在供求关系(图 9.1)。家庭、企业与政府之间在制度创新上的具体、抽象和关系的行为能动力的方向、力量大小及其博弈,决定制度文化的具体、抽象和关系的行为选择。当家庭的制度创新需求的能动力大于(或小于)能阻力时,制度创新和学习(或制度重复)的需求将会发生。当政府制度创新和学习的供给能动力大于(或小于)能阻力时,制度创新和学习(或制度重复)的供给将会发生。如果家庭和企业需求制度创新和学习的净能动力大于(或小于)零而政府制度创新和学习的供给净能动力大于(或小于)零,则制度创新和学习(或制度重复)将会发生。如果家庭及企业的制度创新和学习的需求大于零而政府制度创新和学习的供给净能阻力小于零,当制度创新与学习的需求净能动力大于制度创新学习供给的净能阻力时,制度创新和学习的行为将会发生;反过来,当制度创新与学习的需求净能动力小于制度创新学习供给的净能阻力时,制度重复行为将会发生。如果家庭及企业的制度创新和学习的需求能阻力小于零而政府制度创新和学习的供给净能动力大于零,当制度创新与学习的需求净能阻力小于制度创新学习供给的净能动力时,制度创新和学习的行为将会发生;反过来,当制度创新与学习的需求净能阻力大于制度创新学习供给的净能阻力时,制度重复行为将发生。

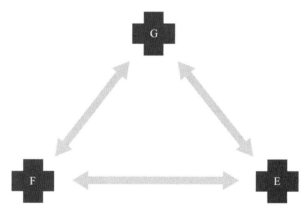

图 9.1　家庭(F)、企业(E)和政府(G)的关系

9.3-3　供需主体制度及其变迁的行为决定制度及其变迁

经济主体的制度、物质、科技、人口和人知资产的具体、抽象和关系的行为,决定各个具体环节的制度文化的重复、学习与创新的竞争与合作行为,决定制度文化的产出、传播和使用,从而决定制度的存亡。制度行为有三重性即制度文化的具体行为、抽象行为和关系行为,其中制度文化的具体行为就是规范某一方面生产、消费、交换、分配及使用等某一具体环节的制度行为,制度文化的抽象行为即制度的创新、学习和重复行为,制度关系行为即某一具体环节的制度创新、学习和重复而竞争和合作行为。三重行为是三位一体的关系:具体行为决定制度文化的具体内容,抽象行为决定制度文化的性

质,关系行为决定制度文化的生死。

1. 经济主体的生产与消费行为影响具体制度产出和应用的内容

具体制度行为是具体经济部门、具体经济环节(生产、消费、交换、分配服务)的制度行为,决定在具体部门的具体环节的制度文化。

需求者的具体行为形成了制度生产和使用的需求。制度、物质、人口、人知资产和科技的生产、交换、分配与消费,基于需求动力,向具体制度生产和使用提供了需求;基于需求能力,也创造了具体制度生产和使用的条件。专就非正制度而言,整个社会的家庭和企业意识到某一观念文化能够产生更大的预期收益,就会形成认同这种认知和文化的强烈需求。例如,创新和学习行为能够带来收益的事实会不断强化创新和学习能够带来收益的社会认知,从而逐步形成全社会重视创新和学习的文化氛围需求。

供给者对具体制度的生产行为产出新的具体制度。针对需求者在制度、物质、人口、人知资产和科技上有关生产、交换、分配与消费的某一具体制度文化领域的需求,制度供给者在给定的主观偏好、利益结构、理性水平、制度环境、技术条件等的约束下,通过特定程序和渠道进行正式规则的创新和设立,从而产生新的具体制度。但就文化而言,当整个社会的家庭和企业汇聚成某一关键文化的共识需求时,一些思想家或公共机构的思想就会加工形成系统的文化供给。例如,历史上的许多宗教、迷信以及风俗习惯,多是由一些重要人物或公共机构总结提炼并通过一定形式供给的。

供给者对具体制度的使用行为延续旧的具体制度。在某一具体制度领域,使用相应的规则和制度规范相关经济主体的行为。由于一有硬暴力潜能工具加以强制性保护和维持,二有软文化认知给予维护和传承,再加上声誉机制的作用,制度文化在经济体系内具有长期稳定性。这也为旧制度消亡和新制度产生创造出一定的条件。首先,通过"干中学"形成关于制度生产的"知识副产品"。其次,偏离最优标准的制度,可能减弱供需主体预期目标的最大化预期收益,从而导致变革的动力。再次,偏离最优标准的制度,可能导致经济体系的失败,进而导致旧制度体系的消亡。政府或公共机构通过硬暴力和软传播的形式,并将之作为社会规范,将某一具体文化观念稳定下来。专就文化而言,一些文化观念在一些思想家或公共机构供给后,被拥有暴力潜能的权力机构认可并传播就可以成为长期约束人们行为的规范。例如,儒家学说中关于社会关系的论述,被古代统治者认可,最终成为全社会人们行为的规范。

总体上,制度需求行为引致制度供给行为,从而带来制度的生成。当然制度供给也可以创造制度需求,从而导致制度的使用。结合起来看,政府通过制定和执行法律制度、塑造与自身价值观相符的文化观念等,对企业、家庭和个体产生诱导和约束效应,并影响物质和精神产品的再生产及个体和组织的行为,进而影响制度文化;家庭在其内部制度文化的运行上扮演着决定性角色,制度文化的形成、变革和传承是众多家庭与其他社会组织相互作用的结果(Putnam,2000);企业部门则根据自身文化和预期收益、依赖其自主性构建特有的制度文化,并通过相互作用塑造家庭和政府的制度文化。

2. 经济主体的创新、学习和重复行为决定制度的产出和应用的性质

抽象制度行为即经济主体所有部门及环节所表现的创新、学习和重复行为,决定制度的创新、学习和重复。只要机器过程作为现代文化中的一个规律性因素继续占据支配性地位,这个文化时期的精神生活和文化生活就肯定会保持机器过程赋予它的特征(Veblen,1919)。

需求者创新、学习和重复行为形成制度创新、学习和重复的需求。制度、物质、人口、人知资产和科学技术的创新、学习与重复行为,基于需求动力,向制度文化的创新、学习和重复提供了需求;基于需求能力,也为制度文化的创新、学习和重复创造需求条件。

供给者创新、学习和重复行为形成制度创新、学习和重复的供给。创新制度的供给者针对需求者在制度文化上的创新、学习和重复的需求,在给定的主观偏好、利益结构、理性水平、制度环境、技术条件等的约束下,通过特定的程序和渠道进行正式规则的创新和设立,从而产生新的具体制度。针对需求者在制度文化上的学习的需求,模仿者以率先创新者的创新思路和创新行为为榜样,以其高效制度为示范,充分吸取率先创新者的成功经验,并在此基础上对率先创新进行改进和完善,进一步创造出一种符合自身特点的高效制度方式的渐进性创新活动。重复制度的供给者则在给定的主观偏好、利益结构、理性水平、制度环境、技术条件等的约束下,通过硬暴力潜能和软约束,使制度保持不变的状态。

总体上,创新、学习和重复制度需求行为引致创新、学习和重复制度供给行为,从而带来新制度的形成或者现有其他制度的借鉴或者旧制度的重复。当然,制度创新、学习和重复供给也可以创造创新、学习和重复制度需求,从而导致制度的创新、学习和重复。家庭、企业和政府在制度文化的创新、学习和重复上展开供求竞合博弈,实现制度文化的维持或者创新,转而成为投入要素。社会制度文化的重复、学习或者创新(即制度是否改变),取决于家庭、企业和政府等众多行为者的力量及其博弈,这些决定制度文化及其变迁是否发生。

3. 经济主体的竞争与合作行为影响制度的产出和应用

制度因为规范具体、抽象和关系的交互行为而产生,制度又需要具体、抽象和关系的交互行为来决定。"从稀缺性中不仅产生冲突,而且产生因为相互依存而建立秩序的集体行动"(康芒斯,1962)。在许多世代中,人们从反复经验中觉察到遵循某些制度能够有效化解冲突,而违背某些制度会加剧冲突,从而导致稀缺资源被用于非生产性用途,于是这样的制度被保留下来。

制度、物质、人口、人知资产和科学技术的具体、抽象、关系的行为所对应的制度行为,即每个具体经济部门及具体经济环节在制度方面的创新、学习和重复的竞争与合作行为,最终决定制度的生产、扩张、衰退和消亡。

就每一个具体制度的创新、学习或者重复而言,每一个相关的企业和家庭等需求者基于需求偏好、预期收益和资产负债,形成大小和方向不同的需求能动力,所有相关需求者通过交互(即竞争与合作)形成总合力,进而决定这一具体制度的创新、学习和重复有无需求。

就每一个具体制度的创新、学习或者重复而言,每一个相关的政府等供给者基于供给偏好、预期收益和资产负债,形成大小和方向不同的供给能动力,所有相关供给者通过交互(即竞争与合作)形成总合力,进而决定这一具体制度的创新、学习和重复有无供给。

最终,供给者与需求者交互竞合,形成这一具体制度创新、学习和重复的净能动力,如果该净能动力大于零将产生和扩大,如果小于零将衰落和消亡。

由于政府是主要的制度供给者,所以制度之间竞争与合作的主体是政府交互的重要内容之一。政府之间的制度合作行为有助于相互制度的取长补短、相互学习和不断创新。政府之间的制度竞争行为导致制度的优胜劣汰。一方面,政府之间的激烈竞争压力倒逼转化为政府的制度文化创新和学习的动力。另一方面,政府之间的制度竞争可能导致采用落后制度的政府的失败,从而导致落后制度的消亡以及先进制度的扩张。每个制度、物质、人口、人知资产和科学技术的每个运行部门和运行环节,都有一套与之匹配的最适合的制度规则,合适的制度能够激发动力并降低交互成本,最终将增强与经济主体对应的制度的能动力,不仅导致经济主体整体竞争成功,也导致这一具体制度在竞争中成功、存在和被模仿。偏离合适制度规则基准将导致主体动力降低和成本增加,从而降低与经济主体对应的制度的能动力,这不仅导致经济主体整体竞争失败,也导致制度的竞争失败、衰减和消亡。总之,通过制度的竞争与合作,最优制度将曲折地被创造和模仿。

9.3-4 经济空间分布从两个方面影响制度及其变迁

经济结构影响制度文化的变迁及时空均衡性。由于创新和学习的预期收益和资产结构将总是大于重复(除非供需主体具有强烈的守旧偏好),经济结构多样化和高级化的需求能动力将大于需求能阻力,供给能动力将大于供给能阻力。供给主体内部、需求主体内部以及供求主体之间的博弈所形成的供需合力大于零,制度文化终将随着经济结构的变迁而变迁。比如,金融发展通过增加物质和知识产品的规模及种类来多样化经济主体的行为,从而倒逼制度创新(以规范多样化的经济行为)。又如,经济总量增长通过影响不同经济主体的偏好结构和预期收益以及不同主体的资产规模和收入大小,决定不同经济主体的制度竞合力大小及其变动,进而影响制度文化的变迁。特别是不用空间区位上或地域单元中经济结构多样化和高级化程度的差异,还决定特定制度文化及其变迁是不均衡或不同步的。

空间区位影响制度文化的个性和分布结构。自然环境、地理区位等条件的特殊性和差异性,决定空间区位上人们的行为特殊性和差异性,而反复的行为决定则强化着人的认知以及文化的个性和差异性,从而决定用于规范行为的制度文化的特殊性和差异性。制度文化特别是地域性制度文化具有不可移动性和稳定性,所有制度文化与空间具有高度一体性,而空间深度影响制度文化。

在空间竞争与合作的状态下,最优制度将曲折地胜出并被不断复制。由于经济主体是在更大的空间和体系范围内处在竞争与合作状态,这将使得落后的组织、空间或部门在竞争与合作中,或者遭受经济彻底失败,个体或组织消失,空间重新被动复制先进的制度;或者组织、空间为免遭经济增长的失败而主动学习先进的制度,从而使先进制度胜出并对其他发展重新产生正向作用。

9.4 经济制度的内生机制

经济制度是在历史演化中形成的,并且制度的演化受到历史和文化因素的影响(North, 1990),像自然界的许多生物物种一样,制度文化是通过遗传、变异和自然选择实现变迁和演化的。在遗传和变迁过程中,制度文化是每一组织及空间内部以及组织及空间之间、制度文化自身与其他资产等变化共同决定的结果。

9.4-1 空间及组织内的制度文化的形成与变迁

1. 组织、空间的制度文化形成的决定机制

人体内外物质分布无限不平衡决定个体经济行为。一定空间的个体内外的物质资产和知识资产的分布无限不平衡，形成个体孤立的经济供需行为脑体而成的能力，以及供需偏好和供需收益而成的动力，决定经济个体孤立的人口与物质相结合的行为，产生物质与人知资产，并逐步外化为科学技术。

规模经济或协同效应决定经济个体的交互行为。一定空间的个体内外的物质资产和知识资产的分布无限不平衡，以及交互的规模效应，主体交互共享报酬递增的规模经济利益，主体差异的理性选择分工交互所带来的比较利益和主体交互所带来的创新经济利益，决定着为最大化解决人体内外物质分布不平衡而追求交互并形成个体的经济供需交互行为脑体而成的能力，以及供需交互偏好和供需收益而成的动力，从而决定经济个体交互的人口与物质相结合的行为，产生物质与人知资产，并逐步外化为科学技术。

经济交互行为决定经济组织和经济制度产生。由于经济个体在交互产生规模经济及规模协同力的同时，也会产生交互成本，而且不同交互方式会有不同的交互成本，经济个体为了在获得交互规模经济的同时降低交互成本，需要制度和组织。在形成经济个体的交互供需能动力、不同方式的不同交互供需能动力的同时，也形成了经济个体不同交互方式能动力，以及规范不同交互方式下的交互行为的制度供需能动力；支配经济个体不同交互方式（组织及空间）的制度构建供需方在空间、具体、抽象层面的竞合博弈行为，决定不同目的的组织产生，也决定组织内制度文化产生，以及每一空间组织外、组织间的制度文化产生。正如诺思（North, 1990）所言，交换在时间和空间上越复杂，为实现合作结果所需要的制度就越复杂，成本也越高。通过建立由第三方实施或降低另一方的信息费用的自愿制度，可使十分复杂的交换得以实现。

组织及空间内经济个体的制度能动力决定组织及空间的制度形态。从制度文化的意义上看，经济个体的禀赋与物质资产、科技与人知资产的制度文化供需四重能动力构成个体的总合制度文化供需四重能动力，支配个体组织内和组织间的制度文化供需四重行为，从而决定组织及空间制度文化的形态。组织及空间内的经济个体的制度文化能动力支配组织及空间内经济个体的四重制度行为。像经济主体的经济行为一样，经

济主体的制度行为也具有三重(制度的)具体行为,即制度文化在生产和消费等具体方面的制度行为、制度文化的抽象行为(即制度的创新、学习和重复行为),以及制度关系行为(即制度的竞争和合作)。组织及空间内的经济个体制度文化的供需三重竞合博弈,决定组织及空间的制度文化形成。制度文化的具象行为是抽象行为和关系行为的落脚点,具象行为决定抽象行为和关系行为。关系行为即竞争与合作,影响三重行为内循环作用格局。个体行为影响个体认知即行为影响文化,个体通过反复的行为形成个体认知和认知模式。交互行为影响社会认知即文化,思想解放和制度变革的行为也影响文化和制度变革。人的行为除了创造科技知识外还创造文化认知。投资、消费、生产、交换、服务、分配等每个领域和环节的制度行为都影响每个环节的具体制度。政府与非政府(家庭和企业)在每个领域和每个环节关于制度供求的交换竞合行为和平行竞合行为(博弈)决定制度是稳定(重复)或是改变(创新和学习),如果是改变则还包括向何处改变。每个环节的创新、学习和重复制度行为决定相关环节制度改变(包括创新性改变和学习性改变)和制度不变(图 9.2)。

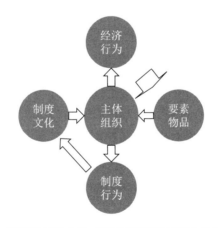

图 9.2　经济发展的主体、行为和要素及其结合的决定机制

2. 组织、空间的制度文化变迁的内部决定机制

制度文化的变迁性发展与其他要素的增长性发展不同,前者既包含对存量制度文化的继承,也包含对存量制度文化的否定,相对比较复杂。每一组织及空间内的制度文化存量所形成的每一空间及组织的个体制度文化变迁的供需行为能动力既有正向的也有负向的,对制度文化遗传的能动力是正向的,而对制度文化变异的能动力则是负向的。因而每一组织及空间的经济个体的制度文化存量形成制度文化变迁能动力即正向

遗传能动力和负向变异能动力,影响经济个体的从事制度文化遗传行为以及反对制度文化变异行为,从而部分阻碍每一组织及空间的文化变迁。不仅如此,制度与文化之间在变迁上也是相互影响的。

第一,制度与文化的特性决定了,组织及空间的制度与文化及其变迁相互影响。制度与文化的遗传和变异是通过制度文化的重复、学习和创新实现的。首先,制度强制性影响文化的变迁。制度通过影响集体行为模式进而影响集体认知模式。制度还通过对主体的强制性硬约束和硬激励塑造与制度相匹配的文化。制度的遗传和变异影响文化的遗传和变异。制度的创新、学习和重复影响文化的创新、学习和重复。其次,组织及空间的文化诱致性影响制度的变迁。文化通过影响主体的需求偏好,以诱致性软约束和激励形式诱导形成匹配相应文化的制度安排。文化遗传和变异影响制度遗传和变异。文化的创新、学习和重复影响制度的创新、学习和重复。最后,组织及空间的制度与文化及其变迁相互配合。当制度与文化匹配且兼容时,两者相互支撑、相互促进,制度文化在经济体系中比较有效且比较稳定;当制度与文化错配和排斥时,两者相互拆台、相互阻碍,制度文化在经济体系相对无效,也相对不稳。如果只有制度变异而没有紧随其后的文化变异,或者如果只有率先的文化进行文化反思的变异而没有紧随其后的制度变异,制度文化变迁都不会最终成功实现。如果制度的变化仅仅涉及行为规则的变化,新制度的形成是相对比较容易的。但如果制度的变化不仅涉及行为规则的变化,还涉及共享信念或共享价值观的变化,甚至涉及共享心智模型的变化,那么制度演化则较为复杂和缓慢。

第二,制度与文化的特性决定了,组织及空间的文化在遗传中总是率先变异带动制度的变异。基于文化主要源自个体认知的社会进化以及文化的非正式特性,相比于正式的硬制度,一般而言,文化将在遗传中率先变异,即在重复中率先实现创新和学习。就一套制度与文化变迁的内在关系机制而言,经济主体通过自身文化的反思采纳,抑或偶然的采纳,推动传统意识形态和道德准则的演变,在此基础上,制度适应文化的一套全新的适应性变异文化的制度体系得以孕育并逐步建立。就一套制度与文化的竞合关系机制而言,在各个主体的竞合中,竞争失败(包括制度文化失败)的主体率先通过文化反思和借鉴,实现文化在遗传中的变异,进而在此基础上适应新文化的一套全新的适应性变异文化的制度体系得以孕育并逐步建立。而制度在变异后可以巩固文化的变异,并最终决定文化制度的根本变异。

第三,制度与文化的特性决定了,组织及空间的制度在遗传中偶然率先变异带动文化的变异。正式制度建立往往需要正式的制度供需能动力大于零,所以虽然很难率先实现,但仍有可能偶然出现。一旦制度在遗传中发生变异,一方面,会通过强制性力量改变社会行为,进而改变社会认知;另一方面,制度变异除了受到利益主体预期收益受损力量的反对,还受到需求和供给偏好所形成的动力支持。所以除了强化制度创新自身的能动力(即预期收益动力和资产负债能力)外,还通过制度迅速改变文化认知。

3. 组织、空间的制度文化变迁的外部影响机制

经济循环带来的组织及空间总体的自然物品、科学技术、人口和人知资产的发展,一方面影响组织及空间内经济个体的制度文化遗传变异的供需能力。这些资产尤其科学技术和人知资产在能力上是中性的或者具有两面性的,既可以成为意愿制度变革者的供需能力,也可以成为意愿制度不变者的供需能力。例如互联网技术,既可以成为改变某项制度的力量,也可以成为不改变某项制度的力量。另一方面,影响组织及空间内经济个体的制度文化遗传变异的供需动力。自然物品、科学技术、人口和人知资产变革通过预期收益回报和供需偏好冲击,影响组织及空间的经济个体的制度文化遗传和变异的供需动力。一些经济主体因为预期收益不变甚至损失或者偏好冲突,可能保持制度文化遗传的供需动力,而另一些经济主体因为预期收益回报增长和偏好改变,可能产生变异的供需动力。由此影响组织及空间的经济主体三重经济交互竞合行为,进而影响组织及空间内的资源产权、资源配置和收益分配等制度文化的遗传和变异。这些外部资产在影响制度与文化的遗传变异上,既有可能率先影响文化变异,然后通过文化变异带动制度变异;也有可能率先影响制度变异,然后通过制度变异来影响文化变异;还有可能同时影响制度与文化变异,使得文化与制度变异相互促进(见图9.2)。

组织及空间的制度文化的遗传变异是否变化影响人口与物质资产、技术与人知资产的发展。主体行为博弈决定制度文化,制度文化决定主体需求偏好和预期收益,它通过影响个体或组织的偏好和目标从而影响其行为,主体行为决定要素结合和产出绩效,产出绩效反过来决定主体的偏好和预期收益,如此等等,进行下一轮循环。制度文化及变化决定组织及空间内个体人知资产与技术、人口与物质资产的供需四重行为能动力及变化,支配组织及空间内个体的人知资产与技术、人口与物质资产的供需四重行为,从而影响每一组织及空间内经济个体的人知资产与科技、人口与物质资产的供需四重变化(见图9.2)。

4. 组织、空间的制度文化变迁的内外决定机制

制度变迁的内外合力决定制度变迁。随着经济循环带来组织及空间内的人知资

产、技术,以及人口和物质的增长,经济个体的制度变迁的这些能动力也在增长。这包括,个体的体智禀赋变化决定个体的期待的制度文化及其形态的供给能力变化,个体的体智禀赋决定个体的制度供给偏好,预期收益决定个体的供给动力。物质资产既可以影响个体及组织改变制度文化的供需能力,又可以影响个体及组织改变制度文化的供需动力。而技术与人知资产一方面改变个体及组织变革制度文化的供需能力,另一方面改变个体及组织变革制度文化的供需动力,并与基于初始个体禀赋逐步演化的个体及组织的制度变革的供需能动力,合成个体及组织总的制度变革供需能动力变迁。与其他资产性质不同,制度变迁主要不是制度存量的增加而是制度质量的变化,制度存量形成了经济个体的制度文化遗传能动力,也形成了制度变异供需的能阻力。组织及空间内所有经济个体的所有资产的制度文化供需合力,支配所有经济个体的制度遗传和变异供需行为。只有制度变异的供需能动力大于制度变异的供需能阻力,制度变革行为才能发生,制度变革结果才能出现。

经济个体的资产差异将导致经济个体资产的分化。经济交互涉及多个个体的投入贡献和产出所得,因此需要一定的分配制度规范收益分配,组织及空间内经济个体资产的差异决定经济个体收益分配的差异。潜在行为力大者在竞争博弈中处在优势地位,通过制定有利于自身的制度规则获得更大的现实利益。相反,潜在行为力小者在竞争博弈中处在劣势地位,通过接受不利于自身的制度规则获得更小的现实利益。现实利益小导致潜在和现实力减少,现实利益大导致潜在和现实力增加。由此将带来组织及空间内经济个体的分化。只要组织及空间内个体的资产及能动力有差异,就会有通过博弈强者获得更多收益报酬而弱者获得更少收益报酬的分配及制度,从而导致经济主体的分化,最终将发生兴衰轮回和治乱交替。但在更大范围内,例如民族国家间层级上存在竞争,这时,那些在民族国家内部有利于特定优势群体利益的制度由于在群体选择时不占优势而有被淘汰的倾向。

制度变迁的内外合力变化决定制度变迁是间歇性的。如果组织及空间内经济个体的制度变迁的力量小于维持制度不变的能力,将为不变制度提供能力保障。组织及空间的个体制度变革的供需能动力小于制度稳定的供需能动力,支配每一组织及空间的个体不变行为大于变革行为,从而决定制度状态每一组织、空间的制度文化的长期稳定。在不考虑组织及空间之间的影响下,只有人口与人知资产、技术与人知资产等积累到一定程度,所形成的制度变异的外部能动力才能大于存量制度文化形成内部的制度变异能阻力,显然制度变迁的能动力需要积累,制度变革具有时间间歇性。就国家这个空间组织下的公共制度而言,由于政府一有硬暴力潜能工具加以强制性保护和维持,二有软文化认知给予维护和传承,因而制度一旦形成,将具有一定的稳定性,从而使得制度可能从开始的先进变成后来的落后,从促进人口、人知资产、科学技术和物质的发展,转变为抑制人知资产与科学技术的进步和物质资产扩张。当缺乏强有力的内外竞争者时,这种抑制将长期化。

制度变迁的外力提升不断加速导致制度变迁可能不断加速。随着知识要素产品的积累及其力量的不断增强,制度变革的力量的积累是不断加快的,因此制度变革的频率也是在加快的。例如,古代的制度变革是极其缓慢的,但是在现代制度变革的力量则相对较快。基础性制度变革在更广泛层面需要能动力,但也存在能阻力,因此变革的能阻力积累需要更长的过程。一般性制度变革需要的能动力范围有限,因此其力量积聚也相对较快,导致制度变革的节奏相对较快。

5. 组织和空间的制度文化供需循环决定机制

就一个组织及空间领域而言,制度供给者、制度需求者的具体制度重复或创新的供需竞合能动力大小及其变化,支配制度供给者之间、制度需求者之间和制度供给者与需求者之间在具体重复和创新上的制度供需竞合交互过程及变化,从而决定制度稳定遗传、制度变迁变异及其交替循环。

非对称均衡的制度稳定的决定。当制度创新的边际收益小于边际成本时,制度供给与制度需求不对称,制度供需的总合能动力小于零,制度就处在非对称均衡的稳定状态。一个由各种力量博弈形成的具体制度一旦形成,会形成以下局面。一方面,需求者由已实现制度创新的预期收益,没有改变的能动力,供给者基于预期收益也没有动力;当制度改革需求净阻动力大于零且制度改革的供给净阻动力大于零时,将决定现有制度不变。另一方面,虽然已经存在制度改革的需求,但是由于供给者一有硬暴力工具加以强制性保护和维持,二有软文化认知给予维护和传承,当制度改革需求能动力小于制度改革的供给阻动力时,供求格局将决定现有制度不改。

制度稳定与变迁的临界点决定。虽然制度供给一旦形成会处在不变的均衡状态,但在现有制度下随着物质、人口尤其是人知资产和科学技术的不断积累,当一些因素使部分经济主体觉察到潜在外部利润在现有制度安排下无法实现时,新的制度就有可能建立以降低成本,由此便产生了制度变迁的需求。一些经济主体制度变革的需求开始出现且力量不断增长,最终制度供求主体的供需能动力为零,即制度供求均衡或者处在对称均衡状态,制度创新的预期边际收益等于预期边际成本,制度供给与制度需求对称,制度供需的能阻力等于零,从而使得制度文化处在变与不变的临界点上。

非对称均衡的制度变迁决定。随着物质、人口尤其是人知资产和科学技术的进一步积累,在收益上,制度创新的边际收益大于边际成本。在力量上,不仅制度变迁需求者的主体越来越多,而且制度变迁需求能力越来越强、制度不变需求能力越来越弱;不仅制度变迁供给者越来越多,而且制度变迁供给能力越来越强、制度不变供给能力越来越弱。总体制度供需的能动力大于零,具体表现为三种情况:当制度改革需求能动力大于零且制度改革的供给大于零时,供求格局决定将发生制度改革;当制度改革需求能动力大于制度改革的供给阻动力时,供求格局决定将发生制度改革;当制度改革需求能阻力小于制度改革的供给能动力时,供求格局决定将发生制度改革。在产品上,制度供给与制度需求不对称。

制度稳定遗传与变迁变异的交替决定。在制度变迁完成后,制度供给与制度需求相匹配,新制度符合需求者的需求偏好,能给需求者和供给者带来预期的收益,更新制度创造的边际收益小于更新制度创造的边际成本。制度需求者没有更新制度的需求能动力即需求能动力小于零,制度供给者也没有更新制度供给的能动力即供给能动力小于零,供求格局决定制度进入稳定状态。但是随着物质、人口、人知资产、科学技术的增长和积累,相对价格变化出现,新的行为又将出现,一些经济主体就出现对制度创新的新需求,当制度改革需求能动力大于制度改革的供给阻动力时,供求格局决定将发生制度改革。当制度改革需求阻动力小于制度改革的供给能动力时,供求格局决定将发生制度改革。经济此消彼长的积累,制度供求的净能动力迈过大于零的临界点,即制度需求者的能动力大于等于制度供给的能阻力时,制度又出现变迁。如此循环往复。

9.4-2　空间及组织间的制度文化的差异及变迁

不同组织及空间的制度与文化、人口与物质资产、人知资产与技术的差异化,决定不同组织及空间主体内制度变革供需的四重能动力不同;支配制度文化变革供需的四重行为选择不同,决定不同组织及空间主体的制度文化是否变革以及变革的不同方向。"三里不同俗,十里改规矩。"随着不同组织及空间的制度与文化、人口与物质资产、人知资产与技术的差异化发展,不同组织及空间的个体的制度文化的差异(包括制度差异),支配内部个体的制度供需的四重行为,从而决定不同组织及空间的制度与文化、人口与物质资产、人知资产与技术的发展的分流。

1. 不同组织、空间的制度文化变迁的内部决定机制

不同组织及空间的初始要素禀赋的差异会导致初始交互模式的差异，进而决定交互制度文化均衡结构的差异，通过制度与文化相互关系及其路径依赖形成各经济体系差异化的制度结构演化，导致制度文化的大分流。例如，如果初始的个体间体智、偏好等禀赋差异不大从而相互间制度能动力差异不大，则可能形成对称均衡的政治制度框架。如果初始的个体间体智、偏好等禀赋差异较大，则可能演化成非对称均衡的政治框架。

不同政治框架不仅决定经济制度变革的不同方式，而且决定制度变革的能阻力不同。对称的政治制度框架所形成的代议制，决定经济制度的变革需求来自民间主体，供给来自政府内部民间代表，组织与制度变革则来自民间需求主体之间的博弈、政府内部民间代表的博弈，以及两者博弈。非对称的政治制度框架所形成的专制制度，决定经济制度的变革需求来自民间主体，供给来自非民间的治理者，组织与制度变革来自民间需求主体之间博弈、家天下代理人的供需博弈，以及官民供需博弈。一般而言，在这个对称均衡的政治制度框架中，个体及组织之间的制度文化变革的能动力或能阻力差异小，因为变革与不变的经济个体的能动力合力差距不大，合成科技与人知资产、人口与物质资产的制度能动力后，随着这些要素的制度能动力增长，更容易实现制度变迁的能动力大于能阻力，因而有助于形成个体及组织制度变迁的净能动合力。非对称均衡的政治制度框架的结果正好相反：整体经济将在缺乏动力及能动力的条件下由于知识副产品缓慢积累而缓慢加速发展；如果反之，则相反。

2. 不同组织、空间的制度文化变迁的外部决定机制

不同组织及空间由于拥有或者控制着不同人口与物质资产、技术与人知资产等资产，因而影响不同组织及空间内经济个体的制度供需四重能动力的差异，合成不同空间、不同组织内的不同个体不同制度供需四重行为能动力差异，汇聚不同组织及不同空间的总体制度供需四重行为总合能动力差异，支配不同组织及空间的经济个体的制度供需四重行为差异化，也决定不同组织及空间主体的制度供需行为的差异化，进而决定不同组织及空间不同的制度文化。随着不同组织及空间的科技、人知资产、人口、物质资产构成及其增长不同，不同组织及空间的科技、人知资产、人口、物质资产、制度和组织的制度与文化供需能动力及变化也不同，从而支配不同空间的制度与文化供需行为变化不同、不同组织及空间的制度与文化不同变化。

3. 不同组织、空间的制度文化变迁的内外决定机制

不同组织及空间单元的经济个体的制度遗传变迁的不同力量结构决定经济个体的不同行为结构,进而决定每一组织及空间单元的经济个体的不同收益分配结构。不同组织及空间单元的经济个体的不同收益分配结构又反过来决定经济主体制度遗传变异的能动力不同,如此循环往复。例如,不同组织及空间的经济个体交互主体能动力决定收益分配及分配制度有两种极端模式,一是多极制度将收益与贡献对称,按照贡献大小进行收益分配。这一模式带来制度变迁容易,技术创新容易,其他资产发展快。制度变迁的内外合力变化决定制度变迁是扩张性的。二是单极制度将收益与权力对称,按照贡献大小进行收益分配。这一模式带来制度变迁困难和技术创新困难,其他资产发展慢。制度变迁的内外合力变化决定制度变迁是萎缩性的。

不同组织及空间的存量制度资产影响经济个体制度文化遗传变异的能动力及行为,影响制度文化的遗传变异状况、不同组织及空间制度文化状况及变化,影响下期不同组织及空间的经济个体其他经济行为的供需预期收益和供需偏好,进而影响经济个体的其他资产发展供需行为,从而决定不同组织及空间下期的其他资产的产出及回报的差异,这又影响不同组织及空间的经济个体的制度行为能动力的差异,如此循环往复,带来不同组织及空间的制度文化、人口与物质资产、人知资产与技术的差异和分化。

9.4-3　空间及组织间的制度文化的联系及变化

不同组织及空间的可移动的经济个体禀赋差异和不可移动的物质资产的初始差异,决定不同空间的经济个体建立制度的体智等能力差异,偏好和预期收益差异,从而决定不同空间的制度差异,并且与人口与人知资产差异相结合,共同决定不同组织及空间个体的制度供需能动力差异,支配不同组织及空间的经济个体的供需竞合交互行为,进而决定不同组织及空间的制度文化的联系与流动,并影响各自组织及空间的制度文化不同及其变化。

1. 不同组织、空间之间制度文化联系的内部决定机制

不同组织及空间之间的文化差异导致不同组织及空间之间的文化竞合交互行为,影响不同组织及空间之间的文化和制度趋同及变化。制度文化作为知识的一部分,在不同组织及空间主体的竞合交互中,必然带来文化互相传播从而带来互相影响。这包括家庭、企业或政府之间通过制度文化的竞争与合作,自主创新制度文化,扩散自己的制度文化给对手,学习竞争对手的文化,抵抗对手的制度文化,保持自己

的传统文化。不同组织及空间的文化竞合而带来的文化变化,牵引不同组织及空间的制度变化。

不同组织及空间之间的制度竞合交互,影响组织及空间的制度与文化趋同或变化。在不同组织及空间主体的竞争与合作中,最优制度将曲折地胜出并被不断复制。落后的组织及空间的制度文化在竞争与合作中,或者遭受经济彻底失败,导致个体或组织消失,空间重新被动复制先进的制度;或者组织、空间为免遭经济增长的失败而主动学习先进的制度,从而使先进制度胜出并对其他发展重新产生正向作用。例如,两个组织或空间的制度模式在竞争中发展。当单极制度优势超过多极制度时,单极制度将可能替代多极制度,带来单极制度的扩张,当多极制度的优势超过单极制度时,多极制度就会替代单极制度,带来多极制度的扩张。在开放和全球化时代,"推动内在制度和外在制度演化的因素,不仅有对国际贸易和要素流动的被动反应,还有为更好地竞争市场份额和动员生产要素而对制度进行的主动调整"(柯武刚等,2018)。同样,不同组织及空间的制度竞合带来的制度变化,驱动不同组织及空间的文化变化。

2. 不同组织、空间之间制度文化联系的外部决定机制

经济发展与收入分配都会周而复始地重复个体、组织与空间的分化、收敛或者反转的轮回。不同组织及空间的存量制度文化相互影响各自组织及空间的制度文化变迁。

不同组织及空间在人口与物质资产、技术与人知资产上的差异及变化,决定这些方面供需具体与抽象的竞合交互行为能动力及变化,支配供需具体与抽象的竞合交互行为,决定不同组织及空间之间人口与物质资产、技术与人知资产的增长与流动,从而影响不同组织及空间之间的个体的制度文化供需四重能动力,支配不同组织及空间之间的经济个体的制度文化交互行为,从而影响不同组织及空间的制度文化的交流和融合(见图9.2)。先进组织及空间的制度文化,因为其他四类资产的领先发展,在组织及空间的三重竞合交互中,曲折地胜出并被不断复制。落后的组织及空间的制度文化,因为其他四类资产的滞后发展,在竞争与合作中,或者被动接受或者主动学习而趋同先进组织及空间的制度。

3. 不同组织、空间之间制度文化联系的内外决定机制

不同组织及空间的资产组合不同,决定不同组织及空间的经济个体的五类资产的四重供需的总合能动力不同,进而支配不同组织及空间的经济个体在制度与文化、人知资产与技术、人口与物质资产等方面的五类资产供需的空间、具体、抽象竞合交互行为

不同,从而循环决定不同组织及空间的制度与文化、人口与物质资产、技术与人知资产的差异和流动。不同组织及空间的经济个体的资产组合的变化,决定不同组织及空间的经济个体五类资产的四重供需能动力不同变化,进而支配不同组织及空间的经济个体在制度与文化、人知资产与技术、人口与物质资产等方面的供需竞合交互变化,从而决定不同组织及空间的人知资产与技术、人口与物质资产等差异与趋同的轮回,并决定不同组织及空间的制度文化分异和合流的交替。

不同组织及空间之间的制度文化差异影响不同组织及空间的人口与物质资产、科技与人知资产不同的具体、抽象的供需竞合能动力,支配不同组织及空间之间在人知资产与技术、人口与物质资产等方面的五类资产供需具体、抽象竞合交互行为,决定不同组织及空间之间的人口与物质资产、技术与人知资产的流动,从而影响不同组织及空间之间人口与物质资产、技术与人知资产的制度文化具体和抽象的供需交互行为,支配不同组织及空间之间的制度文化的交互行为,并带来不同组织及空间之间的制度文化的流动和合流。

4. 不同组织、空间之间制度文化联系的均衡发展机制

在开放条件下,每一组织及空间的制度供给者、制度需求者的具体制度重复或创新的供需竞合能动力是组织及空间内部力和外部力的合力。每一组织及空间的制度供给者、制度需求者的具体制度重复、模仿或创新的供需竞合能动力大小及变化,支配制度供给者之间、制度需求者之间和制度供给者与需求者之间在具体的重复、模仿和创新的制度供需竞合交互及变化,从而决定制度文化稳定遗传、制度变异模仿和制度变异创新。

非对称均衡的制度稳定的决定。当不同组织及空间的制度与文化、人口与物质资产、人知资产与技术可以流动,每一组织及空间的制度创新或模仿的边际收益小于边际成本时,如果制度供给与制度需求不对称,制度创新或模仿的供需总合能动力小于零,那么每一组织及空间的制度文化处在非对称均衡的稳定状态。

制度稳定与变迁的临界点决定。当不同组织及空间的制度与文化、人口与物质资产、人知资产与技术可以流动,组织及空间内外的物质资产、人口尤其是人知资产和科学技术的不断积累时,并且当一些因素使部分经济主体的潜在外部利润在现有制度安排下无法实现时,新的制度就有可能建立以降低成本,由此便产生了制度变迁的需求。一些经济主体制度变革的需求开始出现且力量不断增长,最终制度供求主体的供需能动力为零,即制度供求均衡或者处在对称均衡状态,制度创新的预期边际收益等于预期

边际成本,制度供给与制度需求对称,制度供需的能阻力等于零,从而使得制度文化处在变与不变的临界点上。

非对称均衡的制度变迁决定。随着组织及空间内外部的物质、人口尤其是人知资产和科学技术的进一步积累,在收益上,制度创新的边际收益大于边际成本。在力量上,不仅制度变迁需求者的主体越来越多,而且制度变迁需求能力越来越强,总体制度供需的能动力大于零,供求格局决定将发生制度改革。

制度稳定遗传与变迁变异的交替决定。当不同组织及空间的制度与文化、人口与物质资产、人知资产与技术可以流动时,在制度变迁完成后,更新制度的供需能动力小于零,制度稳定状态的时间区间变短。更新制度的供需能动力大于零的频率增多,制度变迁变异的次数增加,制度稳定遗传与变迁变异的交替加快。

9.4-4 宏观的制度文化的形成与变迁

所有组织及空间的制度与文化、技术与人知资产、人口与物质资产的差异,形成不同组织及空间总合的制度能动力的差异,不仅支配不同组织及空间不同的制度供需差异行为,从而导致不同组织及空间制度文化的差异及其变化。不同组织及空间的制度与文化、技术与人知资产、人口与物质资产的结构,以及不同组织及空间的不同制度的供需能动力结构,支配不同组织及空间的不同制度的供需行为结构,从而决定不同组织及空间单元的制度文化差异结构,并决定不同组织及空间的制度与文化、技术与人知资产、人口与物质资产的结构,如此循环往复。

所有组织及空间的制度与文化、技术与人知资产、人口与物质资产的差异,形成不同组织及空间总合的制度能动力的差异,支配不同组织及空间相互之间的制度竞合交互行为,从而使得先进组织及空间向其他区域传播其制度,落后组织及空间的制度被淘汰、替代,不同组织及空间的不同制度文化相融合。最终所有组织及空间的制度文化将向着小差异、大趋同的方向共同发展和演化。

9.5 经济制度发展的统一解释

制度文化不是一成不变的,"制度和组织的交互作用决定了制度变迁的方向" (North,1990)。"制度必须随着变化的环境而改变,因为它们在本质上是对这些变化的环境所给的刺激作出反应的一种习惯方法,这些制度的发展就是社会的发展"(Veblen,1899)。人类基于物质、人口和知识的条件及其所形成的交互能动力,人类的交互经历了从小范围到大范围、从简单到复杂、从稀疏到频繁的过程,而作为规范人们交互行为的规则,世界各地的经济制度文化将基于交互主体的制度文化供需能动力的变化及其所支配的相互博弈行为,从低级向高级、从缓慢到加速、从差异到趋同、从孤立到统一、从合理到向更合理变迁。虽然经济制度越来越复杂多样,但财产权利、资产配置和收入分配等核心经济制度可以作为整个经济制度及其变化的代表。

9.5-1 采猎经济时代的经济主体制度文化供需竞合力博弈,决定氏族经济制度形成并成为主体

经济个体极低的物质和知识供给能力及其增长,形成经济个体氏族经济制度供需能动力,支配经济个体氏族经济制度供需行为,导致氏族经济制度的形成、发展和衰落。人类起源阶段极端低下的产品供给能力进而供给能动力,所创造的难以维持生存需求的产品,决定氏族成员的氏族经济制度供需能动力大于其他经济制度的供需能动力,从而氏族成员及氏族公社的氏族经济制度供需行为决定氏族经济制度被迫成为人类最初的经济制度,主要包括:财产权利实行氏族共有,资产配置实行氏族行政配置,收益分配采取氏族内部行政分配。世界上几乎所有民族在其经济的初期,都经历过氏族经济制度阶段,但各地民族的物质、人口和知识发展条件的不同,决定氏族经济制度供需能动力不同,所以氏族经济制度产生、发展和持续的时间不同,具体表现形式也有所不同。直到 15—17 世纪,非洲、美洲、亚洲、大洋洲等的一些国家或地区的土著人社会,尚处于氏族公社制度阶段。

氏族成员交互所带来的资产增长到了一定程度,会形成多种经济制度供需竞合力,支配多种经济制度的供需行为,导致多种经济制度的萌芽。伴随氏族成员的物质和人口再生产循环,科技资产与人知资产等副产品逐步积累,从而不断提升人们的物质供给能动力,当人们的物质生产能动力带来的物质产品出现相对剩余时,氏族成员的组织和制度供需能动力改变,支配氏族成员关于经济组织和制度的交互博弈,在氏族组织及氏族经济制度瓦解后,氏族首领依靠个体能动力进而组织和制度能动力优势,通过与氏族成员的交互行为,不仅将剩余产品和人口及土地要素据为己有,而且建立国家组织。基于制度供需能动力结构的差异,不同民族国家的具体经济制度又有差异。力量差异比较大的氏族及部落联盟,其土地、人口和剩余产品完全属于国王,然后国王采取分封制,

将它们分给贵族使用。所谓"普天之下,莫非王土,率土之滨,莫非王臣"[①]。力量差异相对较小的氏族及部落联盟,在形成国家后,基于国王、贵族和自由民的能动力博弈,会形成多种经济制度,但由于国王能动力最大,完全分封制将成为氏族瓦解后的主导经济制度。

9.5-2 农业经济时代的经济主体制度文化供需竞合力博弈,决定政府分封或家庭双重政府经济为主导、多种经济制度并存的经济格局

政府人地分封的制度供需竞合力的变化,决定政府人地分封经济制度的起源、主导和衰落。在政府人地分封制下,人口和土地等产权属于国家或国王,国王通过行政命令将土地、人口等资产分封给贵族,其收益完全归国王和贵族,并通过行政命令在国王与贵族之间进行分配。被作为财产的奴隶只能分得维持最低生产的产品。世界上大多数民族都经历了分封经济制度主导的时期。基于各地不同民族的物质、人口和知识发展条件各不相同,其决定的分封经济制度能动力有别,因此其兴起和主导的时间也不同。地处东亚的中国从商朝开始出现分封制,该制度一直沿用到周朝,与之相匹配的土地制度为井田制即公有制。在分封经济制度兴起并占据主导地位的同时,氏族经济制度逐渐衰落并处在辅助地位。其他由于经济个体供需竞合力相对较小的经济制度,与氏族经济制度一样也处在辅助地位。而当政府人地分封经济制度接替完全分封经济制度成为主导后,完全分封经济制度作为辅助经济制度就长期存在着。

政府土地分封的制度供需竞合力的变化决定政府土地分封经济制度的起源、主导和辅助。在氏族经济制度衰落之后,一些氏族部落成为国家,由此萌芽了土地分封的经济制度,有些甚至在之后替代人地分封制度而在一定时期内成为主导的经济制度。土地分封经济制度包括:在财产权利方面,土地属于国王及被分封者私有,但是人口不属于国王及贵族私有,且拥有自己的劳动。在资源配置方面,土地通过国家行政命令分封给庄园主或农奴主,农奴主则将土地租佃给农奴。在收益分配方面,一方面,农奴主或地主获得绝大部分收益,农奴或雇农获得极少量的收益;另一方面,政府通过徭役和税负对居民收益进行再分配。西欧政经合一的封建制,表现在经济制度上就是封土经济制度。虽然在经济上封君将领土封给封建领主,同时在政治上也将人口分给封建领主管理,但是人口不再是封建领主的财产即奴隶,而是拥有自身劳动及其他资产的农奴。

---

① 出自《诗经·小雅·北山》。

这主要源自封君、封臣及奴隶的制度文化供需能动力及其交互博弈。罗马共和后期爆发奴隶大规模起义,加之海外奴隶数量由于扩张战争的停止而锐减,迫使奴隶主将庄园及大地产分成若干小块给奴隶耕种,这些奴隶便成为农奴。由于分化,这一时期一些自由民也转化为农奴。世界上有许多国家或地区是在1453—1640年转入封地经济制度主导的社会的。在中国漫长的历史中,不管是新王朝的建立还是旧王朝的持续,将土地分封给各级文武官员甚至百姓,同时征收赋税的土地分封始终是古代经济制度的重要组成部分。

家庭双重经济制度供需竞合力的变化决定家庭双重经济制度的起源、主导和辅助。在氏族经济制度衰落和家庭出现之后,家庭双重经济制度即家庭既受政府有限分封又在相互间独立交互的制度也在萌芽。伴随物质与人口的再生产循环,技术副产品即铁器被发明出来并在农业生产中得到广泛应用。家庭与国家关于家庭双重经济制度供求能动力不断增长,支配家庭和政府的供需行为,包括政府间竞争倒逼政府的制度创新、奴隶和农奴的反抗倒逼政府制度创新,从而形成家庭双重经济制度。家庭主要从事自给自足的再生产,同时进行政府与市场的两种交互行为,在向政府提供税赋而获得公共产品的同时,在市场上将要素资产和产品资产自由交换。在中国的战国时期,从需求端来看,铁器的发明导致更多的农业土地可以开垦出来,这对土地私有制度提出了需求,从供给端来看,诸侯国之间的竞争迫使各国政府探索更促进经济发展的制度,其中的典型例证便是秦国通过商鞅变法,实施"废井田,开阡陌"政策,率先允许人们开垦无主荒地并将其私有化,土地可以自由买卖,赋税则按照各人所占土地的多少来平均负担。可以说,政府与市场相结合的家庭经济制度是秦朝打败六国统一中国的基础,也是古代中国1 000多年领先世界的经济基础。

在政府人地分封、政府土地分封、家庭双重经济依次成为主体的同时,其他经济制度则成为辅助甚至消失。

9.5-3　工业经济时代的经济主体的制度文化供需竞合力博弈,决定企业自由市场经济制度为主体、多种经济制度并存的经济格局

企业市场经济制度供需竞合力的变化决定企业市场经济制度的起源、主导和辅助。在氏族经济制度衰落之后,自由市场经济制度萌芽于家庭之间的交互过程中,其表现为工商业家庭在城市里兴起,产权私有边界开始清晰,市场配置资源和要素,收益分配完全通过市场机制实现,公共机构征收税收的同时提供公共产品。但是,由于物质与技术、文化和制度、内部与外部等形成的各方力量展开博弈,家庭市场制度一直不是独立

的经济制度。随着物质、人口和知识的增长与积累,通过物质与技术、文化和制度、内部与外部等力量的此消彼长,首先专门从事生产的企业从家庭中分离出来并不断发展;进而在企业、家庭和政府端的制度供需能动力不断变化,支配企业、家庭和政府的供需行为博弈,使得企业市场经济制度形成并逐渐成为主导经济制度。在财产权利上,财产所有权属于私有且边界清晰,家庭拥有物质土地、金融资本、人口资产、人知资产和科技资产等。在资源配置上,资源要素主要通过市场自由公平地交换,企业负责组合生产要素进行产品生产。

政府对市场实施有限干预。在收益分配制度方面,基于资本要素投入及其要素投入者的力量博弈进行企业收益分配,然后通过税收等实施收益再分配。14—15世纪,在地中海沿岸城市里出现了雇佣劳动者工厂,从而也产生了规范和保护其行为的制度需求。14—17世纪的欧洲文艺复兴运动冲破宗教神学束缚,强调自由意志并反对专制政府干预,改变了各种经济主体的需求偏好结构,消减了新制度形成的能阻力,促进了欧洲资本经济制度的形成。1565年,尼德兰爆发革命,推翻了西班牙的封建专制统治。1688年,英国的光荣革命推翻了斯图亚特王朝的封建专制统治和天主教势力,新政权为建立新教资本主义经济制度提供了供给者及其能动力。在亚洲,中国的资本经济制度也在14—15世纪兴起,但是无论从外部,还是从内部制度和文化要素,尤其是不断强化的中央集权制度和文化相互作用来讲,一方面,彼时的中国抑制资本主义经济发展,导致缺乏资本经济制度的需求能动力;另一方面,中央集权政府拥有阻碍新制度产生巨大能阻力。但是,先进的资本经济制度在带动率先实行制度的国家经济成功的同时,也通过国家间的交互,被学习、嫁接和扩展到一些实行其他落后制度而导致自身经济发展落后的国家,进而替代其他相对落后的经济制度。因而资本经济制度逐渐在世界范围内普遍实行。西方世界兴起的根本原因,就是资本主义国家制度使得所有权受到严格保护,私人收益率显著提高,从而大大鼓励了技术创新,出现了随后的产业革命浪潮和持久的经济增长(North and Thomas,1973)。

在企业市场经济制度供需竞合力决定企业市场经济制度成为主体的同时,其他经济制度供需竞合决定其他经济制度成为辅助甚至消失。

9.5-4 知识经济时代的经济主体的制度文化供需竞合力博弈,决定个体自由市场经济制度为主导、多种经济制度并存的经济格局

个体市场经济制度供需竞合力的变化决定个体市场经济制度的形成、主导和发展。

在氏族经济制度衰落之后，自由市场经济制度萌芽于家庭之间的交互过程中，然后发展成企业市场经济制度占主导地位。不过个体经济制度一直作为附属的制度胚芽而存在，表现为工商业者在城市里兴起。只是无论在人地分封经济、土地分封经济还是企业市场主导的经济里，个体市场制度像家庭市场制度一样不是独立的。伴随人口的变化和物质的增长，尤其是知识的增长与积累，以及信息交互技术与智能生产技术的出现，个体之间直接通过市场的交易成本小于或等于组织内内外交互成本的总和。个体组织及市场交互制度供需能动力在越来越多的方面大于其他组织及经济制度供需能动力，从而支配经济个体在经济组织及制度选择的交互博弈中，将个体市场经济制度不断扩大并最终可能成为主体。在组织主体制度方面，个体将成为主体，成为公共和私人产品的生产、交换和消费者。企业、家庭甚至政府部门都将成为辅助甚至消失。在资源配置制度方面，由于交互成本极其低下，个体不用组织成为家庭、企业或者政府，而是将产品和要素完全交予市场配置。个体通过市场与其他个体进行生产、交换和消费，每一个体消费全球个体的产品，同时向全球每一个体提供产品。

在产权所有制度方面，由于数字和信息技术的支持，产权将更加清晰地界定给个体私有，同时实现所有、使用、处置和收益权的分离，可以说技术支持更加清晰的产权界定。在收益分配制度方面，一方面，个体通过市场交换要素、产品和劳务，获取自身创造的全部价值收益。由于分工极其细化，每一个体提供的都是市场不可或缺的商品和劳务，并获得相同效用的商品。另一方面，像生产和交换一样，消费也参与价值创造和价值实现，同时通过市场分享收益。所以，每一个体将基于偏好和预期收益从事生产与消费、创新与学习以及竞争与合作。

在个体市场经济制度供需竞合力决定个体市场经济制度成为主体的同时，其他经济制度供需竞合决定其他经济制度成为辅助甚至消失。

金融资产的统一发展

　　金融，即货币与信用，是经济发展的重要综合资产，具有多重性。作为等价物尤其在传统金融时代，它是物资资产；作为人类的发明，它是知识资产；作为人们的契约，它是制度资产；作为交互工具，它是技术资产。金融对经济发展具有重要而特殊的作用。有鉴于金融主要在短期经济增长中发挥作用，而科技主要在长期发展中发挥作用，为了简化理论，统一发展经济学没有将金融作为独立的要素变量，而是将其视为短期科技变量，从而保持经济发展的要素资产无论在长期还是短期都保持五个变量的状态。

10.1　金融从真实走向虚拟

10.1-1　金融体系的产生与发展

　　金融既涉及货币，又涉及信用，以及以货币与信用结合为一体的形式生成、运作的所有交易行为的集合（黄达，2004）。在人类经济的演进历程中，金融，包括货币和信用体系，经历了从产生到发展的复杂过程。

　　物物交换与实物信用时期（公元前 10000 年前至公元前 3000 年）：实物交易和实物信用阶段。具体又分为物物和实物两个阶段。在出现剩余产品之后，原始族群的交易出现,主要使用以物易物的方式交换自己所需要的物资,比如用一头羊换一把石斧。"吾以吾之所有予市场,换吾之所需。"从这个意义上讲,每一个交换的实物都可以视为货币。随着族群的发展,人们之间的交流逐渐变多。在早期交换与贸易阶段,人类最早的经济活动主要通过物物交换和贸易来满足需求,形式简单且基于物品的价值。

古代金融萌芽时期(公元前 3000 年前至公元前 500 年):实物货币与实物信用阶段。随着贸易的发展,物物交换逐渐无法满足人们的日常需求。由于普通实物存在诸多不便,人类开始寻找稀有且难以大量获取的物品作为交换媒介,这就是最原始的货币形式。历史上,牲畜、盐、稀有贝壳、珍稀鸟类羽毛、宝石、沙金和石头等都曾被用作货币。实物货币的出现标志着金融交易的一个重要进步,随之而来的是实物货币借贷的实践。信用的概念源于交换活动,而私有产权的存在是私人借贷及信用产生的基础。信用最早出现在原始社会末期,随着社会的发展,信用经历了两个主要阶段:首先是物物信用的产生和发展,随后是实物货币信用的发展。这一演变过程不仅反映了人类社会对经济交易媒介需求的变化,也展示了金融工具如何随着经济活动的复杂化而演进。

古代金融形成时期(公元前 500 年至公元 500 年):金银货币与货币信用发展阶段。在无数次的交易选择中,金融工具天然地成为交换的等价物,并从块状金属货币、铸造的金银货币,逐渐演化为统一的货币。希腊、罗马、波斯、中国等在历史上都曾铸造过重量、成色统一的硬币,主币为金币和银币,辅币以铜、铜合金制造。公元前 6 世纪,希腊出现德拉克马,波斯出现德利克,米底亚出现希克勒。①公元前 524 年,中国周景王铸大钱。公元前 269 年,第一座罗马铸币工场在卡皮托利山开办。公元前 221 年,秦朝统一中国货币。在金属货币出现之后,信用开始由实物信用转向以金属货币信用为主,货币与信用简单结合标志着古代金融开始形成。

古代金融发展时期(公元 500 年至公元 1500 年):金融货币和货币信用阶段。这一时期欧亚大陆的多个国家和地区建立或完善了金银铸币制度。781 年,法兰克王国查理大帝进行货币改革,制定银本位制。1024 年,中国宋朝在四川发行一种纸币"交子",它是世界上最早出现的纸币。12—14 世纪,意大利威尼斯商人通过贸易赚取大量金银财富,催生贷款银行的产生。1171 年,威尼斯私人中央银行成立,它实际上也是欧洲的中

---

① 德拉克马、德利克和希克勒均为古货币。

央银行。15—16世纪,随着欧洲贸易和经济的蓬勃发展,金融业经历了显著的变革。在这一时期,多个国家的私人银行开始崭露头角,其中包括:意大利的美第奇、斯特罗西、奇吉等家族银行,德国的富格尔家族银行,法国的雅克·科尔银行,以及英国的托马斯·格雷沙母银行,它们都是当时领先的金融机构。同时,巴塞罗那、瓦朗斯和热那亚等地方的公共银行也得到复兴。此外,布鲁日、安特卫普和里恩等地成为银行业务的集散场所。

现代金融萌芽时期(16—17世纪):代用货币和证券信用出现阶段。16—17世纪,类似于现代银行的金融机构在欧洲开始出现,这些机构开始向商人和政府提供贷款、汇票和储蓄等服务,如热那亚的借贷活动、威尼斯的"贷款银行"和荷兰的"汇票银行"。16世纪,英国伦敦最早出现金匠为顾客保管金银货币而开出的、可流通、可随时兑换的保管凭证或收据(即代用货币)。1571年英国皇家交易所作为最早的期货交易所成立。1661年瑞典银行开始发行并使用纸币。17世纪,欧洲银行以银行信用作保证向商人发行银行券,承诺持有银行券的人可以随时到银行兑换金属铸币,标志着银行券的出现并投入使用。欧洲国家开始发行公债来筹集资金,标志着现代国家债务的产生。1601年作为世界第一个商业银行的阿姆斯特丹银行成立。1559—1602年荷兰成立14家以东印度贸易为中心的公司,1606年荷兰东印度公司发行世界上第一张股票,1609年荷兰人建立世界第一个股票交易所,标志着现代股票市场的形成。以荷兰、英国为代表的资本主义国家通过发展股票债券市场、改革财政税收制度,建立了中央银行与信贷系统并创建了股份公司,极大地推动了金融扩张。

现代金融形成时期(18—19世纪初):代用货币和证券信用兴起阶段。这一阶段英国的金融革命推动了现代金融体系的形成。1688—1720年,伦敦完成了金融革命,用一套有效的政府信用制度取代了粗制滥造并受王室随心所欲支配的制度。1711年荷兰南海公司正式成立并开始发行纸币,1718年法兰西国家银行成立并开始发行纸币作为代用货币。1694年英格兰银行开始发行纸币英镑,其成为银行中的银行,推动了保险、股票市场和债券市场等金融市场的发展,1928年英格兰银行成为唯一以国家名义发行货币的银行。1821年,英国正式启用金本位制度,英镑成为世界货币,第一个国际货币金融体系形成。一战之后,纸币作为代用货币逐渐成为主要的流通货币。发达的国家公共债务体系的出现使得国家政权的金融化程度提高。现代银行、银行券及其银行转账体系随之产生。

现代金融发展时期(19世纪初—20世纪初):代用货币和证券信用阶段。1880—

1914 年,国际货币体系实行金本位制度:黄金自由兑换、自由铸造、自由输入输出。19
世纪 30 年代,作为金属货币象征符号的纸币出现了,标志着货币形式发生重大转变。
发达国家先后实施完全不兑现的银行券流通制度。美国在 1900—1933 年对于代用货
币则采取黄金券的形式。同时,证券信用领域也经历了显著的发展。从 1830 年起,英
国便成立了世界上第一家征信公司。19 世纪中期,股票市场开始兴起,为投资者提供了
新的投资渠道。此外,金融工具的创新也层出不穷,如期货、衍生品、投资基金等各种新
型金融工具不断出现。

现代金融新发展时期(20 世纪初—20 世纪末):信用货币和证券信用阶段。20 世纪
初,美国联邦储备银行的成立,标志着现代中央银行体制的形成。1944 年世界货币体系
即布雷顿森林体系建立,各国货币与美元兑换,美元与黄金兑换,全球贸易结算的官方
指定货币是美元,标志着金本位的终结,以美元为绝对核心的全球金融体系建立。1971
年美元停止与黄金进行自由兑换,世界进入信用货币时代。1976 年牙买加体系取消美
元的中心汇率,承认美元浮动汇率以及各国选择货币制度自由,实行黄金非货币化。与
此同时,以银行为中心的间接投融资和以投资银行为中心的直接投融资的金融体系不
断多样化和复杂化。现代金融体系在多年演变之后变得更加复杂,已经远非银行主导
型或者市场主导型等传统金融结构理论所能清晰描绘的了(周莉萍,2017)。

未来金融新发展时期(21 世纪及以后):虚拟货币与虚拟信用阶段。以区块链为依
托的金融兴起。1974 年哈耶克提出利用计算机来建立比依靠国家信用更加可靠的货币
体系(哈耶克,2007),1995 年虚拟货币的概念开始出现。2008 年 1 月中本聪提出比特
币的概念。比特币是一种完全通过点对点技术实现的电子现金系统,它使得在线支付
能够直接由一方发起并支付给另外一方,中间不需要通过任何金融机构。2009 年 1 月
比特币诞生。2009 年 10 月,新自由标准公布年轻加密货币历史上第一个比特币汇率,
2010 年出现第一个比特币交易所,比特币开创了去中心化密码货币的先河。2013 年以
太坊的概念被提出,在此基础上出现了多种虚拟货币。至此货币已经发展为三种形式,
涉及货币的黄金、纸币和虚拟货币的并存。在虚拟货币的基础上,虚拟证券信用也开始
出现。例如,通过出售代币(IC)向公众募集资金,以便支持新的加密货币或区块链项
目。2017 年美国出现传统证券与数字货币结合的产品证券型通证(ST),它以代币为载
体,以区块链为依托,将任何资产进行证券化。预计未来虚拟货币和虚拟信用将获得较
大的发展。目前世界上已经出现虚拟信用卡。未来由于技术的不断创新突破,货币或
者信用也许会因已完成自己的使命而退出历史舞台,彼时金融甚至可能消亡。

10.1-2 关于金融的形成与发展的解释

关于金融的形成和发展,经济学家已经给出许多富有启发的解释。

1. 金融发展理论

金融发展理论主要研究的是金融体系在经济发展中所发挥的作用,研究如何建立有效的金融体系和金融政策组合以最大限度地促进经济增长,以及如何合理利用金融资源以实现金融的可持续发展并最终实现经济的可持续发展。

西方古典经济学家根据萨伊定律提出了货币中性和信用媒介论,该理论认为货币供给量的变化不影响产出、就业等实际经济变量。后来的一些新古典和新增长理论经济学者也坚持金融对经济没有根本性影响的观点。后来,货币学派的代表人物弗里德曼认为"货币至关重要"只是就短期而言,在长期中货币供给的变化只会引起物价水平的变动,而不影响实际产出。罗宾逊(Robinson,1952)也认为金融体系的出现和发展仅仅是对经济增长的被动反应。卢卡斯(Lucas,1988)等认为,经济发展会创造对金融服务的需求,从而导致金融部门的发展,是经济增长带动金融发展而不是金融发展促进经济增长。津加莱斯(Zingales,1999)具体检验了金融通过什么途径来促进经济增长。国内学者朱闰龙(2004)从金融结构论、金融功能论和金融法权论等方面介绍了金融发展与经济增长研究的发展。白钦先(2005)提出并论证了建立发展金融学的建议,他认为发展金融学以金融本质演进基础上的金融与经济的互动关系,即金融功能的扩张与提升为其研究基轴,而以金融效率为其研究归宿。

金融发展理论最初是发展中国家的金融发展理论,在发展经济学产生的第一阶段,结构主义思路下的发展经济学家强调政府的作用,同时像古典经济学一样,发展经济学并未重视金融发展及其作用。进入新古典主义发展思路的第二阶段,金融发展受到注重市场作用的发展经济学家的重视。

2. 关于发展中国家的金融发展对经济增长的作用

20 世纪 60 年代末至 70 年代初,以戈德史密斯、格利、麦金农、肖等为代表的经济学家开始研究经济发展与金融发展的关系,这也标志着金融发展理论的萌芽。帕特里克(Patrick,1966)提出需求带动和供给引导的金融思想,认为由于金融体系可以改进现有资本的构成,有效配置资源,刺激储蓄和投资,因而欠发达国家需要采用金融优先发展的货币供给带动政策。戈德史密斯(Goldsmith,1969)认为,金融发展与投资有效性之间存在很强的正相关关系,金融理论的职责在于找出决定一国金融结构、金融工具存量和金融交易流量的主要经济因素,他还确立了衡量一国金融结构和金融发展水平的基本指标体系,得出金融与经济发展水平正相关的基本结论。1973 年,麦金农和肖分别提出金融与经济发展之间的相互关系和发展中国家或地区金融发展的"金融抑制"和"金融深化"理论,强调金融自由化在增加储蓄和投资方面起着重要作用,这一理论标志着以发展中国家或地区为研究对象的金融发展理论的真正产生。

麦金农(McKinnon,1973)的"金融抑制"理论认为,发展中国家对金融活动有着种种限制,致使利率和汇率发生扭曲,不能真实准确地反映资金供求关系和外汇供求。这些限制一方面,降低了信贷资金的配置效率;另一方面,导致银行储蓄资金下降,投资减少,经济发展缓慢。麦金农通过修改储蓄倾向不变的假定,修正哈罗德-多马模型,指出实行金融改革、解除金融压制,既可直接通过储蓄倾向的提高来增加储蓄,从而增加投资促进经济增长,又可通过经济的增长进一步增加储蓄,从而实现金融深化与经济发展之间的良性循环。

肖(Shaw,1973)提出的"金融深化"理论认为,金融体制与经济发展之间存在相互推动和相互制约的关系。一方面,健全的金融体制能够将储蓄资金有效地动员起来并引导到生产性投资上,从而促进经济发展;另一方面,发展良好的经济同样也可通过国民收入的提高和经济活动主体对金融服务需求的增长来刺激金融业发展,由此形成金融与经济发展相互促进的良性循环。之后众多学者(如 King and Levine,1993;Levine and Zervos,1996)对金融发展理论进行了经验验证,证明金融发展是经济长期稳定增长的原因之一。斯蒂格利茨(Stiglitz,1993)认为,政府对金融市场监管应采取间接控制机制,并依据一定的原则确立监管范围和监管标准。

赫尔曼和斯蒂格利茨(Hellman and Stiglitz,1997)提出了新金融发展理论,即金融约束的理论分析框架,这是金融深化理论的丰富与发展。金融约束是发展中国家从金融抑制状态走向金融自由化过程中的一个过渡性政策,它针对发展中国家在经济转轨过程中存在的信息不畅、金融监管不力等状态,指出要更好发挥政府在市场失灵下的作用。

在建立和丰富发展中国家金融发展的理论的同时甚至之前,一些学者也在致力于构建一般国家的金融发展理论。

3. 关于一般金融发展的分析框架

格利和肖(Gurley and Shaw,1960)试图建立一个以研究多种金融资产、多样化的金融机构和完整的金融政策为基本内容的广义货币金融理论,并试图发展一种包含货币理论的金融理论和一种包含银行理论的金融机构理论(Gurley and Shaw,1967)。戈德史密斯(Goldsmith,1969)提出,金融发展就是金融结构的变化,研究金融发展就是研究金融结构的变化过程和趋势,而金融结构的变化是金融制度变迁的集中体现。金和莱文(King and Levine,1993)放弃了既有金融发展理论以发展中国家为研究对象的传统,转而寻求建立一种包括发展中国家和发达国家在内的一般金融发展理论。

4. 关于一般金融的形成和发展

格利和肖(Gurley and Shaw,1955,1956,1960,1967)认为,经济发展是金融制度变迁的前提和基础,而金融制度变迁则是推动经济发展的动力和手段。通过建立一种由初始向高级、从简单到复杂逐步演进的金融发展模型,证明经济发展阶段越高,金融的作用就越强。20世纪80年代末到90年代中期的金融发展理论从效用函数入手,建立了各种具有微观基础的模型,引入了诸如不确定性(流动性冲击、偏好冲击)、不对称信息(逆向选择、道德风险)和监督成本之类的与完全竞争相悖的因素,在比较研究的基础上对金融机构和金融市场的形成作了规范性解释。

20世纪90年代以来,金融发展理论从内生增长理论出发,将内生金融中介和内生金融市场纳入研究框架,研究金融中介与金融市场如何内生于经济增长之中。在金融机构形成方面,本奇文加和史密斯(Bencivenga and Smith,1991)的模型认为,当事人随机的或不可预料的流动性需要导致了金融机构的形成;施雷夫特和史密斯(Schreft and Smith,1998)的模型认为,空间分离和有限沟通导致了金融机构的形成,贾亚斯里和桑迪普(Jayasri and Sandeep,1998)的模型提出,当事人的流动性偏好和流动性约束导致了金融机构的形成。在金融市场形成方面,撒克(Thakor,1997)从经济生产的角度分析了金融市场的运作机制。他指出,金融市场的参与者将资金存入金融机构,随后这些机构将所吸收的存款转化为贷款,为生产者提供必要的资金支持。在这一过程中,金融机构充当了中介的角色,促进了资金提供者与生产者之间的合作,并协调了双方的行动。格林伍德和史密斯(Greenwood and Smith,1997)指出,金融市场的固定运行成本或参与成本导致了金融市场的内生形成,即在金融市场的形成上存在门槛效应,只有当经济发展到一定水平以后,有能力支付参与成本的人数才较多,交易次数才较多,金融市场才得以形成。

在金融机构和市场发展方面,格林伍德和约万诺维奇(Greenwood and Jovanovic,1990)、格林伍德和史密斯(Greenwood and Smith,1997)在各自的模型中引入固定的进入费或固定的交易成本,说明金融机构和金融市场随着人均收入和人均财富的增加而发展。在经济发展的早期阶段,由于人均收入和人均财富水平较低,金融服务的需求和供给尚未形成,相应的金融机构和市场也不存在。随着经济的逐步增长,部分人群的收入和财富首先达到一个关键的临界值,这激发了他们利用金融服务的动机。为了满足这一需求,金融机构和金融市场应运而生,人们愿意支付一定的进入费用以获取这些服务。随着越来越多的人的收入和财富达到这一临界值,他们对金融服务的需求随之增加,促使金融机构和金融市场进一步发展和完善。金和莱文(King and Levine,1993)扩展了上述观点,在其模型中,固定的进入费或固定的交易成本随着金融服务复杂程度的提高而提高。拉·波尔塔等(La Porta et al.,1997,1998)、郑志刚(2007)等注重宏观研究与微观基础的结合,将多种影响金融发展的因素纳入一个宽泛的制度范畴,并从不同侧面研究这些因素对金融发展的不同影响机制。

5. 关于一般金融的经济作用

熊彼特(Schumpeter,1934)首次论述了金融与经济的关系,从金融发展促进创新进而促进经济增长这个角度肯定二者之间的关系,认为一个运行良好的金融系统对经济的长期增长有促进作用。20世纪90年代以来,一些金融发展学者从内生增长理论出发,将内生金融中介和内生金融市场纳入金融发展框架,认为金融要素能够提高技术创新水平,进而推动经济增长,其核心是对金融制度变迁影响经济增长的机制作出全面且规范的解释。帕加诺(Pagano,1993)的框架说明,金融制度变迁导致金融中介和金融市场的发展,进而导致更高比例的储蓄被转化为投资进而引起经济增长。金和莱文(King and Levine,1993)从金融功能的角度研究金融发展对经济增长尤其是全要素生产率的影响。格林伍德和约万诺维奇(Greenwood and Jovanovic,1990)发现,当经济规模达到一定水平后,金融发展才能促进经济增长。本奇文加和史密斯(Bencivenga and Smith,1991)发现,金融中介具有改变投资方向的倾向,所以影响经济增长。阿吉翁等(Aghion and Bolton,1992;Aghion and Howitt,1990)发现,因为风险偏好的差异,金融发展有助于技术创新和经济增长。其研究对象不仅是发展中国家的金融与增长问题,也包括发达国家的金融与经济增长的关系。

现有金融发展理论尤其是基于内生增长的金融发展理论,虽然对金融形成及发展的决定与影响作出了统一的内生解释,即金融体系随着人均收入和人均财富的增加而形成,进而从简单向复杂演化。同时,金融对经济增长的作用也随着经济发展而增强。但是,这些理论并没有对金融的转型发展和性质变化作出令人信服的统一解释。

10.2　金融是物质、是技术，也是制度

10.2-1　金融体系的内涵

金融是资金融通的总称，是市场主体利用金融工具使资金从盈余方流向稀缺方的经济活动，是货币流通和信用活动以及与之相联系的经济活动的总称，是涉及货币与信用，以及以货币与信用结合为一体的形式生成、运作的所有交易行为的集合（黄达，2004）。

货币是所有者之间关于交换权的契约，是一种被普遍接受为交易媒介、支付工具、价值储藏和计算单位的物品，货币代表过去的价值。实物货币的特征是其所包含的价值等于货币价值。代用货币，是代表金属货币进行流通的货币。信用货币是由国家法律规定的、强制流通的、不以任何贵金属为基础的、独立发挥货币职能的货币，信用货币以信用作为保证，是债务货币，具有强制性，它是通过信用程序发行和创造的货币。虚拟数字货币以信用为基础，超越了国家、政府和地区的概念，消除了制度、所有制形态和种族之间的差异，其面向特定社区发行，社区成员往往也可以通过从事社区活动来增加对该种货币的持有量。货币是金融的基础，没有货币就没有金融，货币价值的加总形成金融总量。

信用是一种债权债务的契约，是以偿还和付息为条件的借贷行为，以信用发行人、信用的性质、债务人或债权人履行承诺的条件及违约后果等制度设施为其担保，信用代表未来不确定的价值。信用也分为实物信用、金融货币信用、代用货币信用、信用货币信用、信用债券和虚拟信用。信用是现代金融的基石，是金融的表现形式，而金融则是信用发展的结果。

在实物货币制度下，信用与货币是分开的，货币仅仅是信用的载体，信用行为本身不能创造货币，也不能改变货币量。在信用货币制度下，信用货币是社会中唯一的货币，银行创造信用货币，信用与货币成为一体，不存在非银行创造的货币。货币在信用中充当流通的角色，也是信用的一种形式表达。货币是信用的重要基础，信用因货币而扩张其形式并发展其规模。货币借贷的出现是信用扩张的条件，货币借贷扩展了信用范围，扩大了信用规模。信用运作是货币流通的重要组成部分。信用是货币发行的基础，货币因信用而扩张其职能、发展其形式。信用促进了货币的形式发展和货币流通的

发展。信用资金的调剂会影响货币流通速度和货币供应结构,信用扩展会增加货币供给,信用收缩会减少货币供给。银行是综合货币和信用的精巧机构。

10.2-2　金融体系的构成

金融体系由金融物品、金融主体、金融行为和金融市场组成,在货币资金的融通中发挥着非常重要的作用,体现了金融活动的表现形态、主体行为和运行机制。金融资产代表着一种价值形态的资产,它们是一种索取实物资产的无形权利,具体指的是所有能够代表未来收益或资产合法要求权的凭证。金融资产主要分为两大类:现金与现金等价物,以及其他金融资产。这些资产在金融市场上以金融工具的形式提供,用于交易。金融工具是构成金融资产、负债或权益的具体产品,它们是基于合同的交易形式,可以形成一方的金融资产,同时构成另一方的金融负债或权益工具。金融工具的范畴较广,包括基础金融工具和衍生金融工具。基础金融工具包括常见的债券和股票,而衍生金融工具则是从基础金融工具中衍生出的更为复杂的金融产品。金融工具的存在为储蓄向投资的转化提供了具有法律效应的凭证,加速了储蓄者、投资者之间的融资过程,使金融活动的效率大大增加(范从来,2004)。金融产品(financial products)是指资金融通过程的各种载体,分为基础产品、资产管理产品和衍生品。

在金融体系中,主要涉及三种类型的金融主体:监管和调控机构,包括政府监管机构和中央银行,它们负责制定金融政策和监管金融市场的运作;金融中介机构,如银行、证券公司、信托公司和基金管理公司等,它们在金融市场中扮演资金中介的角色,促进资金的有效配置;金融供需机构,主要包括家庭和非金融企业,它们是金融市场中资金的最终需求方和供给方。

金融行为可以归纳为三重类型:金融具体行为,涉及金融产品的生产、交换和使用,它是金融市场日常运作的基础;金融抽象行为,包括金融创新、学习和重复行为,它推动金融产品和服务的持续发展和完善;金融交互行为,涵盖金融竞争行为和合作行为。它们共同影响金融市场的效率和稳定性。

金融市场可以从多个角度进行分类。按期限,分为货币市场(短期资金市场)和资本市场(长期资金市场);按交易性质和层次,分为发行市场(新金融产品的初次发行)和流通市场(已发行产品的买卖);按交易组织方式,分为直接搜寻市场、经纪人市场、交易商市场和拍卖市场;按交易对象,分为资金市场、外汇市场、衍生市场、保险市场和黄金市场;按地域,分为国内金融市场和国际金融市场;按交易程序,分为场内交易市场(如证券交易所)和场外交易市场(如银行间市场)。金融市场还包括资产或要素的价格,其中:利率反映了货币的时间价值,是衡量资金成本的重要指标;汇率定义为一种货币相对于另一种货币的价格,是国际交易中的关键金融指标;收益率反映资本的价格,通常指净利润占使用的平均资本的百分比,是评估投资效益的常用指标。此外,金融体系还可以从部门、空间和时间维度进而分类从而构成不同的结构。

10.2-3　金融体系的性质

金融是一个由物质、技术和制度产品、机构主体、服务行为及其市场组成的经济服务部门,具有高流动性、不稳定性、高风险性和高投机性等特征。第一,金融具有技术性,所有的金融要素都是人类的后天发明创造,是一系列技术创新。金融与技术呈现加速融合的趋势,现代新型信息技术已经并将继续对金融业和传统金融体系产生巨大而深刻的影响(刘少波等,2021)。物品交换科技除了货币本身外,还支持物品交换的基础设施,包括交互标准技术、交互工具技术和交互设施技术。物品交换科技分为:交易基础设施,包括支付系统(PS)、中央证券存管(CSD)与证券结算系统(SSS)、中央对手方(CCP)、交易报告库(TR)、其他金融市场基础设施。第二,金融具有制度性,所有的金融要素及其构成的金融体系,都是一系列制度安排,也决定金融在一定层面上是公共产品。第三,金融具有一定物质性,不仅金融产品具有物质性或者附着在物质上,而且金融还参与价值的贡献和分配。第四,金融具有虚拟性,是虚拟资本的持有与交易活动,是价值符号的转移。第五,金融具有媒介性,是经济发展的媒介;决定资源配置,是经济发展的重要组织体系。第六,金融资产具有流动性、收益性和风险性。

货币与信用作为一系列制度和技术,是公共部门的重要公共产品。金融的多重性与货币及信用的多重性有关。第一,货币是物品的镜像,货币的最初形式是实物货币,货币变成符号货币甚至虚拟货币后,也需要附着在一定的物质上。货币是一系列支持物品交换的技术,是一系列有关经济主体交易的契约制度。货币具有普遍接受性、稀缺性、可分性、持久性、可替代性、流通性等特征。第二,信用是各种借贷关系的总和,表现为一定的债权凭证,也要附着在一定的物质之上,是一系列借贷技术工具及其配套设施,一系列合同、契约和制度安排。信用工具具有偿还性、收益性、流动性、风险性等特征。

金融体系的核心在于动员和跨期配置资源(刘磊等,2022)。第一,金融的本质在于实现跨时间、跨空间的价值交换。在这一过程中,金融交易涵盖了所有涉及价值或收入在不同时间点和不同空间位置上重新配置的活动。金融交易的基础是货币和信用，它们各自具有独特的本质。第二，货币的本质在于它作为一种交换权的契约，是一种公共合约，旨在降低市场交易的成本和复杂性。货币作为一种普遍接受的价值储存和交换媒介，促进了商品和服务的流通。第三，信用的本质体现在人与人之间的交易关系，或者个人与国家之间的经济互动中。信用基于信任和预期偿还，它允许借贷双方进行当前和未来的价值交换，是金融交易中不可或缺的一部分。

10.2-4　金融体系的形式

传统金融的形式主要是存款、贷款和结算三大传统业务。现代金融的形式包括以银行为中心的间接投融资和以投资银行为中心的直接投融资两种形式。数字金融的形式包括第三方支付、移动银行、个人对团队（person to team，P2T）模式的贷款以及电子市场互联网。

此外，货币和信用也有具体的形式。第一，货币在历史上以多种形式存在，主要可以分为以下三类：实物货币、形式货币、互联网币。实物货币既是一种有着其他用途的物品，也是用于承担交换、储藏和支付的契约物品；形式货币仅有交换、储藏和支付等契约价值，没有其他物品价值，具体包括：代用货币、信用货币、存款货币。互联网币通常没有以商品为基础的价值，又称虚拟货币、数字货币或者电子货币，主要形式为电子钱包、数字钱包、电子支票、电子信用卡、智能卡、在线货币、数字货币等。第二，信用可以根据担保方式和主体进行分类：从担保的角度看，分为道德信用、高利贷信用、借贷信用、互联网币信用；从主体的角度看，分为商业信用、银行信用、国家信用、消费信用、社会信用和国际信用。

10.2-5　金融体系的功能

金融系统通过多种机制发挥其功能，主要包括六种。第一，资金融通。金融通过股权细化等方式，为大规模且不可分割的投资项目汇聚资金，从而支持这些项目的实施。第二，清算支付。提供便捷的清算支付手段，以促进商品、劳务和资产交易的顺利进行。第三，资源配置。提高资源配置的效率，通过跨时间、跨地域和跨产业的转移，促进经济资源的最优分配。第四，风险管理。提供管理不确定性和控制风险的工具，通过风险的分散和转移增强经济的稳定性。第五，信息提供。通过价格信号传递金融信息，帮助市场主体作出更加协调一致的非集中化决策。第六，激励提供。解决金融交易中信息不对称和委托代理问题,提供激励机制以促进交易双方的利益一致。此外,货币和信用作为金融系统的核心组成部分,各自承担着不同的功能:货币主要有价值尺度、交易媒介、贮藏手段、支付手段等职能;信用主要有流通、中介、分配和调节等职能。

从文献来看,国外学者中默顿在金融功能理论方面作出了开创性研究,他将金融功能细分为六个方面:融通社会资金、集中资本和分割股份、提供清算和支付结算、提供信息和形成各种价格、分散转移和管理风险、缓解信息不对称带来的各种问题(Robert,1995)。国内学者白钦先认为,传统上金融的功能被简单地限定在单纯的中介功能上,而在以金融市场为金融主导主体的条件下,金融功能不断扩展,涵盖如资产重组、风险分散、资源配置和对经济的杠杆效应等方面(白钦先,2003)。

10.3 金融发展的决定因素

金融主要作为物质、技术和制度,基于统一发展经济学关于经济发展的三角形生产函数(图1.5)模型和式(1.2)、式(1.4)、式(1.5)。金融发展是金融物质、技术和制度要素向金融物质、技术和制度产出的直接转化,它是与由技术、人知、人口、物质和制度决定的供求主体金融变迁能动力及其行为相结合的产物。

10.3-1 经济要素的影响

经济要素通过转化为经济主体的资产负债,影响经济主体的需求偏好和预期收益,并与之一起成为经济主体的供需能动力,从而间接影响金融体系的形成和发展,或者直接影响金融的规模和结构。

经济产品或要素主要包括物质、人口、制度文化、人知资产和科学技术等,它们是金融形成和发展的重要能力,人口的能动力可以通过由其组成的经济主体表现出来。金融体系是一个包含工具、组织、制度、人力资本等协调发展的庞大系统(刘磊等,2022)。

科技及人知资产影响金融的产生和发展,并影响其规模和结构。一方面,经济主体交互行为所带来的科学技术增长,将带来物质产品和人均收入增长,从而带来剩余产品,进而导致交易和借贷的需求。另一方面,经济主体在"干中学"模式下带来科学技术内生增长及积累,也带来与金融相关的知识的积累,达到一定临界点后,经过经济主体的思维和行为的交互,最终创造出相关金融产品。例如,金属冶炼和萃取技术的发展,为金属铸币的产生和发展提供了技术能力。而造纸技术和防伪技术的发展,为纸币和票据的产生和发展提供了技术能力。互联网技术的创新和发展,为虚拟数字金融的产生和发展提供了技术能力,直接影响数字金融的产生和金融体系的转型。大数据、区块链、云计算、人工智能等新兴前沿技术,给金融产品、金融机构和金融市场的创新发展提供了供给能力。巴曙松和白海峰(2016)认为,人工智能、区块链等新技术的运用深刻改变了金融行业形态。

物质(包括人口)增长影响金融的产生和发展,并影响其规模和结构。物质(包括人口)增长对金融产生和发展提出了需求能动力,也创造了供给能动力。正是由于物质产品或者人均收入增长到相对剩余产品出现,才产生了私有制,使得借贷信用和商品交易变得必要和可能,最终导致货币和信用的产生。随着物质产品种类和数量的增加,借贷和交易规模不断增长,进一步导致货币和信用数量需求增长,以及相互关联的金融需求不断产生和发展。而在每一个发展阶段,物质产出、交易规模及其增长直接需要相应的货币,信用和金融增长也与之对应。

制度文化影响金融的产生和发展,并影响其规模和结构。经济交互需要制度,经济主体关于制度的交互形成的合力,决定经济制度的产生和性质。交互发展导致剩余产品出现,进而带来产品交换和借贷,决定经济主体的私有产权、市场交换以及信用需求能动力和供给能动力,在此基础上,形成的经济主体的金融需求能动力和供给能动力,决定金融产品的出现和不断发展。基础制度不仅影响金融的产生和发展,而且影响具体的金融制度安排以及金融规模和结构。基础的组织制度、产权制度、资源配置制度和收入分配制度的差异决定金融体系及金融制度的不同。法律制度的完善程度、诚信文化的发达程度,决定金融制度的完善和金融发达程度。从文献上看,贝克和莱文(Beck and Levine,2005)利用超过100个国家和地区的数据研究了金融发展差异与法律制度的关系,肯定了法律制度的重要作用。在传统的自给自足小农经济和由政府主导的计划经济体制中,金融的作用较为有限,其形式和结构也相对简单。这是因为在这些体制下,金融制度与计划经济或小农经济的要求相适应,导致金融深化的程度相对较低。相比之下,市场经济体制为金融深化提供了更为肥沃的土壤。

10.3-2 经济主体的间接影响

经济主体通过需求偏好、预期收益和资产负债所形成的金融需求能动力和供给能动力,决定经济主体的金融行为,从而间接影响金融的产生和发展,并影响金融规模和结构。

经济主体基于行为力间接影响金融体系的形成和发展。具体而言,知识增长导致物质产品剩余出现,私有制度得以形成,国家和家庭也应运而生,之后国家和家庭等成为公私产品的生产和消费主体,它们在形成物物交换的需求偏好和高预期收益的同时,也形成了借贷的需求偏好和预期收益,导致借贷供需的行为净能动力大于零,从而产生实物借贷。随着知识的进一步增长,物物交换进一步扩大,国家和家庭等生产和消费主体形成了货币需求偏好和预期收益,导致货币供需的行为净能动力大于零,从而产生了货币,并不断创造新的货币形式。随着知识、人口和物质的继续增长,国家和家庭的需求偏好和预期收益继续改变,金融与信用相结合的金融供需净能动力大于零,从而形成货币和信贷相结合的金融形态。随着知识、人口和物质的不断增长,政府、家庭和企业的需求偏好和预期收益不断变化,金融形态不断发展,从传统金融体系逐步转向现代金融体系,最终发展到数字金融体系。

经济主体的金融行为直接决定信用、货币和金融的形成及发展。基于税收等预期收益的变化以及风险偏好所形成的需求能动力,中央政府作出增加或者减少国债发行等行为,从而扩展或收缩政府资产负债表;与此同时,间接决定中央银行的资产负债表的扩表或缩表,从而导致基础货币扩张或收缩。商业银行基于权益类资产收益的乐观预期或悲观预期以及风险偏好所形成的需求能动力,向央行出售或购买债券,企业基于权益类资产收益的乐观预期或悲观预期以及风险偏好所形成的需求能动力,向商业银行出售或购买债券。商业银行通过买卖债券导致资产负债表的扩表或缩表,也间接导致基础货币供给的扩展或收缩,企业负债增减也决定企业资产负债表的扩张或者收缩。企业基于要素投入可能带来的未来利润的乐观预期或悲观预期,决定自身存贷款规模,进而决定银行的货币派生规模,从而从企业的角度影响债务和货币的规模及变化。同样,基于要素投入可能带来未来收入的乐观预期或悲观预期以及风险偏好所形成的需求能动力,家庭决定自身的存贷款规模,进而决定银行的货币派生规模,从而从家庭的角度影响债务和货币的规模及变化。所有这些微观主体的融资行为不仅决定不同视角下的金融结构,而且通过所有资产负债表的加总,还显示出货币总量、货币增量、债务总量等的规模及变化。

10.3-3 经济主体的直接影响

经济主体通过创新、学习和重复的金融构建行为,直接影响金融体系的形成和发展,并影响金融体系的规模和结构。

经济主体通过其金融活动直接影响信用、货币和金融体系的建立和发展。这些主体基于自身的需求偏好、预期收益和资产负债状况,通过创新、学习和实践等行为,开发出信用、货币和金融工具,建立相应的机构和市场,从而推动信用、货币和金融体系的形成和发展。具体来说,随着经济要素的变化,经济行为主体的资产负债和预期收益也随之变化,这促使他们通过创新和学习来满足对实物货币和实物信用的需求,进而推动货币和信用的产生及应用。这种需求和预期收益的动态变化,为金融创新提供了动力,促进了金融工具和市场的发展。随着经济的进一步发展,经济行为主体对于金融的需求和预期收益持续演变,推动了金融体系从传统形态向现代形态转变,最终向数字金融体系转变。这一过程不仅反映了技术进步和制度创新的影响,也体现了经济行为主体在金融发展中的决定性作用。

经济行为主体的金融行为直接决定金融的规模及结构。在现代金融体系的性质下,在金融需求能动力的基础上,政府的资产负债表的扩表或缩表行为,可能导致基础和派生货币的扩张或者收缩。商业银行向央行出售或购买债券,导致央行基础货币供给的扩张或收缩,影响央行的资产负债表变化;企业向商业银行买卖债券或者存贷款,也决定企业资产负债表的扩张或者收缩,从而间接影响商业银行派生货币的规模和资产负债表。家庭负债规模的扩大或者缩小,决定银行的货币派生规模和家庭资产负债表。所有这些经济主体的融资行为不仅决定不同视角下的金融结构(易纲、宋旺,2008;易纲,2020),而且,通过所有资产负债表的加总,还显示出货币总量、货币增量、债务总量、权益资产以及 GDP 的规模及其变化。

10.3-4 经济分布的影响

经济分布即不同部门、不同时间和不同空间的经济要素、经济主体和经济行为的分布,它影响金融体系在不同部门、不同时间和不同空间的差异化形成和发展,也影响金融体系在不同部门、不同时空的分布及总体规模。

部门结构及其变化对信用货币的发展具有重要影响。随着分工的深化和经济部门的多样化,市场交易的规模和复杂性都在增加。为了提高交易效率、降低成本并实现更高的预期收益,经济主体产生了创造和学习实物信用及货币的需求。这种需求推动了信用、货币和金融的创新与学习,促进了这些领域形式和结构的多样化。不同经济部门对金融的需求存在差异,这导致金融深化程度和金融要素构成的不同。在传统经济部门中,由于体系相对封闭、自给自足,这些部门对金融中介的依赖较小,金融深化程度较低,金融体系也相对简单。相比之下,现代经济部门则更为开放、交互性强,高度依赖金融中介和市场来配置资源和促进部门间的联系,因此金融深化程度较高,金融体系也更为复杂多样。这些观点在图内尔(Turner,2016)的著作以及潘宏胜(2018)的文章中有所体现,它们为我们理解经济部门结构变化对金融体系发展的影响提供了理论支持和分析。

空间结构及其变化对信用货币的发展起着关键作用。这主要是因为空间是经济要素、参与者和活动的基础平台。空间的特征直接影响金融活动的模式和效率。由于知识、物质资源和人口的变动,不同区域在经济规模、结构、参与者需求、预期收益和财务状况上均存在差异,这些差异导致信用、货币和金融创新的不同动力和路径。结果,不同空间的金融发展呈现出不同的顺序、方式以及总量和结构特征。此外,每个区域内部的金融发展还会进一步增强这些区域之间的差异。同时,不同区域间的经济联系紧密程度也决定了它们之间金融联系的性质。简而言之,空间结构通过影响经济活动的各个方面,间接塑造了信用、货币和金融体系的发展。

时间结构及其变化影响信用货币的发展。实体经济规模及增长决定金融规模及其增长(米建国、李建伟,2002)。随着经济规模的增加,交易和信贷活动也随之增长。这促使经济参与者对货币、信贷和金融服务的需求和预期收益发生变化,并且影响他们的资产和负债状况。这些变化催生了新的金融行为,包括金融工具、资产和产品的创新,以及金融机构的建立和发展。简言之,经济扩张推动了金融需求的增长,促进了金融创新和金融机构的扩张。实体经济的总量决定金融的总量规模。货币是物品的镜像,一定规模的实体经济要求一定的货币总量与之匹配,过多或过少的货币总量都不利于实体经济总量及其增长(米建国、李建伟,2001)。经济总量也决定信用的规模,一般而言,两者是正相关关系,且两者存在一定比例关系区间,过度的信用和过少的信用都不利于经济总量及其增长。

10.4　金融发展的内外机制

金融体系包括金融要素、主体、行为、市场及其分布。金融层面的发展和变革会影响金融体系内部元素的重构和演变(陈雨露、马勇,2013)。金融体系的形成、发展和作用是在与外部经济体系的互动以及金融体系内部各要素的相互作用下进行的。

10.4-1 金融体系的形成机制

1. 金融体系形成的外生决定机制

随着经济互动的扩展,各经济主体根据自身资产负债、金融需求和收益预期,激发出金融交易的动力。这种动力促进了金融产品创新、模仿和复制等行为,进而推动金融产品的发展和多样化。

首先,经济主体的交易货币需求能动力和供给能动力相互作用,导致货币工具的产生。在需求方面,物物交互在获得规模经济的同时也产生了交互成本,而随着交易规模、种类和空间的扩大,供需不匹配增加了物物交易成本。为获得交互规模收益并降低交互成本,需要一个共同的实物作为中介来连接交易。当经济主体之间的交易规模增长到一定程度时,使用货币作为中介进行交易的成本效益超过了直接物物交换的成本。同时,货币的普遍接受性(共享外部规模经济)也降低了交易成本。在这种情况下,实物货币作为交易媒介的需求动力就会出现。在供给方面,货币作为一项技术需要创造。经济主体在实践中积累经验与知识,部分主体据此创新,开发出适合作为交易媒介的实物货币。这些创新者出于最大化收益的目的,推动了实物货币的供给。同时,其他经济主体借鉴这些创新,利用自身的知识和经验,通过模仿来增加实物货币的供给。在需求方面,货币作为一项制度需要建立。随着交换活动的增加,规模经济效应显著,导致确立一个共同交换媒介(即货币)的收益超过了相关成本和风险。因此,一些经济主体,可能是政府,会选择特定的实物作为公认的货币,并基于各方的共同契约。由于不同经济体系中的偏好和成本因素,实物货币的具体形式和供给方式会有所不同。随着交换规模和范围的增加,那些具有较低交易成本的实物货币将更能满足经济主体的需求,提高其交易动力,因此更可能被广泛需求和供给。就个体而言,每个主体通过货币间接交换的成本低于物物交换的成本。就总体而言,每个经济体系的货币间接交换的成本低于总体的物物交换成本,货币供需能动力及货币就产生了。

其次,经济主体借贷工具的需求能动力和供给能动力相互作用,导致信贷工具的产生。随着知识经验的增长和剩余产品的出现,借贷交互为供求双方带来规模收益,但同时也伴随交互成本。当借贷的规模收益超过其规模成本,即借贷交互的净收益为正时,借贷的供给和需求动力均大于零,促使借贷行为的发生。尽管直接的实物借贷可以带来规模经济,但如果相关规模成本较高,则可能限制其效益。从需求角度来看,实物借贷在带来规模经济效应的同时,也产生了交易成本。随着借贷活动规模和范围的扩大,这些成本和经济效应都相应增加。引入一个统一的借贷工具可以通过减少交易双方的交互成本来实现规模经济。当特定实物作为借贷中介的总体规模经济(包括由共享带来的外部规模经济)超过与之相关的规模成本和建立共同借贷工具的契约成本时,市场对这种借贷工具的需求动力就会形成。在供给方面,借贷工具作为一项技术需要创造。一些经济主体通过实践积累的经验和知识,创新出适合的实物货币作为借贷工具,以追求最大化收益,从而推动了实物货币的供给。同时,其他主体通过学习和模仿,也参与实物货币的供给,形成了模仿供给。在供需方面,借贷工具作为一项制度需要建立。随着经济主体借贷的增加,基于交互规模经济,当两个以上的经济主体基于将某一实物确定为共同借贷工具的契约制度所带来的收益,大于将某一实物确定为共同借贷工具的契约制度所带来的成本和概率风险损失时,某一特定的实物就会被一些经济主体作为共同约定的借贷工具。就个体而言,每个主体通过特定实物的间接借贷的成本低于直接实物借贷的成本。就总体而言,每个经济体系的特定实物间接借贷的成本低于总体的实物借贷成本,特定实物借贷的供需能动力及借贷行为就产生了。

2. 金融体系形成的内生机制

在金融产品供需规模有限时,经济主体专门从事生产和经营金融产品的规模收益小于规模成本,因此,金融产品的生产和经营多由一般经济主体兼顾。而随着金融产品供需市场规模的扩大,专门从事金融产品生产和经营规模的收益大于成本,基于金融偏好、预期收益和资产负债所形成的供给能动力,一些经济主体开始专门从事金融产品的生产和交换,意味着金融机构和金融体系的产生。具体而言,基于规模报酬递增,信用产品规模的扩大导致专门从事信用业务的机构的收益大于成本,从而导致专门的信用机构产生。同样,基于规模报酬递增,随着货币规模的扩大,专门从事货币业务的机构的收益大于成本,导致专门的货币机构产生。

在商品货币没有出现之前,一方面物与物直接进行交换,另一方面具体物质可以成为直接信用。在商品货币出现后,信用可以使用非货币实物,非商品货币可以是信用的载体,货币与信用结合在一起。由于规模报酬递增,货币作为统一的交换和信贷工具,降低了交易的共享成本,并实现了规模经济。这促使专门从事金融活动的机构能够获得利润,进而促成专业金融机构的形成。在货币机构产生后,货币机构主体基于需求偏好、预期收益和资产负债形成的金融供给能动力,从事货币的创新、模仿和重复行为,然后创造货币,扩大货币产品的数量和种类。同样,在信用机构产生后,信用机构主体基于需求偏好、预期收益和资产负债形成的信用力量,从事创新、模仿和重复行为,然后创造信用产品的数量和种类,扩大货币的规模和结构。在金融机构产生后,金融机构主体基于需求偏好、预期收益和资产负债形成的金融供给能动力,从事金融产品的创新、模仿和重复行为,创造金融产品的数量和种类,扩大金融的规模和结构。

3. 金融体系的作用机制

金融产品、机构、行为及市场所构成的金融体系的形成,降低了交换和借贷的交易成本,提升了交易和借贷的效率,使金融体系对贸易和借贷产生多方面的供给作用力。一方面,促进了贸易和借贷的规模扩大以及经济增长;另一方面,也带来贸易和借贷在规模和分布上的不匹配,导致经济的波动和风险。此外,美国经济学家、曾任美联储主席的伯南克等提出了"金融加速器"理论,该理论认为信用市场摩擦(信息不对称和代理成本)会放大原始冲击(如货币政策、金融冲击等)对经济周期的影响,并解释了金融体系对于经济冲击的放大和加强作用(Bernanke et al.,1994)。

10.4-2 金融体系的静态均衡

1. 力量的均衡及其决定

在金融市场中,供求能动力的对称性标志着市场平衡。这种平衡发生在:金融产品创新的市场需求与供给能力相等的时刻,金融产品在使用阶段的市场需求与供给能力相等的时刻,货币产品创新的市场需求与供给能力相等的时刻,货币产品在使用阶段的市场需求与供给能力相等的时刻,借贷产品创新的市场需求与供给能力相等的时刻,借贷产品在使用阶段的市场需求与供给能力相等的时刻。

2. 产品的均衡及其决定

当金融产品的需求种类与金融产品的供给种类相等时,金融产品创新的供求均衡;当金融产品的需求数量与金融产品的供给数量相等时,存量金融产品使用的供求均衡。当货币产品的需求种类与货币产品的供给种类相等时,货币产品创新的供求均衡;当货币产品的需求数量与货币产品的供给数量相等时,存量货币产品使用的供求均衡。当信贷产品的需求种类与信贷产品的供给种类相等时,信贷产品创新的供求均衡;当信贷产品的需求数量与信贷产品的供给数量相等时,存量信贷产品使用的供求均衡。

3. 收益的均衡及其决定

金融企业的均衡点状态是边际收益(MR)与边际成本(MC)相等。金融产品垄断竞争市场的静态均衡即金融产品创新的条件是:$MR=MC$,$P=AR>AC$(价格等于平均收益且大于平均成本),此时企业获得正利润。金融产品垄断竞争市场的动态均衡即金融产品使用的条件是:$MR=MC$,$P=AR=AC$,此时企业获得零利润。金融产品创新的边际能动力与边际能阻力相等。金融产品供给的边际能动力与金融产品供给的边际能阻力相等。

4. 力量、利益与产品均衡相互决定

经济主体的欲望偏好、预期收益和资产负债相互作用构成经济主体金融能动力。需求者的需求偏好、预期收益和资产负债决定需求能动力。生产者的供给偏好、预期收益和资产负债决定供给能动力。

金融产品的形成是力量、利益和产品三者相互决定的结果。在金融工具创造上,金融产品创新的市场需求能动力若超过供给能动力,将导致需求超过供给,此时创新收益较高。高收益会刺激供给方增加供给,从而推动金融产品创新,直至市场供需达到均衡。反之,如果供给过剩,市场将通过减少供给来重新寻找平衡点。在金融产品使用中,当供需能动力相等时市场达到均衡。供给过剩时,价格会下降,从而减少供给动力并增加需求动力,直至供需和供需能动力恢复均衡。当供给能动力小于需求能动力,供小于求时,价格会上升,导致供给者收益上升,供给者供给意愿上升,供给产品增加,供给者能动力上升;需求者收益下降,需求者意愿下降,需求产品增加,需求能动力上升。当需求能动力和供给能动力相等时,供求达到平衡。此外,预期收益的增长或下降会相应地影响供需能动力和市场均衡水平。市场风险偏好的变化也有类似效应,风险偏好降低会减少市场供需能动力,导致均衡水平下降,反之则相反。

10.4-3　金融体系的发展机制

1. 金融体系发展的外生机制

随着经济体系的不断进步,产品和生产要素的规模及多样性持续扩大。这一趋势不仅改变了经济参与者对金融服务的需求和预期收益,而且催生了新的金融需求和供给动力。这些动力推动了金融创新,促进了金融产品体系的发展。经济增长和结构的复杂化对金融产品提出了更高的多样化要求,同时也促进了金融机构分工的深化,进一步扩大了金融产品体系的规模和结构。一方面,尽管现有的金融产品通过降低交易成本为经济参与者带来了便利,但信息不对称所引发的逆向选择和道德风险问题增加了交易风险和潜在损失。因此,经济参与者始终在寻找新的金融产品形式以降低这些风险。另一方面,经济体系的发展,尤其是知识的进步,为金融产品创新提供了持续动力。金融产品从创新到学习再到普及的过程,推动了金融市场结构的演变,从短期的垄断逐渐过渡到长期的完全竞争状态。这一过程不断循环,促进了金融产品和市场的持续多样化。

就货币而言,随着贸易规模和范围的不断扩大,现有的货币形式和职能开始难以满足日益增长的交易需求。同时,尽管现有货币在降低交易成本方面发挥了作用,但它们也带来了交互概率损失的风险。为了适应贸易增长的需求并降低风险,经济主体产生了创新货币的需求动力,这推动了货币创新行为及其新形式和职能的产生。在供给方面,与货币创新相关的技术进步为货币在形式和职能上的创新提供了动力。供求关系在这一过程中扮演了关键角色:金融供需主体基于货币创新的成本收益分析,形成了推动力。当这种推动力的合力大于零,并且新形式的契约货币在供求能动力方面达到均衡时,一种新形式且具有更多职能的货币便应运而生。这样的循环过程不断重复,推动货币形式和职能的持续增长和优化。

就借贷而言,在需求方面,随着借贷市场的不断扩展,现有借贷工具在满足日益增长的交易需求方面显得力不从心,且伴随较高的违约风险。为了适应这一增长并降低风险,经济主体迫切需要创新的借贷工具,这种需求推动了新形式和具有更多职能的借贷工具的发展。在供给端,技术进步为借贷工具的创新提供了可能,增强了在形式和职能上进行创新的供给能力。供求关系在这一过程中扮演了关键角色:金融供需双方基于借贷工具创新的成本效益分析,形成了推动创新的合力。当这种合力超过零,并且新形式的契约借贷工具在供求能动力方面达到均衡时,就会诞生具有更多新职能的借贷工具。这一过程不断循环,促进了信用工具形式和职能的持续增长与优化,以适应不断变化的市场需求。

2. 金融体系发展的内生机制

随着金融产品规模的增长,金融机构得以分享规模经济,实现收益超过成本的目标。这促进了金融机构的稳定性,并催生出更多分化和专业化的创新金融机构。同时,金融产品种类的不断创新也促使传统金融机构向创新模式转型,以适应市场的变化和发展需求。反过来,在金融机构增长和转型后,基于需求偏好、预期收益和资产负债形成的金融力量,从事创新、模仿和重复行为(信贷活动和货币流动),促进了金融产品的总量和种类的多样化,从而使得金融体系规模越来越大、结构越来越复杂。

3. 金融体系发展的作用机制

金融的总量增长和结构优化,促进了经济体系的总量增长和结构升级(习羿晖等,2016)。随着货币和借贷种类及其规模的增长,经济主体之间的交易成本进一步降低,这促进了规模经济,并且扩大了经济主体交互的范围和规模。通过优化政府、企业和家庭的资产负债表,促进了资本深化,将更多资源转化为生产要素,从而推动了投资和消费需求的扩张。这不仅增强了政府、企业和家庭的经济供需能动力,还增加了政府、企业和家庭的扩张经济行为。同时,通过优化政府、企业和家庭的资产负债表,资源配置在不同部门、不同空间和时间上得到优化,特别是在创新、学习和模仿部门的资源分配变得更加高效。进一步讲,增强经济主体的供需能动力,不仅可以推动经济产出在物质、人口、人知资产、科技和制度文化等各个方面的增长,而且还能激发经济主体的多样化。此外,这种多样化促进了经济部门种类的增加和空间分布的扩展,为经济发展带来更广泛的动力和更深的层次。当然,金融体系的过慢或过快发展,也会对经济体系产生约束或膨胀的副作用,由于金融体系与经济体系具有不一致性,因而对经济体系的作用始终存在双重性。处于不同经济发展阶段的实体经济,对于金融服务的需求存在系统性差异(林毅夫等,2009)。

总之,经济体系及构成因素的变化,会影响金融体系的构成因素的变化,进而影响金融体系的变化,金融体系的变化又通过影响金融因素的变化,进而影响经济体系的变化;如此循环往复,决定金融体系不断发展。从文献上看,金融的发展和创新既反映实体经济的客观要求,同时还会以此为基础衍生出一个庞大的自我运行体系,从而反作用于实体经济,最终使实体经济呈现出新的运行机制和特征(陈雨露、马勇,2013)。

10.4-4 金融体系的动态均衡

1. 力量的均衡及其决定

金融主体结构转型的供给能动力始终等于经济主体结构转型的需求能动力。一些需求主体对创新金融产品的比较需求能动力等于一些供给主体对创新金融产品的比较供给能动力。一些需求主体具有模仿金融产品比较需求能动力,一些需求主体具有的重复金融产品比较需求能动力等于一些供给主体具有的重复金融产品比较供给能动力。金融主体金融产品数量增长的需求能动力等于金融主体金融产品数量增长的供给能动力。

2. 市场的均衡及其决定

金融产品种类的需求增长率等于金融种类的供给增长率。金融产品需求数量增长率等于金融产品供给数量增长率。一些需求主体创新金融产品需求等于供给主体创新金融产品供给。一些需求主体模仿金融产品的需求等于供给主体模仿金融产品的供给。一些需求主体重复金融产品需求等于供给主体重复金融产品的供给。整个市场始终存在一些创新金融产品不断涌向、一些创新产品被模仿、一些金融产品被重复和一些金融产品被淘汰的供需均衡的变化中。

3. 收益的均衡及其决定

金融产品的需求和供给结构影响其收益层次。高端创新金融产品因其独特性而享有高收益,学习型产品收益较低,而标准化产品可能没有超额收益。在供给方面,创新产品通常处于垄断地位,学习型产品面临垄断竞争,而重复产品则处在完全竞争市场中。动态均衡时,创新产品实现垄断利润,学习型产品获得较低利润,而重复产品则趋于零利润。

4. 力量、利益和产品均衡相互决定

力量决定于当前的欲望偏好、预期收益和资产负债,价格是平衡供需及其供需结构的工具,产品是收入也是未来的要素投入。力量决定利益和产品,产品决定力量和利益,利益决定力量和产品。创新金融产品的供需能动力决定创新金融产品的存在及规模和均衡收益,模仿金融产品的供需能动力决定模仿金融产品的存在及规模和均衡收益,重复金融产品的供需能动力决定重复金融产品的存在及规模和均衡收益。当金融产品创新需求能动力大于金融产品创新供给能动力时,创新金融产品需求大于创新金融产品供给,创新金融产品供给的收益就比较大,导致供给能动力及供给增加,导致创新金融产品的供给与创新金融产品的需求相等,反之则相反。当模仿金融产品的市场需求大于供给时,供给方会获得较高收益,这自然吸引更多供给进入市场,直至供需相等。如果供给超过需求,供给方收益会减少,导致供给减少,直至市场再次达到平衡。当重复金融产品的市场需求强于供给时,供给方能获得正收益,这将促使供给增加以满足需求,直至供需平衡。如果供给超过需求,供给方收益会减少,导致供给减少,直至市场重新平衡。市场均衡是动态的,可能会因为偏好的变化而从供给或需求任一侧被打破。当失衡发生后,市场通过价格和数量的调整,利用利益、力量和产出之间的相互作用,自然趋向新的均衡状态。

10.5　金融发展的统一解释

金融体系从产生再到从传统到现代最后到未来金融体系的发展,就是经济体系的外部供需作用力和金融体系内部供需作用力相互作用、不断扩大和改变的结果。

10.5-1 物物交换、实物信用的供需竞合能动力,决定经济体系中以物物交换与实物信用为内容的传统金融的酝酿

初始的物质与人口再生产循环所带来的人知和技术"副产品"的积累,带来物质产品相对于人口的剩余,从而形成了经济主体物物交换和实物借贷的供需偏好和预期收益,形成经济主体的供给和需求竞合能动力,支配人们开始进行实物借贷,借贷和清偿都以实物进行,这标志着借贷行为的初步形成。

10.5-2 实物货币、实物信用的供竞合需能动力,决定以实物货币、实物信用及其简单联系为内容的传统金融的萌芽

随着知识、人口与物质的增长,广泛的物物交换因供需不匹配而变得低效。为了减少交易成本,经济主体开始寻求一种专门的货币来促进交换。在交易过程中,他们共同选定了一些便于交易且交易成本低的物品作为共同的交换媒介,这些物品逐渐具备货币的储藏、价值衡量和支付功能。在经济交互中,经济主体基于预期收益最大化和成本最小化的比较,将实物货币不断优化,从天然的实物货币到天然金属货币。随着实物货币交换的扩展,经济活动出现了分工,催生出专门的货币发行和运营机构。实物货币不仅用于清偿债务,也成为借贷的主要形式。此外,随着借贷需求的增长,专门的借贷服务机构从贸易中分离出来,实物货币和实物信贷简单结合,进一步推动了传统金融体系的发展。

10.5-3 金融货币、金属信用的供需竞合能动力,决定以金融货币与金属信用及其简单结合为内容的传统金融的形成

随着农业和运输技术的提升,物质产品和贸易量不断增加。金属铸币因其较低的交易成本逐渐取代了天然金属货币,为经济主体带来了更高的预期收益。冶炼技术的进步使得金属铸币的铸造和流通成为可能,进一步推动金属铸币的普及。金属铸币的使用降低了借贷成本,提高了借贷主体的预期收益,促进了金属货币铸造的统一化和规模化。金属铸币因其较低的借贷成本成为借贷活动的主要媒介。随着贸易和借贷市场的扩展,经济活动中出现了专业化的规模经济,这促使一些原本混合经营的机构分化出专门的货币服务职能,如金属货币的发行、兑换和借贷,从而催生了银行等金融机构。贸易和借贷规模的增长导致对金属铸币的需求增加,推动了铸币机构的专门化。金属铸币的公共性和技术特性使其发行逐渐由政府接管。同时,随着金融体系的成熟,中央

银行的角色也从私人实体转变为政府监管机构。

金属货币在经济中的循环流通有助于财富的创造和分配。货币供应量与实物商品量的关系影响金属货币的价值：供应过剩则价值下降，供应不足则价值上升。金属货币的储藏量减少了其作为交易媒介的流通量，可能会推高商品价格。此外，金属货币通过信用机制促进了资源的有效配置，增加了经济产出。总体上，金属货币的物品属性决定：金融是经济的一部分，经济无法高度金融化。作为交换媒介，金属货币作为实体经济正常运行的润滑剂，主要支撑贸易增长和经济增长。作为支付手段和信用媒介，金属货币信用在一定程度上促进经济增长。作为价值手段，金属货币反映贸易的规模及增长，但不能反映全部经济总量及增长。此外，随着知识、物质和人口的增长、贸易的扩大以及财富的积累，金属货币制度的弊端将导致通货紧缩。例如，伯南克和詹姆斯（Bernanke and James，1990）使用 24 个国家的样本数据验证了，越早放弃金本位制的国家越早摆脱通货紧缩的压力。

10.5-4　代用货币、代用信用的供需竞合能动力，决定以代用货币、代用信用及其简单结合为内容的现代金融的萌芽

随着经济的扩张，金属货币已无法满足需求，因而代用货币如纸币被采用以降低交易成本，并与金银挂钩形成金银本位制度。技术进步，特别是造纸和防伪技术，为纸币的发行提供了支持。随着代用货币市场的扩大，银行开始专门负责货币的发行和经营，推动了金融体系的发展。随着贸易和财富的增长，金属货币供不应求，银行通过发行可兑换金属铸币的银行券来满足借贷需求。这降低了交易成本并提高了借贷效率。同时，金融机构创新了信用工具，发行了资产担保债券和股票，进一步推动了金融市场的发展。在总体制度层面，代用货币是金融货币和金属信用的代表，具有真实价值和资产属性，金本位是代用货币和代用信用的基础制度。因此，代用货币作为信用的载体，在金融体系中起到关键作用，尽管它本身不具有金属货币的物质基础。银行发行的代用货币在经济中具有乘数效应，能够扩大信用的影响，但同时也带来了违约风险。这种结合了代用货币和信用的体系，是现代金融发展的重要起点。

10.5-5　信用货币、货币信用供需竞合能动力，决定以信用货币、货币信用及其复杂结合为内容的现代金融的形成

随着经济的蓬勃发展，金属货币及其替代品已无法满足日益增长的交易需求，因

此,国家发行的纸币逐渐取代金属货币,导致传统的金本位和银本位制度被淘汰。这一转变催生了信用货币及其管理制度,使得国家能够更有效地控制和监督货币供应。随着经济活动的增加,借贷信用规模扩大,信用货币取代了代用货币,其作为支付手段的角色也日益增强。衍生金融工具如期票、银行券、支票和汇票等,逐渐从传统的支付职能中分离出来,形成独立的证券货币信用体系。随着交易市场的扩大,现金存款与证券货币之间的分工日益明确,催生了专门发行和经营这些证券的金融机构,推动了金融行业的多样化发展。总之,多种信用货币与多种货币信用的结合相互作用,形成了日益复杂的现代金融体系。

在现代金融体系中,中央银行通过购买国债或发行票据来调节基础货币供应,而商业银行通过交易国债和央行票据来影响可贷资金的规模。通过这些活动,结合经济主体的财务状况、利率和存款准备金率等因素,再加上银行与企业及家庭之间的贷款和存款过程,共同创造出货币供应。经济的健康发展依赖于货币供应与经济产出之间的平衡。如果货币和债务增长不足,可能会导致经济活动的减缓和衰退。相反,如果货币和债务增长过快,可能会引起通货膨胀和经济过热。此外,经济主体的情绪也会影响货币和债务的创造,乐观可能导致经济快速增长,而悲观则可能导致经济放缓。总的来说,现代金融体系通过信用货币和货币信用的相互作用,利用乘数效应,形成了一个内生增长机制。这个机制提高了金融体系的运行效率,但也带来了较高的风险。金融体系不仅支撑着实体经济的发展,而且是整个经济运行的核心。进入现代金融阶段后,金融体系不再仅仅充当最终借款者和最终贷款者之间进行交易的被动媒介。经济与金融日益相互渗透和融合,改变了传统上金融对经济的从属性、工具性与被动性地位以及简单的中介性功能(白钦先,2003)。

10.5-6 虚拟货币、虚拟证券的供需竞合能动力,决定以虚拟信用货币和虚拟信用证券及其结合发展为内容的未来金融的萌芽

随着经济的增长和金融化,市场对货币和信用的需求不断上升,但也带来了逆向选择和道德风险。逐渐发展的金融科技(FinTech)通过降低交易成本和风险,提高预期收益,成为推动金融创新的关键力量。技术进步,如互联网、移动通信和区块链,为金融科技产品的创新提供了新机遇。金融科技化和科技金融化正在推动金融体系的深刻变革,并催生出新的金融产品和工具。中央银行可能发行电子货币,网络虚拟货币和证券通证(STO)等去中心化金融产品开始兴起。同时,新的金融制度,如电子支付和区块链

技术,正在形成。金融市场的参与者也在发生变化,新兴的虚拟货币发行机构采用点对点服务模式,减少了传统金融中介的角色。金融科技行为在发行和交易环节引入数字货币和在线支付等新型金融服务。虚拟市场和基于网络的交易正在兴起,产品定价机制也在适应这些变化。虚拟金融体系的运行机制与传统金融体系不同,特别是在去中心化货币的发行和流通方面。例如,比特币等去中心化货币依赖于密码学和点对点网络,不涉及传统金融机构。展望未来,虚拟货币和信用可能成为主流,随着技术的发展,金融交易将变得更加高效和安全。虚拟金融体系的运行机制虽然还有待观察,但它们预示着金融领域的重大变革,可能会使传统的金融中介逐渐消失。

11

经济部门的统一发展

经济发展即供需经济主体基于供需能动力支配供需经济行为,决定经济要素与产品资产的循环,这些要素的相互耦合和作用具体要落地或分布在空间、时间和部门上。经济发展表现为经济的时空及部门的总量和经济结构、空间结构及部门结构不断变迁的过程。经济部门结构变迁主要是指经济部门的多样化和高级化。

11.1 人类经济的演变历史

人类经济的第一个阶段是采猎经济阶段,在漫长的经济发展中,首先出现的是采集,然后采集与渔猎成为经济的主要部门。

大约在 1400 万至 200 万年前,人类社会还处于采集经济的初期阶段,这一时期的经济活动正在逐步形成。随着气候的变化,亚洲和非洲的古猿开始适应直立行走和使用工具,这一转变不仅代表了古猿向人类演化的关键节点,而且标志着人类经济的起源,从那时起人类开始从本能的徒手采集行为,转变为有意识地使用工具进行采集,这不仅是一次经济行为的转变,也是人类社会历史的一个重要起点。在这个过程中,人类实现了从直接获取天然物品到通过工具获取物品的重大进步,这一"质变"是人类经济和社会发展的关键转折点。

在大约 250 万至 1 万年前的时期，随着人类体质的进化，人类开始制造并使用原始的简陋工具，如打制石器和树枝，这标志着人类进入了更为高级的渔猎和采集活动阶段。尽管渔猎活动历史悠久，但由于其不确定性和挑战性，采集天然植物，如野菜、果实和根茎等，一直是早期人类获取生活资料的主要经济活动。

在大约 1.5 万至 8000 年前的时期，人类在采集经济的基础上，开始更广泛地使用细石器、骨器和木器等小型工具。这些工具的制造和使用，如骨制鱼叉、投矛器，以及弓箭的发明和天然火的使用，促进了渔猎经济的显著发展。随着经济的发展，渔猎部门在经济中的比重逐渐增加，同时，可采集和渔猎的动植物种类也相应增多。尽管如此，由于渔猎活动的不稳定性及挑战性，采集经济依然占据人类经济的主导地位。

人类经济的第二个主要阶段是农业经济阶段。在这一阶段，采集和渔猎逐渐成为辅助性活动，而农业和畜牧业成为经济的主体，同时手工业、商业、文化等非农业部门也开始缓慢发展。

在大约 1 万年前，当时人类处于新石器时代，开始使用磨制石器。在采集和渔猎的过程中，人类逐渐掌握了农作物和动物的生长规律，学会了种植和养殖，其生活方式也从依赖自然转变为通过劳动生产食物。这一转变标志着农业经济时代的到来，也意味着人类与自然关系改变的开始。早期的农耕中心主要出现在西亚、东亚、南亚和中南美洲。

大约从公元前 4000 年持续到公元前 1400 年，随着青铜器的使用，人类开始从事锄耕农业，商品交换变得更加频繁，商业开始从农业和手工业中独立出来。同时，随着非农业部门的扩大和城市的出现，专门的服务部门也开始发展。此外，与农牧业相关的产品加工活动，如金属加工、纺织、制陶等也逐渐增多，手工业开始成为独立的生产部门。

从公元前 1400 年持续到公元 1800 年，铁器的使用和动物的驯养促进了农业的进步，增加了农业剩余，从而促进了人口增长和非农业部门的发展。手工业、商业服务等门类变得更加多样化，知识创造部门如宗教、文化、教育等也开始独立并发展。唐代开始有"三十六行"的记载，后来发展到三百六十行，表明了行业的多样化。

17 世纪中期至 19 世纪末，特别是在英国发生了农业经济的变革。圈地运动、机械化、四茬轮作和良种培育等农业革新提高了劳动生产力和土地生产力，使农业产出增速超过人口增速，英格兰和威尔士的人口在此期间显著增长。农业部门和非农业部门的具体行业都开始快速增加，标志着经济结构的进一步发展和变化。

人类经济的第三个主要阶段是工业经济阶段，它以物质加工和制造为核心，非农业经济部门迅速多样化和高级化。

17 世纪至 19 世纪,农业效率的革命为人口增长和工业劳动力的分流提供了支持。18 世纪中叶至 19 世纪中叶,英国从手工工业向机器工业转变,纺织、铁路、煤炭和机械工业的快速增长使工业成为主体经济部门,实现了工业化。随后,西欧和北美也相继实现工业化。机械工业的发展不仅加快了工业内部的多样化,也使农业和服务业更加多样化。

工业经济的发展经历了几个阶段:初期以轻纺工业为主导,劳动分工以产品专业化为主;中期转向重化工业,劳动分工以中间产品专业化为主,工业生产变得更加迂回;后期则转向高加工度工业,劳动分工以零部件和工艺专业化为主,经济部门的多样化呈指数级增长,技术装备含量快速提升。

服务经济在工业经济的形成和发展过程中也在不断增长。即便在工业化早期,服务业在经济中的比重也相当高。随着工业化的深入,服务业不仅在最终消费领域不断增加,而且许多制造产业中的服务环节也分离出来,成为专门的生产性服务部门。服务业的种类和部门比农业和工业更加多样化,成为经济中产出和就业比重最高的部门。

人类经济的第四个阶段是知识经济阶段,在这一阶段服务业和知识经济部门成为经济的主体,经济部门的多样化将会达到前所未有的水平。20 世纪 50 年代起源、70 年代到来的信息经济,使得信息技术广泛运用,从而促进了信息资源的开发和知识共享,也创造出更多经济部门。20 世纪 60 年代起源、90 年代到来的数字经济,使得零工经济兴起,并在全球范围内呈现爆炸式增长。

在即将到来的智能经济时代,万物互联平台和个体交互方式将促进个体与全球消费者的直接互动,预计自由职业和零工将成为未来工作的主体。世界银行发布的《世界发展报告 2019:工作性质的变革》预测,21 世纪欧洲将出现 2 300 万种新工作。

总之,纵观人类经济部门的发展事实,可以发现:经济部门在不断地多样化和高级化,经济部门多样化和高级化短期呈现"S"形发展趋势,长期呈现"J"形发展趋势。

11.2 经济部门结构的文献回顾

产业结构及其变迁思想源远流长。威廉·配第的《政治算术》第一次考察了农业、工业和商业的收入关系,发现各国国民收入水平的差异和经济发展不同阶段的关键原因是产业结构不同,指出工业收入比农业收入多,商业收入又比工业收入多,所以劳动力必然由农转工,而后再由工转商,可以说配第第一次从产业的角度来研究收入和劳动力在产业间流动的问题。魁奈的《经济表》构建了"纯产品"学说,将社会阶级划分为生产阶级、土地所有者阶级、不生产阶级,提出社会资本再生产和流通的条件,事实上对于产业结构的稳定提出了自己的见解。亚当·斯密的《国富论》论述了产业部门、产业发展及资本投入应遵循农工批零商业的顺序,提出各国按照绝对成本的高低进行国际分工,将使各国的生产要素从低效率产业流入高效率产业,从而使资源合理配置和产业结构优化。大卫·李嘉图的《政治经济学及其赋税原理》提出各国按照比较成本进行国际分工,将使得资源合理配置和产业结构优化。基于魁奈的纯产品学说,马克思将社会总生产分成生产资料和消费资料两大部类,通过演绎推理得出社会总产品增长的动态路径和两大部类平衡发展条件。

费希尔(Fisher,1935)首次提出产业结构及三次产业划分的论断,库兹涅茨(Kuznets,1941)将产业结构划分为"农业部门""工业部门"和"服务部门"。列昂惕夫(Leontief,1953,1966)建立了投入产出分析体系,用以分析经济体系的结构与各部门在生产中的关系,并分析了国内各地区间的经济关系以及各种经济政策所产生的影响。

11.2-1　关于产业结构的影响因素

赫克歇尔、俄林[1]基于要素禀赋理论,认为各国应从事自己拥有优势的产业,通过自由贸易重新分配各国生产要素。筱原三代平基于动态比较成本说,主张扶持那些潜力巨大且对国民经济有重要意义的产业。筱原三代平基于两基准理论,主张把积累投向收入弹性大的行业或部门并要求积累投向全要素生产率上升最快的行业或部门。

11.2-2　关于产业结构的演进

霍夫曼提出霍夫曼定理,即在工业化进程中,消费资料工业的净产值和资本资料工业的净产值比是不断下降的。赤松要提出某一产业将经历进口、当地生产、开拓出口及出口增长的"雁阵形态理论"。克拉克[2]提出随着人均收入的增长,"劳动人口从农业向

---

① 参见俄林:《区域贸易与国际贸易(修订版)》,格致出版社 2023 年版。
② 参见克拉克:《经济进步的条件》,中国人民大学出版社 2020 年版。

制造业,进而从制造业向商业及服务业的移动"的法则。库兹涅茨[1]提出,产业结构和劳动力的部门结构将伴随经济的增长而不断发生变化。随着时间的演进,农业部门实现的国民收入在整个国民收入中的比重和农业劳动力在总劳动力中的比重均不断下降,工业部门国民收入的相对比重大体上是上升的,工业部门中劳动力的相对比重是大体不变或略有上升的;服务部门的劳动力相对比重呈现上升趋势,但国民收入的相对比重大体不变或略有上升。罗斯托[2]的经济成长阶段论将经济成长过程分为传统社会、"起飞"前阶段、"起飞"阶段、向成熟挺进阶段、高额大众消费阶段等五个阶段,与此相对应的是五个主导产业部门。刘易斯构建了二元经济结构模型,提出整个经济由弱小的现代资本主义部门与强大的传统农业部门组成,经济的发展就是要扩大现代资本主义部门,缩小传统的农业部门。钱纳里的工业化阶段论指出,在经济发展中产业结构会发生变化,对外贸易中初级产品出口将会减少,逐步实现进口替代和出口替代,他将制造业按三个时期划分为初级产业、中期产业和后期产业三种类型,并提出基于人均 GNP 的标准产业结构。

11.2-3　关于产业结构变迁的影响因素

库兹涅茨(Kuznets,2015)认为,农产品的收入弹性低,农业和非农产业之间技术进步率的差异和农业劳动生产率的提高,导致农业部门的国民收入和劳动力相对比重趋于下降;工业部门国民收入相对比重上升的原因在于,消费结构的变化和国民收入中用于投资的增长导致工业的高收入弹性,使得工业的收入弹性处于有利地位,原有工业部门资本深化对于劳动力的排斥和工业部门内部行业的扩张吸纳的劳动力相互抵消,使得劳动力相对比重大体不变;服务部门劳动力相对比重上升、国民收入相对比重微升的原因在于,服务产品的高收入弹性、激烈的竞争和较低的行业进入门槛导致劳动力和资本进入的便利性以及服务产品相对于工业品的价格劣势。钱纳里(Chenery,1960)在投入产出理论之上,从经济发展的长期过程中考察了制造业内部各产业部门的地位和作用的变动,揭示出制造业内部结构转换的原因,即产业间存在产业关联效应。

之后学术界主要从三个方面进行考察。一是技术驱动型结构转型模型。技术路线学者构建起了多部门模型来模拟结构转型和产业结构变迁,其基本贡献在于以新增长

---

① 参见库兹涅茨:《国民收入及其构成》,哈佛大学出版社 1941 年版。
② 参见罗斯托:《经济增长的阶段》,中国社会科学出版社 2001 年版。

理论为平台,从技术角度模型化了结构转型,在增长理论和发展理论的结合上进行了尝试。埃切瓦里亚(Echevarria,1997)的模型需要采用非位似偏好(nonhomothetic preference)来确保转型的存在,偏好收敛于一致偏好时确保平衡增长路径存在,转型和平行增长路径不兼容。尼盖(Ngai,2007)假定各个部门的生产函数是一致的,TFP 的增长率不同,每个部门生产一种可区别的产品,总产出增长率都是固定的,他构建了一个包含一种资本品、多种消费品的多部门增长模型,较好地解释卡尔多典型事实和库兹涅茨典型事实,模拟了经济结构转型。

二是需求驱动型结构转型模型。需求路线学者从偏好出发,假定各个部门之间的技术进步率相等,构建起相应的理论模型来解释结构转型。孔萨姆特等(Kongsamut, Rebelo and Xie,2001),雷贝洛(Rebelo,1991)以及谢丹阳(Xie,1994)构建起一个基于非位似偏好、既有结构转型又有增长的模型,证明了在刃锋条件不满足的情况下经济会逐渐收敛到平衡增长路径上。菲尔米和茨威米勒(Foellmi and Zweimüller,2002)基于特定的内生增长机制,从恩格尔原则入手,运用表现消费者从高优先级商品转移到低优先级商品的意愿的"层次效用函数",构建出一个多部门内生增长模型。该模型假定家庭按照需求层次扩大消费,企业不断推出新产品,各产品的生产率均匀增长,各部门收入弹性的差异驱动劳动力再分配,使得消费者对于各类产品的消费会随着收入的变化而不平衡地增长,从而驱动经济结构变化。就业份额不断扩大和下降的均衡行业共存,每个这样的行业都会经历(或已经经历)一个起飞、成熟和停滞的周期,宏观经济总量仍以不变的速度平衡增长,从而增长和结构变化的均衡过程与卡尔多事实相一致,较好地解释了现代发达国家在增长表现平稳的同时,其第二产业和第三产业内部不断地有新的产业崛起,不断地在进行着转型。发达国家各产业内部的结构转型和稳定增长是一个统一的过程。

三是混合动力驱动型结构转型模型。迪克西特和斯蒂格利茨(Dixit and Stiglitz, 1977)对张伯伦垄断竞争思想进行了模型化,提出一个解决规模经济和多样化消费之间两难冲突的 DS 垄断竞争模型,构造出体现产品种类的 D-S 效用函数,假定厂商具有不变的固定成本和边际成本,依次在效用函数是不变弹性、可变弹性和非对称性的情形下,根据效用函数求出行业内各种产品的需求函数,然后结合利润最大化和自由进入条件求得均衡产量、均衡价格和产品种类。内部规模和需求多样化导致产品多样化,不仅为经济增长、国际贸易,也为结构变迁提供了标准的工具。埃切瓦里亚(Echevarria, 1997)在充分认可技术进步对于结构转型的意义的基础上,从新古典经济学的增长理论和发展经济学的冲突出发,从需求层面考虑偏好对于结构转型的推动作用,采用时间可分的非位似偏好,构建起技术进步和偏好(需求)混合的动态一般均衡的结构转型模型。时间可分的非位似偏好较好地抓住消费品的收入弹性的不同,可以从需求端为结构转型提供动力;而外生给定的各个部门之间的不同技术进步率,可以从供给端为结构转型提供动力,可以说该模型解释了经济增长中结构转型和稳定增长是一个前后相继的过程这一长期事实。

11.2-4 关于产业变迁的平衡性

罗森斯坦-罗丹(Rosenstein-Rodan,1943)提出在产业间区域间同步发展的平衡增长理论作为"大推进"理论的基础,认为只要市场发育充分,私人企业的自发活动也会促进经济的平衡增长。只有各类工业同时并举,才能冲破市场容量狭小的限制,他主张通过大量投资扩大资本形成规模,以适应投入的不可分性。纳克斯(Nurkse,1952)在贫困的恶性循环理论基础上,提出在产业间区域间同步发展的平衡增长理论,认为根据萨伊定律,平衡地增加生产,在广大范围的各工业部门同时投资,就会出现市场全面扩大的局面,从而提高需求弹性,通过供给创造需求,最终从恶性循环摆脱出来。赫希曼(Hirschman,1958)提出非平衡增长理论,认为首先应该将有限的资源投入关联度高、潜力大的主导产业上,以带动其他产业和整个经济的增长。在资本形成和资源分配上要优先满足直接生产活动,然后在直接生产活动资本积累的基础上,促进社会间接资本的资本形成与均衡发展。罗斯托(2001)的主导产业及其扩散理论指出,经济增长是为数不多的主导部门迅速扩大的结果,主导部门通过回顾、前瞻、旁侧三重影响带动其他部门发展。

11.2-5 关于现代统一增长理论

罗斯托(2001,2016)以历史阶段分析法、部门总量分析法、心理因素分析法和制度分析法相结合的分析方法分析人类经济发展阶段及其转型,认为经济发展是产业结构不断变化从而使得结构效应不断提高的作用结果。墨菲等(Murphy,Shleifer and Vishny,1989)从托达罗的大推进思想出发,讨论了一个落后经济向发达经济过渡的问题。

贝克尔等(Becker,Murphy and Tamura,1990)从人力资本的积累着手并将其作为唯一的状态变量,假定内生的生育率和人力资本报酬递增,构建了一个多重均衡模型,并使模型具有对应于较大规模的家庭和较少数量的人力资本和对应于小规模家庭和较大数量的人力资本的两个稳态，而这两个稳态之间的转移动态，则决定于人力资本存量的临界值。该模型无法内生地处理转型问题，但该模型首次模型化了多重均衡状态并且开启了后来将转型问题纳入增长框架的研究。

贝克尔等（Baker et al.，1995）将源自专业化的报酬递增、从家庭生产向市场生产的转型、人力资本的积累、工业化整合在一起，构造了一个长期经济发展过程模型，并认为工业化前的发展是由不断增长的人口带来的专业化回报的增加所驱动的，人口继续增长会导致人口继续由家庭部门转移到市场部门，专业化程度的提高最终激活了一种学习技术，具有现代工业增长特征的人力资本或知识积累才开始，并启动了工业增长，从而使经济走上一条完全基于市场的平衡增长道路。该模型解释了现代增长产生的历史前提，由于初始地理条件不同，工业化开启时的人力资本存量和人均产出不同。

阿里福维克等（Arifovic，Bullard and Duffy，1997）利用基于人口遗传学原理的随机搜寻的遗传算法，加入了资本积累，并根据个体要通过相应的锻炼同时学习储蓄和投资多少的两个决策规则，构造了一个适应性学习模型，来解决多重均衡下如何保证一个经济体从贫困陷阱中逃脱出来进入高速增长路径的问题。

盖勒（Galor，1999，2000）在贝克尔家庭需求分析的基础上，构建了兼容经济增长三阶段即"马尔萨斯经济增长停滞时期""后马尔萨斯经济增长时期"以及"现代经济持续增长时期"的统一增长模型，提出人口增长导致技术进步，技术进步倒逼人知资产增长，人知资产增长带来人口转型的三要素齿轮，通过教育的演化将新增长的人知资产与技术进步模型整合起来，引入演化经济学的方法来内生解释人类从停滞到增长全过程以及大分流现象。

琼斯（Jones，2001）采用 Stone-Geary 效用函数的函数形式，把基于观念创造的内生增长理论和生育率、死亡率整合进一个单部门模型中，并引入提高产权等外生冲击，很好地解释了人口和技术都增长情况下的数千年停滞和随之而来的高速增长。同时，该模型也显示，从传统停滞经济到现代增长经济的转型的关键在于从事知识生产的人数和保护发明者发明补偿权的制度。

汉森和普雷斯科特（Hansen and Prescott，2002）构建了一个涉及同时使用土地和劳动和仅用劳动作为投入的两种技术模型，且假设劳动生产率以外生的速度增长，解释了从使用第一种到使用两种技术经济、从马尔萨斯的稳态到趋向持续增长的稳态。

卢卡斯（Lucas，2002）在贝克尔等的模型以及汉森和普雷斯科特的模型的基础上，构造了一个包含人力资本和人口两个状态变量的人口增长和收入增长均内生的模型，认为家庭在人力资本投资和后代数量之间进行的"量质权衡"，决定了人口的增长以及人力资本的积累速度，人力资本的积累正是经济增长的决定力量，但该模型没有展示两个稳态之间的转移动态。

恩盖扩展了汉森和普雷斯科特的模型，外生地引入了影响马尔萨斯资本和索洛资本的障碍因素，从初始条件的角度来解释各个国家的收入差距，论证了各个经济体从马尔萨斯增长进入索洛增长的必然性，以及转型的时点差别和采用技术类型的差别如何影响跨国收入差距。

田村构建了一个内生的从农业到工业转型的不完全内生增长模型，假设采用工业和农业两种生产方式，父母在意小孩的收入水平导致人力资本不断积累，农业部门内的人力资本的生产性强导致潜在劳动力剩余，但工业生产需要投入劳动和付出关系协调成本的中间服务。在协调成本足够低的时候，从农业到工业的转型就会有利可图。

斯特鲁里克和魏斯多夫（Strulik and Weisdorf，2008）构造了最简单的统一增长两部门模型，基于产业结构的变迁和食物价格的相对变化，来解释从前工业革命时期到现在以及将来的人口变迁和经济的长期增长趋势。盖勒等（Galor，Moav and Vollrath，2009）认为，土地所有权分配的不平等对促进人力资本机构（如公立学校）的出现产生了不利影响，从而影响了从农业经济向工业经济过渡的速度和性质，导致了各国人均收入的巨大差异。

11.2-6 关于产业结构的作用

钱纳里（1988）强调结构转变对于发展的重要性，提出"发展型式"理论，他认为发达国家的就业结构与产业结构转变同步一致，发展中国家就业结构转变滞后于产业结构转变。在结构转变的不同阶段，不同部门、不同要素对经济增长贡献的相对重要性存在差异。新古典经济学认为，经济部门构成的变化是经济增长的副产品，而麦迪森（Maddison，1996）[1]、罗斯托（Rostow，1963）[2]、钱纳里等（Chenery et al.，1986）[3]等指出，正

---

[1] 中译本参见麦迪森：《世界经济二百年回顾》，改革出版社 1997 年版。
[2] 中译本参见罗斯托等：《从起飞进入持续增长的经济学》，四川人民出版社 1988 年版。
[3] 中译本参见钱纳里等：《工业化和经济增长的比较研究》，上海三联书店 1995 年版。

是部门构成的变化导致了经济增长。

以上经济部门多样化和高级化变迁的研究,都在不同环节上作出了解释,但是没有形成一个包含结构变迁的发展框架,从长时期解释经济部门的内生变迁及其作用。

11.3 经济部门的性质特征

"结构"一词的含义是指某个整体的各个组成部分的搭配和排列状态。经济部门结构是由经济体系中所有部门、环节、工序的不同要素、主体、行为和产出所构成的。经济各部门、各环节和工序之间存在一定的结构关系,也需要保持合理的结构关系。劳动力和生产资料,需按一定的比例分配到各部门,经济才能协调发展。

随着经济的发展,经济部门不断被细分和扩展,从生产的角度分为物质生产部门和非物质生产部门。物质生产部门可再分为工业、农业、建筑业、货物运输业、商业、金融等,非物质生产部门又分为科学、文化、教育、卫生等。从形态的角度分为实体经济部门和虚拟经济部门。实体经济部是指提供物质或精神的产品和服务的生产、流通等经济活动部门,包括农业、工业、交通通信业、商业服务业、建筑业等物质生产和服务部门,也包括教育、文化、知识、信息、艺术、体育等精神产品的生产和服务部门。虚拟经济部门是指金融业、房地产业,还包括体育经济、博彩业、收藏业等部门。

经济部门结构的本质是各种要素、产品、主体和行为在具体部门的有机分布和动态存在。不仅仅是指产品,也包括创造产出的要素、主体和行为。作为一个综合的存在,不仅部门内部的要素、产品、主体和行为相互影响,而且部门之间的这些因素也会相互作用。作为一个整体,它受到总体的要素、产品、主体、行为和时空的影响,又反过来影响要素、产品、主体、行为和时空。

11.4 经济部门发展的决定因素

要素通过转化为经济主体的资产负债,影响主体的欲望偏好和预期收益,塑造经济主体各自经济行为的能动力,决定主体在产出上具体领域内的创新、学习和重复的竞合交互能动力,并将作出各自在具体、抽象和关系上的交互行为选择,从而决定经济结构及其多样化和高级化变化。

11.4-1　经济要素从两个途径影响经济结构及其多样化和高级化

物质要素及增长从两个途径影响经济结构及其多样化和高级化。从需求的角度看,物质产品及其增长对经济结构产生了显著影响。在物质产品短缺时,经济主体主要关注基本生存需求,导致经济部门结构简单、分工有限。随着物质产品的增长,超出生存需求的剩余产品为其他生产活动提供了条件,促进了分工的发展,使得部分人可以从事非生存必需的工作。从供给的角度看,物质要素的增加,为通过一定知识加工和重塑的多样化的物质和知识产品提供了原料及供给能力。可待开发物质要素的结构状况也在一定程度上影响着物质产出结构的状况。例如,土地肥沃地区的农业部门发达,矿产资源丰富地区的采掘部门可能成为当地经济体系的主导产业。因此,物质要素和产品的状况影响经济结构及其多样化和高级化。

人口及其增长从两个途径影响经济结构及其多样化和高级化。在需求方面,人口增长推动对多样化产品的需求,促进经济结构的多样化。在供给方面,人口的智慧和创新能力为经济多样化提供动力。劳动人口的差异性也影响产品多样性供给。此外,人口规模的扩大与产品多样性正相关,进一步影响经济结构的多样化。

人知资产及其增长从两个途径影响经济结构及其多样化和高级化。在需求方面,人知资产的提升增加了人口的差异化需求,促进了需求的多样化。这种差异化需求推动了经济主体的资产和需求向多样化发展,增强了市场活力。在供给方面,人知资产作为知识的载体,具有自我增强的特性,能够促进知识的积累和创新。这不仅增加了知识产品的供给,也推动了物质产品种类的创新和开发。综合来看,人知资产通过增强供需两端的多样性,影响了经济主体的行为和决策,从而支持经济结构向更多样化和高级化的方向发展。

科技进步从两个途径影响经济结构及其多样化和高级化。从生产者需求角度看,科技进步带来的产品创新可以产生垄断性收益,这激发了产品创新的动力,促进了经济结构的多样化和高级化。从生产者供给角度看,科技创新所形成的知识要素,为多样化产品的创造提供了投入要素和供给能力。从交互角度看,交互规模经济决定经济部门多样化和高级化具有集聚性,正如约瑟夫·熊彼特所说:"创新甚至不是随机地分布于整个经济系统,而是倾向于集中在某些部门及其邻近部门。"主体异质性决定创新总是在个别领域率先发生,交互规模经济和交互成本决定相邻部门和相邻空间领域能够分享先发创新而产生跟随创新。

制度文化是经济结构多样化和高级化的关键能动力。制度文化是影响经济主体的欲望偏好、预期收益和资产负债及其构成的能动力,能够影响经济结构及其变化。从需求角度看,制度文化塑造了人口和消费主体的消费偏好及预期收益,从而影响了产品创新和经济多样化及高级化的需求动力。倡导节俭和节制的文化观念可能会减少人们对多样化和高级化产品的需求。限制奢侈消费的制度规则可能抑制消费规模及多样化和高级化的消费选择,造成精神上和物质上的双重损失。从供给角度看,制度文化通过影响供给者的产品创新偏好和预期收益,进而影响经济结构的多样化和高级化供给动力。等级森严和强调统一的文化可能抑制企业家的创新欲望,导致缺乏知识产权保护,从而增加了产品创新的成本和风险并降低了预期收益。这些因素都会减少生产者进行产品创新和推动经济结构多样化及高级化的动力。

11.4-2　供需主体的能动力影响经济结构及其多样化和高级化

经济主体包含需求偏好、预期收益和资产负债,三者结合决定经济主体的能动力,进一步通过主体行为决定产出,进而影响经济体系的多样化及其变化。

家庭部门的需求偏好、资产负债和预期收益决定的需求能动力决定家庭在具体领域的创新、学习和重复的能动力。如果家庭部门具有强烈创新需求偏好,拥有较大的预期效用,具有创新优势的资产,将带来巨大的创新需求动力。一方面,家庭的消费需求结构是塑造经济结构的关键牵引力。家庭偏好和预期收益塑造的需求结构迫使生产结构进行相应的调整以适配这些需求。在传统封闭社会,基本的生存需求导致经济形态和结构围绕农业进行循环重复。而在现代开放社会,多样化的需求偏好促进了知识服务业的持续增长和发展。另一方面,家庭拥有的资源和能力结构是推动产业结构变革的主要动力,家庭的资源种类直接影响生产活动的类型(Acemogl and Autor,2011)。大量家庭的简单劳动力资源决定了经济体系倾向于劳动密集型农业或制造业。相反,当家庭中聚集了较多高素质人知资产和创意人才时,经济体系则转向知识密集型制造业和服务业。

由企业部门的供给偏好、资产负债和预期收益决定供给能动力,进而决定企业在具体领域的创新、学习和重复的能动力。企业部门的强烈创新偏好、较大预期效用或创新优势资产会激发其创新供给动力,推动创新产品供给。相反,缺乏这些因素会削弱创新动力。企业作为物质要素的转化者和知识产品的主要创新源泉,其运营偏好、预期收益和要素组合对不同行业内要素的配置规模与结构产生了直接影响。企业部门的专业化产出不仅推动了其专业领域内物质产品和精神产品的生产,而且通过不同企业部门产出的整合,形成了经济中物质产出和精神产出的综合结构。

政府部门的欲望偏好、资产负债和预期收益所决定的公共产品供给能力,决定政府在具体领域的创新、学习和重复的能动力。如果政府部门具有强烈的公共产品创新供给偏好,或者拥有较大的预期效用,或者具有创新优势的资产,将带来巨大的公共产品创新供给动力,从而具有强大的公共产品创新产品供给。政府通过其政策偏好、财政策略和法律框架,塑造了企业、家庭乃至政府自身在资源配置和产业选择上的偏好及目标(Rodrik, 2004)。这种政策导向不仅影响了要素投入的方向和产业部门的组合,也决定了地区产业规模和结构的形态。通过调整公共产品和服务的提供,政府影响了企业和家庭的公共消费模式以及基于比较优势的部门选择。这些决策不仅塑造了消费和使用的结构,也间接指导了资源的行业分配和地区产业结构的演化。

家庭部门、企业部门和政府部门的供需偏好、预期收益、资产负债的状况,决定供需能动力状况,从而影响经济结构状况。当家庭、企业和政府展现出强烈的创新欲望并拥有高预期收益和有利的资产负债状况时,经济主体的创新动力强劲,会促进新产品和新部门的持续涌现,进而推动经济结构向多样化和高级化方向发展。当这些经济主体具有强烈的学习欲望并拥有高预期收益和良好的资产负债状况时,经济主体的学习动力强,导致新产品和新部门被快速模仿,从而促进经济结构的持续变化。当家庭、企业和政府倾向于重复现有行为模式,且预期收益和资产负债状况支持这种重复时,经济主体的重复动力强,新产品和新部门的重复生产会使经济结构变化速度减慢。家庭、企业和政府在创新、学习和重复方面的供需偏好、预期收益和资产负债的不一致性,将根据它们综合作用的结果,决定经济结构的多样化及其变化程度。

11.4-3 供需经济行为直接影响经济结构及其多样化和高级化

部门体系越来越多样化,政府、家庭和企业的具体、抽象和关系的交互行为体系,决定主体、要素和产出相结合的部门体系。而随着主体三重交互行为部门体系的演化,主体、要素和产出相结合的部门越来越多样化,同时也意味着要素和产品的跨部门交互与流动越来越多样化。

交互作用促使经济主体、行为和要素的异质性增加,即便在同一地区,这种差异化也会导致经济结构(产业部门)变得更加复杂。整个经济体系的经济结构由所有产业部门及其环节共同构成,其变化不仅体现在产出种类的更新上,还包括产品工序或产品链的演变。经济发展是一个动态过程,它通过产品种类的增加和经济结构的不断优化,推动经济体系的复杂化和高级化。

经济主体通过在特定领域的创新、模仿和重复等互动行为,基于其内在的能动结构,塑造经济结构并推动其变化。首先,经济主体在特定领域的行为结构及其多样性直接影响该领域的经济结构及其多样性。这些行为结构取决于参与主体和要素的多样性,进而决定产出结构和要素的多样性。其次,创新行为是经济结构多样化的根本决定因素。只有通过创新行为,才能产生新的产品、产业、环节或部门,实现经济部门的多样化。创新行为的规模和速度直接决定经济结构多样化的程度和发展速度。再次,模仿和重复行为影响经济结构的变化。当一项经济活动被广泛模仿和重复时,该经济部门或环节的规模会扩大,其在整个经济结构中的比重也会提升。最后,竞争与合作的交互行为通过影响具体领域的抽象行为,进而影响经济结构的多样化变化。竞争行为通过外部压力和内部动力激励经济主体进行创新和学习。合作行为则通过规模协同效应,支持经济主体进行创新和学习,从而实现比较优势和竞争力的发挥,进而推动经济结构的变化及其多样化。综上所述,经济主体的创新、模仿、重复以及竞争与合作行为共同作用,决定了经济结构的多样性及其演变过程。

11.4-4　经济时空分布影响经济结构及其多样化和高级化

空间对经济结构的影响主要体现在其对要素、主体和行为的承载作用,以及这些因素通过运输成本所能实现的交互作用上。由于不同区位的要素、经济主体及其行为存在差异,各区位产出各有不同,进而形成各自独特的经济结构。这些差异还导致经济结构变化的速度和模式不同。集聚重复性要素、主体和行为的区域,其经济结构变化速度较慢。集聚创新要素、主体和行为的区域,其经济结构倾向于多样化。集聚学习型要素、主体和行为的区域,其经济结构变化更为活跃。经济结构随时间而演变,不同时间段的要素、主体和行为会对经济结构产生不同的综合影响。不同时期的要素构成差异决定了经济结构的不同特点。

经济空间的构成要素,包括不可移动的要素、主体及行为,会对经济活动产生决定性影响。经济空间的所有元素,尤其是不可移动的要素(如地理位置、自然资源)和主体(如政府机构)的行为,共同决定了该空间的生产与消费模式。这些元素和行为也决定了经济空间内的创新与学习能力,进而影响竞合(竞争与合作)的能动力和行为。经济空间的具体产出种类和数量,以及它们的变化,是这些竞合行为的直接结果。经济空间所有元素的空间分布决定了生产、消费、创新和学习的竞合能动力的空间分布,进而决定了经济主体及其行为的空间分布。这些因素共同作用,决定了经济空间结构的分布,包括不同经济部门的结构布局(陆铭,2017)。

经济空间主导要素、主体和行为状况及其变化,决定经济部门的差异化、多样化和高级化。当物质要素、人口要素、重复行为成为整个空间的主导时,经济部门将是同质、单一和低级的,其差异化、多样化和高级化相对缓慢。而当人知资产、科学技术、创新和学习行为成为整个空间的主导时,经济部门将是差异、多样和高级的,且其差异化、多样化和高级化相对较快。

经济空间分散集聚的规模影响经济部门结构及其增长。当经济小规模分散集聚时,经济交互规模有限,并且由于知识增长有限,因而经济部门的多样化和高级化程度有限。当经济空间大规模分散集聚时,经济交互规模经济大,知识经济加速增长,经济部门多样化、差异化和高级化程度高且增速快。

经济空间交互范围影响经济部门结构。分工决定于市场规模,经济空间交互范围大,意味着市场规模大,因而经济分工细,经济部门结构多样;反之,经济空间交互范围小,则意味着市场规模小,进而劳动分工粗,经济部门结构综合单一。随着经济空间交互范围的扩大,经济部门结构不断多样化。

11.4-5 经济总量影响经济结构及其多样化和高级化

经济总量尤其是需求总量(即市场规模),通过内外规模经济,可以使得创新和分工的收益大于成本,从而促进分工和创新,进而促进经济结构多样化。经济总量增长意味着收入总量和人均收入增长,从消费的角度看,经济总量增长意味着市场消费规模提升和消费层次提升,消费市场规模扩大和消费层级提升,形成牵引经济部门分工和专业化、多样化和高级化的需求能动力,导致消费加快迭代和升级,伴随着消费者需求结构的变化,中低端需求向高端需求发展,进而带动产业结构发展。从投资的角度看,经济快速增长时,投资者有更多的投资机会,市场有更多的投资需求,产业发展资金充裕将会反作用于企业产品及服务的生产及研发,进一步推动产业升级。长期来看,在经济发展的不同阶段,经济增长对不同经济部门具有不同的影响,因此,经济长期增长决定经济结构的不断调整:经济快速增长导致经济结构的快速变迁,经济缓慢增长则导致经济结构的缓慢变迁。

11.5 经济部门发展的内生机制

11.5-1 部门结构的决定机制

最大化满足人们持续内生增长的欲望,是经济结构多样化和高级化变迁的牵引动力。人们所具有的创造报酬递增知识的能力(舒尔茨,2016),是经济结构多样化和高级化变迁的驱动能力。交互促进了规模报酬的递增效应,追求规模经济最大化激励了分工与交换的深化,进而催生制度与组织形态以协调这些交互行为。主体间的异质性和层次性成为组织形成与演化的核心动力。从经济组织演进的脉络来看,这一进程始于远古的氏族部落,历经古代国家与家庭的形成,再到现代社会中国家、家庭与企业的共存与发展,展现出交互是如何塑造不同历史阶段的组织结构的。

家庭是人口繁衍、消费与教育的中心,为社会贡献了劳动力和资本,同时依赖物质、知识商品及良好的制度文化。企业专注于生产物资与知识,依靠家庭资源与政府支持,反向供应产品给家庭和政府,构成了相互依存的经济生态。政府则通过公共服务和制度建设,促进家庭福祉和企业发展。三者形成循环,共同推动社会经济的和谐运行。

企业依据市场需求、盈利目标和财务状况,展开差异化竞争与合作,推动供给创新。政府则专注于构建制度文化并提供公共产品服务,依靠家庭的人力与物力资源输入,保障家庭与企业的公共需求,并输出制度文化以维系经济社会秩序。此过程展现了市场、政府与家庭之间的相互支持与促进机制。

交互竞合与需求内生增长和知识报酬递增相结合,形成经济主体欲望偏好、预期收益和资产负债所形成的异质和分层的竞合能动力,决定了在具体领域的创新、学习和重复上作出竞合交互行为选择,从而形成在不同异质领域的创新、学习或重复等分层的产出。

1. 家庭要素供给、产品需求和人口生产的分层和异质的竞合力,决定要素供给、产品需求和人口生产的分层和差异行为

知识增长、欲望膨胀和交互协同导致家庭具有分层和异质的能动力。家庭的能动力取决于家庭的欲望偏好、预期收益和资产负债。家庭间的相互作用催生了多样化的欲望、预期及资产状况,这些差异受到制度文化的影响,进一步塑造了家庭对企业的资源供给策略以及对政府的多元需求。家庭不仅依据自身条件竞争性地向企业供给劳动力和资本,也差异化地寻求政府的公共服务与制度支持。特别是,高收入家庭展现出更

强的高端需求驱动力,参与更高层次的消费与互动,从而引领对高品质产品和服务的需求,促进了市场的分层发展与竞争升级。

分层和异质的家庭能动力决定分层和异质的家庭行为。分层和异质的家庭之间的供给和供求竞合竞争力决定家庭之间的供给和供求竞合行为,家庭-企业和家庭-政府之间的竞合力决定分层和异质的家庭-企业和家庭-政府之间的供求竞合行为。家庭因其在人口增长、消费投资等领域拥有不同创新能力、学习习惯及行为重复性,展现出多样化的竞争与合作策略。这导致它们在向企业供给资源时呈现出层次分明、特色各异的模式:有的侧重于创新要素供应,有的则倾向于模仿或维持现状。同样,家庭对政府的支持也显现出这种多样性,从创新性公共产品参与至模仿和传统服务的供给不等。在需求方面,家庭对企业和政府有着复杂且细分的要求。它们对企业的商品需求从追求创新到接受模仿乃至仅满足基本重复,各不相同。而对政府,家庭的需求同样层次丰富,从呼吁创新制度文化的引领者到满足于既有制度维护者均广泛存在,显示出社会成员间需求的异质性和分层特性。这一系列互动,反映了家庭作为经济与社会基本单位的多元化角色及其对整体经济动态的深刻影响。

分层和异质的企业行为影响分层和异质的产品与要素以及制度文化形成。家庭在不同领域中的多样化供需行为,与企业、政府的互动,共同塑造了市场的多层次和个性化特征。这不仅促成了私人产品和服务的多样化发展,还影响了收益分配的差异化,以及生产要素配置的多样化格局。同时,这一过程深化了公共产品和制度文化的层次性与差异化,反映了社会经济系统的复杂多样性和动态适应性。

具体而言,三个假设带来的家庭欲望偏好、预期收益和资产负债塑造了家庭分层和异质的人口生产竞合力、物质和知识消费竞合力、物质和知识投资竞合力。一般来说,追求新颖或富裕家庭因较强的创新需求能力及高端资源供给优势,更倾向于参与高端要素供应和追求创新产品。而偏好模仿或中等收入家庭,则展现出较高的模仿需求力,匹配以中等资源水平,主要集中在模仿产品消费与中端要素供给方面。至于偏好重复或低收入家庭,它们的重复需求更为显著,加之在重复性要素上的供给能力强,因此更多地涉及重复性产品需求及低端要素供应。这一分级反映了不同家庭在经济活动中的定位与作用。

2. 企业要素需求和产品供给的分层和差异竞合力,决定主体的要素需求和产品供给的异质和分层行为

知识增长、欲望膨胀和交互协同影响企业分层和异质的能动力。企业竞争力根植

于其独特的偏好、预期盈利及财务状况。互动形成的制度文化进一步调节这些因素,促成企业间不同的欲望、预期与资源分层。这直接关联到企业对家庭的差异化产品供应上:具备高端人才和技术的企业倾向于提供创新产品,而资源较逊色者则聚焦于模仿或维持现状的产品供给。

分层和异质的企业能动力决定分层和异质的企业行为。分层和异质的企业之间的供给和供求竞合竞争力决定企业之间的供给和供求竞合行为,家庭-企业和政府-企业之间的竞合力决定分层和异质的家庭-企业和政府-企业之间的供求竞合行为,从而决定企业向家庭的分层及异质的产品供给。首先,企业在生产、交换及服务等具体领域展现的创新、学习与重复行为,构成其异质性供给竞争力与合作能力。这些差异促使各类企业采取独特策略:有的在创新中引领,有的通过模仿参与竞争,还有的专注于效率提升与重复生产,共同织就了市场上丰富多样的供给与竞争生态。拥有高人知资产和前沿技术的企业因为创新能力强可以从事创新产品生产(Borensztein et al.,1998),而拥有低人知资产和一般物质资产的企业因为学习和重复能力强而从事模仿或者重复生产。其次,企业向政府提供的产品体现了明显的层次性和多样性,部分企业专注于创新产品的供给,旨在推动政务革新;另一些则通过模仿已有成功案例,为政府提供可靠的公共产品;还有企业致力于优化和持续供应基础性、重复性公共产品,确保政府服务的稳定性和连续性。再次,企业针对家庭的需求展现出层次分明的特点:一些企业寻求家庭提供创新性投入要素,以驱动产品和服务的革新;另一些则侧重于获取模仿性和重复性要素,旨在优化现有产品线或维持生产效率,还有的企业特别重视稳定获取基础重复要素,以确保生产的持续性和规模经济。最后,企业对政府的公共产品与制度文化需求呈现出多样化的分层特征:一些企业积极倡导创新制度文化的引入,力求在变革中获得先机;另一些企业则倾向于支持模仿已验证有效的制度创新,追求稳健发展;还有一些企业则更重视维持现状,强调重复性制度文化的稳定供给,以确保经营环境的可预测性。

分层和异质的企业行为影响分层和异质的产品与要素以及制度文化形成。具体而言,三个假设带来的企业欲望偏好、预期收益和资产负债塑造了企业分层和异质的要素需求竞合力和产品供给竞合力,决定企业的分层和异质的要素需求和产品供给竞合行为。一般而言,偏好创新或高端要素的企业具有更高的创新产品供给竞合力,同时具有创新所必需的高端要素需求竞合力,进而影响自身主要从事高端要素需求和创新产品供给。偏好模仿或中端要素的企业,具有更高的中端要素供给竞合力,同时具有模仿产品供给竞合力,主要从事中端要素需求和模仿产品供给。偏好重复或低端要素拥有的企业,往往具有更高的重复产品供给竞合力,同时具有更高的低端要素需求竞合力,进而影响自身主要从事低端要素需求和重复产品供给。

3. 政府要素需求和公共产品供给的分层和差异竞合力,影响公共产品供给和要素及中间产品需求的分层和异质行为

知识增长、欲望膨胀和交互协同决定政府的分层和异质的能动力。主体交互导致分层和异质政府的欲望偏好、预期收益和资产负债,交互所形成的制度文化影响政府欲望与预期收益,进而影响政府向家庭和企业的公共产品和制度文化的分层和差异供给竞合力、向家庭的要素分层和差异的需求竞合力,以及向企业的产品分层和差异的需求竞合力。

分层和异质的政府能动力决定分层和异质的政府行为。不同层次与特性的政府,依据其在公共产品、服务及制度创新上的供给与需求竞争力,展现出各异的互动模式,影响着政府间、政府与家庭及企业间的复杂竞合行为。这些行为进而决定了政府向家庭与企业提供的公共产品和制度文化的多样性,包括创新性、模仿性及基础重复性供给。政府在服务与制度领域依据创新、模仿或维持的策略,分别提供前沿的、经过验证的或标准化的公共产品及制度文化。它们对家庭的需求同样体现出层次性,有的寻求创新要素以驱动变革,有的则侧重于维持或模仿现有的要素配置。同时,政府对企业的产品需求也呈现分层化特征,有的追求创新解决方案以引领发展,有的则偏好经过市场验证的产品或服务,以确保稳定与效率。

分层和异质的政府行为影响分层和异质的公共产品和制度文化形成。政府的分层和异质的供需行为与家庭及企业的相关行为交互,影响分层及差异化私人产品、收益、要素的形成,进而影响分层及差异的公共产品和制度文化的形成(Qian and Weingast,1996)。具体而言,倾向于创新的政府,凭借对高端资源的强劲需求与供给能力,更专注于高端要素的获取以及创新性公共产品的输出。而偏好模仿的中端政府,则在中等资源的供需上展现优势,聚焦于模仿类公共产品的供给与相应要素的需求。至于偏好维持现状或注重基础服务的政府,则在低端要素与重复性公共产品的供需上表现出较高竞争力,确保了基础服务的持续与稳定。综上,政府的偏好与资源状况塑造了其在公共领域的行为模式,驱动了从高端创新到基础维持的多级公共产品与要素市场的动态发展。

三个假定导致产品和要素的分层和异质。家庭之间分层和异质的需求及供需竞合

力、企业之间分层和异质的供给及供需竞合力、政府之间分层和异质的供给及供需竞合力、家庭与企业之间分层和差异的供需竞合力、企业与政府之间分层和异质的供需竞合力、政府与家庭之间分层和异质的供需竞合力,六种力量相互作用,共同决定:家庭产品需求及供需行为的分层和异质、家庭人口生产供需行为的分层和异质、家庭要素投资的供给及供需行为的分层和异质,企业产品供给及供需行为的分层和异质、企业要素需求及供需行为的分层和异质,政府公共产品供给行为的分层和异质、政府要素和中间产品需求行为的分层和异质,从而决定私人产品、公共产品(包括制度文化)以及要素的分层和异质,并决定要素结构的分层和异质。具体而言,三个假设带来的欲望偏好、预期收益和资产负债塑造了政府、企业和家庭的分层和异质的公私产品和公司要素的供求竞合合力,进而决定了经济体系内的公私产品和要素是分层和异质的结构,除了产品和要素分为不同部门且数量不等外,在每一部门内存在数量不等的创新产品、模仿产品和重复产品。

11.5-2 部门结构的均衡决定

部门结构中的力量、物品和收益相互作用并趋向力量、产品及要素、收益的分别均衡和共同均衡。

1. 力量均衡决定

当分层和异质的家庭的要素供给竞合力等于分层和异质的企业的要素需求力时,要素供求竞合力均衡。当分层和异质的家庭产品需求竞合力等于分层和异质的政府产品供给竞合力时,产品供求竞合力均衡。当分层和异质的家庭要素供给竞争力等于分层和异质的政府要素需求竞合力时,公共要素供求竞合力均衡。当政府对公共产品的供给竞合力等于家庭和企业对公共产品的需求竞合力时,公共产品供求力均衡。当所有供求主体分层和差异的供求竞合力相等时,经济体系的力量实现一般均衡。

2. 物品均衡决定

当分层和异质的家庭的要素供给等于分层和异质的企业的要素需求时,要素供求均衡。当分层和异质的家庭产品需求等于分层和异质的政府产品供给时,产品供求力量均衡。当分层和异质的家庭要素供给等于分层和异质的政府要素需求时,公共要素供求力均衡。当政府对公共产品的供给等于家庭和企业对公共产品的需求时,公共产品供求力均衡。当所有分层和异质的要素和产品供求数量实现均衡时,经济体系的物品实现一般均衡。从单个部门看,每个部门或产品都处于垄断竞争的市场结构中,也都经历了短期的垄断市场结构的创新、中期垄断竞争的学习和长期完全竞争的重复这一过程。就整个经济部门而言,始终是完全垄断的创新产品、垄断竞争的模仿产品和完全竞争的重复产品并存。每个时期都有创新繁荣的朝阳产品及服务结构集群和重复衰退的夕阳产品及服务并存,只是三者在不同情况下的比重不同而已。

3. 收益均衡决定

当每一部门生产或者消费的边际收益等于边际成本时,每一部门都将实现利益均衡。当每一进入部门的边际收益等于边际成本,即各产业部门进入的边际收益相等时,各部门收益实现一般均衡。创新需求获得最高的效用支付最高价格,创新供给付出最高的要素成本并获得最高的产品价格。模仿需求获得次高的效用支付次高价格,模仿产品付出次高的要素成本并获得次高的产品价格。重复需求获得最低的效用支付最低的价格,重复产品扶持最低的要素成本并获得最低的产品价格。当所有分层和异质的主体行为的边际收益等于边际成本时,经济体系的收益实现一般均衡。

4. 一般均衡决定

不同部门的产品、力量和收益的共同均衡决定。无论是公共部门还是私人部门,当一个部门的供给竞合力小于需求竞合力时,就会导致价格或利润上升,从而导致其他部门企业进入从而使得供给增加,这又会使得价格下降从而导致供需竞合力相等,直到各部门供给的边际收益相等,各部门需求的边际效用相等。

同一部门的不同性质产品、力量和收益的均衡决定。对于同一部门的不同性质的产品,其力量和收益不同。创新需求获得最高的效用支付最高价格(Schumpeter,1912),创新供给付出最高的要素成本并获得最高的产品价格。模仿次之,重复最次。当创新产品需求竞合力大于供给竞合力时,价格高企导致更多模仿供给主体进入,从而导致创新垄断利润下降,进而导致需求竞合力与供给竞合力相等;反之,则情况相反。模仿产品需求竞合力大于供给竞合力时,模仿产品价格高企导致更多重复或创新供给主体进入,从而导致模仿利润下降,最终导致模仿需求竞合力与供给竞合力相等。重复产品需求竞合力大于供给竞合力时,价格高企导致更多模仿供给主体进入重复,从而导致重复利润下降,最终导致重复产品的需求竞合力与供给竞合力相等。由于创新利润始终大于模仿,模仿收益始终大于重复,尽管存在各种限制壁垒,经济主体始终趋向创新、模仿和重复。高端要素企业进行创新,然后中端要素企业模仿,中端要素企业的模仿被低端要素企业重复(Cohen and Levinthal,1989)。

同一部门的相同性质产品、力量和收益的均衡决定。无论是公私产品或者要素,在主体的竞合交互中,当供给力量大于需求力量时,供给都将大于需求,从而导致价格即利益下降,这将使得需求力量上升、供给力量下降,以及供给数量下降和需求数量上升。当所有供求主体分层和差异的供求竞合力相等时,供需产品相等,最终导致产品和价格的供求平衡。对于一些投资品而言,如果价格上涨,导致需求预期收益扩大,将导致供需竞合力扩大,从而导致均衡的供需规模扩大。

11.5-3 部门结构变迁的机制

知识积累决定广义收入持续扩大。知识的不守恒决定知识产品不因消费而消失,从而使得知识同时作为消费产品和投资要素不断累计增长,也使得物质重塑不断增长,最终使得总产出和总体收入即预算约束在不断增长。

收入扩大导致产品需求和要素供给的规模化、多样化和高级化。从事追求人口生产、物质消费、知识投资与消费、物质投资的异质性家庭,其需求内生边际递增与预算约束扩大相结合,使得在供给满足需求后,产生了多样化需求。同时,需求内生边际递增与预算约束扩大相结合,也使得要素规模和结构不断扩大。

收入扩大带来的市场规模扩大与交互带来的规模经济和差异化,带动分工和专业化,导致产品、主体、要素和行为的多样化。

总之,知识积累、收益最大和交互经济相互结合,主体分层和异质的能动力轮番多样化和高级化,进而导致分层和异质的行为多样化和高级化,最终决定部门结构持续从单一、低级向多样、高级演化。

1. 三个假定导致分层和异质的家庭能动力多样化和高级化

家庭分层和异质的多样化和高级化竞合力决定分层和异质行为的多样化和高级化。收入(制度文化产品)扩大导致家庭资产负债扩大,也改变欲望偏好和预期收益,从而改变家庭产品需求竞合能动力,导致在具体领域向企业、政府、企业供给的创新、学习、重复竞合的要素供给竞合力扩大,同时也导致在具体领域向政府需求的创新、学习、重复竞合的公共产品和制度文化的需求竞合力扩大。

分层和异质的家庭能动力的多样化和高级化,决定分层和异质的家庭行为的多样化和高级化。分层和异质的家庭之间的供给和供求竞合力多样化和高级化,决定家庭之间的供给和供求竞合行为多样化和高级化。分层和异质的家庭-企业和家庭-政府之间的竞合力多样化和高级化,决定分层和异质的家庭-企业和家庭-政府之间的供求竞合行为多样化和高级化。具体表现在四个方面。

分层和异质的家庭向企业的分层及异质的要素供给多样化和高级化。有些家庭持续向企业供给创新产出的要素,有些家庭持续向企业提供模仿产品的要素,有些家庭向企业则由供给创新要素转向供给模仿要素,有些家庭向企业则由供给模仿要素转向供给创新要素。

分层和异质的家庭向政府的分层及异质的要素供给多样化和高级化。有些家庭向政府供给创新性公共产品要素,有些家庭向政府供给模仿性公共产品供给,有些家庭向政府提供重复性公共产品的供给,有些家庭向政府则由供给创新要素转向供给模仿要素,有些家庭向政府则由供给模仿要素转向供给创新要素。

分层和异质的家庭向企业的分层及异质的产品需求多样化和高级化。有些家庭向企业提出多种创新产品、模仿和重复的产品需求,有些家庭向企业提出多种模仿和重复性产品的需求,有些家庭仅仅提供多种重复产品需求,有些家庭向企业则由需求创新产品转向供给模仿产品,有些家庭向企业则由需求模仿产品转向需求创新产品。

分层和异质的家庭向政府分层和异质的公共产品及制度文化需求多样化和高级化。一些家庭向政府提出创新制度文化需求,而有些企业仅仅向政府提出模仿制度创新需求,而有些家庭仅仅提出重复性制度文化需求。有些家庭向政府则由需求创新公共产品和制度文化转向需求模仿公共产品和制度文化,有些家庭向政府则由需求模仿公共产品转向需求创新公共产品。

具体而言,经济增长带动的收入差异与累积,改变了家庭的财务状况、偏好及收益预期,进而促使家庭在人口生育、消费及投资方面的竞争力和行为更加多元化和复杂化。这不仅体现在对物质、知识商品的多样化和高端化需求上,也反映在人口增长、教育及资本积累的战略调整中。在需求领域,创新追求促进了新产品种类的扩张,模仿行为增加了热门产品的市场占有,而重复性消费则影响着既有产品的量级调整。在供给端,伴随收入提升和技术进步,家庭投资模式发生了转变:更倾向于加大科技和教育的投入,相对减少传统人口和物质资本的比重,这一转变促进了人口结构向技能型转变,即人口数量下降而技能人才比例上升,减少了对低技能劳动力的依赖,增强了科技创新和专业人才的供给能力,整体趋向于更高级和更多样的要素结构。

2. 三个假定导致分层和异质的企业能动力的多样化和高级化

知识产出的不断积累,并经过家庭收入与投资的转变,扩大了企业资产规模并改变了企业资产结构,在不断改变企业的欲望偏好、预期收益的同时(Stewart, 1997; Archibugi and Coco, 2004),也与之一起导致企业能动力的多样化和高级化。具体包括：企业向家庭的产品供给竞合力的多样化和高级化，企业向家庭的要素需求竞合力的多样化和高级化，企业向政府的产品供给竞合力多样化和高级化，企业向政府公共产品和制度文化的需求竞合力的高级化和多样化。

分层和异质的企业能动力的多样化和高级化，决定分层和异质的企业行为的多样化和高级化。企业依据其产品供给的竞争力差异，展现出多样化和高级化的供给行为。持续创新力强的企业专注于提供创新产品，擅长模仿的企业则稳定供应模仿产品，而善于重复生产的企业则维持标准产品的供给。部分企业根据市场变化灵活调整战略：原本以创新为主的企业可能转而实施模仿策略，反之，原本侧重模仿的企业也可能开始涉足创新领域。这种动态转换不断推动市场供给行为的演化与升级。具体表现在三个方面。

分层和异质的企业向家庭的要素需求竞合力的多样化和高级化。企业按其要素需求竞争力的不同路径发展：持续保有创新要素需求能力的企业会持续进行创新要素的获取，专注于模仿要素需求的企业则持续实施模仿要素的策略，而那些擅长重复利用要素资源的企业，则持续在该领域深耕。部分企业会随市场和技术趋势调整策略：原先侧重创新要素需求的企业可能转而寻求模仿要素；同样，原本集中于模仿的企业也可能开始追求创新要素。这些转变促进了企业在要素需求上的灵活适应性与多元化发展。

分层和异质的企业向政府的产品供给竞合力的多样化和高级化。企业向政府的供给行为依据其竞争力动态调整：持续保持创新供给优势的企业专注于提供创新产品，固定在模仿供给链上的企业则持续供应模仿产品，而专精于重复性产品供给的企业则持续此类行为。部分企业根据外部条件或内部战略变化，会有所转型：原先侧重创新供给的企业可能转而进行模仿供给；同样，原先以模仿为主的企业可能开始探索创新供给，从而转型升级至创新领域。这些变动体现了企业对政府需求响应的灵活性与策略的多样性。

分层和异质的企业向政府的公共产品和制度文化的需求竞合力的高级化和多样化。企业对政府公共产品的需求行为随其竞争力演变：持续拥有创新需求竞争力的企业持续追求创新公共产品，专注于模仿需求的企业持续选择模仿类产品，而倾向重复需求的企业则持续要求标准公共产品。部分企业的需求战略会随环境变化调整：原先聚焦创新需求的可能转而寻求模仿产品；同样，原本注重模仿需求的企业可能开始追求创新，从而转向上游创新需求。这些转变彰显了企业在公共产品需求上的适应性与多元化策略。

具体而言,随着产出的增长和家庭收入分层的加剧,预期收益及其欲望偏好随之调整,促成了生产与供给能力的多元化及高级化发展,同时也引发了对人口、人知资产、科技及物质资本需求结构的深刻变革。这直接导致企业产品与要素获取行为的多层次和复杂化特性。创新偏好、高端要素的企业所构成的创新供给竞合力,决定自身从事创新产品供给行为;模仿偏好、中等要素的企业所构成的模仿供给竞合力,决定自身从事模仿产品生产行为;重复偏好、低端要素的企业构成的重复供给竞合力,决定自身从事成熟产品的复制行为。追求创新垄断利润,决定高端要素企业将率先突破产品创新,使得新的产品种类产生和整体产品种类增加并高级化(Drucker and Maciariello,1985)。而追求模仿的高收益和低成本,决定中端要素企业积极参与产品供给模仿,使得新的产品种类数量扩大。追求重复的低成本偏好,决定低端要素企业积极参与产品供给重复,使得重复产品的数量增长。

3. 三个假定导致分层和异质的政府能动力的多样化和高级化

知识产出的不断积累,通过家庭收入与投资的转变,扩大了政府资产规模并改变了政府资产结构,在不断改变政府的欲望偏好、预期收益的同时,也与之一起导致政府能动力的多样化和高级化。具体包括:政府面向家庭的要素需求竞合力的多样化和高级化,政府面向企业的产品需求竞合力的多样化和高级化,政府面向家庭的公共产品供给竞合力的多样化和高级化,政府面向企业的公共产品和制度文化的供给竞合力的高级化和多样化。

分层和异质的政府能动力的多样化和高级化,决定分层和异质的政府行为的多样化和高级化。政府在具体领域的公共产品的创新、模仿和重复的供给竞合能动力的多样化和高级化,导致政府在具体领域的公共产品的创新、模仿和重复的供给竞合行为的多样化和高级化。政府在具体领域对应创新、模仿和重复的面向家庭的要素需求竞合能动力的多样化和高级化,决定政府在具体领域面向家庭的要素需求行为的多样化和高级化。政府在具体领域对应创新、模仿和重复的面向企业的中间产品需求竞合能动力的多样化和高级化,导致政府在具体领域的中间产品需求行为的多样化和高级化。

分层和异质的政府行为的多样化和高级化,影响分层和异质的公共产品和制度文化的多样化和高级化。政府对企业和家庭在公共产品和制度文化等具体供给行为上的创新、学习和重复的竞合行为的多样化与高级化,影响政府多样化和高级化的公共产品供给。政府对家庭和企业在公共产品和公共服务等具体行为上的创新、模仿和重复的要素和中间产品需求的高级化和多样化,影响政府公共产品和制度文化的多样化和高级化。

具体来说,政府依据其创新倾向、资源等级形成不同的供给竞争力:创新偏好与高端资源结合的政府,专注于创新公共产品的供给;模仿偏好与中等资源结合的政府,倾向于模仿现有公共产品的生产;偏好重复与较低资源结合的政府,则集中于成熟公共产品的复制。高端资源政府追求创新独占优势,引领公共产品的新类别诞生及品质提升;中端资源政府追求模仿的高效与成本节约,促使公共产品种类增多;低端资源政府则通过低成本重复策略,增加已有公共产品的供给量;这一系列行为共筑了公共产品供给的多元化与层次性发展。

主体分层和异质行为的多样化和高级化交互,导致分层和异质部门结构的多样化和高级化。家庭之间分层和异质的需求及供需多样化和高级化的竞合力,企业之间分层和异质供给及供需多样化和高级化的竞合力,政府之间分层和异质供给及供需多样化和高级化的竞合力,家庭与企业之间分层和异质供需多样化和高级化的竞合力,企业与政府之间分层和异质供需多样化和高级化的竞合力,政府与家庭之间分层和异质供需多样化和高级化的竞合力,六种力量相互作用,共同决定家庭产品需求及供需行为的多样化和高级化、家庭人口生产供需行为的多样化和高级化、家庭要素投资供给及供需行为的多样化、企业产品供给及供需行为的多样化和高级化、企业要素需求及供需行为的多样化和高级化、政府公共产品供给行为的多样化和高级化、政府要素和中间产品需求行为的多样化和高级化,从而决定私人产品、公共产品(包括制度文化)以及要素的多样化和高级化,决定要素结构的多样化和高级化。这些又循环通过影响家庭、企业和政府的预期收益、欲望偏好及资产负债,影响主体的各种行为力量,如此循环往复。

需要强调的是,由于各种要素的性质不同,在部门结构多样化和高级化过程中,其决定、表现和作用也各不相同,以制度为例,在具体领域制度文化的多样化和高级化取决于主体交互力量的博弈。受存量文化影响的欲望偏好、制度变化的预期损益,以及资产规模和结构,塑造了主体关于制度文化行为的能动力(韦伯,2010),具体包括:家庭之间分层和异质的制度文化需求竞合力,企业之间分层和异质的制度文化需求竞合力,政府之间分层和异质的制度文化供给竞合力,政府与企业之间分层和异质的制度文化供需竞合力,政府与企业之间分层和异质的制度文化供需竞合力,家庭与企业之间分层和异质的制度文化需求竞合力。上述多种力量聚合在一起,决定制度文化能动合力的大小和方向,最终决定制度文化是否变革以及向何处变革。而制度文化的变革又通过影响主体的欲望偏好和最终预期收益,进而影响家庭、企业和政府在具体领域的创新、学习和重复行为。由于制度只有质没有量,制度文化与物质、人知资产、科学技术的多样化和高级化具有不同步性。

在政府、企业和家庭的综合影响下,制度文化与产品要素在创新、模仿与重复的动态中不断进化。从需求角度看,创新总能激发更高价值,引导需求从重复向模仿,再从模仿向创新转移,这一过程虽然保持了总体偏好方向,却促使具体需求偏好不断演变,从而推动行业结构的多元化与升级。从供应方面看,创新带来的高额回报激励着企业由低阶重复向模仿,再向创新推进,高端企业的创新成果被中低端企业依次效仿和普及,这一进程在保持宏观供给导向不变的同时,使得微观供给偏好持续调整,同样促进了产业结构的丰富与提升。

随着新品的层出不穷,产品生命周期循环加速:创新产品初现时,因自身具有垄断地位而价格高昂,仅吸引少数高收入家庭;一旦被模仿,市场开放竞争,其价格会下降,吸引更多中等收入家庭;进一步的复制则令市场全面竞争,其价格会更低,最终惠及更广泛人群。这一循环往复的过程不仅新增了产品类别,也促使创新、成长与成熟产品的内涵不断更迭,还加速了行业结构的多元化与高端化进程。

而假定制度始终不变的情况下,制度文化通过作用主体,使得经济主体关于创新和学习的需求与供给的预期收益不变或者下降,如果没有创新和学习的偏好,则关于产品及要素需求和供给的创新和学习将不会发生,经济体系将无法实现逐步转型和升级,而只能在原有水平上打转(诺思,1994)。

11.5-4 部门结构变迁的均衡决定

部门结构多样化和高级化的变迁,在经济主体力量、物品和利益相互决定中实现,它是一个从不均衡到均衡再到不均衡再到均衡的不断交替的过程。

1. 力量均衡决定

当分层和异质的多样化和高级化的产品需求竞合力等于分层和异质的多样化和高级化的产品供给竞合力时,当分层和异质的多样化和高级化的要素需求竞合力等于分层和异质的多样化和高级化的要素供给竞合力时,当分层和异质的多样化和高级化的公共产品需求竞合力等于分层和异质的多样化和高级化的公共产品供给竞合力时,则产出和要素的竞合力实现动态一般均衡。对经济结构的竞合力而言,每个时期都是创新繁荣的朝阳产品及服务部门竞合力与重复衰退的夕阳产品及服务部门竞合力并存的时期。

2. 产出均衡决定

当各个产业部门的要素供给与需求、产品供给与需求始终相等时，各产业部门实现动态均衡。当分层和异质的多样化和高级化的产品需求等于分层和异质的多样化和高级化的产品需求供给时，当分层和异质的多样化和高级化的要素需求等于分层和异质的多样化和高级化的要素供给时，当分层和异质的多样化和高级化的公共产品需求等于分层和异质的多样化和高级化的公共产品供给时，产出和要素市场实现动态一般均衡。对经济产出结构而言，每个时期都是创新繁荣的朝阳产品及服务部门和重复衰退的夕阳产品及服务部门并存的时期。在总产出种类不断增加的同时，每一种类的数量和价值将经历从少到多再到少的过程，每一种类的数量也将经历从缓慢增长到快速增长再到缓慢增长甚至负增长的过程。

3. 收益动态均衡决定

当家庭各类消费的边际效用相等时，当家庭各类消费的边际效用与边际成本相等时，当各部门的企业边际收益与边际成本始终相等时，当各部门企业之间的边际收益始终相等时，当政府各项公共产品供给的边际收益等于边际成本时，各产业部门实现动态均衡。在创新、学习和重复并存的状态下，所有创新部门及相关参与主体将始终获得更多的利润，学习部门及相关参与主体将始终获得较少的利润，重复部门及相关参与主体将始终获得更少的回报。

4. 一般均衡决定

力量、利益和产品的均衡相互决定。无论是公私产品或者要素，在主体的竞合交互中，当分层和异质的供给高级化及多样化的力量大于分层和异质的需求多样化及高级化的力量时，分层和异质的供给产品与要素的多样化及高级化将大于分层和异质的需求产品的多样化及高级化，导致分层和异质的产品和要素的多样化及高级化的利益（即价格）下降，从而增加分层和异质的需求多样化及高级化的力量，减少分层和异质的供给多样化及高级化的力量，从而减少分层和异质的供给种类并增加分层和异质的需求种类，最终导致供求要素和产品种类均衡增长和价格的均衡变动。反之则相反。

总之，分层和异质的经济主体、要素产品、制度行为、制度文化、经济行为相生相克且不断循环，决定产品进而要素种类的增长和质量升级，即部门结构的多样化和高级化。上期全部要素结构的变迁决定当期经济产出结构的变迁，当期的产出结构变动又影响下期的要素结构（诺思，1994）。如此循环往复，经济体系结构越来越多样化，新产品和半新产品的比重在不断增加，旧经济比重将缩小或者完全消失。

11.6 经济部门发展的统一解释

知识产品的不断累积及其报酬递增,人口需求的内在扩张及持续升级,交互规模经济及其激发的多样化与分层的供需关系,共同决定供需经济主体的供需竞合能动力的多样化和结构变化,支配经济主体多重供需行为的多样化和结构变化,共同驱动经济结构向更广泛的多元化与深层次的高级化演进。这一进程以"J"形加速增长轨迹呈现,其中嵌套着多个"S"形波动成长阶段,标志着从单一到复杂、从同质到异质的深刻转变。经济主体在特定领域的创新努力、模仿行为及实践重复,不仅重构了物质资源的基础,还加速了知识创造与积淀的过程,涵盖制度文化、科学技术和人知资产等多个维度。知识与物质财富的并行增长,不仅拓宽了供需两端的多样性和质量要求,也深刻地改写了个人的偏好与收益预期,进而触动个人行为动机的根本变化。在此过程中,物质与人口要素虽然保持总体增长,但在经济结构中的相对比重逐渐减小。与此同时,科技与人知资产的比重在显著上升,标志着要素构成的深刻转型。尤为关键的是,经济主体在制度创新方面的竞争与合作,通过制度文化的模仿、创新与再生产,进一步塑造了经济主体的偏好与收益预期框架,深刻影响着物质积累、人口发展及知识扩展的规模与结构。

经济部门多样化和高级化变迁短期呈现"S"形波动增长的过程。经济结构向高级化和多元化转化的核心在于知识的积累与创新。知识的创新与传播是一个随时间非连续累积的过程,展现为"S"形阶段性跃升。制度的不连续变化增强了这种"S"形知识演进的周期特性。不同类型的知识创新因所需积累时间和推动力度各异,其创新及传播周期亦长短不一:前者周期长,后者周期短。这些不同周期的知识创新与传播相互交织,促使经济结构变化呈现出大"S"形长周期与众多小"S"形短周期叠加的复杂动态,共同驱动经济社会的进化与发展。

经济部门多样化和高级化变迁长期呈现"J"形加速增长的过程。知识产品的内生报酬递增效应,不仅使产出的种类增加,而且使得产出结构中知识产出的比例提升,随着知识的不断积累,各种性质的知识创新周期缩短,从偶然性结构革新到周期性结构革新再到日常性结构革新,新产品的出现也从偶然到周期再到经常出现,推动经济结构向高级化和多样化方向加速变化。总之,制度变迁的离散性,改变了知识创新和扩散的"J"形形状。

经济部门多样化和高级化变迁呈现短期决定于供给而长期决定于需求的局面。知识积累的持续动能、需求多样性的再生力量以及交互协同效应的融合，共同激发了经济主体在特定领域内的创新、模仿与迭代竞争，这种动态的竞合交互成为推动物质与知识产品多样化、高级化的关键力量。需求的层次提升与知识库的扩容及结构调整，明显指引着行业结构向更复杂与高端的形态演进。短期来看，现有知识结构直接制约着供给的形态，反映出要素配置特别是科技与人知资产布局的现状。而从长期视角加以审视，知识创新的目标是为了精准适配并引领需求，唯有与市场需求高度契合的知识供给，方能最大化满足消费者效用，从而在市场竞争中赢得由需求驱动的超额价值回报。

总之，在人类经济发展的历程中，经济部门的多样化和高级化从缓慢走向加速，具体表现在四个方面。一是经济资产多样化和主导资产转变。资产从单一类型的要素和产品转变为多种类型的要素和产出资产。主导类型从以采猎物质资产及服务为主导，转到以农业物质资产及服务为主导，再到以工业物质资产及服务为主导，未来将到以知识资产及服务为主导。二是供需主体和供需能动力演变。经济主体从氏族部落，发展到政府和家庭及以政府为主的主体，再到家庭、企业和政府及以企业为主的主体，最终再到政府、家庭、企业、个体及以个体为主的主体。三是经济行为的复杂化和主导行为转变。行为从简单的物质和知识生产、消费、服务，逐步演变为以复杂知识生产消费和服务为主导的多样化行为。主导行为从以重复性行为为主，转向以学习为主导，最终以创新为主导，同时从体力劳动主导转向智力劳动主导。竞合交互则从局限于小范围的竞争性交互，转变为更广泛的合作性交互。四是经济部门的多样化和主导部门的转变。在要素和产品、经济主体、经济行为分布的经济部门从慢到快地多样化转变的同时，主导部门也从慢到快地转变。

11.6-1 采猎社会以采集为主的供需竞合力的超慢多样，决定采猎主导的经济部门超慢多样化

理论上，个体的体内物质有限决定人的需求动力，而个体拥有躯体和大脑物质决定个体的供给动力和供需能力，两者所形成的个体供需能动力支配个体生产产品和消费产品，从而维持个体生存，而个体在生产活动中"边干边学"所积累的知识促进了内部效率提升及报酬递增，提升了个体的供需能动力，从而支配个体生产和消费的产品，最终实现个体的发展。现实中，初始个体所仅仅拥有的躯体和大脑进而形成的本能体力和智力，与供给动力结合形成的供给能动力小于最低需求能动力，导致个体生产产品难以

维持个体生存需求；但交互协同效应能够带来更大的供给能动力，从而使得生产产品可以更好地满足个体生存。交互促进了最初的氏族公社制度和氏族组织的形成。进而形成了采集时代的经济体系并表现为四个方面的特征。

经济主体的要素资产及其增长极为缓慢。氏族内部的成员在初始阶段仅有躯体和大脑进而形成本能的体智能力，因而难以获得物质要素，尤其是初始知识极为有限且知识积累极其缓慢，由此决定氏族成员的物质、人口和人知和科技知产极为有限且增长极慢。因此这些要素对改变偏好、预期及促进物质生产的作用较小。人们更多聚焦于直接的物质需求，这一单一偏好在某种程度上也抑制了物质生产的多样化。

经济主体的竞合能动力的数量和种类及其增长及其缓慢。物质、人口、人知和科技资产极为有限且增长极慢，与氏族经济制度结合在一起，约束氏族及其成员的多样化供需偏好和多样化供需预期收益，形成氏族及成员极其有限的创新和学习供需能动力，以及这一能动力极其缓慢的增长。

经济行为的具体、抽象、空间、关系行为发展极其缓慢。氏族及其成员极其有限的创新和学习供需能动力，以及这一能动力极其缓慢的增长，支配氏族成员长期重复单一的采集行为和人口生养行为，经历数万年的发展，才转变为采集、渔猎与人口生养等行为，但是采集仍然处在主导地位。主要围绕自然物质的采集和人口的生育和养育，氏族成员之间进行简单的分工而合作。

经济体系的经济产出资产的种类稀少，种类增长缓慢。简单的采集、渔猎和人口生养行为，决定物质产品、人口产品种类稀少，而知识积累极其有限所决定的"干中学"使得人知和科技产品同样稀少并且增长缓慢。

总之，这是一个物质和知识极端稀缺、供需能动力种类和数量极小的阶段，决定了生产与消费行为及产品单一且增长极慢，采猎社会经济部门的多样化和高级化演变过程极其缓慢（萨林斯，2009）。

11.6-2 农业社会以农业为主的供需竞合力的缓慢多样，决定农业主导的经济部门缓慢多样化

从采猎社会向农业社会的转型。为确保生存，氏族部落通过采集、渔猎及人口繁衍，于实践中学习，不仅提升了生产技能，还逐步积累了关于动植物生长的知识。随着知识多样性与需求复杂性的共增，供需双方的竞争与合作动力增强，农业应运而生，并逐渐替代采集和渔猎，成为经济主导，这也标志着社会从单一的采集渔猎向农业多样化

及高级化转型。农业和畜牧业的发展迫使人类深化对自然的认知与改造,有效利用自然资源促进经济发展。在农业的支撑下,人们对天文、地理及数学的探索随之展开,通过观测天象、分析地形气候,积累宝贵经验,这些科学知识的初步形成极大拓展了人类对自然界的认识范畴,引领社会进入一个崭新的认知阶段(戴蒙德,2006)。

从公有制转向私有制的进程中,农业和畜牧业的兴起是关键。这些生产方式确保了食物供应的稳定性与充裕性,人类社会首次实现了超越基本生存需求的粮食生产与储备,促成了人口显著增长。随之而来的是社会结构的变革,部分人群得以从事非生存必需的劳动,催生出新的社会分工和物品交换,也为个人积累财富创造了条件,逐渐侵蚀着原始社会的基础。当采集、狩猎及农业技术的进步带来了超出人口维生所需的物质盈余时,社会动态发生了变化。对多样性的追求、知识的累积及收益递增效应,加之氏族内部成员能力与需求的差异,共同作用于氏族结构的解体。那些智力、体力更为出众且具有强烈欲望的个体,在内部权力斗争中占据优势,开始将剩余物资乃至其他氏族成员收归个人所有,并建立起一套新的所有权制度,这也标志着私有制的兴起及传统氏族制度的终结。

从综合主体向专业主体的渐变。随着采集、渔猎和农业知识的增进,生产力的提升带来了超越生存所需的物质盈余。伴随着物质盈余,在交互规模经济的驱动下,人类社会形成更多的产品供给竞合力,促使社会分工细化,不仅在公私产品生产与消费上出现了分化,也加速了承担双重角色的氏族部落的解体。由此,专司公共产品供给的国家实体与专注于私人产品生产和消费的家庭单位应运而生,从而使采猎经济体系转入农业经济体系,以农业为主的供需竞合力缓慢多样决定农业主导的经济部门缓慢多样化。具体表现在五个方面。

经济体系的商业、手工业要素资产增长缓慢。一方面,农业经济循环决定人知和技术积累带来物质产品相对剩余和人口增长,从而为商业和手工业提供了要素。另一方面,主导农业以及辅助的渔猎、采集都以土地空间作为重要的投入要素。受到空间分散约束,经济行为的交互规模经济有限,因此,不仅难以产生更多的物质和人口从事商业和手工业,而且"干中学"所获得的科技和人知资产及其增长极为有限,不仅是非农业,即便是农业,在物质、人口、人知及技术增长上都比较缓慢。

经济主体沿着商业和手工业的方向缓慢多样化。家庭作为经济组织的主要单元,同时承担生产和消费的双重功能。一方面,有限且增长缓慢的要素决定专业化工商业组织供需能动力增长缓慢,家庭商业和手工业的供给能动力增长缓慢。另一方面,供给创造需求,决定了家庭商业和手工业的需求能动力及其增长十分有限。

经济行为沿着商业和手工业的方向缓慢多样化。家庭经济主体的供需能动力,决定手工业生产和消费与商业及服务业的供给和消费规模及其增长比较有限。农业、手工业、服务业的重复性行为占据主流,而创新和学习及其增长比较有限。

产品种类沿着商业和手工业的方向缓慢多样化。家庭商业和手工业生产与消费、创新与学习、竞争与合作及其增长比较有限,决定手工业、商业及服务业的产品和服务种类及其增长比较有限。

经济部门沿着商业和手工业的方向缓慢多样化。要素、主体及能动力、行为的商业和手工业及其增长有限,决定经济部门沿着商业和手工业方向多样化的速度比较缓慢。

尽管不同国家、区域转向农业经济体系及在工业体系下,由于资产、主体和行为差异存在不同,各自的演化时间不同,但是国家之间、区域之间的相互竞合,将最终导致全球农业经济结构总体上沿着这一趋势演变。

11.6-3 工业社会以工业为主的供需竞合力的快速多样,决定工业主导的经济部门快速多样

从农业社会向工业社会的转型。当知识积累达到临界规模与结构时,非农产业超越某一阈值,且因土地不再是其直接生产要素,聚集与交互的增强促使知识更快地增长,进而加速了农业增长并支持非农业因空间集聚而带来更快的增长,最终导致农业经济转向工业经济。17—19 世纪英国爆发的农业革命,包括圈地运动、机械应用、四茬轮作及良种选育等措施,大幅提高了农业效率,既保障了人口增长所需的粮食供应,又释放了大量劳动力,为后续工业革命奠定了基础(Overton, 1996)。

从农业经济制度向工业经济制度的转型。一方面,非农要素规模增长和结构多样化,提升了供给主体的专业化供给能动力。另一方面,非农产出进而收入增长,刺激了市场需求的规模增长和结构多样性,提升了非农多样化需求的能动力,促使专门的供给组织从综合的家庭中分离出来(即企业产生了)。而随着企业的成长,企业市场经济制度的供需能动力不断增强,支配政府、企业和家庭的各种经济制度供需选择的博弈,最终决定企业市场经济制度成为主导制度。

进入工业经济体系后,以工业为主的供需竞合力快速多样决定工业主导的经济部门快速多样,具体表现在四个方面。

非农产业的空间集聚所带来的规模经济,以及所带来的非农供需能动力加快增长,

带来了人知、技术进而物质和人口产品资产进而要素资产的规模增长。

经济主体能动力沿着轻纺、重化和服务主导的方向快速多样化。非农资产规模扩大,一方面,供给创造需求,决定需求主体的需求偏好和预期收益结构不断调整,释放了需求能动力从轻纺、重化到服务的多样化能动力;另一方面,决定供给主体供给偏好和预期收益结构的不断调整,塑造了能动力从轻纺、重化到服务的多样化能动力。供求主体的供需偏好和预期收益不断变化,塑造了企业不断专业化的供需能动力。

经济行为沿着轻纺、重化和服务主导的方向快速多样化。企业专业化供需能动力支配企业供给多样化行为,供需主体从轻纺到重化再到服务的多样化供需能动力,支配其从轻纺到重化再到服务主导的多样化行为。

经济产品沿着轻纺、重化和服务主导的方向快速多样化。供需主体沿着轻纺、重化和服务主导的方向快速多样化行为,决定轻纺、重化和服务为主导的产品和服务体系快速多样化。

经济部门沿着轻纺、重化和服务主导的方向快速多样化。要素、主体、行为及产品从轻纺、重化和服务依次主导的多样化,使得经济结构历经了多次转变。在工业化初期,轻纺工业引领,市场需求大,技术门槛低,吸纳农业转移劳动力,农业比重下滑,重工业和服务业起步。在工业化中期,重化工业成为主角,农业份额减小,轻纺业增速放缓。在工业化后期,第三产业主导,第二产业增速放缓,高新技术产业持续快速增长。

尽管不同国家、区域转向工业经济体系及在工业体系下,由于资产、主体和行为差异存在不同,各自的演化时间不同,但是国家之间、区域之间的相互竞合,将导致全球工业经济结构总体上沿着这一趋势演变。

11.6-4 知识社会以知识为主的供需竞合力的高速多样,决定知识主导的经济部门高速多样

从工业社会向知识社会的转型。基于工业社会不断多样化和高级化的知识供给,以及收入增长所导致的分层和异质的多样化和高级化需求,在物质满足人类基本需求之后,物质产品和体力服务的增长将相对下降,知识产品和智力服务的增长将相对上升,知识要素和产品的占比及作用越来越大,一旦知识要素和产品积累到一个新的规模、水平或占比,人类就进入知识社会,即知识成为整个社会生产、交换、服务和消费的主体。

从工业经济制度向知识经济制度的转型。知识规模增长及结构多样化,扩大了交

互规模收益并降低了交互规模成本,提升了交互主体供需竞合力,使得经济主体转型为规模更小、功能更专业的经济单元,直到成为供给和服务全球唯一产品而又需要全球其他主体的产品和服务的个体。知识规模增长及结构多样化改变了经济主体的预期收益和欲望偏好,从而重塑了经济主体的制度创新、模仿和重复的供求竞合力,并通过经济主体的交互博弈行为,逐步形成知识社会的个体市场经济制度。

在知识经济体系下,以知识为主的供需竞合力快速多样,决定知识主导的经济部门快速多样,具体表现在五个方面。

经济要素可能沿着信息化、数字化和智能化主导的方向加速度多样化。知识经济体系下,知识存量供给结构是加速演化的。具体而言,生产技术(人工智能)、交互技术(电子信息、航空航天)、材料技术(新材料新能源)和生命技术(生物医药)领域的增长速度存在差异。由于在知识增长中,交互技术中的信息技术率先突破。在此基础上,进入知识社会的经济部门正沿着信息化、数字化和智能化方向加速走向多样化和高级化(Bell,2019)。

经济主体可能沿着信息化、数字化和智能化主导的方向加速度多样化。交互技术率先经历信息、数字和智能发展。一方面,供给创造需求,决定需求主体的需求偏好和预期收益结构不断调整,释放了需求能动力从信息到数字再到智能的多样化能动力;另一方面,决定供给主体供给偏好和预期收益结构不断调整,塑造了能动力从信息到数字再到智能的多样化能动力。

经济行为可能沿着信息化、数字化和智能化主导的方向加速度多样化。供需主体从信息到数字再到智能主导的快速多样化供需具体行为,在抽象层面,表现为创新与学习等思维活动占据主导;在关系层面,表现为信息、数据、知识、思想及情感交流成为重点,虚拟交互普及,技术进步与成本降低推动交互跨越地理界限,延伸至宇宙深空。

经济产品可能沿着信息化、数字化和智能化主导的方向加速度多样化。从信息到数字再到智能主导的快速多样化供需行为,决定以信息、数字和智能为主导的产品和服务体系快速多样化。既包括中间投入产品也包括最终产出产品,既包括纯粹的信息、数据和智能知识产品及服务,也包括物质产品逐渐融入信息化、数字化和智能化元素。特别是智力服务变得愈发重要,推动了娱乐与知识生活的蓬勃发展。

经济部门可能沿着信息化、数字化和智能化主导的方向加速度多样化。要素、主体、行为和产品由信息向数字及智能主导的多样化,构成经济部门已经、正在和将要经历的三个阶段。

一是知识社会前期以信息产业为主体的多样化。信息技术率先发展,推动了信息高速公路的建设和国际互联网的普及,不仅创造了与信息相关的制造和服务产业,而且使传统产业实现了信息化改造,从而使信息产业成为主体经济部门,而信息技术带来的交互成本下降和市场规模扩张,使得越来越多知识产品创新带动分工形成多样化经济部门。

二是知识社会初期以数字产业为主体的多样化。信息技术率先发展,推动了数字化进程,促进了以信息为加工对象、以数字技术为加工手段、以知识产品为成果、以介入全社会各领域为市场的数字产业扩张,包括数字产业化和产业数字化,从而使得数字产业逐渐取代信息产业成为主导部门。而数字技术等带来的交互成本下降和市场规模扩张,也导致越来越多知识产品创新带动分工形成更加多样化的经济部门。

三是知识社会中期以智能产业为主体的多样化。信息技术发展推动了智能技术的发展,智能技术的发展又促进了人工智能产业化和产业人工智能化,将使得人工智能制造和服务成为未来多样化经济部门的主体。而智能技术等带来的交互成本下降和市场规模扩张,也导致越来越多知识产品创新带动分工形成更加多样化的经济部门。

12

经济空间的统一发展

经济空间结构是经济主体、经济行为及经济资产在不同空间的不同分布、耦合及相互作用。经济空间结构是经济分布的三个重要内容之一，它决定在能动力的支配下，不同空间的经济主体关于经济资产的交互行为。

12.1 人类经济足迹的迷人变幻

12.1-1 人类经济活动聚散定变的演绎

空间经济结构始终处在变化之中，历史上已经经历三个形态和两个转化阶段。三个形态包括：流动的分散生产和集聚生活的游落、固定分散生产和集中生活的村落、固定集中生产和集中生活的城落。两个转化阶段包括：从游落到村落（即农村化），从村落到城落（即城市化）。未来还有可能经历大聚小散的生产和生活网络及大聚大散的流落，以及网络化和流落化的转化等时期，从一种空间经济形态转向另一种空间经济形态有一个从点到局部再到全部的过程，农村化和城市化都经历了一个从区域到全部区域逐步扩大的过程。在此过程中，农村化从开始到完成期间，空间经济体系是流动与固定的游农体系，而从城市化开始到城市化结束之前是分散集聚和集中集聚的城乡体系。而当一种形态转换没有完成时，又会出现另一种形态转化。在没有完全农村化之前开始了城市化,同样在没有完全城市化之前,可能开始网络化。具体包括三个方面的内容。

1. 经济空间形态加速转变

"物以类聚,人以群分",纵观长期发展的历史,自然界许多动物甚至植物都是以类而聚,作为自然界一部分的人类及其行为不仅在空间上是集聚的,而且聚散形态还在不断地演变。自500万年前人类出现以来,不同种族和区域的人口都表现出集聚的形式且经历了不同的变化。

大约在公元前500万年到1万年前的采集社会,经济空间形态被分散聚集流动的游落主导。为了抵御大自然的威胁,人们以巢聚或洞居的方式,小规模生活聚居在稍加改造的自然空间里,如山顶洞人,借助石块等天然工具,分散地在聚居地附近采摘果实、狩猎动物或捕捞鱼蚌以获取食物,过着"食不果腹,衣不蔽体"的生活,由于聚居区周边的自然食物分散地分布在不同的空间并且数量有限加之气候环境的变化,人类不得不不断地迁徙,从而过着分散流动的聚集生活,这种聚集方式在一些地区、民族或部分人口中一直保留,直到如今的现代社会。在南方直到今天还有少量船户以船为家,过着流动的聚居生活并从事着分散流动的营生。

大约在公元前8000年前人类逐步进入村落社会,经济空间形态被分散集聚固定的村落主导。直到现在在很多农业区域,村落依然是重要的生活和生产方式,虽然从原始社会的远古村落,到传统社会的古代村落,再到现代社会星罗棋布的村庄,村落无论在人口规模和结构、产业规模和结构以及空间规模和结构上均有很大发展,不过其一些基本特征仍然没有改变,乡村之间联系少,村落的居民之间在生产上的联系也有限,但他们在一起生活,共同分享生活性的基础设施,包括最基本的水井、道路以及共同的安全防卫等。

大约公元前6000年,为了生活与工作,人类共同集聚形成城落。在村落出现之后,非农业活动在两河流域开始出现,其后在尼罗河、恒河、黄河流域、希腊半岛等地区先后出现城落,在此后漫长的农业时代,许多城市成为由市民生活以及政治、军事和文化等非农业活动主导的空间。在东亚的中国,交易市场从商代开始且此后在都邑开始普遍,后续朝代长期延续市坊制,由官府在城市规定具体的地点和时间进行商业活动,宋代以后时空限制被打破。在手工制造业方面,在郑州商城、安阳殷都、西安丰镐以及东周列国都城、秦汉时期的临淄齐故城当时都已出现数量多、门类多样的手工业作坊,而在宋元明清的城市,手工业则更加发达。自中世纪到工业革命前,城市就作为市民生活与行政管理、宗教文化、商业贸易和手工制造等非农业活动的综合集聚空间。在工业化时代,城市逐步转化为市民生活、商业贸易、生产制造作为主导活动的集聚空间,但是政治、文化仍然是重要的构成部分和重要补充。直到公元 2000 年,经济空间形态被集聚固定在城市主导空间。

大约公元 1990 年开始,越来越多的城市因为快速的交通和通信工具连接在一起。在成为都市圈、城市群、城市带的基础上,进一步扩大到网落,不仅将一个国家的城市连接成网络甚至超出国家范围。与此同时,一个虚拟的网落也将入网居民聚集在一起。居民生活和工作大尺度地聚集在网落里。人口的空间分布集中,空间周期出现,空间联系密切,物品的空间共享深化。目前,人类主要聚集的地区需要具有支持大量人口生存的合适条件,而巨大的河流三角洲成为地图上明显的亮点。具体到城市人口,东亚与南亚有着众多人口密集的大城市,而地球上人口最多的五个城市——东京、雅加达、首尔、卡拉奇和上海,总计容纳了 1 亿 4 450 万人口。从发展趋势来看,一个通过超速交通和信息工具将全球所有聚落连为一体的全球集聚、全球自由流动的网落主导空间在未来将会形成。

2. 经济空间结构的长期变化

从全球视角来看,全球经济发展的重心已经出现多次轮回。公元前 30 多世纪到公元前 6 世纪,全球经济中心从唯一的新月沃地城市发展到全球多个地区的城市,经济发展水平也呈现历史波动式增长。全球最早的价值创造、分配和实现中心主要在两河流域上的埃里多、乌尔、马里等城邦间持续转移两千年,之后转向埃及底比斯(公元前 1500 年)、中国殷都(公元前 1300 年)、埃及培尔-拉美西斯(公元前 1200 年)、希腊雅典(公元前 800 年)、墨西哥特奥蒂华坎(公元前 700 年)等城市,进而形成全球城市价值链的多中心分布格局(图 12.1)。

公元前 5 世纪到公元 15 世纪,全球经济中心从欧亚非多中心并存或交替,转向先是亚洲多中心并存或交替,后向欧洲转移,价值链的主导环节则经历了由创造转向分配再转向创造及交换的过程(图 12.2)。公元前 5 世纪到公元前 2 世纪的轴心时代,人类精神基础价值同时或独立地在中国、印度、波斯、巴勒斯坦和古希腊开始创立。公元前 2 世纪到公元 4 世纪,基于帝国的兴衰交替,全球价值链中心在欧洲的罗马,北非的亚历山大,西亚的巴格达、苏萨、泰西封,印度的华氏城,以及中国的长安、洛阳等城市同步或交替出现,形成四大区域中心格局。公元 4 世纪到公元 13 世纪,随着欧洲进入黑暗的中世纪,西亚的君士坦丁堡、巴格达和中国的长安、洛阳、开封、杭州等城市构成价值链

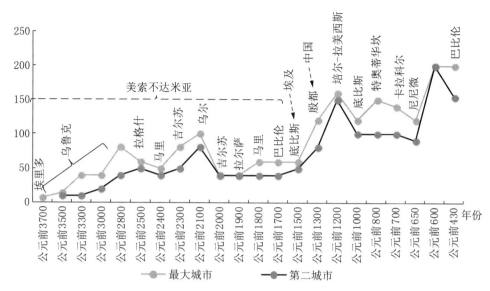

图 12.1　全球城市价值链的多中心分布

资料来源：根据 Modelski 的研究数据绘制。

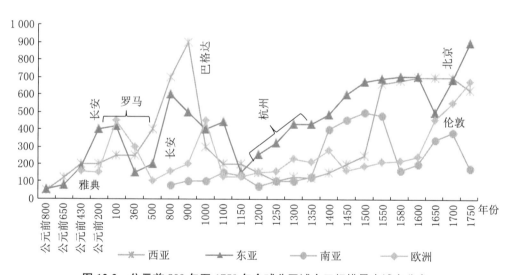

图 12.2　公元前 800 年至 1750 年全球分区域人口规模最大城市分布

资料来源：根据 Modelski 的研究数据绘制。

双中心。公元 13 世纪到公元 15 世纪欧洲地中海的热那亚、威尼斯逐步走向全球价值链中心，东亚的南京、北京以及巴尔干半岛东端的伊斯坦布尔和西亚的巴格达等城市的价值中心地位逐渐丧失。

　　16 世纪以来，全球经济中心从欧洲单中心转向欧美双中心再转向欧美亚三中心，中

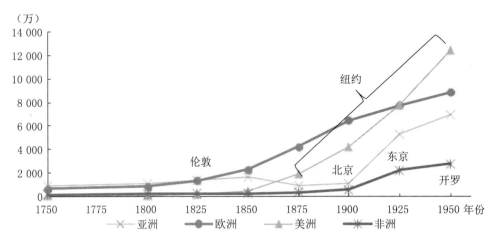

图 12.3　1750—1950 年四大洲人口最大城市分布

资料来源：根据 Modelski 的研究数据绘制。

心城市的价值水平加速提升，价值链的主导环节从交易转向生产再转向研发。先从地中海的热那亚、威尼斯转向大西洋的里斯本、阿姆斯特丹，然后转向伦敦、巴黎等，最后从以伦敦为主导的单中心转到以纽约、伦敦为主导的双中心，再到以纽约、伦敦、东京为主导的三中心（图 12.3）。未来随着中国、印度等国家的城市的崛起，全球经济中心将出现新的更大调整。

自城市产生以来，全球经济中心经历了超过 20 次的更替和迁移，虽然在不同时期曾经呈现单中心、双中心甚至多中心在突变或渐变交替的局面，但其价值创造在漫长低水平波动之后从 18 世纪开始加速增长。

1990 年以来的全球空间格局在不同尺度上出现了新的复杂变化，即同时存在分化、收敛、轮回等现象。一些后发国家及其新兴经济体的边缘区域持续衰退，一些发达国家及其中心区域持续领先，边缘区域由盛转衰，后发国家及其中心区域开始起飞。西亚、东亚、南亚、南欧、欧洲、北美、亚洲的经济繁荣与经济衰落交替发生。

从国家视角看，大国经济已经经历数次格局重塑。自古以来，中国的经济格局经历多次分化和收敛的交替，经济重心也几经转移，总体上是向南向东移动。从远古到西晋时期，北方经济的发展远超过南方，经济重心在北方并从西向东移动。西晋末年至隋唐五代时期，南北经济趋于平衡，经济重心多次南北移动。在两宋时期南方经济超过北方，经济重心稳固在南方。1850 年之后，东南沿海和东北的经济地位不断上升。1949年以后，经济中心向内地转移。1980 年之后，东南沿海快速发展，2010 年之后，中部区域及部分西部地区趋于加快发展。东南沿海地区的经济发展水平高、经济增长快。而在西南、西北、中部地区,经济发展水平低、增长慢。美国自建国以来已经历三次区域间经济发展差距收敛与分化的临界点,1820—1900 年区域间贫富差距加大。1920—1980年,美国区域间经济差距缩小。知识经济的兴起需要高教育水平劳动力从事相关行业,拥有大学学历的工作人群高度集中的地区相较密度较低的地区更有优势,1990 年美国人口受教育程度越高的州越容易巩固其经济领先地位。1990 年以来,世界上多数大国的经济都出现了不同程度的空间分化,一些区域在繁荣而另一些区域在衰落。

总之,不论是全球还是国家甚至在区域尺度上,经济发展不仅出现收缩与分化的交替,而且还出现重心的不断转移。

3. 经济空间交互加速发展

空间之间的交互包括物质交互和知识交互,分别需要传输工具(包括交通工具和通信工具)、承载设施(包括交通设施和通信设施)。因此,交通和通信空间网络的变化反应空间交互的发展。

公元前 30 世纪到公元前 3 世纪,陆海交通和通信通道包括"青铜之路"的建立和曲折发展,左右着以西亚为中心的国际生产、贸易或分配网络的演化。这一时期无帆小船逐渐发展为有帆小船在水上发挥重要作用。

公元前 30 世纪至前 10 世纪,跨区域交通和通信最早在两河流域及其周边地区出现。分为陆海四线:东线由两河流域到伊朗高原到亚美尼亚高原和印度河流域商道,大约 3 000 公里;西线由两河流域向西直到叙利亚、东地中海沿岸,而在公元前 1600 年至公元前 1200 年,迈锡尼王国治下城邦发展了地中海沿岸航线;北线的古亚述跨境商路从波斯湾到安纳托利亚,纵贯大约 3 000 公里;南线则在公元前 25 世纪到前 18 世纪,从两河流域向南经波斯湾,沿印度洋向西经波斯湾,到达阿富汗、印度河流域地区。公元前 10 世纪到公元前 3 世纪,在西亚、地中海、南亚和东亚等地区建立了多个跨区域交通通信网络。在西亚及周边,在阿拉伯半岛、埃及、巴比伦、亚述、叙利亚、巴勒斯坦和安纳托利亚等地区逐步形成一条商路,亚述帝国时期其被视作国内的主要贸易通道,并在此基础上修建了以首都为中心的放射状"亚述御道",波斯修建了更大范围的陆上道路,还打通了从印度河口到埃及的海上航线,开通了从尼罗河到苏伊士的运河。在地中海,从公元前 12 世纪到 3 世纪,腓尼基城邦、希腊、罗马先后建立和控制了地中海、黑海以及非洲、欧洲西海岸航线;在西太平洋,从公元前 11 世纪萌芽到公元前 6 世纪以后成长到公元前 2 世纪形成以中国为中心的东海、黄海以及南海乃至南太平洋沿岸及其岛屿海上通道。

公元前 10 世纪至公元前 3 世纪,各国建立了以首都为中心,以军事、政治为目的的御道体系,发展了集政治军事、经济贸易和科技文化于一体的网络体系。亚述帝国修建的御道有四条,都城尼尼微是三条御道和多条普通道路交汇点的国际枢纽,行省省会和属国都城则是交通网上的重要节点。波斯帝国以"亚述御道"为基础开辟了"波斯御道"。波斯信差可以在 7 天内完成从萨尔迪斯到苏萨全长约 2 699 公里的路程。秦汉统一中国后,建立了以首都咸阳以及长安、洛阳等城市为中心的全国道路网络。罗马帝国以首都罗马为中心逐步扩建了西至摩洛哥、东至巴格达、南至埃及孟菲斯、北达英国的帝国道路网,其中帝国内有 372 条大道,总长度超过 40 万公里。

大约在公元前 20 世纪出现并延续到公元前 3 世纪,西亚经波斯及中亚城市的中转,与东亚连接,形成以西亚为中心的青铜之路。从而古代存在着以西亚为中心,链接亚洲、欧洲和非洲的海陆交通网络。不断演进的先后以乌尔、马里、巴比伦、巴格达、迦太基、微微尼、巴比伦城、苏萨、雅典、亚历山大、长安、罗马、洛阳、广州为中心,以沿线一些国家的重要城市为中转枢纽,以帝国重要城市为节点的欧亚非陆海交通通信网络,支撑着欧亚城市高端物质产品和精神产品的生产和交换网络。

公元前 3 世纪至公元 15 世纪,丝绸之路等将欧亚非主要城市联通起来,其曲折发展和不断变化支撑并影响着国际生产网络体系。除了在帝国内部,各大帝国沿续着以首都为中心、以军事政治为目的的交通体系。

在跨境陆上,东方丝绸之路的兴衰同时伴随着欧洲陆上道路基础设施网络的衰荣。从公元前 3 世纪到公元 5 世纪,陆上丝绸之路逐步兴起,以长安或洛阳为起点,经过河西走廊到达西域,然后分为北道、中道和南道西行至西亚,沿用亚述御道和波斯御道,连接陆上通道,后来出现通往南亚的西南丝绸之路。6 世纪前期丝绸之路因突厥兴起并占领中亚地区而中断,在 6—8 世纪唐朝繁荣鼎盛时期,沿线各地建立了许多分支线路,9—11 世纪宋辽时期丝绸之路因西域战乱而衰落,13 世纪蒙元时期丝绸之路因征战结束、国家统一而畅通并扩展了驿站网络,后在 14 世纪中期后由于明清闭关政策而再次衰落。丝绸之路先后形成了以长安、洛阳、巴格达、君士坦丁堡等为中心,沿线主要城市为枢纽,沿线国家重要城市为节点的交通网络体系,促进了沿线城市的荣衰和兴亡。丝绸之路最初是丝绸等高端商品生产和贸易的交通网络,随后由商贸转变以宗教、文化交流为主要内容的交通和通信网络,同时便利了军事征战和帝国治理。

在跨境海上,一个连接欧亚非 100 多个国家和地区城市的交通网络不断演化。横贯西太平洋、印度洋、地中海以及大西洋的海上航线,东段以中国为中心的丝绸之路在兴起基础上,经历5—8世纪兴盛期,于9—13世纪宋元时期达到强盛,于14世纪前期达到鼎盛后逐步衰落,而西端以地中海为中心的航线从10世纪到15世纪从繁荣走向鼎盛后衰落。广州、泉州、刘家港、巴格达、亚历山大、比萨、热那亚、威尼斯依次成为国际航运中心,吉隆坡、雅加达、加尔各答、巴士拉、安条克、内罗毕、凯鲁万、撒马尔罕、雅典等港口城市都曾是东西方贸易的重要商埠,海上丝绸之路是一个连接欧亚非100多个国家和地区城市的海上通道交通网络。海上交通工具从近海航行的有帆小船发展到新型的远洋大船。

亚欧非陆海丝绸之路做骨干,对接各国、各地区国内交通体系,总体构成覆盖欧亚非较大区域的交通网络体系,陆海丝绸之路的港口和城市成为区域的中心和枢纽,广大腹地城市则是国际城市网络的重要节点,海陆国际与各国内部的交通和通信基础设施网络相连接,支撑了以亚欧主要城市为中心的亚欧非国际城市的物质产品和精神产品的生产、交换、分配、传播及消费网络。

全球城市复兴时期,经历新航路开辟、三次技术革命和两次世界大战,全球交通和通信设备均得到跨越式发展,不仅全球城市交通和通信网络体系逐渐分离,而且从陆海发展到陆海空天,促进了全球化1.0版、2.0版和3.0版,支撑了全球产品生产和贸易网络的不断升级和发展。

16—17世纪,新航路开辟后,欧亚陆上交通网络逐步衰落,海上道路成为骨架和主体,人类进入航海时代。新航路与原有的海上丝绸之路结合,人类首次构建跨越三大洋、连通五大洲的全球基础设施网络体系,空间结构也从以地中海港口为中心转向以北海沿岸主要港口为中心的陆海网络体系,成为城市交通的全球中心或区域枢纽及门户,由此促进的沿线及腹地所建立和发展的港口和内陆城市分别成为地区交通枢纽、门户和节点。

18—19世纪,随着机动车船时代的到来以及海路、公路和铁路的开辟及铺设,全球城市政治、经济体系演化,以北大西洋两岸主要城市为中心,以广大的亚洲、非洲和拉丁美洲主要沿海城市为枢纽,以广大亚非拉内陆腹地为节点的全球城市交通网络体系不断扩张,海上道路在全球城市交通网络的骨架和主体地位更加重要。

20—21世纪,在全球城市海陆道路网络继续密集化进入高速度和大型化时代的同时,全球城市空中交通网络加速发展,从而使得全球城市间陆海空交通网络更加密集和便捷。通信工具的一次次革命,以及相应通信设施的网络的全球扩展,不仅使得知识信息产品的生产、传输和消费与有形物品的交通工具及基础设施分离,而且广泛构建了全球城市的知识信息生产和传输网络体系,创建并不断丰富和扩展了全球城市的虚拟网络空间,压缩了城市间的距离而使世界变成"地球村"。这些技术进步有力促进了全球经济科技的一体化,支撑了全球有形产品尤其是无形产品的复杂地区分工和全球生产。与此同时,全球城市交通和通信网络中心趋向北美、东亚和西欧沿海城市,亚非拉等主要城市成为地区枢纽,广大中小城市成为交通和通信节点。

随着从交通通信一体到交通与通信分离、从陆上到陆海空天、从有线基础设施到无线基础设施的发展,由交通和通信工具及基础设施支撑的空间交互尺度加速扩展,从隔绝到当地到区际再到洲际和全球交互,交互的频率从稀疏到密集,交互的内容也从单一到多样化交互发展。

总之,人类自非洲走向世界以后,其经济足迹不仅遍布全球,而且在加速增加和多样化中呈现有规律的变幻,如何解锁人类经济足迹迷人变幻的密码,经济学家们已经作出很多努力。

12.1-2 经济空间结构的文献回顾

人类经济活动在一定空间展开,经济发展受到空间的影响也影响空间。空间经济结构及其演化涉及经济主体、要素、行为的空间分布和空间交互及其变化。围绕区位选择和资源的空间分布,在空间功能结构、空间形态结构、空间交互关系、空间水平差异及其演化方面,经济学、空间经济学、地理学、经济地理学围绕各自的重点进行持续探索,并随着现象、问题、工具、方法、需求等的变化而不断发展和完善。

1. 古典经济学的空间结构理论

在古典经济学出现之前,经济空间结构就受到关注。从 17 世纪的威廉·配第对于级差地租、空间集聚的涉及,到 18 世纪的康替龙、斯图亚特和斯密对于距离和地域及其对经济活动影响作出的分析,再到 19 世纪经济活动的区位理论兴起,经济空间结构理论逐渐达到成熟。虽然其中孕育着规模经济、不完全竞争、一般均衡、内生增长等思想,但是现实经济发展决定,经济空间结构的分析不仅基于完全竞争、规模经济不变、产品同质、要素外生等假定,且其侧重于分析单个经济主体最优区位决策,分析多采用局部均衡、静态均衡或者非均衡方法,各个领域的研究相对隔绝、互不联系,空间处在古典经济学的主流之外。

空间功能结构是整个空间结构的基础。现有研究主要集中在城乡、城市内部和乡村内部。威廉·配第提出区位级差地租理论,冯·杜能[①]利用级差地租的农业区位理论,推导出农业种植圈结构:假定在一个均质的假想空间里,存在一个中心城市,以利润最大化为目标函数的生产者因为距离中心城市即农产品消费市场的距离不同其级差地租不同,而选择不同的农场生产品种与经营方式。但杜能的城乡两个区域分工和简单中心城市的假定是先验的、外生的,也隐藏了收益递增的作用,决定了均衡的静态和局部性。与此同时,一些先驱者对城乡空间功能演变作出了定性的推理和描述。马克思指出古典时代城市乡村化、中世纪欧洲城乡对立、亚细亚古代城市和乡村无差别的统一、近现代乡村城市化等特征,揭示了世界历史上城乡关系的演变规律,即城市与乡村的相互关系经历了三个阶段:乡村是城市的诞生地和载体,乡村在整个人类社会系统中占据主导地位。工业革命加速了城市化进程,城市经济逐渐占据人类社会的主体地位,城市与农村的差异分割和对立日益明显。随着城市化的深入发展,城市与乡村之间的依存度大大加强,城市与乡村之间逐步走向融合。埃比尼泽·霍华德(Ebenezer Howard)描述了“城市”“乡村”和“城乡”的三块磁铁作用于“人民”,而“城乡一体化”的观点则指出城市和乡村都各有其优缺点,城乡一体可兼收优点而避免缺点,倡导“城乡一体的新社会结构形态来取代城乡对立的旧社会结构形态”。

空间相互交互是空间上的物体相互作用,包括竞争与合作,这促进了空间经济结构的形成和演化。古典空间贸易在完全竞争、一种要素、产品同质、规模经济不变的假定下,外生绝对优势或比较优势决定空间的分工与贸易。亚当·斯密提出劳动地域分工、绝对优势和运输成本等重要理论,李嘉图提出比较优势贸易理论,即如果两个国家或地区中的一个能以较低成本生产某种产品,它们之间的地域分工和贸易也会使双方均为有利,从而各个地区都得到发展。就厂商空间竞争而言,霍特林(Hotelling,1929)将空间位置差异作为产品差异的一个特征,从厂商不同空间位置出发,建立了一个线性(直线段)市场上的双寡头厂商定位模型,突破了单个主体区位选择的传统分析思路,加入竞争约束,判断企业如何选择区位,为厂商在空间区位竞争中确定厂商的位置及其空间均衡状态的性质提供了一个十分有意义的分析框架,解释了不同位置上产品的价格差异,也解释了两个位置太近的企业出现相互削价竞争,将导致一个没有收敛于均衡的削价过程。每个厂商都处在准垄断状态,厂商不是调整价格而是控制价格,通过其他厂商

---

① 参见冯·杜能:《孤立国同农业和国民经济的关系》,商务印书馆2018年版。

的行为来决定自己的区位选择,然后与为数不多的企业进行竞争,博弈论是空间竞争的主要工具。就政府间空间竞争而言,亚当·斯密认为:"土地是不能移动的,资本则容易迁移,土地所有人必然是他地产所在地的某国公民……(资本所有者)则能够放弃让他遭受令人苦恼的调查,对他课征重的赋税的国家,他会把资本移往他能够更加容易地进行营业,或享受自己的财富的其他国家。"

空间分布状态即分散集聚是经济空间结构的重要内容,表现为人口集聚、产业集聚和综合集聚。就人口空间集聚而言,阿瑟·扬(Arthur Young)在其《英格兰及威尔士南部游记》中,以及白吕纳(1910)、克里斯泰勒(1933)、德芒容(1939)等,分别从人类学、地理学和经济学角度对农村聚落区域分布和形态变迁作出解释。就产业空间集聚而言,威廉·配第在其《再论与伦敦城市增长有关的政治算数》中首次描述并用外部性解释产业集群现象。亚当·斯密最早关注到"劳动力池效应"的共享规模经济作用,指出许多类型的产业,即使是最初级的那种,也必须布局在一个大的城市当中。劳恩哈特把网络规划应用于工厂的布局,利用几何学和微积分,在资源供给和产品销售的双重约束下,基于运输成本最小化原则确定厂商最优定位。阿尔弗雷德·韦伯(Alfred Weber)提出工业区位论,基于完全竞争、收益递减、完全理性人和市场位置、原材料及人口外生等假设,采取局部和静态均衡分析的方法,将其他生产者的区位和所有的价格都视为既定的,认为从以最小成本和最大利润为目标的单个生产者角度进行区位选择导致工业企业在一定地区聚集。韦伯认识到规模经济、范围分工和分工协作。熊彼特(Schumpeter,2000)从创新角度说明产业集聚现象,攫取创新利润驱动企业创新,也驱动企业在空间上聚集在一起相互合作、竞争与学习。就综合集聚即城市集聚而言,有多个城市的起源的学说,主要包括防卫祭祀说、分工交易说、聚落说和农业剩余说。

2. 新古典经济学的空间结构理论

19世纪末,随着以资源配置为主流的新古典经济学的形成和发展,经济增长和结构包括空间结构被进一步排除在主流经济学之外,基于完全竞争、规模报酬不变、市场完全信息、主体完全理性、产品完全同质以及要素外生等假定,无论是局部一般静态均衡,还是完全一般动态均衡,可以说经济学对经济空间结构及其变化的一定阶段、一定领域或一定局部作出了解释,但都是相互分割的。地理学或者经济地理学则主要采用规划描述的方法,再现经济空间结构及其形成和变化原因。

新古典经济学基于初始状态的外生假定,利用局部静态或一般均衡分析方法,解释了空间功能结构及其演变。发展经济学者通过分析经济部门结构从农业向非农的转变间接地论述了经济部门所对应的城乡空间结构的演变。刘易斯(Lewis,1956)、拉尼斯和费景汉(Ranis and Fei,1961)等提出的二元经济发展模式认为,随着经济的发展,现代工业部门相对传统农业部门扩张过程加快,城市空间相对农村空间不断扩大,城乡差距在农村剩余劳动力被非农部门全部吸收后开始缩小,直到实现城乡一元。一些建筑或地理学者描述性地预判城乡功能结构的变化。伊利尔·沙里宁(Eliel Saarinen)在《城市:它的发展、衰败与未来》中提出,使密集的城市地区分割成几个地域相关联的小面积镇区,它们彼此之间将用保护性的绿化地带隔离开来,并使各个镇区之间既有联系,又有隔离,但从区域的角度来看,则是一个城乡差距较小的城乡区域均质体。弗兰克·赖特(Wright,1932/2015)认为,"未来城市应是无所不在而又无所在的",应该把集中的城市重新分布在一个地区性农业的方格网上,发展一种完全分散的、低密度的生活、居住、就业相结合的新的"广亩城"。人类的发展在经历了农业社会与工业社会之后,城市将超越传统的城市/乡村的二分形态,而成为一个全球化的社会形态,一个没有外部的城市。

就城乡体系和城市内外部体系而言,它们多建立在杜能空间功能体系基础上。克里斯塔勒(Christaller,1955)采用规划描述的方法,基于完全竞争和规模报酬递减、较大的城市可以支持更广泛的活动的假设,系统阐明了中心地理论,提出中心地的空间层级体系。该理论假设在一块匀质平原上,运输费用不变,消费者偏好相同。厂商的定位原则需要考虑需求界限(满足正常利润的最低限度的需求界限),考虑市场范围(代表外部的地理限制,如果超出这个限制,消费者宁愿光顾其他较近的市场),从而就会形成商品市场的地理分布范围,形成若干大小不同的"中心地"。在一个区域内,高级的中心地只有一个,次一级的中心地较多,等级愈小的中心地越多、规模越小。每一中心地的相对重要性取决于它所提供的商品和服务的数量及等级。奥古斯特·勒施(Lösch,1938)采用规划描述的方法,将一般均衡理论应用于空间,用一系列一般化的假设代替通常的"其他条件不变"的假设,创建了工业区位理论、经济区位理论和市场区位理论,提出市场网络模型。通过市场竞争力量驱动,同时建立一个包括工业区、经济区和市场区的均衡的区位体系。艾萨德在《区位与空间经济》一书中将杜能、韦伯、克里斯塔勒、勒施等人的理论统一在同一个框架内,利用宏观均衡方法,将局部静态均衡的微观区位论动态化、综合化,建立区域的总体空间模型,把区位问题重新表述为一个标准的替代问题;把厂商区位确定为基于运输成本与生产成本权衡以实现最大化利润的决策,但没有提出一个一般区位均衡的理论。穆斯用中央商务区和通勤者分别替代杜能模型中的城市与农民,将杜能的地租概念引入城市内部空间结构分析中,形成局部均衡的空间结构理论;亨德森(Henderson,1974)则基于阿朗索-穆斯的城市内部结构框架,将一般均衡的方法把阿朗索-穆斯的模型扩展到具有有限产业部门的城市体系中,建立城市体系的形成的静态模型,但未能解释中心城市形成原因及其空间演化过程。

新古典经济学基于完全竞争和规模报酬不变以及外部经济讨论空间水平差异及其变化。索洛-斯旺的新古典增长理论指出,由于资本边际收益递减,不同国家和地区的经济增长速度与初始静态条件负相关,各空间的经济发展水平及增长归于收敛(Solow,1956)。以刘易斯等(Fradera,Austen and Bader,1999)、拉尼斯和费景汉(Ranis and Fei,1961)等人为代表的传统发展经济学理论,以纳克斯(Nurkse,1952)和罗森斯坦·罗丹(Rosenstein Rodin)等人为代表的传统新古典主义均衡发展理论,从完全竞争和全局性规模报酬不变、单个要素报酬递减的假设出发,推理一个区域的资本回报率将与该区域的资本-劳动比率负相关,而劳动的回报率与该区域的资本-劳动比率正相关。因此,在资本回报率高的区域劳动回报率显然要低,资本回报率低的区域劳动回报率高,从而决定了资本与劳动在区域间的反向流动,劳动与资本回报率的区际差异在长期内趋于收敛而非发散,经济活动将沿空间均匀地展开。

佩鲁(Perroux,1955)、缪尔达尔(Myrdal,1957)和赫希曼(Hirschman,1958)等人在承认新古典理论报酬不变假设的基础上,假设宏观层次上的外部经济存在,从而建立起各自的增长极、循环累积因果、中心-外围等非均衡增长模型。宏观层次的外部经济意味着,经济活动集聚的地区能够向当地厂商提供较强的前向联系与后向联系。因此,企业和劳动力将总是受经济活动集聚地区的吸引。经济活动的进一步集聚,又使该地区能够提供更强的产业联系或外部经济;由此形成的循环累积因果效应或正反馈机制导致资本和劳动从落后地区向发达地区源源不断地流动,其结果是经济发达地区和落后地区的非均衡增长。威廉姆森(Williamson,1965)用"倒U型"模型形象地表征发达地区与落后地区经济发展差异的长期变化趋势,指出在完全竞争和规模报酬不变的条件下,资本和劳动都是从落后地区流向发达地区,这必然导致地租的上升或厂商的工厂成本与工人居住成本的上升,进而导致工资成本上升,而运输成本的存在使得集聚的厂商无法向远端市场销售更多的产品,经济活动的空间集聚停止,地区差异将随经济发展水平的提高先扩大后缩小。一些国家的政治态势或管制措施可以阻止制度排他性的非竞争技术的创新和学习,一些国家的产权制度阻止一些排他性的非竞争技术的创新和学习。胡佛(Hoover,1971)认为,经济活动的不完全可分以及生产要素的不完全流动造成区域经济的结构化,并最终导致区域经济差异的形成。

新古典经济学基于完全竞争和报酬不变解释了空间交互。空间经济的单元与边界虽然具有模糊性、不确定性等特征并且不断变化,但空间经济结构中常常涉及。一些经济学家和地理学家借鉴物理学力学理论而建立空间引力模型,对空间区位边界进行区分。弗兰克·弗特尔(Fetter,1922)提出贸易边界区位理论,认为贸易区的边界是被该区产品的单位生产成本和单位运输成本之和决定的。赖利(Reilly,1929)提出识别零售商控制零售界限的零售引力模型,并得出零售引力模型。康芒斯(Commons,1949)基于赖利模型推导出两个城市之间的断裂点(即分界点)的计算公式。

就空间贸易而言,基于完全竞争、两种要素、产品同质、规模经济不变的假定,运用一般均衡的分析方法,新古典经济学探讨了各国资源要素禀赋构成的外生比较优势如何决定空间的分工与贸易。赫克歇尔(Heckscher,1919)、俄林(Ohlin,1931)等把贸易与布局问题结合起来,将国际贸易理论作为空间布局的一部分,要素在国际间是否流动、商品在国际间有无运输成本的不同组合条件,决定不同的空间贸易格局与价格,并且大规模生产与生产要素的稀缺性所导致的空间贸易也十分不同。对于空间相互作用的程度及因素的分析,发展出了空间吸引力分析工具,并发展出贸易引力模型以测度双边贸易流量及影响因素和检验有关贸易理论。艾萨德和佩克(Isard and Peck,1954)、贝克曼(Beckerman,1956)即凭直觉发现地理位置上越相近的国家之间贸易流动规模越大的规律。艾萨德(Isard,1954)将万有引力定律的数学模型引入经济学领域,建立两地区之间的引力模型。哈里斯(Harris,1954)建立市场潜在力模型,丁伯根(Tinbergen,1964)和波伊豪宁(Poyhonen,1963)建立贸易引力模型,得出"两国双边贸易规模与它们的经济总量成正比,与两国之间的距离成反比"的结论。贝斯特兰德(Berstrand,1989)用人均收入替代人口数量指标。沃尔和程(Wall and Cheng,1999)、布鲁斯和艾格(Breuss and Egger,1999)、艾格(Egger,2000)等人完善了引力模型的经济计量学规范。贝斯特兰德(Berstrand,1985)、赫尔普曼和克鲁格曼(Helpman and Krugman,1987)、奥拉雷加等(Olarreaga,Soloaga and Winters,1999)、里茂和维纳布尔斯(Limão and Venables,1999)、布吉阿斯等(Bougheas et al.,1999)对原有解释变量进行了精炼并提出一些新的变量。在扩展后的贸易引力模型中,常常添加虚拟变量和制度质量指标变量;与此同时,综合要素的空间相互作用的引力和潜力模型也被发展。劳瑞(Lowry,1964)构建了封闭城市区域的各土地利用情况之间的相互作用决定住户数和就业人数的分布模型。地理学家威尔逊(Wilson,1971)将空间-空间相互作用引入劳瑞模型,将引力和潜力融为一体构建了相互作用模型,城市之间物流、人流、信息流的数量与两城市的人口、物质和信息数量正相关,与城市间的距离负相关。美国学者费特(Fetter,1924)从市场空间视角对市场竞争力进行分析并形成贸易区边界区位理论;英国学者罗斯特朗(Rawstron,1958)和美国学者史密斯(David Smith)提出并完善了赢利边际区位理论。

就厂商空间竞争而言,艾萨德(Isard,1954)指出,空间的存在使竞争过程必然是垄断竞争过程,而不可能是完全竞争过程。因而构建空间经济的一般理论时必然需要垄断竞争理论,但并没有实际的模型来表述其思想。莱德勒和赫特((Lederer and Hurter,1986)主要基于寡头垄断竞争,采用博弈论等方法进行初步的厂商空间竞争分析,得出在空间竞争中计划价格均衡唯一性的结论。通过修改霍特林模型的基本假设,经济学家分别对交通成本、城市形状、产品差异、厂商数量、消费者差异和需求弹性等进行不同假设并讨论均衡结果,使得空间区位竞争理论朝着更加一般化的方向发展,从纯粹的位置博弈演化到位置—价格博弈,再到位置—价格策略—价格的博弈,从而得出厂商的定价定位策略。

就政府空间竞争而言,蒂博特(Tiebout,1956)提出用脚投票的理论,认为只要居民可以择区而居,那么各辖区的政府之间就会出现竞争。因为个人考虑选择辖区居住的一个关键要素是辖区可供选择的税收和服务结构及水平。奥茨(Oates,1972)认为地方政府为吸引商业投资而竞相将税率保持在较低水平,他将蒂布特理论模型化,证明均衡情况下的税率和公共品数量将是帕累托有效的,类似市场机制引导公共品的有效配置。明茨与图尔肯斯(Mintz and Tulkens,1986)、威尔逊(Wilson,1986,1999)认为,财税竞争核心在于地方政府通过降低税率、调节公共支出水平,对稀缺资本进行竞争。吉尔斯(Giersch,1989)、希伯特和库普(Siebert and Koop,1990)提出的制度竞争是地方政府提供相应的规章制度以吸引流动要素,而各地区利用制度范畴的固定要素(产权、专利、土地)对资金、资源、技术、知识等流动要素进行的竞争。布雷顿(Breton,1998)认为政府本质上是具有竞争性的,彼此围绕资源和控制权的分配、公共产品和服务的竞争不仅有助于政治体制的均衡,而且也将促进公众对这些产品需求偏好的表露,能够实现公共产品的数量和质量与税收价格的有机结合。冯兴元(2010)认为辖区政府间竞争的行为主体、行为主体的偏好和内生职能变化、政府供给产品与服务的供给和需求、公共供给产品与服务的外部性、行为主体的认知(如模式与学习)等将对地方政府竞争产生较大的影响。布雷顿(Breton，1996)、张维迎、栗树认为，竞争对于地方经济增长、地方公共服务提供效率提升等具有积极作用。然而越来越多的研究也发现地方政府竞争具有负面效应。

新古典经济学基于外部经济和地方经济解释了空间形态即空间集聚。马歇尔在《经济学原理》中认为，追求"地方化的劳动力市场，专业化的投入产品，基于人力资本积累和面对面交流的累积所引发的知识外溢"等三大外部性，驱动企业在空间上集聚。胡佛(Hoover，1936)认为产业集聚是地方化规模经济区，规模经济包括单个区位单位的规模经济、单个公司的规模经济以及某个产业在一定区位的集聚整体的规模经济，追求地方化规模经济驱动企业选在一定空间集聚，任何产业集聚都存在一个最佳规模。但是，斯塔雷特(Starrett，1978)引入同质空间分析阿罗-德布鲁模型时发现，在同质空间中任何竞争均衡都不可能存在远程贸易，完全竞争与产业集聚不能共存。波特(Porter，1990)从竞争优势出发来分析集群式的产业集聚现象，在竞争优势理论的分析框架下，重构了有关产业集聚的新竞争经济理论。米尔斯(Mills，1967)和亨德森(Henderson，1974)较早地将外部规模经济引入城市经济学领域，并将其作为城市形成和发展的主要向心力来考虑，这一分析方法构成了城市集聚经济研究的重要基础，为大量的后续研究所借鉴。

在空间经济结构主要流派之外，也有一些经济学流派对空间结构及其原因机制提出见解并作出分析。以20世纪60年代兴起的行为主义为始点的现代区位理论突破了新古典区位理论一系列假设，以组织行为理论和心理学为理论基础，注重区位和行为的结合。史密斯(D.M.Smith)总结发展出收益性空间界限分析理论，其基本原理是，能够得到最大利润的区位是总收入超过总费用金额最大的地点。他认为在不完全竞争、不完全信息条件下，非完全理性主体的区位选择受其需求、成本、感情偏好等因素的影响。普雷德(Pred，1967)认为经济活动区位是从事经济活动的行为主体"满意人"的决策结果，他强调不完全信息和非最佳化行为对区位选择的作用。戴(Day R.H.)认为有限理性具有不完全信息、有限预测、有限认识力量、动态偏好等特征，区位选择主体在非完全竞争和非完全信息条件下作出区位选择。戈林赫特(Greenhut)强调个人因素在区位选择中的重要性及其差异，区位因素应该包括成本因素、需求因素、收益因素、个人成本因素、个人收益因素等。西蒙(Simon H.A.)也认为在有限信息条件下，区位决定行为就是有限理性的行为，并且在有限理性条件下，经济人会追求利润最大化，受约束条件的不同，区位选择行为可能追求次优。20世纪70年代，梅西(Massey D.)、沃勒斯坦

(Wallerstein)、默德尔斯克(Modelski G.)、布劳德尔(Braudel F.)认为区位是经济结构的产物,企业的区位选择很大程度上由资本主义市场经济结构决定。20世纪80年代,弗农(Vernon R.)和梅尔齐克(Melciki E.J.)认为区位选择将随着产品和生产技术的周期性变化而变化。萨塞尼安(Saxenian A.)、斯科特(Scott A.J.)等将企业和区域文化、网络经济和网络效应、制度形态等均加入区位因素的范围。

3. 新经济地理学的空间结构理论

自20世纪90年代以来,新经济地理学借助迪克西特-斯蒂格利茨垄断竞争模型(简称D-S模型)和新贸易理论、新增长理论研究三次波涛的强大推动,作为经济学领域报酬递增理论革命的第四波迅速成长。新经济地理学以迪克西特-斯蒂格利茨垄断竞争模型、边际收益递增、冰山运输成本和路径依赖为理论基础,采用完整动态一般均衡的模型,对货币和资源的预算约束都仔细规定并加以遵守,将人口、需求和供应的地理分布假定为内生的。从微观个体的最大化收益出发,利用不流动因素产生离心力并利用不完全竞争制造业联系产生向心力,由看不见的市场之手驱动消费者和生产者作出区位选择,组成经济活动的总体行为,通过一个动态过程呈现的空间平衡,演绎历史事故对经济地理的塑造以及基本参数变化对空间结构不连续变化的影响。克鲁格曼(Krugman,1991)的CP模型实现了基于消费者(同时也是生产者)和企业的区位选择行为的一般均衡分析,奠定了对经济活动进行区位或空间分析的微观基础。克鲁格曼(Krugman,1996)建立了一个动态多区域模型来解释在空间结构中的均衡,藤田昌久等(Fujita,Krugman and Venables,1999)将经济空间结构的诸多方面融为一体,建立了一个行为个体具有短视特征、不涉及空间区位的纯外部经济作用的知识关联模型,将知识关联与经济关联自然地融合到一起。藤田昌久认为在智力社会(brain power society),空间经济的动态来源于经济和知识领域的双重关联,建立知识关联模型,并提出要开拓更全面的智力社会时代的地理经济学理论。作为空间结构内容的功能结构、形态结构、交互关系、水平差异及其变化同时被决定,具体到每一个侧面,有如下几点。

在空间功能结构方面,新经济地理学家通过规模经济和运输成本的变化解释城乡空间结构的演变。克鲁格曼(Krugman,1991)的CP模型通过一种产品种类代表一个厂商的假设,把厂商区位内生在模型中,通过劳动力在区域间的流动(对更高实际工资的追随)说明了一个两区域经济如何形成工业核心-农业边缘区模式,并解释了运输成本下降引起的全球范围的城市化爆发性推进,而城市周围的乡村地区人口锐减等现实情形。藤田昌久和克鲁格曼(Fujita and Krugman,1995)构建了新版的杜能模型,但不再简单地假设中心城市的存在,前相关联和后相关联而制造业集中在城市,农业在该中心周围蔓延,农业前沿的土地租金下降到零,但这种单中心均衡只有在人口足够少的情况下才是可持续的。在克鲁格曼和维纳布尔斯(Krugman and Venables,1996)的模型中,规模经济和运输成本变化被作为"世界历史"的基础,逐渐下降的运输成本首先导致世界自发分化为高工资的工业核心和低工资的农业边缘,然后导致边缘的工业化。克鲁格曼和维纳布尔斯(Krugman and Venables,1996)使用"赛马场"几何学来模拟全球国际贸易和专业化,虽然国家边界是外生的,甚至经济区域也是不确定的,世界还是自发地将自己组织成被农业腹地包围的制造业区。博任纳和卡茨基斯(Brenner and Katsikis,2020)将城市作为一种根植于广泛且动态演变过程中的社会空间联系,将城市描述为更大范围、多尺度关系框架下的社会空间关系结构的结晶,预言性地提出全面城市化和星球城市化的理论与远景,认为城市可以用来阐明现代社会空间景观的创造性毁灭进程,这一进程并不局限于城市、大都市区和其他传统上被视为受城市生活影响的地区,它适用于全球空间。

与此同时,新兴古典经济学家通过分工和专业化来解释城市化中城乡空间结构的演变。杨小凯指出,社会生产空间最初只有农业生产空间,没有非农业生产的城市空间。随着农业的发展,剩余产品增加,随之出现了交换,交换的发展又促进了交易效率的提高,逐渐出现半专业化的农业和半专业化的工业,进而制造业内部出现进一步分工,非农职业者为了降低交易费用居住在一起,由此出现非农生产的城市空间,空间功能由农业一元转向工农二元。由于城市居民集中居住的交易费用系数比农村居民要低得多,城市和乡村之间的生产力和商业化等方面就会出现差距。但如果允许城乡自由迁居和自由择业等,城乡之间的真实收入最终均等化,城乡空间将从二元转向一元。内生增长理论通过人力资本集聚外溢效应理论与新增长理论解释城乡空间结构演变。卢卡斯等(Lucas et al.,2004)把城市视为先进生产技术集聚的场所,结合新古典的两国移民模型,假设存在两种领域——土地密集领域与人力资本密集领域,而劳动力人口在两种领域之间流动,假设在这个模型里经济是无限增长的,构建出一个新型城乡二元模型,在该模型下农村劳动力不断从土地密集型的第一产业向人力资本密集型的第二产业、第三产业转移,而劳动密集型技术向人力资本密集新技术转移。麦基(Mcgee,1989)用村庄城市来概括特殊区域产生过程的空间模式,指出建立在区域综合发展基础上的城市化,其实质是城乡之间的统筹协调和一体化发展的超级区域。

新经济地理学家通过考虑人口增长的外部力和工资增长的内部力解释城市体系的

形成和演变。克鲁格曼(Krugman，1996)对城市的研究从城市是一个经济体的角度，把新城市的形成置于包含多个城市的经济系统模型中来讨论。用廖什的市场理论来整合杜能模型，用以探讨单中心城市系统发展的经济机制。在研究单中心城市系统如何衍生成多个城市系统时，考虑源于人口增长的外部力和源于实际工资差异的内部力两种作用力，认为当人口增长突破某一个数值时，单中心城市系统将失去稳定性，人口增长推动了系统某些区位的市场潜力扩大，一部分制造业工人为追随更高的实际工资而迁移，促使新的城市在距原有城市相同距离的两侧对称出现，结果两个、多个城市相继形成。基于不同类型的产业部门的产品运费、经济规模各不相同进而空间聚集规模不同，一个有等级规模结构的城市系统通过系统的自组织机制而形成，城市体系也将从低级无序向高一级次序持续演化。藤田昌久等(Fujita，Krugman and Mori，1999)立足于杜能模型、CP模型以及哈里斯和普雷德等的研究，建立了关于城市体系的空间模型，刻画了一个既有城市的市场潜力函数，随着城市周围农业人口的增长在空间上不断变化，这种变化导致某些产业在既有城市集聚到一定程度后会被城市边界以外的农业区的某些新区位吸引而发生产业转移，于是这些新区位开始新的产业集聚过程并成长为新城市，新城市在与既有城市相互作用的过程中不断发展变化，它们的共同作用还会进一步在更外围的农业区催生更新的城市，这个过程可以连续进行，从而城市体系得以形成并不断演化。

在空间交互关系方面，新空间贸易理论基于规模经济和产品差异解释发达空间厂商之间的贸易。克鲁格曼(Krugman，1980)等提出以源自物质资产禀赋的先天比较优势为基础的产业间贸易和以源自规模经济、产品差异等后天比较优势为基础的产业内贸易是可以共生并存的新贸易理论，认为即使两国具有同等的技术水平和相同的资本劳动比率，两国同产业的厂商仍将生产异质产品，消费者对外国差异制成品的需求仍将引致产业内贸易。多勒尔和沃尔夫(Dollar and Wolff，1993)等认为技术差异所形成的比较优势决定发达国家专业化程度日益深化，高技术产业的比较优势的源泉是现有基础上产生新技术和训练补充性技术劳动力的制度。格罗斯曼和赫尔普曼(Grossman and Helpman，1990)发展了一个产品创新与国际贸易的多国动态一般均衡模型来研究通过R&D产生的比较优势和世界贸易的跨期演进。伊顿和科图姆(Eaton and Kortum，2002)的模型显示，技术水平带来的比较优势与地理障碍的相互作用共同决定区域间贸易量比例。关于新政府竞争理论的一些研究则运用了博弈论、信息经济学或内生增长理论，主要着眼于地方政府的财税竞争对资源流动的影响。理查德·菲奥克、拉米罗·贝拉多与约翰·斯科尔茨、锁利铭等认为,当预期特定事项上开展合作所可能带来的潜在收益显著大于契约失效等潜在风险时,地方政府将有意愿与其他政府构建合作关系。

在空间差异方面,克鲁格曼在 D-S 垄断竞争模型基础上,利用收益递增的核心思想,借用保罗·萨缪尔森提出的"冰山运输成本"的概念,构建出 CP 模型,推导出两个外部条件完全相同的区域在经历了规模报酬递增、要素流动以及冰山运输成本的相互作用之后,逐渐向完全差异化生产结构发展的过程,用以解释了经济集聚和区域增长的差异。维纳布尔斯的模型表明,假定生产要素不能自由流动,如果生产的中间产品具有规模经济并受到运输成本的影响,国家之间经济差异的循环过程仍然可能发生;与此同时,内生技术进步的经济增长在地域空间上必然表现为区域经济增长的不平衡性。卢卡斯(Lucas,1990)认为"一些富国出现向穷国投资的现象,但这种资本流动远远没有达到新古典理论预测的水平",提出资本流动方向与资本边际收益率之间存在悖论即"卢卡斯之谜"(Lucas's paradox),解释了先发国家与后发国家的差距扩大。凯勒(Keller,2004)认为由于生产技术内生地有利于技术领先者,创新与技术的差异导致区域经济增长速度存在差异。技术扩散并不等于技术趋同,技术的梯度转移表明区域间存在技术水平差距,从而导致人力及其他资本流向技术发达地区,从而使区域差异扩大。藤田昌久和蒂斯建立了知识关联与经济关联得以融合的两区域内生增长模型,将克鲁格曼的中心-外围模型与格罗斯曼、赫尔普曼、罗默内生的增长模型自然组合。在中心-外围模型中增加了一个研发部门,该部门利用熟练劳动力为现代部门创造新的品种,同时引入前瞻性移民行为。研发部门的创新活动涉及技术工人的知识外部性。结论表明,集聚刺激的额外增长可能导致帕累托改进的结果,当经济从分散转向集聚时,创新的速度会加快,在最终的集聚结构下,即使是留在边缘区的人口,其福利也比集聚前要好,前提是集聚效应引发的增长足够强大。

在空间形态方面,集聚产生的外部性使要素边际收益递增从而引起经济活动的空间集聚。克鲁格曼的 CP 模型认为空间集聚是收益递增的外在表现,产业集聚决定于需求多样化、企业的规模报酬递增、运输成本等所形成的聚集力大于分散力。藤田昌久等(Fujita,Krugman and Venables,1999)认为,运输成本与集聚的关系是非单调的;当运输成本在较高和较低的水平时,厂商都倾向于分散在各自的市场;只有在中间水平时,厂商趋向集中在一起,发生集聚。格斯贝茨与施姆兹勒(Gersbach and Schmutzler,1999)建立两阶段双寡头垄断模型,引入知识外部性,说明递减的联系成本支撑着产业集聚,同时也存在产品创新的多重均衡。马丁和奥塔维亚诺(Martin and Ottaviano,1997)、鲍德温和福斯利德(Baldwin and Forslid,2000)认为,如果消费者对不完全可贸易最终产品存在多样化偏好,经济活动的集聚同样有可能发生;就城市集聚而言,克鲁格曼的 CP 模型解释了运输成本下降引起的大都市的迅速成长。克鲁格曼(Krugman,1994)所提出的城市的复杂性,在他的观点中还表现为第一个城市的出现由区域的初始条件决定,但出现的区位具有历史偶然性。

在空间结构对经济增长的作用方面,克鲁格曼引入技术进步对生产要素的放大效应,同时用一个考虑了支出份额随收入增长的方程代替柯布-道格拉斯效用函数,说明世界工业化进程是从一些国家向另一些国家渐次推进的。马丁(Martin,1999)构建了将集聚、创新和增长联系起来的模型,认为经济增长和空间集聚是通过创新相互影响的自我增强过程。增长通过创新刺激集聚,经济活动的空间集聚反过来导致创新成本的降低和更高的增长,从而形成正的因果循环。马丁(Martin,2001)在内生增长和内生区位相互作用的动态模型中引入 R&D 部门和股票市场,考虑了国际贸易、全球溢出和区内溢出,考察了只有非劳力资本不同的两个国家(即发达的北方和不发达的南方)。得到的结论是:R&D 的全球溢出、高增长率以及高交易成本三者使得国际上在南方的投资增加;在 R&D 的区内溢出作用下,产业在北方国家集聚,并导致进一步创新,这将使交易成本降低,从而提高增长率;在足够低的交易成本以及足够高的溢出下,如果工业集聚带来的创新效益大于南方丧失工业而导致的损失,则工业集聚对两个区域都是有利的。

到目前为止,新经济地理学是最接近统一解决发展问题的经济学,但在一般均衡上研究得还不够彻底。它主要围绕企业生产者的区位行为而没有充分考虑家庭消费者的空间行为,更没有考虑政府的空间行为。它仅仅讨论部分正负外部经济,人力资本和知识的外部性完全被忽略。虽然它强调交通成本的改变影响空间结构的变化,但是运输成本还没有内生化,尽管也讨论了制度甚至政策的影响。所有关于经济空间结构的讨论主要是讨论城市化,尤其是工业化以来的经济空间结构,包括城乡及其城市结构。并且,没有将政府作为一个独立主体,没有将制度作为关键变量,没有考虑主体的偏好和信心,没有将各种关键要素内生化,没有将要素及产出结构(尤其是知识要素)的变化等纳入统一的分析框架,以构建影响经济空间结构及变化的动态一般均衡机制,其对力量工具的运用和分析仍处在自发和不规范的阶段。

12.2　经济空间的性质特征

12.2-1　经济空间的构成因素

1. 经济空间的定义

空间是无数点的集合,空间由方位、距离、关系等构成,由长、宽、高的大小来表现。空间是物质存在的形式和运动的场所,也是运动着的物质的广延性。经济空间即经济资产、经济主体、经济行为和经济部门的存在形式和运动载体,经济空间承载着资产、主体、行为等经济发展的各种因素。

2. 经济空间的要素

一定尺度的空间及其之上的资产可以构成拟人的经济主体,一定空间之上及空间之间的经济资产,形成所有经济个体合体的空间偏好和总体预期目标,也形成各种行为能动力。同时也形成相互作用力:聚集力和分散力、吸引力和排斥力、辐射力和扩散力。

空间是无数点的集合,空间由方位、距离、关系等构成,由长、宽、高的大小表现。空间是物体(包括人)存在的形式和运动的场所,具有运动着的物质的广延性,物质运动存在能量消耗,物质运动能耗性决定物质的空间运输成本(柴彦威,2000)。物质是空间和时间的客观存在内容。恩格斯在《自然辩证法》中认为,时间既是空间的延续,也是物质永恒运动以及变化的持续性、顺序性的表现。空间、时间与物质是一体的。

经济空间是经济物体存在的形式。经济空间存在或者分布着影响经济发展的各种要素,经济空间是经济物体运动的场所。不仅人口、物质和知识的运动在空间之中,而且经济主体的行为、人的思想和人的肢体行为也在一定的空间之中;经济空间是经济物体结合的媒介。主体、行为及要素耦合的条件,各种物质要素实现循环耦合,必须借助一定的空间;经济空间是经济主体交互的平台。物品的结合也是所有、支配和管理物品的主体相互作用的结果,经济主体之间的经济交互也需要在一定的空间上进行。

经济物体是经济空间的主体。空间的占用物(包括人、物、组织)是空间域的主体,空间主体以系统形式在空间中普遍存在。实物是物理空间的主体,精神是虚拟空间的主体,公共物品是公共空间的主体,私人物品是私人空间的主体(列斐伏尔,2022)。

12.2-2　经济空间的基本类型

物体及运动的复杂性决定空间的复杂性。基于物体的分类，空间分为物质资产存在的物理空间和知识资产存在的虚拟空间。随着知识资产的发展，知识存在和行为的网络空间、信息空间、思想空间也正在构建和扩展中。基于参与经济活动与否，分为经济空间和非经济空间。

具体到经济空间，基于内容分为经济物理空间和经济网落空间。其中，经济物理空间基于物质被改造的程度分为：未经人类改造过的自然空间区位（即第一自然空间区位）、经过人类改造的自然空间区位（即第二自然空间区位）。基于经济行为和交互的内容可分为：生活空间、工作空间、交换空间或服务空间。而交互经济和成本使得内生区位变得越来越重要（Krugman，1991）。基于权属关系可以分为：私人空间和公共空间。私人空间是具有明确个人和组织权属的空间，一般具有排他性（梅罗维茨，2002）。公共空间是属于多个个体、组织或不属于任何个体组织的空间。公共空间又分为：没有所有权、没有管理权的空间，公共组织管理但不所有的公共空间，公共组织所有并管理的空间。国土空间是国家主权权利管辖范围内的地域空间，是由各种自然和人文要素组成的物质实体，是国家社会经济发展的物质基础或资源、国民生存和从事各种活动的场所或环境（吴次芳等，2019）。

经济网落空间即经济的思想空间。以互联网为具体表现形式的网络空间具有以下特质：空间本身是虚拟的，但同时又是由人的活动组成的；时间是可逆的，但同时又同不可逆的真实世界相交叉；活动主体是虚幻的，但同时又是现实世界中活动主体的映像，并同现实世界主体相交通；时效性而非持久性是它的生命，然而时效性本身可以自己生产自身的持续性生命，并在现实世界引起轩然大波。

12.2-3　经济空间的基本特征

作为经济因素存在的形式和运动的场所，受经济因素空间分布及相互作用的影响，经济空间具有差异性、唯一性、层次性、可容性和变化性。经济空间具有差异性。有能量的物品在空间上的分布是非均质的，决定空间是异质的。另外，由于差异化能够获得垄断收益，经济交互主体追求差异化的动机和行为驱动，即便初始完全同质的空间也将在竞合中走向异质。经济空间具有唯一性。方位和距离决定经济区位的唯一性，另外，空间差异性也决定空间的唯一性。经济空间具有层次性。空间的定义决定不同长宽尺度的空间之间存在总分关系,不同尺度的空间的规模不同。任何一个较大尺度区位都由若干较小尺度区位构成,且相互之间有影响。就目前人类的地表经济物理空间而言,可分为全球、区域、集聚区、单体空间甚至更小单元空间。经济空间具有可容性。空间可以容纳一定物质存在,可容性是空间的唯一功能属性,各处空间的可容性都是无差别的同一。空间可容性、差异性和人们需求无限,决定优势区位是稀缺的。空间的可容性决定物质空间占用存在成本。经济空间具有变化性。存在于具体空间之中的经济物体的运动和变化,决定物质存在形式的空间是不断变化的。

12.2-4 经济空间的本质特征

经济空间对经济影响实质上是空间上的经济物体及其运动对经济的影响。经济空间虽然是客观的存在,但没有能量。因此,空间区位对经济发展的影响实质上是空间上的要素、主体、行为的结合对经济的影响,是处在相同或相近空间的多种相关要素、主体、行为等组合对经济发展的影响。经济空间区位实际上是各种要素、主体及其行为在空间上的综合。

经济空间对经济的影响表现为经济物体空间占用和空间运动成本对经济的影响。一方面,将经济物体及运动置于一定空间内,空间可容性决定占用空间需要一定的空间占用成本。不同物体的性质不同决定空间的占用不同。另一方面,将处在不同区位的经济物体相互结合,需要经济物体的空间移动。而经济物体空间运动需要能量消耗,存在运输成本,并因为距离增加而增加;相当于经济物体因摩擦产生损耗,也相当于产生摩擦力。空间距离所带来的运输成本决定空间经济活动联系的衰减。在经济学上,如果使用物质流动成本衡量,即前文所称的"冰山运输成本"(藤田昌久,2005)。

经济物体空间聚散分布形态,决定于交互规模经济和空间成本所形成的空间集聚力和分散力。一方面,交互规模报酬递增和利益最大化追求驱动人们放弃孤立活动而开展交互活动,以创造规模经济,但是交互涉及多个主体和资源,其协同的交互将产生距离成本,交互距离越远则成本越高,这就要求驱动交互及相互作用的物质在距离上尽量接近。另一方面,空间可容性决定空间占用成本,随着拥挤度的上升,空间环境容忍度接近极限,空间负效用和空间占用成本将逐渐上升,空间集聚力下降,空间分散力增加。一方面,交互规模报酬递增和空间运输成本下降,将提高空间集聚力和吸引力。另一方面,经济物体空间占用成本和空间成本的上升,将提升空间分散力和排斥力。随着交互距离的增加,运输成本增加,净规模收益减少,空间区位间的净吸引力减少,排斥力将上升。反之,吸引力将上升。

总之,经济行为的空间集聚力、吸引力、分散力和排斥力的大小及变化,不仅决定经济活动是集聚还是分散,而且决定空间规模和距离间隔;不仅决定经济物体的固定及其流动的距离,而且决定空间交互的范围、频度和内容。

12.2-5　经济空间的性质

经济空间是经济物体结合的媒介,是经济主体、行为及资产实现耦合和循环的平台,经济空间实质上是这些经济物体及其运动的总体耦合。本质是承载经济物质需要成本,空间占用需要租金成本,空间移动需要移动成本。经济因素的相互作用和相互影响存在空间因素,空间成本影响着相互的影响和作用。

12.2-6　经济空间的作用机制

作为经济物质存在的形式和交互的载体,经济空间是内生的,空间受到其他经济因素的影响,又影响其他经济因素。经济空间因素之间的空间相互影响是通过其占用、运输和相互作用的空间成本而实现的。一方面,经济因素需要置于一定空间内,其性质不同,空间占用不同,空间可容性决定空间占用是有竞争也有成本的,表现为空间租金成本。另一方面,将处在不同区位的经济物体相互结合,需要空间移动。而空间运动需要能量消耗,物质运动能耗性决定物质的空间运输成本,相当于经济物体因摩擦产生损耗。运输成本随距离的增加而增加,空间距离所带来的运输成本决定空间经济活动联系的衰减。

将统一发展经济学框架运用在空间发展上,假定在一个均值的球体上分布着许多个体,需求边际递增再生、知识报酬增长和主体空间交互规模收益及空间成本,导致经济主体形成;而经济主体的偏好结构、预期收益和资产结构及其所在空间的差异,决定经济主体生产与消费、学习与创新的竞合力和行为及其变化,交互导致空间功能形态和交互技术,进而导致交互的规模经济与空间成本变化,导致空间的集聚力、向心力、吸引力和分散力、离心力、排斥力及其变化。在静态均衡中实现空间功能异质、空间形态聚散和空间竞合交互,并在动态均衡中从缓慢到加速地实现空间功能高级化和多样化,以及空间竞合交互范围扩大、内容多样和密度提升。在这一过程中空间差异波动变化越来越大,空间形态的尺度也将扩大且结构更加复杂。

12.3　经济空间的决定

作为资产存在的形式和交互的载体,经济空间实质是经济发展的重要构成因素的总体耦合。每个经济因素都会影响总体因素的耦合状态(Song and Yu, 2019)。空间分布的资产决定空间分布的经济主体对空间选择的偏好和预期以及对空间交互的偏好和预期以及对进而形成经济主体空间选择和空间交互的能动力,包括集聚力与分散力、吸引力与排斥力,从而支配经济主体的空间选择和空间交互行为,最终决定空间资产再生和空间资产交互,也决定经济空间的形态、结构和交互。

12.3-1　经济资产通过两个途径影响经济空间的形态、结构和联系

经济资产是经济空间的主体(高敏雪等,2018)。经济资产的经济性质和空间分布影响经济交互规模和交互成本,影响空间能动力,即集聚力与分散力、吸引力和排斥力,进而影响空间选择和空间交互,决定资产再生的空间结构、空间形态和联系。如果参与经济活动的资产的收益小但空间占用成本大、运输成本高,将决定经济的空间形态密度高且尺度小,空间单元质量和数量差距小,空间联系距离和频率小;反之,则决定经济的空间形态密度高且尺度大,空间数量和质量差异大,空间联系距离和频率大。

人口空间结构变化导致经济空间结构的变化。人口的空间布局和流动从供给和需求两方面影响经济空间的结构及其变化。在需求方面,不同空间人口规模、增长不同,空间人口的需求偏好决定需求结构也不相同,决定企业和政府公私产品供给的差异及经济结构差异。在供给方面,不同空间的人口差异,形成不同区位之间重要的劳动力比较优劣势,从而决定经济结构的空间差异。人口流入的空间经济会不断繁荣,人口流出地区的经济空间可能不断衰落。人口增长导致城市的产生,进而导致城市革命。

人力资本的增长通过主体及空间选择行为决定经济的空间结构及其变化。首先,从整体上看,人力资本含量在不断提升。人力资本流入的空间经济不断繁荣,人力资本流出地区的经济空间可能不断衰落(胡尊国等,2023;Ehrlich and Kim, 2015)。其次,从结构上看,人力资本的空间分布及其变化,决定经济主体行为进而影响经济产出的差异化空间分布及变化。再次,在其他条件不变的空间下,人力资本投入将强化经济产出的差异化空间分布,各区域之间的人力资本及其他产出分布将呈现或分化、差异或收

敛、趋同或此起彼伏的变化。总体上,人力资本对空间结构的影响结果因为其他条件的影响而具有一定的不确定性。

人口转型对产出空间的影响。人口转型使得整个空间的要素结构从劳动力密集型转向知识密集型,经济部门从物资部门转向知识生产部门。因此,人口转型可能使得现有分散集聚的空间结构更加集聚,各个空间的差异化更多。人口转型对空间部门的影响。人口规模增速下降和人力资本增速提升,加上部门更加多样化、空间差异化和空间集聚相互结合,共同决定部门空间的结构会从相对简单专业化的小尺度的分散集聚,转向更加多样化的大尺度空间集聚。

制度影响空间聚散。制度文化通过影响空间的源动力、源能力和交互生动力、交互能力,决定经济体系的空间结构。贝克尔和墨菲(Becker and Murphy,1992)认为:"在一个协调成本比较低的国家或地区,如发达的市场经济制度、合同制度、企业制度、产业集聚、伦理、文化等使得协调分工的成本较低,分工的扩展就可以发生,从而经济增长可以发生,市场也可以扩大。"制度影响时序波动。制度文化通过影响不同经济主体的需求偏好和预期收益,分别决定某一产品的某一环节在某一空间进行创新、学习还是重复,从而实现经济体系的均衡。阿西莫格鲁等(Acemoglu et al.,2003)指出宏观经济政策的扭曲性造成了经济波动,但宏观经济政策扭曲的根本原因在于经济制度的不合理,宏观经济政策的扭曲是经济波动的原因之一,也是不合理经济制度的必然结果。

12.3-2　经济主体的空间能动力影响经济空间的形态、结构和联系

经济主体是经济空间主体的主体。经济空间分为有主空间和无主公共空间,有主空间分为有主私人空间和有主公共空间。经济主体的空间分布以及占用和迁移成本,影响经济空间的形态、结构和联系(Fujita,Krugman and Venables,2001)。不同类型的经济主体,其影响空间的单元形态、空间结构和空间联系是不同的(Lu,2024)。

每个经济主体的空间选择,决定经济空间的形态。经济主体需要存在和运动于一定的空间(Zhang,1996)。经济主体占用和运动的空间区位及规模决定于经济主体的欲望偏好、预期收益和资产负债。经济主体的偏好结构、预期收益和资产结构影响家庭的空间能动力,进而决定家庭的空间选择行为。

所有经济主体的空间选择,决定经济空间的结构。不同经济主体的偏好结构、预期收益和资产结构的不同,决定经济主体的空间选择行为能动力不同,进而决定经济主体的选择行为不同,最终决定经济主体所占用的空间密度和尺度不同,所有经济主体的组

合决定经济空间不均衡的资产、行为、主体的分布(奥古斯特,1995)。

所有经济主体的空间交互,决定经济空间的关系。经济主体相互作用意味着空间的相互作用(陈彦光,2008)。经济主体之间的交互决定于经济主体的交互能动力。经济主体之间的空间交互决定于经济主体的空间交互能动力,决定经济主体的空间交互行为,经济主体的空间交互的变化将改变经济主体的空间交互能动力,从而改变经济主体的空间交互行为。

政府主体影响要素空间结合。政府通过其政策选择、财政策略、法律环境和文化塑造,显著影响经济活动在空间上的分布和布局。这包括影响企业和家庭的地理位置选择、资源分配及产业布局(Fujita,Krugman and Venables,2001),从而塑造地区内的产业空间结构。政府对公共产品和服务的空间布局决策,基于其财政目标和经济策略,进一步影响企业和家庭的空间行为和地理布局(O'sullivan,1996)。

家庭部门影响空间区位和空间结构。家庭的空间偏好和资产配置不仅影响其空间选择,家庭的流动性也促进了空间结构的变化(Florida,2005)。首先,空间要素的非均质,意味着家庭的共同偏好和流动性将进一步加剧空间的非均质化。其次,家庭对空间的偏好差异以及流动性使得原本非均质的空间变得更加分化。最后,由于资产的流动性和空间需求的差异,不同资产结构的家庭在空间选择和流动性上存在差异,这些差异反过来影响了空间区位和结构(Dieleman,2017)。例如,高人力资本的家庭不仅寻求优质生活区位,也更容易承担空间移动成本。因此,这些家庭的聚集使得优选地区的经济价值进一步增加(Glaeser et al.,2001)。

企业部门影响要素空间结合。作为物质的转换者和精神产品的创新者,企业不仅具有特定的地理位置而且具备在不同空间的流动性。企业根据其偏好、预期收益和要素组合,作出在特定地点进行资源整合的决策。这确定了生产活动的地理位置和产品创新的空间布局,最终影响了物质和精神产出在空间上的分布模式。

12.3-3　经济空间行为直接影响经济空间的形态、结构和联系

经济主体的经济行为的空间占用成本和运输成本,决定经济空间的形态、结构和联系。经济行为内容决定不同的空间形态密度和尺度大小;经济主体的抽象和具体行为内容差异决定质量和数量的结构差异。经济主体的交互行为决定空间联系(Smith,1978)。拥有低替代弹性资产的家庭、企业将从事低替代弹性产品的生产与消费,一般创新利润和规模收益可以更大的补偿交互成本,尤其是运输成本,从事更大空间范围的

竞合交互(Sen and Smith，2012)。其中，基于空间交互成本相对低的零替代弹性的创新生产与消费，经济主体将从事全球范围的交互。空间交互成本较高的高替代弹性的模仿生产和消费、利润和成本决定经济主体在次级空间范围的交互。空间交互成本极高的完全替代弹性的重复生产与消费，其收益成本形成的竞合交互力决定经济主体将从事当地的竞合交互。

空间体系越来越复杂化。政府、家庭和企业的具体、抽象的交互行为空间体系，决定主体、要素和产出结合的空间体系。随着主体三重交互行为空间体系的演化，主体、要素和产出结合的空间越来越多样化。空间体系从分散和流动的游牧聚散，转向分散固定的农业聚散，再转向固定和集中的工业聚散，再到移动集中的智能聚散。与此同时，一体化经济体系的空间尺度，从地方尺度到区域尺度再到全球尺度。全球化的空间联系从简单而少量的要素与产品交换及流动，发展到局部的要素和产品的交换及流动，最后到全面的要素和产品的交换及流动。

12.3-4　经济部门影响经济空间的形态、结构和联系

要素、主体、活动和产出的经济部门的收益及空间占用成本和运输成本，决定经济空间的形态、结构和联系(赵奎礼，2009)。如果经济部门的收益小但空间占用成本大、运输成本高，将决定经济的空间形态密度低且尺度小，空间单元质量和数量差距小，空间联系距离和频率小。相反，如果经济部门的收益大但空间占用空间成本小、运输成本低，将决定经济的空间形态密度高且尺度大，空间数量和质量差异大，空间联系距离和频率大。

经济部门结构影响经济空间结构。经济结构影响经济空间单元尺度。不同部门的产品和要素的流动性或者运输成本不同，导致供需市场范围不同。不同产业部门具有不同的产品和要素的市场供需范围，经济结构是众多空间经济单元的叠加，且影响经济空间的形态和联系密度。经济结构影响经济的时间结构。经济时间结构实际上是指经济规模及其增长。经济结构不同意味着经济要素投入产出的构成不同，从而决定经济总量规模和增长速度不同。

金融发展影响空间结构。金融的本质决定跨空间的价值交换，所有涉及价值或者收入在不同空间之间进行配置的交易都是金融交易。不同空间的信用与货币数量及结构不同，通过信用和货币对物质、科技和人口进行集中和匹配，从而导致不同区域的经济总量和结构存在差异。金融发展影响时间结构。金融的核心是跨时间的价值交换，

所有涉及价值或者收入在不同时间之间进行配置的交易都是金融交易。信用和货币的不同时间的匹配,对物质、科技和人口的集中和匹配有不同作用,影响着经济总量在不同时期的不同变化。金融体系的形成和发展影响经济总量的形成及不同速度的增长。

经济总量增长影响经济空间结构。有关经济增长对空间结构的影响,目前学术界还没有达成共识。新古典经济学基于物质要素边际报酬递减的假定,认为空间经济是收敛的,区际之间的经济发展水平将先趋异再趋同。新增长理论基于知识报酬递增的假设,认为不同区位之间的经济发展水平将持续分化。从长期来看,要素从物质和人口主导转向知识主导,由于资源要素的非均质分布,在不同阶段对经济发展所起的作用不同,因此,经济空间结构也将有可能发生此起彼伏的变化。

12.4　经济空间的决定机制

作为经济的资产、主体、行为和部门的存在,经济空间表现即经济因素空间结合的表现,主要有三个方面,即空间形态的尺度和密度大小,空间结构的数量和质量差异,空间联系的距离和疏密(总体表现为空间分散与空间集聚)。

12.4-1　静态经济空间的决定

经济空间结构是空间分布的资产联合作用而使经济个体和组织形成空间集聚力与分散力、吸引力与排斥力,支配经济主体聚散分布及交互而导致经济因素的空间形态、差异和交互。

1. 经济主体、资产、行为和部门的空间交互的决定

人类本能决定的个体行为力支配个体行为即人物及空间交互。内部物质分布的无限缺乏决定经济需求和经济供给的内生驱动能动力,两者结合形成人的经济行为供求能动力。由于人与物都占据一定的空间,所以不同人与物之间的交互既在相定的空间,也在不同的空间(Tobler,1976)。个体交互是不同个体空间人口、物质、知识和制度的交互(纽伯德,2023)。

协同法则决定交互行为力即人、人和人、物及空间的交互行为。交互规模效应决定经济交互可以带来规模报酬递增的产出效果,从而实现物质分布的平衡。需求内生边际增长的必然性和交互带来的规模报酬边际递增的可能性相结合,决定两者结合会形

成更大交互行为能动力,从而形成报酬递增的经济效果。由于不同交互个体和主体都将占有一定的空间,所以不同个体、不同主体之间的交互也是不同个体空间、主体空间的交互,这些均为人口、物质、知识和制度的交互。

2. 经济主体、资产、行为和部门的空间形态的尺度、密度聚散形态的决定

交互规模经济、交互成本、空间占用成本、空间运输成本,决定空间聚集力、分散力、吸引力和排斥力。交互规模报酬递增和利益最大化追求驱动经济主体开展交互行为,但是交互涉及多个因素的协同会产生交互协调成本,空间成本又包括空间占用成本和空间运输成本(艾萨德,2011)。一方面,基于距离衰减规律,交互距离越远运输成本越高,使驱动交互及相互作用的物质在距离上尽量接近,从而提高了经济因素的集聚力和吸引力。另一方面,基于空间可容性,随着经济因素拥挤度的上升,空间环境容忍度向极限接近,空间分散力和排斥力将逐步增加。

当交互的收益大于交互的成本,且当占用成本低于运输成本时,集聚力大于分散力,吸引力大于排斥力,经济因素将发生空间集聚。当预期收益大于预期成本,且当预期占用成本大于预期运输成本时,集聚力小于分散力,吸引力大于排斥力,决定经济主体在部门与空间的经济行为选择,进而决定经济因素的产出布局。

总之,规模经济、空间运输成本与空间占用成本所形成的空间集聚力与分散力、吸引力与排斥力,决定经济主体的行为选择,进而决定经济空间分散集聚的产出结构。但是,产出规模经济、要素和产品的占用成本和运输成本不同,经济主体在部门和空间的分散和集聚行为以及产出结构不同,在各种产出叠加后,总体上会形成多层的部门和空间分散集聚结构体系。

3. 经济主体、资产、行为和部门的空间结构的质量和数量差异的决定

不同甚至相同的空间资产也将导致不同的空间主体及空间结构。理论上,假定所有空间上的人与物都是物质完全均质的,当循环往复的自给自足行为积累知识之后,交互的收益将大于交互成本,交互就成为可能。在交互形成经济组织后,为了实现交互规模收益的最大化,经济主体将追求偏好结构、预期收益结构、要素结构等差异化。

不同空间上经济主体的差异化决定各种竞合能动力的差异。不同要素资产形成的空间的主体能动力决定不同区位的经济行为的不同选择(戈列奇、斯廷森,2013)。简单地说,即便一个区域拥有丰富的自然资源,可能因为偏好结构和预期收益,这一自然资源既可以成为资源优势,也可以成为资源诅咒。

不同空间关于消费与投资、生产与服务、创新与学习、竞争与合作的经济行为的不

同选择,决定不同空间的产出规模和结构不同。不同空间主体的异质性抽象经济行为和具象经济行为均决定不同空间异质性的产出。

4. 经济主体、资产、行为和部门的空间交互的距离和频率的决定

交互规模报酬递增和利益最大化追求驱动经济个体创造报酬递增的规模经济,但是个体及空间交互涉及多个因素的协同,会产生交互协调成本,空间成本又包括空间占用成本和空间运输成本,所以空间收益和空间成本将决定是否交互以及交互的距离和频率。

当交互的收益大于成本且占用成本低于运输成本时,集聚力大于分散力,吸引力大于排斥力,经济因素将发生空间集聚交互;当交互的收益大于成本且占用成本高于运输成本时,集聚力小于分散力,吸引力大于排斥力,经济因素将发生空间分散交互;当交互收益小于交互运输成本时,经济因素的集聚力小于分散力,排斥力大于吸引力,经济因素将不再交互。

不同类型经济因素的规模经济、交互成本不同,所形成的空间聚集力、分散力、吸引力和排斥力会不同,经济主体的结构也会不同,在各种因素的交互结构叠加后,总体上将形成多层的交互结构体系。

12.4-2　空间静态一般均衡

经济均衡是整个世界及其各构成部分存在的基本形式,各种相互关联和相互对立的因素相互作用,使系统中各种力量自动趋向力量相当、相对稳定、不再变动的状态。在加入空间因素之后,经济体系的一般均衡在收益上表现为:多个经济主体的预期收益和预期成本在总量上、空间上实现均衡。在资产规模和结构确定的条件下,经济资产联合决定经济体系中的所有经济主体塑造生产与消费、创新与学习、竞争与合作的行为能动力,从而支配具体、抽象和空间及其交互选择,并在相互博弈中实现每个经济主体关于选择的一般均衡,也决定经济因素的均衡分布。

1. 空间单元内部和单元之间的利益均衡

就微观主体而言,经济主体基于协调成本和空间成本的权衡,分别作出主体、要素、行为的空间选择,构成空间经济结构体系。当每个经济主体基于部门及空间的边际收益等于边际成本时,每个经济主体行为处在最优均衡状态。就经济空间而言,当经济主体选择每一区位的边际收益等于边际成本时,以及各区位进入的边际收益相等时,空间之间实现均衡。就经济部门而言,当经济主体选择每一部门的边际收益等于边际成本

时,以及部门进入的边际收益相等时,部门之间实现均衡。就部门空间而言,当经济主体选择每一部门和空间的边际收益等于边际成本时,以及部门进入和空间进入的边际收益相等时,部门之间和空间之间同时实现均衡。就总量而言,所有经济主体的综合经济边际收益等于边际成本且任何主体的任何变动都不能带来收益的增加时,经济处在最优均衡状态。

2. 单元内部和单元之间的力量均衡

经济部门和空间结构是辖区公共部门营造下的区位对消费者和企业产生推拉的作用力平衡之下形成的。这些力量可以归纳为聚集力和分散力。就微观主体而言,家庭、企业和政府分别作出主体、要素、行为的空间选择,构成空间经济结构体系。当每个经济主体的边际能动力等于边际能阻力时,经济主体行为处在均衡状态。就经济空间而言,当每个集聚空间的边际集聚力等于边际分散力时,每一个集聚空间实现均衡。就经济部门而言,当每个集聚部门的边际集聚力等于边际分散力时,每一个集聚部门实现均衡。就部门空间而言,当每个集聚部门和集聚空间的边际集聚力同时等于边际分散力时,每一个集聚部门和集聚空间同时实现均衡。就总量而言,所有经济主体的综合经济边际能动力等于边际能阻力,同时所有主体力的合力为零且所有主体没有改变的动力和能力时,经济处在最优均衡状态。

3. 单元内部和单元之间的资产均衡

就总量而言,当物品市场、货币市场、人知资产市场、科技资产市场、物质资产市场、人口资产市场、制度资本市场、公共产品市场的总供给等于总需求时,要素和产品市场处在均衡状态。就结构而言,当每一空间、每一部门的要素和产品在每一市场的供给等于需求时,所有部门及空间的要素和产品市场处在均衡状态。

4. 单元内部和单元之间的一般均衡

价格作为中介杠杆,不仅可以实现利益、力量和市场的三者联动,而且通过自身变动,可以实现三者在空间、部门及总量上的均衡。当产品市场出现不均衡时,价格变动影响供求调整从而实现均衡。当三者收益、力量和物品都处在部门、空间和总量均衡状态时,经济处在一般均衡状态,此时的价格为均衡价格。

12.4-3　动态经济空间的决定

边际递增的再生需求、报酬递增的知识积累和规模报酬递增收益及协调空间成本的交互,决定着跨期的经济总量增长、部门和空间结构变迁。随着参与经济活动的资产的位置、规模和结构的变化,以及物质空间占用和空间交互的变化,经济空间的位置、规模、结构和形态也在不断变化(卡斯特,2000)。

1. 空间形态从小尺度、低密度到大尺度、高密度的空间聚散形态增长的决定

空间交互、知识积累与需求再生影响要素结构、偏好结构和预期收益的变化,提升了经济主体空间集聚和辐射的能动力。知识积累与需求再生在促进物质产品和知识产品数量及种类增长的同时,也在促使物质、人口占比下降,科学技术和人知资产上升;相对于物质和人口,人力资本和科学技术会越来越重要(史密斯,2021)。与此同时,制度文化的变化与不变也在影响偏好结构和预期收益的变化(陈斌开、赵扶扬,2023);空间交互、需求再生和知识积累导致交互规模经济增长和空间占用成本及运输成本下降,提升了空间集聚和辐射的能动力。一方面,规模经济报酬递增和交互成本较小的知识交互占比上升,规模经济报酬下降与运输成本较高的物质交互占比逐渐减少,从而扩大了空间规模经济并减少了空间交互成本。另一方面,空间交互技术不断进步,使得交互规模经济扩大,空间交互成本降低。制度文化进一步扩大交互规模经济并降低交互成本,使得空间集聚力和空间辐射力不断增长。

2. 空间结构从质量和数量相近到质量和数量收敛同质到分化异质的轮回转变的决定

空间交互、需求再生与知识积累导致不同空间经济主体的竞合力在不同时间尺度上此起彼伏的变化。不同空间潜在的物质资源要素存在差异,在不同的知识条件下,不同的潜在物质要素被开发成现实物质要素[1]。空间交互、需求再生与知识积累导致不同空间经济主体的竞合力同时存在趋同、趋异和轮转增长。由要素结构决定的经济主体制度竞合力长期空间内部和空间之间的博弈,对不同空间经济主体的偏好强度和结构、预期收益规模和结构存在趋同、趋异和轮转的影响。空间交互、需求再生与知识积累导致不同空间经济主体的竞合力由缓慢趋同转向快速趋异。由于物质要素规模报酬递减,物质空间交互成本高,知识要素规模报酬递增,知识空间交互成本低,当物质要素处在主导地位时,物质要素边际报酬递减导致经济主体的空间力量差异缓慢趋同。随着需求的再生和知识的积累,科学技术和人知资产占比逐步上升。空间消费与竞合力量从缓慢趋同转向快速趋异。空间主体三种差异力量变化的叠加决定空间竞合力差异变化十分复杂,但总体存在由缓慢到快速趋同、趋异或轮换的现象。

---

① 参见阿尔弗雷德·韦伯:《工业区位论》,商务印书馆 1997/2010 年版。

3. 空间联系从近距离、低频率到远距离、高频率的发展的决定

空间交互、知识积累和需求再生不断驱动差异化的偏好结构、预期收益及成本收益，从而不断提升经济主体空间分工和专业化交互的能动力。不同空间的经济主体为了追求差异化的互享规模经济，创造出不断扩大差异化和专业化的空间竞合动力，而知识积累使空间规模经济不断扩大且空间交互成本不断降低，从而不断扩大不同空间的经济主体的空间竞合能力。

空间交互、知识积累与需求再生影响要素结构、偏好结构和预期收益的变化，从而不断提升经济主体空间交互的能动力。知识积累与需求再生在促进物质产品和知识产品数量及种类增长的同时，也在促使物质、人口占比下降，以及科学技术和人知资产上升。与此同时，制度文化的变化与不变也在影响偏好结构和预期收益的变化（Henderson and Wang，2007）。

空间交互、知识积累和需求再生导致经济主体空间交互规模经济扩大和空间交互成本的变化，从而不断提升空间交互的能动力。一方面，规模经济报酬递增和交互成本较小的知识交互占比上升，规模经济报酬下降与运输成本较高的物质交互占比逐渐减少。另一方面，空间交互工具不断进步，使得交互规模经济扩大、协同与空间交互成本降低。与此同时，空间差异化和专业化的交互竞合能动力扩大导致经济主体空间交互范围的扩大。

12.4-4　空间动态一般均衡

在空间发展过程中，需求升级、技术进步及制度变革联合，决定经济主体基于产业、空间等选择及交互的跨期预期收益和预期成本权衡，以及其所形成的生产与消费、创新与学习、竞争与合作的行为能动力的博弈，进而支配具体、抽象和空间及其交互选择，从而达到每个经济主体的动态一般均衡。物质、人口、科学技术、人知资产、制度文化等总量因素由慢到快的增长，决定经济部门和经济空间的分布由慢到快的动态均衡变化（陆铭，2016）。

1. 空间单元内部和单元之间的利益均衡增长

就微观主体而言，当每个经济主体的边际收益始终等于边际成本时，收益处在最优均衡增长状态。就经济空间而言，当每一区位的边际收益始终等于边际成本，并且各空间进入的边际收益始终相等时，经济空间之间实现均衡增长。就经济部门而言，当每一部门的边际收益始终等于边际成本，并且部门进入的边际收益始终相等时，经济部门之

间实现均衡增长。就部门空间而言,当每一部门和空间的边际收益始终等于边际成本,并且部门和空间进入的边际收益始终相等时,部门之间和空间之间同时实现均衡。就总量而言,所有空间任何时期的边际收益始终等于边际成本,并且任何主体在任何时期的变动都不能带来收益的增加时,经济处在最优均衡状态。

2. 空间单元内部和单元之间的力量均衡增长

就微观主体而言,当每个经济主体在每一个部门和空间的抽象行为的边际竞合能动力始终等于边际竞合能阻力时,竞合力量始终处在动态均衡状态。就经济空间而言,当每个集聚空间的边际集聚力始终等于边际分散力时,经济空间之间实现均衡。就经济部门而言,当每个集聚部门的边际集聚力等于边际分散力时,经济部门之间实现均衡增长。就部门空间而言,当每个集聚部门和空间的边际集聚力始终同时等于边际分散力时,部门之间和空间之间同时实现均衡增长。就总量而言,所有经济主体综合的经济的边际能动力始终等于边际能阻力,同时所有主体力的合力始终为零时,经济处在最优均衡增长状态。

3. 空间单元内部和单元之间的资产供求均衡增长

就总量而言,每一市场的总供求在均衡的基础上,实现按照同一增长速度增长。就结构而言,每一空间、每一部门的要素和产品在供需平衡的基础上,实现按照同一供求速度增长,即不同空间、不同部门的要素和产品供求始终相等。

4. 空间单元内部和单元之间的一般均衡增长

通过价格的调整,利益、力量和市场三者的增长可以联动,并在空间、部门及总量上实现共同的均衡增长。当产品市场出现不均衡增长时,价格变动影响供求调整从而实现均衡增长。当三者都处在均衡增长时,经济始终处在平衡转移增长状态,此时价格的增长为均衡价格增长。

12.5 经济空间发展的统一解释

如同自然界被宇宙爆炸时刻影响着一样,在人类社会里,边际递增的再生需求、报酬递增的知识积累,以及交互规模经济与交互协调和空间成本的变化,也在时刻影响着经济空间的发展。譬如,环境忍受度偏好影响空间占用成本;交通容忍度影响通勤成本;知识积累在增加物质、知识和人口规模的同时,也在改变物质、人口和知识的结构,在扩大交互规模经济的同时,也在加速降低空间占用和交通运输成本,决定经济主体在一定时空下的生产与消费、创新与学习的竞合力不断变化,决定部门空间的主体、行为、要素和产品的分层和动态变化,不仅使得经济总量的 J 形加速大型化以及经济部门结构的 J 形加速多样化和高级化,也决定空间结构不断加速扩大的分散集聚交互和轮番增长。具体表现在三个方面。

空间形态始终在加速转换过程中。物质产品及服务的比例在逐步下降,知识产品及服务的比例在加速上升,空间经济形态加速升级,从局部到全部转化,从慢到快转换。空间集聚力和分散力不断扩大,经济空间集聚体系不断经历分散集聚、集中集聚和聚中有散等循环。上述这些使得空间集聚规模越来越大、集聚区间隔距离越来越远。对应经济部门结构从渔牧到农业到服务再到智能,空间也从游落到村落到城落到网落再到流落。

空间交互始终在加速扩大过程中。在集聚力和分散力的相互作用及大小变化下,经济主体、要素、行为和产出都将在空间上进行集聚或者分散的不断运动,空间联系网络也从地方到全球、从单一逐步多样化。各个集聚区之间形成相互联系的网络。随着知识产品的内生增长,运输成本将下降,规模经济将增加,空间体系范围也不断扩大。人口流动、物质和知识产品贸易以及基础设施联系从地方到区域、到国家,再到洲际甚至全球。部门空间要素流动从单向聚集流动到双向聚散流动。获得更多更高端要素的集聚空间,可能提供更高端、规模更大的产品,而集聚要素更低端的规模更小的集聚空间,可能提供更低端、范围更小的产品,从而形成更多层次的空间联系体系。

空间结构加速趋向趋异、趋同或轮转。在主体动力不变的情况下,当区域边际能力递减时,产出将收敛,当区域边际能力递增时,产出将分化;在边际下降的情况下,主体边际能力下降将导致区位收敛,主体边际能力上升将导致区位轮转;在边际上升的情况下,主体能力边际能力上升将导致区位分化,主体能力边际能力下降将导致区位轮转。由于交互空间在时序上存在先发优劣势和后发优劣势,以及空间竞合关系的动态变化;一方面,领先区位的先发优势和落后区位的后发劣势相组合,在时空的发展上形成持续分化的路径依赖;另一方面,在时空的发展上形成打破路径依赖的格局轮回或者收敛。总之,后发区位可以超越先发区位,也可能永远落后先发区位,抑或是接近先发区位。

总体上,报酬递增的知识积累、边际递增的再生需求、交互(包括空间交互)规模报酬递增和协调空间成本,决定着空间集聚力和流动力的变化,从而决定经济空间的变化。

12.5-1 采猎时代的超小聚集和流动力，决定小规模分散集聚和流动而隔绝的游落主导的空间结构

大约在 25 万年前，猿进化到人之后，本能的初始再生需求、本能的初始脑体供给，以及由此决定的交互规模经济和所形成的物质、知识、组织和制度的供需竞合能动力，驱动人以群分并结成氏族组织，负责组织共同的生产、生活事务。除了成员本身的劳动外，土地及由其生长的有限天然食物是主要要素和产出。氏族成员交互的副产品成为未来生产和消费的关键要素，但这些知识要素极其微弱且极其缓慢，人类只能主要依靠去自然空间采集果实或者渔猎天然食物等维持生存，知识积累极其有限也决定交互的规模经济小而交互的空间占用成本及运输成本高。

第一，由于衣食住行的生活是非土地密集性的，集聚交互既能构筑共享的规模经济，又能节约空间占用成本和运输成本，因此，稀缺知识支撑下的生活可以实现小规模空间集聚。第二，由于土地是采集生产的直接投入要素，规模收益小于规模成本，稀缺知识支撑下的生产只能是小规模分散和自给的。第三，自然生长的食物不仅有限而且会因气候的季节性变化而周期性存在，因而决定消费集聚不断地迁移。第四，由于天然食物等资源稀缺，相邻部落之间会形成些许的生存竞争与合作因而结成松散的部落政治经济组织。第五，在游落时代，自然物理空间是主体，人工物理空间是辅助，虚拟空间在萌芽。

尽管由于氏族生产与消费部门一体，产品始终处在供求均衡的状态，但是只有产品供给达到维持生存的需求量，才能保障游落的生存和繁衍。在人们只能依靠徒步来解决生产和消费通勤的时候，人类可承受的最大半径决定游落采集土地上天然食品的数量，人均至少消费天然食品的数量决定聚落的最大人口规模，而聚集人口的最小规模决定集聚所形成的规模力量与抵御来自自然界和其他异族入侵的力量。在没有外部因素作用的情况下，各游落的均衡水平是一样的。总之，在知识极其稀缺的背景下，人类生产和生活的空间交互收益极低，空间交互占用成本和通勤成本极高，氏族群体的集聚力和扩散力极小，从而决定集聚消费和分散生产的游落的规模极小。

随着循环往复的技术积累，劳动人口的通勤距离会增加，采集面积将扩大，产品将增加，游落的人口规模将不断扩大，与此同时游落面积将扩大，游落之间的距离也将逐步扩大。总之，在人类初始阶段，在一些气候宜居和天然食物丰富的异质空间，将出现和分布众多的、小规模的、随着自然气候条件的变化而流动的、相互隔离的差异化的集

聚生活和分散生产区,整个经济空间结构是众多小规模分散集聚、相互隔离、不断流动的游落所主导的空间结构。并且,随着游落族群的外生条件变化和内生增长,许多游落族群的经济部门结构和空间结构被新的经济部门和空间结构所取代,但仍有一些部落族群长期存在。

12.5-2 农业时代的较小聚集和流动力,决定较小规模分散集聚和固定隔绝的村落主导的空间结构

基于边际递增的再生需求、报酬递增的知识积累和规模报酬的递增收益及协调空间成本的交互,大约在公元前 8000 年之前,基于长期的采摘和渔猎生产中的"干中学",人类学会使用新的工具即新石器,发现了那些生产果实的植物的一些生长规律,学会了通过利用阳光、水等自然资源,在土地上更多更好地种植可以长出果实的植物,从而维持人类的生存需求。

采集知识积累所带来的农业革命产生了划时代的全面影响,导致经济空间结构的变化。在需求再生和知识积累的驱动下,人类主要通过直接加工和合成自然资源创造产品,首先,带来物质产品的相对剩余,从而带来经济制度变革;其次,导致生产方式的重大变化,如利用自然力量在土地上进行人工播种、管理、收割和储藏农作物等;再次,一些气候、土壤和水源等适应农业生产和生活的空间成为流动族群转向定居族群的村落及腹地。

不过,在农业生产上,人们主要使用土地生产粮食,并利用公共基础设施从事公共事务并制定居民交往规则。土地要素的密集性决定生产集聚交互的规模收益小于规模成本,空间分散力大于空间集聚力则决定农业生产是分散和自给的。在农业生活上,土地作为非直接要素,决定生活设施集中构建既可以使人们共享规模经济,又能节约空间占用成本和运输成本,空间集聚力大于空间分散力决定生活的集聚。但是人们在生产和生活中通过脑力劳动创造的副产品作为凝结在劳动力体内的人知资产和凝结在工具上的技术,也是未来的直接生产要素,只是其增量极其有限,徒步移动自己和物质所形成的集聚力和分散力则决定集聚和分散的规模十分有限。

尽管家庭同时是生产单位和消费单位,私人产品的需求自供给不存在交换,只有在供给能够满足基本生存需求时才能达到均衡状态。这一均衡条件,加上由于在一定技术的条件下人口通勤时间受到限制,土地空间面积最大为 314 个单位,假定 14 个单位用于村落建设。均衡时的粮食规模供求量为 6 000 个单位(每年),村落人口均衡规模为

164人。在技术水平比较低，人们从工作场所到居住场所依靠步行的情况下，当日通勤范围的土地面积决定产生的食物数量和维持生存所需要的食物量，公共设施决定人口的集聚规模。而每个村落的间隔距离也自然地由人口当日通勤的最大容忍距离决定。在没有外部因素作用的情况下，各村落的均衡水平是一样的。村落所主导的空间的特征是自然物理空间为主体，人工物理空间为辅助，虚拟空间刚萌芽。

随着技术的积累，单位土地上的食物数量增加，劳动人口的通勤距离增加，耕地面积扩大，产品增加，村落的人口规模不断扩大；与此同时，村落面积扩大，村落之间的距离也逐步扩大。

由于初始条件存在差异，长期农业生产和生活的知识积累所带来的物质条件和知识存在差异，可能导致分散集聚而且隔绝的村落及其生产腹地存在差异，并且由于知识积累带来的要素结构及其作用的变化，而出现趋同、趋异和轮番增长的变化。

整个村落的经济空间结构是众多小规模分散集聚、相互隔离、不断流动的游落所主导的空间结构。整个经济空间是分散流动集聚的游落空间体系与分散固定集聚的村落体系并存，并且分散固定的村落空间结构不断扩大，分散流动的游落空间结构逐步缩小。知识的不断积累和需求再生所形成的力量的加速增长，也使得村落化和农业化逐步加速。

12.5-3 工业时代的较大集聚和流动力，决定大规模集聚和固定交互的城落主导的空间结构

大约在公元前3000年，基于边际递增的再生需求、报酬递增的知识积累和规模报酬的递增收益及协调空间成本的交互，农业剩余产品和剩余人口同时在增加，非农产品生产逐渐出现，由于初始空间禀赋存在差异，因此，在自然禀赋等条件适宜非农业生产和生活的资源禀赋空间，出现了性质不同的非农人口及活动集聚，进而实现了第一次城市革命即城镇产生。

城落是生活和生产的综合集聚空间。与小尺度的专业性集聚不同，由于土地不是非农业生产和生活的直接投入要素，因此，生产与生活的集聚交互的规模收益大于协调成本和空间成本，综合空间集聚力大于分散力，相对于工作的集中集聚，生活是分散集聚的。

城落多是固定而非流动的空间。作为工作集聚区与生活集聚区的复合，城落不仅集聚着数量较大、空间集中和构成多样的工作和生活人口，而且需要构建大量的供长期

使用的相对完备的基础设施。为了共享这些基础设施的规模经济,人口和非农业活动需要固定在拥有基础设施的城市空间。也有移动的个别情况。主要是腹地内的资源开垦耗尽,难以支撑城市的运行,所以要迁移到新的土地区域。除了空间和不可移动的设施遭废弃外,原城市的人口等可移动构成因素都和原城市相同。

城落规模决定于最大化实现一个典型家庭所有的工作、生活需求。与游落和村落相比,作为生产和生活的复合集聚区,在人口上,城落的规模更大、集聚度更高,在空间上,其面积更大、基础设施和公共服务规模更大。同小尺度的简单集聚有核一样,城市也有中心核。可达性要求高、盈利性高、空间占用少的集聚区分布在中心成为中心核,相反则分布在周边。在中心与外围的中间,则分布着众多生产集聚区,这些共同集聚成一个更大的单中心集聚。各个集聚区之间既分又合,既相对独立又密切联系,而相似度、交互频度高的集聚区最接近甚至毗邻或者重叠。基础设施成网络状将这些集聚区隔离又联系在一起,并为各类集聚区共同服务。与小尺度专业的集聚不同的是,更大的基础设施和公共服务的共享有更大规模的复合集聚的共享,集聚的原因也正是如此。小尺度与大尺度的专业集聚空间规模分别是 15 分钟与 45 分钟通勤半径所构成的面积。

实际空间面积随着交互技术的进步而不断扩大。从远古起源时代的城市到农业时代的城市再到工业时代的城市甚至再到知识时代的,随着技术进步,城市或者通过蔓延或联合所形成的多中心的都市圈群带逐步出现。

城落主导的空间结构加速形成。城落在村落出现不久,非农业活动开始出现并长期存在。在农村转移人口从农业部门转向非农部门的同时,其空间结构进入固定集中生产和集中生活的城落。在城落空间结构出现后,整体经济空间出现游落、村落和城落共同存在的局面,随着城落空间结构成为主导,村落空间结构逐渐退出主体地位,游落空间结构不断下降,网落空间结构开始出现并扩展。

在城落空间结构主导下,各空间呈现从缓慢趋同和轮番到快速趋异和轮回的转变。即便在村落主导的时代,不论是城落空间结构还是整体空间结构,实质上都由城落主导而决定于城落体系。城落主导的空间结构是开放交互的空间结构。城落是开放的交互空间。城市是众多非农专业性小尺度集聚区多样性的叠加,拥有更加多样的非农业甚至农业功能。这些非农经济具有交互特征,同时"市"也是物质、人口和信息交互的空间。随着知识的增长尤其是交互技术的发展,城市主导空间的交互尺度、交互频度也在不断扩展。

12.5-4 知识时代的超大集聚和流动力,决定超大规模集聚和流动交互的网落主导的空间结构

从 20 世纪 90 年代开始,边际递增的再生需求、报酬递增的知识积累和规模报酬的递增收益及协调空间成本的交互,使人类开始进入以科学技术和人知资产为基础要素、以脑力劳动为主体、以教育和研究开发为主要部门的知识主导经济结构,城落主导的空间结构经历城落集聚、区域集聚,开始转变为全球一城的网落集聚空间结构。

需求再生、知识积累和空间交互形成更大空间集聚力和分散力,而城市在空间集聚规模扩大的过程中出现聚中有散,中心城市周围已经存在或者新建的城市,依托一定的自然环境和交通条件,其内在联系不断加强,共同构成一个相对完整的城市集合体。在城市集群空间里,各城市分别拥有专业的、相互邻近交互的主导功能集群,使得整个城市群成为各种主导功能集聚的集群。城市集群的人口、产出和空间规模结构的决定与城市相似。

随着知识生产以及交互技术所带来的交互规模经济的扩大和交互成本的下降,众多空间相近的城市群连成一体而成为地区集群。其形成机制及特性与城市群集聚具有相似性,但比城市集群在空间尺度上更为分散集聚。

随着知识的生产、交互和消费成为主导,一方面,知识活动依赖个人创意,需要多样化的人才集聚才能更好地完成知识的生产、交互和消费;另一方面,知识的生产、贸易与消费扩大了交互规模经济,降低了交互的空间占用成本和运输成本,空间集聚力和空间分散力得以提升。区域性城市集群结成网落,经济空间结构最终发展成为一个网络化的城市或者网落。

网落是全球集聚的空间结构。由于交互的空间占用成本和运输成本下降,以及人口、知识、物质等要素和产出的特征所限,经济主体及其行为将高度集聚在相互联系的带状空间内,并在全球集聚呈现网落化的分散状态。

网落是全球动静的空间结构。一方面,支撑全球网落集聚及其网内交互的不可移动的共享基础设施是固定的,也是全球共享的。另一方面,网落内的人物及行为在全球范围网落内是超速流动的,这也是对远古游落的回归。

网落是全球交互的空间结构。知识尤其是交互技术的发展,大大降低了空间交互的成本并提升了交互的速度,网落是全球开放的交互空间,主体空间交互是全球网落内交互。

网落是多层嵌套的全球体系。众多跨越国界的城市群组成城市带网,在全球一城的网落之内,集聚力和分散力不同决定空间尺度不同,从而决定全球网落是由众多城市、都市圈、城市群和城市化地区等构成的多层嵌套集群体系。与自然物理空间和人工物理空间相对应的虚拟空间也是多层嵌套体系。

网落内外空间差异持续变化。在知识经济主导时代,边际报酬递增和空间交互成本下降,决定网落内外空间之间分化不断,网落内外一些空间之间加速分化。知识增长所导致的不同空间潜在物质要素成为现实要素的变化,以及制度文化差异变化所导致的变化,可能导致网落内外一些空间之间加速轮回增长。

随着全球性网落空间结构的形成且其规模不断增长,游落、村落和城落的空间结构占比将逐渐下降,但没有加入这个网落的城落、村落甚至游落依然还存在。当网落成为主导空间结构时,城落主导的空间结构也意味着结束。相对于城落化和工业化,网落化和知识化更加快速。

随着知识技术的发展,尤其是交互技术的发展,人类已经开始到地球以外的星球进行居住探索。未来人类也许将流落于广袤的宇宙中,一些星球的宜居空间将成为人类集聚空间,人类可以在超速移动的"飞船"中进行工作和生活,并以光速在星球之间穿梭交互。

13

经济总量的统一增长

经济时间结构是经济主体、经济行为及经济资产在不同时期的不同分布情况及相互作用。经济时间结构是经济分布的三个重要内容之一。它决定在能动力的支配下，不同时间的经济主体关于经济资产的交互行为。考虑到空间和部门结构的变迁已在部门和空间结构章节中进行过分析，本章主要分析总量的时间结构即总量的统一增长。

13.1 奇妙的经济总量长期变动

美国经济学家库兹涅茨在 1971 年获得诺贝尔经济学奖时曾给经济增长下了这样一个定义："一个国家的经济增长，可以定义为给居民提供种类日益繁多的经济产品的能力长期上升，这种不断增长的能力是建立在先进技术以及所需要的制度和思想意识之相应调整的基础上的。"

在这一定义涵盖了三层深意。首先，经济增长集中表现在经济实力的增长上，而这种经济实力的增长就是商品和劳务总量的增加，即 GNP（GDP）的增加。其次，技术进步是实现经济增长的必要条件。最后，经济增长的充分条件是制度与意识的相应调整。

库兹涅茨给出的经济增长的定义属于广义上的经济增长，狭义上的经济增长仅包括第一层含义，即经济总量的扩张。这种扩张通常用 GDP 增长率和人均 GDP 增长率来衡

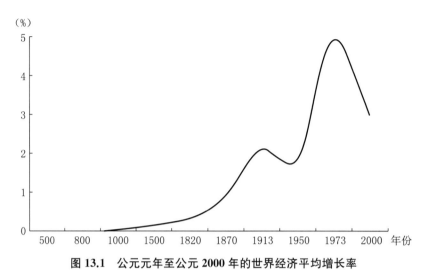

图 13.1　公元元年至公元 2000 年的世界经济平均增长率

资料来源：Madison(2001)，以及世界银行的《2003 年世界发展指标》。

量，这两个指标在短期内高度相关，但长期看，GDP 增长率还受到人口变化的显著影响。因此，人均 GDP 增长率更适宜于度量一个经济体的经济增长水平。即使总体 GDP 增长，如果被人口的增长所抵消，人均收入也不会提升。所以，通常讲的经济增长用人均 GDP 的增长来度量。纵观全球经济增长的历史与格局，呈现出"大增长"与"大分流"并存的特点。

　　人类的经济发展在初始阶段是极其缓慢的。全球及各区域经济不断重复"M"形曲线发展轨迹。全球经济总量在漫长岁月里以极其缓慢的速度增长。根据麦迪逊（Madison，2001）的估计（图 13.1、表 13.1），公元元年到公元 800 年，世界经济的平均经济增长率为仅 0.01%，公元 800 年到公元 1000 年也仅为 0.03%，从公元元年到公元 1000 年，世界经济以接近于零的速度极其缓慢地增长。公元 1000 年到公元 1500 年也只有 0.15% 的增长率，直到公元 1500 年到公元 1820 年，世界经济的年平均增长速度才达到 0.32%。这表明：尽管速度缓慢，世界经济随着时间的推移，其增长在逐渐加快。

表 13.1　公元元年至公元 2000 年的世界经济增长率

时　　间	世界经济增长率（%）	时　　间	世界经济增长率（%）
0—500 年	0.01	1820—1870 年	0.93
500—800 年	0.01	1870—1913 年	2.11
800—1000 年	0.03	1913—1950 年	1.85
1000—1500 年	0.15	1950—1973 年	4.91
1500—1820 年	0.32	1973—2000 年	3.02

资料来源：Madison(2001)，以及世界银行的《2003 年世界发展指标》。

　　然而,全球经济人均产出的增长更是缓慢,近乎停滞。从公元元年到公元 1000 年,西欧和中国的人均收入一直在 450 国际元(以 1990 年国际元计,下同)左右徘徊,增长率几乎为零。公元 1000 年到公元 1800 年,世界人均收入一直低于 670 国际元,平均增长率也仅为 0.05%,西方国家人们的生活水平仅仅增长了 3 倍。数千年来,人类的生活水准始终在维持基本生存的衣食住行水平线上徘徊且改善轻微。普通家庭的食物主要是大米小麦和其他谷物,衣服主要由麻布做成,住房主要是利用自然条件而建立的洞穴或者草屋,出行主要靠人力和畜力,文化娱乐主要围绕宗教信仰等,人类生活始终在饥寒与温饱之间交替循环。经济社会处在“兴衰轮回,治乱交替”的物质生产陷阱即“马尔萨斯陷阱”中。当社会稳定、农业丰收时,人口快速增长,人口增长会引发人地矛盾,随之出现饥荒、瘟疫及战乱,导致人口数量下降;在瘟疫结束、战乱平息后,人口又开始增长,从而导致经济增长长期停滞。人们追求物质生产和人口生产,反而限制了物质生产和人口生产。而且,自公元 1000 年起,不同区域之间的经济增长在很长时期内呈现很小的差异。“世界上最富区域和最穷区域的人均 GDP 之比已经从公元 1000 年的 1.1∶1开始,经历 500 年到公元 1500 年的 2∶1(Galor,2005),学术界普遍倾向于认为:18 世纪欧洲普通人民的生活水准与同时代的中国人或古罗马人差不多。

　　1820—1973 年,世界经济开启了快速增长模式,呈现出“S”形增长曲线。从 1820 年开始,世界经济出现大幅增长(图 13.1、表 13.1)。在 1820—1870 年,世界经济的年平均增长率达到 0.93%。而在 1870—1913 年,这一数字更是飙升至 2.11%。尽管 1913—1950 年受到战争的影响,世界经济增速仍高达 1.85%,而在战后的 1950—1973 年,增速更是高达 4.91%。从 19 世纪起,世界经济增长率超过人口增长率,开启了人均收入持续高速增长的新纪元。世界人均 GDP 从 1820 年的 670 国际元攀升至 1870 年的 870 国际元、1900 年的 1 261 国际元,再到 1950 年的 2 197 国际元,在 170 年间增长了 3.27 倍;产出的增长率超过人口的增长率,人类的福祉和生活水平得到显著提升。从 19 世纪初至 19 世纪中后期,在欧洲、北美和澳大利亚,普通家庭基本实现了温饱,中产阶层开始过上小康甚至富裕生活。到 20 世纪,在欧洲、北美、澳大利亚和亚洲的许多国家,这种小康和富裕的生活水准已经普及到普通民众。1800—2000 年,西方发达国家人民的生活水平提高了 20 倍;然而,大增长并不是全球各国共同出现的现象,而是少数西方国家独享的荣光,大增长伴随着的是大分流(Pomeranz,2000)。人类社会也从 1820 年开始出现分化,各个区域之间的人均 GDP 差异迅速扩大,一些经济体保持了高速增长,另一些则相对落后,在大分流之后,世界上最富的区域和最穷区域的人均 GDP 之比已经从

1820年的3∶1扩大至1870年的5∶1、1913年的9∶1、1950年的15∶1,直到2001年的18∶1。富国开始走上稳定增长之路,而穷国一直还在停滞中徘徊。

1973年之后经济增长的速度虽然出现了下降,但依然保持在较高的水平。1973—2000年,世界经济增长率保持在3.02%的高位,如图13.2所示,尽管波动性有所下降,但整体趋势依然明显。其中,1973—1983年有明显的下降,而1983—2004年则保持了较高的增长,2004年之后增速继续放缓。尽管如此,全球人均GDP从1951年的2 197国际元增长到2008年的7 614国际元,增长了2.47倍。世界产出增长的新变化,使得世界各国及地区之间经济增长出现了新的分化。一些发达国家和地区在经历了加速增长后,呈现出卡尔多事实,即保持稳态和平衡增长路径;一些落后国家和地区开始步入高增长轨道;还有一些落后区域继续在停滞中挣扎;而个别曾经领先的国家和地区却出现衰落。

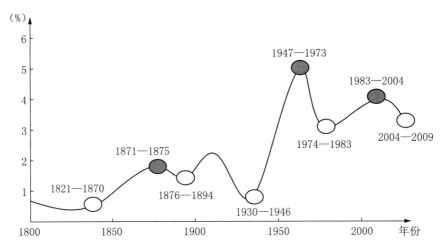

图13.2　1800—2009年世界经济增速

资料来源:Madison(2001)。

回溯人类经济增长的历程,借助可得现象的观察和可得数据的推测,我们不难发现,世界经济发展总量不仅经历了各地长期共同停滞,而且经历了各地相对长期的分流,甚至可能还要经历共同增长,这似乎是一个清晰的历史变迁过程。但是如果从质能意义上深思,我们一定能得出:从几乎无增长的采集社会(距今25万年至1万年),到微增长的农业社会(距今1万年前至公元1800年),再到工业社会(1820年至2020年)的波动性快速增长,世界经济资产总量一定是在波动中加速增长的。如何解释经济总量这些奇妙的增长,需要新的视角和新的框架。

有鉴于第 1 章已经对经济增长的相关文献进行了回顾,在此不再赘述。

13.2　质能与效用的经济总量及其增长

有关物品和服务的总量价值及其增长,从古典经济学到新古典经济学一直都存在争议,李嘉图、穆勒、麦克库洛赫等人主张生产费用论。萨伊、瓦尔拉斯以及现在的边际效用论者认为商品的价值就是由这种主观的效用偏好来决定的。阿弗里德·马歇尔认为真正的价值是生产费用对效用的关系。卡尔·马克思主张商品价值决定于劳动。

广义的经济总量是无效经济总量和有效经济总量之和,狭义经济总量指社会财富总量即社会价值总量,包括能够用货币来计算的与不能用货币来计算的社会真正财富总量,既包括社会财富的量,也包括社会财富的质。狭义经济总量是有效经济总量,不包括无效经济总量。经济总量是存量,是每年 GDP 累积下来的或者抢别的国家的财富和社会价值。GDP 是指经济社会(即一个国家或地区)在一定时期内运用生产要素所生产的全部最终产品(产品和服务)的市场价值。GDP 作为总量的增量,是一个国家或地区每年新创造的价值。

更为传统的观点认为,经济增长取决于取得有用物质和能源的多少,物质则包括石油、煤炭、植物、金属、天然气等,能源则包括水能、太阳能、核能、风能、地热能等。取得有用物质和能源受以下几方面的制约(发明、创造、新的技术、新的方法、自然条件、劳动力素质等)。这显然是将经济增长等同于物质增长及相关服务。更传统的经济增长理论没有将知识(包括人力资本和科学技术)作为经济的产出,而是将它们作为经济增长的要素。

传统意义上,经济增长是指一个国家或一个地区生产商品和劳务的能力进而带来的产量的增长,即用货币形式表示的 GNP 的不断增加,考虑到人口增加和价格变动,经济增长还包括人均福利的增长。在人类进入知识经济时代后,知识产品和服务将成为产出的主要内容。纵观采集、农业、工业和知识时代的产出及增长,有必要重新审视经济总量及其增长的内涵,探索贯通一体的经济总量和人均增长概念。

13.2-1　广义质能总量增长和狭义质能总量

从物品的质能视角来看,物质与知识是可以统一和加总的,我们称之为广义质能价值总量,它包括物质产出价值和知识产出价值的总和,但是物质总量增长和知识总量增长两者是性质不同的总量增长。

从质能价值来看,物质产出实际上是对现存物质资产的加工和结构重组,这一过程遵循能量守恒定律。物质资本投入与产出的转化,改变的是物质结构和形态,并没有增加物质的质能。物质产品的增长实际上是开发并改变现存资源结构后的数量的增加。物品和劳务的质能价值没有发生改变,其增长主要得益于知识产品所带动的物质投入要素的不断重塑。体力劳动所创造的物质产品,亦不过是劳动能量转化为物质的过程,其质能是守恒的。从统计学的角度来看,这一过程类似于 GDP 减去 TFP 的变化。

从质能价值来看,按照知识和智力不守恒定律,知识产出实际上是无中生有和由少到多地增加,其产出质能远大于投入质能,这是真正意义上的质能增长。从这个意义上讲,经济增长的本质是知识的增长。因此,产品的质能附加值实质上是知识产品的附加值。知识投入带来更大知识产出(包括知识的创造、模仿和复制),进而带来规模经济、比较经济和内生经济效应,这在统计学上类似 TFP,即总产出中剔除物质产品部分后的剩余。而 TFP 又分解为技术进步、技术进步率、规模效应和配置效率等多个方面(Coelli,Rao and Battase,1998),这些均是人知资产、科学技术、制度文化等知识产品创造的。虽然知识产品投入的准确测算仍需要进一步探索,但 TFP 的增长率无疑为我们提供了一个倒算途径。

13.2-2　物品的质能数量价值是可以统一的

虽然物质与知识性质不同,物质中的人口与物质、知识中的科学技术与人知资产也有不同的性质,但是从一般质能意义上讲是可以统一的。因此,我们可以将各种产出加总成质能价值总量。

人口资源、物质要素和物质产品在质能层面是可以统一起来的。人口通过消费物质形成体能和智能的结合,再通过劳务的形式释放其物质质能,最终转化为新的物质附着体。这些附着物质通过形态与结构的改变,体现质能守恒的规律。而物质要素在转变为生产要素之后,所发生的是结构和位置的变化,而质能是不变的。不仅如此,人口资源可以转化为资源;而且,物质要素与劳动要素也可以转化为物质产出,这一过程同样遵循质能守恒的法则。因此,人口资源可以统一用物质能量来替代。

科技资本、人知资产与知识产品是可以统一起来的。知识是要素也是产品,它涵盖科学的人知资产和科学技术,都是人们思维的产物。人知资产包括原创的人知资产和再生的人知资产,科学技术也包括原创的科学技术和存量的科学技术。人知资产可被视为内化的知识产品,而科学技术则是外化的知识产品,两者之间相互转化。个体的独立思考或者交互思维所产生的原创性人知资产,无论正确与否,都有可能外化为创新性科学技术。例如,阿尔梅达和科格特(Almeida and Kogut,1999)等学者发现,人力资本的流动与交流促进了知识在不同群体和区域间的传播与扩散,这种交互作用能够促进科技进步。反过来,科学技术同样可以转化为非原创的人力资本。

物质重塑与知识生产相互支持。首先,物质的重塑不仅依赖于物质和体力,还离不开知识和智力活动的参与。在重塑物质的过程中,主要需要体力行为,辅助需要知识和脑力行为,同时伴随着营养物质的消耗和等量废物质的转化。重塑后物质和服务产出上附着了知识与脑力行为带来的新知识。一般而言,等量的物质投入会有等量的物质产出,这些物质产出包含前期的物质及其附着的知识。其次,知识的生产则主要需要知识和智力活动,但同样需要物质和体力活动的支持。在生产知识的过程中,人脑思维活动占据核心地位,辅以体力活动和必要的物质支持,包括脑力劳动消耗的大量物质质能。因此,主要生产的知识和智力服务产出,附着在物质与体力行为上。一般而言,一定的知识投入会有报酬递增的知识产出,这种产出可能创造知识,也可能不创造知识,可能创造很多的知识,也可能创造很少的知识。这个物质投入也可能转化为无用的物质,这恰恰支持了知识产生的不确定性。

物质和知识可以在质能层面实现统一。尽管两者性质不同,但都是具有一定质量和能量的物品。不同物质和知识的能量和质量不同。因此,无论是具体的物质、人口、人知资产还是科学技术,都可以统一到质能上,甚至可以进行简单的加总。例如,在不考虑不同物质和知识的质能大小的情况下,我们可以根据种类以及每个种类的数量进行简单的加总。从质能角度来看,人的知识增长不仅体现在知识本身的增长上,还表现在由知识增长所引致的物质要素被重塑的数量和种类的加速增长上。

人口、人知资产、科技资本和物质资本是可以通过交换价值而实现统一的。由于价值是个体和组织对物品的效用性的主观评价,因此各种物品的价值可以通过效用价值统一起来,人口、知识、物质产出等可以基于效用大小加总成总量。因此,不同种类、不同区域和不同时间的物品,都可以用效用价值来进行统一衡量。

13.2-3　名义效用价值增长和实际效用价值增长

实际效用价值总量及其增长。物品的实际效用价值实际上是基于人们的主观感受而对各种物品效用价值的加总。但是，由于人的狭义效用偏好是不断变动的且广义效用偏好是不变的，而人们对产出的效用价值评价似乎不是加速扩张的——因为随着新产出的出现和消费，老产出的价值在加速减少；因此，效用价值量所表现的物品的价值增长是有限的，但当效用价值达到一定规模后，效用价值的增长似乎是平稳的，所导致效用价值计量的产出总量是平行路径增长的。而且，从效用价值出发统计的产出增长似乎在基本需求得到满足后，远远低于实际的知识增长和由知识增长所导致的物质被重塑的增长（即质能总量增长），这表现为一种"增长的分化"。也就是说，由质能总量增长所代表的"客观的增长"呈现出一种长期向上的趋势，而由效用总量增长所代表的"主观的增长"则呈现出一种长期平稳性。实际效用总量增长的长期平稳性，从本质上讲源自人对于新产品消费的主观适应性的增强和效用的边际递减，这是使得质能总量增长与效用总量增长出现分化的第一个原因。此外，质能总量增长的长期向上趋势的主要根源是知识的积累，而知识进步从理论上来说是无止境的。而效用总量增长一方面取决于呈现边际递减特征的基于消费的效用总量，另一方面则取决于闲暇的总量。但由于闲暇的增加存在一个由人的生理时间所决定的上限，因此其增长也呈现出长期平稳性。这是使得质能总量增长与效用总量增长呈现长期分化的第二个原因。最后，质能总量增长并不是由全体人类共同创造的，所有人类都进行能量摄取，但并不是所有人都进行能量创造，即对质能总量作出贡献，这使得质能总量增长呈现出一种结构不平衡特征。而效用总量增长则由"基于物品消费价值"的效用和"基于闲暇"的效用两个方面共同决定，这使得效用总量增长一定程度上弥补了这种结构不平衡。

计算货币可以度量各种物品的效用价值，并将各种物品的效用价值统一汇总。虽然理论上实际效用价值可以加总统一，但在受到技术约束的现实情况下，几乎不可能实现。货币的出现不仅解决了效用价值的比较问题，也解决了效用价值的加总和统一问题。物品的效用通过交换才能准确地显现，但是货币出现之前不同物品的价值还无法加总。在货币产生之后，货币作为交换的媒介不仅便利了交换，促进了经济的发展，而且也拥有了计价职能。将不同物品的价值统一到具体货币计量单位上，不仅可以用一把尺子统一衡量比较具体物品的价值，而且可以将整个经济体系里的各种不同种类和数量的物品汇总统一为用某一具体货币单位表达的物品总量。当各种商品经济活动都以统一的货币单位名称来计算、统计或考核价值量时,货币作为计算货币开始发挥作用。计算货币是充当统一衡量、统计和考核物品或劳务所蕴含价值大小的统一货币单位,是表示债务、物价与一般购买力的货币。货币总量也成为实体经济总量的镜像。

名义效用价值总量及其增长。用纸币表示的各种物品的效用价值及其加总就是名义效用价值。在纸币出现之前,货币作为物品的等价物,可以如实统一地表示各类物品的价值和所有物品的总价值。在纸币作为物品价值的符号而不是等价物出现后,物品的价值分为实际价值和名义价值,即货币价值。物品的名义价值决定货币的发行量和流通量,货币发行量越大、流通速度越快,物品的名义价值就越大。因此,从宏观总量上看,货币总量决定着总量物品的名义价值。从这个意义上讲,由于货币发行规模和速度的变化,货币标尺的名义效用价值总量常常偏离实际效用价值总量的表达。与此同时,计算货币也不能衡量各种物品的质能价值,不能将各种物品的质能价值精确统一汇总,但可以将各种物品质能的效用价值进行统一汇总。

13.3 经济总量及其增长的决定因素

基于统一发展经济学关于经济发展的三角形生产函数模型(图 1.5)。经济总量增长是各类要素总量向产出的转换,与由技术、人知、人口、物质和制度决定供求主体总量增长的能动力及其行为的结合。要素通过转化为经济主体的资产负债,影响经济主体的偏好结构和预期收益,塑造其各自经济行为的能动力,从而决定经济主体在具体产出领域的创新、学习和重复的竞合交互能动力并作出各自在具体、抽象和关系交互的行为选择,最终决定经济产出总量的增长。

13.3-1 经济要素从两个途径实现的经济总量及其增长

物质要素及其增长从两个途径影响经济质能和效用总量增长。从直接途径上,物质产品和知识产品及劳务作为直接投入要素,其规模和增长直接决定物质产品的增长和规模,同时影响知识产出的规模。物质要素投入的直接转化需要知识和劳务,知识产品和劳务也需要一定物质要素投入与之配套。物质要素被人口消费后转化为劳动能量,进而形成物质和知识产出。此外,物质要素规模和结构还通过影响其他要素(如制度文化、人知资产)以及经济主体的偏好结构与预期收益及其动力,间接影响经济质能和效用价值规模及其增长。例如,物质资源禀赋丰富,可以形成潜在的比较优势,促进经济增长。但过分丰富的资源要素也可能导致经济主体不思进取和好逸恶劳,从而患上"荷兰病",这种"资源诅咒"可能导致经济增长的下降。

人口及其增长从两个方面影响经济质能和效用总量增长。从需求的角度看,人口作为最终消费者或需求者,其规模及其所形成的需求竞合力是经济总量增长的牵引力。人口规模大、增长快可以带动经济增长,但也可能导致总产出中消费比例高从而储蓄比例低,影响下一期产出,从而阻碍经济增长。从供给的角度看,劳动人口的劳动是物质产品与劳务或知识产品与劳务的直接投入要素。劳动人口的规模和结构直接影响经济总产出及其增长。同时,人口规模和结构还通过影响其他要素(如制度文化、人知资产)以及经济主体的偏好结构和预期收益及其动力,间接影响经济质能和效用价值的规模及其增长。例如,从微观角度看,生育规模扩大可能强化生育偏好,导致消费过度和劳动投入时间下降,从而影响经济增长;同样生育规模缩小可能强化不生偏好,从而导致劳动人口供给减少、市场需求规模下降,也会影响经济总量增长。

值得注意的是,欲望偏好和预期效用是人们需求行为的出发点,也是经济活动的驱动力和牵引力,它们共同决定人的行为动力。人口作为经济发展的核心要素,是经济发展的多因素集合,也是耦合各种因素的要素,更是经济发展的本源能动力。人口与其他要素结合起来,通过影响经济个体及其组织的偏好、预期和资产,支配人的具体行为、抽象行为、关系行为以及分布行为,从而影响再生人口和其他资产及其分布。

此外,库兹涅茨(Kuznets,1952)也指出,人口与经济增长是通过技术进步及资本主义社会的结构、制度和意识形态的相应调整而实现的。西蒙(Simon,1981)从人口增长可以刺激技术进步的角度来分析经济发展:由于人口增长使知识库存量增加,推动采用新知识和新技术去提高生产力,以满足增长的消费需求;从长期的发展趋势来看,人口增长将影响生产技术发明的速率、市场的形成和政府对基础设施的投资。

一方面,人口的消费需求的内生增长是经济发展的动力条件。当人们的物质或精神需求得到满足后,会自动产生出对现有物品的不满和对新产品、更多种类需求的渴望。这种内生增长不仅牵引着物质资本的增加、人知资产的增长和技术进步,还引导着人口的空间选择,并间接推动制度创新以适应新的行为模式,从而推动经济不断发展,最终实现要素的循环增长。因此,需求的内生增长性决定了需求创造出更大、更多和更新的供给。而人类对于美好生活的持续需求,正是牵引经济发展的基本力量。

另一方面,人口的体能智能的持续维持是经济发展的重要动能条件。经济发展即物质和知识的发展,它依赖于劳动人口将物质与知识等要素在特定部门和空间进行有效结合。经济发展也是创造人口、开发物质和创造知识的过程。没有主动性的劳动行为,物质要素无法转化为新的物质产品,也无法产生新的精神产品。人口的规模和增长决定了劳动的规模和增长,从而影响了物质和知识要素的投入以及物质要素的重塑和精神物品的创造。值得注意的是,人口的禀赋尤其是精神禀赋的质量对经济发展具有重要影响。因为人的精神素质是意识和思维活动的基础,它决定了后天精神产品创造的高度。

总之,人口是经济发展的自动源能动力。一旦人口出现,就同时自动出现物质和知识产品的需求与体能和智能并创造物质和知识的供给,需求能力和供给能力结合就自动形成人口推动经济发展的能动力,从而推动经济体系的其他因素变化。

此外,人知资产及其增长对经济质能和效用总量增长的影响也不容忽视。家庭人知资产的投资对物质和知识产出的增长起到重要牵引作用。同时,人知资产作为物质的产品开发和知识产品创造的关键投入要素,其内生报酬递增特性使得人知资产投入不仅能够促进知识产品供给的增加,还能推动更多种类物质产品的开发。随着人知资产水平的提升,生产效率得以提高,推动产品创新,进而改善了消费需求,技术创新则直接或间接促进了生产力和生产关系的变革,共同促进经济的增长(Bucci,2014)。

在人类整个经济发展过程中,人知资产始终发挥着决定性作用,即任何物质、人口增长以及制度变革都是由人知资产与科技资本的增长决定的。尽管在经济发展的初期,人知资产的积累极其缓慢,其对物质、知识、人口的决定性作用有限,但随着人知资产的个体积累和代际积累,其对经济发展的决定性作用越来越大,地位越来越高。

综上所述,人口和人知资产是经济发展的两大核心动力源。它们通过不同的途径和方式影响着经济质能和效用总量的增长,共同推动着经济体系的不断发展和变革。

基于长期实践经验而形成的中国谚语深刻揭示了人知资产和教育对经济发展及财富创造的关键作用。"有文不长穷,无文不长富"强调,拥有文化即人知资产,就不会长期贫穷;反之,缺乏文化则难以维持长期富有。这体现了人知资产在财富创造和获取中的决定性作用。同样,"富不学,富不长;穷不学,穷不尽"也指出,无论贫富,如果缺乏学习将导致物质财富无法持续增长或陷入贫穷循环。这进一步印证了人知资产对于财富创造的长期影响。卢卡斯(Lucas,1988)在构建内生经济增长理论框架时,将人力资本作为一个独立的因素纳入经济增长模型,运用更加微观和个量的方法,将舒尔茨的人力资本和索洛的技术进步结合起来。社会一般人力资本决定专业化人力资本形成的规模和速度。人力资本变化率代表技术进步率,但取决于现有人力资本水平和从事人力资本建设的时间。人力资本不仅会推动技术进步、提高资本收益率、加速经济增长,其积累还呈现出递增性,使得人力资本积累成为经济持续增长的根源。此外,人力资本还能形成生产规模的报酬递增效应,成为"经济增长的发动机"。

同样,科技进步对经济质能和效用总量增长产生影响。一方面,科技创新主体的研发投资推动了商品和劳务的结构升级与规模增长;另一方面,科学技术作为决定性投入要素,促进了物质产品和知识产品的创造。随着科技的进步,其对经济质能规模增长的作用日益增强,效用价值也将实现稳态增长。同时,科学技术还通过影响其他要素如物质、制度、人知资产等,进而影响经济主体的供需偏好和预期收益,最终推动经济质能和效用价值总量增长。

制度文化在促进经济质能和效用总量增长中也发挥关键作用。它通过影响经济主体的欲望偏好、预期收益和资产负债结构,影响经济总量规模的增长。从需求角度看,制度文化影响消费偏好和预期收益,从而决定产出总量的增长。提倡节俭和清心寡欲的文化观念可能抑制消费规模增长,这类现象甚至发展出反消费主义,即反对以财富购买和占有作为人生的终极目的,希望彻底改变人类以消费刺激经济发展的理念(Graaf and Batker,2011)。各种限制消费的制度规则也可能导致消费者受到精神和物质上的损失。从供给角度看,不公平的分配制度、不平等的竞争制度和不完善的产权保护制度会增加产品供给的成本与风险,降低经济主体的预期收益,进而影响经济主体的供给动力,从而减弱经济质能与效用价值总量及其增长。

当然,制度变革的周期性也影响着主体经济能动力的增长波动。全球化或市场一体化的发展过程也呈现出周期性特征。1750 年之前,经济发展之所以长期停滞,主要原因是决定竞争与合作的市场制度没有成为主要制度。1750 年之后之所以呈现突飞猛进的增长,是因为市场制度逐步得到广泛的采用。也就是说,制度变革通过影响主体能动力进而影响经济行为及产出波动。乔瓦尼和列夫琴科(Giovanni and Levchenko,2009)指出贸易开放度的提高使经济波动加剧。阿西莫格鲁等(Acemoglu et al.,2003)认为宏观经济政策的扭曲性造成经济波动,但宏观经济政策扭曲的根本原因在于经济制度的不合理,宏观经济政策的扭曲是经济波动的原因之一,也是不合理经济制度的必然结果。经济制度可以通过宏观经济政策之外的其他微观途径来影响经济波动,经济制度造成不同国家间经济波动的差异。制度文化循环和路径依赖可能导致主体经济能动力的良性或恶性循环,从而导致主体之间经济主体能动力的分化或者收敛。

总之,主体制度行为博弈塑造了制度文化,而制度文化又通过影响个体或组织的偏好及目标来引导其经济行为,这些经济行为进而决定了要素的结合形式和产出绩效,而产出绩效反过来又会影响主体的偏好和预期收益,形成新一轮循环,从而影响物质生产、人知资产、人口生产、科学技术在产业、时间和空间上的三重行为,进而决定部门、空间和时间上的物质、人力、人口、技术及总量产出,带来经济体系三种可能的发展循环(外卷、内卷和停滞)。

13.3-2　经济主体的能动力影响经济质能和效用总量的变化

经济主体的需求偏好、预期收益和资产负债共同形成其能动力,进而决定其行为,并最终影响经济质能和效用价值总量规模的增长。不同经济主体如家庭、企业和政府,在特定领域展现不同的能动力,共同塑造经济总体的发展格局。

在家庭部门,其需求偏好、资产负债和预期收益共同决定家庭在物质消费、投资以及人口生产等方面的能动力。强烈的消费需求偏好可能导致储蓄比例较低,从而影响未来的经济增长;而消费需求不足同样会制约经济总量的增长速度。家庭对未来的信心和预期则显著影响经济总量规模的增长。

企业部门主要表现为企业家的供给偏好、资产负债和预期收益所决定的供给能动力,这决定了企业在私人领域产品供给的能动力,进而影响其供给规模及其增长。具有创业精神和乐观预期的企业能够提升产品供给竞合力,从而促进产出规模的快速增长,反之亦然。

政府部门则通过其欲望偏好、预期收益和资产负债所决定的公共产品供给能动力,影响公共产品和服务的供给,进而影响整体产出的规模及其增长。政府部门在创新供给方面的积极态度以及适度的资产负债能够带动公共产出的增长,进而推动经济总量的增长,反之亦然。

此外,政府主体还通过政策制定、法律体系和文化建设等方式影响经济要素在时间维度上的配置和优化。这种影响体现在家庭、企业乃至政府自身对时间资源的管理和利用上,进而影响区域经济的总体增长和产业结构调整。政府的核心职责在于建立制度框架、提供公共产品和服务,以及作为经济发展的保障者。过度的政府干预可能压缩公平交易的空间,减少生产激励,导致资源错配。这种做法在长期中难以产生更多剩余价值,从而抑制科技进步和经济的长期增长。

企业部门作为物质资源的转换者和科技创新的主要推动者,其运营模式、成长预期与资源组合策略对要素在时间序列上的整合方式产生影响。这种整合不仅影响企业自身物质产出与精神产出的规模和结构，还推动了整个经济体系的物质产出和知识产出的规模增长和结构演进。

家庭部门则通过消费需求结构和资源能力结构影响经济结构。家庭的多样化需求偏好推动知识服务业的持续增长，而家庭资源的种类直接影响生产活动的类型。大量家庭的简单劳动力资源决定了经济体系倾向于劳动密集型农业或制造业。相反，当家庭中聚集了较多高素质人知资产和创意人才时，经济体系则转向知识密集型制造业和服务业。

13.3-3 经济行为直接影响经济质能和效用价值总量的增长

经济主体基于其能动力的结构和规模，在特定领域和空间内进行创新、模仿和重复的竞合交互行为，在决定经济产出的部门和空间结构的同时，也会影响产品和服务的价值总量。

首先，经济主体的具体行为状况影响经济产出总量增长。随着经济主体行为规模的扩大，经济总量得以增长。不同领域的产出规模各异，而且在不同经济发展阶段，各领域的产出对整体经济的贡献也不尽相同；因此，关键领域的行为能够带动引领整体经济行为，从而推动关键部门和整体产出的增长。此外，各领域间需要保持动态协调，经济主体间的行为也应相互协调，以促进各部门及整体经济的最优增长。

其次，经济主体的抽象行为同样对经济总量增长产生影响。创新行为不仅丰富了知识产品和物质产品的种类，还通过提高效用价值扩大了经济质能和效用价值总量。模仿行为，尤其是对知识产品的模仿，在降低成本的同时，可以快速增加产品数量，从而推动经济质能和效用价值总量的快速增长，但这种增长不具有可持续性。而重复行为虽然可以增加同种产品的数量，但是经济主体如果始终保持不变的重复行为，则意味着社会处在简单再生产状态，物质开发被人口完全消费，物质开发和知识生产及人口生产处在停滞状态，可能导致经济增长极其缓慢甚至零增长或负增长。

最后，经济主体的竞合行为状况也影响经济总量增长。竞合交互行为通过影响各领域的抽象行为，对经济总量产生综合影响。公平、充分的竞争行为能够充分激发经济主体的创新和学习动力，而多赢、充分的合作行为则通过规模协同力支持经济主体在创新、学习或重复中取得突破。竞争与合作使得经济主体能够发挥比较和竞合能动力，从而实现经济总量最大化的均衡增长。相反，如果竞争与合作不充分、不公平则可能抑制经济总量的增长。

13.3-4 经济分布影响经济质能和价值总量增长

经济结构变迁和经济总量增长是经济发展相辅相成的两个方面。经济结构包括部门结构和空间结构,两者对经济总量增长都十分重要。

经济部门结构影响经济质能和效用价值总量增长。经济结构变迁的过程也是经济增长的过程。新产品种类的增长不仅增加了产出质能的数量,而且因其更大的效用价值而提升了总效用。产业结构的优化能够更有效地配置资源从而提高生产效率。生产要素的跨部门转移会影响总劳动生产率,从低生产率部门向高生产率部门的转移将促进总劳动生产率的上升;反之,将导致总劳动生产率不断下降。如上所述,在日益多样化的经济部门中,由于各部门在不同时间的作用和地位不同,其自身增长规模以及对其他部门的带动作用不同,因此,经济结构不同,经济总量增长的速度也不同。主导产业的更替对经济增长起着主导作用,而分工带来的产业专业化有助于规模经济的形成和知识增长,从而推动经济增长。由于经济各部门之间存在一定耦合关系,因此,其各部门之间需要保持合理并动态变化的关系,如果关系协调并合理变动则会促进经济增长,反之则可能阻碍经济增长。

经济空间结构影响经济质能和效用价值总量增长。空间作为要素的载体,其结构不仅会影响要素的分布,还通过影响特定主体和行为的分布和互动,对经济总量施加影响。尤其是那些流动性受限或者移动成本较高的要素(如自然环境和制度文化)以及主体(如地方政府),它们的空间区位分布对区域经济总量的变化起到决定性作用。一些区域集聚了重复性要素和行为,导致区域经济总量增长缓慢;另一些区域则集聚了创新性要素和创新主体及行为,因而实现了区域经济的较快增长。创新知识的溢出效应受空间地理影响显著(Keller,2004),就整个经济体系而言,分散、隔绝的空间结构,由于经济规模小且空间运输成本高,抑制了知识创新和扩散,从而限制了经济总量的快速增长。相反,集聚、交互的空间结构,由于经济交互规模大且空间运输成本低,促进了知识创新和扩散,进而促进了经济总量的快速增长(Cassar and Nicolini,2008)。

金融体系的形成和发展影响经济总量的形成及增长。货币的计价职能降低了价值衡量和比较的成本,统一了不同部门和空间的经济量,使得统一的市场和宏观总量得以形成。信用机制则通过使闲置的资金得到充分应用,便利和优化了其他要素配置,从而促进了经济总量的最大化增长。在传统金融体系下,金融工具作为经济运行的媒介,虽然对经济增长具有促进作用,但由于缺乏杠杆效应和乘数效应,其对经济总量的增长影响有限。在现代金融体系下,信用货币和货币信用的相互结合及相互作用产生了杠杆效应和乘数效应,显著提升了金融工具对经济总量增长的作用。但如果金融及其发展与实体经济及其增长比率关系不匹配,可能造成生产与消费的失衡,从而给实体经济带来不稳定的发展。例如,一些学者认为,金融体系中各种金融制度安排的比例构成及其相互关系,需要与该经济体的要素禀赋结构所内生决定的产业、技术结构和企业的特性相互匹配(林毅夫等,2009)。

在现代金融体系下,信用和债务规模的变化影响经济总量的变化。企业、家庭和政府的贷款和负债规模过少,则其总资产规模过小,导致家庭、企业和政府的供求能动力及其供求过小,从而减弱了经济总量增长,导致经济收缩。企业、家庭和政府的贷款和负债过多,则其资产规模过大,家庭、企业和政府的供求能动力及其供求过大,经济产出总量增长超过资源可利用区间,会导致名义经济总量扩大,引发通货膨胀。金融是实体经济的镜像,其总量与实体经济总量的关系决定了金融对经济总量的作用。在融资约束的情况下,信用货币的扩张与收缩会直接影响经济增长的潜力和速度。此外,金融对经济总量的作用还受到实体经济发展情况的影响,在商业循环供大于求的萧条阶段,扩大货币存量可以刺激需求,增加就业,从而促进经济复苏;而紧缩货币供给,则会加剧信用危机及负债危机,导致企业破产。在商业循环供不应求的繁荣阶段,扩大货币存量刺激需求,导致供过于求的通货膨胀;实行货币紧缩政策,减少总需求,导致经济总量放缓。从文献上看,金融发展必须与实体经济的发展规模和速度相匹配,金融体系的发展必须遵循适度原则,无论是滞后于实体经济需求的金融抑制(当金融资本存量在社会总资本中的占比过低时),还是脱离实体经济的过度金融扩张(当金融资本存量在社会总资本中的占比过高时),都会对一国经济的长期稳定增长产生负面影响(陈雨露、马勇,2013)。

13.4 经济总量及其增长的循环机制

13.4-1 经济总量的决定

按照上述对经济总量的新定义,经济总量首先包括物品的质能价值总量,即物质、人口和知识三者之和;其次包括物品的效用价值总量,即物质、人口和知识三者之和;最后包括名义效用价值总量,即货币计价的物质、人口和知识三者价值总量。经济增量则是物品的质能价值增量、效用价值增量和名义效用价值增量。

1. 物品质能价值总量的决定

知识产品的种类和数量,源于"干中学"的积累、模仿以及专门的创造和学习。不管何种渠道,其质能价值总量都决定于制度、物质、劳动、知识及其交互的要素。制度通过塑造经济主体的偏好结构和预期收益,从而影响其知识供给的竞合力,知识存量不仅是知识增量的基础投入,而且因为存量不同还会影响经济主体的偏好结构和预期收益,进而作用于知识供给的竞合力。此外,交互规模对知识生产具有显著影响。知识产品的需求包括最终生活需求和中间生产需求,都决定着最终需求物品的质能种类和数量。

物质产品的种类和数量供给,则取决于制度、物质、劳动和知识等要素的交互作用,以及主体的偏好结构和预期收益所决定的供给竞合力。其中,制度通过影响主体的需求偏好和预期收益从而影响产品种类和数量的供给竞合力。知识的决定作用也表现在不同比例下通过影响主体的偏好结构和预期收益影响供给竞合力。物质产品的种类和数量决定人口规模及其最大化的物品种类和数量需求。在收入极低的情况下,人们需要的是满足生存需求的物质产品。

劳动人口及总人口产品供给受到制度、物质、劳动、知识及其交互作用的影响。生存所需的物质产品种类和数量直接决定人口规模,而生育知识和健康知识则影响人口出生率和预期寿命。制度文化同样通过影响经济主体的偏好结构和预期收益来决定人口供给的竞合动力。知识在产出中的占比,也影响着经济主体的偏好结构和预期收益。劳动人口及总人口产品需求则取决于家庭和社会人口收益和人口负担之间的权衡。在知识匮乏且收入极低的情况下,满足基本生存需求的人口及劳动人口规模成为主要需求。

经济主体基于需求偏好、预期收益的动力和要素禀赋,以及权衡交互规模经济与成本,形成竞合交互的能动力,这种能动力促成三重交互,配置了五类要素,进而在特定部门、空间和时间下,形成人口、物质、人知资产、科学技术的产出。

物品质能价值总量实质上可以简化为物质和知识的总和。因为人口规模实际上反映了物质消费水平,所以,人口可视为物质的替代或镜像。一定的人口规模意味着一定的物质产出,因此,所有物质质能价值总量,即物质和知识的种类数及其数量的加总。

2. 物品实际效用价值总量的决定

物质产品的实际效用总量供给决定于制度、物质、劳动和知识等要素,交互,以及主体的偏好结构、预期收益等所决定的供给竞合力。在诸要素中,制度通过影响主体的需求偏好和预期收益进而影响产品种类和数量的供给竞合力。知识在不同程度上,也通过影响主体的偏好结构和预期收益作用于供给竞合力。物质产品的效用价值需求总量则取决于人口规模、预算约束。在收入极低的情况下,满足生存需求的物质产品成为主要需求。在收入较高的情况下,由于广义效用偏好不变,物质产品的效用价值总量会保持相对稳定。

知识产品包括"干中学"创造的、模仿与专门创造的,以及学习的,其效用价值总量都决定于制度、物质、劳动、知识及其交互的要素,制度通过塑造经济主体的偏好结构和预期收益影响经济主体的知识供给竞合力,知识存量不仅是知识增量的直接投入,其不同水平还会影响经济主体的偏好结构和预期收益,进而影响经济主体的知识供给竞合力。知识产品的需求包括最终生活需求和中间生产需求,它们都决定于最终消费者的偏好结构、预期收益和预算约束。

劳动人口及总人口的效用价值总量供给决定于制度、物质、劳动和知识要素及其交互。生存物质产品的种类和数量决定了人口规模,而生育知识和健康知识则决定了人口出生率和预期寿命。制度文化同样通过影响经济主体的偏好结构和预期收益,决定人口供给的竞合动力。同样,知识在产出中的占比,也影响经济主体的偏好结构和预期收益。劳动人口及总人口的产品需求取决于家庭和社会在人口收益与人口负担之间的权衡。在知识极其有限和收入极低的情况下,人们需要的是满足生存需求的总人口及劳动人口规模。人口在消费物质的同时也提供劳动,不仅转化物质和体能,而且还转化知识和智能。知识容易开发利用,而学习和创造知识是人的一种活动,这种学习和转化的能力是实现长期增长的源泉(Jacques,2000)。

物品效用价值总量实际上可以简化为物质和知识或者产品与服务的加总。因为人口生存需要消费物质或知识,同时人口通过能量输出,又能够创造出物质和知识,所以,人口规模可以包含在物质和知识产品之中,人口增加一般意味着物质和知识的增加。这样,所有物质效用价值总量就是物质和知识的种类数以及每个种类的数量的加总。

从增量意义上讲,在封闭的两部门经济社会中,每一时期增加的总量,从供给方面看,国民收入等于总供给,即劳动、物质、科技、人知资产等生产要素的收入总和;从需求方面看,国民收入等于总需求,后者又是消费支出、投资支出和净出口之和。

3. 物品名义效用价值总量的决定

物品的效用价值只有通过交换用的一定物品表现出来,货币出现后,充当交换媒介和计价工具,作为一般等价物,真实货币可以表示物品的效用价值,因而可以表示整个经济体系的物品效用价值实际总量。但是在纸币形成后,纸币的币值可能脱离了真实一般等价物,而成为物品的名义效用价值总量。货币的发行规模和增长速度决定其所表达的物品的名义效用价值。

4. 货币总量的供求及决定

货币出现后,用来表示物品的效用价值。在经济体系中,除了商品和劳务的总量,还有货币总量。货币总量实际上可以表示需要衡量的物品的价值总量。因为货币是商品的镜像,物品和劳务的需求及供给需要货币表现和媒介。货币供应量可由政府金融机构外生决定,用 Ms 表示。货币需求是一定时期经济运行所需要的货币总量,用 Md 表示,它则由商品和劳务交易所产生的对货币的客观需求内生地决定。货币必需量的确定受到多种因素的影响:商品和劳务交易总量、经济发展过程中出现的生产结构变化、价格总水平的不断变动、货币流通速度的变化、信用膨胀程度等。

13.4-2 经济总量的均衡

1. 物品质能供求均衡的决定

人口供求的均衡。当整个经济体系的总人口以及在此基础上的劳动人口的生产总量等于整个经济体系的劳动人口进而总人口需求总量时,人口及劳动人口产出实现均衡。

知识供求的均衡。当整个经济体系的知识产品与劳务种类及数量的生产总量等于整个经济体系的知识产品和劳务的需求总量时,知识产品和劳务种类及数量的产出实现均衡。

物质供求的均衡。当整个经济体系的物质产品与劳务种类及数量的生产总量等于整个经济体系的物质产品和劳务种类及数量的需求总量时,物质产品和劳务产出总量和结构都实现均衡。

物品质能供求的均衡。有鉴于物质和知识产品最终是供养人口,物质物品和知识物品涵盖或可代替人口及劳动人口的规模,物品质能总量均衡实际上是物质产品和知识产品分别的种类和每个种类数量上的供需相等。

2. 物品实际效用供求均衡的决定

人口供求的均衡。当整个经济体系的总人口以及在此基础上的劳动人口的生产总量等于整个经济体系的劳动人口进而总人口需求总量时,人口及劳动人口产出实现均衡。

知识供求的均衡。当整个经济体系的知识产品与劳务种类及数量的生产总量等于整个经济体系的知识产品和劳务的需求总量时,知识产品和劳务种类及数量的产出实现均衡。

物质供求的均衡。当整个经济体系的物质产品与劳务种类及数量的生产总量等于整个经济体系的物质产品和劳务种类及数量的需求总量时,物质产品和劳务产出的总量和结构都实现均衡。

物品效用供求均衡。总量均衡是指社会生产和社会需求在价值量上的均衡和适应,表现为在消费和投资的过程中,购买商品或劳务时的货币支出与生产要素提供的商品和劳务的货币价值之间的平衡。总供给与总需求的绝对平衡是偶然的。一般地,只要储蓄全部用于投资,那么总需求就等于总供给,由总需求决定的国民收入等于由总供给决定的国民收入,国民收入水平是均衡的。产品总需求引致产品总供给。

3. 货币供求均衡的决定

货币总需求引致货币总供给。当经济体系中货币的总供给等于总需求时,货币均衡产生。用公式表示为 $Ms = Md$。由于货币是由货币当局发行和相关机构创造的,作为经济体系中产品和劳务的表达,两者不可能完全均衡,货币供应量与国民经济正常发展所必需的货币量只能保持大体和基本均衡,这种均衡是在一定幅度内 Ms 与 Md 相偏离的均衡,经济运行本身决定这种偏离的方向和大小。货币供求均衡时的利率则是均衡利率。

4. 物品与货币均衡的决定

货币市场与产品市场的供求相互影响。在产品市场上,国民收入决定于消费 C、投资 I、政府支出 G 和净出口 $(X-M)$ 加合起来的总支出或者说总需求水平,而总需求尤其是投资需求要受到利率 r 影响,利率则由货币市场供求情况决定,就是说,货币市场要影响产品市场。一方面,产品总供给决定货币总需求,但同等产品总供给可能偏大于或者偏小于货币总需求;另一方面,产品市场所决定的国民收入又会影响货币需求,从而影响利率,这又是产品市场对货币市场的影响。货币总供给成为产品总需求的载体。可见,产品市场和货币市场是相互联系、相互作用的,而收入和利率也只有在这种相互联系、相互作用中才能决定。IS-LM 理论描述和分析了这两个市场的相互联系。

总之,在一定时间内,只有当物品供求、货币总供求和货币与物品总供求相等时,总量均衡就实现了。货币市场均衡不意味着产品市场均衡,但货币市场均衡有助于产品市场均衡。

13.4-3　经济总量增长的决定

从初始经济阶段起,经济主体基于自身的偏好结构和目标收益,利用要素进行三重交互行为,形成物质产品的重构和知识产品的增长。到现代经济阶段,经济主体进一步利用要素,基于偏好结构和目标收益,进行三重交互,导致物质产品增长和副产品知识的缓慢增长,知识的缓慢增长导致外化的科学技术缓慢增长和物质产品的增长,从而导致人口增长,人口增长带来物质产品和知识产品的增长。在制度支持的情况下,如此循环往复导致知识产品越来越多,知识对产出(物质和知识)的作用逐步增加,人口对产出(物质和知识)的作用越来越小。在人口对物质和知识产出的作用极大时,经济主体趋向于增加人口而不增加知识,在人知资产对物质和知识的作用提升到一定程度时,经济主体开始逐步减缓人口生产,增加人知资产的投资。经济产出不仅表现为人口的转型,还表现为人知资产和科学技术显著的边际递增,物质产品和要素被利用的规模也将边际递增。每期知识产品和物质产品的增长及重构,都有所有市场上市场出清的取向,如此循环往复,形成均衡的、用价值计量的均衡经济产出增长。而在货币出现和发展后,货币政策操作在促进贸易和增长的同时也增加了经济增长的波动。

1. 物品质能总量的增长决定

知识产品质能总量增长的决定。知识产品的种类和数量增长决定于要素供给和市场需求。就知识产品种类而言,知识产品种类增加实际上是知识创新,由于知识创新需要条件的积累,因此,知识产品种类增长具有不确定性,从概率上讲是个离散的过程。零替代产品消费到一定程度才能有更低的零替代弹性要素,零替代要素积累到一定程度再能有零替代产品的生产。不同层级的知识产生由于需要不同的要素积累,其产生需要不同的时间,因此不同层级的知识创新周期的长度也不同。认知增长从每万年到每千年再到每百年,知识增长从每千年到每百年再到每十年,产品增长从每百年到每十年再到每一年,科技产品、技术产品、物质产品,所有层次的知识产出都在随知识积累而加速,从偶然性的加速增长,到周期性的加速增长,再到日常性的加速增长;就知识产品数量而言,一个新技术产品在时间上是"先创新、后模仿、再重复"的过程,当处在创新阶段时,新产品数量仅有一个单位的增加,可能消耗巨大的要素投入但很少有产出,当产出发生则出现一次结构跃迁;当处在模仿阶段时,由于模仿者的门槛条件需要一个积累和行为试错的过程,一个新产品的数量增加有个由慢变快的过程。当一个知识新产品处在复制阶段时,一个新产品的数量会有更快的增加。随着知识的增长,知识产品从创新到模仿再到复制的时间越来越短。知识产品种类和数量构成的总量在加速增长。

物质质能总量增长的决定。物质产品的种类和数量增长决定于要素供给和市场需求。与知识产品类似,就物质产品种类而言,物质产品种类的增加是物质重构,也需要条件尤其是知识条件的积累,种类增长也具有不确定性。不同性质的新物质产品创新的间隔时间不同,随着知识的积累,物质新产品创新的时间在缩短。就物质产品的数量而言,在创新阶段,投入大但是数量产出少,在模仿阶段,数量增加由慢到快,在复制阶段,数量快速增加直到饱和甚至出现下降。随着知识的增长,物质产品从创新到模仿再到复制的时间越来越短。物质产品种类和数量构成的总量在加速增长。

人口质能总量增长的决定。人口质能总量增长决定于生活资料供给、家庭工作和投资需求。与知识和物质产品的增长不同,人口只有数量增长,没有种类增加。人口增长决定于生活和生产条件的变化。一方面,制度文化、知识、物质的总量增长和结构变化,决定经济主体对劳动人口及总人口需求的变化。另一方面,制度文化、科学技术、人知资产和物质资产的总量和结构变化,决定经济主体最终传递到家庭的劳动人口及总人口的需求变化。前已述及,人口质能总量增长可以通过劳动能量的转换,归并到物质和知识的产品及劳务中。

经济总质能产出增长的决定。经济总量的增长主要源于物质和知识的供需变化。这种变化在质能层面通过产品和劳务的多样化及数量增长体现出来。具体来说,新产品和劳务的种类不断增加,且增加的速度在加快;同时,每种产品或劳务从推出到广泛普及的数量增长过程也在缩短。这种种类和数量的双重加速增长,共同促进了经济的显著提升。由于新产品数量的变化,经济总质能产出增长也是波动的。当经济体系处在创新引领期时,新产品被开发出来并为市场所接受,经济增长数量或许不高,但是结构会出现一次质的提升。在技术被扩散和新产品被模仿主导的阶段,结构没有发生明显变化,但是数量会有巨大增加,从而经济增长显著。在新技术和新产品成为同质的进而广泛被重复使用和生产的阶段,经济增长速度决定于资本与劳动投入的速度,总体是在下降的。

2. 物品效用总量的增长决定

与物品质能总量不同,物品效能总量决定效用偏好。由于广义效用偏好稳定,物品在饱和前,其质能价值和效用价值总量相同并同比增长。使用效用价值计算的产出量与质能价值计算的价值量是相同的。但在物质产品的供需饱和之后,用效用价值计价的产出沿着平行增长路径增长。

知识的效用总量增长决定于要素供给和市场需求。知识种类离散型加速增加意味着巨大效用的离散性快速增加。就知识产品数量而言,当处在创新阶段时,可能消耗巨大的要素投入但很少有产出,但是效用价值增长特别快;当处在模仿阶段时,由于模仿者的门槛条件需要一个积累和行为试错的过程,一个新产品的数量增加有一个由慢变快的过程,其效用增长比较快。当一个知识新产品处在复制阶段时,一个新产品的数量会有更快的增加,其效用增长比较慢甚至为零。正如阿吉翁和霍伊特(Aghion and Howitt,1992)所指出的,"干中学"系数越大,越多的研发工作就必须跟上。这时,经济增长更多依赖于研究开发,更少依赖于"干中学"。随着知识的增长,知识产品从创新到模仿再到复制的时间越来越短。受广义和狭义偏好效用决定,知识产品和劳务的效用总量在达到一定水平后呈稳定增长态势。

物质的效用总量增长决定于要素供给和市场需求。与知识产品类似,就物质产品价值总量而言,物质产品种类离散型加速增加意味着巨大效用的离散性快速增加。就物质产品数量而言,当处在创新阶段时,新产品数量仅有一个单位的增加,可能消耗巨大的要素投入但很少有产出,但是效用价值增长特别快;当处在模仿阶段时,一个新产品的数量增加有一个由慢变快的过程,其效用增长比较快。当一个知识新产品处在复制阶段时,一个新产品的数量会有更快的增加,其效用增长比较慢甚至为零。随着知识的增长,物质产品从创新到模仿再到复制的时间越来越短,受广义和狭义偏好效用决定,知识产品和劳务的效用总量在达到一定水平后呈稳定增长态势。

人口的效用总量增长决定于生活资料供给和家庭工作及投资需求。人口数量及效用价值总量决定于生活和生产条件的变化。一方面,制度文化、知识、物质的总量增长和结构变化,决定经济主体对劳动人口及总人口供给数量及效用(表现为价格)的变化。另一方面,制度文化、科学技术、人知资产和物质资本的总量和结构变化,决定经济主体最终传递到家庭对劳动人口及总人口的需求数量及效用(表现为价格)的变化。如前所述,人口质能总量可以通过劳动能量的转换,归并到物质和知识的产品和劳务中。从这一角度看,随着产品和劳务种类及数量的增长,维持人口生存的生活资料的效用价值在下降。人口通过简单劳动能量转换的效用总量随着物质和知识产出种类和数量的增长而不断下降。

经济总量的增长,在效用层面受物质和知识的效用价值增长的供需关系深刻影响。这种影响通过产品和劳务的效用表现得以体现。创新产品种类的出现时间越来越短,意味着市场对新需求的响应速度在加快。由于创新产品的不断涌现,经济体系中的效用总量也在持续增长,并且由于产品种类的快速增加和更新换代,效用总量增长的波动幅度逐渐减小,呈现出更加平稳的增长态势。随着创新产品从创新到模仿再到复制的时间越来越短,效用贬值得也越来越快。当处在创新引领期时,新产品被开发出来并为市场所接受,产出数量低但效用高。在技术被扩散和新产品被模仿主导的阶段,数量会有巨大增加,但效用在下降。重复产品种类及数量越来越多,但由效用贬值导致的总体效用价值增长缓慢甚至减少。

虽然对物质和知识产品的创新、模仿和重复的作用不同,制度文化、人知资产、科技资产、物质资产与人口资产等要素或者都通过直接投入,或者通过间接改变主体的偏好结构和预期收益,影响经济主体的供给竞合力,从而决定产出种类及数量的增加,进而通过需求决定效用价值总量的变化。可以使用一个统一的方程表达产品的产出:

$$\dot{G}_{t+1}=\delta S_t^\epsilon h_t^\zeta L_t^\alpha K_t^\gamma T_t^\beta \tag{13.1}$$

其中,$\dot{G}_{t+1}$ 为 $(t+1)$ 期的总产出,包含物质产品产出和知识产品产出,S_t^ϵ 是制度要素,h_t^ζ 是人知资产要素,L_t^α 是劳动要素,K_t^γ 是物质要素,T_t^β 是技术要素。

3. 物品的名义效用总量增长决定

名义效用总量的增长,就是由货币增长所导致的物品名义价值的增长。尤其在现代经济下,纸币脱离了真实物质的效用价值。当货币流通速度快且发行规模大时,物品的名义效用价值总量规模大且增长快;反之,则相反。

13.4-4 经济总量增长的均衡

均衡意味着每一个市场在每一个时间位置上的需求和供给都相等即市场持续出清,经济均衡增长即通常所说的"平衡增长",基于跨期最优选择和多种因素相互影响,经济主体的供求竞合能动力呈现波动性、变化性地均衡增长,从而使得经济质能价值总量(种类和数量)和效用价值总量在每个时点上供需均衡地呈现变化性、波动性增长态势。

1. 资产质能的总量均衡增长的决定

知识要素质能供求均衡的增长。知识质能供求均衡的增长是一个动态过程,它基于跨期效用和收益最大化,考虑到变化的偏好结构和预期收益。同时,制度、知识、人口和物质的不同性质以及相互作用也对这一过程产生影响。经济主体在物质消费、物质投资、知识投资和人口生产等领域的供需均衡竞合力在不断变化。通过在不同时空之间不断作出最优选择，知识要素的大型和多样化供需均衡竞合力得以增长，进而推动知识种类与数量的供求均衡呈现波动性增长。

物质要素质能供求均衡的增长。物质质能供求均衡的增长体现在物质种类与数量的需求和供给之间的均衡增长上。经济主体在物质消费、物质投资、知识投资和人口生产等领域的供需均衡竞合力在不断变化，通过在多个维度和时空之间作出最优选择，物质产品的大型化和多样化供需均衡竞合力实现增长，进而推动物质产品种类和数量的供需均衡呈现波动性增长。

人口要素质能供求均衡的增长。人口质能供求均衡的增长也遵循类似的逻辑。经济主体在物质消费、物质投资、知识投资和人口生产等领域的供需均衡竞合力在不断变化。通过在不同时空之间作出选择，人口供需均衡竞合力得以增长，进而推动劳动人口及总人口供需均衡的波动性变化。

产品资产质能供求均衡的增长。基于跨期效用和收益最大化，考虑到变化的偏好结构和制度、知识、人口和物质的不同性质以及相互间的影响，经济主体在物质消费、物质投资、知识投资和人口生产等领域的供需均衡竞合力在不断变化，通过在不同领域和时空之间作出最优选择，各类产品的均衡得以实现。同时，知识产品的增长会进一步影响物质产品种类和数量、知识产品种类和数量及人口产品均衡增速，进而改变产品种类和数量的均衡增长。

2. 资产效用价值供求均衡的总量均衡增长的决定

知识要素效用供求均衡的增长。基于跨期效用和收益最大化，考虑到变化的偏好结构和预期收益的变化，同时，制度、知识、人口和物质的不同性质及相互作用也对这一过程产生影响。经济主体通过在物质消费、物质投资、知识投资、人口生产及不同时空之间作出最优选择，推动知识产品效用价值供需均衡的竞合力增长，进而实现知识效用总量的供求均衡的波动性增长。

物质要素效用供求均衡的增长。基于跨期效用最大化，考虑到变化的偏好结构及制度、知识、人口和物质的不同性质以及相互间的影响，经济主体在物质消费、物质投资、知识投资和人口生产等领域的供需均衡竞合力在不断变化。经济主体通过在物质消费、物质投资、知识投资、人口生产之间及不同时空之间作出最优选择，决定物质产品效用价值供需均衡的竞合力增长，进而决定物质产品效用总量供需均衡地波动性增长。

人口要素效用供求均衡的增长。基于跨期效用最大化，考虑到制度、知识、人口和物质的不同性质以及相互间的影响以及偏好结构和预期收益变化,经济主体在物质消费、物质投资、知识投资和人口生产等领域的供需均衡竞合力在不断变化。经济主体在物质消费、人知资产投资、人口生产、物质投资之间及不同时空之间作出选择,决定人口产品效用价值供需均衡的竞合力增长,进而决定劳动人口及总人口供需均衡的波动性变化。

产品资产效用供求均衡的增长。基于跨期效用和收益最大化,考虑到变化的偏好结构以及制度、知识、人口和物质的不同性质以及相互间的影响,经济主体在物质消费、物质投资、知识投资和人口生产等领域的供需均衡竞合力在不断变化。经济主体通过在不同领域和时空作出最优选择,决定物质产品、知识产品和人口产品的均衡增长,并通过知识产品的增长,改变物质产品效用价值总量、知识产品效用价值总量和人口产品数量均衡增速发生变化,从而决定物品效用价值供需均衡的竞合力增长,进而决定经济效用价值供需总量的波动性均衡增长。由于广义效用偏好不变,狭义效用偏好在变,从效用价值意义上讲,在物质产品供需饱和之前,使用效用价值计算的产出总量均衡增长与质能价值计算总量均衡增长是相同的,在物质产品的供需饱和之后,用效用价值计价的产出总量沿着平行路径均衡增长。

3. 货币供求均衡增长的决定

在货币出现之后,经济体系不仅有实物总量的增长,还有货币总量的增长,经济均衡除了产品总量增长和结构转型均衡外,还有货币供求增长均衡。在货币总需求竞合力等于总供给竞合力的基础上,当货币供需竞合力增长速度大体相等时,并且在货币供应量与产品所需规模基本适应的基础上,其供给增长与经济增长保持大体相同的增长时,货币处在动态均衡状态。

4. 资产与货币供求均衡决定

在货币出现之后,货币的供求力量与产品的供求力量相互作用,货币市场变化与产品市场变化相互影响。货币供给力量扩张性增长,货币扩张性供给对产出具有暂时有限的产出效应。当实际产出在均衡以下时,通过扩大货币供给力量进而采取扩张性供给,可以使实际产出达到均衡状态。货币供给力量收缩性增长,货币收缩性供给对产品需求具有暂时有限的紧缩效应。当实际产出在均衡以上时,通过收缩货币供给力量进而采取收缩性供给,可以使实际产出达到均衡状态。虽然从长期看,经济增长受货币增长的影响不大。货币增长最终要回到产品增长上去。

总之,在长期发展的每个阶段,当物品供求增长、货币总供求增长和货币与物品总供求增长均衡时,经济实现总量增长均衡。

13.5 经济总量及其增长的统一解释

需求本能推动多样化和最大化,供给则基于不灭知识的本能和交互规模经济,决定经济在循环中实现大型化、多样化和高级化。个体初始的需求偏好、预期收益最大化以及自身禀赋所形成的供需竞合能动力,决定初始的可及交互要素分布和供需竞合交互,以及初始交互制度文化和交互主体的形成,这些因素共同作用于经济主体的偏好结构、预期收益和资产分布,进而影响其供需竞合力及其分布以及竞合行为及其分布,最终决定经济产出总量及分布。

知识不灭的特性确保了知识产出能够转化为知识要素,从而引发要素总量和结构的改变,引起不同经济主体的偏好结构、预期收益和资产结构的不同变化,同时也作用于制度文化的偏好结构、预期收益和资产结构。这些变化构成了制度供需总交互竞合力,决定了制度文化行为和产出状况,如此循环往复,共同塑造了经济主体产出供需交互竞合力及其行为分布的变化,以及产出总量和结构的变化。

考虑到知识产出、物质和人口的特性(尤其是知识不灭和知识报酬边际递增等特性),以及其所形成的分别的总量增长,按照质能计价的总量产出增长呈现出由无数条逐渐收窄的S曲线组成的J形增长曲线。可以说,这一总量产出增长经历了从偶然性波动增长、周期性波动加速增长,到日常性波动加速增长的过程。

基于广义效应偏好和狭义效用偏好,产出效用价值总量曲线呈现出另一种形态:由无数条逐渐收窄的S形曲线组成的S形增长曲线,在物质产品供需饱和之前,使用效用价值计算的产出量与使用质能价值计算的价值量是相等的。然而,在物质产品的供需饱和之后,用效用价值计价的产出沿着一条相对平稳的增长路径发展(这已被卡尔多事实所证实)。这一过程同样经历了从偶然性波动增长、周期性波动增长到平稳性经济增长的转变。

13.5-1 采集经济的知识极慢积累带来供需竞合力增长,驱动经济总量极慢增长

在人类发展的初始阶段,尽管个体保持着再生多样最大化的需求本能,但由于知识存量几乎为零,除了自然界现有物质和个体自身的体能和智能外,经济活动的供需竞合

力极低。这使得生产和消费难以满足基本的生存需求。然而,交互带来的报酬递增效应促使个体形成经济主体,如氏族与部落,并建立了初始的交互制度,如产权公有、要素组织配置和产品组织配置。这些制度与物质资产、制度文化、初始人口共同塑造了经济主体的供需偏好结构、预期收益和资产结构,进而决定了周而复始的物质生产和消费,以及人口的生产与抚养。随着人口的体能和智能禀赋的发挥,氏族部落在从事采集等物质生产和消费的同时,也在积累关于天然食物生产和消费,以及人口生产和抚养的知识经验。尽管这一过程进展缓慢,但偶尔的知识创造或创新,如劳动工具的形成和改进(从徒手到利用工具,从旧石器到新石器),都是划时代的知识增长。基于需求多样化和最大化以及知识的积累,预算约束得以扩展,使得氏族部落的供需竞合力极其缓慢地提升,进而推动了物质产品种类和数量的增长,以及人口数量和寿命均衡增长。与此同时,氏族部落的知识也在供需均衡地增长。经济部门从最初的采集扩展到采集主导兼顾渔猎。空间结构也从狭小的空间范围缓慢扩大,从而实现了经济总量的缓慢均衡增长。

在采集时代,以质能计价的价值总量极小,加速增长极为缓慢,其中知识总量占比极低,在知识占比较少的时代加速度较小几乎忽略不计,而物质总量占比较高。但是"干中学"带来知识产品的缓慢积累,这又促进了物质产品的缓慢加速增长。同时,人口规模和增长速度也受限于交互规模及范围的限制,导致知识的增长和积累同样缓慢。

由于物品远没有实现供需饱和,人类广义效用偏好远未满足,因此,在采集时代,以效用计价的价值总量与以质能计价的价值总量完全一致。在物质产品供需达到饱和之前,使用效用价值计算的产出量与使用质能价值计算的价值量是相等的。

13.5-2 农业经济的知识缓慢积累带来供需竞合力缓慢增长,驱动经济总量缓慢增长

经济的循环往复使得知识积累和增长,进而增强和改变了供给竞合力。预算约束的扩展推动了需求的多样化增长,从而增强和改变了需求竞合力。这种变化进一步扩大了交互规模经济,增强了供求竞合力。这些因素共同决定物质生产和消费以及人口生产和抚养的方式,最终导致物质、知识和人口供求的均衡增长。当知识积累到一定临界点时,供需竞合力超过一定阈值,经济行为便从采集和渔猎转向高级化和多样化的农业、采集和渔猎活动,其中以农业为主导。这一转变使得物质产出出现相对剩余。农业、采集和渔猎的直接投入要素是土地,从而决定了家庭主体自给自足的生产和消费模式。极其狭小的交互规模决定了知识积累十分有限,偶尔的创新和常态的重复使得物

质、知识和人口的供需竞合力增长缓慢,也决定经济体系的空间结构狭小且隔绝。然而,随着物质产出的剩余,交互主体从氏族部落逐渐演变为家庭和国家,经济主体之间的博弈催生了私有产权、市场与行政配置资源及产出的制度。

制度变革、知识的缓慢积累、物质要素的缓慢扩展影响了基于生存的氏族部落的物质和人口偏好,决定了家庭偏重物质产品与消费和人口生产;国家偏重物质和人口的公共产品供给。物质产品的相对剩余还促进了非农部门的产生及缓慢增长,受限于有限的相对剩余、缓慢的知识积累和制度文化的发展,非农供需竞合力的增长同样缓慢。因此,在农业经济时代,知识、物质和人口规模的增长都相对有限。

在农业时代,以质能计价的价值总量十分有限且加速增长缓慢。知识产品和劳务的占比很低,知识质能总量的积累也十分缓慢。相比之下,物质产品和劳务的占比很高,但其增长同样缓慢,人口规模较小,增长速度也缓慢。

在农业经济时代,由于物品远没有实现供需饱和,人类广义效用偏好远未满足。因此,以效用计价的价值总量与以质能计价的价值总量完全一致。物质和知识构成的效用价值总量极其有限而且十分缓慢地加速增长。知识效用价值总量占比极低且加速增长十分缓慢,而物质效用价值总量的占比很高,但其增长同样是缓慢的。

13.5-3 工业经济的知识快速积累带来供需竞合力快速增长,驱动经济总量快速增长

经济的循环往复推动着知识积累和增长,进而增强和改变了供给竞合力,预算约束扩展导致需求多样化增长,从而增强了需求竞合力。这导致交互规模经济的扩大,增强了供求竞合力。这些因素共同决定了物质生产和消费,以及人口生产和抚养的新模式,推动了物质、知识和人口供求的均衡增长。当知识增长到新的临界点时,农业生产率的提升带来了产出增长进而促进了人口增长和农业劳动力剩余。在多样化、最大化需求的牵引下,部分劳动力开始向非农转移。非农经济的规模经济使得专门的生产组织逐渐从家庭中独立出来,交互主体从家庭与国家转变为国家、家庭和企业。随着非农经济的不断发展,私有产权、市场配置资源和市场分配产出的交互制度逐渐成为主导。经济行为从以土地作为直接投入的农业、采集和渔猎,转向以劳动力为直接要素的制造业和服务业生产,从而使得交互规模经济加速,最终促进了知识的快速增长。制度变革、知识规模增长和结构变革改变了国家、企业和家庭的偏好结构,使得人知资产和科学技术成为更受偏好的要素,而物质资产和人口资产则受到冷落。这进一步影响了家庭、企业和政府的决策和行为,使得物质要素的机械加工制造和服务成为主导,创新和学习成为

周期性行为。

在工业经济时代,物质产品、知识产品和人口产品的总量实现了加速增长和结构变化,知识产品和劳务开始快速增长,物质要素得到快速开发,产品实现快速增长。人口规模迅速增长,物质增长速度甚至超过人口增长速度。尽管物质要素和产品由于知识产品的增加而在扩大,但知识要素和产品在经济体系中的占比越来越高,作用也越来越重要。非农部门交互所带来的知识增长,进一步提升了供给和需求的异质性及分层竞合力,推动了部门结构快速多样化和高级化。同时,非农产业的规模经济特征也促使空间结构从小尺度的分散与隔绝转向大尺度的集聚与交互。

在工业经济时代,以质能计价的价值总量较大但增长仍然缓慢。知识产品和劳务的占比逐渐提高,知识质能总量的积累也逐步加快。与此相反,物质产品和劳务的占比逐渐降低,但其增长仍十分快速,人口规模较大但增长速度由快转慢。

在工业经济时代,物品的快速增长经历了从供不应求到供需饱和的过程,人类的广义效用偏好得到满足并保持稳定增长,而狭义效用偏好则不断变化。因此,以效用计价的价值总量与以质能计价的价值总量开始从完全一致转向逐步偏离。物质和知识构成的效用价值总量将保持平行增长路径而持续增长。知识效用价值总量占比逐步提升且增长逐步加快;物质效用价值总量的占比由高变低且增长也持续加快。

13.5-4 知识经济的知识快速带来供需竞合力超速增长,驱动经济总量持续超速增长

经济的循环往复使得知识积累和增长,导致供给要素规模扩大和结构提升,进而增加了供给竞合力。预算约束扩展导致需求多样化、最大化增长,从而增加了需求竞合力。这进一步导致交互规模经济扩大,供求竞合力加速增长,从而决定物质生产和消费、人口生产和抚养、知识的消费与投资等创新、模仿和重复的竞合行为,进而导致物质、知识和人口供求均衡的增长。当知识增长到新的临界点时,尤其是交互技术的发展使得交互成本大幅下降,将使交互主体发生新的变化,未来家庭和企业将走向解体,个体将成为压倒性经济主体,生产与消费将重新合一,经济主体通过博弈将继续创造新的经济制度。制度不断变革、知识快速积累、物质要素快速扩展,改变了经济个体由知识主导的偏好结构、预期收益和资产结构,塑造了经济主体由知识主导的供求竞合力,经济行为从以物质要素和体力作为直接投入的制造和服务,转向以智慧和知识要素作为主要投入而以劳动力作为直接要素的制造和服务生产。正如巴里利(Barely,1996)所指出的:"未来的繁荣在于科学和技术知识的运用、信息的管理和服务的提供。未来依

靠的更多是脑力而非体力。"在知识经济时代,工作不再是生产有形的产品,而是以知识为中心和符号的操控(Drucker,1986)。创新成为常态,决定个体的物质生产和消费、知识消费和投资、人口生产和抚养以及政府的公共产品供给,导致物质产品、知识产品和人口产品结构及增速的变化。知识和人知资产要素主体性,决定科学技术和人知资产的加速增长、人口和物质重构的减速增长。知识部门交互所带来的知识增长,快速提升了供给和需求的异质性与分层竞合力,导致部门结构加速多样化和高级化。知识部门的规模经济特征,决定空间结构转向更大尺度的集聚与交互。

在知识经济时代,以质能计价的价值总量较大且持续保持加速增长。知识产品和劳务的占比极高,知识质能总量积累加快增长。物质产品和劳务的占比由高转低,物质产品和劳务的增长十分快速,人口规模有较大增长且保持持续增长。

在知识经济时代,物品已经处在供求饱和状态且人口保持平稳增长。人类广义效用偏好得到满足而保持稳定增长,狭义效用偏好在不断变化。因此,以效用计价的价值总量与以质能计价的价值总量从完全一致转向逐步偏离。物质和知识构成的效用价值总量将保持平行增长路径而持续增长。知识效用价值总量占比逐步提升且增长逐步加快,物质效用价值总量占比由高变低且增长持续加快。

总之,马尔萨斯陷阱的长期停滞和卡尔多事实的平行增长路径在知识经济时代成为假象,整个经济都处在加速增长中,只是前期加速慢而后期加速快,个别经济体可能加速也可能衰亡。由于各个经济体之间存在竞争与合作的交互,并由此带来物质与人口、技术与人知资产、制度与文化的流动与联系。总体上,全球经济长期中并不是真正意义上从一种稳态进入另一种稳态,而是始终处在加速转型和增长中。尤其是知识经济到来后,稳态增长是利用效用价值的概念而不是质能价值的概念,并且局限于对工业经济及以前的发展轨迹的简单提炼,也没有考虑即将到来的知识经济的产出增长的新变化。

参考文献

阿尔弗雷德·韦伯:《工业区位论》,商务印书馆 1997/2010 年版。

阿格瓦拉尔、甘斯、戈德法布:《人工智能经济学》,中国财政经济出版社 2021 年版。

阿瑟·扬:《英格兰及威尔士南部游记》,1768 年。

阿西莫格鲁、罗宾逊:《国家为什么会失败:权力、繁荣与贫穷的根源》,中信出版社 2013 年版。

艾萨德:《区位与空间经济》,北京大学出版社 1956/2011 年版。

安同良、千慧雄:《中国居民收入差距变化对企业产品创新的影响机制研究》,《经济研究》2014 年第
    9 期。

奥古斯特:《经济空间秩序——经济财货与地理间的关系》,商务印书馆 1995 年版。

巴尼、克拉克:《资源基础理论:创建并保持竞争优势》,上海人民出版社 2011 年版。

巴萨拉:《技术发展简史》,复旦大学出版社 2000 年版。

巴曙松、白海峰:《金融科技的发展历程与核心技术应用场景探索》,《清华金融评论》2016 年第
    11 期。

白吕纳:《人地学原理》,钟山书局 1910/1935 年版。

白钦先:《百年金融的历史性变迁》,《国际金融研究》2003 年第 2 期。

白钦先:《金融结构、金融功能演进与金融发展理论的研究历程》,《经济评论》2005 年第 3 期。

柏拉图:《理想国》,商务印书馆 2011 年版。

贝克尔:《人类行为的经济分析》,上海人民出版社 1995 年版。

波普:《科学发现的逻辑》,中国美术学院出版社 2008 年版。

波特:《竞争优势》,华夏出版社 2005 年版。

布罗代尔:《资本主义的动力》,生活·读书·新知三联书店 1997 年版。

蔡昉、汪正鸣、王美艳:《中国的人口与计划生育政策:执行与效果》工作论文系列十四,2001 年。

柴彦威:《城市空间》,科学出版社 2000 年版。

陈斌开、赵扶扬:《外需冲击、经济再平衡与全国统一大市场构建——基于动态量化空间均衡的研
    究》,《经济研究》2023 年第 6 期。

陈昌曙:《技术哲学引论》,科学出版社 2012 年版。

陈立:《白虎通疏证》,中华书局 2019 年版。

陈奇猷:《韩非子集释》,上海人民出版社 1974 年版。

陈秀山:《现代竞争理论与竞争政策》,商务印书馆 1997 年版。

陈彦光:《标度·对称·空间复杂性》,科学出版社 2008 年版。

陈雨露、马勇:《大金融论纲》,中国人民大学出版社 2013 年版。

达尔文：《物种起源》，商务印书馆 1995 年版。

戴蒙德：《枪炮、病菌与钢铁》，上海译文出版社 2006 年版。

德芒容：《法国农村聚落的类型》，商务印书馆 1939 年版。

迪克西特、斯蒂格利茨：《垄断竞争的最优产品的多样性》，《美国经济评论》1977 年第 3 期。

杜佑：《通典》（第五册），中华书局 1988 年版。

俄林，《区际贸易和国际贸易》，华夏出版社 1931 年版。

俄林：《地区间贸易与国际贸易》，首都经济贸易大学出版社 2001 年版。

俄林著，朱保华译：《区域贸易与国际贸易（修订版）》，格致出版社 2023 年版。

恩格斯：《自然辩证法》，人民出版社 1971 年版。

范从来：《金融、金融学及其研究内容的拓展》，《中国经济问题》2004 年第 5 期。

范芝芬：《流动中国：迁移、国家和家庭》，社会科学出版社 2013 年版。

费孝通：《乡土中国》，人民出版社 2008 年版。

费歇尔：《安全与进步的冲突》，麦克米伦出版社 1935 年版。

冯·杜能：《孤立国同农业和国民经济的关系》，商务印书馆 2018 年版。

冯兴元：《地方政府竞争——理论范式、分析框架与实证研究》，译林出版社 2010 年版。

高敏雪、李静萍、许健：《国民经济核算原理与中国实践》，中国人民大学出版社 2018 年版。

戈列奇、斯廷森：《空间行为的地理学》，商务印书馆 2013 年版。

关锦镗：《技术史》（上册），中南工业大学出版社 1987 年版。

郭万金：《东亚诗经汇函·小雅·卷二〇七，北山之什·小明》，商务印书馆 2021 年版。

哈福德：《适应性创新》，浙江人民出版社 2014 年版。

哈耶克：《货币的非国家化：对多元货币的理论与实践的分析》，新星出版社 2007 年版。

赫克歇尔：《外贸对收入分配的影响》，商务印书馆 1919 年版。

胡尊国、刘婉婷、彭新宇：《人口迁移与经济发展的空间分化——基于人力资本积累视角》，《中国软科学》2023 年第 1 期。

黄达：《金融学：精编版》，中国人民大学出版社 2004 年版。

黄凯南：《制度演化经济学的理论发展与建构》，《中国社会科学》2016 年第 5 期。

霍恩格伦、森德、斯特拉顿等：《管理会计》（第 15 版），北京大学出版社 2013 年版。

霍夫曼：《工业化的阶段和类型》，剑桥大学出版社 1931 年版。

霍华德：《明天：一条引向真正改革的和平道路》，中国建筑工业出版社 1898 年版。

杰文斯：《政治经济学理论》，商务印书馆 1997 年版。

卡斯特：《网络社会的崛起》，社会科学文献出版社 2000 年版。

康芒斯：《制度经济学》（上），商务印书馆 1962 年版。

柯武刚、史漫飞、贝彼得：《制度经济学：财产、竞争、政策》（第二版），商务印书馆 2018 年版。

科斯、阿尔钦、诺斯等：《财产权利与制度变迁——产权学派与新制度学派译文集》，上海三联书店 1991 年版。

克拉克：《经济进步的条件》，中国人民大学出版社 2020 年版。

克里斯泰勒：《南部德国中心地》，商务印书馆 1933 年版。

克鲁格曼：《地理和贸易》，北京大学出版社 1991 年版。

克鲁格曼：《发展、地理学与经济理论》，北京大学出版社 2000 年版。

克鲁格曼：《发展、地理与经济理论》，北京大学出版社 1995 年版。

孔德：《论实证精神》，商务印书馆 2011 年版。

孔德：《实证哲学教程》，载洪谦主编《现代西方哲学论著选辑》（上册），商务印书馆 1993 年版。

库恩:《科学革命的结构》,北京大学出版社 2012 年版。

魁奈:《经济著作选集》,商务印书馆 1981 年版。

魁奈:《魁奈〈经济表〉及著作选》,华夏出版社 2006 年版。

李嘉图:《政治经济学及赋税原理》,商务印书馆 1962 年版。

李嘉图:《政治经济学及赋税原理》,华夏出版社 1817 年版。

李嘉图:《政治经济学及赋税原理》,商务印书馆 1962 年版。

李嘉图:《政治经济学及其赋税原理》,商务印书馆 1972 年版。

李群峰:《技能偏向型技术进步、教育投入与收入不平等——基于全国数据的实证研究》,《软科学》
    2015 年第 6 期。

李斯特:《政治经济学的国民体系》,商务印书馆 1961 年版。

里昂惕夫:《1919—1939 年美国经济结构:均衡分析的经验应用》,商务印书馆 1993 年版。

列斐伏尔:《空间的生产》,商务印书馆 2022 年版。

林苞:《科学,技术与产业创新》,清华大学出版社 2016 年版。

林毅夫、孙希芳、姜烨:《经济发展中的最优金融结构理论初探》,《经济研究》2009 年第 8 期。

林毅夫:《新结构经济学:反思经济发展和政策的框架》,北京大学出版社 2012 年版。

林毅夫:《新结构经济学:理论框架与中国的应用》,北京大学出版社 2012 年版。

刘磊、邵兴宇、王宇:《金融结构特征与金融体系发展:大国的比较》,《国际经济评论》2022 年第
    6 期。

刘少波、张友泽、梁晋恒:《金融科技与金融创新研究进展》,《经济学动态》2021 年第 3 期。

刘伟:《工业化进程中的产业结构研究》,中国人民大学出版社 1995 年版。

刘易斯:《经济增长理论》,商务印书馆 2011 年版。

陆铭:《大国大城:当代中国的统一、发展与平衡》,上海人民出版社 2016 年版。

陆铭:《空间的力量:地理、政治与城市发展》(第 2 版),格致出版社 2017 年版。

罗杰斯:《创新的扩散》,中央编译出版社 2002 年版。

罗斯托:《经济增长的阶段》,中国社会科学出版社 2001 年版。

罗斯托:《经济增长理论史》,浙江大学出版社 2016 年版。

罗斯托:《政治与增长阶段》,剑桥大学出版社 1971 年版。

罗斯托等:《从起飞进入持续增长的经济学》,四川人民出版社 1988 年版。

吕叔春:《商鉴:中国各地商人性格与特征》,中国华侨出版社 2006 年版。

马丁:《高级产业经济学》,上海财经大学出版社 2003 年版。

马尔萨斯:《政治经济学原理》,商务印书馆 1962 年版。

马克思、恩格斯:《德意志意识形态》,人民出版社 1961 年版。

马克思:《政治经济学批判草稿(1857—1858 年草稿)》,人民出版社 1975 年版。

《马克思恩格斯全集》,人民出版社 2003 年版。

《马克思恩格斯选集》(第 2 卷),人民出版社 1995 年版。

马歇尔:《经济学原理(上卷)》,商务印书馆 2010 年版。

马歇尔:《经济学原理》,陕西人民出版社 1890 年版。

马歇尔:《经济学原理》,商务印书馆 1981 年版。

马新:《群落与中国早期国家的形成》,《山东社会科学》2008 年第 7 期。

马寅初:《新人口论》,广东经济出版社 1998 年版。

麦迪森:《世界经济二百年回顾》,改革出版社 1997 年版。

梅多斯、兰德斯、梅多斯:《增长的极限》,机械工业出版社 2022 年版。

梅罗维茨:《消失的地域:电子媒介对社会行为的影响》,清华大学出版社 2002 年版。

门格尔:《国民经济学原理》,格致出版社 2016 年版。

米建国、李建伟:《金融适度发展经济最优增长的必要条件》,《中国信息报》2001 年 10 月 1 日。

米建国、李建伟:《我国金融发展与经济增长关系的理论思考与实证分析》,《管理世界》2002 年第 4 期。

穆勒:《政治经济学原理:及其在社会哲学上的若干应用:上卷》,商务印书馆 1991 年版。

奈特:《制度与社会冲突》,上海人民出版社 2009 年版。

纽伯德:《人口地理学》,商务印书馆 2023 年版。

诺思:《经济史中的结构与变迁》,上海人民出版社 1994 年版。

潘宏胜:《中国金融体系复杂化的成因及影响》,《比较》2018 年第 93 辑。

佩雷丝:《技术革命与金融资本——泡沫与黄金时代的动力学》,中国人民大学出版社 2007 年版。

佩鲁:《增长极概念的解释》,华夏出版社 1955 年版。

配第:《再论与伦敦城市增长有关的政治算数》,商务印书馆 1863 年版。

配第:《政治算术》,商务印书馆 1978 年版。

皮凯蒂:《21 世纪资本论》,中信出版社 2015 年版。

平乔维奇:《产权经济学》,经济科学出版社 1999 年版。

钱德勒:《看得见的手:美国企业的管理革命》,商务印书馆 1987 年版。

钱穆:《论语·里仁篇,论语新解》,三联书店 2010 年版。

钱纳里、赛尔昆:《发展型式:1950—1970》,经济科学出版社 1988 年版。

钱纳里:《工业化和经济增长的比较研究》,上海三联书店 1995 年版。

钱纳里:《工业化进程》,牛津大学出版社 1969 年版。

萨林斯:《石器时代经济学》,生活·读书·新知三联书店 2009 年版。

萨缪尔森、诺德豪斯:《宏观经济学》(第 19 版),人民邮电出版社 2011 年版。

萨缪尔森:《经济学(第十六版)》,华夏出版社 1999 年版。

色诺芬:《经济论 雅典的收入》,商务印书馆 2011 年版。

沙里宁:《城市:它的发展、衰败与未来》,中国建筑工业出版社 1943 年版。

施瓦布:《第四次工业革命:转型的力量》,中信出版社 2016 年版。

史密斯:《不平衡发展:自然、资本和空间的生产》,商务印书馆 2021 年版。

舒尔茨:《报酬递增的源泉》,中国人民大学出版社 2016 年版。

司马迁:《史记卷三十二·齐太公世家》,中华书局 1959 年版。

司马迁:《史记卷一二九·货殖列传》,中华书局 1959 年版。

斯密:《国民财富的性质和原因的研究》(上册),商务印书馆 1979 年版。

斯密德:《制度与行为经济学》,中国人民大学出版社 2004 年版。

斯塔夫里阿诺斯:《全球通史:从史前史到 21 世纪》(上),北京大学出版社 2020 年版。

孙薇、叶初升:《政府采购何以牵动企业创新——兼论需求侧政策"拉力"与供给侧政策"推力"的协同》,《中国工业经济》2023 年第 1 期。

谭崇台:《发展经济学概论》(第二版),武汉大学出版社 2008 年版。

藤田昌久:《空间经济学:城市,区域与国际贸易》,中国人民大学出版社 2005 年版。

田雪原:《人口、经济、环境的可持续发展》,《中国社会科学》1996 年第 2 期。

涂尔干:《社会分工论》,三联书店 2000 年版。

瓦尔拉斯:《纯粹经济学要义》,商务印书馆 1989 年版。

王先谦撰,沈啸寰、王星贤点校:《荀子集解》(上),中华书局 1988 年版。

韦伯:《经济与社会(第1卷)》,上海人民出版社2010年版。

巫锡炜、宋健:《流动与家庭》,社会科学文献出版社2018年版。

吴波:《区位迁移与企业成长理论与实证研究》,浙江工商大学出版社2012年版。

吴次芳、叶艳妹、吴宇哲、岳文泽:《国土空间规划》,地质出版社2019年版。

吴国林、程文:《技术进步的哲学审视》,《科学技术哲学研究》2018年第1期。

习羿晖、段新锋、刘振:《金融结构、产业结构优化与经济增长——基于中部六省的实证分析》,《金融理论探索》2016年第4期。

筱原三代平:《产业结构与投资分配》,《日本经济研究季刊》1957年第10期。

肖凡、任建造、伍敏冬、刘天辉、符文颖:《21世纪以来中国高新技术企业的时空分布和影响机制》,《经济地理》2018年第2期。

熊彼特:《经济发展理论》,哈佛大学出版社1912年版。

熊彼特:《资本主义,社会主义和民主》,商务印书馆1999年版。

休谟:《休谟经济论文选》,商务印书馆1984年版。

许志成、闫佳:《技能偏向型技术进步必然加剧工资不平等吗?》,《经济评论》2011年第3期。

杨小凯、黄有光:《专业化与经济组织——一种新兴古典微观经济学框架》,经济科学出版社1999年版。

杨小凯、黄有光:《专业化与经济组织——一种新兴古典微观经济学框架》,经济科学出版社2000年版。

杨小凯:《经济学:新兴古典与新古典框架》,社会科学文献出版社2003年版。

杨信礼:《社会发展动力机制的结构、功能与运行过程》,《中共中央党校学报》2002年第4期。

易纲、宋旺:《中国金融资产结构演进:1991—2007》,《经济研究》2008年第8期。

易纲:《再论中国金融资产结构及政策含义》,《经济研究》2020年第3期。

张齐民:《增广贤文》,中华书局2020年版。

张五常:《经济解释》,中信出版社2014年版。

赵奎礼:《解读经济空间》,沈阳出版社2009年版。

郑志刚:《金融发展的决定因素——一个文献综述》,《管理世界》2007年第3期。

钟学义、陈平:《技术、技术进步、技术经济学和数量经济学之诠释》,《数量经济技术经济研究》2006年第3期。

周莉萍:《金融结构理论:演变与述评》,《经济学家》2017年第3期。

周祝平:《1949年以后中国的人口与制度变迁》,《人口学刊》2002年第2期。

朱闰龙:《金融发展与经济增长文献综述》,《世界经济文汇》2004年第6期。

Acemoglu, D. and D. Autor, 2011, "Skills, Tasks and Technologies: Implications for Employment and Earnings", *Handbook of Labor Economics*, 4, 1043—1171.

Acemoglu, D. and D. Autor, 2012, "What Does Human Capital Do? A Review of Goldin and Katz's The Race between Education and Technology", *Journal of Economic Literature*, No.2, 426—463.

Acemoglu, D. and J. A. Robinson, 2013, *Why Nations Fail: The Origins of Power, Prosperity, and Poverty*, New York: Crown Currency.

Acemoglu, D. and J. A.Robinson, 2000, "Why Did the West Extend the Franchise? Democracy, Inequality, and Growth in Historical Perspective", *The Quarterly Journal of Economics*, 4, 1167—1199.

Acemoglu, D., 2008, *Introduction to Modern Economic Growth*. Princeton: Princeton University

Press.

Acemoglu, D., and D. Autor, 2011, "Skills, Tasks and Technologies: Implications for Employment and Earnings", *Handbook of Labor Economics*, Vol.4. Elsevier, 1043—1171.

Acemoglu, D., Cao, D., 2015, "Innovation by Entrants and Incumbents", *Journal of Economic Theory*, No.157, 255—294.

Acemoglu, D., Johnson S., Robinson J., Thaicharoen Y., 2003, "Institutional Causes, Macroeconomic Symptoms: Volatility, Crises and Growth", *Journal of Monetary Economics*, Vol.50, No.1, 49—123.

Acemoglu, D., Restrepo P., 2018, "The Race between Man and Machine: Implications of Technology for Growth, Factor Shares, and Employment", *American Economic Review*, No. 6, 1488—1542.

Acemoglu, D., Robinson J., 2006, *Economic Origins of Dictatorship and Democracy*, New York: Cambridge University Press.

Acemoglu, D., S. Johnson J., Robinson and Y. Thaicharoen, 2003, "Institutional Causes, Macroeconomic Symptoms: Volatility, Crises and Growth", *Journal of Monetary Economics*, 1, 49—123.

Aghion, P. and P. Howitt, 1996, "Research and Development in the Growth Process", *Journal of Economic Growth*, 1, 49—73.

Aghion, P., and P. Bolton, 1992, "An Incomplete Contracts Approach to Financial Contracting", *The Review of Economic Studies*, 59.3, 473—494.

Aghion, P., and P. Howitt, 1992, "A Model of Growth through Creative Destruction", *Ecnometrica*, Vol.60, No.2, 323—351.

Aghion, P., and P. Howitt, 1998, *Endogenous Growth Theory*, Cambridge: MIT Press.

Aghion, P., et al., 2001, "Competition, Imitation and Growth with Step-by-Step Innovation", *The Review of Economic Studies*, 3, 467—492.

Aghion, P., N. Bloom, R. Blundell, R. Griffith and P. Howitt, 2005, "Competition and Innovation: An Inverted-U Relationship", *The Quarterly Journal of Economics*, 2, 701—728.

Akamatsu, K., 1932, "The Synthetic Principles of the Economic Development of Our Country", *Theory of Commerce and Economics*, 6, 179—220.

Akerlof, G., A. and R. J. Shiller, 2010, *Animal Spirits: How Human Psychology Drives the Economy, and Why It Matters for Global Capitalism*, Princeton: Princeton University Press.

Alchian, A. A. and H. Demsetz, 1972, "American Economic Association", *The American Economic Review*, 5, 777—795.

Alesina, A. and D. Rodrik, 1994, "Distributive Politics and Economic Growth", *The Quarterly Journal of Economics*, 2, 465—490.

Alesina, A. and G. Spolaore, 2003, *The Size of Nations*, Cambridge: MIT Press.

Alesina, A. and R. Wacziarg, 1998, "Openness, Country Size and Government", *Journal of Public Economics*, 3, 305—321.

Almeida, P. and Kogut, B., 1999, "Localization of Knowledge and the Mobility of Engineers in Regional Networks", *Management Science*, 45:905—916.

Alonso, W., 1964, *Location and Land Use: Toward a General Theory of Land Rent*, Cambridge: Harvard University Press.

Ando，A. and F. Modigliani，1963，"The 'Life Cycle' Hypothesis of Saving：Aggregate Implications and Tests"，*American Economic Review*，53，55—84.

Archibugi，D. and A. Coco，2004，"Innovation and Intellectual Property in the Knowledge-Based Economy"，*Journal of Technology Transfer*，4，629—654.

Argyris C.，Schon D. A.，1978，*Organizational Learning：A Theory of Action Perspective*，Addison-Wesley.

Arifovic，J.，J. Bullard and J. Duffy，1997，"The Transition from Stagnation to Growth：An Adaptive Learning Approach"，*Journal of Economic Growth*，2，185—209.

Arrow，Kenneth J.，1972，*Economic Welfare and the Allocation of Resources for Invention*，Macmillan Education UK.

Arrow K. J.，1962，"The Economic Implications of Learning by Doing"，*The Review of Economic Studies*，3，155—173.

Arruda，C.，A. Rossi and G. Mendes，1986，"Gestão Estratégica Do Suprimento e o Impacto No Desempenho Das Empresas Brasileiras Reflexões Sobre Inovação Aberta"，*Policy*，15，285—305.

Arthur，W. Brian，1989，"Competing Technologies，Increasing Returns，and Lock-in by Historical Events"，*The Economic Journal*，394，116—131.

Atkinson，J. W.，1964，*An Introduction to Motivation*，Princeton：Van Nostrand.

Autor，D. H.，F. Levy and R. J. Murnane，2003，"The Skill Content of Recent Technological Change：An Empirical Exploration"，*The Quarterly Journal of Economics*，4，1279—1333.

Ayres，1944，*The Theory of Economic Progress：A Study of the Fundamentals of Economic Development and Cultural Change*，University of North Carolina Press.

Baker，M. J.，O. Badot，K. Bernard，S. Brown，D. Brownlie，S. Carter，K. C. Chan，B. Cova，K. Crosier，A. Diamantopoulos，B. Donaldson，S. Ennis，P. Ghauri，S. J. Hart，P. Leeflang，D. Littler，M. C. McDermott，L. Mcgregor，S. Rajagopal and J. Webb，1995，*Marketing Theory and Practice*，London：Macmillan.

Baldwin，R. E. and R. Forslid，2000，"Trade Liberalisation and Endogenous Growth：A Q-theory Approach"，*Journal of International Economics*，2，497—517.

Bandura，A，1977，"Self-Efficacy：Toward a Unifying Theory of Behavioral Change"，*Psychological review*，2，191.

Banerjee，A. and E. Duflo，2013，"Poor Economics：A Radical Rethinking of the Way to Fight Global Poverty"，*Journal of International Development*，25，1026—1032.

Barachini F.，2009，"Cultural and Social Issues for Knowledge Sharing"，*Journal of Knowledge Management*，1，98—110.

Barely，S.，1996，*The New World of Work*，London：British-North American Committee.

Barnett，R. C.，and J. S. Hyde，2001，"Women，Men，Work，and Family：An Expansionist Theory"，*American Psychologist*，10，781.

Barnett，W. A.，and A. Serletis，2008，"Consumer Preferences and Demand Systems"，*Journal of Econometrics*，147(2)，210—224.

Barney，J.，1991，"Firm Resources and Sustained Competitive Advantage"，*Journal of Management*，1，99—120.

Barro，R. J. and X. Sala-i-Martin，1999，*Economic Growth*，Cambridge：MIT Press.

Barro, R. J., 1990, "Government Spending in a Simple Model of Endogeneous Growth", *Journal of Political Economy*, 5, S103—S125.

Bator, F. M., 1958, "The Anatomy of Market Failure", *The Quarterly Journal of Economics*, 3, 351—379.

Batty, M., 2008, "The Size, Scale, and Shape of Cities", *Science*, 5864:769—771.

Baumol, W., 1952, *Welfare Economics and the Theory of the State*, London: Longmans Green.

Baumol, W. J., 2002, *The Free-market Innovation Machine: Analyzing the Growth Miracle of Capitalism*, Princeton: Princeton University Press.

Baumol, W. J., 1967, "Macroeconomics of Unbalanced Growth: the Anatomy of Urban Crisis", *The American Economic Review*, 3, 415—426.

Beck, Thorsten, and Ross Levine, 2005, "Legal Institutions and Financial Development", *Handbook of New Institutional Economics*, Boston: Springer US.

Becker, G. S. and H. G. Lewis, 1973, "On theInteraction Between the Quantity and Quality of Children", *Journal of Political Economy*, 2, S279—S288.

Becker, G. S. and K. M. Murphy, 1992, "The Division of Labor, Coordination Costs and Knowledge", *The Quarterly Journal of Economics*, 4, 1137—1159.

Becker, G. S. and N. Tomes, 1986, "Human Capital and the Rise and Fall of Families", *Journal of Labor Economics*, 3, 1—39.

Becker, G. S., 1960, "An Economic Analysis of Fertility", *Demographic and Economic Change in Developed Countries*, NewYork: Columbia University Press.

Becker, G. S., 1962, "Investment in Human Capital: A Theoretical Analysis", *Journal of Political Economy*, 5, 9—49.

Becker, G. S., 1964, *Human Capital: A Theoretical and Empirical Analysis with Special Reference to Education*, Chicago: University of Chicago Press.

Becker, G. S., 1965, "A Theory of the Allocation of Time", *The Economic Journal*, 299, 493—517.

Becker, G. S., 1974, "A Theory of Social Interactions", *Journal of Political Economy*, 6, 1063—1093.

Becker, G. S., 1976, *The Economic Approach to Human Behavior*, Chicago: University of Chicago Press.

Becker, G. S., 1983, "A Theory of Competition among Pressure Groups for Political Influence", *The Quarterly Journal of Economics*, 3, 371—400.

Becker, G. S., 2009, *Human Capital: A Theoretical and Empirical Analysis, with Special Reference to Education*, Chicago: University of Chicago Press.

Becker, G. S., K. M. Murphy, and R. Tamura, 1990, "Human Capital, Fertility, and Economic Growth", *Journal of Political Economy*, 5, S12—S37.

Becker, G. S. and K. M. Murphy, 1992, "The Division of Labor, Coordination Costs, and Knowledge", *The Quarterly Journal of Economics*, 4, 1137—1160.

Beckerman, W., 1956, "Distance and the Pattern of Intra-European Trade", *Review of Economics and Statistics*, 1, 31—40.

Bell, D., 2019, *The Coming of Post-industrial Society*, New York: Basic Books.

Bencivenga, R. Valerie, and D. S. Bruce, 1991, "Financial Intermediation and Endogenous

Growth", *The Review of Economic Studies*, 2, 195—209.

Bengtsson, M. and S. Kock, 2000, "Coopetition in Business Networks-to Cooperate and Compete Simultaneously", *Industrial Marketing Management*, 5, 411—426.

Bengtsson, M. and S. Kock, 1999, "Cooperation and Competition in Relationships between Competitors in Business Networks", *Journal of Business & Industrial Marketing*, 3, 178—194.

Bergstrand, J. H., 1985, "The Gravity Equation in International Trade: Some Microeconomic Foundations and Empirical Evidence", *The Review of Economics and Statistics*, 3, 474—481.

Bergstrand, J. H., 1989, "The Generalized Gravity Equation, Monopolistic Competition, and the Factor-proportions Theory in International Trade", *The Review of Economics and Statistics*, 1, 143—153.

Berlyne, D. E., 1960, *Conflict, Arousal, and Curiosiry*, New York: McGraw-Hill.

Bernanke, Ben S., and Harold James, 1990, "The Gold Standard, Deflation, and Financial Crisis in the Great Depression: An International Comparison".

Bernanke, Ben S., Mark Gertler, and Simon Gilchrist, 1994, "The Financial Accelerator and the Flight to Quality". NBER Working Paper, 4789.

Besley, T. and T. Persson, 2011, *Pillars of prosperity: The Political Economics of Development Clusters*, Princeton: Princeton University Press.

Borensztein, E., J. De Gregorio and J. W. Lee, 1998, "How does Foreign Direct Investment Affect Economic Growth?", *Journal of International Economics*, 1, 115—135.

Boserup, E., 2014, *The Conditions of Agricultural Growth: The Economics of Agrarian Change under Population Pressure*, London: Routledge.

Botero, Giovanni, Massimo Ciavolella, and Luigi Ballerini, 2012, *On the Causes of the Greatness and Magnificence of Cities*, Toronto: University of Toronto Press.

Botero, Giovanni, 2017, *Botero: The Reason of State*, Cambridge: Cambridge University Press.

Bottazzi L., Peri G., 2003, "Innovation and Spillovers in Regions: Evidence from European Patent Data", *European Economic Review*, 4, 687—710.

Bougheas, S., P. O. Demetriades and E. L. Morgenroth, 1999, "Infrastructure, transport costs and trade", *Journal of international Economics*, 1, 169—189.

Bowles, S., 1998, "Endogenous preferences: The cultural consequences of markets and other economic institutions", *Journal of Economic Literature*, 1, 75—111.

Bowles, S., and S. Polania-Reyes, 2012, "Economic Incentives and Social Preferences: Substitutes or Complements?", *Journal of Economic Literature*, 2, 368—425.

Brandenburger, A. and B. Nalebuff, 1996, *Co-opetition*, New York: Doubleday.

Brenner, N. and N. Katsikis, 2020, "Operational Landscapes: Hinterlands of the Capitalocene", *Architectural Design*, 1, 22—31.

Breton, A., 1996, *Competitive Governments*, Cambridge: Cambridge Book.

Breton, Albert, 1998, *Competitive Governments: An Economic Theory of Politics and Public Finance*, New York: Cambridge University Press.

Breuss, F. and P. Egger, 1999, "How Reliable are Estimations of East-West Trade Potentials Based on Cross-section Gravity Analyses?", *Empirica*, 26, 8—94.

Bromley, D.W., 1989, *Economic Interests and Institutions. The Conceptual Foundations of Public Policy*, Oxford: Basil Blackwell.

Brynjolfsson, E., and A. Saunders, 2009, *Wired for Innovation: How Information Technology is Reshaping the Economy*, Cambridge: MIT Press.

Bucci, A., 2014, "Population, Competition, Innovation, and Economic Growth with and without Human Capital Investment", *International Review of Economics*, 6, 61—84.

Buchanan, J. M. and G. Tullock, 1965, *The Calculus of Consent: Logical Foundations of Constitutional Democracy*, Ann Arbor: University of Michigan Press.

Buchanan, J. M. and R. A. Musgrave, 1999, *Public Finance and Public Choice: Two Contrasting Visions of the State*, Cambridge: MIT Press.

Buchanan, J. M. and R. D. Tollison, 1984, *The Theory of Public Choice II*, Ann Arbor: University of Michigan Press.

Bunge, M., 1976, "The Philosophical Richness of Technology", *PSA: Proceedings of the Biennial Meeting of the Philosophy of Science Association*, No.2, Cambridge: Cambridge University Press.

Burch, Thomas, K., 1967, "The Size and Structure of Families: A Comparative Analysis of Census Data", *American Sociological Review*, 347—363.

Bush, V., 2021, *Science, the Endless Frontier*, Princeton: Princeton University Press.

Button, K., 2010, *Transport Economics*, Cheltenham: Edward Elgar Publishing.

Caldwell, John Charles, 1982, Theory of Fertility Decline, London: Academic Press.

Cannan, Edwin, 1888, *Elementary Political Economy*, London: H. Frowde.

Cannan, Edwin, 1914, *Wealth: A Brief Explanation of the Causes of Economic Welfare*. PS King.

Cantillon, Richard, 2017, *Essay on the Nature of Commerce in General*, London: Routledge Press.

Cantwell, John, 1989, *Technological Innovation and Multinational Corporation*, Oxford: Basil Blackwell.

Carneiro, M. Pedro, and James J. Heckman, 2003, "Human Capital Policy", NBER Working Paper, 9495.

Carneiro, R. L., 1970, "A Theory of the Origin of the State: Traditional Theories of State Origins are Considered and Rejected in Favor of a New Ecological Hypothesis", *Science*, 3947, 733—738.

Carroll, A. B., 1991, "The Pyramid of Corporate Social Responsibility: Toward the Moral Management of Organizational Stakeholders", *Business Horizons*, 4, 39—48.

Carr-Saunders, M. Alexander, 1922, *The Population Problem: A Study in Human Evolution*, Oxford: Clarendon Press.

Cartwright, E., 2018, *Behavioral Economics*, London: Routledge.

Cass, D., 1965, "Optimum Growth in an Aggregative Model of Capital Accumulation", *Review of Economic Studies*, 2, 233—240.

Cassar, A. and R. Nicolini, 2008, "Spillovers and Growth in a Local Interaction Model", *The Annals of Regional Science*, 2, 291—306.

Caves, R. E., and M. E. Porter, 1977, "From Entry Barriers to Mobility Barriers: Conjectural decisions and Contrived Deterrence to New Competition", *The Quarterly Journal of Economics*, 2, 241—261.

Chamberlin, E., 1933, *Theory of Monopolistic Competition*, London: Geoffrey Cumberlege, Oxford University Press.

Chandler, A. D., T. Hikino and A. D. Chandler, 2009, *Scale and Scope: The Dynamics of Industrial Capitalism*, Cambridge: Harvard University Press.

Chandler, Alfred, 1990, *Scale and Scope: The Dynamics of Industrial Capitalism*, Cambridge: Harvard University Press.

Chang, Pei-Kang, 1949, *Agriculture and Industrialization*, Cambridge: Harvard University Press, 1949.

Chenery, H. B., 1960, "Patterns of Industrial Growth", *The American Economic Review*, 4, 624—654.

Chesbrough, H., 2003, *Open Innovation: The New Imperative for Creating and Profiting from Technology*, Boston: Harvard Business School Press.

Chiappori, P. A., R. Guesnerie, 1988, "Endogenous Fluctuations under Rational Expectations", *European Economic Review*, 3, 389—397.

Christaller, W., 1955, "Contributions to a Geography of the Tourist Trade", *Erdkunde*, 9, 1—19.

Christensen, C., 1997, *The Innovator's Dilemma*, Cambridge: Harvard Business School Press.

Christopher, Freeman, 1987, *Technology Policy and Economic Performance: Lessons from Japan*, New York: Frances Printer Publishers.

Clarida, R.H., and R. Findlay, 1992, "Government, Trade, and Comparative Advantage", *American Economic Review*, 2, 122—127.

Clark, J. B., 1896, *The Theory of Economic Progress*, New York: American Economic Association.

Clark, J. M., 1961, *Competition As A Dynamic Process*, Washington: Brookings Institution.

Cleland, John, and W. Christopher, 1987, "Demand theories of the Fertility Transition: An Iconoclastic View.", *Population Studies*, 1, 5—30.

CoAs, R. H., 1937, "The Nature of the Firm", *Economica*, 16, 386—405.

Coase, R. H., 1960, "The Problem of Social Cost", *Journal of Law and Economics*, 10, 19.

Coase, R. H., 1995, *The Nature of the Firm*, London: Macmillan Education UK.

Coelli, T., P. Rao, and E. Battase, 1998, *An Introduction To Efficiency and Productivity Analysis*, Boston: Kluwer Academic Publishers.

Cohen, W. M. and D. A. Levinthal, 1989, "Innovation and Learning: the Two Faces of R&D", *The Economic Journal*, 397, 569—596.

Cohen, W. M. and D. A. Levinthal, 1990, "Absorptive Capacity: A New Perspective on Learning and Innovation", *Administrative Science Quarterly*, 1, 128—152.

Cohen, W. M. and R. C. Levin, 1989, "Empirical Studies of Innovation and Market Structure", *Handbook of Industrial Organization*, 2, 1059—1107.

Cohen B. and J. Kietzmann, 2014, "Ride on! Mobility Business Models for the Sharing Economy", *Organization & Environment*, 3, 279—296.

Colander, D., H. Föllmer, A. Haas, 2009, "The Financial Crisis and the Systemic Failure of Academic Economics", *Univ. of Copenhagen Dept. of Economics Discussion Paper*, 3—9.

Coleman, J. S., 1988, "Social Capital in the Creation of Human Capital", *American Journal of Sociology*, 94, 95—120.

Commons, J. R., 1931, "Institutional economics", *The American Economic Review*, 4, 648—657.

Cropf, R. A. and Y. Benkler, 2006, *The Wealth of Networks: How Social Production Transforms Markets and Freedom*, New Haven and London: Yale University Press.

David, Ricardo, 1901, *On the Principles of Political Economy, and Taxation*, London: Forgotten Books.

Davis, L., D. North, 1970, "Institutional Change and American Economic Growth: A First Step Towards a Theory of Institutional Innovation", *The Journal of Economic History*, 1, 131—149.

Deal, T. E. and A. A. Kennedy, 1982, *Corporate Cultures: The Rites and Rituals of Corporate Life*, Readiing: Addison Wesley.

Debreu, G., 1959, *Theory of Value: An Axiomatic Analysis of Economic Equilibrium*, New Haven: Yale University Press.

Deevey, S. Edward, 1960, "The Human Population", *Scientific American*, 3, 194—205.

Demsetz, H., 2013, *Toward A Theory of Property Rights*, London: Routledge.

Denison, F. Edward, 1962, "United States Economic Growth", *The Journal of Business*, 2, 109—121.

Desmet K., E. Rossi-Hansberg, 2014, "Spatial Development", *American Economic Review*, 4, 1211—1243.

Diamond, P. A. 1965, "National Debt in a Neoclassical Growth Model", *The American Economic Review*, 5, 1126—1150.

Dias, M.F.P, Pedrozo E.A., Silva T.N., 2014, "The Innovation Process as A Complex Structure with Multilevel Rules", *Journal of Evolutionary Economics*, 24, 1067—1084.

Dieleman, F., 2017, *Households and Housing: Choice and Outcomes in the Housing Market*, London: Routledge.

Dietrich, F., List C., 2013, "Where do Preferences Come From?", *International Journal of Game Theory*, 42, 613—637.

Dixit, A. K., and J. E. Stiglitz, 1977, "Monopolistic Competition and Optimum Product Diversity", *The American Economic Review*, 3, 297—308.

Dollar, D., and E. N. Wolff, 1993, *Competitiveness, Convergence, and International Specialization*, Cambridge: MIT Press.

Domar, E. D, 1946, "Capital Expansion, Rate of Growth, and Employment", *Econometrica, Journal of the Econometric Society*, 2, 137—147.

Domar, Evsey D., 1948, "The Problem of Capital Accumulation", *The American Economic Review*, 5, 777—794.

Dorfman, R., P. A. Samuelson, & Solow, R. M., 1987, *Linear Programming and Economic Analysis*, Massachusetts: Courier Corporation.

Dosi, G., 1988, "Sources, Procedures, and Microeconomic Effects of Innovation", *Journal of Economic Literature*, 1120—1171.

Drucker, P., and J. Maciariello, 1985, *Innovation and Entrepreneurship*, London: Harper & Row.

Drucker, P., 1986, "The Changed World Economy", *Foreign Affairs*, 4, 768—791.

Duesenberry, J. S., 1962, *Income, Saving and the Theory of Consumer Behavior*, Cambridge:

Harvard University Press.

Duflo, E., 2001, "Schooling and Labor Market Consequences of School Construction in Indonesia: Evidence from an Unusual Policy Experiment", *American Economic Review*, 4, 795—813.

Dunning, J. H., 1977, *Trade, Location of Economic Activity and the MNE: A Search for an Eclectic Approach The International Allocation of Economic Activity: Proceedings of a Nobel Symposium Held at Stockholm.* London: Palgrave Macmillan UK.

Dunning, J. H., and M. L. Sarianna, 2008, *Multinational Enterprises and the Global Economy*, Cheltenham: Edward Elgar Publishing.

Durand, J. D., 1977, "Historical Estimates of World Population: An Evaluation", *Population and Development Review*, 3, 253—296.

Duranton, G., Puga, D., 2004, "*Micro-foundations of Urban Agglomeration Economies*", *Handbook of Regional and Urban Economics.*

Duranton, G., and P. Diego, 2001, "Nursery Cities: Urban Diversity, Process Innovation, and the Life Cycle of Products", *American Economic Review*, 5, 1454—1477.

Duranton, G., and P. Diego, 2004, "Micro-foundations of Urban Agglomeration Economies", *Handbook of Regional and Urban Economics*, 4, 2063—2117.

Easterlin, R. A., 1975, " An Economic Framework for Fertility Analysis", *Studies in Family Planning*, 3, 54—63.

Easterlin, A. Richard, and M. C. Eileen, 1985, *The Fertility Revolution: A Supply-demand Analysis*, Chicago: University of Chicago Press.

Eaton, J. and Kortum S., 2002, "Technology, Geography, and Trade", *Economerica*, 5, 1741—1779.

Echevarria, C., 1997, "Changes in Sectoral Composition Associated with Economic Growth", *International Economic Review*, 2, 431—452.

Economides, Nicholas, 1996, "The Economics of Networks", *International Journal of Industrial Organization*, 6, 673—699.

Edquist, C., L. Hommen, L. Tsipouri, 1998, "Findings and Conclusions of ISE Case Studies on Public Technology Procurement", *Innovation Systems and European Integration*, 4, 11—39.

Edquist, C. and Zabala-Iturriagagoitia, J. M., 2012, "Public Procurement for Innovation as Mission-oriented Innovation Policy", *Research Policy*, 10, 1757—1769.

Egger, P., 2000, "A note on the Proper Econometric Specification of the Gravity Equation", *Economics Letters*, 1, 25—31.

Ehrlich, I. and J. Kim, 2015, "Immigration, Human Capital Formation, and Endogenous Economic Growth", *Journal of Human Capital*, 4, 518—563.

Ehrlich, P. R. and Ehrlich A. H., 1997, "The Population Explosion: Why We Should Care and What We Should Do about It", *Envtl. L.*, 27, 1187.

Ellul, J. 1962, "The Technological Order", *Technology and Culture*, 4, 394—421.

Faulhaber, Gerald R., and William J. Baumol, 1988, "Economists as Innovators: Practical Products of Theoretical Research", *Journal of Economic Literature*, 26.2, 577—600.

Fetter, F. A., 1922, *Economic Principles*, Auburn: Ludwig von Mises Institute.

Fetter, F. A., 1924, "The Economic Law of Market Areas", *The Quarterly Journal of Economics*, 3, 520—529.

Fisher, I., 1906, *The Nature of Capital and Income*, London: Macmillan.

Fisher, E., 1995, "Growth, Trade, and International Transfers", *Journal of International Economics*, 39, 143—158.

Fisher, I., 1906, *The Nature of Capital and Income*, London: Macmillan.

Fisher, I., 1930, *The Theory of Interest*, New York: MacMillan Company.

Florida, R., 2002, *The Rise of The Creative Class*, New York: Basic books.

Florida, R., 2005, *Cities and The Creative Class*, London: Routledge.

Foellmi, R. and J. Zweimüller, 2002, "Structural Change and the Kaldor Facts of Economic Growth", *SSRN*, 304602.

Foellmi, R. and J. Zweimuller, 2006, "Income Distribution and Demand-induced Innovation", *Review of Economic Studies*, Vol.73, No.4, 941—960.

Forman, C. and Zeebroeck N. V., 2019, "Digital Technology Adoption and Knowledge Flows within Firms: Can the Internet Overcome Geographic and Technological Distance?", *Research Policy*, Vol.48, No.8.

Fradera, X., M. A. Austen and R. F. Bader, 1999, "The Lewis Model and Beyond", *The Journal of Physical Chemistry A*, 2, 304—314.

Freedman, Ronald, 1962, "The Sociology of Human Fertility: A Trend Report and Bibliography", *Current Sociology*, 11.2, 35—68.

Freeman, C., 1982, *The Economics of Industrial Innovation*, Pinter.

Freeman, C., 1987, "Technology Policy and Economic Performance", *R&D Management*, Vol.19, No.3, 278—279.

Freeman, C., 2019, "History, Co-evolution and Economic Growth", *Industrial and Corporate Change*, 28(1), 1—44.

Freeman, R. E., 2010, *Strategic Management: A Stakeholder Approach*, Cambridge: Cambridge University Press.

Friedman, M., 1953, *The Methodology of Positive Economics*, Cambridge: Cambridge University Press.

Friedman, M., 1957, *Theory of The Consumption Function*, Princeton: Princeton University Press.

Friedman, M., 2016, *Capitalism and Freedom/Democracy: A Reader*, New York: Columbia University Press.

Friedmann, J., 1966, *Regional Development Policy*(Vol.36), Cambridge: MIT Press.

Friedmann J., 1967, *A General Theory of Polarized Development*, Naciones Unidas Comisión Económica Para América Latina y el Caribe.

Fudenberg, Drew, and Jean Tirole, 1985, "Preemption and rent equalization in the adoption of new technology", *The Review of Economic Studies*, 3, 383—401.

Fujita, M. and P. Krugman, 1995, "When is the Economy Monocentric?: von Thünen and Chamberlin Unified", *Regional Science and Urban Economics*, 4, 505—528.

Fujita, M., P. Krugman and A. J. Venables, 1999, *The Spatial Economy: Cities, Regions and International Trade*, London: MIT Press.

Fujita, M., P. Krugman and T. Mori, 1999, "On the Evolution of Hierarchical Urban Systems", *European Economic Review*, 2, 209—251.

Fujita，M.，P. Krugman and A. J. Venables，1999，*The Spatial Economy：Cities，Regions and International Trade*，London：MIT Press.

Galbraith，J. R.，1974，"Organization Design：An Information Processing View"，*Interfaces*，4 (3)：28—36.

Galbraith，John，2017，*American Capitalism：The Concept of Countervailing Power*，Routledge.

Galor，O.，2005，"From Stagnation to Growth：Unified Growth Theory"，in *Handbook of Economic Growth*，1，171—293.

Galor，O. and D. N. Weil，1999，"From Malthusian Stagnation to Modern Growth"，*American Economic Review*，2，150—154.

Galor，O. and D. N. Weil，2000，"Population，Technology，and Growth：From Malthusian Stagnation to the Demographic Transition and Beyond"，*American Economic Review*，4，806—828.

Galor，O.，O. Moav and D. Vollrath，2009，"Inequality in Landownership，the Emergence of Human-capital Promoting Institutions，and the Great Divergence"，*The Review of Economic Studie*，1，143—179.

Gascoigne，N.，T. Thornton，2014，*Tacit Knowledge*，London：Routledge.

George，H.，1879，*Progress and Poverty：An Inquiry Into the Cause of Industrial Depressions，and of Increase of Want with Increase of Wealth. The Remedy*，New York：D. Appleton.

Gerschenkron，A.，1962，*Economic Backwardness in Historical Perspective：A Book of Essays*，Cambridge，MA：Harvard University Press.

Giersch，H.，1989，"Europe's Prospects for the 1990s"，*Economic Papers*，76.

Giovanni，J.，Levchenko A. A.，2009，"Trade Openness and Volatility"，*Review of Economics and Statistics*，91，457—477.

Glaeser，Edward L.，Jed Kolko，and Albert Saiz，2001，"Consumer City"，*Journal of Economic Geography*，1.1，27—50.

Glaeser，Edward L.，et al.，2004，"Do Institutions Cause Growth?"，*Journal of Economic Growth*，9，271—303.

Glashow，S. L.，Schnitzer，H. J. and Weinberg，S.，1967，"Sum Rules for the Spectral Functions of SU(3)$\otimes$SU(3)"，*Physical Review Letters*，19(3)，139.

Goldin，Claudia，and Lawrence F. Katz，1998，"The Origins of Technology-skill Complementarity"，*The Quarterly Journal of Economics*，113.3，693—732.

Goldsmith，R. W.，1969，*Financial Structure and Development*，New Haven：Yale University Press.

Goodfriend，M.，and J. McDermott，1995，"Early Development"，*The American Economic Review*，1，116—133.

Gordon，P. and H. W. Richardson，1997，"Are Compact Cities A Desirable Planning Goal?"，*Journal of the American Planning Association*，1，95—106.

Graaf，J. D.，D. K. Batker.，2011，*What's the Economy for，Anyway?* New York：Bloomsberg Press.

Graeber，D.，2019，"On the Phenomenon of Bullshit Jobs：A Work Rant"，*Strike Magazine*，3，1—5.

Granovetter，M.，1985，"Economic Action and Social Structure：The Problem of Embeddedness"．*American Journal of Sociology*，3，481—510.

Greenhalgh, S., 1985, "Sexual Stratification: The Other Side of 'Growth with Equity' in East Asia", *Population and Development Review*, 265—314.

Greenwood, Jeremy, and Boyan Jovanovic, 1990, "Financial Development, Growth, and the Distribution of Income", *Journal of Political Economy*, 98.5, 1076—1107.

Greenwood, Jeremy, and Bruce D. Smith, 1997, "Financial Markets in Development, and the Development of Financial Markets", *Journal of Economic Dynamics and Control*, 21.1, 145—181.

Groenewegen, Peter ed., Pierre Le Pesant, Sieur de Boisguilbert, 2000, *A Treatise on the Nature of Wealth, Money, and Taxation*, Sydney: University of Sydney, Department of Economics, Centre for the Study of the History of Economic Thought.

Grossman, G. M. and E. Helpman, 1993, *Innovation and Growth in the Global Economy*, Cambridge: MIT Press.

Grossman, G. M. and E. Helpman, 1990, "Trade, Innovation, and Growth", *The American Economic Review*, 2, 86—91.

Grossman, G. M., and Elhanan Helpman, 1991, "Quality Ladders in the Theory of Growth", *The Review of Economic Studies* 58.1, 43—61.

Grossman, G. M., and Elhanan Helpman, 1993, *Innovation and Growth in the Global Economy*. Cambridge: MIT Press.

Grossman, G. M., and Elhanan Helpman, 1989, "Product Development and International Trade." *Journal of Political Economy*, 6, 1261—1283.

Grubel, Herbert B., and Anthony D. Scott, 1966, "The International Flow of Human Capital", *The American Economic Review*, 268—274.

Guiso, L., Sapienza P., Zingales L., 2006, "Does Culture Affect Economic Outcomes?", *Journal of Economic Perspectives*, Vol.20, No.2, 23—48.

Gurley, J. G., E. S. Shaw, 1956, "Financial Intermediaries and the Saving-Investment Process", *Journal of Finance*.

Gurley, J. G., E. S. Shaw 1955, "Financial Aspects of Economic Development", *American Economic Review*.

Gurley, J. G., E. S. Shaw, 1967, "Financial Structure and Economic Development", *Economic Development and Cultural Change*.

Gurley, J. G. S. and E. S. Shaw, 1960, *Money in a Theory of Finance*, Washington: The Brookings Institution.

Hackman, J. R., Porter L. W., 1968, "Expectancy Theory Predictions of Work Effectiveness", *Organizational Behavior and Human Performance*, 3(4), 417—426.

Haken, H., 1973, *Cooperative Phenomena in Multi-Component Systems*, In Haken H. Synergetics, Berlin: Teubner.

Haken, Hermann, 1976, *Synergetics: An Introduction*, Berlin Heidelberg: Springer-Verlag.

Hall, R. E. and C. I. Jones, 1999, "Why do Some Countries Produce So Much More Output Per Worker than Others?", *The Quarterly Journal of Economics*, Vol.114, No.1, 1999, 83—116.

Hamilton, J. D., 2020, *Time Series Analysis*, Princeton: Princeton University Press.

Hanappi, Hardy, and Edeltraud Hanappi-Egger, 2004, "New Combinations: Taking Schumpeter's Concept Serious", *MPRA Paper*, No.28.

Hansen, M. T., 2002, "Knowledge Networks: Explaining Effective Knowledge Sharing in Multiunit Companies", *Organization Science*, 13(3), 232—248.

Hansen, G. D., and E. C. Prescott, 2002, "Malthus to Solow", *American Economic Review*, 91 (1), 1205—1217.

Harris, C. D., 1954, "The Market as a Factor in the Localization of Industry in the United States", *Annals of the Association of American Geographers*, 4(44), 315—348.

Harrod, R. F., 1939, "An Essay in Dynamic Theory", *The Economic Journal*, 49(193), 14—33.

Harrod, R. F., 1948, *Towards A Dynamic Economics: Some Recent Developments of Economic Theory and Their Application to Policy*, Macmillan.

Hawkins, Gerald S., 2002, *Mindsteps to the Cosmos*, World Scientific.

Hayami, Y., V. W. Ruttan, 1971, *Agricultural Development: An International Perspective*. Baltimore: Johns Hopkins University Press.

Hayek, F A., 1948, "The Meaning of Competition", *Econ Journal Watch*, 13, 360—372.

Hebb, D. O., 1949, "Organization of Behavior", *Journal of Clinical Psychology*, 6(3), 335—337.

Hellman, T., K. Murdock and J. Stiglitz, 1997, *Financial Restraint: Towards a New Paradigm*, Oxford: Clarendon Press.

Helpman, E. and P. Krugman, 1987, *Market Structure and Foreign Trade: Increasing Returns, Imperfect Competition, and the International Economy*, Cambridge: MIT Press.

Helpman, E., 2009, *The Mystery of Economic Growth*, Cambridge: Harvard University Press.

Helpman, E. and P. Krugman, 1987, *Market Structure and Foreign Trade: Increasing Returns, Imperfect Competition, and the International Economy*, Cambridge: MIT Press.

Henderson, J. V. and H. G. Wang, 2007, "Urbanization and City Growth: The Role of Institutions", *Regional Science & Urban Economics*, 3, 283—313.

Henderson, J. V., 1974, "The Sizes and Types of Cities", *The American Economic Review*, 4, 640—656.

Henderson, J. V., 1991, *Urban Development: Theory, Fact, and Illusion*, New York: Oxford University Press.

Hertzler, Joyce Oramel, 1956, *The Crisis in World Population: A Sociological Examination, with Special Reference to the Underdeveloped Areas*, University of Nebraska Press.

Hicks, J. R., 1959, "Economic Backwardness and Economic Growth", *The Economic Journal*, 69.274, 344—347.

Hicks, J., 1946, *Value and Capital*, New York: Oxford University Press.

Hicks, John, 1970, *Theory of Economic History*, New York: Oxford University Press.

Hirschman, A. O., 1958, *The Strategy of Economic Development*, New Haven: Yale University Press.

Hirschman, A. O., 1972, *Exit, Voice, and Loyalty: Responses to Decline in Firms, Organizations, and States*, Cambridge: Harvard University Press.

Hofstede, G., 1984, *Culture's Consequences: International Differences in Work-elated Values*, California: Sage.

Hollis, B. Chenery, 1979, *Structural Change and Development Policy*, Oxford: Oxford University Press.

Holmyard, E. J., A. R. Hall, 1959, *A History of Technology*, Ed. Charles Singer, Oxford: Oxford University Press.

Hoover, E. M., 1936, "The Measurement of Industrial Localization", *The Review of Economic Statistics*, 4, 62—171.

Hoover, E. M., 1971, "Basic Approaches to the Study of Demographic Aspects of Economic Development: Economic-demographic Models", *Population Index*, 2, 66—75.

Hotelling, H., 1929, "Extend Access to The Economic Journal", *The Economic Journal*, 153, 41—57.

Hsieh Chang-Tai, P. Klenow, 2009, "Misallocation and Manufacturing TFP in China and India", *Quarterly Journal of Economics*, Vol.124, No.4, 1403—1048.

Hsu, P. H., X. Tian, Y. Xu, 2014, "Financial Development and Innovation: Cross-country Evidence", *Journal of Financial Economics*, Vol.112, No.1, 116—135.

Hull, C. L., 1943, *Principles of Behavior: An Introduction to Behavior Theory*, New York: Appleton Century Company.

Hymer, S., 1960, *The International Operations of National Firms: A Study of Direct Foreign Investment*, Cambridge: MIT Press.

Isard, W., 1954, "Location Theory and Trade Theory: Short-run Analysis", *The Quarterly Journal of Economics*, 68(2), 305—320.

Isard, W., and M. J. Peck, 1954, "Location Theory and International and Interregional Trade Theory", *The Quarterly Journal of Economics*, 68(1), 97—114.

Izdebski, A., T. Słoczyński, A. Bonnier, G. Koloch, and K. Kouli, 2020, "Landscape Change and Trade in Ancient Greece: Evidence from Pollen Data", *The Economic Journal*, 632, 2596—2618.

Jacobs, Jane, 1969, *The Economy of Cities*, New York: Random House.

Jacques, R. Theorising, 2000, "Knowledge as Work: The Need for a Knowledge Theory of Value", in Prichard, C., Hull, R., Chumer, M. and Willmott, H., *Managing Knowledge: Critical Investigations of Work and Learning*, Hampshire: MacMillan Press Ltd., 2000.

Jaffe, A. B. and J. Lerner, 2011, *Innovation and Its Discontents: How Our Broken Patent System Is Endangering Innovation and Progress, and What to Do About It*, Princeton: Princeton University Press.

Jaffe, A. B., 1986, "Technological Opportunity and Spillovers of R&D: Evidence from Firms Patents, Profits, and Market Value", *American Economic Review*, Vol.76, No.5, 984—1001.

James, W., 1890, *Principles of Psychology*, New York: Henry Holt and Company.

Jayasri, D. and K. Sandeep, 1998, "Liquidity Preference and Financial Intermediation", *The Review of Economic Studies*.

Jeremy Greenwood, Bruce D. Smith, 1997, "Financial Markets in Development and the Development of Financial Markets", *Journal of Economic Dynamics and Control*.

Jones, C. I., 1999, "Growth: With or Without Scale Effects?", *American Economic Review*, 89(2), 139—144.

Jones, C. I., 2001, "Was an Industrial Revolution Inevitable? Economic Growth over the Very Long Run", *The BE Journal of Macroeconomics*, 2, 153460131028.

Jones, C. I., P. M. Romer, 2010, "The New Kaldor Facts: Ideas, Institutions, Population, and

Human Capital", *American Economic Journal: Macroeconomics*, Vol.2, No.1, 224—245.

Kahneman, D. and A. Deaton, 2010, "High Income Improves Evaluation of Life but not Emotional Well-being", *Proceedings of the National Academy of Sciences*, 38, 16489—16493.

Kahneman, D., and A. Tversky, 1979, "Prospect Theory: An Analysis of Decision under Risk", *Econometrica*, 2, 263—291.

Kaldor, N., 1961, *Capital Accumulation and Economic Growth. In The Theory of Capital: Proceedings of A Conference Held by the International Economic Association.* London: Palgrave Macmillan UK.

Kamien, Morton I., and N. L. Schwartz, 1975, "Market Structure and Innovation: A Survey", *Journal of Economic Literature*, Vol.13, No.1, 1—37.

Kamien, M. I., N. L. Schwartz, 1991, *Dynamic Optimization: the Calculus of Variations and Optimal Control in Economics and Management*, Elsevier Science.

Kasper, Wolfgang, Manfred E. Streit, and Peter J. Boettke, 2012, *Institutional Economics: Property, Competition, Policies*, Edward Elgar Publishing.

Katz, Michael L., and Carl Shapiro, "R and D Rivalry with Licensing or Imitation", *The American Economic Review*, 402—420.

Katz, Michael L., and Carl Shapiro, 1985, "Network Externalities, Competition, and Compatibility", *The American Economic Review*, 3, 424—440.

Keely, L. C., 2003, "Exchanging Good Ideas", *Journal of Economic Theory*, 111(2), 192—213.

Keller, W., 2004, "International Technology Diffusion", *Journal of Economic Literature*, 42(3): 752—782.

Kennedy, P., 2010, *The Rise and Fall of the Great Powers: Economic Change and Military Conflict from 1500 to 2000*, New York: Vintage.

Keynes, J. M., 1936, *The General Theory of Employment, Interest and Money*, London: MacMillan & Co Ltd.

Keynes, J. M., 1937, "The General Theory of Employment". *The Quarterly Journal of Economics*, 2:209223.

Keynes, John Maynard, 2018, "Some Economic Consequences of A Declining Population", *The Economics of Population*, 157—164.

Kindleberger, Charles, P. 1958, "The Terms of Trade and Economic Development", *The Review of Economics and Statistics*, 1, 72—85.

King, R. G., R. Levine, 1993, "Finance, Entrepreneurship and Growth: Theory and Evidence", *Journal of Monetary Economics*, 32(3), 513—542.

Kirk, Dudley, 1996, "Demographic Transition Theory", *Population Studies*, 50.3, 361—387.

Klepper S., 1966, "Entry, Exit, Growth, and Innovation over the Product Life Cycle", *The American Economic Review*, 86, 562—583.

Knight, F. H., 1921, *Risk, Uncertainty and Profit*, Boston: Houghton Mifflin.

Kogut, B., and U. Zander, 1992, "Knowledge of the Firm, Combinative Capabilities, and the Replication of Technology", *Organization Science*, 3, 383—397.

Kojima, K., 1973, "A Macroeconomic Approach to Foreign Direct Investment", *Hitotsubashi Journal of Economics*, 1, 1—21.

Komlos, J., 1998, "Shrinking in A Growing Economy? The Mystery of Physical Stature during the

Industrial Revolution", *The Journal of Economic History*, 58(3), 779—802.

Komlos, John, 2003, "An Anthropometric History of Early-modern France", *European Review of Economic History*, 7.2, 159—189.

Kongsamut, P., S. Rebelo and D. Xie, 2001, "Beyond Balanced Growth", *The Review of Economic Studies*, 4, 869—882.

Koopmans, T. C., 1965, "On the Concept of Optimal Economic Growth", *Econometric*.

Kostova, T., 1999, "Transnational Transfer of Strategic Organizational Practices: A Contextual Perspective", *Academy of Management Review*, Vol.24, No.2, 308—324.

Kostova, T., S. Zaheer, 1999, "Organizational Legitimacy under Conditions of Complexity: The Case of the Multinational Enterprise", *Academy of Management Review*, Vol. 24, No. 1, 64—81.

Kremer, Michael, 1993, "Population Growth and Technological Change: One Million BC to 1990", *The Quarterly Journal of Economics*, Vol.108, No.3, 681—716.

Krugman, P., 1998, "Space: the Final Frontier", *Journal of Economic Perspectives*, 12(2): 161—174.

Krugman, P., 1991, "Increasing Returns and Economic Geography", *Journal of Political Economy*, 3, 483—499.

Krugman, P. R., 1987, "The Narrow Moving Band, the Dutch Disease, and the Competitive Consequences of Mrs Thatcher: Notes on Trade in the Presence of Dynamic Scale Economies", *Journal of Development Economics*, 1, 41—55.

Krugman, P. and A. J. Venables, 1996, "Integration, Specialization, and Adjustment", *European Economic Review*, 3, 959—967.

Krugman, P. R., 1987, "The Narrow Moving Band, the Dutch Disease, and the Competitive Consequences of Mrs Thatcher: Notes on Trade in the Presence of Dynamic Scale Economies", *Journal of Development Economics*, 1, 41—55.

Krugman, P. R., 1980, "Oil and the Dollar", NBER, 0554.

Krugman, P., 1980, "Scale Economies, Product Differentiation, and the Pattern of Trade", *American Economic Review*, 5, 950—959.

Krugman, P., 1991, "Increasing Returns and Economic Geography", *Journal of Political Economy*, No.99, 483—499.

Krugman, P., 1992, *Geography and Trade*, Cambridge: MIT Press.

Krugman, P., 1994, "Complex Landscape in Economics Geography", *AEA Papers and Proceedings*, 412—416.

Krugman, P., 1996, "Confronting the Mystery of Urban Hierarchy", *Journal of the Japanese and Information Economies*, 10, 399—418.

Krugman, P., 1996, *The Self Organizing Economy*, New York: John Wiley & Son.

Kurz, Heinz D., 2010, "Technical Progress, Capital Accumulation and Income Distribution in Classical economics: Adam Smith, David Ricardo and Karl Marx", *The European Journal of the History of Economic Thought*, 17.5, 1183—1222.

Kurz, Heinz D., 2017, "Technical Progress and the Diffusion of Innovations: Classical and Schumpeterian Perspectives", *Frontiers of Economics in China*, Vol.12, No.3, 418—449.

Kurzweil, Ray, 2001, "The Law of Accelerating Returns", *Alan Turing: Life and Legacy of A*

Great Thinker, Berlin, Heidelberg: Springer Berlin Heidelberg, 381—416.

Kuznets, S., 1971, *Economic Growth of Nations: Total Output and Production Structure*, Cambridge: Harvard University Press.

Kuznets, S., J. T. Murphy, 1966, *Modern Economic Growth: Rate, Structure, and Spread*, New Haven: Yale University Press.

Kuznets, S. and J. T. Murphy, 1966, *Modern Economic Growth: Rate, Structure, and Spread*, New Haven: Yale University Press.

Kuznets, S. S., 2015, *Capital in the American Economy: Its Formation and Financing*, Princeton: Princeton University Press.

Kuznets, S., 1971, *Economic Growth of Nations: Total Output and Production Structure*, Cambridge: Belknap Press of Harvard University Press.

Kuznets, Simon, 1960, *Population Change and Aggregate Output-Demographic and Economic Change In Developed Countries*, New York: Columbia University Press.

Kuznets, Simon. "Long-term Changes in the National Income of the United States of America since 1870", *Review of Income and Wealth*, Vol.2, No.1, 1952, 29—241.

La Porta, Rafael, et al., 1997, "Legal Determinants of External Finance", *The Journal of Finance*, 52.3, 1131—1150.

Lancaster, K. J., 1966, "A New Approach to Consumer Theory", *Journal of Political Economy*, 2, 132—157.

Landes, D. S., 1999, *The Wealth and Poverty of Nations: Why Some Are So Rich and Some So Poor*, New York: W. W. Norton & Company.

Landry, A., 1909, "On the Returns of Productive Agents and on the Productivity of Capital in Particular." *The Quarterly Journal of Economics* 23(4), 557—592.

Landry, A., 1934, *La Révolution Démographique*, Paris: Librairie Sirey.

Lanier Jaron, 2013, *Who Owns the Future?*, New York: Simon & Schuster.

Latan, V. W., 1994, *Incentive System Evaluation Theory*, Shanghai: SanLian Publication House.

Laurent, E., 2008, *Economic Consequences of the Size of Nations, 50 Years on*, OFEC Working Paper.

Lawler, III E. E., L. W. Porter, 1967, "Antecedent Attitudes of Effective Managerial Performance", *Organizational Behavior and Human Performance*, 2(2):122—142.

Lederer, P. J. and A. P. Hurter, 1986, "Competition of Firms: Discriminatory Pricing and Location", *Econometrica: Journal of the Econometric Society*, 3, 623—640.

Lee, R., 2002, "The Demographic Transition: Three Centuries of Fundamental Change", *Journal of Economic Perspectives*, Vol.17, No.4, 167—190.

Leibenstein, H., 1966, "Allocative Efficiency vs. 'X-efficiency'", *The American Economic Review*, 3, 392—415.

Leibenstein, Harvey, 1957, "The Theory of Underemployment in Backward Economies", *Journal of Political Economy*, 65(2), 91—103.

Leontief, W., 1953, "Domestic Production and Foreign Trade; The American Capital Position Re-Examined", *Proceedings of the American Philosophical Society*, 4, 332—349.

Lesthaeghe, Ron, and Johan Surkyn, 1988, "Cultural Dynamics and Economic Theories of Fertility Change", *Population and Development Review*, 1—45.

Levine, R., 2005, "Finance and Growth: Theory and Evidence", *Handbook of Economic Growth*, Vol.1, 865—934.

Levine, Ross, and Sara Zervos, 1996, "Stock Market Development and Long-run Growth", *The World Bank Economic Review*, 10.2, 323—339.

Lewis, W. A., 1954, "Economic Development with Unlimited Supplies of Labour", *Manchester School of Economic and Social Studies*, 22, 139—191.

Lewis, W. A., 1965, "A Review of Economic Development", *The American Economic Review*, 1, 1—16.

Limão, N. and A. J. Venables, 1999, "Geographical Disadvantage: a Heckscher-Ohlin-von Thunen Model of International Specialization", CEPR Discussion Papers, 2305.

Locke, J., 1689, *Second Treatise of Government: An Essay Concerning the True Original, Extent and End of Civil Government*, New York: John Wiley & Sons.

Lösch, A., 1938, "The nature of economic regions", *Southern Economic Journal*, 1, 71—78.

Lowry, I. S., 1964, *A Model of Location RM-4035-R*, Santa Monica: Rand Corporation.

Lu, D., 2024, *Regional Development and Its Spatial Structure*, Berlin: Springer Nature.

Lucas, R. E., 2002, *The Industrial Revolution: Past and Future*, Cambridge: Harvard University Press.

Lucas, R. E., A. E. Clark, Y. Georgellis and E. Diener, 2004, "Unemployment alters the set point for life satisfaction", *Psychological Science*, 1, 8—13.

Lucas, R. E., 1993, "Making a Miracle", *Econometrica*, 2, 251—272.

Lucas Jr, Robert E., 1988, "On the Mechanics of Economic Development", *Journal of Monetary Economics*, 22(1), 3—42.

Lucas Jr, Robert E., 1990, "Supply-side Economics: An Analytical Review", *Oxford Economic Papers*, 2, 293—316.

Luo Y. R., 2007, *Comprehensive Handbook of Chemical Bond Energies*, Florida: CRC press.

Lutz, Wolfgang, and Vegard Skirbekk, 2005, "Policies Addressing the Tempo Effect in Low-fertility Countries", *Population and Development Review*, 31.4, 699—720.

Machlup F., 1962, *The Production and Distribution of Knowledge in the United States*, Princeton: Princeton University Press.

Maddison, A., 2001, *The World Economy: A Millennial Perspective*, *Development Centre Studies*, Paris: OECD Publishing.

Maier, N. R., 1942, "The Role of Frustration in Social Movements", *Psychological Review*, 49 (6), 586.

Malerba, Franco, and Luigi Orsenigo, 1996, "The Dynamics and Evolution of Industries", *Industrial and Corporate Change*, 5.1, 51—87.

Malthus, Thomas R., 1872, *An Essay on the Principle of Population*.

Mankiw, N. G., 2020, *Principles of Rconomics*, Cengage Learning.

Mankiw, N. Gregory, David Romer, and David N. Weil, 1992, "A Contribution to the Empirics of Economic Growth", *The Quarterly Journal of Economics*, 107(2), 407—437.

Mansfield, Edwin, 1982, *Technology Transfer, Innovation and Public Policy*, DC Heath.

Markusen, J. R., 1995, "The Boundaries of Multinational Enterprises and the Theory of International trade", *Journal of Economic Perspectives*, 2, 169—189.

Markusen, R., 1990, "First Mover Advantages, Blockaded Entry, and the Economics of Uneven Development"(Working Paper No.3284), *National Bureau of Economic Research*.

Marshall, A., 1890, *Principles of Economics*, London: Macmillan.

Marshall, A., 1920, *Principles of Economics: An Introductory Volume*, London: Macmillan and Co.

Marshall, A., 2009, *Principles of Economics: Unabridged Eighth Edition*, New York: Cosimo Classics.

Martin, Boddy, 1999, "Geographical Economics and Urban Competitiveness: A Critique", *Urban Studies*, 5, 819.

Martin, P., 1999, "Growing Locations: Industry Location in A Model of Endogenous Growth", *European Economic Review*, 43, 281—302.

Martin, P., 2001, "Growth and agglomeration", *International Economic Review*, 4, 947—968.

Marx, Karl, 2016, "Capital", *Social Theory Re-Wired*, Routledge.

Mas-Colell A., 1977, "The Recoverability of Consumers' Preferences from Market Demand Behavior", *Econometrica: Journal of the Econometric Society*, 6(45), 1409—1430.

Maslow, Abraham H., 1943, "A Theory of Human Motivation", *Psychological Review*, 50(4), 370—396.

Mason, Karen Oppenheim, 1997, "Explaining Fertility Transitions.", *Demography*, 34.4, 443—454.

Mata R., R. Frey, D. Richter, et al, 2018, "Risk Preference: A View from Psychology", *Journal of Economic Perspectives*, 32(2), 155—172.

Mathieu E., L. Rodés-Guirao, M. Roser, 2022, *What Are the Sources for Our World in Data's Population Estimates*, Our World in Data.

McClelland, D. C., J. W. Atkinson, R. A. Clark, and E. L. Lowell, 1953, *The Achievement Motive*, New York: Appleton-Century-Crofts.

McDougall, W. H, 1926, *This is the Life!*, New York: Alfred A. Knopf.

McEvedy, C., 1993, *The New Penguin Atlas of Ancient History*, London: Penguin Books.

McEvedy, C., and R. Jones, 1978, *Atlas of World Population History*, London: Penguin Books.

McGee, T. G., 1989, "Urbanisasi or Kotadesasi?: Evolving Patterns of Urbanization in Asia", *Urbanization in Asia: Spatial Dimensions and Policy Issues*, 93—108.

Mckinnon, R. I., 1973, *Money and Capital in Economic Development*, Washington, D. C.: Brookings Institution.

Meade, J. E., 1961, *A Neo-Classical Theory of Economic Growth*, Oxford: Oxford University Press.

Meadows, Donella H., Jorgen Randers, and Dennis L. Meadows. 2013, "The Limits to Growth (1972)", *The Future of Nature*, New Haven: Yale University Press.

Melitz, M. J., 2003, "The Impact of Trade on Intra-industry Reallocations and Aggregate Industry Productivity", *Econometrica*, 6, 1695—1725.

Mensch, Gerhard, 1983, *Stalemate in Technology: Innovations Overcome the Depression*, Ballinger Publishing Company Cambridge.

Merton, R. C., 1973, "An Intertemporal Capital Asset Pricing Model", *Econometrica: Journal of the Econometric Society*, 41, 867887.

Merton, R. C., 1995, "A Functional Perspective of Financial Intermediation", *Financial Management*.

Mill, John Stuart, 1967, *Principles of Political Economy with Some of Their Applications to Social Philosophy*, Lee & Shepard.

Mill, John Stuart, 1885, *Principles of Political Economy*, New York: Appleton.

Mills, John Stuart, 1967, "An Aggregative Model of Resource Allocation in A Metropolitan Area", *The American Economic Review*, 2, 197—210.

Mincer, Jacob, 1958, "Investment in Human Capital and Personal Income Distribution", *Journal of Political Economy*, No.4, 281—302.

Mincer, Jacob, 1974, *Schooling, Experience, and Earnings. Human Behavior & Social Institutions No.2*.

Minsky, H. P., 1977, "The Financial Instability Hypothesis: An Interpretation of Keynes and An Alternative to 'Standard' Theory", *Challenge*, 1, 20—27.

Mintz, J. and H. Tulkens, 1986, "Commodity Tax Competition between Member States of A Federation: Equilibrium and Efficiency", *Journal of Public Economics*, 2, 133—172.

Mitchell, W. C., M. C. Munger, 1991, "Economic Models of Interest Groups: An Introductory Survey", *American Journal of Political Science*, 35(2):512—546.

Modigliani, F. and M. H. Miller, 1958, "The Cost of Capital, Corporation Finance and the Theory of Investment", *The American Economic Review*, 3, 261—297.

Modigliani, F., R. Brumberg, 1954, "Utility Analysis and The Consumption Function: An Interpretation of Cross-section Data", *Post-keynesian Economics*, 1, 338—436.

Mokyr, J., 1990, *The Level of Riches: Technological Creativity and Economic Progress*, Oxford: Oxford University Press.

Mowery, D. C. and R. R. Nelson, Sampat B. N., et al., 2015, *Ivory Tower and Industrial Innovation: University-industry Technology Transfer Before and After the Bayh-Dole Act*, Palo Alto: Stanford University Press.

Mowery, D. C., N. Rosenberg, 1999, *Paths of Innovation: Technological Change in 20th-Century America*, Cambridge: Cambridge University Press.

Murmann, J. P., 2003, *Knowledge and Competitive Advantage*, Cambridge: Cambridge University Press.

Murphy, K. M., A. Shleifer and R. W. Vishny, 1989, "Industrialization and The Big Push", *Journal of Political Economy*, 5, 1003—1026.

Musgrave, R. A., 1959, *The Theory of Public Finance: A Study in Public Economy*, Kawasaki: Kogakusha Co.

Myers, S. C. and N. S. Majluf, 1984, "Corporate Financing and Investment Decisions when Firms have Information that Investors do not Have", *Journal of Financial Economics*, 2, 187—221.

Myrdal, G., 1957, *Economic Theory and Under-developed Regions*, London: G. Duckworth.

Myrdal, G., 1978, "Institutional Economics", *Journal of Economic Issues*, 12(4):771—783.

Nelson, R. R., 1985, *An Evolutionary Theory of Economic Change*, Cambridge: Harvard University Press.

Nelson, R. R., 1993, *National Innovation Systems: A Comparative Analysis*, Oxford: Oxford University Press.

Nelson, R. R., and N. W. Edward, 1997, "Factors Behind Cross-industry Differences in Technical Progress", *Structural Change and Economic Dynamics*, Vol.8, No.2, 205—220.

Nelson, R. R., S. G. Winter, 1982, *An Evolutionary Theory of Economic Change*, Cambridge: Harvard University Press.

Ngai, L. Rachel, and Christopher A. Pissarides, "Structural Change in A Multisector Model of Growth", *American Economic Review*, 1, 429—443.

Nicholas Kaldor, 1956, "Alternative Theories of Distribution", *Review of Economic Studies*, Vol.23, 83—100.

Nielsen, R. W., 2016, "Growth of the World Population in the Past 12,000 Years and Its Link to the Economic Growth", *Journal of Economics Bibliography*, 3(1), 1—12.

Nonaka, I. and H. Takeuchi, 2009, *The Knowledge-creating Company: How Japanese Companies Create the Dynamics of Innovation*, New York: Oxford University Press.

Nonaka, I., H. Takeuchi, 1995, *The Knowledge-Creating Company: How Japanese Companies Create the Dynamics of Innovation*, Cambridge: Oxford University Press.

Nordhaus, W. D., 1969, "An Economic Theory of Technological Change", *American Economic Review*, Vol.59, No.2, 18—28.

North, D. C., 1989, "Institutions and Economic Growth: An Historical Introduction", *World Development*, 17(9), 1319—1332.

North, D. C., 1981, *Structure and Change in Economic History*, London: W. W. Norton & Company.

North, D. C., 1990, *Institutions, Institutional Change and Economic Performance*, Cambridge: Cambridge University Press.

North, D. C., 1991, "Towards A Theory of Institutional Change", *Quarterly Review of Economics and Business*, 31(4), 3—12.

North, D. C., R. P. Thomas, 1973, *The Rise of the Western World: A New Economic History*, Cambridge: Cambridge University Press, 1973.

North, D. C., J. J. Wallis, B. R. Weingast, 2009, *Violence and Social Orders: A Conceptual Framework for Interpreting Recorded Human History*, New York: Cambridge University Press.

North, D. C., 2005, *Understanding the Process of Economic Change*, Princeton: Princeton University Press.

Notestein, F. W., 1945, "International Population Readjustments", *Proceedings of the Academy of Political Science*, 21(2), 94—102.

Notestein, Frank W., 1945, "Population: The Long View", *Food for the World*, 36—57.

Nurkse, R., 1953, *Problems of Capital Formation in Undeveloped Countries*. Oxford: Oxford University Press.

Nurkse, R., 1952, "Some International Aspects of the Problem of Economic Development", *The American Economic Review*, 2, 571—583.

Oates, W. E., 1972, *Fiscal Federalism*, Camberley: Edward Elgar.

Oates, W. E., 1999, "An Essay on Fiscal Federalism", *Journal of Economic Literature*, 3, 1120—1149.

Olarreaga, M., I. Soloaga and L. A. Winters, 1999, *What's Behind MERCOSUR's Common Ex-*

ternal Tariff?，Washington：World Bank Publications.

Olson, Jr, M., 1965, *The Logic of Collective Action：Public Goods and the Theory of Groups*, Cambridge, MA：Harvard University Press.

Olson, Jr, M., 1971, *The Logic of Collective Action：Public Goods and the Theory of Groups*, *with a new preface and appendix*, Cambridge：Harvard University Press.

Olson, M., 1993, "Dictatorship, Democracy, and Development", *American Political Science Review*, 87(3)：567—576.

Olson, M., 1965, *The Logic of Collective Action：Public Goods and the Theory of Groups*, Cambridge：Harvard University Press.

Olson Jr, Mancur, 1971, *The Logic of Collective Action：Public Goods and the Theory of Groups*, *with A New Preface and Appendix*, Cambridge：Harvard University Press.

Opp, K. D., 2021, "When Do People Follow the Behavior of Others? The Effects of Descriptive and Injunctive Norms, and the Werther Effect", *Rationality in Social Science：Foundations*, *Norms, and Prosociality*, 10, 89—116.

Ostrom, E., 1990, *Governing the Commons：The Evolution of Institutions for Collective Action*, Cambridge：Cambridge University Press.

O'sullivan, A., 1996, *Urban Economics*, Chicago：Irwin.

Overton, M., 1996, *Agricultural Revolution in England：The Transformation of the Agrarian Economy 1500—1850*, Cambridge：Cambridge University Press.

Pagano, Marco, 1993, "Financial Markets and Growth：An Overview", *European Economic Review*, 37, 2—3, 613—622.

Panzar, J. C., and R. D. Willig, 1977, "Economies of Scale in Multi-output Production", *The Quarterly Journal of Economics*, 3, 481—493.

Parent, O., S. Riou, 2005, "Bayesian Analysis of Knowledge Spillovers in European Regions", *Journal of Regional Science*, Vol.45, No.4, 747—775.

Pasvolsky, L., 1921, *The Economics of Communism：With Special Reference to Russia's Experiment*, London：Macmillan.

Patrick, Hugh T., 1966, "Financial Development and Economic Growth in Underdeveloped Countries", *Economic Development and Cultural Change*, 14, 2, 174—189.

Pearson, Frank A., and Floyd A. Harper, 1946, "The World's Hunger", *Soil Science*, 61(2), 192.

Peck, M. J., A. D. Kaplan, 1956, "Big Enterprise in a Competitive System", *The Review of Economics and Statistics*, Vol.38, No.2, 235—236.

Penrose, E. T., 2009, *The Theory of the Growth of the Firm*, New York：Oxford University Press.

Perroux, F., and F. Perroux, 1955, "Note sur la notion de 'pôle de croissance'", *Économie Appliquée*, 8(1), 307—320.

Persson, T., G. Roland, and G. Tabellini, 2000, "Comparative Politics and Publicfinance", *Journal of Political Economy*, 6, 1121—1161.

Petty, W. S., 2022, *A Treatise of Taxes and Contributions*, Glasgow：Good Press.

Petty, William Sir, 2021, *A Treatise of Taxes and Contributions*. Glasgow：Good Press.

Pigou, A. C., 1924, *The Economics of Welfare*, London：Macmillan.

Pigou, Arthur Cecil, 1920, *The Economics of Welfare*, London: Macmillan.

Polanyi, M., 1966, *The Tacit Dimension*, Chicago: University of Chicago Press.

Pomeranz, Kenneth, 2000, *The Great Divergence: China, Europe and the Making of the Modern World Economy*, Princeton: Princeton University Press.

Popenoe, D., 2020, *Disturbing the Nest: Family Change and Decline in Modern Societies*, London: Routledge.

Porta, Rafael La, et al., 1998, "Law and Finance", *Journal of Political Economy*, 106, 6, 1113—1155.

Porter, M. E., 1990, "The Competitive Advantage of Nations", *Harvard Business Review*, 2, 73—93.

Porter, M. E., 1980, *Competitive Strategy: Techniques for Analyzing Industries and Competitors*, New York: Free Press.

Porter, M. E., 1985, *Competitive Advantage: Creating and Sustaining Superior Performance: with A New Introduction*, New York: Free Press.

Porter, M. E., 1990, "The Competitive Advonioge of Notions", *Harvard Business Review*, 91, 896.

Porter, M. E., 1998, *Clusters and the New Economics of Competition*, Boston: Harvard Business Review.

Porter, M. E., 2000, "Location, Competition, and Economic Development: Local Clusters in A Global Economy", *Economic Development Quarterly*, 1, 15—34.

Porter, M. E., 2011, *Competitive Advantage of Nations: Creating and Sustaining Superior Performance*, New York: Simon and Schuster.

Porter, Michael E., 1990, *The Competitive Advantage of Nations*, New York: Free Press.

Posen, B. R., 1993, "The Security Dilemma and Ethnic Conflict", *Survival*, 1, 27—47.

Posner, M. V., 1961, "International Trade and Technical Change", *Oxford Economic Papers*, 3, 323—341.

Powell, W. W., P. J. Dimaggio, 1991, *The New Institutionalism in Organizational Analysis*, Chicago: University of Chicago Press.

Poyhonen, P., 1963, "A Tentative Model of the Volume of Trade between Countries", *Economics and Finance Archive*, 90(1), 93—99.

Pred, A., 1967, *Behaviour and Location*, London: CABI Databases.

Putnam, R. D., 2000, *Bowling Alone: The Collapse and Revival of American Community*, New York: Simon and Schuster.

Qian, Y. and B. R. Weingast, 1996, "China's Transition to Markets: Market-preserving Federalism, Chinese Style", *The Journal of Policy Reform*, 2, 149—185.

Quesnay, F., 1894, *Tableau Oeconomique*, London: Macmillan.

Ramsey, F. P., 1928, "A Mathematical Theory of Saving", *The Economic Journal*, 152, 543—559.

Ranis, G. and J. C. H. Fei, 1961, "A Theory of Economic Development", *The American Economic Review*, 4, 533—565.

Rawstron, E. M., 1958, "Three Principles of Industrial Location", *Transactions and Papers (Institute of British Geographers)*, 25, 135—142.

Rebelo, S., 1991, "Long-run Policy Analysis and Long-run Growth", *Journal of Political Economy*, 3, 500—521.

Redding, S., 1999, "Dynamic Comparative Advantage and the Welfare Effects of Trade", *Oxford Economic Papers*, 1, 15—39.

Reilly, W. J., 1929, *Methods for the Study of Retail Relationships*, Austin: University of Texas, Bureau of Business Research.

Renfrew, C., 1997, "Guns, Germs, and Steel-The Fates of Human Societies, by J. Diamond", *Nature*, 6623, 339—340.

Restuccia, D. and R. Rogerson, 2008, "Policy Distortions and Aggregate Productivity with Heterogeneous Establishments", *Review of Economic Dynamics*, 4, 707—720.

Ricardo, D., 1817, *On the Principles of Political Economy and Taxation*, London: John Murray.

Ricardo, D., 1975, *The Works and Correspondence of David Ricardo*, Cambridge: Cambridge University Press.

Robbins, L., 1984, "The Nature and Significance of Economic Science", *The Philosophy of Economics*, 113—140.

Robinson, J. A. and D. Acemoglu, 2012, *Why Nations Fail: The Origins of Power, Prosperity and Poverty*, London: Profile.

Robinson, J., 1952, *The Generalisation of the General Theory and Other Essays*, London: Macmillan.

Robinson, J., 1956, *The Accumulation of Capital*, London: Macmillan.

Robinson J., 1933, *The Economics of Imperfect Competition*, Berlin: Springer.

Rodrik, D., 2008, *One Economics, Many Recipes: Globalization, Institutions, and Economic Growth*, Princeton: Princeton University Press.

Rodrik, D., 1998, "Why do More Open Economies Have Bigger Governments?", *Journal of Political Economy*, 5, 997—1032.

Rodrik, D., 2004, "Industrial Policy for the Twenty-first Century", SSRN, 666808.

Rodrik, D., 2015, *Economics Rules: The Rights and Wrongs of the Dismal Science*, New York: WW Norton & Company.

Rodrik, D., 2018, *Modern Political Economy and Latin America*, London: Routledge.

Rogers, E. M., A. Singhal and M. M. Quinlan, 2014, *An Integrated Approach to Communication Theory and Research*, London: Routledge.

Romer, P. M., 1986, "Increasing Returns and Long-run Growth", *Journal of Political Economy*, 5, 1002—1037.

Romer, P. M., 1990, "Endogenous Technological Change", *Journal of Political Economy*, 5, S71—S102.

Rosen, S., 2002, "Markets and Diversity", *American Economic Review*, 1, 1—15.

Rosenberg, N., 1983, *Inside the Black Box: Technology and Economics*, Cambridge: Cambridge University Press.

Rosenberg, N., 1994, *Exploring the Black Box: Technology, Economics, and History*, Cambridge: Cambridge University Press.

Rosenstein-Rodan, P. N., 1943, "Problems of Industrialisation of Eastern and South-eastern Europe", *The Economic Journal*, 53, 202—211.

Rostow, W. W., 1959, "The Stages of Economic Growth", *The Economic History Review*, 1, 1—16.

Rostow, W. W., 1971, *Politics and the Stages of Growth*, Cambridge: Cambridge Books.

Rostow, W. W., 1990, *The Stages of Economic Growth: A Non-communist Manifesto*, Cambridge: Cambridge University Press.

Sachs, J. D. and A. M. Warner, 2001, "The Curse of Natural Resources", *European Economic Review*, 4, 827—838.

Saez-Marti, M. and F. Zilibotti, 2008, "Preferences as Human Capital: Rational Choice Theories of Endogenous Preferences and Socioeconomic Changes", *Finnish Economic Papers*, 2, 81—94.

Sahal, D., 1985, "Technological Guideposts and Innovation Avenues", *Research Policy*, 2, 61—82.

Samuelson, P. A., 1948, "Consumption Theory in Terms of Revealed Preference", *Economica*, 60, 243—253.

Samuelson, P. A., 1954, "The Pure Theory of Public Expenditure", *The Review of Economics and Statistics*, 4, 387—389.

Samuelson, P. A., 1956, "Social Indifference Curves", *The Quarterly Journal of Economics*, 1, 1—22.

Samuelson, P. A., 1958, "An Exact Consumption-Loan Model of Interest with or without the Social Contrivance of Money", *Journal of Political Economy*, 6, 467—482.

Samuelson, P. A. and W. D. Nordhaus, 2010, *Economics(19th ed.)*, London: McGraw-Hill International(UK) Ltd.

Samuelson, P. A., 1952, "Spatial Price Equilibrium and Linear Programming", *The American Economic Review*, 3, 283—303.

Say, J. B., 1963, *Introduction to Political Economy*, Beijing: The Commercial Press.

Say, J. B., 1836, *A Treatise on Political Economy: or the Production, Distribution, and Consumption of Wealth*, Philadelphia: Grigg & Elliot.

Schein, E. H., 2010, *Organizational Culture and Leadership*, New York: John Wiley & Sons.

Schetter, U., H. Gersbach and M. Schneider, 2013, "Taxation, Innovation and Entrepreneurship", *German Economic Association*, E06, V1.

Schmookler, J., 1966, *Invention and Economic Growth*, Cambridge: Harvard University Press.

Schreft, S. L. and B. D. Smith, 1998, "The Effect of Open Market Operations in a Model of Intermediation and Growth", *The Review of Economic Studies*, 3, 519—550.

Schultz, T. W., 1960, "Capital Formation by Education", *Journal of Political Economy*, 6, 571—583.

Schultz, T. W., 1961, "Investment in Human Capital", *American Economic Review*, 1, 1—17.

Schultz, T. W., 1966, "Transforming Traditional Agriculture: Reply", *Journal of Farm Economics*, 4, 1015—1018.

Schumpeter, J. A. and R. Swedberg, 2021, *The Theory of Economic Development*, London: Routledge.

Schumpeter, J. A., 1934, *The Theory of Economic Development: An Inquiry into Profits, Capital, Credit, Interest, and the Business Cycle*, Cambridge: Harvard University Press.

Schumpeter, J. A., 1942, *Capitalism, Socialism, and Democracy*, New York: Harper &

Brothers.

Schumpeter, J. A., 2000, "Entrepreneurship as Innovation", SSRN, 1512266.

Schumpeter, J. A. and Richard Swedberg, 1912, *The Theory of Economic Development*, Cambridge: Harvard University Press.

Schumpeter, J. A., 2013, *Capitalism, Socialism and Democracy*, Routledge.

Schumpeter, J. A., 1912, *Theorie der Wirtschaftlichen Entwicklung*, Berlin: Duncker und Humblot.

Scott, A. J., 1988, *New Industrial Space: Flexible Production Organization and Regional Development in North America and Western Europe*, London: Pion.

Scott, A. J., 2022, *Metropolis: From the Division of Labor to Urban Form*, Berkeley: University of California Press.

Scott, W. R., 1995, *Institutions and Organizations*, Thousand Oaks: Sage.

Sen, A., 1977, "Social Choice Theory: Are-examination", *Econometrica: Journal of the Econometric Society*, 45, 53—89.

Sen, A. and T. E. Smith, 2012, *Gravity Models of Spatial Interaction Behavior*, Berlin: Springer Science & Business Media.

Service, E. R., 1975, *Origins of the State and Civilization: The Process of Cultural Evolution*, New York: W. W. Norton & Company.

Shapiro, S. P., 2005, "Agency Theory", *Annual Review of Sociology*, 31, 263—284.

Shaw, E. S., 1973, *Financial Deepening in Economics Development*, Oxford: Oxford University Press.

Shimer, R., 2005, "The Cyclical Behavior of Equilibrium Unemployment and Vacancies", *American Economic Review*, 1, 25—49.

Siebert, H. and M. J. Koop, 1990, "Institutional Competition: a Concept for Europe?", *Kiel Working Paper*, 440.

Simon, H. A., 1955, "A Behavioral Model of Rational Choice", *The Quarterly Journal of Economics*, 1, 99—118.

Simon, H. A., 1962, "The Architecture of Complexity", *Proceedings of the American Philosophical Society*, 106, 467—482.

Simon, J. L., 1981, *The Ultimate Resource*, Princeton: Princeton University Press.

Smith, A., 1776, *An Inquiry into the Nature and Causes of the Wealth of Nations: Volume One*, London: Printed for W. Strahan; and T. Cadell.

Smith, A., 1776, *The Wealth of Nations*, New York: Kelley.

Smith, A., 1937, *The Wealth of Nations*, New York: Random House, Inc.

Smith, A., 1977, *An Inquiry into the Nature and Causes of the Wealth of Nations*, Chicago: Chicago University Press.

Smith, A., 2002, *An Inquiry into the Nature and Causes of the Wealth of Nations*, Hoboken: Wiley.

Smith, A., 2010, *The Wealth of Nations: An Inquiry into the Nature and Causes of the Wealth of Nations*, Petersfield: Harriman House Limited.

Smith, T. E., 1978, "A Cost-efficiency Principle of Spatial Interaction Behavior", *Regional Science and Urban Economics*, 4, 313—337.

Sober, E. and D. S. Wilson, 1998, *Unto Others: The Evolution and Psychology of Unselfish Behavior*, Cambridge: Harvard University Press.

Soete, L. and C. Freeman, 2012, *The Economics of Industrial Innovation*. London: Routledge.

Solow, C. S., 1951, "Innovation in the Capitalist Process: A Critique of the Schumpeterian Theory", *The Quarterly Journal of Economics*, 3, 417—428.

Solow, R. M., 1956, "A Contribution to the Theory of Economic Growth", *The Quarterly Journal of Economics*, 1, 65—94.

Solow, R. M., 1957, "Technical Change and the Aggregate Production Function", *The Review of Economics and Statistics*, 3, 312—320.

Solow, R. M., 1988, "Growth Theory and After", *American Economic Review*, 3, 307—317.

Song, Z. J. and L. J. Yu, 2019, "Multifractal Features of Spatial Variation in Construction Land in Beijing(1985—2015)", *Humanities and Social Sciences Communications*, 5, 68.

Sorenson, O., J. W. Rivkin and L. Fleming, 2006, "Complexity, Networks and Knowledge Flow", *Research Policy*, 7, 994—1017.

Spence, K. W., 1956, *Behavior Theory and Conditioning*, New Haven: Yale University Press.

Starrett, D., 1978, "Market Allocations of Location Choice in a Model with Free Mobility", *Journal of Economic Theory*, 1, 21—37.

Steuart, J., 1767, *An Inquiry into the Principles of Political Economy*, London: Printed for A. Millar, and T. Cadell, in the Strand.

Stewart, T. A., 1997, "Intellectual Capital and the Growth of the Firm", *Journal of Knowledge Management*, 136, 157—160.

Stigler, G. J., 2021, *The Theory of Economic Regulation*, London: Routledge.

Stiglitz, J. E., 1993, "The Role of the State in Financial Markets", *The World Bank Economic Review*, 7, 19—52.

Stiglitz, J. E., 2015, *Rosengard J. K. Economics of the Public Sector: Fourth International Student Edition*, New York: W. W. Norton & Company.

Stiglitz, J., 1999, "Public policy for a knowledge economy", *Remarks at the Department for Trade and Industry and Center for Economic Policy Research*, 3, 3—6.

Stokey, N., 1991, "The Volume and Composition of Trade Between Rich and Poor Countries", *Review of Economic Studies*, 1, 63—80.

Strange, S., 1988, *States and Markets*, London: Pinter Publishers.

Strulik, H. and J. Weisdorf, 2008, "Population, Food, and Knowledge: A Simple Unified Growth Theory", *Journal of Economic Growth*, 13, 195—216.

Swan, T. W., 1956, "Economic Growth and Capital Accumulation", *Economic Record*, 2, 334—361.

Tamura, R., 2002, "Human Capital and the Switch from Agriculture to Industry", *Journal of Economic Dynamics and Control*, 2, 207—242.

Teece, D. J., 2010, "Business Models, Business Strategy and Innovation", *Long Range Planning*, 2, 172—194.

Teece, D. J., 1996, "Firm Organization, Industrial Structure, and Technological Innovation", *Journal of Economic Behavior & Organization*, 2, 193—224.

Teece, D. J., 1998, "Capturing Value from Knowledge Assets: The New Economy, Markets for

Know-how, and Intangible Assets", *California Management Review*, 3, 55—79.

Teece, D. J., G. Pisano and A. Shuen, 1997, "Dynamic Capabilities and Strategic Management", *Strategic Management Journal*, 7, 509—533.

Teece, D. J., 1980, "Economies of Scope and the Scope of the Enterprise", *Journal of Economic Behavior & Organization*, 3, 223—247.

Terry, D. J. and M. A. Hogg, 1996, "Group Norms and the Attitude-behavior Relationship: A Role for Group Identification", *Personality and Social Psychology Bulletin*, 8, 776—793.

Thakor, A. W. and A. V. Thakor, 1997, "Banking Scope and Financial Innovation", *Review of Financial Studies*, 4, 1099—1131.

Thaler, R., 1980, "Toward a Positive Theory of Consumer Choice", *Journal of Economic Behavior & Organization*, 1, 39—60.

Thaler, R., 1985, "Mental Accounting and Consumer Choice", *Marketing Science*, 3, 199—214.

Thompson, W. S., 1929, "Natural Selection in the Processes of Population Growth", *Human Biology*, 4, 503.

Tiebout, C. M., 1956, "A Pure Theory of Local Expenditures", *Journal of Political Economy*, 64, 416—424.

Tilly, C., 2017, *Coercion, Capital, and European states, AD 990—199*, Londen: Routledge.

Tinbergen, J., 1962, *Shaping the World Economy: Suggestions for an International Economic Policy*. New York: The Twentieth Century Fund.

Tinbergen, J., 1964, "Shaping the World Economy; Suggestions for an International Economic Policy", *The International Executive*, 1, 27—30.

Tobin, J., 1958, "Liquidity Preference as Behavior Towards Risk", *The Review of Economic Studies*, 2, 65—86.

Tobler, W. R., 1970, "A Computer Movie Simulating Urban Growth in the Detroit Region", *Economic Geography*, 2, 234—240.

Tobler, W. R., 1976, "Spatial Interaction Patterns", *Journal of Environmental Systems*, 4, 271—301.

Turner, A., 2016, *Between Debt and The Devil: Money, Credit, and Fixing Global Finance*, Princeton: Princeton University Press.

Utterback, J. M., 1996, *Mastering the Dynamics of Innovation*, Boston: Harvard Business School Press.

Uzawa, H., 1965, "Optimum Technical Change in an Aggregative Model of Economic Growth", *International Economic Review*, 1, 18—31.

Van der Panne, G., 2004, "Agglomeration Externalities: Marshall versus Jacobs", *Journal of Evolutionary Economics*, 14, 593—604.

Varian, H. R., 1992, *Microeconomic Analysis*, New York: Norton.

Veblen, T. and J. K. Galbraith, 1973, *The Theory of the Leisure Class*, Boston: Houghton Mifflin.

Veblen, T., 1899, *The Theory of the Leisure Class: An Economic Study of Institutions*, New York: The Macmillan Company.

Veblen, T., 1919, *The Place of Science in Modern Civilization*, New Brunswick: Transaction Publishers.

Vernon, R., 1961, "International Investment and International Trade in the Product Cycle", *The Quarterly Journal of Economics*, 2, 190—207.

Vidal de La Blache, P., 1921, *Principes de Géographie Humaine*, Paris: Armand Colin, 1921.

Vogt, W., 1948, *Road to Survival*, London: CABI.

Von Neumann, J. and O. Morgenstern, 1944, *Theory of Games and Economic Behavior*, Princeton: Princeton University Press.

Vroom, V. H., 1964, *Work and Motivation*, San Francisco: Wiley.

Wabba, M. A. and R. J. House, 1974, "Expectancy Theory in Work and Motivation: Some Logical and Methodological Issues", *Human Relations*, 2, 121—147.

Wall, H. J. and I. H. Cheng, 1999, "Controlling for Heterogeneity in Gravity Models of Trade", SSRN, 234349.

Walras, L., 2013, *Elements of Pure Economics*, New York: Routledge.

Weber, M., 2004, *The Vocation Lectures*, New York: Hackett Publishing.

Weisdorf, J. L., 2004, "From Stagnation to Growth: Revisiting Three Historical Regimes", *Journal of Population Economics*, 17, 455—472.

Westbrook, M. D. and J. R. Tybout, 1993, "Estimating Returns to Scale with Large, Imperfect Panels: An Application to Chilean Manufacturing Industries", *World Bank Economic Review*, 1, 85—112.

Wicksell, K., 1979, *The Theory of Population*, *Its Composition and Changes*, London: Palgrave Macmillan UK.

Williamson, J. G., 1965, "Regional Inequality and the Process of National Development: A Description of the Patterns", *Economic Development and Cultural Change*, 4, 1—84.

Williamson, O. E., 1989, "Transaction Cost Economics", *Handbook of Industrial Organization*, 1, 135—182.

Williamson, O. E., 1979, "Transaction Cost Economics: The Governance of Contractual Relations", *The Journal of Law and Economics*, 2, 233—261.

Williamson, O. E., 1981, "The Economics of Organization: The Transaction Cost Approach", *American Journal of Sociology*, 3, 548—577.

Williamson, O. E., 2007, *The Economic Institutions of Capitalism: Firms, Markets, Relational Contracting*, Wiesbaden: Gabler.

Williamson, O. E., 1975, *Markets and Hierarchies: Analysis and Antitrust Implications: A Study in the Economics of Internal Organization*, New York: Free Press.

Willis, R. J., 1973, "A New Approach to the Economic Theory of Fertility Behavior", *Journal of Political Economy*, 2, 14—64.

Wilson, A. G., 1971, "A Family of Spatial Interaction Models, and Associated Developments", *Environment and Planning*, 1, 31—32.

Wilson, J. D., 1986, "A Theory of Interregional Tax Competition", *Journal of Urban Economics*, 3, 296—315.

Wilson, J. D., 1999, "Theories of Tax Competition", *National Tax Journal*, 2, 269—304.

Woodworth, R. S., 1918, *Dynamic Psychology*, New York: Columbia University Press.

Wright, F. L., 2015, *Broadacre City: A New Community Plan*, London: Routledge.

Xie, D., 1994, "Divergence in Economic Performance: Transitional Dynamics with Multiple Equilibria", *Journal of Economic Theory*, 1, 97—112.

Yang, C. N. and R. L. Mills, 1954, "Conservation of Isotopic Spin and Isotopic Gauge Invariance", *Physical Review*, 1, 191.

Yang, X. and Y. K. Ng, 2015, *Specialization and Economic Organization: A New Classical Microeconomic Framework*, Amsterdam: Elsevier.

Yang, X. and J. D. Sachs, 2008, *Economic Development and the Division of Labor*, Hoboken: John Wiley & Sons.

Yang, X. K. and J. A. Borland, 1991, "Microeconomic Mechanism for Economic Growth", *Journal of Political Economy*, 3, 460—482.

Youno, A. A., 1928, "Increasing Returns and Economic Progress", *The Economic Journal*, 152, 527—542.

Zeng, M. and P. J. Williamson, 2007, *Dragons at Your Door: How Chinese Cost Innovation Is Disrupting Global Competition*, Cambridge: Harvard Business Review Press.

Zhang, W. B., 1996, "Preference, Structure and Economic Growth", *Structural Change and Economic Dynamics*, 2, 207—221.

Zimmerman, C. C., 1935, *Family and Society: A Study of the Sociology of Reconstruction*, New York: D. Van Nostrand Company.

Zingales, R. L., 1999, "Financial Dependence and Growth", *American Economic Review*, 3, 559—586.

Zucker, L. G. and R. Michael, 1998, "Darby and Marilynn B. Brewer, Intellectual Human Capital and the Birth of US Biotechnology Enterprises", *American Economics Review*, 1, 290—306.

后　记

在将《统一发展经济学初论——人类经济发展的力量分析》(以下简称《初论》)终稿交予出版社编辑之际,我的心情既有些轻松,也有些激动。却顾所来径,苍苍横翠微。为了感谢收获到的太多支持和帮助,我竭力回忆《初论》"源远流长"的点滴。我发现了统一发展经济理论不仅能统一解释经济长期发展的"莫比乌斯环",而且能统一解释《初论》诞生的过程甚至未来的发展。

大学时期的历史专业学习和训练,考研、读硕和读博期间的经济学学习和训练,工作期间关于中国经济、中国城市及全球城市发展的"研中学",积累、培养和强化了我从历史视角研究经济发展问题的知识、思维和偏好。多年来,人类古代经济的长期停滞与现代经济的加速发展,中国经济在古代的强盛与在近代的衰落,中国古代的治乱交替和兴衰循环,改革开放以来中国经济和中国城市奇迹般的发展,始终是我脑海里长期萦绕和反复思索的问题。在入职中国社会科学院,开始城市与房地产经济的研究之初,我的内心就有了一个强烈的愿望,在城市与房地产这个重要研究告一段落之后,将来还是要回归到自己偏好的经济史的研究中去。

改革开放以来,中国经济在转轨及"非标准条件"下奇迹般地发展的经验事实,让我们意识到源自西方经验事实的新古典经济学虽然是主流,也许不是最一般的经济理论。不是将其作为一般理论而简单地应用于中国的具体实践,而是借鉴其具有普遍意义的内容,基于中外多样化的经济发展经验事实,提炼更一般的经济学思想,并以新范式构建经济学的中国自主知识体系,有可能也有必要。借鉴经济学说史上及当下新的经济理论创建的经验,一个想法在我的内心逐渐成长:先就某方面的经济问题提出个理论"毛坯",然后通过同行批评和建议而逐步打磨和完善。这个理论创新最初是想聚焦在城市经济发展上。从 2016 年开始,一方面,为纪念改革开放 40 周年,我将中国城市发展的成功经验作为 2018 年《中国城市竞争力报告》的主题进行研究，之后专门为本科生开设中国城市发展经济学课程，不断尝试提炼解释中国城市发展奇迹的理论框架，并带领团队开展构建中国城市发展经济学的数理模型的研究；另一方面，与联合国人居署联合开展《全球城市竞争力报告》的研究及发布，在进行年度全球城市竞争力评价的同时，我尝试以全球城市的长期发展为主题进行连续研究，在探索和完善城市发展的一般理论框架的同时，用不断发展的框架，分别梳理过去 50 年信息时代的、过去 300 年工业时代的、过去 5000 年农业时代的以及未来 50 年知识时代的全球城市发展的特征事实。

　　尽管上述研究已让我加深了对城市长期发展的认识，并形成了诸多的理论创新思考，但我一直没有坚定的决心和完整的时间从事专门理论系统的创新构建。2021 年前后，我接连遭遇了许多困难和挑战，但也获得了静心集中研究的宝贵时间。这促使我痛下决心将研究转向理论的创新探索，并计划用几年的时间先从定性的角度就一个理论问题构建一个新框架，然后不断地去进行深化和论证。

　　从 2021 年开始，我停下几近所有的报告发布、对策咨询、会议采访等活动，全力以赴开始进行反复的文献阅读、苦思冥想和持续写作。最初的计划是：基于中国城市改革开放奇迹般的发展和全球城市历史发展的经验事实，通过反思西方新古典主流经济学理论的局限性，提炼出一个能够解释古今中外城市经济形成和发展事实的一般经济发展理论。但由于城市经济发展是经济发展的一个具体分支，城市发展理论必须建立在更一般的经济发展理论的基础上，因此，需要在城市经济发展理论之前给出一个经济发展的一般框架。

　　由于与新兴的城市发展理论相匹配的经济发展理论还不存在，随着基础理论的研究、思考和写作的展开，我发现有必要将两者分开，集中精力完成经济发展一般理论的创新。无论是一般经济发展理论还是城市发展理论，最初创新思考时的框架并不清晰，反而会在诸多关键构成部分的研究中，使我能够在大量的文献阅读、经验事实回顾的基础上，通过苦思冥想产生很多不受拘束的创新构想。随着存量知识和创新思想的积累，知识规模报酬递增效应开始逐渐显现，一些更为基础且更具颠覆性的创新，在跨学科思想的汇聚和碰撞中应运而生。这也使得之前已经完成的许多重要内容需要重新审视，甚至推倒重构。

　　统一发展经济学最核心的观点是：经济发展的动力源自人的内心。在深入分析多个经济要素之后，我发现不同类型的要素因性质不同，尤其是制度与劳动、物质等，导致其形成、发展和作用机制存在本质上的差异。基于经典物理范式,新古典经济学生产函数没有考虑投入要素的性质差异,将不同要素不加区分地投入生产"黑箱",因而难以对经济发展作出逻辑自洽的解释。再深度思考后我发现,这些性质不同的资产通过两个途径影响了产出。进而在创新的三角形生产函数框架下,不仅实现了不同性质要素在决定产出时的兼容,而且引入了主体、预期、偏好及行为等要素,从力量视角统一解释了经济的长期增长和短期波动。

令我印象最深刻的是创建力量分析工具时的灵感闪现。在发现成本收益分析工具对经济发展解释的局限性后,对于如何寻找合理的替代性工具,令我一度陷入了漫长的思考。2022 年 8 月的一天上午,我突然想到,源自解释宇宙演变的物理学的"力量"也应该是经济学的最一般分析工具。作为长期致力于竞争力研究的学者,我对经济学理论中的力量本身就有着更多的理解,只是一直缺少能够将之串联起来的"灵感之线"。联想到交易费用分析、边际分析、超边际分析等工具创新对创新理论的构建所起到的关键作用,我整个上午沉浸其中,完成了对力量分析工具大致框架的构思。之后经过很长时间的阅读、思考和写作,我初步将力量分析工具刻画清楚,并据此揭示了经济发展的诸多新关系,尝试统一地解释了经济发展。阿尔弗里德·马歇尔一方面声称"经济学家的麦加应当在于经济生物学,而非经济力学",另一方面又将局部均衡分析建基于经典力学范式下。解释宇宙发展源于力量的相互作用,人类经济作为宇宙的一个构成部分,其发展当然需要也可以用力作出最一般的解释,只是人类经济发展涉及意识与知识等要素而不是自然界的低速宏观,解释它需要超越经典力学。也正是因为使用力量统一解释经济发展,并借鉴物理学大统一的思想,所以将这些理论框架称为统一发展理论。从分析工具意义上来看,这比奥戴德·盖勒的统一增长理论也许更名副其实些。

《初论》一书历经整整三年最终付梓,离不开众多领导、师长、专家、同事和同学的支持、帮助、批评和建议。感谢上海全球城市研究院院长、上海经济学会会长周振华先生的引荐,将我介绍给格致出版社;特别感谢中国社会科学院蔡昉老师一直以来的支持和帮助,他抽出宝贵时间精心写作的精彩序言,让我十分感动,也增强了我的学术信念。特别感谢国务院发展研究中心的刘世锦、中国国际交流中心的王一鸣、国民经济研究所的樊纲、华中科技大学经济学院及张培刚发展研究院的张建华等老师一直以来的学术引导和无私帮助,以及对本书的鼎力支持和推荐。中国社会科学院经济研究所的郑红亮研究员和李仁贵研究员、凤凰网财经研究院的刘杉院长、南京审计大学的颜银根教授、南京大学数字经济管理学院的魏婕教授、西北大学经济管理学院的郭晗副教授、西南财经大学的张安全教授、首都经贸大学的刘业进教授和陈飞博士、中国人民银行陕西分行的李冕博士等多位专家，均对书稿进行了细致审阅，并提出了许多极富价值的修改意见和建议。特别感谢研究团队的成员，包括中国社会科学院城市与竞争力研究中心的黄进博士、中国社会科学院大学应用经济学院的博士生梁烨（第1章），中国社会科学院财经战略研究院的博士后曹清峰（第2章），中国社会科学院大学应用经济学院的博士生黄徐亮（第3章），中国社会科学院财经战略研究院的徐海东博士（第4章），深圳大学政府管理学院的郭靖博士（第5章），西南财经大学的张安全教授、中国社科院大学应用经济学院的博士生张子翰（第6章），中国科学院大学的博士后刘尚超（第7章），南京大学数字经济管理学院的魏婕教授（第8章），西南财经大学的丁如曦副教授（第9章），光大集团研究院的周晓波博士（第10章），北京邮电大学经济管理学院的王雨飞副教授（第11章），中国社会科学院城市与竞争力研究中心的沈立研究员（第12章），西北大学经济管理学院的郭晗副教授（第13章），他们在《初论》的内容修改、参考文献完善和文稿校对等方面做出了贡献。在研究过程中，中国社科院经济所裴长洪研究员、国家统计局原总经济师姚景源先生、南开大学经济学院郝寿义教授、国务院发展研究中心李善同研究员、清华大学政治经济学研究中心蔡继明教授，以及在多个会议上对报告的阶段性成果给予批评和建议的专家学者，都给我提供了非常重要的研究建议和支持帮助。特别感谢在我及团队学术研究中，始终给予我悉心指导、坚定支持和无私帮助的中国社科院王伟光院长和高翔院长等领导，特别感谢张卓元、江小涓、李扬、李培林、高培勇、潘家华、郑秉文、李实、任兴洲、肖金成、侯永志、谢寿光、赵剑英、毛其智、沈建法、侯庆虎、张永山、单大伟、梁华、刘诗萌等领导、老师和朋友一直以来给予的无私支持和帮助。特别感谢中国社会科学院财经院的何德旭院长和陈国平书记，感谢多年以来支持我研究的中国社会科学院职能部门及其财经院（财贸所）的历任领导和全体同事。感谢格致出版社的信任支持和编辑们的辛勤付出，使《初论》能够成为"当代经济学文库"的一员并很快得到出版。

　　却顾研究所来径，正是外部环境资产的汇聚与内在核心知识资产的积累和交互，以及被激发的理论探索的潜在兴趣和风险偏好、提升理论探索的预期效用，构成了经济理论创新探索的能动力，支配了构建理论的动机形成和《初论》成果的生产行为过程。

　　作为构建中国自主经济学知识体系的些许的起步性尝试，《初论》秉持"以事实为依据，用逻辑说服人"的原则，主要从定性分析的角度出发，基于力量分析的方法，系统论证了统一发展经济学的理论体系。《初论》按照先总后分的逻辑结构，逐一阐述了各个理论要点及经济发展的关键要素。作为总论，第1章对统一发展经济学的逻辑体系进行了简要分析与推演；后续章节按照理论框架与经济发展逻辑的脉络，分别就理论工具、理论假设，经济发展的交互行为、组织主体、经济要素（包括物质、人口、人力资本、科技、货币、制度等）、经济分布的演变（包括经济结构和空间结构的发展）及经济总量的发展进行了分析。每个要件分析一般都从历史发展的特征事实出发，回顾了相关研究文献，构建了理论体系（具体包括要素本质特性、决定因素和决定机制），并最终以这些理论来解释并验证历史发展的经验事实。为了突出理论的创新性、解释力和优越性，在讲述事实和阐述理论之间，还用了很大的篇幅做了对比性和批判性回顾。

新的经济发展力量分析框架，也为《初论》打开了许多的创新空间。除了在第1章提到的创新，包括全新的力量分析工具、前溯和改变的前提假设、三角生产函数的核心框架、三类经济主体、多重经济行为等，还基于自然和人类统一法则决定的前提假设，强调有限理性和信息不完全，强调交互比分工更重要，区别了资产的效用数量与质能数量的不一致性等，对经济发展的本质从物质与知识质能变化的角度进行界定和规范，对经济资产、行为及其各种力量等进行重新规范和界定，对不同性质的要素向产品转化的过程与机制进行重新理论构建和分析，等等。统一发展经济学并非完全否定新古典经济学，而是从力量分析工具的视角，构建了一个新的理论逻辑体系，它不仅在某些方面与新古典经济学互相验证，不仅深入探讨了经济发展的本质和新经济关系，还通过前溯前提假定等，从多学科一般的角度，构建了经济发展要件更一般的关系，揭示了不管在什么时间、空间及制度背景下，经济发展都必须遵循的规律和法则。

尽管《初论》描述的理论框架有了轮廓，但统一发展理论的构建远未完成。《初论》的出版不是研究的结束而是研究的开始。未来，除了《初论》的定性理论分析，仍要在结构上追求繁简相宜，在论证上增加更多的生动例证与前沿文献，在表述上更加严谨地规范相关的概念、判断与推理。统一发展理论还需要长期持续地构建、论证和发展，一方面要构建数理分析模型，运用形式逻辑进行数学论证；另一方面则需要建立定量分析模型，通过定量方法进行实证检验。鉴于统一发展经济学强调偏好和预期等心理因素，实证验证理论假说，除了收集历史和现实中的发展数据，更需要通过经济科学实验，获取更为精确的支持数据。

总之，统一发展经济学理论的建立和发展，虽然前景令人神往，但道路将会漫长而曲折，其间困难和挑战仍难以想象。但不断积累的知识资产、不断强化的偏好兴趣和不断展现的乐观预期，一定会汇聚不竭的经济发展研究的新质生产力，支撑我们未来持之以恒、心无旁骛地带领团队深化研究，把有限的生命投入无限的理论研究中去。同时，作为正处在理论构建阶段的崭新经济学科，其创新空间极其广阔，"预期收益"递增，希望更多经济学领域的青年才俊加入中国自主知识体系的理论创新之中，共同书写经济学理论创新的新篇章。

倪鹏飞

2024 年 7 月 15 日

图书在版编目(CIP)数据

统一发展经济学初论 ：人类经济发展的力量分析 /
倪鹏飞著. -- 上海 ：格致出版社 ：上海人民出版社，
2024. -- (当代经济学系列丛书 / 陈昕主编).
ISBN 978-7-5432-3608-0

Ⅰ. F061.3

中国国家版本馆 CIP 数据核字第 2024V632Q6 号

责任编辑　郑竹青　程筠函　程倩
装帧设计　王晓阳

统一发展经济学初论
——人类经济发展的力量分析

倪鹏飞 著

出　　版　格致出版社
　　　　　上海三联书店
　　　　　上海人民出版社
　　　　　(201101　上海市闵行区号景路 159 弄 C 座)
发　　行　上海人民出版社发行中心
印　　刷　上海盛通时代印刷有限公司
开　　本　787×1092　1/16
印　　张　37.25
插　　页　2
字　　数　655,000
版　　次　2024 年 8 月第 1 版
印　　次　2024 年 8 月第 1 次印刷
ISBN 978 - 7 - 5432 - 3608 - 0/F · 1599
定　　价　188.00 元

当代经济学文库

社会主义微观经济均衡论/潘振民 罗首初著

经济发展中的收入分配(修订版)/陈宗胜著

充分信息与国有企业改革/林毅夫 蔡昉 李周著

以工代赈与缓解贫困/朱玲 蒋中一著

国际贸易与国际投资中的利益分配/王新奎著

中国资金流动分析/贝多广著

低效率经济学/胡汝银著

社会主义经济通货膨胀导论/史晋川著

现代经济增长中的结构效应/周振华著

经济转轨时期的产业政策/江小涓著

失业经济学/袁志刚著

国际收支论/周八骏著

社会主义宏观经济分析/符钢战 史正富 金重仁著

财政补贴经济分析/李扬著

汇率论/张志超著

服务经济发展:中国经济大变局之趋势/周振华著

长期经济增长中的公共支出研究/金戈著

公平与集体行动的逻辑/夏纪军著

国有企业的双重效率损失与经济增长/刘瑞明著

产业规制的主体行为及其效应/何大安著

中国的农地制度、农地流转和农地投资/黄季焜著

宏观经济结构研究:理论、方法与实证/任泽平著

技术进步、结构变化和经济增长/陈体标著

解析中国:基于讨价还价博弈的渐进改革逻辑/童乙伦著

货币政策与财政政策协调配合:理论与中国经验/王旭祥著

大国综合优势/欧阳峣著

国际贸易与产业集聚的互动机制研究/钱学锋著

中国式分权、内生的财政政策与宏观经济稳定:理论与实证/方红生著

中国经济现代化透视:经验与未来/胡书东著

从狭义价值论到广义价值论/蔡继明著

大转型:互联的关系型合约理论与中国奇迹/王永钦著

收入和财富分配不平等:动态视角/王弟海著

制度、治理与会计:基于中国制度背景的实证会计研究/李增泉 孙铮著

自由意志下的集团选择:集体利益及其实现的经济理论/曾军平著

教育、收入增长与收入差距:中国农村的经验分析/邓曲恒著

健康需求与医疗保障制度建设:对中国农村的研究/封进著

市场的本质:人类行为的视角与方法/朱海就著

产业集聚与中国地区差距研究/范剑勇著

中国区域经济发展中的市场整合与工业集聚/陆铭 陈钊著